山西
统计年鉴

Shanxi Statistical Yearbook

2018

山　西　省　统　计　局
国家统计局山西调查总队
编

Compiled by
Shanxi Provincial Bureau of Statistics &
Survey Office of the National Bureau of
Statistics in Shanxi

总第36期

中国统计出版社
China Statistics Press

图书在版编目（CIP）数据

山西统计年鉴. 2018 : 汉英对照 / 山西省统计局, 国家统计局山西调查总队编. -- 北京 : 中国统计出版社, 2018.7
ISBN 978-7-5037-8497-2

Ⅰ. ①山… Ⅱ. ①山… ②国… Ⅲ. ①统计资料－山西－2018－年鉴－汉、英 Ⅳ. ①C832.25-54

中国版本图书馆 CIP 数据核字(2018)第 130837 号

山西统计年鉴—2018

作　　者/山西省统计局　国家统计局山西调查总队
责任编辑/佘竞雄
责任校对/董晓玲　樊梅洁　李　静　田　甜　张奇科
装帧设计/黄　晨　王　芳
出版发行/中国统计出版社
通信地址/北京市丰台区西三环南路甲 6 号　邮政编码/100073
电　　话/邮购（010）63376909　书店（010）68783171
网　　址/ http://www.zgtjcbs.com
印　　刷/河北鑫兆源印刷有限公司
经　　销/新华书店
开　　本/890mm×1240mm　1/16
字　　数/1420 千字
印　　张/48.5
版　　别/2018 年 9 月第 1 版
版　　次/2018 年 9 月第 1 次印刷
定　　价/390.00 元

本书附同版本 CD-ROM 一张，光盘内容以书面文字为准。
如有印装差错，由本社发行部调换。

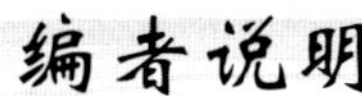

编者说明

一、《山西统计年鉴－2018》收录了全省和各地市、县（市、区）、有关部门2017年经济、社会、科技等方面的统计数据，以及多个重要历史年份主要统计数据，是一部全面反映山西省国民经济和社会发展情况的资料性年刊。为便于国际交流，内文全部采用中英文对照。

二、全书共分20个篇章，1. 综合；2. 人口、劳动工资和社会保障；3. 物价；4. 人民生活；5. 财政、金融和保险；6. 能源；7. 固定资产投资；8. 对外经济贸易；9. 农业；10. 工业；11. 建筑业；12. 房地产；13. 批发和零售业；14. 住宿、餐饮业和旅游；15. 交通运输、邮电通信业；16. 教育、科技；17. 文化、体育、卫生、环保；18. 城市概况；19. 地市篇；20. 县（市、区）篇。为方便读者使用，各篇章前绘制了反映总体趋势的统计图，篇末附有《主要统计指标解释》，对主要统计指标的涵义、统计范围和统计方法以及历史沿革予以简要说明。

三、与《山西统计年鉴－2017》相比，本年鉴内容主要做了如下修订："综合"篇，根据新的国民经济核算体系的变化，对地区生产总值历史数据进行调整；"投资"篇，2017年国家统计局确定山西为投资统计改革试点省份，固定资产投资采用新口径；"农业"篇，根据农业普查修订全省有关历史数据，新增"农业机械拥有量"表；"工业"篇，删除"工业增加值"表，调整部分财务指标；"交通运输、邮电通信业"篇，删除"邮电业务总量"指标。

四、本年鉴统计指标口径范围及解释以国家现行统计报表制度为准。资料主要来源于统计年报，部分资料来自于抽样调查和有关部门。

五、为方便读者使用，对个别有变动的指标在表下作了简要注释。本年鉴中涉及到的历史数据，均以最新出版的本年鉴数据为准。

六、本年鉴所使用的度量衡单位，均采用国际统一标准计量单位。部分数据合计数或相对数由于单位取舍不同而产生的计算误差，均未作机械调整。

七、年鉴符号使用说明："空格"表示该项统计指标数据不足本表最小单位数、数据不详或无数据；"#"表示该指标其中的主要项。

COMPILER'S NOTES

I . Shanxi Statistical Yearbook 2018 is an annual statistics publication, which reflects comprehensively the national economic and social development of Shanxi province. It covers data for 2017 and key statistical data in some historically important years at the provincial level and the local levels of prefecture and county. To meet the need of international exchange, this yearbook is made in both Chinese and English.

II . The yearbook contains the following twenty parts: 1. General Survey; 2. Population, Labor Wages and Social Security; 3. Price; 4. People's Livng Conditions; 5. Public Finance, Banking and Insurance; 6. Energy; 7. Investment in Fixed Assets; 8. Foreign Trade and Economic Cooperation; 9. Agriculture; 10. Industry; 11. Construction; 12. Real Estate; 13. Wholesale and Retail Trade; 14. Hotels, Catering Services and Tourism; 15. Transportation, Post and Telecommunication Services; 16. Education, Science and Technology; 17. Culture, Sports, Public Health and Environmental Protection; 18. General Survey of Cities; 19. Cities at Prefecture Level; 20. Counties, Cities and Districts at County Level. To facility readers, Statistical Charts reflecting total trend are attached at the beginning of each chapter, and Explanatory Notes on Main Statistical Indicators, a brief introduction about the meaning, statistical coverage, statistical methods and historical changes of main statistical indicators, are provided at the end of each chapter.

III . Comparing with Shanxi Statistical Yearbook 2017, following revision has been made in this new version: historical data of GDP are adjusted according to the new change of National Accounting System in the chapter of General Survey; Investment in Fixed Assets adopts new statistical coverage in the chapter of Investment in Fixed Assets, because Shanxi has been chosen as the investment statistics reform pilot province in 2017; historical data of agriculture are adjusted according to the Agricultural Census and Table of Agricultural Machinery is added in the chapter of Agriculture; Value Added of Industry is deleted and parts of financial indicators are adjusted in the chapter of Industry; Bussiness Volume of Post and Telecommunication Services is deleted in the chapter of Transportation, Post and Telecommunication Services.

IV . The statistical coverage and explanation of indicators in this yearbook are the same as the current national statistical report system. The data in this yearbook are mainly obtained from annual statistical reports, and some are from sample surveys and related departments.

V . For the convenience of the readers, brief notes concerning some indicators about their changes in meaning or coverage are given at the lower part of relevant tables. In case of some statistical data issued before being inconsistent with this publication, take the data in this publication as correction.

VI . The units of measurement used in this yearbook are international standard measurement units. Statistical discrepancies due to rounding are not adjusted in this yearbook.

VII . Notations used in this book: " (blank) " indicates that the figure is not large enough to be measured with the smallest unit in the table or is not available; " # "indicates the major items of the total.

目 录
CONTENTS

一、综 合
GENERAL SURVEY

二、人口、劳动工资和社会保障

POPULATION, LABOR WAGES AND SOCIAL SECURITY

三、物 价

PRICE

四、人民生活

PEOPLE'S LIVING CONDITIONS

五、财政、金融和保险

PUBLIC FINANCE, BANKING AND INSURANCE

六、能　源

ENERGY

七、固定资产投资

INVESTMENT IN FIXED ASSETS

八、对外经济贸易

FOREIGN TRADE AND ECONOMIC COOPERATION

九、农　业

AGRICULTURE

十、工　业

INDUSTRY

十一、建筑业

CONSTRUCTION

十二、房地产

REAL ESTATE

十三、批发和零售业

WHOLESALE AND RETAIL TRADE

十四、住宿、餐饮业和旅游

HOTELS, CATERING SERVICES AND TOURISM

十五、交通运输、邮电通信业

TRANSPORTATION, POST AND TELECOMMUNICATION SERVICES

十六、教育、科技

EDUCATION, SCIENCE AND TECHNOLOGY

十七、文化、体育、卫生、环保

CULTURE, SPORTS, PUBLIC HEALTH AND ENVIRONMENTAL PROTECTION

十八、城市概况

GENERAL SURVEY OF CITIES

十九、地市篇
CITIES AT PREFECTURE LEVEL

二十、县(市、区)篇

COUNTIES, CITIES AND DISTRICTS AT COUNTY LEVEL

1

综 合

GENERAL SURVEY

资料整理人员

樊梅洁　李　静　田　甜　高春堂　黄翰林　张淑虹

综　合
GENERAL SURVEY

地区生产总值	Gross Domestic Product	15528.4	亿元	(100 million yuan)
第一产业	Primary Industry	719.2	亿元	(100 million yuan)
第二产业	Secondary Industry	6778.9	亿元	(100 million yuan)
第三产业	Tertiary Industry	8030.4	亿元	(100 million yuan)

地区生产总值构成(%)
Composition of Gross Domestic Product (%)

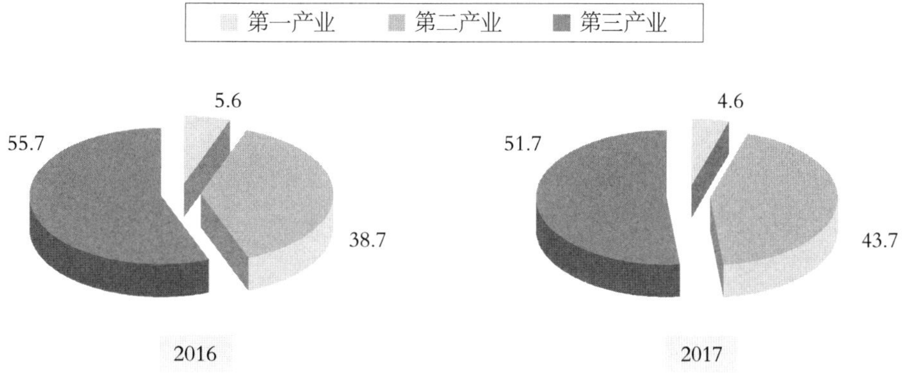

地区生产总值(亿元)
Gross Domestic Product (100 million yuan)

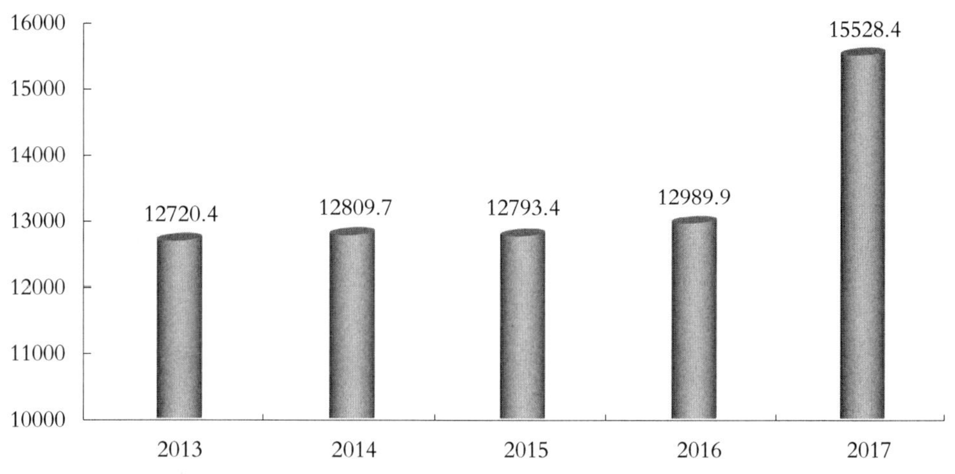

综　合
GENERAL SURVEY

人均地区生产总值	Per Capita Gross Domestic Product	42060	元	(yuan)
支出法地区生产总值	Gross Domestic Product by Expenditure Approach	15528.4	亿元	(100 million yuan)
最终消费	Final Consumption Expenditure	8756.4	亿元	(100 million yuan)
资本形成总额	Gross Capital Formation	7154.7	亿元	(100 million yuan)
货物和服务净出口	Net Export of Goods and Services	-382.7	亿元	(100 million yuan)

支出法地区生产总值构成(%)

Composition of Gross Domestic Product by Expenditure Approach (%)

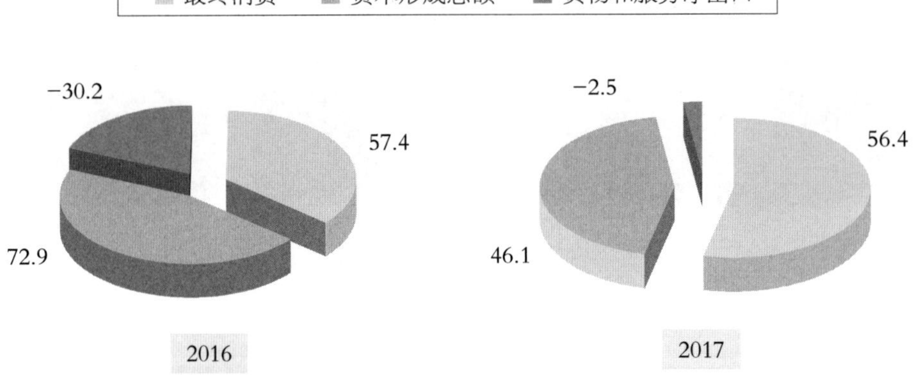

人均地区生产总值(元)

Per Capita Gross Domestic Product (yuan)

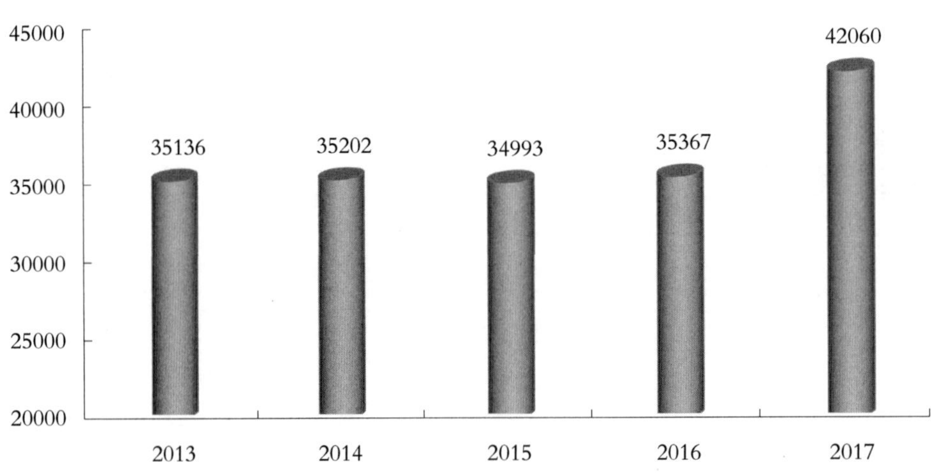

1-1 行政区划(2017年)

ADMINISTRATIVE DIVISION(2017)

市 名 City	城 市 City			市辖区 District under Jurisdiction of Cities	县 County	镇 Town	乡 Township
	合 计 Total	地级市 City at Prefecture Level	县级市 City at County Level				
	22	11	11	23	85	564	632
太原市 Taiyuan	小店区 迎泽区 杏花岭区 尖草坪区 万柏林区 晋源区 清徐县 阳曲县 Xiaodian Yingze Xinghualing Jiancaoping Wanbailin Jinyuan Qingxu Yangqu 娄烦县 古交市 Loufan Gujiao						
大同市 Datong	城 区 矿 区 南郊区 新荣区 阳高县 天镇县 广灵县 灵丘县 Chengqu Kuangqu Nanjiao Xinrong Yanggao Tianzhen Guangling Lingqiu 浑源县 左云县 大同县 Hunyuan Zuoyun Datong						
阳泉市 Yangquan	城 区 矿 区 郊 区 平定县 盂 县 Chengqu Kuangqu Jiaoqu Pingding Yuxian						
长治市 Changzhi	城 区 郊 区 长治县 襄垣县 屯留县 平顺县 黎城县 壶关县 Chengqu Jiaoqu Changzhi Xiangyuan Tunliu Pingshun Licheng Huguan 长子县 武乡县 沁 县 沁源县 潞城市 Zhangzi Wuxiang Qinxian Qinyuan Lucheng						
晋城市 Jincheng	城 区 沁水县 阳城县 陵川县 泽州县 高平市 Chengqu Qinshui Yangcheng Lingchuan Zezhou Gaoping						
朔州市 Shuozhou	朔城区 平鲁区 山阴县 应 县 右玉县 怀仁县 Shuocheng Pinglu Shanyin Yingxian Youyu Huairen						
晋中市 Jinzhong	榆次区 榆社县 左权县 和顺县 昔阳县 寿阳县 太谷县 Yuci Yushe Zuoquan Heshun Xiyang Shouyang Taigu 祁 县 平遥县 灵石县 介休市 Qixian Pingyao Lingshi Jiexiu						
运城市 Yuncheng	盐湖区 临猗县 万荣县 闻喜县 稷山县 新绛县 绛 县 垣曲县 Yanhu Linyi Wanrong Wenxi Jishan Xinjiang Jiangxian Yuanqu 夏 县 平陆县 芮城县 永济市 河津市 Xiaxian Pinglu Ruicheng Yongji Hejin						
忻州市 Xinzhou	忻府区 定襄县 五台县 代 县 繁峙县 宁武县 静乐县 神池县 Xinfu Dingxiang Wutai Daixian Fanshi Ningwu Jingle Shenchi 五寨县 岢岚县 河曲县 保德县 偏关县 原平市 Wuzhai Kelan Hequ Baode Pianguan Yuanping						
临汾市 Linfen	尧都区 曲沃县 翼城县 襄汾县 洪洞县 古 县 安泽县 浮山县 吉 县 Yaodu Quwo Yicheng Xiangfen Hongtong Guxian Anze Fushan Jixian 乡宁县 大宁县 隰 县 永和县 蒲 县 汾西县 侯马市 霍州市 Xiangning Daning Xixian Yonghe Puxian Fenxi Houma Huozhou						
吕梁市 Lvliang	离石区 文水县 交城县 兴 县 临 县 柳林县 石楼县 岚 县 方山县 Lishi Wenshui Jiaocheng Xingxian Linxian Liulin Shilou Lanxian Fangshan 中阳县 交口县 孝义市 汾阳市 Zhongyang Jiaokou Xiaoyi Fenyang						

1-2 国民经济和社会发展总量与速度指标

指　标	Item	总量指标	
		1990	2000
一、人口与从业人员（万人）	**Population and Employment (10 000 persons)**		
年末常住人口	Resident Population at Year-end	2899.0	3247.8
全社会从业人员	Total Employees	1304.0	1392.4
#非私营单位在岗职工人数	Fully Employed Staff and Workers in Non-private Units	438.7	370.2
二、国民经济核算（亿元）	**National Economic Accounting (100 million yuan)**		
地区生产总值	Gross Domestic Product	429.3	1845.7
第一产业	Primary Industry	80.8	179.9
第二产业	Secondary Industry	210.1	858.4
第三产业	Tertiary Industry	138.4	807.5
三、物价总指数（上年=100）	**Price Indices (last year=100)**		
居民消费价格总指数	General Consumer Price Index	102.2	103.9
商品零售价格总指数	General Retail Price Index	102.1	97.1
四、财　政（亿元）	**Public Finance (100 million yuan)**		
一般公共预算收入	General Public Budget Revenue	51.7	114.5
一般公共预算支出	General Public Budget Expenditure	54.9	225.1
五、固定资产投资（亿元）	**Investment in Fixed Assets (100 million yuan)**		
全社会固定资产投资	Total Investment in Fixed Assets	123.4	625.2
#住　宅	Residential Buildings	22.0	111.3
第一产业	Primary Industry	5.2	12.0
第二产业	Secondary Industry	75.6	289.6
第三产业	Tertiary Industry	42.6	323.6
六、对外贸易（亿美元）	**Foreign Trade (USD 100 million)**		
进出口总额	Total Value of Exports and Imports	3.5	17.6
出　口	Total Value of Exports	2.6	12.4
进　口	Total Value of Imports	0.9	5.3
七、农　业	**Agriculture**		
主要农产品产量（万吨）	Output of Major Farm Products (10 000 tons)		
粮　食	Grain	969.0	853.4
蔬　菜	Vegetables	347.4	920.3
油　料	Oil-bearing Crops	39.4	44.8
猪牛羊肉　（万吨）	Output of Pork, Beef and Mutton (10 000 tons)	29.3	59.2
猪年末存栏　（万头）	Hogs at Year-end (10 000 heads)	363.1	519.5
羊年末存栏　（万只）	Sheep and Goats at Year-end (10 000 heads)	709.6	1058.4
八、房地产开发投资（亿元）	**Investment in Real Estate Development (100 million yuan)**		
本年完成投资	Investment Completed This Year	2.8	39.5
#住　宅	Residential Buildings	2.5	27.2

PRINCIPAL AGGREGATE INDICATORS ON NATIONAL ECONOMIC AND SOCIAL DEVELOPMENT AND GROWTH RATES

Aggregate Data			速 度 指 标 Indices and Growth Rates						
2010	2015	2017	指数(2017为以下各年%) Index (2017 as percentage of the following years)				平均增长速度 (%) Average Annual Growth Rate (%)		
			1990	2000	2010	2015	1991-2017	2001-2017	2011-2017
3574.1	3664.1	3702.4	127.7	114.0	103.6	101.0	0.9	0.8	0.5
1685.9	1872.8	1914.1	146.8	137.5	113.5	102.2	1.4	1.9	1.8
384.5	421.9	410.0	93.5	110.8	106.6	97.2	-0.3	0.6	0.9
9240.8	12793.4	15528.4	1377.3	524.2	164.1	111.9	10.2	10.2	7.3
536.7	726.2	719.2	239.9	189.8	132.6	106.0	3.3	3.8	4.1
5281.6	5259.7	6778.9	1512.6	556.1	156.9	108.3	10.6	10.6	6.7
3422.5	6807.6	8030.4	1730.3	576.4	174.5	115.2	11.1	10.9	8.3
103.0	100.6	101.1	312.3	145.2	116.3	102.2	4.3	2.2	2.2
102.3	99.3	101.3	221.0	128.3	110.6	101.8	3.0	1.5	1.4
969.7	1642.4	1867.0	3607.8	1630.9	192.5	113.7	14.2	17.8	9.8
1931.4	3423.0	3756.4	6842.8	1669.1	194.5	109.7	16.9	18.0	10.0
6352.6	14137.2	6140.9							
900.3	2106.8	1143.2							
281.3	1563.7	580.1							
2628.1	5206.0	2105.7							
3443.2	7367.5	3455.1							
125.8	147.2	171.7	4906.4	973.3	136.5	116.7	15.5	14.3	4.5
47.1	84.2	102.0	3877.1	824.4	216.5	121.1	14.5	13.2	11.7
78.7	62.9	69.8	8017.7	1322.3	88.6	110.8	17.6	16.4	-1.7
1107.5	1314.0	1353.9	139.7	158.7	122.2	103.0	1.2	2.8	2.9
694.1	837.4	806.7	232.2	87.7	116.2	96.3	3.2	-0.8	2.2
16.6	12.2	15.0	38.2	33.6	90.6	123.4	-3.5	-6.2	-1.4
67.6	83.9	77.1	263.5	130.2	114.0	92.0	3.7	1.6	1.9
528.8	619.2	544.1	149.8	104.7	102.9	87.9	1.5	0.3	0.4
769.7	1112.1	943.2	132.9	89.1	122.5	84.8	1.1	-0.7	2.9
592.2	1494.9	1166.3	40942.3	2955.9	196.9	78.0	28.6	27.5	18.8
457.4	1098.3	846.4	34357.0	3108.5	185.0	77.1	27.6	28.0	17.4

1–2 续表

指 标	Item	总量指标	
		1990	2000
九、工 业	**Industry**		
主要工业产品产量(全社会)	Output of Major Industrial Products (Total Society)		
原 煤 (万吨)	Coal (10 000 tons)	28597	25152
发电量 (亿千瓦小时)	Electricity (100 million kwh)	314.2	624.7
粗 钢 (万吨)	Crude Steel (10 000 tons)	238.6	472.7
钢 材 (万吨)	Steel Products (10 000 tons)	128.8	392.6
水 泥 (万吨)	Cement (10 000 tons)	612.5	1434.0
十、国内贸易 (亿元)	**Domestic Trade (100 million yuan)**		
社会消费品零售总额	Total Retail Sales of Consumer Goods	158.0	722.7
十一、交通运输、邮电	**Transportation, Post and Telecommunication Services**		
货物运输量 (万吨)	Freight Traffic (10 000 tons)	50111	86624
#铁 路	Railways	23332	28779
旅客客运量 (万人)	Passenger Traffic (10 000 persons)	15960	31818
#铁 路	Railways	3226	2953
邮政行业业务总量 (亿元)	Business Volume of Post Services (100 million yuan)		
电信业务总量 (亿元)	Business Volume of Telecommunication Services (10 000 million yuan)		
移动电话用户 (万户)	Number of Mobile Telephone Subscribers (10 000 subscribers)		126
十二、教育、科技、文化、卫生	**Education, Science and Technology, Culture and Public Health**		
教 育	**Education**		
普通高等学校数(所)	Regular Institutions of Higher Education (unit)	26	24
普通高等学校在校学生数 (万人)	Student Enrollment of Regular Higher Education Institutions (10 000 persons)	5.1	12.6
普通中学在校学生数 (万人)	Student Enrollment of Regular Secondary Schools (10 000 persons)	145.1	199.8
小学在校学生数 (万人)	Student Enrollment of Primary Schools (10 000 persons)	297.4	343.6
科 技	**Science and Technology**		
自然科学技术人员数 (万人)	Personnels of Natural Science and Technology (10 000 persons)	32.4	32.9
文 化	**Culture**		
图书总印数 (万册)	Total Printed Copies of Books (10 000 copies)	12166	10105
期刊总印数 (万份)	Total Printed Copies of Magazines (10 000 copies)	2815	2657
报纸总印数 (万份)	Total Printed Copies of Newspapers (10 000 copies)	54361	58825
卫 生	**Public Health**		
医 院 (个)	Number of Hospitals (unit)		716
执业(助理)医师 (人)	Number of Licensed (Assitant) Docotors (person)	60185	64900

continued

Aggregate Data			速 度 指 标 Indices and Growth Rates						
2010	2015	2017	指数(2017为以下各年%) Index (2017 as percentage of the following years)				平均增长速度 (%) Average Annual Growth Rate (%)		
			1990	2000	2010	2015	1991–2017	2001–2017	2011–2017
74096	96680	87221	305.0	346.8	117.7	90.2	4.2	7.6	2.4
2150.6	2457.5	2765.5	880.3	442.7	128.6	112.5	8.4	9.1	3.7
3048.8	3847.0	4429.7	1856.7	937.0	145.3	115.1	11.4	14.1	5.5
2866.4	4267.3	4335.4	3366.5	1104.3	151.3	101.6	13.9	15.2	6.1
3670.3	3786.1	3760.3	614.0	262.2	102.5	99.3	7.0	5.8	0.3
3318.2	6033.7	6918.1	4377.4	957.3	208.5	114.7	15.0	14.2	11.1
124677	161772	189521	378.2	218.8	152.0	117.2	5.1	4.7	6.2
63836	70509	74616	319.8	259.3	116.9	105.8	4.4	5.8	2.3
39059	30676	26581	166.5	83.5	68.1	86.7	1.9	–1.1	–5.3
5746	7393	7664	237.6	259.5	133.4	103.7	3.3	5.8	4.2
	43.1	72.4							
	468.2	584.2							
2225	3337	3648		2890.3	163.9	109.3		21.9	7.3
65	79	80	307.7	333.3	123.1	101.3	4.3	7.3	3.0
56.3	74.0	79.5	1549.7	632.7	141.3	107.4	10.7	11.5	5.1
253.7	192.1	180.2	124.2	90.2	71.0	93.8	0.8	–0.6	–4.8
291.1	227.0	228.1	76.7	66.4	78.4	100.5	–1.0	–2.4	–3.4
42.7	46.1	46.6	143.9	141.7	109.2	101.1	1.4	2.1	1.3
13183	12439	10899	89.6	107.9	82.7	87.6	–0.4	0.4	–2.7
4000	2573	2217	78.8	83.5	55.4	86.2	–0.9	–1.1	–8.1
206698	203549	201110	370.0	341.9	97.3	98.8	5.0	7.5	–0.4
1201	1274	1388		193.9	115.6	108.9		4.0	2.1
85376	90216	89824	149.2	138.4	105.2	99.6	1.5	1.9	0.7

1-3 山西省水资源总量(2016年)
TOTAL VOLUME OF WATER RESOURCES(2016)

单位：亿立方米 (100 million cu.m)

市名 City		水资源总量 Water Resources	地表水资源量 Surface Water Resources	地下水资源量 Ground Water Resources	重复计算量 Repetition Statistical Amount	年降水量 Annual Precipitation
全省	**Total**	**134.14**	**88.88**	**104.91**	**59.64**	**961.69**
太原市	Taiyuan	6.12	2.42	4.81	1.11	42.46
大同市	Datong	8.52	4.64	7.53	3.65	71.15
阳泉市	Yangquan	5.45	5.95	3.47	3.97	32.64
长治市	Changzhi	13.92	10.11	9.94	6.14	95.20
晋城市	Jincheng	16.73	13.88	13.49	10.64	72.62
朔州市	Shuozhou	6.00	2.13	5.65	1.79	53.74
晋中市	Jinzhong	18.11	13.13	10.31	5.32	109.78
运城市	Yuncheng	13.21	5.95	10.87	3.61	77.97
忻州市	Xinzhou	18.08	10.17	17.05	9.14	149.34
临汾市	Linfen	11.08	8.15	9.83	6.89	118.95
吕梁市	Lvliang	16.92	12.35	11.95	7.38	137.83

1-4 山西省实际用水量(2016年)
ACTUAL CONSUMPTION OF WATER(2016)

单位：亿立方米 (100 million cu.m)

市名 City		总计 Total	农田灌溉 Farmland Irrigation	工业 Industry	城镇生活 Urban Living	农村生活 Rural Living	林牧渔畜 Forestry, Animal Husbandry, Fishery and Livestock	生态 Ecological Utilization
全省	**Total**	**74.90**	**42.97**	**13.49**	**9.46**	**3.38**	**2.57**	**3.01**
太原市	Taiyuan	7.77	1.81	2.75	2.43	0.28	0.11	0.39
大同市	Datong	6.15	3.58	1.11	0.79	0.29	0.06	0.32
阳泉市	Yangquan	1.86	0.24	0.86	0.48	0.14	0.08	0.06
长治市	Changzhi	5.36	2.36	1.45	0.79	0.35	0.16	0.25
晋城市	Jincheng	4.30	1.33	1.70	0.72	0.21	0.25	0.09
朔州市	Shuozhou	5.06	3.42	0.66	0.40	0.16	0.32	0.10
晋中市	Jinzhong	7.60	4.64	1.21	0.71	0.38	0.27	0.39
运城市	Yuncheng	16.34	12.92	1.10	1.20	0.52	0.47	0.13
忻州市	Xinzhou	6.65	4.27	0.84	0.42	0.26	0.31	0.55
临汾市	Linfen	7.76	5.07	0.83	0.82	0.41	0.33	0.30
吕梁市	LvLiang	6.04	3.33	1.00	0.69	0.37	0.20	0.45

1-5　平均每天主要社会经济活动
MAJOR INDICATORS OF AVERAGE DAILY SOCIAL AND ECONOMIC ACTIVITIES

指　　标	Item	2010	2015	2017
地区生产总值(万元)	Gross Domestic Product (10 000 yuan)	253173	350505	425436
全社会固定资产投资额(万元)	Total Investment in Fixed Assets (10 000 yuan)	174044	387319	168244
社会消费品零售总额(万元)	Total Retail Sales of Consumer Goods (10 000 yuan)	90908	165306	189537
进出口总额(万美元)	Total Value of Exports and Imports of Customs (USD 10 000)	3446	4032	4705
一般公共预算收入(万元)	General Public Budget Revenue (10 000 yuan)	26566	44996	51151
一般公共预算支出(万元)	General Public Budget Expenditure (10 000 yuan)	52914	93780	102916
主要农产品产量(吨)	Output of Major Farm Products (ton)			
粮　食	Grain	30344	36001	37093
油　料	Oil-bearing Crops	455	334	412
蔬　菜	Vegetables	19015	22943	22103
主要工业产品产量(全社会)	Output of Major Industrial Products (Total Society)			
原　煤　(万吨)	Coal (10 000 tons)	203	265	239
发电量　(万千瓦小时)	Electricity (10 000 kwh)	58919	67327	75768
钢　材　(吨)	Steel Products (ton)	78530	116911	118778
焦　炭　(万吨)	Coke (10 000 tons)	23	22	23
水　泥　(吨)	Cement (ton)	100556	103728	103021
货运量(万吨)	Freight Traffic (10 000 tons)	342	443	519
客运量(万人)	Passenger Traffic (10 000 persons)	107	84	73
图书出版　(万册)	Books Published (10 000 copies)	36.12	34.08	29.86
期刊出版　(万份)	Magazines Issued (10 000 copies)	10.96	7.05	6.07
报纸出版　(万份)	Newspapers Issued (10 000 copies)	566.30	557.67	550.99
出　生　(人)	Births (person)	1043	1000	1119
死　亡　(人)	Deaths (person)	525	557	551
结　婚　(对)	Marriages (couple)	988	950	788
离　婚　(对)	Divorces (couple)	73	148	178

1-6 社会经济主要指标人均水平
MAJOR PER CAPITA INDICATORS OF SOCIETY AND ECONOMY

指　　标	Item	2010	2015	2017
一、地区生产总值 (元)	**Gross Domestic Product (yuan)**	**26397**	**34993**	**42060**
二、主要农产品产量 (公斤)	**Output of Major Farm Products (kg)**			
粮　食	Grain	316	359	367
油　料	Cotton	4.7	3.3	4.1
甜　菜	Beetroots	7.2	1.5	0.2
蔬　菜	Vegetables	198.3	229.1	218.5
猪牛羊肉	Pork, Beef and Mutton	19.3	22.9	20.9
三、主要工业产品产量 (全社会)	**Output of Major Industrial Products (Total Society)**			
原　煤　(吨)	Coal (ton)	21.17	26.44	23.62
发电量　(千瓦小时)	Electricity (kwh)	6143.2	6721.6	7490.6
粗　钢　(公斤)	Crude Steel (kg)	870.9	1052.2	1199.8
钢　材　(公斤)	Steel Products (kg)	818.8	1167.2	1174.3
焦　炭　(吨)	Coke (ton)	2.43	2.20	2.27
水　泥　(公斤)	Cement (kg)	1048.4	1035.6	1018.5
布　(米)	Cloth (m)	2.1	2.1	1.0
四、社会消费品零售额 (元)	**Total Retail Sales of Consumer Goods (yuan)**	**9478**	**16503**	**18738**
五、人民生活 (元)	**People's Livelihood (yuan)**			
在岗职工平均工资	Average Wage of Fully Employed Staff and Workers	33544	52960	61547
国　有	State-owned Units	33119	54953	64958
集　体	Collective-owned Units	21993	44114	49563
城镇居民可支配收入	Disposable Income of Urban Residents	15648	25828	29132
城镇居民消费支出	Living Expenditure of Urban Residents	9793	15819	18404
农村居民可支配收入	Disposible Income of Rural Residents	4736	9454	10788
农村居民消费支出	Living Expenditure of Rural Residents	3664	7421	8424
住户存款	Households Deposits	26346	42877	50434

1-7 国民经济与社会发展结构指标

MAJOR COMPOSITION INDICATORS ON NATIONAL ECONOMIC AND SOCIAL DEVELOPMENT

单位：% (%)

指 标	Item	2010	2015	2017
男女人口比例	**Sex Ratio**			
男 性	Male	51.4	51.3	51.2
女 性	Female	48.6	48.7	48.8
人口抚养比	**Dependency Ratio of Population**			
总抚养比	Gross Dependency Ratio	32.8	32.6	34.3
少儿抚养比	Children Dependency Ratio	22.7	20.6	20.9
老年抚养比	Old People Dependency Ratio	10.1	12.1	13.4
地区生产总值构成(生产法)	**Composition of GDP**			
第一产业	Primary Industry	5.8	5.7	4.6
第二产业	Secondary Industry	57.2	41.1	43.7
第三产业	Tertiary Industry	37.0	53.2	51.7
地区生产总值构成(支出法)	**Compositon of GDP**			
最终消费	Final Consumption	44.7	55.7	56.4
资本形成总额	Cross Capital Formation	68.2	73.2	46.1
货物和服务净出口	Net Export of Goods and Services	-12.9	-28.9	-2.5
一般公共预算支出构成	**Compositon of General Public Budget Expenditure**			
#教 育	Education	17.0	17.6	16.5
社会保障和就业	Social Security and Employment	14.2	15.6	17.2
医疗卫生与计划生育	Expenditure for Medical and Health Care and Family Planning	5.9	8.5	8.6
能源使用比例	**Structure of Energy Consumption**			
第一产业	Primary Industry	2.4	2.0	1.9
第二产业	Secondary Industry	75.9	76.1	75.5
第三产业	Tertiary Industry	12.0	12.2	12.6
人民生活	People's Livelihood	9.6	9.7	9.9
全社会固定资产投资构成	**Composition of Total Investment in Fixed Assets**			
第一产业	Primary Industry	4.4	11.1	9.4
第二产业	Secondary Industry	41.4	36.8	34.3
第三产业	Tertiary Industry	54.2	52.1	56.3
城乡居民人均收入比(农民=1)	**Ratio of Per Capita Income of Urban and Rural Households(rural income=1)**	3.30	2.73	2.70

1-8 人民物质文化生活情况
CONDITIONS OF PEOPLE'S MATERIAL AND CULTURAL LIFE

指　　标	Item	2010	2015	2017
一、城乡居民收入 (元)	**Income of Urban and Rural Residents (yuan)**			
城镇居民人均可支配收入	Per Capita Disposable Income of Urban Residents	15648	25828	29132
农村居民人均可支配收入	Per Capita Disposable Income of Rural Residents	4736	9454	10788
在岗职工平均工资	Average Wage of Fully Employed Staff and Workers	33544	52960	61547
二、平均每人住房面积 (平方米)	**Per Capita Floor Space of Residential Buildings (sq.m)**			
城镇居民住房面积	Urban Residents	28.0	32.0	32.4
农村居民住房面积	Rural Residents	28.7	33.5	37.8
三、生活、文化、教育、卫生	**Livelihood, Culture, Education and Public Health**			
每百户拥有 (抽 样)	Number of Durable Consumer Goods Owned Per 100 Households by Sample			
彩色电视机 (台)	Color Television Sets (unit)			
城镇居民	Urban Residents	111.8	107.2	106.7
农村居民	Rural Residents	109.0	104.6	107.0
洗衣机(台)	Washing Machines (unit)			
城镇居民	Urban Residents	100.7	98.9	100.0
农村居民	Rural Residents	81.0	83.2	89.1
移动电话 (部)	Mobile Telephones (unit)			
城镇居民	Urban Residents	146.6	220.6	235.9
农村居民	Rural Residents	107.7	201.2	222.6
每人每年拥有期刊 (份)	Number of Magazines per Person per Year (copy)	1.1	0.7	0.6
每百人每天拥有报纸 (份)	Newspapers per 100 Persons per Day (copy)	16.2	15.3	14.9
每万人拥有在校大学生 (人)	Number of Enrollment Students of Regular Institutions of Higher Education per 10 000 Persons (person)	160.8	202.5	215.4
每千人拥有医院床位数 (张)	Number of Hospital Beds per 1 000 persons (unit)	3.1	3.8	4.2
每千人拥有卫生技术人员数 (人)	Number of Medical Technical Personnels Per 1 000 Persons (person)	5.5	5.8	6.2

1-9 主要年份地区生产总值
GROSS DOMESTIC PRODUCT IN MAJOR YEARS

按当年价格计算 (at current prices)

年 份 Year	地区生产总值 (万元) Gross Domestic Product (10 000 yuan)	第一产业 Primary Industry	第二产业 Secondary Industry	工 业 Industry	建筑业 Construction	第三产业 Tertiary Industry	人均地区生产总值 (元) Per Capita GDP (yuan)
1952	159978	93831	27484	23447	4037	38663	116
1957	291594	115415	93994	71745	22249	82185	186
1962	324083	110666	121848	109126	12722	91569	188
1965	439158	127041	205199	185889	19310	106918	238
1970	576900	151931	302600	279549	23051	122369	277
1975	698101	208009	346700	321978	24722	143392	301
1978	879946	182040	514685	481225	33460	183221	365
1980	1087619	206348	635098	582107	52991	246173	442
1985	2189896	422629	1200573	1021192	179381	566694	838
1990	4292736	808080	2100746	1866110	234636	1383910	1528
1991	4685100	687700	2362800	2108100	254700	1634600	1592
1992	5511200	829400	2702800	2404400	298400	1979000	1862
1993	6804100	972700	3350300	2960100	390200	2481100	2271
1994	8266600	1238400	3965700	3471800	493900	3062500	2729
1995	10760300	1686900	4944500	4385000	559500	4128900	3515
1996	12921100	1982800	6002100	5327300	674800	4936200	4178
1997	14760000	1918400	7075800	6263600	812200	5765800	4724
1998	16110800	2072500	7612500	6585500	1027000	6425800	5104
1999	16671000	1599600	7854700	6845500	1009200	7216700	5230
2000	18457200	1798600	8583700	7486500	1097200	8074900	5722
2001	20295300	1710900	9560100	8324500	1235600	9024300	6226
2002	23248000	1978000	11343100	9914400	1428700	9926900	7082
2003	28552200	2151900	14633800	12919400	1714400	11766500	8641
2004	35713700	2763000	19194000	17113000	2081000	13756700	10741
2005	42469100	2624200	23692700	21295400	2397300	16152200	12696
2006	49012000	2767700	27727600	25016500	2711100	18516700	14566
2007	60624000	3172400	34809500	31678100	3131400	22642100	17917
2008	74362500	3934900	42749900	39006400	3743500	27677700	21861
2009	73977400	4664600	40340100	35566400	4773700	28972700	21637
2010	92408000	5367000	52816200	47033400	5782800	34224800	26397
2011	112846300	6161700	66945800	60171100	6774700	39738800	31489
2012	121758300	6747000	68037900	60935500	7102400	46973400	33803
2013	127204000	6975700	66939100	59208700	7766700	53289200	35136
2014	128096600	7366200	63784100	55533200	8292000	56946300	35202
2015	127934400	7262100	52596500	44251700	8472200	68075800	34993
2016	129899100	7242800	50289900	41489100	8956300	72366400	35367
2017	155284200	7191600	67788900	57712200	10198400	80303700	42060

注：(1)2013年起采用新的三次产业划分标准；
(2)根据新的国民经济核算体系的变化，对历史数据进行了调整，后同。

Notes: (1)New division of three industry has been used since 2013.
(2)Historical data are adjusted according to new System of National Accounts. The same applies to the following.

1-10 主要年份地区生产总值构成
COMPOSITION OF GROSS DOMESTIC PRODUCT IN MAJOR YEARS

单位：%　　(%)

年 份 Year	地区生产总值 Gross Domestic Product	第一产业 Primary Industry	第二产业 Secondary Industry			第三产业 Tertiary Industry
				工 业 Industry	建筑业 Construction	
1952	100.0	58.6	17.2	14.6	2.5	24.2
1957	100.0	39.6	32.2	24.6	7.6	28.2
1962	100.0	34.2	37.6	33.7	3.9	28.3
1965	100.0	28.9	46.7	42.3	4.4	24.3
1970	100.0	26.3	52.5	48.4	4.0	21.2
1975	100.0	29.8	49.7	46.1	3.5	20.5
1978	100.0	20.7	58.5	54.7	3.8	20.8
1980	100.0	19.0	58.4	53.5	4.9	22.6
1985	100.0	19.3	54.8	46.6	8.2	25.9
1990	100.0	18.8	48.9	43.5	5.5	32.3
1991	100.0	14.7	50.4	45.0	5.4	34.9
1992	100.0	15.0	49.0	43.6	5.4	35.9
1993	100.0	14.3	49.2	43.5	5.7	36.5
1994	100.0	15.0	48.0	42.0	6.0	37.0
1995	100.0	15.7	46.0	40.8	5.2	38.4
1996	100.0	15.3	46.5	41.2	5.2	38.2
1997	100.0	13.0	47.9	42.4	5.5	39.1
1998	100.0	12.9	47.3	40.9	6.4	39.9
1999	100.0	9.6	47.1	41.1	6.1	43.3
2000	100.0	9.7	46.5	40.6	5.9	43.7
2001	100.0	8.4	47.1	41.0	6.1	44.5
2002	100.0	8.5	48.8	42.6	6.1	42.7
2003	100.0	7.5	51.3	45.2	6.0	41.2
2004	100.0	7.7	53.7	47.9	5.8	38.5
2005	100.0	6.2	55.8	50.1	5.6	38.0
2006	100.0	5.6	56.6	51.0	5.5	37.8
2007	100.0	5.2	57.4	52.3	5.2	37.3
2008	100.0	5.3	57.5	52.5	5.0	37.2
2009	100.0	6.3	54.5	48.1	6.5	39.2
2010	100.0	5.8	57.2	50.9	6.3	37.0
2011	100.0	5.5	59.3	53.3	6.0	35.2
2012	100.0	5.5	55.9	50.0	5.8	38.6
2013	100.0	5.5	52.6	46.5	6.1	41.9
2014	100.0	5.8	49.8	43.4	6.5	44.5
2015	100.0	5.7	41.1	34.6	6.6	53.2
2016	100.0	5.6	38.7	31.9	6.9	55.7
2017	100.0	4.6	43.7	37.2	6.6	51.7

1-11 主要年份地区生产总值指数

INDICES OF GROSS DOMESTIC PRODUCT IN MAJOR YEARS

1952年=100 (year of 1952=100)

年 份 Year	地区生产总值 Gross Domestic Product	第一产业 Primary Industry	第二产业 Secondary Industry	工 业 Industry	建 筑 业 Construction	第三产业 Tertiary Industry
1952	100.0	100.0	100.0	100.0	100.0	100.0
1957	174.0	106.1	371.3	326.7	629.9	198.2
1962	169.2	92.7	404.4	411.5	335.5	194.3
1965	248.5	123.3	705.2	725.5	538.1	251.0
1970	304.2	129.3	982.4	1026.3	648.5	291.6
1975	378.4	160.0	1264.7	1348.3	636.2	334.6
1978	485.1	131.7	1893.0	2034.9	821.4	434.3
1980	543.3	124.4	2117.4	2241.3	1169.7	555.9
1985	939.1	188.3	3565.9	3519.2	3454.5	1119.2
1990	1252.9	220.3	4689.7	4850.7	3266.6	1651.7
1991	1305.5	192.6	4985.2	5185.4	3309.1	1831.7
1992	1468.7	217.4	5453.8	5698.8	3355.4	2090.0
1993	1660.5	237.2	6149.5	6463.6	3605.5	2371.3
1994	1831.2	247.9	6857.3	7220.4	4006.0	2612.8
1995	2051.6	257.3	7776.8	8225.8	4257.2	2939.8
1996	2292.8	287.7	8659.5	9106.0	5087.5	3289.7
1997	2552.8	273.3	9813.2	10282.3	5999.4	3732.8
1998	2805.9	302.0	10714.2	11071.8	7664.6	4112.8
1999	3009.6	251.5	11771.9	12115.6	8691.0	4508.7
2000	3292.0	278.4	12757.1	13197.9	9084.2	4957.9
2001	3624.7	268.4	14133.6	14631.4	10045.3	5580.6
2002	4091.7	304.9	16248.1	16836.0	11437.4	6206.4
2003	4701.4	326.0	18961.5	19647.6	13175.9	7168.3
2004	5416.0	340.6	22279.8	23164.5	15020.5	8308.1
2005	6147.1	322.2	25933.7	27079.3	16807.9	9413.1
2006	6940.1	338.7	30005.3	31439.1	18858.5	10354.4
2007	8071.3	353.9	35226.2	37223.9	20480.3	12042.2
2008	8749.3	358.9	37480.7	39792.3	20623.7	13559.5
2009	9230.6	373.2	38305.3	39593.4	26975.8	14996.8
2010	10513.6	398.6	45200.2	47116.1	29511.5	16376.5
2011	11880.4	423.3	52658.2	55361.4	32020.0	17801.3
2012	13092.2	450.0	58398.0	61894.1	32820.5	19510.2
2013	14270.5	471.1	64121.0	68207.3	34921.0	21071.0
2014	14969.7	493.8	66429.4	70389.9	37400.4	22546.0
2015	15418.8	498.7	65499.3	69052.5	39233.0	24800.6
2016	16112.7	512.7	66481.8	69743.0	40880.8	26511.8
2017	17256.7	528.5	70936.1	74694.8	42556.9	28579.7

1-12 主要年份地区生产总值指数

INDICES OF GROSS DOMESTIC PRODUCT IN MAJOR YEARS

上年=100 (last year=100)

年 份 Year	地区生产总值 Gross Domestic Product	第一产业 Primary Industry	第二产业 Secondary Industry			第三产业 Tertiary Industry
				工 业 Industry	建 筑 业 Construction	
1953	116.7	105.6	125.7	124.6	132.0	137.2
1957	107.6	89.6	133.0	122.2	181.5	108.4
1962	91.3	105.7	85.2	84.2	93.9	84.7
1965	118.8	103.1	135.2	136.6	124.5	117.4
1970	124.4	99.2	147.0	150.5	120.0	121.7
1975	107.9	108.1	112.0	113.4	93.0	97.9
1978	117.6	89.8	131.2	130.7	140.9	109.9
1980	102.0	87.6	102.9	104.6	82.6	111.1
1985	107.1	82.2	113.1	110.2	133.3	115.8
1990	105.0	112.6	101.4	100.4	110.7	108.6
1991	104.2	87.4	106.3	106.9	101.3	110.9
1992	112.5	112.9	109.4	109.9	101.4	114.1
1993	113.1	109.1	112.8	113.4	107.5	113.5
1994	110.3	104.5	111.5	111.7	111.1	110.2
1995	112.0	103.8	113.4	113.9	106.3	112.5
1996	111.8	111.8	111.4	110.7	119.5	111.9
1997	111.3	95.0	113.3	112.9	117.9	113.5
1998	109.9	110.5	109.2	107.7	127.8	110.2
1999	107.3	83.3	109.9	109.4	113.4	109.6
2000	109.4	110.7	108.4	108.9	104.5	110.0
2001	110.1	96.4	110.8	110.9	110.6	112.6
2002	112.9	113.6	115.0	115.1	113.9	111.2
2003	114.9	106.9	116.7	116.7	115.2	115.5
2004	115.2	104.5	117.5	117.9	114.0	115.9
2005	113.5	94.6	116.4	116.9	111.9	113.3
2006	112.9	105.1	115.7	116.1	112.2	110.0
2007	116.3	104.5	117.4	118.4	108.6	116.3
2008	108.4	101.4	106.4	106.9	100.7	112.6
2009	105.5	104.0	102.2	99.5	130.8	110.6
2010	113.9	106.8	118.0	119.0	109.4	109.2
2011	113.0	106.2	116.5	117.5	108.5	108.7
2012	110.2	106.3	110.9	111.8	102.5	109.6
2013	109.0	104.7	109.8	110.2	106.4	108.0
2014	104.9	104.8	103.6	103.2	107.1	107.0
2015	103.0	101.0	98.6	98.1	104.9	110.0
2016	104.5	102.8	101.5	101.0	104.2	106.9
2017	107.1	103.1	106.7	107.1	104.1	107.8

1-13 支出法地区生产总值
GROSS DOMESTIC PRODUCT BY EXPENDITURE APPROACH

单位：万元 (10 000 yuan)

指 标	Item	按当年价格计算 at Current Prices		2017年为2016年% 2017 as Percentage of 2016
		2016	2017	
总 计	**Total**	**129899100**	**155284200**	**107.1**
一、最终消费	Final Consumption Expenditure	74514600	87563700	116.0
居民消费	Residents Consumption Expenditure	55332500	66943700	119.4
城镇居民	Urban Residents	40295300	48937000	119.6
农村居民	Rural Residents	15037200	18006700	118.9
政府消费	Government Consumption Expenditure	19182100	20620000	105.7
二、资本形成总额	Gross Capital Formation	94643300	71547000	71.5
固定资本形成总额	Gross Fixed Capital Formation	83693600	67000900	76.3
存货增加	Changes in Inventories	10949700	4546100	36.4
三、货物和服务净出口	Net Export of Goods and Services	-39258800	-3826500	

1-14 支出法地区生产总值构成
COMPOSITION OF GROSS DOMESTIC PRODUCT BY EXPENDITURE APPROACH

单位：% (%)

指 标	Item	按当年价格计算 at Current Prices	
		2016	2017
总 计	**Total**	**100.0**	**100.0**
一、最终消费	Final Consumption Expenditure	57.4	56.4
居民消费	Residents Consumption Expenditure	42.6	43.1
城镇居民	Urban Residents	31.0	31.5
农村居民	Rural Residents	11.6	11.6
政府消费	Government Consumption Expenditure	14.8	13.3
二、资本形成总额	Gross Capital Formation	72.9	46.1
固定资本形成总额	Gross Fixed Capital Formation	64.4	43.1
存货增加	Changes in Inventories	8.4	2.9
三、货物和服务净出口	Net Export of Goods and Services	-30.2	-2.5

1-15 总产出
TOTAL OUTPUT

单位：万元 (10 000 yuan)

指　　标	Item	按当年价格计算 at Current Prices	
		2016	2017
总　计	**Total**	**328861300**	**377005900**
按国民经济行业分	**Grouped By Sector**		
农、林、牧、渔业	Farming, Forestry, Animal Husbandry and Fishery	14299100	14187300
工　业	Industry	142654800	171060000
建筑业	Construction	45695200	52299400
交通运输、仓储和邮政业	Transportation, Storage and Post	21518100	24310900
批发和零售业	Wholesale and Retail Trade	14577300	14844400
其　他	Others	90116800	100303900
按三次产业分	**By Type of Industry**		
第一产业	Primary Industry	13403900	13260800
第二产业	Secondary Industry	187951800	223015300
第三产业	Tertiary Industry	127505600	140729800

1-16 资本形成总额
GROSS CAPITAL FORMATION

单位：万元 (10 000 yuan)

指　　标	Item	2016	2017
总　计	**Total**	**94643300**	**71547000**
固定资本形成总额	Gross Fixed Capital Formation	83693600	67000900
住　宅	Residential Buildings	12001400	12119700
非住宅建筑物	Nonresidential Buildings	38664000	37456000
机器和设备	Machinery and Equipment	22008000	12116300
其　他	Others	11020200	5308900
存货增加	Changes in Inventories	10949700	4546100
第一产业	Primary Industry	287000	260000
第二产业	Secondary Industry	2991100	–2750900
第三产业	Tertiary Industry	7671600	7037000

1-17 地区生产总值构成项目(2017年)
COMPONENTS OF GROSS DOMESTIC PRODUCT(2017)

单位：万元 (10 000 yuan)

指 标	Item	总 计 Total	劳动者报酬 Compensation of Employees	生产税净额 Net Taxes on Production	固定资产折旧 Depreciation of Fixed Assets	营业盈余 Operating Surplus
地区生产总值	**Gross Domestic Product**	**155284200**	**74156600**	**25972900**	**26630700**	**28524000**
按国民经济行业分	**Grouped By Sector**					
农、林、牧、渔业	Farming, Forestry, Animal Husbandry and Fishery	7640600	5942800	-509300	712800	1494300
#农、林、牧、渔服务业	Farming, Forestry, Animal Husbandry and Fishery Service	449000	342200	-900	50200	57500
工 业	Industry	57712200	24281500	14984900	11288600	7157200
#金属制品、机械和设备修理业	Metal Products, Machinery and Equipment Repair	121700	84500	31300	4300	1600
建筑业	Construction	10198400	5386100	2195500	652300	1964500
批发和零售业	Wholesale and Retail Trade	10785400	3008400	3279700	1096900	3400400
交通运输、仓储和邮政业	Transport, Storage and Post	10521400	4993300	703000	1768300	3056800
住宿和餐饮业	Hotels and Catering Services	4017700	1418400	441300	410100	1747900
信息传输、软件和信息技术服务业	Information Transmission, Software and Information Technology Services	6230100	2591200	457700	1716800	1464400
金融业	Financial Industry	13200500	5673100	1820400	795500	4911500
房地产业	Real Estate	7987300	1157000	1714100	5022000	94200
租赁和商务服务业	Lease and Business Affairs Services	2967300	1196200	271700	653800	845600
科学研究和技术服务业	Scientific Research and Technical Services	1480200	904200	128100	226600	221300
水利、环境和公共设施管理业	Water, Environmental Protection and Public Facility Management	711800	525800	26700	181000	-21700
居民服务、修理和其他服务业	Resident Services, Repair and Other Services	3916500	1960300	182100	206200	1567900
教 育	Education	5529900	4719400	85400	706800	18300
卫生和社会工作	Health Care and Social Work	2411900	1702100	53300	256600	399900
文化、体育和娱乐业	Culture, Sports and Recreation	1789800	1162000	119000	256300	252500
公共管理、社会保障和社会组织	Public Management, Social Security and Social Organization	8183200	7534800	19300	680100	-51000
按三次产业分	**By Type of Industry**					
第一产业	Primary Industry	7191600	5600600	-508400	662600	1436800
第二产业	Secondary Industry	67788900	29583100	17149100	11936600	9120100
第三产业	Tertiary Industry	80303700	38972900	9332200	14031500	17967100

1-18 按三次产业、行业(门类)划分的法人单位数、产业活动单位数及从业人数(2017年)

项　目	Item	单位数(个) Number of Units (unit)
总　计	**Total**	**600802**
按三次产业分	**By Industry**	
第一产业	Primary Industry	99121
第二产业	Secondary Industry	77335
第三产业	Tertiary Industry	424346
按行业(门类)分	**By Sector**	
农、林、牧、渔业	Farming , Forestry , Animal Husbandry and Fishery	106983
采矿业	Ming	7499
制造业	Manufacturing	37197
电力、热力、燃气及水生产和供应业	Production and Supply of Electricity, Heat, Gas and Water	4955
建筑业	Construction	28426
批发和零售业	Wholesale and Retail Trade	178727
交通运输、仓储和邮政业	Transport, Storage and Post	14827
住宿和餐饮业	Hotels and Catering Services	9121
信息传输、软件和信息技术服务业	Information Transmission, Software and Information Technology Services	18806
金融业	Financial Industry	3221
房地产业	Real Estate	15980
租赁和商务服务业	Lease and Business Affairs Services	49596
科学研究和技术服务业	Scientific Reseach and Technical Services	18000
水利、环境和公共设施管理业	Management of Water Conservancy, Environment and Public Facilities	5238
居民服务、修理和其他服务业	Resident Services, Repair and Other Services	11101
教　育	Education	12875
卫生和社会工作	Health Care and Social Work	7050
文化、体育和娱乐业	Culture, Sports and Recreation	12183
公共管理、社会保障和社会组织	Public Management, Social Security and Social Organization	59017

NUMBER OF CORPORATION UNITS, ACTIVE UNITS AND EMPLOYEES BY TYPE OF INDUSTRY AND SECTOR(2017)

法人单位 Corporation Units			产业活动单位 Active Units		
单产业法人 Single Industry	多产业法人 Multi-industry	从业人数 (人) Employees (person)	单位数 (个) Number of Units (unit)	#多产业法人所属的产业活动单位 Units Belong to Multi-industry Corporation	从业人数 (人) Employees (person)
571983	**28819**	**10137211**	**713486**	**141503**	**11415677**
98910	211	986728	99478	568	991881
74955	2380	3918141	84090	9135	4307293
398118	26228	5232342	529918	131800	6116503
106745	238	1058778	107544	799	1065200
7265	234	1221608	8031	766	1317178
36144	1053	1792248	38934	2790	1938853
4758	197	176572	6190	1432	252259
27512	914	750404	31811	4299	837068
174204	4523	1405665	200972	26768	1560120
14244	583	386096	20679	6435	577028
8725	396	189574	10384	1659	223984
18470	336	156871	22683	4213	191750
2619	602	136786	13374	10755	258332
15089	891	220559	17669	2580	248161
48517	1079	413460	56145	7628	496646
17444	556	194286	21000	3556	223604
5112	126	110679	6120	1008	121069
10910	191	99226	11867	957	114635
11711	1164	588639	22754	11043	658987
6292	758	204122	30424	24132	275927
12025	158	120432	12928	903	127038
44197	14820	911206	73977	29780	927838

1-19 按登记注册类型划分的法人单位数、产业活动单位数及从业人数(2017年)

项 目	Item	单位数 (个) Number of Units (unit)
总 计	**Total**	**600802**
一、内 资	**Civil Funded Enterprises**	**600036**
国 有	State-owned Enterprises	45963
集 体	Collective-owned Enterprises	5472
股份合作	Share Cooperative Enterprises	267
国有联营	State-owned Joint Owned Enterprises	44
集体联营	Collective-owned Joint Owned Enterprises	58
国有与集体联营	State-owned and Collective-owned Joint Owned Enterprises	23
其他联营	Other Joint Owned Enterprises	30
国有独资公司	Company Exclusively with Investment from State	1507
其他有限责任公司	Other Limited Responsibility Company	20368
股份有限公司	Share Holding Limited Company	1591
私营独资	Enterprise Exclusively with Investment from Private	35013
私营合伙	Private Partner Enterprises	2796
私营有限责任公司	Privately Owned Limited Responsibility Company	353044
私营股份有限公司	Privately Owned Share Holding Limited Company	2236
其 他	Others	131624
二、港澳台商投资	**Enterprises Funded by Hong Kong, Macao and Taiwan**	**289**
与港澳台商合资经营	Joint Venture	136
与港澳台商合作经营	Cooperative Enterprise	12
港澳台商独资	Ventures Exclusively with Hong Kong, Macao and Taiwan Investment	125
港澳台商投资股份有限公司	Share Holding Limited Company	11
其他港澳台商投资	Others	5
三、外商投资	**Foreign Funded Enterprises**	**477**
中外合资经营	Joint Venture	206
中外合作经营	Cooperative Enterprises	30
外资企业	Enterprises Funded by Foreign Investment	204
外商投资股份有限公司	Limited Company Funded by Foreign Investment	26
其他外商投资	Others	11

NUMBER OF CORPORATION UNITS, ACTIVE UNITS AND EMPLOYEES BY REGISTRATION STATUS(2017)

法人单位 Corporation Units			产业活动单位 Active Units		
单产业法人 Single Industry	多产业法人 Multi-industry	从业人数 (人) Employees (person)	单位数 (个) Number of Units (unit)	#多产业法人所属的产业活动单位 Units Belong to Multi-industry Corporation	从业人数 (人) Employees (person)
571983	**28819**	**10137211**	**713486**	**141503**	**11415677**
571323	**28713**	**9918887**	**710491**	**139168**	**11156816**
39061	6902	1965059	85192	46131	2579035
4682	790	188872	15597	10915	234204
244	23	9899	643	399	14575
42	2	3785	122	80	5996
56	2	1485	94	38	2039
21	2	829	34	13	3350
30		659	49	19	822
1303	204	306378	2112	809	245340
18709	1659	1788188	28786	10077	1817130
1150	441	304457	8147	6997	596395
34630	383	310252	36716	2086	326068
2773	23	32007	3007	234	34119
345741	7303	3593981	378655	32914	3837678
2109	127	91604	3749	1640	108239
120772	10852	1321432	147588	26816	1351826
250	**39**	**127020**	**1358**	**1108**	**138562**
120	16	68293	177	57	69239
8	4	4237	20	12	3127
108	17	50751	1124	1016	61128
10	1	3508	29	19	4117
4	1	231	8	4	951
410	**67**	**91304**	**1637**	**1227**	**120299**
182	24	44058	260	78	48187
28	2	10190	33	5	10714
168	36	31050	1155	987	54210
22	4	4628	169	147	3005
10	1	1378	20	10	4183

1-20 按登记注册类型、从业人数组距划分的法人单位数(2017年)

单位：个

项 目	Item	9人以下 9 Persons Below
总 计	**Total**	**441509**
一、内 资	**Civil Funded Enterprises**	**441265**
国 有	State-owned Enterprises	18366
集 体	Collective-owned Enterprises	2732
股份合作	Share Cooperative Enterprises	126
国有联营	State-owned Joint Owned Enterprises	19
集体联营	Collective-owned Joint Owned Enterprises	37
国有与集体联营	State-owned and Collective-owned Joint Owned Enterprises	12
其他联营	Other Joint Owned Enterprises	12
国有独资公司	Company Exclusively with Investment from State	696
其他有限责任公司	Other Limited Responsibility Company	11160
股份有限公司	Share Holding Limited Company	561
私营独资	Enterprise Exclusively with Investment from Private	27321
私营合伙	Private Partner Enterprises	1951
私营有限责任公司	Privately Owned Limited Responsibility Company	277051
私营股份有限公司	Privately Owned Share Holding Limited Company	1370
其 他	Others	99851
二、港澳台商投资	**Enterprises Funded by Hong Kong, Macao and Taiwan**	**87**
与港澳台商合资经营	Joint Venture	40
与港澳台商合作经营	Cooperative Enterprise	3
港澳台商独资	Ventures Exclusively with Hong Kong,Macao and Taiwan Investment	39
港澳台商投资股份有限公司	Share Holding Limited Company	3
其他港澳台商投资	Others	2
三、外商投资	**Foreign Funded Enterprises**	**157**
中外合资经营	Joint Venture	50
中外合作经营	Cooperative Enterprises	11
外资企业	Enterprises Funded by Foreign Investment	78
外商投资股份有限公司	Limited Company Funded by Foreign Investment	13
其他外商投资	Others	5

NUMBER OF CORPORATION UNITS BY REGISTRATION STATUS AND QUANTITY OF EMPLOYEES(2017)

(unit)

10-49人 10-49 Persons	50-99人 50-99 Persons	100-299人 100-299 Persons	300-499人 300-499 Persons	500-999人 500-999 Persons	1000-4999人 1000-4999 Persons	5000人以上 5000 Persons Above
131242	**15773**	**9007**	**1501**	**1064**	**640**	**66**
131000	**15701**	**8895**	**1472**	**1035**	**606**	**62**
18685	5127	3095	390	200	92	8
2023	381	248	54	19	14	1
95	26	14	3	3		
15	4	3	1		2	
13	3	4	1			
8	1	1	1			
12	5	1				
448	129	109	37	41	38	9
5694	1248	1198	358	432	255	23
516	150	174	60	66	53	11
6909	548	214	12	8	1	
774	45	23		3		
67110	5434	2635	456	220	130	8
594	134	101	18	11	6	2
28104	2466	1075	81	32	15	
94	**26**	**40**	**14**	**10**	**15**	**3**
38	12	26	10	7	2	1
2	2	2			3	
49	10	11	3	2	9	2
4	1		1	1	1	
1	1	1				
148	**46**	**72**	**15**	**19**	**19**	**1**
62	27	35	11	11	10	
7	5	3		1	3	
69	13	33	3	4	3	1
7			1	3	2	
3	1	1			1	

主要统计指标解释

地区生产总值 是按市场价格计算的一个地区所有常住单位在一定时期内生产活动的最终成果。地区生产总值有三种表现形态，即价值形态、收入形态和产品形态。从价值形态看，它是所有常住单位在一定时期内所生产的全部货物和服务价值与同期投入的全部非固定资产货物和服务价值的差额，即所有常住单位的增加值之和；从收入形态看，它是所有常住单位在一定时期内所创造并分配给常住单位和非常住单位的初次分配收入之和；从产品形态看，它是最终使用的货物和服务价值与货物和服务价值净出口之和。在核算中，地区生产总值的三种表现形态表现为三种计算方法，即生产法、收入法和支出法。三种方法分别从不同的方面反映地区生产总值及其构成。

三次产业 我国的三次产业划分是：

第一产业是指农、林、牧、渔业（不含农、林、牧、渔服务业）。

第二产业是指采矿业（不含开采辅助活动），制造业（不含金属制品、机械和设备修理业），电力、热力、燃气及水生产和供应业，建筑业。

第三产业即服务业，是指除第一产业、第二产业以外的其他行业。第三产业包括：批发和零售业，交通运输、仓储和邮政业，住宿和餐饮业，信息传输、软件和信息技术服务业，金融业，房地产业，租赁和商务服务业，科学研究和技术服务业，水利、环境和公共设施管理业，居民服务、修理和其他服务业，教育，卫生和社会工作，文化、体育和娱乐业，公共管理、社会保障和社会组织，国际组织，以及农、林、牧、渔业中的农、林、牧、渔服务业，采矿业中的开采辅助活动，制造业中的金属制品、机械和设备修理业。

总产出 指一定时期内一个地区常住单位生产的所有货物和服务的价值，既包括新增价值，也包括被消耗的货物和服务价值以及固定资产的转移价值。总产出按生产者价格计算，它反映常住单位生产活动的总规模。

增加值 指常住单位生产过程创造的新增价值和固定资产的转移价值。它可以按生产法计算，也可以按收入法计算，按生产法计算，它等于总产出减去中间投入；按收入法计算，它等于劳动者报酬、生产税净额、固定资产折旧和营业盈余之和。

劳动者报酬 指劳动者因从事生产活动所获得的全部报酬。包括劳动者获得的各种形式的工资、奖金和津贴，既有货币形式的，也有实物形式的，还包括劳动者所享受的公费医疗和医药卫生费、上下班交通补贴、单位支付的社会保险费、住房公积金等。对于个体经济来说，其所有者所获得的劳动报酬和经营利润不易区分，这两部分统一作为劳动者报酬处理。

生产税净额 指生产税减生产补贴后的差额。生产税指政府对生产单位从事生产、销售和经营活动以及因从事生产活动使用某些生产要素（如固定资产、土地、劳动力）所征收的各种税、附加费和规费。生产补贴与生产税相反，指政府对生产单位的单方面转移支付，因此视为负生产税，包括政策性亏损补贴、价格补贴等。

固定资产折旧 指一定时期内为弥补固定资产损耗按照规定的固定资产折旧率提取的固定资产折旧，或按国民经济核算统一规定的折旧率虚拟计算的固定资产折旧。它反映了固定资产在当期生产中的转移价值。各类企业和企业化管理的事业单位的固定资产折旧是指实际计提的折旧费；不计提折旧的政府机关、非企业化管理的事业单位和居民住房的固定资产折旧是按照统一规定的折旧率和固定资产原值计算的虚拟折旧。原则上，固定资产折旧应按固定资产的重置价值计算，但是目前我国尚不具备对全社会固定资产进行重估价的基础，所以暂时还不能采用这种办法。

营业盈余 指常住单位创造的增加值扣除劳动者报酬、生产税净额和固定资产折旧后的余额。它相当于企业的营业利润加上生产补贴，但要扣除从利润中开支的工资和福利等。

支出法地区生产总值 指一个地区所有常住单位在一定时期内用于最终消费、资本形成总额，以及货物和服务净出口的总额，它反映本期生产的地区生产总值的使用情况。

最终消费 指常住单位在一定时期内对于货物和服务的全部最终消费支出，也就是说常住单位为满足物质、文化和精神生活的需要，从本地区经济领土和地区外购买的货物和服务的支出，不包括非常住单位在本地区经济领土内的消费支出。最终消费分为居民消费和政府消费。

居民消费 指常住住户在一定时期内对货物和服务的全部最终消费支出。它除了常住住户直接以货币形式购买货物和服务的消费之外，还包括以其他方式获得的货物和服务的消费，即单位以实物报酬及实物转移的形式提供给劳动者的货物和服务；住户生产并由住户自己消费的货物和服务，其中的服务仅指住户的自有住房服务和付酬的家庭服务；金融机构提供的金融媒介服务；保险公司提供的保险服务。

政府消费 指政府部门为全社会提供公共服务的消费支出和免费或以较低价格向住户提供的货物和服务的净支出。前者等于政府服务的产出价值减去政府单位所获得的经营收入后的价值，政府服务的产出价值等于它的经常性业务支出加上固定资产折旧；后者等于政府部门免费或以较低价格向住户提供的货物和服务的市场价值减去向住户收取的价值。

资本形成总额 指常住单位在一定时期内获得的减去处置的固定资产加存货的净变动额，包括固定资本形成总额和存货增加。

固定资本形成总额 指生产者在一定的时期内获得的固定资产减处置的固定资产的价值总额。固定资产是通过生产活动生产出来的，其使用年限在一年以上，单位价值在规定标准以上的资产，不包括自然资产。固定资本形成总额分有形固定资本形成总额和无形固定资本形成总额。有形固定资本形成总额包括一定时期内完成的建筑工程、安装工程、设备工器具购置（减处置）价值以及土地改良、新增役、种、奶、毛、娱乐用牲畜和新增经济林木价值。无形固定资本形成总额包括矿藏的勘探、计算机软件等获得减处置。

存货增加 指常住单位存货实物量变动的市场价值，即期末价值减期初价值的差额，再扣除当期由于价格变动而产生的持有收益。存货增加可以是正值，也可以是负值；正值表示存货增加，负值表示存货减少。它包括生产单位购进的原材料、燃料和储备物资等存货，以及生产单位生产的产成品、在制品存货等。

货物和服务净出口 指货物和服务出口减货物和服务进口的差额。出口包括常住单位向非常住单位出售或无偿转让的各种货物和服务的价值；进口包括常住单位从非常住单位购买或无偿得到的各种货物和服务的价值。由于服务活动的提供与使用同时发生，因此服务的进出口业务并不发生出入境现象，一般把常住单位从国外得到的服务作为进口，常住单位向国外提供的服务作为出口。

法人单位 指有权拥有资产、承担负债，并独立从事社会经济活动（或与其他单位进行交易）的组织。

产业活动单位 指位于一个地点，从事一种或主要从事一种社会经济活动的组织或组织的一部分。

Explanatory Notes on Main Statistical Indicators

Gross Domestic Product refers to the final products of all resident units calculated at market prices, in a region during a certain period of time. Gross domestic product is expressed in three different forms i.e. value, income and products respectively. The form of value refers to the total value of all products and services produced by all resident units during a certain period of time minus total value of intermediate input of materials and services of the nature of non-fixed assets or the summation of the value-added of all resident units; the form of income includes all the income created by all resident units and distributed primarily to all resident and non-resident units; the form of products refers to the value of all final goods and services for final use by all resident units plus the value of net exports of goods and services during given period of time. In the practice of national accounting, gross domestic product is calculated with three approaches, i.e. production approach, income approach, and expenditure approach, which reflect gross domestic product and its composition from different aspects.

Three Industries Industry in China comprises:

Primary industry refers to farming, forestry, animal husbandry and fishery, excluding services supported these industries.

Secondary industry refers to mining (excluding auxiliary activities), manufacturing (excluding repair of metal products, machinery and equipment), production and supply of electricity, heat, gas and water, construction.

Tertiary industry refers to all other industries not included in primary or secondary industry. It includes wholesale and retail trade, transport, storage and post, hotels and catering services, information transmission, software and information technology services, financial industry, real estate, lease and business affairs services, scientific research and technical services, management of water conservancy, environment and public facilities, residents services, repair and other services, education, health care and social work, culture, sports and recreation, public management, social security and social organization, international organization, services of farming, forestry, animal husbandry and fishery, auxiliary activities of mining, repair of metal products, machinery and equipment of manufacturing.

Total Output refers to value of all goods and services produced by resident units in a certain period of time, including new increasing value, also including value of goods and services consumed and transfer value of fixed assets. It is calculated at producer price, reflecting total production scale of resident units.

Intermediate Input refers to total non-fixed assets goods and services consumed and used by resident units during producing or supplying goods and services. Intermediate input is also called intermediate consumption, calculated at price of buyer.

Value Added refers to new increasing value and transfer value of fixed assets created by resident units during production. It is calculated in production way, also in income way. It equals total output minus intermediate consume when in production way. It equals compensation of laborers plus net tax on production, depreciation of fixed assets and operating surplus when in income way.

Laborers' Remuneration refers to the whole payment of various forms earned by the laborers from the productive activities they are engaged in. It includes wages, bonuses and allowances the laborers earned in monetary form and in kind. It also includes the free medical services provided to the laborers and the medicine expenses, traffic subsidies and social insurance fee paid by the laborers working units for them. As the individual economy is concerned, since the laborers remuneration is not easily distinguished from the operating profit, both are treated as laborers remuneration.

Net Taxes on Production refers to the residual of the taxes on production minus the subsidies on production. The taxes on production refers to the various taxes, extra charges and fees levied on the production units on their production, sale and business activities as well as on some factors pf production, such as fixed assets, land and labor force, used in the production activities they are engaged in. In contrast to the taxes on production, the subsidies on production refer to the unilateral transfer of part of the government's revenue to the production units and is therefore regarded as negative taxes on production. They include subsidies on the loss due to implementation of government policies and price subsidies etc.

Depreciation of Fixed Assets refers to the depreciation of fixed assets of a given period, drawn in accordance with the stipulated depreciation rate for the purpose of compensating the wear loss of the fixed assets of the depreciation of fixed assets calculated in a fictitious way in accordance with the stipulated unified depreciation rate in the national economic accounting It reflects the value of transfer of the fixed assets in the production of the current period. The depreciation of fixed assets in various enterprises and institutions managed as enterprises which do not drawn and calculated as part of the cost. In government agencies and institution not managed as enterprises which do not draw the depreciation expenses, as well as for the houses of residents, the depreciation of fixed assets is the imputed depreciation, which is calculated in accordance with the stipulated unified depreciation rate. In principle, the depreciation of fixed assets should be calculated on the basis of the repurchased value of the fixed assets. However, there is no actual condition to reevaluate all the fixed assets in China. Therefore, the method can't be adopted temporarily at present.

Operating Surplus refers to the balance of the value added created by the resident units deducting the laborers remuneration, net taxes on production and the depreciation of fixed assets. It is equivalent to the business profit of the enterprises plus subsidies on production, but the wages and welfare expenses paid from the profits should be deducted.

GDP Calculated by Expenditure Approach refers to total expenditure on final consumption, total capital formation and net export of goods and services by resident units of a region in a certain period of time. It reflects the composition of GDP by its use.

Final Consumption refers to the total expenditure of resident units on final consumption of goods and services in a certain period, namely the expenditure of the resident units for purchases of goods and services from domestic economic territory and other regions to meet the requirements of material, cultural and spiritual life. It excludes the expenditure of non-resident units on consumption in the economic territory. The final consumption is classified into household consumption and government consumption.

Households Consumption refers to the total expenditure of resident households on the final consumption of goods and services during a certain period of time. In addition to the consumption of goods and services bought by the households directly with money, the expenditure on goods and services obtained by the households in other ways, i.e. the so-called imputed expenditure on consumption, is also include in the households consumption. The imputation expenditure of the households on consumption includes the following types: (a) the goods and services provided to the households themselves, in the form of payment in kind and transfer in kind; (b) the goods and services produced and consumed by the households themselves, in which the services refer only to the services provided by the residential buildings owned by the households; (c) the services of financial intermediary provided by the financial institutions; (d) the insurance services provided by the insurance companies.

Government Consumption refers to the expenditure on the consumption of the public services provided by the government to the whole society and the net expenditure on the goods and services provided by the government to the households at free charge or lower prices. The former equals to the output value of the government services minus the value of operating income obtained by the government departments.(The output value of the government services equals to its current operating expenditure plus depreciation of fixed assets). The latter equals to the market value of the goods and services provided by the government free of charge or at low prices to the households minus the value received by the government from the households.

Total Capital Formation refers to the fixed assets acquired minus those disposed and the change in inventory, including the total fixed assets formation and the increase in inventory.

Total Fixed Capital Formation refers to the value of fixed assets purchased, transferred in by the resident units and those produced and used by themselves deducting the value of fixed assets sold and transferred out. It can be classified into total tangible assets formation and total intangible assets formation. The total tangible assets formation include the value of the construction projects, installation projects completed and the equipment, apparatus and instruments purchased as well as the value of land improved, the value of draught animals, breeding stock, milk, wool and recreational animals and the newly increased economic forest in a certain period. The total intangible assets formation includes the prospecting of minerals, the acquisition of computer software, the originals of recreational works and works of literature and arts minus the disposal of them.

Increase in Inventory refers to the market value of the charge in inventory, i.e. the difference of value between the beginning and the end of the period. The increase in inventory can be positive or negative. A positive value indicates the increase in inventory while negative value indicates the decrease in stock. The inventory includes the raw materials, fuels, reserve materials purchased by the production units as well as the inventory of finished products, semi-finished products, work-in-progress, etc.

Net Export of Goods and Services refers to the difference of the exports of goods and services minus the imports of goods and services. The exports include the value of various goods and services sold or gratuitously transferred by the resident units to the non-resident units. The imports include the value of various goods and services purchased or gratuitously acquisition by the resident units from the non-resident units. Because the provision of services and the use of them happen simultaneously, the import and export of services do not appear to have the phenomena of crossing the border of country. The acquisition of services by the resident units from abroad is usually treated as import while the acquisition of services by non-resident units in this country is usually treated as export.

Corporation Units refer to organizations which are entitled to possess assets, assume liabilities and carry out social economic activities (or can trade with other units) independently.

Active Units refer to organizations or a part of it which carry out one or mainly one social economic activities in certain places.

2

人口、劳动工资和社会保障

POPULATION, LABOR WAGES AND SOCIAL SECURITY

资料整理人员

周俊英　栗金荣　李渔翔

人 口
POPULATION

总户数	Number of Households	1301.73	万户	(10 000 households)
常住人口	Resident Population	3702.35	万人	(10 000 persons)
男　性	Male	1895.11	万人	(10 000 persons)
女　性	Female	1807.24	万人	(10 000 persons)
出生人口	Birth Population	40.83	万人	(10 000 persons)
死亡人口	Death Population	20.12	万人	(10 000 persons)

城乡人口构成 (%)

Composition of Urban and Rural Population (%)

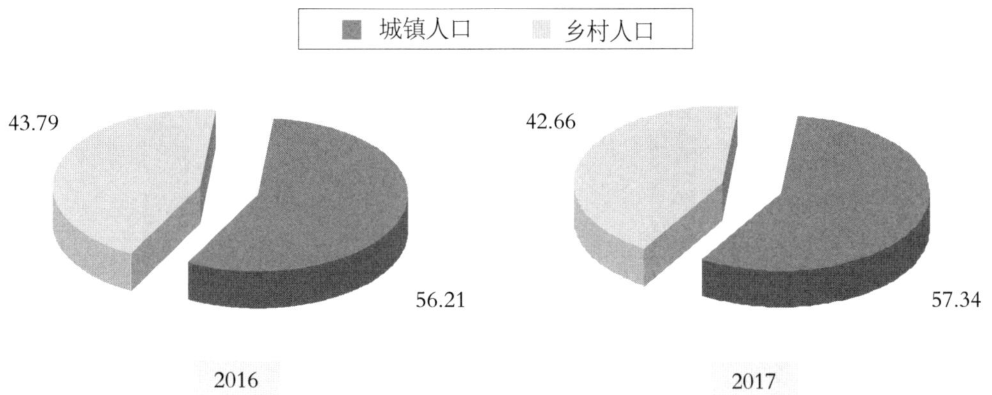

人口出生率、死亡率、自然增长率 (‰)

Birth Rate, Death Rate and Natural Growth Rate of Population (‰)

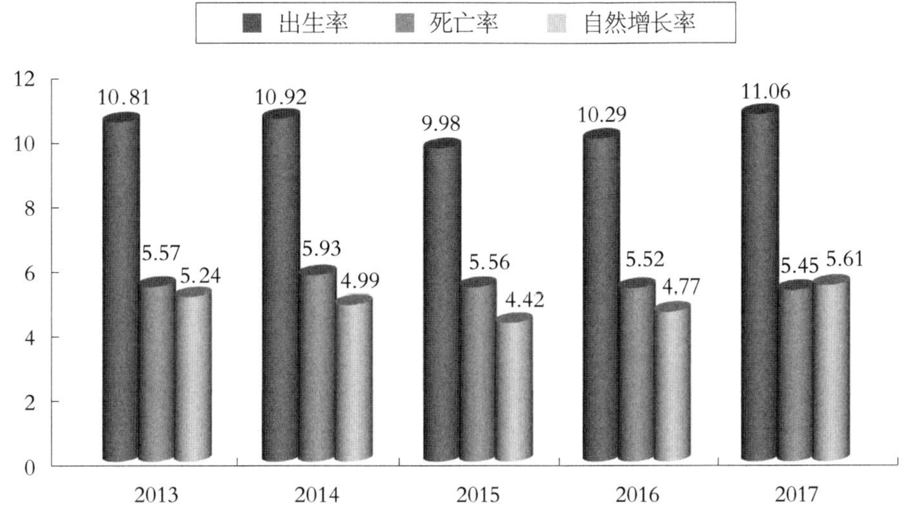

全社会从业人员和劳动报酬

TOTAL EMPLOYEES AND PAYMENT

全社会从业人员	Total Employees	1914.1	万人	(10 000 persons)
第一产业	Primary Industry	670.7	万人	(10 000 persons)
第二产业	Secondary Industry	483.8	万人	(10 000 persons)
第三产业	Tertiary Industry	759.7	万人	(10 000 persons)

全社会从业人员和在岗职工人数（万人）

Number of Total Employees and Fully Employed Staff and Workers (10 000 persons)

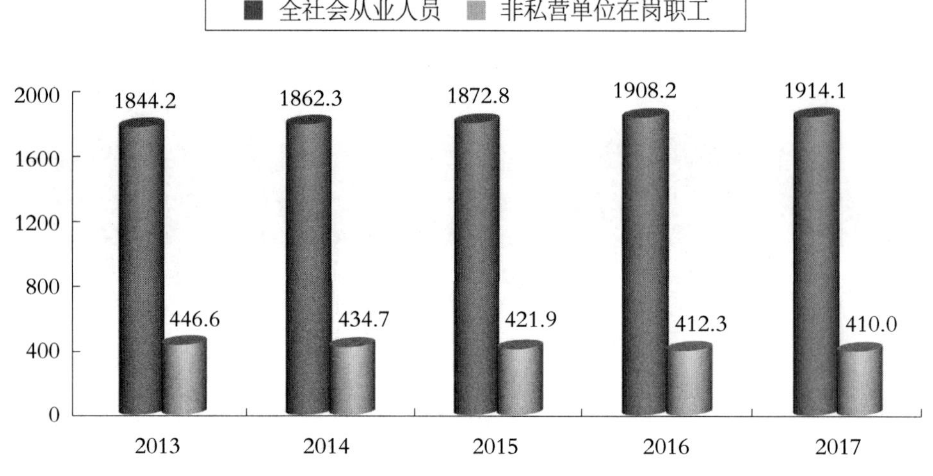

非私营单位在岗职工平均工资（元）

Average Wage of Fully Employed Staff and Workers in Non-private Units (yuan)

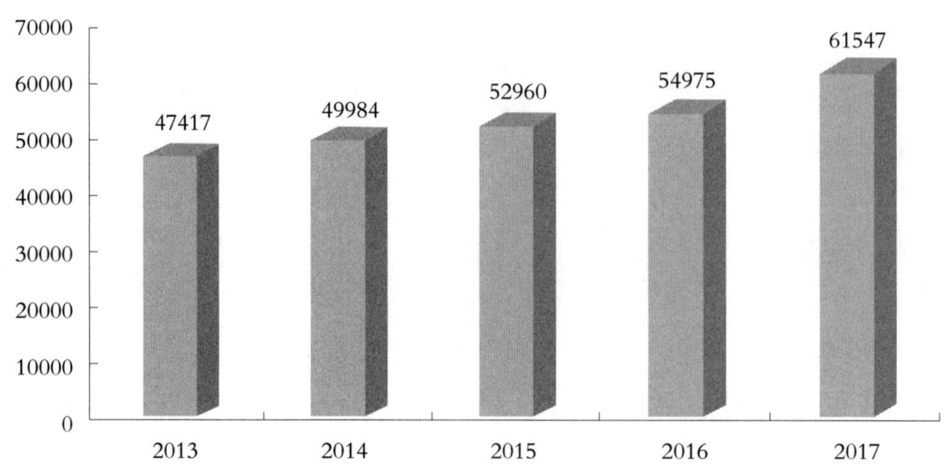

2-1 主要年份总户数、常住人口数

TOTAL HOUSEHOLD AND RESIDENT POPULATION IN MAJOR YEARS

单位：万人　　(10 000 persons)

年 份 Year	总户数(万户) Number of Households (10 000 Households)	常住人口 Resident Population	按性别分 By Sex		按农业非农业分 By Registered Residence	
			男 性 Male	女 性 Famle	非农业人口 Non-agriculture	农业人口 Agriculture
1978	558.01	2423.60	1273.07	1150.53	393.79	2029.81
1980	579.71	2476.46	1299.32	1177.14	439.81	2036.65
1985	631.69	2673.51	1403.33	1270.18	536.84	2136.67
1990	740.63	2898.96	1508.62	1390.34	639.22	2259.74
1995	815.23	3077.28	1606.34	1470.94	748.39	2328.89
2000	885.55	3247.80	1680.91	1566.89	861.84	2334.34
2005	1008.04	3355.21	1719.33	1635.88	1010.46	2283.97
2010	1188.84	3574.11	1835.37	1738.75	1144.45	2329.18
2011	1233.13	3593.28	1843.75	1749.52	1162.44	2334.79
2012	1282.40	3610.83	1850.96	1759.87	1171.99	2326.73
2013	1313.25	3629.80	1865.40	1764.40	1189.51	2333.93
2014	1313.35	3647.96	1872.97	1774.99	1192.72	2329.46
2015	1297.74	3664.12	1879.09	1785.03		
2016	1304.35	3681.64	1885.96	1795.68		
2017	1301.73	3702.35	1895.11	1807.24		

注：本表2000年及以后年份农业、非农业人口和2005年及以后年份总户数为公安年报数；2015年起，取消农业户口和非农业户口。

Note: Data of agriculture and non-agriculture population since 2000 and number of households since 2005 are all from public security department. The indicators of agriculture and non-agreculture have been cancelled since 2015.

2-2 主要年份人口自然变动

NATURAL CHANGE OF POPULATION IN MAJOR YEARS

单位：万人　　(10 000 persons)

年 份 Year	出 生 Birth		死 亡 Death		自然增长 Natural Growth	
	人 数 Population	出生率(‰) Birth Rate	人 数 Population	死亡率(‰) Death Rate	人 数 Population	增长率(‰) Natural Growth Rate
1978	37.76	15.66	15.80	6.55	21.96	9.11
1980	41.74	16.95	15.98	6.49	25.76	10.46
1985	56.65	21.36	16.87	6.36	39.78	15.00
1990	64.82	22.54	18.87	6.56	45.95	15.98
1995	50.82	16.60	18.73	6.12	32.09	10.48
2000	42.72	13.25	18.59	5.77	24.13	7.48
2005	40.21	12.02	20.07	6.00	20.14	6.02
2010	38.06	10.68	19.18	5.38	18.88	5.30
2011	37.50	10.47	20.10	5.61	17.41	4.86
2012	38.53	10.70	20.99	5.83	17.55	4.87
2013	39.15	10.81	20.17	5.57	18.98	5.24
2014	39.74	10.92	21.58	5.93	18.16	4.99
2015	36.49	9.98	20.33	5.56	16.16	4.42
2016	37.79	10.29	20.27	5.52	17.52	4.77
2017	40.83	11.06	20.12	5.45	20.71	5.61

2-3 城乡人口情况

URBAN AND RURAL POPULATION

单位：万人 (10 000 persons)

年 份 Year	城 镇 Urban Area		乡 村 Rural Area	
	人口数 Population	比 重(%) Proportion	人口数 Population	比 重(%) Proportion
1978	464.85	19.18	1958.75	80.82
1979	484.79	19.81	1962.41	80.19
1980	502.72	20.30	1973.74	79.70
1981	517.06	20.61	1991.71	79.39
1982	546.63	21.47	1999.37	78.53
1983	577.73	22.32	2010.67	77.68
1984	610.77	23.21	2020.71	76.79
1985	645.65	24.15	2027.86	75.85
1986	682.72	25.16	2030.81	74.84
1987	721.80	26.17	2036.31	73.83
1988	763.01	27.18	2044.23	72.82
1989	806.54	28.27	2046.44	71.73
1990	837.80	28.90	2061.16	71.10
1991	854.90	29.06	2086.96	70.94
1992	872.04	29.27	2107.27	70.73
1993	889.93	29.54	2122.69	70.46
1994	908.08	29.82	2137.13	70.18
1995	926.57	30.11	2150.71	69.89
1996	945.53	30.41	2163.73	69.59
1997	964.57	30.71	2176.32	69.29
1998	984.33	31.03	2187.87	68.97
1999	1004.34	31.35	2199.29	68.65
2000	1165.31	35.88	2082.49	64.12
2001	1147.92	35.09	2123.71	64.91
2002	1254.56	38.09	2039.15	61.91
2003	1286.28	38.81	2028.01	61.19
2004	1321.65	39.63	2013.42	60.37
2005	1412.81	42.11	1942.40	57.89
2006	1451.39	43.01	1923.16	56.99
2007	1493.75	44.03	1898.83	55.97
2008	1538.58	45.11	1872.06	54.89
2009	1576.09	45.99	1851.27	54.01
2010	1717.43	48.05	1856.68	51.95
2011	1785.31	49.68	1807.97	50.32
2012	1851.08	51.26	1759.75	48.74
2013	1907.92	52.56	1721.88	47.44
2014	1962.32	53.79	1685.64	46.21
2015	2016.37	55.03	1647.75	44.97
2016	2069.63	56.21	1612.01	43.79
2017	2122.92	57.34	1579.43	42.66

2-4 主要年份人口年龄构成和抚养比

AGE COMPOSITION AND DEPENDENCY RATIO OF POPULATION IN MAJOR YEARS

单位：% (%)

年 份 Year	年龄构成 Age Composition			抚养比 Dependency Ratio		
	0—14岁 Age 0-14	15—64岁 Age 15-64	65岁及以上 Age 65 and Over	总抚养比 Gross Dependency Ratio	少儿抚养比 Children Dependency Ratio	老年抚养比 Old People Dependency Ratio
1953	33.89	61.37	4.74	62.95	55.22	7.72
1964	40.43	55.22	4.35	81.09	73.22	7.88
1982	33.36	61.65	4.99	62.21	54.11	8.09
1990	28.15	66.46	5.39	50.47	42.36	8.11
2000	25.73	67.94	6.33	47.19	37.87	9.32
2005	21.30	71.55	7.15	39.76	29.77	9.99
2010	17.10	75.33	7.58	32.75	22.70	10.06
2011	16.47	75.62	7.91	32.24	21.78	10.46
2012	16.44	75.59	7.97	32.29	21.75	10.54
2013	15.83	75.80	8.37	31.93	20.88	11.04
2014	15.67	75.65	8.68	32.19	20.71	11.47
2015	15.50	75.40	9.10	32.63	20.56	12.07
2016	15.45	75.06	9.49	33.23	20.58	12.64
2017	15.59	74.46	9.95	34.30	20.94	13.36

注：1953、1964、1982、1990、2000、2010年为六次人口普查数据，其余年份为人口抽样调查推算数。

Note: Data of 1953,1964,1982,1990,2000 and 2010 in this table are obtained from six National Population Census, and the rest are caculated from the Sample Survey of Population .

2-5 主要年份全社会从业人员年末人数

TOTAL EMPLOYEES AT YEAR-END IN MAJOR YEARS

单位：万人 (10 000 persons)

年 份 Year	从业人员合计 Total Employees	在岗职工 Fully Employed Staff and Workers				其他从业人员 Other Employees	城镇私营企业及个体 Urban Private Enterprises and Self-employed Individuals	农村及乡镇企业 Rural, Township and Village Enterprises
			国有单位 State-Owned Units	城镇集体单位 Urban Collective-Owned Units	其他单位 Other-Owned Units			
1978	965.23	268.30	227.34	40.96			0.12	696.81
1980	1002.64	298.98	246.24	52.74			1.08	702.58
1985	1154.11	377.09	291.49	85.27	0.33		8.18	768.84
1990	1304.01	438.68	340.94	97.41	0.33		11.84	853.49
1995	1424.52	463.51	370.14	88.14	5.23	15.41	34.48	911.12
2000	1392.40	370.16	276.62	48.24	45.30	11.64	48.66	961.94
2005	1500.20	352.11	247.50	29.83	74.78	8.38	80.15	1059.56
2010	1685.90	384.48	231.90	22.79	129.79	9.93	171.50	1100.01
2011	1738.89	398.62	237.25	23.72	137.65	11.07	199.66	1129.53
2012	1790.17	418.48	232.44	23.75	162.29	17.52	216.47	1137.70
2013	1844.20	446.56	201.36	20.35	224.85	17.48	233.45	1146.71
2014	1862.29	434.72	197.32	18.61	218.79	17.37	250.20	1160.00
2015	1872.76	421.90	193.81	16.54	211.55	18.37	272.29	1160.20
2016	1908.21	412.35	190.33	15.92	206.10	18.20	317.10	1160.56
2017	1914.13	410.01	187.66	14.63	207.72	18.67	333.57	1151.88

2-6 全社会劳动力资源配置情况
LABOR RESOURCES ALLOCATION IN THE WHOLE SOCIETY

单位：万人 (10 000 persons)

指 标	Item	2016	2017
年末劳动力资源总数	**Labor Resources at Year-end**	**2763.4**	**2756.8**
年末劳动力配置	**Labor Allocation at Year-end**		
一、从业人员	**Number of Employees**	**1908.2**	**1914.1**
按经济类型分	**By Ownership**		
1.国有经济	State-Owned Economy	199.9	196.3
2.集体经济	Colletive-Owned Economy	948.1	908.9
3.私营经济	Private Economy	241.4	252.7
4.个体经济	Indivdual Economy	306.0	339.2
5.联营经济	Joint-Owned Economy	0.3	0.2
6.股份制经济	Share Holding Ecnonmy	25.5	26.0
7.外商投资经济	Foreign Funded Economy	7.5	7.4
8.港、澳、台投资经济	Economy Funded By Entrepreneurs from Hongkong, Macao and Taiwan	12.5	11.8
9.其他经济	Other Types of Ownership	167.1	171.6
按国民经济行业分	**By Sector**		
1.农、林、牧、渔业	Farming, Forestry, Animal Husbandry and Fishery	670.5	670.7
2.采矿业	Mining	144.3	133.1
3.制造业	Manufacturing	187.2	200.6
4.电力、热力、燃气及水生产和供应业	Production and Supply of Electricity, Heat, Gas and Water	13.7	14.1
5.建筑业	Construction	136.0	136.0
6.批发和零售业	Wholesale and Retail Trade	230.8	235.7
7.交通运输、仓储和邮政业	Transport, Storage and Post	99.7	104.9
8.住宿和餐饮业	Hotels and Catering Services	81.8	85.9
9.信息传输、软件和信息技术服务业	Information Transmission, Software and Information Technology Services	27.6	26.8
10.金融业	Financial Industry	20.2	20.9
11.房地产业	Real Estate Trade	8.4	8.7
12.租赁和商务服务业	Lease and Business Services	20.9	20.2
13.科学研究和技术服务业	Scientific Reseach and Technical Services	10.4	10.2
14.水利、环境和公共设施管理业	Water, Environmental Protection and Public Facility Management	11.5	11.7
15.居民服务、修理和其他服务业	Resident Services, Repair and Other Services	30.3	33.9
16.教 育	Education	51.7	51.7
17.卫生和社会工作	Health Care and Social Work	22.1	22.8
18.文化、体育和娱乐业	Culture, Sports and Recreation	8.3	8.2
19.公共管理、社会保障和社会组织	Public Management, Social Security and Social Organization	58.2	59.3
20.其他行业	Others	74.9	58.7
按三次产业分	**By Type of Industry**		
1.第一产业	Primary Industry	670.5	670.7
2.第二产业	Secondry Industry	481.1	483.8
3.第三产业	Tertiary Industry	756.6	759.7
二、城镇登记失业人员	**Urban Unemployed Registered**	**26.1**	**26.5**
三、16岁以上在校学生	**Student Enrollment Over Age 16**	**172.8**	**175.5**
四、其他劳动者	**Others**	**656.3**	**640.7**

2-7 非私营单位从业人员(2017年)

NUMBER OF EMPLOYEES IN NON-PRIVATE UNITS(2017)

单位：人 (person)

项　目	Item	从业人员 Number of Employees	#女性 Female	在岗职工 Fully Employed	其他从业人员 Other Employees
总　计	**Total**	**4286802**	**1499819**	**4100132**	**186670**
一、按企业、事业、机关分	**Grouped By Enterprises, Institutions and Government Agencies**				
#1.企　业	Enterprises	2753274	753183	2635986	117288
2.事　业	Institutions	1056980	588499	1004723	52257
3.机　关	Government Agencies	464908	151581	448302	16606
二、按国民经济行业分	**Grouped By Sector**				
1.农、林、牧、渔业	Farming, Forestry, Animal Husbandry and Fishery	16464	4784	16137	327
2.采矿业	Mining	893162	153074	883521	9641
3.制造业	Manufacturing	639914	199419	630373	9541
4.电力、热力、燃气及水生产和供应业	Production and Supply of Electricity, Heat, Gas and Water	129051	37859	126396	2655
5.建筑业	Construction	291688	49891	268621	23067
6.批发和零售业	Wholesale and Retail Trade	148286	63027	142782	5504
7.交通运输、仓储和邮政业	Transport, Storage and Post	234515	56620	227458	7057
8.住宿和餐饮业	Hotels and Catering Services	36855	22131	32507	4348
9.信息传输、软件和信息技术服务业	Information Transmission, Software and Information Technology Services	48649	22501	46374	2275
10.金融业	Financial Industry	185789	93465	139763	46026
11.房地产业	Real Estate	37591	14595	35596	1995
12.租赁和商务服务业	Lease and Business Services	81939	21579	77512	4427
13.科学研究和技术服务业	Scientific Reseach and Technial Services	70876	23046	69381	1495
14.水利、环境和公共设施管理业	Water, Environmental Protection and Public Facility Management	101310	44529	85124	16186
15.居民服务、修理和其它服务业	Resident Services, Repair and Other Services	9693	4899	8750	943
16.教　育	Education	512714	328801	499243	13471
17.卫生和社会工作	Health Care and Social Work	211133	140850	199328	11805
18.文化、体育和娱乐业	Culture, Sports and Recreation	44382	20611	42365	2017
19.公共管理、社会保障和社会组织	Public Management, Social Security and Social Organization	592791	198138	568901	23890
总计中:国有控股	**Share Controlled by State**	**1958459**	**506808**	**1883122**	**75337**

注：在岗职工包含劳务派遣工，后同。

Note: Dispatching workers are included in fully employed workers. The same applies to the tables following.

2-8 非私营单位从业人员劳动报酬(2017年)

REWARD OF EMPLOYEES IN NON-PRIVATE UNITS(2017)

单位：万元 (10 000 yuan)

项目	Item	从业人员劳动报酬 Total Reward of Employees	在岗职工工资总额 Wages of Fully Employed	其他从业人员劳动报酬 Reward of Other Employees	在岗职工平均工资(元) Average Wages of Fully Employed (yuan)
总计	**Total**	**25583091**	**25070912**	**512179**	**61547**
一、按企业、事业、机关分	**Grouped By Enterprises, Institutions and Government Agencies**				
#1.企业	Enterprises	16389870	16021220	368650	61292
2.事业	Institutions	6303995	6194071	109924	61878
3.机关	Government Agencies	2849305	2817282	32024	62963
二、按国民经济行业分	**Grouped By Sector**				
1.农、林、牧、渔业	Farming, Forestry, Animal Husbandry and Fishery	85768	85104	664	52631
2.采矿业	Mining	5839198	5802222	36976	65670
3.制造业	Manufacturing	3004259	2975259	29000	49142
4.电力、热力、燃气及水生产和供应业	Production and Supply of Electricity, Heat, Gas and Water	978711	973181	5530	78696
5.建筑业	Construction	1499522	1387945	111578	51095
6.批发和零售业	Wholesale and Retail Trade	650890	636613	14277	44291
7.交通运输、仓储和邮政业	Transport, Storage and Post	1798948	1773083	25866	77672
8.住宿和餐饮业	Hotels and Catering Services	113388	105542	7846	32663
9.信息传输、软件和信息技术服务业	Information Transmission, Software and Information Technology Services	381928	370069	11859	79439
10.金融业	Financial Industry	1458934	1353977	104957	97146
11.房地产业	Real Estate	177587	172081	5506	49090
12.租赁和商务服务业	Lease and Business Services	363303	352242	11061	43881
13.科学研究和技术服务业	Scientific Reseach and Technial Services	479905	472963	6942	68429
14.水利、环境和公共设施管理业	Water, Environmental Protection and Public Facility Management	315694	288926	26768	33802
15.居民服务、修理和其它服务业	Resident Services, Repair and Other Services	31778	29960	1818	39910
16.教育	Education	3466265	3440391	25874	69096
17.卫生和社会工作	Health Care and Social Work	1180224	1148140	32084	58202
18.文化、体育和娱乐业	Culture, Sports and Recreation	241090	235567	5523	55364
19.公共管理、社会保障和社会组织	Public Management, Social Security and Social Organization	3515700	3467650	48050	61097
总计中:国有控股	**Share Controlled by State**	**12814841**	**12554427**	**260414**	**66634**

2-9 国有单位从业人员(2017年)
NUMBER OF EMPLOYEES IN STATE-OWNED UNITS(2017)

单位：人 (person)

项 目	Item	从业人员 Number of Employees	#女性 Female	在岗职工 Fully Employed	其他从业人员 Other Employees
总 计	**Total**	**1962935**	**864409**	**1876643**	**86292**
一、按隶属关系分	**Grouped By Administrative Relationship**				
1.中 央	Central Government	230317	64014	224844	5473
2.省、自治区、直辖市	Province	299340	118788	289179	10161
3.地 区	Prefecture	364565	158009	345128	19437
4.县及县以下	County and Below	1068713	523598	1017492	51221
二、按企业、事业、机关分	**Grouped By Enterprises, Institutions** and Government Agencies				
#1.企 业	Enterprises	474225	143822	455522	18703
#地 方	Local	269046	89308	255515	13531
2.事 业	Institutions	1021779	568353	970973	50806
#地 方	Local	1010578	564306	959910	50668
3.机 关	Government Agencies	464190	151050	447604	16586
#地 方	Local	448742	145049	432333	16409
三、按国民经济行业分	**Grouped By Sector**				
1.农、林、牧、渔业	Farming, Forestry, Animal Husbandry and Fishery	15276	4409	14950	326
2.采矿业	Mining	19143	4067	18654	489
3.制造业	Manufacturing	40005	13575	39223	782
4.电力、热力、燃气及水生产和供应业	Production and Supply of Electricity, Heat, Gas and Water	56532	18506	55599	933
5.建筑业	Construction	42558	8445	39740	2818
6.批发和零售业	Wholesale and Retail Trade	36512	12808	35556	956
7.交通运输、仓储和邮政业	Transport, Storage and Post	173691	37913	169838	3853
8.住宿和餐饮业	Hotels and Catering Services	12182	6621	11830	352
9.信息传输、软件和信息技术服务业	Information Transmission, Software and Information Technology Services	5702	2402	5475	227
10.金融业	Financial Industry	55532	28952	49746	5786
11.房地产业	Real Estate	7465	2791	7204	261
12.租赁和商务服务业	Lease and Business Services	42827	9777	39780	3047
13.科学研究和技术服务业	Scientific Reseach and Technial Services	56678	19214	55513	1165
14.水利、环境和公共设施管理业	Water, Environmental Protection and Public Facility Management	87394	37900	71900	15494
15.居民服务、修理和其它服务业	Resident Services, Repair and Other Services	2538	901	2310	228
16.教 育	Education	493228	316819	480251	12977
17.卫生和社会工作	Health Care and Social Work	184807	123840	173958	10849
18.文化、体育和娱乐业	Culture, Sports and Recreation	38226	17422	36367	1859
19.公共管理、社会保障和社会组织	Public Management, Social Security and Social Organization	592639	198047	568749	23890

2-10 国有单位从业人员劳动报酬(2017年)

REWARD OF EMPLOYEES IN STATE-OWNED UNITS(2017)

单位：万元 (10 000 yuan)

项 目	Item	从业人员劳动报酬 Total Reward of Employees	在岗职工工资总额 Wages of Fully Employed	其他从业人员劳动报酬 Reward of Other Employees	在岗职工平均工资(元) Average Wages of Fully Employed (yuan)
总 计	**Total**	**12362813**	**12160524**	**202289**	**64958**
一、按隶属关系分	**Grouped By Administrative** Relationship				
1.中 央	Central Government	2280714	2258716	21998	99499
2.省、自治区、直辖市	Province	2089651	2056259	33392	71498
3.地 区	Prefecture	2122413	2068680	53734	60348
4.县及县以下	County and Below	5870035	5776870	93165	56935
二、按企业、事业、机关分	**Grouped By Enterprises, Institutions** and Government Agencies	3354750	3292207	62543	72262
#1.企 业	Enterprises	1255179	1213948	41231	47879
#地 方	Local	6148789	6041592	107198	62468
2.事 业	Institutions	6067024	5960216	106807	62341
#地 方	Local	2847310	2815313	31997	63017
3.机 关	Government Agencies	2740411	2708749	31663	62792
#地 方	Local				
三、按国民经济行业分	**Grouped By Sector**				
1.农、林、牧、渔业	Farming, Forestry, Animal Husbandry and Fishery	80471	79810	661	53267
2.采矿业	Mining	126260	124590	1670	65760
3.制造业	Manufacturing	190436	189100	1336	47986
4.电力、热力、燃气及水生产和供应业	Production and Supply of Electricity, Heat, Gas and Water	472698	471306	1392	88203
5.建筑业	Construction	183728	172084	11643	41641
6.批发和零售业	Wholesale and Retail Trade	188938	186930	2008	52370
7.交通运输、仓储和邮政业	Transport, Storage and Post	1509791	1493510	16281	87893
8.住宿和餐饮业	Hotels and Catering Services	41909	41150	759	34805
9.信息传输、软件和信息技术服务业	Information Transmission, Software and Information Technology Services	35166	34192	974	62725
10.金融业	Financial Industry	474158	453987	20171	90774
11.房地产业	Real Estate	28226	27760	467	38647
12.租赁和商务服务业	Lease and Business Services	172571	165183	7388	42078
13.科学研究和技术服务业	Scientific Reseach and Technial Services	387781	383211	4570	69259
14.水利、环境和公共设施管理业	Water, Environmental Protection and Public Facility Management	277784	252705	25079	35128
15.居民服务、修理和其它服务业	Resident Services, Repair and Other Services	11987	11379	608	48731
16.教 育	Education	3391439	3366965	24474	70300
17.卫生和社会工作	Health Care and Social Work	1059329	1029682	29647	59843
18.文化、体育和娱乐业	Culture, Sports and Recreation	216978	211868	5111	57906
19.公共管理、社会保障和社会组织	Public Management, Social Security and Social Organization	3513164	3465114	48050	61069

2-11 城镇集体单位从业人员(2017年)

NUMBER OF EMPLOYEES IN URBAN COLLECTIVE-OWNED UNITS(2017)

单位：人 (person)

项 目	Item	从业人员 Number of Employees	#女 性 Female	在岗职工 Fully Employed	其他从业人员 Other Employees
总 计	**Total**	**153421**	**66984**	**146293**	**7128**
一、按企业、事业、机关分	**Grouped By Enterprises, Institutions and Government Agencies**				
#1.企 业	Enterprises	122960	49902	117242	5718
2.事 业	Institutions	29737	16697	28353	1384
3.机 关	Government Agencies	243	131	223	20
二、按国民经济行业分	**Grouped By Sector**				
1.农、林、牧、渔业	Farming, Forestry, Animal Husbandry and Fishery	495	135	495	
2.采矿业	Mining	6812	458	6386	426
3.制造业	Manufacturing	31087	15666	30338	749
4.电力、热力、燃气及水生产和供应业	Production and Supply of Electricity, Heat, Gas and Water	580	245	580	
5.建筑业	Construction	15689	3235	13659	2030
6.批发和零售业	Wholesale and Retail Trade	18296	6060	17772	524
7.交通运输、仓储和邮政业	Transport, Storage and Post	2722	739	2718	4
8.住宿和餐饮业	Hotels and Catering Services	1131	693	1107	24
9.信息传输、软件和信息技术服务业	Information Transmission, Software and Information Technology Services	83	20	76	7
10.金融业	Financial Industry	38856	19251	37552	1304
11.房地产业	Real Estate	1152	597	1124	28
12.租赁和商务服务业	Lease and Business Services	4951	1643	4475	476
13.科学研究和技术服务业	Scientific Reseach and Technial Services	429	168	427	2
14.水利、环境和公共设施管理业	Water, Environmental Protection and Public Facility Management	6543	3404	6025	518
15.居民服务、修理和其它服务业	Resident Services, Repair and Other Services	1307	574	1125	182
16.教 育	Education	3195	1840	3039	156
17.卫生和社会工作	Health Care and Social Work	18733	11695	18074	659
18.文化、体育和娱乐业	Culture, Sports and Recreation	1345	555	1306	39
19.公共管理、社会保障和社会组织	Public Management, Social Security and Social Organization	15	6	15	

2-12 城镇集体单位从业人员劳动报酬(2017年)

REWARD OF EMPLOYEES IN URBAN COLLECTIVE-OWNED UNITS(2017)

单位：万元 (10 000 yuan)

项 目	Item	从业人员劳动报酬 Total Reward of Employees	在岗职工工资总额 Wages of Fully Employed	其他从业人员劳动报酬 Reward of Other Employees	在岗职工平均工资(元) Average Wages of Fully Employed (yuan)
总 计	**Total**	**745581**	**729579**	**16002**	**49563**
一、按企业、事业、机关分	**Grouped By Enterprises, Institutions and Government Agencies**				
#1.企 业	Enterprises	612573	599174	13399	50789
2.事 业	Institutions	129873	127306	2567	44633
3.机 关	Government Agencies	782	755	27	33848
二、按国民经济行业分	**Grouped By Sector**				
1.农、林、牧、渔业	Farming, Forestry, Animal Husbandry and Fishery	3107	3107		62384
2.采矿业	Mining	46831	46398	433	70664
3.制造业	Manufacturing	103378	101419	1959	32586
4.电力、热力、燃气及水生产和供应业	Production and Supply of Electricity, Heat, Gas and Water	1528	1528		28727
5.建筑业	Construction	52945	47844	5101	35283
6.批发和零售业	Wholesale and Retail Trade	34908	34198	710	19356
7.交通运输、仓储和邮政业	Transport, Storage and Post	12159	12154	5	39719
8.住宿和餐饮业	Hotels and Catering Services	2975	2954	21	26755
9.信息传输、软件和信息技术服务业	Information Transmission, Software and Information Technology Services	307	298	9	39224
10.金融业	Financial Industry	336518	332963	3555	89340
11.房地产业	Real Estate	2159	2076	83	18943
12.租赁和商务服务业	Lease and Business Services	19539	18313	1226	41311
13.科学研究和技术服务业	Scientific Reseach and Technial Services	1403	1395	8	32508
14.水利、环境和公共设施管理业	Water, Environmental Protection and Public Facility Management	16684	15744	940	25098
15.居民服务、修理和其它服务业	Resident Services, Repair and Other Services	2933	2575	358	22609
16.教 育	Education	17158	16837	321	55347
17.卫生和社会工作	Health Care and Social Work	87054	85794	1260	47626
18.文化、体育和娱乐业	Culture, Sports and Recreation	3851	3838	13	29429
19.公共管理、社会保障和社会组织	Public Management, Social Security and Social Organization	146	146		

2-13 其他单位从业人员(2017年)

NUMBER OF EMPLOYEES IN OTHER-OWNED UNITS(2017)

单位：人 (person)

项　目	Item	从业人员 Number of Employees	#女性 Female	在岗职工 Fully Employed	其他人员 Other Employees
总　计	**Total**	**2170446**	**568426**	**2077196**	**93250**
一、按登记注册类型分	**Grouped by Registered Kind**				
内　资	Civil Funded Enterprises	1978780	502341	1891134	87646
1.股份合作	Share Cooperative Enterprises	6106	3041	5960	146
2.联　营	Joint Owned Enterprises	2346	448	2269	77
#国有联营	State-owned Joint Owned Enterprises	2080	312	2003	77
集体联营	Collective-owned Joint Owned Enterprises	227	109	227	
3.有限责任公司	Limited Liability Company	1688382	394423	1644438	43944
#国有独资	Company Exclusively with Investment from State	285545	70877	281599	3946
4. 股份有限公司	Share Holding Limited Company	259663	90846	217022	42641
5.其　他	Others	22283	13583	21445	838
港、澳、台商投资	Enterprises Funded by HongKong, Macao and Taiwan	117860	43669	116052	1808
外商投资	Foreign Funded Enterprises	73806	22416	70010	3796
二、按企业、事业、机关分	**Grouped By Enterprises, Institutions** and Government Agencies				
#1.企　业	Enterprises	2156089	559459	2063222	92867
2.事　业	Institutions	5464	3449	5397	67
三、按国民经济行业分	**Grouped By Sector**				
1.农、林、牧、渔业	Farming, Forestry, Animal Husbandry and Fishery	693	240	692	1
2.采矿业	Mining	867207	148549	858481	8726
3.制造业	Manufacturing	568822	170178	560812	8010
4.电力、热力、燃气及水生产和供应业	Production and Supply of Electricity, Heat, Gas and Water	71939	19108	70217	1722
5.建筑业	Construction	233441	38211	215222	18219
6.批发和零售业	Wholesale and Retail Trade	93478	44159	89454	4024
7.交通运输、仓储和邮政业	Transport, Storage and Post	58102	17968	54902	3200
8.住宿和餐饮业	Hotels and Catering Services	23542	14817	19570	3972
9.信息传输、软件和信息技术服务业	Information Transmission, Software and Information Technology Services	42864	20079	40823	2041
10.金融业	Financial Industry	91401	45262	52465	38936
11.房地产业	Real Estate	28974	11207	27268	1706
12.租赁和商务服务业	Lease and Business Services	34161	10159	33257	904
13.科学研究和技术服务业	Scientific Reseach and Technial Services	13769	3664	13441	328
14.水利、环境和公共设施管理业	Water, Environmental Protection and Public Facility Management	7373	3225	7199	174
15.居民服务、修理和其它服务业	Resident Services, Repair and Other Services	5848	3424	5315	533
16.教　育	Education	16291	10142	15953	338
17.卫生和社会工作	Health Care and Social Work	7593	5315	7296	297
18.文化、体育和娱乐业	Culture, Sports and Recreation	4811	2634	4692	119
19.公共管理、社会保障和社会组织	Public Management, Social Security and Social Organization	137	85	137	

2-14 其他单位从业人员劳动报酬(2017年)
REWARD OF EMPLOYEES IN OTHER-OWNED UNITS(2017)

单位：万元 (10 000 yuan)

项 目	Item	从业人员劳动报酬 Total Reward of Employees	在岗职工工资总额 Wages of Fully Employed	其他从业人员劳动报酬 Reward of Other Employees	在岗职工平均工资(元) Average Wages of Fully Employed (yuan)
总 计	**Total**	**12474698**	**12180809**	**293889**	**59297**
一、按登记注册类型分	**Grouped by Registered Kind**				
内 资	Civil Funded Enterprises	11394455	11114899	279556	59455
1.股份合作	Share Cooperative Enterprises	45222	44853	369	75971
2.联 营	Joint Owned Enterprises	15145	15013	132	65846
#国有联营	State-owned Joint Owned Enterprises	14045	13913	132	69011
集体联营	Collective-owned Joint Owned Enterprises	1010	1010		44893
3.有限责任公司	Limited Liability Company	9638357	9458468	179888	58361
#国有独资	Company Exclusively with Investment from State	1860225	1843959	16266	65315
4. 股份有限公司	Share Holding Limited Company	1611701	1515155	96545	69106
5. 其 他	Others	84030	81409	2621	38124
港、澳、台商投资	Enterprises Funded by HongKong, Macao and Taiwan	601918	596894	5025	52100
外商投资	Foreign Funded Enterprises	478324	469016	9308	66828
二、按企业、事业、机关分	**Grouped By Enterprises, Institutions** and Government Agencies				
#1.企 业	Enterprises	12422547	12129839	292708	59450
2.事 业	Institutions	25333	25173	159	47044
三、按国民经济行业分	**Grouped By Sector**				
1.农、林、牧、渔业	Farming, Forestry, Animal Husbandry and Fishery	2190	2187	4	31740
2.采矿业	Mining	5666107	5631235	34872	65630
3.制造业	Manufacturing	2710444	2684739	25705	50191
4.电力、热力、燃气及水生产和供应业	Production and Supply of Electricity, Heat, Gas and Water	504485	500346	4138	71789
5.建筑业	Construction	1262849	1168016	94833	53887
6.批发和零售业	Wholesale and Retail Trade	427044	415485	11559	45974
7.交通运输、仓储和邮政业	Transport, Storage and Post	276999	267419	9580	48362
8.住宿和餐饮业	Hotels and Catering Services	68504	61438	7066	31694
9.信息传输、软件和信息技术服务业	Information Transmission, Software and Information Technology Services	346455	335579	10876	81733
10.金融业	Financial Industry	648259	567028	81231	108849
11.房地产业	Real Estate	147202	142245	4957	53126
12.租赁和商务服务业	Lease and Business Services	171193	168746	2447	46127
13.科学研究和技术服务业	Scientific Reseach and Technial Services	90721	88357	2364	66145
14.水利、环境和公共设施管理业	Water, Environmental Protection and Public Facility Management	21226	20477	749	28186
15.居民服务、修理和其它服务业	Resident Services, Repair and Other Services	16858	16007	852	39689
16.教 育	Education	57669	56589	1079	35517
17.卫生和社会工作	Health Care and Social Work	33842	32664	1177	45424
18.文化、体育和娱乐业	Culture, Sports and Recreation	20261	19862	399	42650
19.公共管理、社会保障和社会组织	Public Management, Social Security and Social Organization	2390	2390		

2–15 私营单位从业人员和劳动报酬(2017年)
NUMBER AND REWARD OF EMPLOYEES IN PRIVATE UNITS(2017)

项 目	Item	从业人员(人) Number of Employees (person)	劳动报酬总额(万元) Total Reward of Employees (10 000 yuan)	平均劳动报酬(元) Average Reward of Employees (yuan)
总 计	**Total**	**2253802**	**7113986**	**31745**
按国民经济行业分	**Grouped By Sector**			
1.农、林、牧、渔业	Farming, Forestry, Animal Husbandry and Fishery	71500	184941	25064
2.采矿业	Mining	140533	579302	41366
3.制造业	Manufacturing	604258	1935579	32196
4.电力、热力、燃气及水生产和供应业	Production and Supply of Electricity, Heat, Gas and Water	23144	70035	32702
5.建筑业	Construction	327559	1144517	35768
6.批发和零售业	Wholesale and Retail Trade	442422	1260141	28403
7.交通运输、仓储和邮政业	Transport, Storage and Post	94756	314596	33212
8.住宿和餐饮业	Hotels and Catering Services	89627	238828	27152
9.信息传输、软件和信息技术服务业	Information Transmission, Software and Information Technology Services	37430	113463	30677
10.金融业	Financial Industry	22573	111478	49239
11.房地产业	Real Estate	116615	374492	32448
12.租赁和商务服务业	Lease and Business Services	85167	230937	27512
13.科学研究和技术服务业	Scientific Reseach and Technical Services	46947	148158	31175
14.水利、环境和公共设施管理业	Water, Environmental Protection and Public Facility Management	24696	69311	26764
15.居民服务、修理和其他服务业	Resident Services, Repair and Other Services	45763	109383	24050
16.教 育	Education	28290	78773	27876
17.卫生和社会工作	Health Care and Social Work	25770	79235	31489
18.文化、体育和娱乐业	Culture, Sports and Recreation	26752	70817	26299
19.公共管理、社会保障和社会组织	Public Management, Social Security and Social Organization			

2-16 主要年份在岗职工平均工资及指数

AVERAGE WAGE AND RELATED INDICES OF FULLY EMPLOYED STAFF AND WORKERS IN MAJOR YEARS

单位：元 (yuan)

年 份 Year	在岗职工平均工资 Average Wage of Fully Employed	指 数 (1952年＝100) Indices (year of 1952=100)		国有单位平均工资 Average Wage of State-owned Units
		货币工资 Money Wage	实际工资 Real Wage	
1952	375	100.0	100.0	394
1978	632	168.5	145.8	655
1980	754	201.1	163.2	795
1985	1122	299.2	201.9	1200
1990	2111	562.9	228.3	2263
1995	4721	1258.9	258.2	5094
2000	6918	1844.8	323.5	7249
2005	15645	4172.0	702.3	16027
2010	33544	8945.1	1301.2	33119
2011	39903	10640.8	1470.0	37164
2012	44943	11984.8	1616.7	41561
2013	47417	12644.5	1655.3	43228
2014	49984	13329.1	1717.4	47001
2015	52960	14122.7	1807.1	54953
2016	54975	14650.0	1856.7	58952
2017	61547	16412.5	2054.7	64958

年 份 Year	指 数 (1952年＝100) Indices (year of 1952=100)		集体单位平均工资 Average Wage of Collective -owned Units	指 数(1952年＝100) Indices (year of 1952=100)
	货币工资 Money Wage	实际工资 Real Wage		货币工资 Money Wage
1952	100.0	100.0	307	100.0
1978	166.2	143.8	519	169.1
1980	201.8	163.8	581	189.3
1985	304.6	205.5	856	278.8
1990	574.4	232.9	1565	509.8
1995	1292.9	265.2	3108	1012.4
2000	1839.8	322.7	4193	1365.8
2005	4067.8	684.7	10157	3308.4
2010	8405.8	1222.7	21993	7163.8
2011	9432.5	1303.0	27669	9012.7
2012	10548.5	1423.0	33355	10864.8
2013	10971.6	1436.3	37152	12101.2
2014	11929.2	1537.0	39887	12992.5
2015	13881.5	1776.2	44114	14369.4
2016	14962.4	1895.0	45794	14916.6
2017	16486.8	2064.0	49563	16144.3

2-17 城镇职工社会保障基本情况

BASIC SOCIAL SECURITY OF STAFF AND WORKERS IN URBAN UNITS

年 份 Year	参加保险人数(万人) Active Contributors (10 000 persons)				基金收入(亿元) Fund Revenue(100 million yuan)		
	城镇职工养老保险 Basic Pension Insurance of Employees		失业保险 Unemployment Insurance	医疗保险 Basic Medical Insurance	城镇职工养老保险 Basic Pension Insurance of Employees		失业保险 Unemployment Insurance
	企 业 Enterprises	机关事业 Government Agencies and Institutions			企 业 Enterprises	机关事业 Government Agencies and Institutions	
2000	358.81		254.80		53.87		2.43
2001	365.57		286.10	156.00	58.05		2.94
2002	361.24		278.90	217.00	75.91		3.42
2003	364.42	67.13	284.10	272.00	86.27	7.09	3.80
2004	376.08	68.71	286.50	295.00	109.30	9.04	4.22
2005	383.43	80.08	288.50	325.00	118.90	11.96	5.53
2010	494.92	96.11	305.05	935.00	357.13	48.24	13.52
2011	523.93	99.84	309.35	1005.06	516.78	56.93	18.62
2012	548.67	100.02	380.88	1055.90	602.26	64.68	25.05
2013	570.21	102.22	400.98	1086.30	563.51	75.53	34.13
2014	588.73	103.30	407.68	1100.70	580.56	83.35	36.07
2015	604.23	110.00	411.29	1113.81	586.07	102.52	30.61
2016	620.57	139.64	415.15	1121.16	652.11	135.92	27.51
2017	636.70	162.01	420.56	3215.40	790.94	628.46	25.18

年 份 Year		基金支出(亿元) Fund Expenditure(100 million yuan)				城 镇 低保人数 (万人) Persons Receiving Lowest Cost of Living (10 000 persons)
	医疗保险 Basic Medical Insurance	城镇职工养老保险 Basic Pension Insurance of Employees		失业保险 Unemployment Insurance	医疗保险 Basic Medical Insurance	
		企 业 Enterprises	机关事业 Government Agencies and Institutions			
2000		50.62		1.34		3.06
2001	1.32	51.22		1.49	0.68	28.53
2002	4.13	60.32		2.12	1.53	62.21
2003	10.19	65.18	8.19	3.17	4.80	84.21
2004	17.88	76.30	12.40	2.58	10.98	84.86
2005	25.60	78.37	14.75	2.78	15.75	84.97
2010	86.74	226.81	43.61	6.56	69.65	91.51
2011	106.32	367.39	51.79	5.64	84.07	91.69
2012	141.04	437.23	58.24	4.96	104.24	89.04
2013	160.93	411.31	66.49	5.22	128.25	85.03
2014	163.22	480.56	75.36	13.44	146.54	72.60
2015	178.60	554.76	102.20	13.79	154.17	59.90
2016	187.17	614.57	132.31	11.87	170.25	53.10
2017	371.88	712.48	565.19	12.31	323.09	45.98

注：(1)2017年起，医疗保险含原新型农村合作医疗保险数据；

(2)2017年机关事业养老保险基金收入为2014年10月至2017年12月期间数据。

Notes: (1)Data of medical insurance has included new rural cooperative medical insurance since 2017.

(2)Fund revenue of government agencies and institution of 2017 is a period data which is calculated from October 2014 to December 2017.

主要统计指标解释

人口数 指一定时点、一定地区范围内有生命的个人总和。

年度统计的年末人口数指每年 12 月 31 日 24 时的常住人口数。

常住人口 包括：1、住本乡（镇）街道，户口登记地在本乡（镇）街道；2、住本乡（镇）街道半年以上，户口登记地在其他乡（镇）街道；3、住本乡（镇）街道不满半年，但是已离开户口登记地半年以上；4、户口登记地在本乡（镇）街道，离开不满半年；5、住本乡（镇）街道，户口待定。6、户口登记地在本乡（镇）街道，现居住国外。

城镇人口和乡村人口 城镇人口是指居住在城镇范围内的全部常住人口；乡村人口是除上述人口以外的全部人口。

城镇包括城区和镇区。城区是指在市辖区和不设区的市中，街道办事处所辖的居民委员会地域；城市公共设施、居住设施等连接到的其他居民委员会地域和村民委员会地域。

镇区是指在城区以外的镇和其他区域，其包括镇所辖的居民委员会地域；镇的公共设施、居住设施等连接到的村民委员会地域。

出生率（又称粗出生率） 指在一定时期内（通常为一年）一定地区的出生人数与同期内平均人数（或期中人数）之比，用千分率表示。本资料中的出生率指年出生率，其计算公式为：

出生率=年出生人数/年平均人数×1000‰

式中：出生人数指活产婴儿，即胎儿脱离母体时（不管怀孕月数），有过呼吸或其他生命现象。年平均人数指年初、年底人口数的平均数，也可用年中人口数代替。

死亡率（又称粗死亡率） 指在一定时期内（通常为一年）一定地区的死亡人数与同期内平均人数（或期中人数）之比，用千分率表示。本资料中的死亡率指年死亡率，其计算公式为：

死亡率=年死亡人数/年平均人数×1000‰

人口自然增长率 指在一定时期内（通常为一年）人口自然增加数（出生人数减死亡人数）与该时期内平均人数（或期中人数）之比，用千分率表示。计算公式为：

人口自然增长率=（本年出生人数-本年死亡人数）/年平均人数×1000‰=人口出生率-人口死亡率

总抚养比 也称总负担系数。指人口总体中非劳动年龄人口数与劳动年龄人口数之比。通常用百分比表示。用以表明每 100 名劳动年龄人口大致要负担多少名非劳动年龄人口。用于从人口角度反映人口与经济发展的基本关系。计算公式为：

$$GDR=(P_{0\text{-}14}+P_{65}^{+})/P_{15\text{-}64}\times 100\%$$

其中：GDR 为总抚养比；

$P_{0\text{-}14}$ 为 0-14 岁少年儿童人口数；

$P_{15\text{-}64}$ 为 15-64 岁的劳动年龄人口数；

P_{65}^{+} 为 65 岁及 65 岁以上的老年人口数。

老年人口抚养比 也称老年人口抚养系数。指某一人口中老年人口数与劳动年龄人口数之比。通常用百分比表示。用以表明每 100 名劳动年龄人口要负担多少名老年人。老年人口抚养比是从经济角度反映人口老龄化社会后果的指标之一。计算公式为：

$$ODR=P_{65}^{+}/P_{15\text{-}64}\times 100\%$$

其中：ODR 为老年人口抚养比；

$P_{15\text{-}64}$ 为 15-64 岁的劳动年龄人口数；

P_{65}^{+} 为 65 岁及 65 岁以上的老年人口数。

少年儿童抚养比 也称少年儿童抚养系数。指某一人口中少年儿童人口数与劳动年龄人口数之比。通常用百分比表示。

以反映每100名劳动年龄人口要负担多少名少年儿童。计算公式为：

$$CDR = P_{0\text{-}14} / P_{15\text{-}64} \times 100\%$$

其中：CDR为少年儿童抚养比；

$P_{0\text{-}14}$ 为0-14岁少年儿童人口数；

$P_{15\text{-}64}$ 为15-64岁的劳动年龄人口数。

劳动力资源总数 指在劳动年龄内，具有劳动能力，在正常情况下，可能或实际参加社会劳动的人口数。劳动力资源的范围为：劳动年龄内（16周岁以上），有劳动能力，实际参加社会劳动和未参加社会劳动的人员。劳动力资源也可划分为经济活动人口和非经济活动人口。劳动力资源不包括下列人员：

(1)在押犯人；

(2)劳动年龄内丧失劳动能力的人员；

(3)16岁以下实际参加社会劳动的人员。

从业人员期末人数 指报告期末最后一日24时在本单位工作，并取得工资或其他形式劳动报酬的人员数。该指标为时点指标，不包括最后一日当天及以前已经与单位解除劳动合同关系的人员，是在岗职工、劳务派遣人员及其他从业人员之和。从业人员不包括：

(1)离开本单位仍保留劳动关系，并定期领取生活费的人员；

(2)利用课余时间打工的学生及在本单位实习的各类在校学生；

(3)本单位因劳务外包而使用的人员，如：建筑业整建制使用的人员。

私营企业和个体从业人员 指在私营企业或个体经营者所经营的机构中劳动，并领取劳动报酬的人员，包括在私营或个体经营机构中劳动的帮工、学徒、雇用人员。

在岗职工 指在本单位工作且与本单位签订劳动合同，并由单位支付各项工资和社会保险、住房公积金的人员，以及上述人员中由于学习、病伤、产假等原因暂未工作仍由单位支付工资的人员。在岗职工还包括：

(1)应订立劳动合同而未订立劳动合同人员（如使用的农村户籍人员）；

(2)处于试用期人员；

(3)编制外招用的人员，如临时人员；

(4)派往外单位工作，但工资仍由本单位发放的人员（如挂职锻炼、外派工作等情况）。

在岗职工不包括：

(1)本单位使用的且由本单位直接支付工资的劳务派遣人员，应统计在本单位"劳务派遣人员"指标中；

(2)本单位因劳务外包而使用的人员，由承包劳务的单位统计为在岗职工。

在岗职工工资总额 指本单位在报告期内直接支付给本单位全部在岗职工的劳动报酬总额。在岗职工工资总额由基本工资、绩效工资、工资性津贴和补贴、其他工资四部分组成。工资总额不包括病假、事假等情况的扣款。

各单位在填报在岗职工工资总额四项构成时，应根据实际情况调整对应项目；如不能确定调整项，可扣减基本工资项。

在岗职工平均工资 指本单位在岗职工在报告期内平均每人所得的工资额。计算公式为：

$$在岗职工平均工资 = \frac{在岗职工工资总额}{在岗职工平均人数}$$

在岗职工平均实际工资 指扣除物价变动因素后的在岗职工平均工资。计算公式为：

$$在岗职工平均实际工资 = \frac{报告期在岗职工平均工资}{报告期职工生活费价格指数} \times 100\%$$

在岗职工平均工资指数 指报告期平均工资与基础平均工资的比率，是反映不同时期职工货币工资水平变动情况的相对数。它表明报告期平均工资比基期平均工资提高或降低的程度。计算公式为：

$$在岗职工平均工资指数 = \frac{报告期在岗职工平均工资}{基期在岗职工平均工资} \times 100\%$$

城镇登记失业人员 指有非农业户口，在劳动年龄内（16周岁至退休年龄），有劳动能力，无业而要求就业，并在当地劳动保障部门进行失业登记的人员。

城镇登记失业率 指城镇期末实有登记失业人数与城镇期末就业人员总数加城镇期末实有登记失业人数之比。计算公式为：

$$\text{城镇登记失业率}=\frac{\text{城镇期末实有登记失业人数}}{\text{城镇期末就业人员总数}+\text{城镇期末实有登记失业人数}}\times 100\%$$

Explanatory Notes on Main Statistical Indicators

Total Population refers to the total number of people alive at a certain point of time within a given area.

The annual statistics on total population is taken at midnight, the 31st of December.

Resident Population includes (1) population residing in the township or sub-district office area with residence registered here, (2) population residing in the township or sub-district office area more than half a year with residence registered in other places, (3) population residing in the township or sub-district office area less than half a year, but having left place of residence registration more than half a year, (4) population having left the place for less than half a year with residence registered in the township or sub-district office, (5) population residing in the township or sub-district office area with pending residence registration, (6) population now residing in foreign countries with residence registered in the township or sub-district office.

Urban Population and Rural Population Urban population refer to all people residing in cities and towns, while rural population refer to population other than urban population.

City and town include city area and town area. City area refers to the area of residence committees ruled by sub-district office in municipal district or cities with no district, and area of other residence committees which joined by urban public establishment and residence establishment.

Town area refers to the area of township and other areas besides the city zone, including the area of residence committees ruled by town government, and the area of villager's committees which joined by township public establishment and residence establishment.

Birth Rate (Crude Birth Rate) refers to the ratio of the number of birth to the average population (or mid-period population) during a certain period of time (usually a year), expressed in ‰. Birth rate in the chapter refers to annual birth rate. The following formula is used:

Birth Rate=(Number of Births/Average Number of Population)*1000‰

Number of births in the formula refers to live births, i.e. when a baby has breathed or shown any vital phenomena regardless of the length of pregnancy. Annual average number of population is the average of the beginning of the year and that at the end of the year. Sometimes it is substituted by the mid-year population.

Death Rate (Crude Death Rate) refers to the ratio of the number of deaths to the average population (or mid-period population) during a certain period of time (usually a year), expressed in ‰. Death rate in the chapter refers to annual death rate. The following formula is used:

Death Rate=(Number of Deaths/Annual Average Number of Population)*1000‰.

Natural Growth Rate of Population refers to the ratio of natural increase in population (number of births minus number of deaths) in a certain period of time (usually a year) to the average population (or mid-period population) of the same period, expressed in ‰. The following formula is applied:

Natural Growth Rate of Population=[(Number of Birth-Number of Death)/Average Number of Population]*1000‰=Birth Rate-Death Rate

Gross Dependency Ratio also called gross dependency coefficient, refers to the ratio of non-working-age population to the working-age population, express in ‰. Describing in general the number of non-working-age population that every 100 people at working ages will take care of, this indicator reflects the basic relation between population and economic development from the demographic perspective. The gross dependency ratio is calculated with the following formula:

$GDR=P_{0-14}+P_{65}^{+}/P_{15-64}\times 100\%$

Where: GDR is the gross dependency ratio;

P_{0-14} is the population of children aged 0-14;

P_{15-64} is the working-age population aged 15-64;

P_{65}^{+} is the elderly population aged 65 and over.

Old Dependency Ratio also called old dependency coefficient, refers to the ratio of the elderly population to the working-age population, express in ‰. It describes the number of the elderly population that every 100 people at working ages will take care of. Old dependency ratio is one of the indicators reflecting the social implication of population aging from the economic perspective. The old dependency ratio is calculated with the following formula:

$ODR=P_{65}^{+}/P_{15-64}\times 100\%$

Where: ODR is the old dependency ratio;

P_{15-64} is the working-age population aged 15-64;

P_{65}^{+} is the elderly population aged 65 and over.

Children Dependency Ratio also called children dependency coefficient, refers to the ratio of the children population to the working-age population, express in ‰. It describes the number of children population that every 100 people at working ages will take care of. The children dependency ratio is calculated with the following formula:

$CDR=P_{0-14}/P_{15-64}\times 100\%$

Where: CDR is the children dependency ratio;

P_{0-14} is the children population aged 0-14;

P_{15-64} is the working-age population aged 15-64.

Labor Resources refer to the persons, under normal condition, who are capable to labor within age of the total population. The coverage of labor resources includes: laborers within the working age (16 and over 16) and those who are capable to labor, and actually engaged in or not engaged in social labor. Labor resources also may be divided into economically active population and non-economically active population.

The following persons are not included in the labor resources;

(1)Prisoners in custody;

(2)Persons with the working age but disabled;

(3)Persons actually engaged in social labor under aged 16.

Employed Persons at the End of Period refer to the number of employees working and receiving wages or other form of payments in the units. It is a point data, which doesn't include the number of employees who dissolve labor contract relationship in the last day and before. It equals to the sum of the number of employed staff and workers, labor dispatch persons and other employed persons.

The following persons cannot be included:

(1)Staff and workers who get living expenses regularly from the units, while left the unit and retain labor relation;

(2)Students and undergraduate trainees who work in the units in their spare time;

(3) Labor outsourcing persons working in the units.

Private Enterprises and Self-employed Individuals refer to the persons work in and receive payment from the private enterprises and individual agencies including self-employed persons as well as helper and hired laborers.

Fully Employed Staff and Workers refer to persons who work in, and receive wages, social insurance and housing funds from their working units, as well as persons who have their work posts, but are temporarily absent from work for reasons of study or on sick, injury or maternal leave and still receive wages from their working units. Fully Employed Staff and Workers also include:

(1)Persons who should have signed the labor contracts but not, such as persons with rural household registration;

(2)Employees on probation;

(3)Employees beyond the staffing quota;

(4)Employees who are sent to other working units but still receive wages from the original units (situations like on-the-job placement, expatriated assignment, etc.).

Fully Employed Staff and Workers do not include:

(1)Dispatched persons who work and are paid directly by the working units should be counted into "labor dispatch persons" of the units;

(2)Persons through labor outsourcing who should be counted into fully employed staff and workers by the contracted units.

Total Wages of Fully Employed Staff and Workers refer to the total remuneration payment paid directly to the fully employed staff and workers by the units during a certain period of time. Total wages include four parts which include base wages, performance wages, allowances and subsidies and other wages. Total Wages do not include leave deductions.

Units can adjust the wage composition in according to the actual situation while filling the forms of total wages. When it doesn't confirm the adjustment items, the units can deduct the base wages.

Average Wages of Fully Employed Staff and Workers refers to the average wage in money terms per person during a certain period of time for fully employed staff and workers in enterprises, institutions and government agencies, which reflects the general level of wage income during a certain period of time and is calculated as follows:

$$\text{Average Wages of Fully Employed Staff and Workers} = \frac{\text{Total Wages of Fully Employed Staff and Workers}}{\text{Average Number of Fully Employed Staff and Workers}}$$

Average Real Wage of Fully Employed Staff and Workers refers to average wage of staff and workers after removing the effects of price changes, which is calculated as follows:

Average Real Wage of Fully Employed Staff and Workers

$$= \frac{\text{Average Wage of Fully Employed Staff and Workers in Reference Period}}{\text{Consumer Price Index of Urban Residents in Reference Period}} \times 100\%$$

Average Wage Indices of Fully Employed Staff and Workers refers to the ratio of average wage of stuff and workers at reference period to that at base period, which reflects the change of wage of staff and workers at different period and shows the increasing or decreasing level of average wage. It is calculated as follows:

Average Wage Indices of Fully Employed Staff and Workers

$$= \frac{\text{Average Wage of Fully Employed Staff and Workers in Reference Period}}{\text{Average Wage of Fully Employed Staff and Workers in Base Period}} \times 100\%$$

Registered Unemployed Persons in Urban Areas refer to the persons with non-agricultural household registration at certain working ages (16 years old to retirement age), who are capable of working, unemployed and willing to work, and have been registered at the local employment service agencies to apply for a job.

Registered Unemployment Rate in Urban Areas refers to the ratio of the number of the registered unemployed persons to the sum of the number of the registered unemployed persons and the number of registered employed persons in urban areas.

The formula is as follows:

Registered Unemployment Rate in Urban Areas

$$= \frac{\text{Number of Registered Urban Unemployed Persons}}{\text{Number of Registered Urban Employed Persons} + \text{Number of Registered Urban Unemployed Persons}} \times 100\%$$

3

物 价

PRICE

资料整理人员

高 晋 陈 中

物　价

PRICE

居民消费价格总指数	General Residents Consumer Price Index	101.1
城　市	General Urban Residents Consumer Price Index	101.4
农　村	General Rural Residents Consumer Price Index	100.5
商品零售价格总指数	General Retail Price Index	101.3
工业生产者出厂价格指数	Ex-factory Price Index of Industrial Producer	119.4
工业生产者购进价格指数	Purchasing Price Index of Industrial Producer	115.2

物价总指数（上年＝100）

General Price Index (last year=100)

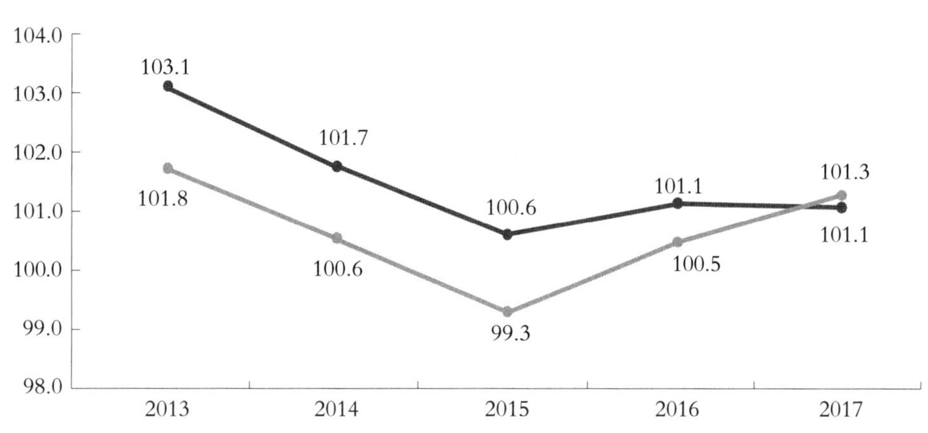

工业生产者价格指数（上年＝100）

Price Index of Industrial Producer (last year=100)

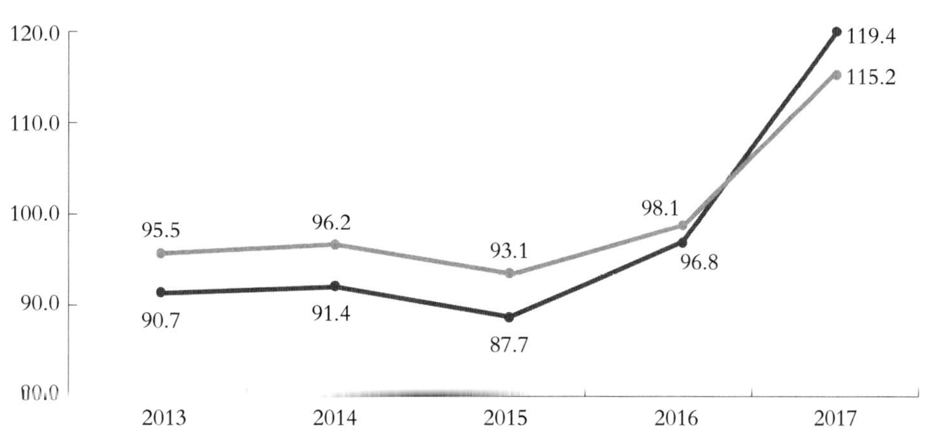

3-1 主要年份各类物价总指数

GENERAL PRICE INDICES IN MAJOR YEARS

上年=100 (last year=100)

年 份 Year	全省居民消费价格总指数 General Residents Consumer Price Index	城市居民消费价格总指数 General Urban Residents Consumer Price Index	农村居民消费价格总指数 General Rural Residents Consumer Price Index	全省商品零售价格总指数 General Retail Price Index
1978		100.0		100.0
1980	103.4	105.5	101.3	103.5
1985	108.5	109.1	107.8	107.6
1990	102.2	101.5	103.0	102.1
1995	116.9	116.7	117.2	115.6
2000	103.9	104.7	103.0	97.1
2005	102.3	101.7	103.7	100.3
2010	103.0	103.1	102.8	102.3
2011	105.2	105.1	105.4	104.9
2012	102.5	102.4	102.6	101.8
2013	103.1	103.0	103.2	101.8
2014	101.7	101.8	101.4	100.6
2015	100.6	100.6	100.7	99.3
2016	101.1	101.1	101.1	100.5
2017	101.1	101.4	100.5	101.3

3-1 续表 continued

1978年=100 (year of 1978=100)

年 份 Year	全省居民消费价格总指数 Ceneral Residents Consumer Price Index	城市居民消费价格总指数 General Urban Residents Consumer Price Index	农村居民消费价格总指数 General Rural Residents Consumer Price Index	全省商品零售价格总指数 General Retail Price Index
1978	100.0	100.0	100.0	100.0
1980	104.0	106.6	101.5	104.0
1985	123.4	128.2	118.4	122.0
1990	206.6	213.4	200.5	203.2
1995	391.3	421.6	354.6	356.7
2000	444.2	488.5	391.6	349.9
2005	472.9	508.9	437.4	354.3
2010	554.9	589.6	529.4	406.1
2011	583.8	619.7	558.0	426.0
2012	598.4	634.8	572.6	433.7
2013	617.0	653.8	590.9	441.5
2014	627.5	665.6	599.2	444.1
2015	631.3	669.6	603.4	441.0
2016	638.2	677.0	610.0	443.2
2017	645.2	686.5	613.1	449.0

3-2 主要年份城市居民消费价格总指数
GENERAL URBAN RESIDENTS CONSUMER PRICE INDICES IN MAJOR YEARS

年 份 Year	1950年 价格=100 Year of 1950=100	1957年 价格=100 Year of 1957=100	1965年 价格=100 Year of 1965=100	1970年 价格=100 Year of 1970=100	1978年 价格=100 Year of 1978=100	1980年 价格=100 Year of 1980=100	1985年 价格=100 Year of 1985=100	1990年 价格=100 Year of 1990=100	上年=100 Last Year=100
1978	141.3	104.1	98.6	100.0	100.0				100.0
1980	150.6	110.9	102.1	106.5	106.6	100.0			105.5
1985	181.1	133.5	123.0	128.2	128.2	120.3	100.0		109.1
1990	301.4	222.2	204.7	213.4	213.4	200.2	166.4	100.0	101.5
1995	595.6	439.3	404.6	421.6	421.6	395.8	328.9	197.6	116.7
2000	690.0	508.8	468.7	488.5	488.5	458.6	380.9	229.0	104.7
2005	718.8	530.1	488.3	508.9	508.9	477.7	396.8	238.7	101.7
2010	832.6	614.2	565.8	589.6	589.6	553.4	459.7	276.5	103.1
2011	875.1	645.5	594.7	619.7	619.7	581.6	483.1	290.6	105.1
2012	896.5	661.3	609.2	634.8	634.8	595.8	494.9	297.7	102.4
2013	923.4	681.1	627.5	653.9	653.8	613.7	509.7	306.6	103.0
2014	940.0	693.4	638.8	665.7	665.6	624.7	518.9	312.1	101.8
2015	945.6	697.6	642.6	669.7	669.6	628.4	522.0	314.0	100.6
2016	956.0	705.3	649.7	677.1	677.0	635.3	527.7	317.5	101.1
2017	969.4	715.1	658.8	686.5	686.4	644.2	535.1	321.9	101.4

3-3 主要年份商品零售价格总指数
GENERAL RETAIL PRICE INDICES IN MAJOR YEARS

年 份 Year	1950年 价格=100 Year of 1950=100	1957年 价格=100 Year of 1957=100	1965年 价格=100 Year of 1965=100	1970年 价格=100 Year of 1970=100	1978年 价格=100 Year of 1978=100	1980年 价格=100 Year of 1980=100	1985年 价格=100 Year of 1985=100	1990年 价格=100 Year of 1990=100	上年=100 Last Year=100
1978	143.1	104.2	95.4	99.6	100.0				100.0
1980	148.8	108.4	99.3	103.6	104.0	100.0			103.5
1985	174.5	127.0	116.3	121.5	122.0	117.3	100.0		107.6
1990	290.6	211.5	193.8	202.4	203.2	195.4	166.6	100.0	102.1
1995	510.1	371.3	340.3	355.5	356.7	343.1	292.5	175.6	115.6
2000	500.5	364.1	333.7	348.6	349.9	336.5	286.8	172.2	97.1
2005	506.8	368.8	337.9	353.0	354.3	340.6	290.3	174.3	100.3
2010	580.8	422.6	387.4	404.5	406.1	390.4	332.6	199.7	102.3
2011	609.3	443.3	406.4	424.3	426.0	409.5	348.9	209.5	104.9
2012	620.3	451.3	413.7	431.9	433.7	416.9	355.2	213.3	101.8
2013	631.5	459.4	421.1	439.7	441.5	424.4	361.6	217.1	101.8
2014	635.3	462.2	423.6	442.3	444.1	426.9	363.8	218.4	100.6
2015	630.9	459.0	420.6	439.2	441.0	423.9	361.3	216.9	99.3
2016	634.1	461.3	422.7	441.4	443.2	426.0	363.1	218.0	100.5
2017	642.3	467.3	428.2	447.1	449.0	431.6	367.8	220.8	101.3

3-4 居民消费价格分类指数(2017年)

GENERAL RESIDENTS CONSUMER PRICE INDICES BY CATEGORY OF COMMODITIES(2017)

上年=100 (last year=100)

指 标	Item	全 省 Total Province Indices	城 市 Urban Indices	农 村 Rural Indices
居民消费价格总指数	**General Consumer Price Index**	**101.1**	**101.4**	**100.5**
一、食品烟酒	Food, Tobacco and Liquor	98.9	99.1	98.5
1.食 品	Food	98.0	98.2	97.7
粮 食	Grain	101.8	101.8	101.8
薯 类	Tubers	94.8	94.9	94.7
豆 类	Beans	99.9	99.8	100.2
食用油	Oil	101.0	100.2	102.2
菜	Vegetables	91.1	91.4	90.3
鲜 菜	Fresh Vegetables	90.2	90.4	89.6
干菜及菜制品	Dried Vegetables and Processed Products	102.4	102.5	101.8
畜肉类	Meat	95.0	96.2	92.3
猪 肉	Pork	89.2	90.3	87.4
禽肉类	Poultry	97.6	98.0	96.5
水产品	Aquatic Products	102.1	102.1	102.2
蛋 类	Poultry Eggs	94.3	94.7	93.7
鸡 蛋	Eggs	94.0	94.3	93.4
奶 类	Milk	100.1	100.2	99.8
干鲜瓜果类	Dried and Fresh Melons and Fruits	102.2	101.9	103.2
鲜瓜果	Fresh Melons and Fruits	103.4	102.8	105.1
坚 果	Dried Fruits	99.3	100.2	96.1
糖果糕点类	Candy and Cake	101.2	100.9	102.3
调味品	Flavouring	101.2	101.5	100.8
其他食品类	Other Foods	99.0	98.2	100.7
2.茶及饮料	Tea and Beverages	100.6	100.4	101.0
茶 叶	Tea	101.6	102.1	100.3
固体咖啡	Solid Coffee	99.6	99.5	100.0
其他固体饮料	Other Solid Drinks	101.4	100.5	102.4
饮用水	Potable Water	98.8	98.0	100.1
果汁饮料	Fruit Juice	102.7	103.9	99.7
3.烟 酒	Tobacco and Liquor	100.1	100.4	99.8
烟 草	Tobacco	99.8	99.8	99.7
酒 类	Liquor	100.8	101.3	100.0
4.在外餐饮	Dining Out	101.3	101.3	101.3
正 餐	Dinner	101.1	100.9	102.3
快 餐	Snack	101.1	101.5	100.0
地方小吃	Local Snack	102.9	103.4	100.7

3-4 续表1 continued

上年=100 (last year=100)

指 标	Item	全 省 Total Province Indices	城 市 Urban Indices	农 村 Rural Indices
二、衣 着	Clothing	100.9	101.0	100.6
1.服 装	Garments	101.3	101.5	100.7
男式服装	Man's Garments	102.6	103.1	101.0
女式服装	Woman's Garments	100.6	100.8	99.9
儿童服装	Children's Garments	100.5	99.9	102.4
2.服装材料	Garment Material	100.7	100.6	100.8
3.其他衣着及配件	Other Clothing and Accessories	100.4	100.1	101.4
4.衣着加工服务费	Fees for Clothing Manufacturing Services	102.2	102.5	100.8
5.鞋 类	Footwear	99.7	99.5	100.5
鞋	Shoes	99.7	99.5	100.5
鞋类加工服务	Shoes Manufacturing Services	102.0	103.2	100.0
三、居 住	Residence	101.4	101.0	102.4
1.租赁房房租	Rent	102.5	102.8	100.2
2.住房保养维修及管理	Household Maintenance, Renovation and Management	102.0	100.4	104.5
3.水电燃料	Water, Electricity and Fuels	102.9	101.8	105.6
4.自有住房	Private Housing	100.4	100.5	99.9
四、生活用品及服务	Articles for Daily Use and Services	100.2	100.1	100.3
1.家具及室内装饰品	Furniture and Interior Decorations	101.3	101.5	100.6
家 具	Furniture	101.4	101.6	100.7
室内装饰品	Interior Decorations	100.5	100.5	100.4
2.家用器具	Household Appliances	98.8	98.4	100.0
3.家用纺织品	Household Textiles	99.7	99.5	100.2
4.家庭日用杂品	Daily Use Household Articles	100.4	100.5	100.2
5.个人护理用品	Personal Care Articles	100.7	100.7	100.5
6.家庭服务	Household Services	101.9	102.1	101.3
五、交通和通信	Transportation and Communication	101.0	101.1	100.6
1.交 通	Transportation	102.1	102.1	102.1
交通工具	Transportation Facility	98.9	98.7	99.3
交通工具用燃料	Fuels of Transportation Facility	109.8	109.9	109.3
交通工具使用和维修	Use and Repairment of Transportation Facility	100.7	100.6	100.9
交通费	Traffic Fare	100.3	100.7	99.4
市内公共交通	Incity Public Transportation	100.0	100.0	100.0
出租汽车	Taxi	100.5	100.8	100.0
飞机票	Plane Ticket	109.3	109.4	109.1
火车票	Train Ticket	100.0	100.0	100.0
长途汽车	Coach	97.4	97.1	97.9

3-4 续表2 continued

上年=100 (last year=100)

指 标	Item	全 省 Total Province Indices	城 市 Urban Indices	农 村 Rural Indices
2.通 信	Communication	98.9	99.4	97.7
通信工具	Communication Facility	95.8	97.5	91.4
通信服务	Communication Service	100.0	100.0	100.0
邮递服务	Postal Service	100.0	100.1	99.6
六、教育文化和娱乐	Education, Culture and Recreation	101.8	102.2	101.0
1.教 育	Education	102.2	102.7	101.3
教育用品	Education Articles	104.1	104.0	104.3
教育服务	Education Services	102.1	102.6	101.1
2.文化娱乐	Culture and Recreation	101.2	101.4	100.3
文娱耐用消费品	Durable Consumer Goods for Cultural and Recreational Use	97.8	97.0	100.0
其他文娱用品	Other Cultural and Recreational Articles	101.2	101.2	101.1
文化娱乐服务	Cultural and Recreational Services	101.0	101.2	100.3
旅 游	Touring	103.7	104.1	98.8
七、医疗保健	Health Care	107.5	110.5	101.6
1.药品及医疗器具	Medicine and Medical Appliances	104.5	105.4	102.2
中 药	Traditional Chinese Medicine	104.2	105.7	101.2
西 药	Western Medicine	104.6	105.7	102.2
滋补保健品	Health Care Products	107.1	107.6	105.1
医疗卫生器具	Medical Appliances	99.9	99.7	100.8
保健器具	Health Care Appliances	100.4	100.5	99.7
2.医疗服务	Medical Services	109.5	114.5	101.3
综合医疗类	General Practice	124.5	135.5	104.3
诊断类	Diagnosis	99.1	99.0	99.3
治疗类	Treatment	107.8	111.8	101.3
康复类	Rehabilitation	100.5	101.2	99.2
中医医疗服务类	Traditional Chinese Medical Services	107.3	112.1	100.0
其他医疗服务	Other Medical Services	112.4	118.2	103.0
八、其他用品和服务	Other Articles and Services	102.3	102.3	102.2
1.其他用品类	Other Articles	100.8	100.8	100.6
首饰手表	Jewelry and Watch	101.5	101.5	101.3
其他杂项用品	Other Miscellaneous Articles	99.8	99.8	99.8
2.其他服务类	Other Services	103.5	103.5	103.6
旅馆住宿	Touring Accomodation	99.7	100.1	97.7
美容美发洗浴	Hairdressing, Beauty and Bath	104.7	105.8	102.1
养老服务	Pension Services	100.2	100.2	100.0
金融保险	Financial Insurance	104.5	103.9	106.6
其他服务类	Other Services	100.1	100.1	100.1

3-5 商品零售价格分类指数(2017年)
GENERAL RETAIL PRICE INDICES BY CATEGORY OF COMMODITIES(2017)

上年=100 (last year=100)

指 标	Item	全 省 Total Province Indices	城 市 Urban Indices	农 村 Rural Indices
商品零售价格总指数	**General Retail Price Indices**	**101.3**	**101.4**	**100.6**
一、食 品	Food	98.8	98.9	98.3
1.粮 食	Grain	101.7	101.7	101.8
2.薯 类	Starches and Its Products	94.9	94.9	94.9
3.豆 类	Bean and Its Prodrcts	99.8	99.7	100.0
4.食用油	Oil or Fat	100.7	100.2	101.9
5.菜	Meat, Poultry and their Products	91.3	91.4	90.7
6.畜肉类	Eggs	95.5	96.2	92.7
7.禽肉类	Aquatic Products	97.7	98.0	96.1
8.水产品	Vegetables	102.2	102.2	102.3
9.蛋 类	Condiments	94.4	94.6	93.7
10.奶 类	Sugar	100.0	100.0	99.8
11.干鲜瓜果类	Fresh and Dried Fruits	102.4	102.1	104.0
12.糖果糕点类	Cake, Biscuit and Bread	101.3	101.1	102.2
13.调味品	Milk and Its Products	101.4	101.6	100.7
14.其他食品类	Food Eating out	98.8	98.2	100.6
15.在外餐饮	Others	101.3	101.3	101.1
二、饮料、烟酒	Drinking, Tobacco and Liquor	100.2	100.3	99.9
1.茶及饮料	Tea and Drinking	100.4	100.3	101.0
2.烟 草	Tobacco	99.8	99.8	99.8
3.酒 类	Liquor	100.9	101.2	99.8
三、服装、鞋帽	Garments, Shoes and Hats	101.0	101.0	100.8
1.服 装	Garments	101.5	101.6	100.9
2.鞋帽袜	Shoes, Socks and Stockings, Hats	99.7	99.6	100.3
3.其他衣着配件	Others	100.2	100.0	101.1
四、纺织品	Textiles	99.8	99.7	100.4
1.服装材料	Clothing Material	100.7	100.6	101.5
2.床上用品	Bed Articles	99.6	99.5	100.2
五、家用电器及音像器材	Household Appliances and Audiovisual Equipment	98.3	97.8	100.0
1.家庭设备	Household Facilities	98.7	98.3	100.1
2.文娱用耐用消费品	Durable Consumer Goods for Cultural and Recreational Use	97.2	96.4	100.2
3.专业音像器材	Professional Audiovisual Equipment	98.3	98.5	97.4

3-5 续表 continued

上年=100 (last year=100)

指　标	Item	全　省 Total Province Indices	城　市 Urban Indices	农　村 Rural Indices
六、文化办公用品	Culture and Office Articles	100.1	100.0	100.5
七、日用品	Daily Use Articles	100.0	100.0	100.1
1.日用百货	Daily Use Articles	99.9	99.9	100.2
2.厨具餐具茶具	Daily Use Sundry Goods	100.3	100.2	100.6
3.清洗用品	Washing Goods	100.2	100.2	99.8
4.其他日用品	Others	100.0	100.1	99.8
八、体育娱乐用品	Sports and Recreational Articles	100.6	100.7	100.3
1.体育户外用品	Sports Articles	100.3	100.4	100.0
2.娱乐用品	Recreational Articles	100.6	100.7	100.4
九、交通、通信用品	Transportation and Communication Appliances	98.7	98.9	97.7
1.交通运输机械	Transportation Machinery	99.3	99.2	99.6
2.通信器材	Communication Equipment	96.7	97.8	92.3
十、家　具	Furniture	101.3	101.4	100.8
十一、化妆品	Cosmetics	100.8	100.8	100.9
十二、金银饰品	Gold, Silver and Jewelry	101.9	101.9	101.7
十三、中西药品及医疗保健用品	Traditional, Western Medicines and Health Care Products	104.9	105.5	102.2
1.医疗卫生器具	Medical Appliances and Articles	99.8	99.7	100.8
2.中　药	Traditional Chinese Medicine	104.8	105.8	101.1
3.西　药	Western Medicine	105.2	105.9	102.4
4.保健器具及用品	Health Care Equipment and Articles	106.3	106.7	103.6
十四、书报杂志及电子出版物	Newspapers, Magazines and Electronic Publication	102.6	102.2	104.2
1.教材及参考书	Teaching Materials and Reference Books	104.5	104.0	106.1
2.书报杂志	Newspapers and Magazines	101.4	101.1	102.8
3.计算机办公软件	Computer Office Software	99.9	99.9	100.0
十五、燃　料	Fuels	112.7	113.2	110.3
1.煤炭及制品	Coal and Coal Products	128.6	132.6	116.3
2.石油及制品	Petroleum and its Products	106.8	106.9	106.1
十六、建筑材料及五金电料	Building Materials, Hardware and Electrical Materials	101.2	101.2	101.6
1.建筑装璜材料	Decoration Materials	101.3	101.1	101.7
2.五金水暖	Hardware and Electrical Materials	101.2	101.2	101.2

3-6 调查市县居民消费价格指数(2017年)

RESIDENTS CONSUMER PRICE INDICES IN CITIES AND COUNTIES SURVEYED(2017)

上年=100 (last year=100)

市 县 Region		居民消费价格总指数 General Index	食品烟酒 Food,Tobacco and Liquor	衣 着 Clothing	居 住 Residence	生活用品及服务 Articles for Daily Use and Services
全 省	**Total**	**101.1**	**98.9**	**100.9**	**101.4**	**100.2**
太原市	Taiyuan	101.8	99.4	100.4	101.3	100.1
大同市	Datong	101.3	98.5	101.8	100.2	99.1
阳泉市	Yangquan	101.4	99.1	100.2	102.6	99.4
长治市	Changzhi	101.5	98.7	102.8	102.0	100.3
晋城市	Jincheng	100.6	97.7	100.7	101.2	100.9
朔州市	Shuozhou	101.1	101.1	101.4	100.1	100.3
晋中市	Jinzhong	101.7	99.6	100.3	100.3	102.6
运城市	Yuncheng	100.3	99.1	99.9	100.6	100.6
忻州市	Xinzhou	100.7	98.6	101.6	102.3	98.7
临汾市	Linfen	100.4	98.7	103.9	98.9	99.7
吕梁市	Lvliang	100.2	97.7	100.5	100.1	101.1
浑源县	Hunyuan	101.3	99.5	102.0	103.3	100.1
平遥县	Pingyao	101.0	99.5	102.1	102.4	100.3
永济市	Yongji	100.5	99.1	102.1	101.2	100.6
洪洞县	Hongtong	100.0	97.6	100.1	102.5	100.3
兴 县	Xingxian	100.1	99.2	99.2	100.8	100.6
汾阳市	Fenyang	100.4	97.3	98.3	103.5	100.0

市 县 Region		交通和通信 Transportation and Communication	教育文化和娱乐 Education, Culture and Recreation	医疗保健 Health Care	其他用品和服务 Other Articles and Services
全 省	**Total**	**101.0**	**101.8**	**107.5**	**102.3**
太原市	Taiyuan	101.8	103.0	111.9	102.4
大同市	Datong	100.0	103.2	113.6	104.3
阳泉市	Yangquan	100.6	100.5	111.7	100.8
长治市	Changzhi	101.5	102.2	108.7	100.6
晋城市	Jincheng	100.3	100.6	108.3	102.6
朔州市	Shuozhou	100.3	100.7	104.9	101.1
晋中市	Jinzhong	101.4	103.0	112.6	102.6
运城市	Yuncheng	101.3	99.2	104.6	100.3
忻州市	Xinzhou	98.8	99.8	108.1	100.4
临汾市	Linfen	100.8	100.4	105.1	102.9
吕梁市	Lvliang	100.4	101.7	105.7	104.3
浑源县	Hunyuan	101.5	100.7	103.1	100.7
平遥县	Pingyao	99.9	101.6	100.6	108.7
永济市	Yongji	101.4	100.9	100.9	100.1
洪洞县	Hongtong	100.7	100.5	100.4	100.4
兴 县	Xingxian	100.9	100.1	101.0	100.8
汾阳市	Fenyang	99.7	101.9	104.1	99.4

3-7 调查市县商品零售价格指数(2017年)

RETAIL PRICE INDICES IN CITIES AND COUNTIES SURVEYED(2017)

上年=100 (last year=100)

市县 Region		商品零售价格总指数 General Index	食品 Food	服装鞋帽 Garments,Shoes and Hats	纺织品 Textiles	家用电器及音像器材 Household Appliances and Audiovisual Equipment
全省	**Total**	**101.3**	**98.8**	**101.0**	**99.8**	**98.3**
太原市	Taiyuan	101.7	99.2	100.3	100.1	96.7
大同市	Datong	102.1	98.3	101.8	95.3	95.5
阳泉市	Yangquan	100.8	99.0	100.2	100.4	96.6
长治市	Changzhi	100.9	98.6	102.8	100.0	100.3
晋城市	Jincheng	101.6	97.5	100.7	98.3	99.2
朔州市	Shuozhou	101.6	101.2	101.0	100.0	99.8
晋中市	Jinzhong	102.4	99.7	100.3	99.7	103.6
运城市	Yuncheng	100.5	99.0	99.8	104.8	98.6
忻州市	Xinzhou	99.8	98.6	101.6	100.8	94.8
临汾市	Linfen	101.0	98.5	103.9	100.0	99.1
吕梁市	Lvliang	100.6	97.4	100.4	99.7	101.9
浑源县	Hunyuan	101.4	99.4	102.0	99.9	99.1
平遥县	Pingyao	101.1	99.1	102.1	100.7	100.0
永济市	Yongji	100.9	98.9	102.1	100.4	100.6
洪洞县	Hongtong	99.8	97.1	100.2	100.4	100.0
兴县	Xingxian	101.2	99.5	99.1	101.8	99.7
汾阳市	Fenyang	100.1	97.0	98.3	100.3	99.8

市县 Region		日用品 Daily Use Articles	中西药品及医疗保健用品类 Traditional,Western Medecines and Health Care Products	燃料 Fuels	建筑材料及五金电料 Building Materials, Hardware and Electrical Materials
全省	**Total**	**100.0**	**104.9**	**112.7**	**101.2**
太原市	Taiyuan	100.1	101.5	118.3	101.1
大同市	Datong	100.1	112.5	119.2	100.6
阳泉市	Yangquan	99.8	108.2	108.8	101.4
长治市	Changzhi	100.5	106.4	103.6	101.5
晋城市	Jincheng	99.9	111.8	114.1	101.0
朔州市	Shuozhou	99.6	107.8	107.3	99.8
晋中市	Jinzhong	99.2	112.6	109.6	100.8
运城市	Yuncheng	100.1	101.6	106.1	100.3
忻州市	Xinzhou	98.7	105.3	107.9	101.8
临汾市	Linfen	100.2	104.5	104.4	103.6
吕梁市	Lvliang	101.0	98.2	114.7	100.4
浑源县	Hunyuan	101.6	104.9	116.8	100.0
平遥县	Pingyao	100.3	101.7	112.3	102.0
永济市	Yongji	99.4	102.4	105.6	100.3
洪洞县	Hongtong	100.1	101.3	105.1	103.3
兴县	Xingxian	100.0	103.1	113.3	102.8
汾阳市	Fenyang	99.5	102.0	112.8	101.2

3-8 农业生产资料价格分类指数
INDICES OF AGRICULTURAL PRODUCTIVE MATERIALS BY CATEGORY OF COMMODITIES

上年=100 (last year=100)

类 别	Category	2010	2015	2017
农业生产资料价格指数	**Price Indices of Agricultural Pruductive Materials**	**102.0**	**99.6**	**102.2**
一、农用手工工具	Manipulative Tools for Agruiculture	103.3	100.6	101.0
二、饲 料	Forage	109.7	98.7	99.3
三、产品畜	Commodity Animals	96.1	105.9	100.5
四、半机械化农具	Semi-mechanized Farm Implements	100.0	99.7	100.1
五、机械化农具	Mechanized Farm Implements	99.6	98.7	100.5
六、化学肥料	Chemical Fertilizer	94.7	99.5	104.9
七、农药及农药械	Pesticide and Its Appliances	101.3	99.9	100.8
化学农药	Chemical Pesticide	101.1	99.9	100.8
农药器械	Chemical Pesticide Appliances	102.2	100.0	100.7
八、农用机油	Oil for Farm Machinery	109.8	88.9	110.9
九、其他农业生产资料	Other Agricultural Pruductive Material	105.7	100.1	100.4
十、农业生产服务	Agricultural Pruductive Service	107.2	101.1	102.4

3-9 工业生产者购进价格指数
PURCHASING PRICE INDICES OF INDUSTRIAL PRODUCER

上年=100 (last year=100)

名 称	Item	2010	2015	2017
总 指 数	**Total Price Index**	**109.0**	**93.1**	**115.2**
一、燃料动力类	Fuels	104.9	93.2	119.8
二、黑色金属材料类	Ferrous Metal Materials	110.1	90.6	113.1
钢 材	Steel	103.6	94.0	108.3
其 他	Others	115.7	88.3	116.6
三、有色金属材料和电线类	Non-ferrous Metals	119.9	93.0	120.1
四、化工原料类	Chemical Raw Materials	112.2	90.0	111.6
五、木材及纸浆类	Timber and Paper Pulp	103.5	99.3	107.8
六、建筑材料及非金属矿类	Building Materials and Non-metal Mineral	98.2	94.7	104.8
七、其他工业原材料及半成品类	Other Industrial Raw Materials and Half-products	102.5	99.6	103.8
八、农副产品类	Farm Products	118.8	98.8	101.2
九、纺织原料类	Textile Raw Materials	111.4	93.4	102.2

3-10 工业生产者出厂价格指数
EX-FACTORY PRICE INDICES OF INDUSTRIAL PRODUCER

上年=100 (last year=100)

指　标	Item	2010	2015	2017
全部工业品	**Total Industrial Products**	**109.5**	**87.7**	**119.4**
1.轻工业	Light Industry	101.8	98.1	99.9
以农产品为原料	Using Farm Products as Raw Materials	106.7	98.1	99.5
以非农产品为原料	Using Non-farm Products as Raw Materials	98.4	98.0	101.9
重工业	Heavy Industry	110.2	87.2	120.6
采掘工业	Ming and Quarrying	112.1	82.2	130.1
原料工业	Raw Material Industry	109.8	86.4	121.0
加工工业	Manufacturing Industry	109.6	90.8	112.7
2.生产资料	Productive Materials	109.7	87.2	120.9
采掘工业	Ming and Quarrying	110.7	82.2	130.1
原料工业	Raw Material Industry	110.1	86.3	121.2
加工工业	Manufacturing Industry	107.9	90.9	113.1
生活资料	Living Materials	104.9	99.3	101.2
食　品	Food	105.0	98.6	99.4
衣　着	Clothing	104.9	99.8	98.2
一般日用品	Daily Articles	105.2	101.1	105.1
耐用消费品	Durable Consumer Goods	101.7	99.7	102.7
按工业部门分	**By Department of Industry**			
1.冶金工业	Metallurgical Industry	114.3	85.9	120.4
2.电力工业	Power Industry	105.7	101.0	98.9
3.煤炭及炼焦工业	Coal and Coking Industry	110.5	81.6	134.0
4.石油工业	Petroleum Industry	101.2	96.4	105.4
5.化学工业	Chemical Industry	102.8	98.3	106.6
6.机械工业	Machine Industry	98.9	98.2	101.6
7.建筑材料工业	Building Materials Industry	98.5	97.5	116.5
8.森林工业	Forestry Industry	104.8	100.1	99.6
9.食品工业	Food Industry	105.4	98.3	99.3
10.纺织工业	Textile Industry	116.9	94.7	99.6
11.缝纫工业	Tailoring Industry	104.9	99.8	98.2
12.皮革工业	Leather Industry	104.2	103.5	81.7
13.造纸工业	Paper Making Industry	105.5	98.1	120.7
14.文教艺术用品工业	Cultural, Education & Handicrafts Article	101.8	100.0	101.9
15.其他工业	Other Industry	102.5	98.9	110.9

3-11 工业生产者分行业出厂价格指数

EX-FACTORY PRICE INDICES OF INDUSTRIAL PRODUCER BY SECTOR

上年=100 (last year=100)

指 标	Item	2016	2017
煤炭开采和洗选业	Coal Mining and Dressing	96.8	131.2
石油和天然气开采业	Petroleum and Natural Gas Extraction	90.7	110.3
黑色金属矿采选业	Ferrous Metals Mining and Dressing	89.9	105.0
有色金属矿采选业	Non-ferrous Metals Mining and Dressing	108.3	108.2
非金属矿采选业	Non-metal Minerals Mining and Dressing	97.5	98.3
其他采矿业	Other Minings		
农副食品加工业	Farm Products Processing	103.2	99.1
食品制造业	Food Manufacturing	97.5	98.9
饮料制造业	Beverage Manufacturing	97.7	99.7
烟草制品业	Tobacco Products	98.6	99.8
纺织业	Textile Industrial	97.0	99.6
纺织服装、鞋、帽制造业	Garments, Shoes and Hats Manufacturing	97.5	98.2
皮革、毛皮、羽毛(绒)及其制品业	Leather, Furs, Down and Related Products	86.7	81.7
木材加工及木、竹、藤、棕、草制品业	Timber Processing, Bamboo, Cane, Plam, Fiber and Straw Products	96.1	98.3
家具制造业	Furniture Manufacturing	98.7	102.7
造纸及纸制品业	Papermaking and Paper Products	97.5	120.7
印刷业和记录媒介的复制	Printing and Record Medium Reproduction	98.0	102.5
文教体育用品制造业	Cultural, Educational and Sports Goods	97.1	100.1
石油加工、炼焦及核燃料加工业	Petroleum Processing, Coking and Nuclear Fuel Processing	99.9	146.3
化学原料及化学制品制造业	Raw Chemical Materials and Chemical Products	96.2	107.9
医药制造业	Medical and Pharmaceutical Products	95.4	105.5
化学纤维制造业	Chemical Fiber		
橡胶制品业	Rubber Products	95.1	97.8
塑料制品业	Plastic Products	95.1	
非金属矿物制品业	Non-metal Mineral Products	96.7	115.7
黑色金属冶炼及压延加工业	Smelting and Pressing of Ferrous Metals	98.4	123.7
有色金属冶炼及压延加工业	Smelting and Pressing of Non-ferrous Metals	89.3	115.6
金属制品业	Metal Prodcuts	97.1	103.0
通用设备制造业	Ordinary Machinery Manufacturing	97.4	101.2
专用设备制造业	Special Purpose Equipment Manufacturing	97.5	100.6
交通运输设备制造业	Transport Equipment Manufacturing	95.1	100.2
电气机械及器材制造业	Electric Equipment and Machinery	97.7	102.3
通信设备、计算机及其他电子设备制造业	Telecommunications Equipments , Computer and Other Electronic Equipments Manufacturing	97.1	102.3
仪器仪表及文化、办公用机械制造业	Instrument, Meters, Cultural and Office Machinery Manufacturing	99.6	100.5
工艺品及其他制造业	Handicraft Articles and Others Manfacturing	99.6	100.0
废弃资源和废旧材料回收加工业	Resources Discarded & Waste Materials Recovering and Processing		
电力、热力的生产和供应业	Production & Supply of Electric Power and Heating Power	95.5	98.9
燃气生产和供应业	Production and Supply of Gas	93.2	98.6
水的生产和供应业	Production and Supply of Water	99.3	102.1

3-12 固定资产投资价格指数
PRICE INDICES OF INVESTMENT IN FIXED ASSETS

上年=100 (last year=100)

指　标	Item	2010	2015	2017
固定资产投资	**Investment in Fixed Assets**	**103.7**	**98.2**	**106.3**
建筑安装、装饰工程	**Construction, Installation and Decoration**	**105.5**	**97.7**	**109.4**
人工费	Labour	109.1	102.8	103.3
工程管理人员	Manager	109.6	100.4	103.1
工程技术人员	Engineer	107.2	100.4	103.6
普通工人	Ordinary Labour	109.4	103.9	103.2
材料费	Material	104.5	93.9	115.4
钢　材	Steel	105.0	87.7	126.1
木　材	Timber	102.4	97.8	97.7
水　泥	Cement	104.9	95.9	111.0
地方建筑材料	Local Construction Material	104.1	98.4	107.7
化工材料	Chemical Material	104.4	98.2	105.2
电　料	Electric Material	104.4	100.2	101.3
其他材料	Others	104.4	99.8	100.8
机械费	Machinery	104.9	100.3	103.7
土石方及筑路机械	Earthwork and Road Building Machinery	104.4	100.1	104.5
打桩机械	Piling	103.1	92.6	100.9
起重机械	Hoist	102.9	100.1	100.2
运输机械	Transporting	107.7	101.6	106.7
混凝土及砂浆机械	Concrete and Sand Starch	104.2	100.2	100.1
加工机械	Processing	102.7	99.4	102.0
泵类机械	Pumping	102.3	101.1	102.8
船舶机械	Shipping			
其他机械	Others	105.6	99.9	100.8
设备、工器具购置	**Purchase of Equipment, Tools and Instruments**	**100.3**	**99.3**	**100.6**
其他费用	**Others**	**100.9**	**99.3**	**100.1**
土地取得费	Land Obtaining	100.3	99.9	100.0
前期工程费	Prophase Project	100.1	99.2	100.3
施工工作费	Construction	101.8	99.7	99.9
建设单位其他费用	Other fees of Construction Unit	101.3	98.5	100.2

主要统计指标解释

居民消费价格指数 反映居民生活消费品及服务项目价格变动趋势和变动程度的相对数，采用链式拉斯贝尔公式，加权平均计算。根据抽样调查方法在全省抽取17个调查市、县为填报单位。

商品零售价格指数 反映市场商品零售价格变动趋势和变动程度的相对数，计算方法及样本单位同上。

农业生产资料价格指数 反映农业生产资料价格变动趋势和变动程度的相对数，计算方法同上，根据抽样调查方法在全省抽取6个县、市为填报单位。

工业生产者出厂价格指数 是反映全部工业产品出厂价格总水平的变动趋势和程度的相对数，根据全省部分重点企业的产品出厂价格的定期调查资料，按加权算术平均公式计算。

工业生产者购进价格指数 是反映工业企业购进主要原材料、燃料、动力价格水平变动趋势和程度的相对数。根据全省部分重点企业主要原材料、燃料、动力购进价格的定期调查资料，按加权算术平均公式计算。

Explanatory Notes on Main Statistical Indicators

Residents Consumer Price Indices reflect the trend and degree of changes in prices of consumer goods and services purchased by urban and rural residents. They are calculated by the weighted arithmetic mean, using Byes formula. According to sampling survey, draw 17 survey cities and counties in total Province as report units.

Retail Price Indices reflect the general change and degree in retail prices of market commodities. The calculating method and sample unit are the same as above.

Indices of Agricultural Productive Materials refer the trend and degree of changes in price of agricultural productive materials. The calculating method is same as above, and drawing 6 survey cities and counties as report units.

Ex-factory Price Indices of Industrial Producer reflect the trend and degree of changes in ex-factory prices of all industrial products. They are calculated by the weighted arithmetic mean, according to regular survey data of ex-factory price in part of important enterprises in the province.

Purchasing Price Indices of Industrial Producer reflect the trend and degree of changes in prices of industrial enterprises purchasing raw materials and fuels. They are calculated by the weighted arithmetic mean, according to regular survey data of major raw materials and fuels purchasing price in part of important enterprises in the province.

4

人民生活

PEOPLE'S LIVING CONDITIONS

资料整理人员

任启龙　康小梅　李艳旭

人民生活
PEOPLE'S LIVING CONDITIONS

城镇居民人均可支配收入	Per Capita Disposable Income of Urban Households	29132	元 (yuan)
城镇居民人均消费支出	Per Capita Living Expenditure of Urban Households	18404	元 (yuan)
农民居民人均可支配收入	Per Capita Disposable Income of Rural Households	10788	元 (yuan)
农村居民人均消费支出	Per Capita Living Expenditure of Rural Households	8424	元 (yuan)

城乡居民恩格尔系数 (%)
Engel's Coefficient of Urban and Rural Households (%)

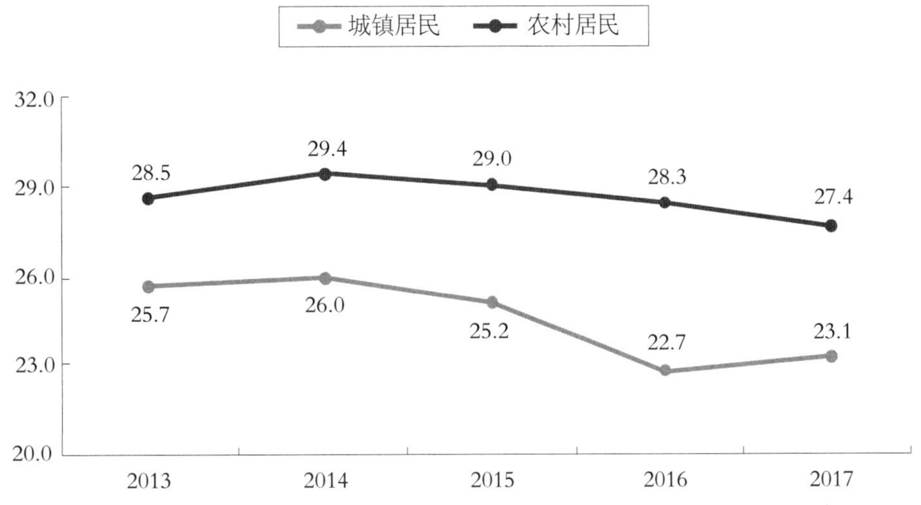

城乡居民家庭人均收入(元)
Per Capita Disposable Income of Urban and Rural Households (yuan)

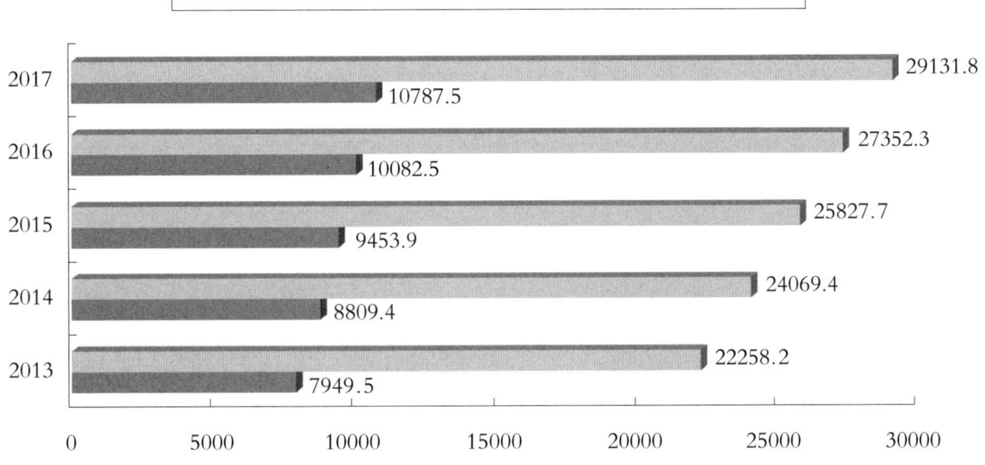

4-1 全省居民家庭生活基本情况
BASIC LIVING CONDITIONS OF THE PROVINCIAL HOUSEHOLDS

指　标	Item	2016	2017
一、调查户数(户)	Number of Households Surveyed (household)	4543	4523
二、调查户常住人口(人)	Number of Resident Population Surveyed (person)	13382	13196
三、平均每户常住人口数(人)	Average Number of Resident Population per Household (person)	2.95	2.92
四、平均每户从业人口(人)	Average Number of Employees per Household (person)	1.73	1.59
五、平均每一从业者负担人数(人)	Average Number of Persons Supported by Each Employee (person)	1.77	1.84
六、平均每人全年可支配收入(元)	Per Capita Annual Disposable Income (yuan)	19049	20420
七、平均每人全年消费支出(元)	Per Capita Annual Living Expenditure (yuan)	12683	13664

4-2 城镇居民家庭生活基本情况
BASIC LIVING CONDITIONS OF URBAN HOUSEHOLDS

指　标	Item	2016	2017
一、调查户数(户)	Number of Households Surveyed (household)	2383	2363
二、调查户常住人口(人)	Number of Resident Population Surveyed (person)	7069	6984
三、平均每户常住人口数(人)	Average Number of Resident Population per Household (person)	2.97	2.96
四、平均每户从业人口数(人)	Average Number of Employees per Household (person)	1.45	1.39
五、平均每一从业者负担人数(人)	Average Number of Persons Supported by Each Employee (person)	2.08	2.12
六、平均每人全年可支配收入(元)	Per Capita Annual Disposable Income (yuan)	27352	29132
七、平均每人全年消费支出(元)	Per Capita Annual Living Expenditure (yuan)	16993	18404
八、平均每人期末住房面积(平方米)	Per Capita Living Space at Year-end (sq.m)	33.21	32.40

4-3 城镇家庭人口状况
POPULATION CONDITIONS OF URBAN HOUSEHOLDS

指　　标	Item	2016	2017
一、调查户数 (户)	**Number of Households Surveyed (household)**	**2383**	**2363**
二、调查户常住人口(人)	**Number of Resident Population Surveyed (person)**	**7069**	**6984**
#劳动力数	Labors	5091	5064
#从业人数	Employees	3343	3297
#在校学生	Students Enrollment	1403	1404
按年龄分组	**Grouped by Age**		
5岁及以下	Aged 5 and Under	257	233
6–15岁	Aged 6–15	781	727
16–19岁	Aged 16–19	377	365
20–24岁	Aged 20–24	499	507
25–29岁	Aged 25–29	382	375
30–34岁	Aged 30–34	457	395
35–40岁	Aged 35–40	617	611
41–50岁	Aged 41–50	1466	1448
51–60岁	Aged 51–60	1222	1222
61–65岁	Aged 61–65	422	484
66岁及以上	Aged 66 and Above	563	601

4-4 城镇家庭劳动力状况
LABOR FORCE OF URBAN HOUSEHOLDS

单位：人 (person)

指　标	Item	2016	2017
一、劳动力文化状况	**Cultural Level of Labor Force**		
未上过学	Illiteracy or little literacy	42	42
小　学	Level of Primary School	415	416
初　中	Level of Junior Middle School	2028	2025
高　中	Level of Senior Middle School	1252	1227
大学专科	Level of Specialized Secondary School	766	759
大学本科	Level of Undergraduate	546	551
研究生	Level of Master and Doctor	41	44
二、劳动力从业情况	**Employment of Labor Force**		
(一)第一产业	Primary Industry	241	227
(二)第二产业	Secondary Industry	897	885
采矿业	Mining	356	349
制造业	Manufacturing	232	229
电力、热力、燃气及水生产供应业	Production and Supply of Power, Heat, Gas and Water	126	124
建筑业	Construction	183	183
(三)第三产业	Tertiary Industry	2205	2184
批发和零售业	Wholesale and Retail Trade	368	366
交通运输、仓储和邮政业	Transportation, Storage and Post	220	219
住宿和餐饮业	Hotels and Catering Services	153	156
信息传输、软件业和信息技术服务业	Information Transmission, Software and Information Technology	40	40
金融业	Financial Industry	80	75
房地产业	Real Estate	21	21
租赁和商务服务业	Leasing and Business Services	40	36
科学研究和技术服务业	Scientific Research and Technical Services	6	6
水利、环境和公共设施管理业	Management of Water Conservancy, Environment and Public Facilities	39	38
居民服务、修理和其他服务业	Services to Households, Repair and Other Services	454	464
教　育	Education	249	243
卫生和社会工作	Health and Social Service	137	133
文化、体育和娱乐业	Culture, Sports and Entertainment	48	44
公共管理、社会保障和社会组织	Public Management, Social Security and Social Organization	350	343
国际组织	International Organization		

4-5 城镇居民家庭人均全年总收入
PER CAPITA ANNUAL INCOME OF URBAN HOUSEHOLDS

单位：元 (yuan)

指 标	Item	2016	2017
总收入	**Total Income**	**29838.26**	**32813.15**
一、工资性收入	Income of Wages and Salaries	16954.36	17831.01
二、经营性收入	Business Income	3458.83	4339.37
(一)第一产业	Primary Industry	699.85	388.56
农 业	Farming	246.94	175.33
林 业	Forestry	16.63	9.32
牧 业	Animal Husbandry	431.03	199.75
渔 业	Fishery	5.25	4.17
(二)第二产业	Secondary Industry	691.44	559.61
采矿业	Mining	0.65	
制造业	Manufacturing	507.75	398.68
电力、热力、燃气及水生产和供应业	Production and Supply of Power, Heat, Gas and Water		
建筑业	Construction	183.04	160.93
(三)第三产业	Tertiary Industry	2067.53	3391.19
批发和零售业	Wholesale and Retail Trade	907.23	1969.00
交通运输、仓储和邮政业	Transportation, Storage and Post	522.54	614.07
住宿和餐饮业	Hotels and Catering Services	217.75	156.57
房地产业	Real Estate	10.72	0.11
租赁和商务服务业	Leasing and Business Services	33.79	44.93
居民服务、修理和其他服务业	Resident Services, Repair and Other Services	238.30	301.32
农林牧渔服务业	Services of Agriculture, Forestry, Animal Husbandry and Fishery	5.62	4.90
其 他	Others	131.58	300.29
三、财产性收入	Property Income	2043.19	2225.28
#利息收入	Interest	142.57	170.67
红利收入	Dividend and Bonus	148.91	216.06
储蓄性保险净收益	Net Savings Insurance	7.69	4.84
出租房屋财产性净收入	Net Income of Property Rental	455.25	481.50
四、转移性收入	Transfer Income	7381.88	8417.49
#养老金或离退休金	Pension or Retirement Payments	6537.84	7486.21
社会救济和补助	Social Relief and Subsidy	59.96	69.49
政策性生活补贴	Policy Living Allowances	30.93	27.33
赡养收入	Old Alimony	88.43	98.15
报销医疗费	Reimbursement of Medical Expenses	410.86	406.49
从政府和组织得到的实物产品和服务折价	Goods and Services Discount Received from Governments and Organizations	29.17	24.18
现金政策性惠农补贴	Cash Benefits Policy of Aagricultural Subsidies	7.36	9.09

4-6 城镇居民家庭人均全年总支出
PER CAPITA ANNUAL EXPENDITURE OF URBAN HOUSEHOLDS

单位：元 (yuan)

项　目	Item	2016	2017
总支出	**Total Expenditure**	**24250.44**	**27431.77**
#通过互联网购买的商品和服务	Commodities and Services Purchased by the Internet	187.83	216.57
一、消费支出	Living Expenditure	16992.82	18403.98
二、生产经营费用支出	Production and Operation Expenses	668.22	1767.65
(一)第一产业	Primary Industry	284.92	173.52
农　业	Farming	40.17	40.67
林　业	Forestry	1.05	0.35
牧　业	Animal Husbandry	243.07	132.50
渔　业	Fishery	0.63	
(二)第二产业	Secondary Industry	15.35	25.87
采矿业	Mining	0.21	0.53
制造业	Manufacturing	5.46	7.89
电力、热力、燃气及水生产和供应业	Production and Supply of Power, Heat, Gas and Water		
建筑业	Construction	9.69	17.44
(三)第三产业	Tertiary Industry	367.94	1568.25
批发和零售业	Wholesale and Retail Trade	104.62	1113.69
交通运输、仓储和邮政业	Transportation, Storage and Post	174.62	221.88
住宿和餐饮业	Hotels and Catering Services	37.06	55.12
房地产业	Real Estate		
租赁和商务服务业	Leasing and Business Services	13.43	6.70
居民服务、修理和其他服务业	Resident Services, Repair and Other Services	18.25	105.09
农林牧渔服务业	Services of Agriculture, Forestry, Animal Husbandry and Fishery	2.12	0.78
其　他	Others	17.84	64.99
三、财产性支出	Property Expenditure	39.73	35.17
生活贷款利息支出	Living Loans Interest Expense	35.30	29.20
其他财产性支出	Other Property Expenditure	4.43	5.97
四、转移性支出	Transfer Expenditure	1646.52	1750.36
个人所得税	Individual Income Tax	71.65	76.43
社会保障支出	Social Security Expenditures	1378.63	1488.02
外来从业人员寄给家人的支出	Expenses of Foreign Employees Sent to The Family	0.12	0.17
赡养支出	Alimony Expenses	108.19	78.41
其他转移性支出	Other Property Expenditure	87.93	107.34
五、部分商业保险支出	Part of the Commercial Insurance Expenses	122.60	141.02
六、购置资产及非经常性转移支出	Acquisition of Assets and Non-recurring Transfer Expenditures	3366.69	4194.34
七、借贷性支出	Borrowing Expenditure	1413.86	1139.24

4-7 城镇居民家庭人均可支配收入及构成
PER CAPITA DISPOSABLE INCOME AND COMPOSITION OF URBAN HOUSEHOLDS

指　标	Item	2016	2017
可支配收入(元)	**Disposable Income (yuan)**	**27352.33**	**29131.81**
一、工资性收入	Income of Wages and Salaries	16954.36	17831.01
二、经营净收入	Net Business Income	2659.14	2443.38
三、财产净收入	Net Property Income	2003.46	2190.10
四、转移净收入	Net Transfer Income	5735.37	6667.31
可支配收入构成(%)	**Composition of Disposable Income (%)**	**100.00**	**100.00**
一、工资性收入	Income of Wages and Salaries	61.99	61.21
二、经营净收入	Net Business Income	9.72	8.39
三、财产净收入	Net Property Income	7.32	7.52
四、转移净收入	Net Transfer Income	20.97	22.89

4-8 城镇居民家庭人均消费支出及构成
PER CAPITA LIVING EXPENDITURE AND COMPOSITION OF URBAN HOUSEHOLDS

项　目	Item	2016	2017
消费支出(元)	**Living Expenditure (yuan)**	**16992.82**	**18403.98**
一、食品烟酒	Food, Tobacco and Liquor	3862.79	4244.16
二、衣　着	Clothing	1602.96	1774.41
三、居　住	Residence	3633.80	3866.58
四、生活用品及服务	Household Living Facilities, Articles and Services	951.65	1093.84
五、交通通信	Transportation and Communication	2401.01	2658.23
六、教育文化娱乐服务	Education, Culture and Recreation Services	2438.96	2559.43
七、医疗保健	Health Care	1651.55	1741.43
八、其他用品和服务	Other Commodities and Services	450.09	465.90
消费支出构成(%)	**Composition of Living Expenditure (%)**	**100.00**	**100.00**
一、食品烟酒	Food, Tobacco and Liquor	22.73	23.06
二、衣　着	Clothing	9.43	9.64
三、居　住	Residence	21.38	21.01
四、生活用品及服务	Household Living Facilities, Articles and Services	5.60	5.94
五、交通通信	Transportation and Communication	14.13	14.44
六、教育文化娱乐服务	Education, Culture and Recreation Services	14.35	13.91
七、医疗保健	Health Care	9.72	9.46
八、其他用品和服务	Other Commodities and Services	2.65	2.53

4-9 城镇家庭平均每人家庭经营净收入

PER CAPITA NET INCOME FROM HOUSEHOLD BUSINESS OF URBAN HOUSEHOLDS

单位：元 (yuan)

指　标	Item	2016	2017
家庭经营净收入	**Net Income from Household Business**	**2659.14**	**2443.38**
农　业	Farming	205.19	132.73
林　业	Forestry	15.58	8.96
牧　业	Animal Husbandry	185.31	64.89
渔　业	Fishery	4.61	4.06
采矿业	Mining	-0.86	-0.53
制造业	Manufacturing	501.60	383.12
电力、热力、燃气及水生产和供应业	Production and Supply of Power, Heat, Gas and Water		
建筑业	Construction	158.89	127.54
批发和零售业	Wholesale and Retail Trade	762.75	816.48
交通运输、仓储和邮政业	Transportation, Storage and Post	301.56	360.66
住宿和餐饮业	Hotels and Catering Services	172.17	94.44
房地产业	Real Estate	10.72	0.11
租赁和商务服务业	Leasing and Business Services	16.61	35.55
居民服务、修理和其他服务业	Resident Services, Repair and Other Services	213.41	189.09
农林牧渔服务业	Services of Agriculture, Forestry, Animal Husbandry and Fishery	3.50	4.10
其　他	Others	108.09	222.19

4-10 主要年份城镇居民人均可支配收入增长情况

PER CAPITA DISPOSABLE INCOME GROWTH OF URBAN HOUSEHOLDS IN MAJOR YEARS

单位：元 (yuan)

年 份 Year	可支配收入 Disposable Income	比上年增加额 Increase Value over Last Year	比上年增长(%) Increase Rate over Last Year	城镇居民消费价格指数(上年=100) Consumer Price Index of Urban Residents (last year=100)	扣除物价上涨因素后 Deducting Price Rising	
					实际收入 Real Income	比上年增长% Increase Rate over Last Year
1978	301.4					
1980	379.7			105.5	359.9	
1985	595.3	78.4	15.2	109.1	545.6	5.6
1990	1290.9	114.8	9.8	101.5	1271.8	8.2
1995	3301.9	736.2	28.7	116.7	2829.4	10.3
2000	4724.1	381.5	8.8	104.7	4512.0	3.9
2005	8913.9	1011.0	12.8	101.7	8764.9	10.9
2010	15647.7	1651.1	11.8	103.1	15177.2	8.4
2013	22455.6	2043.9	10.0	103.0	21801.6	6.8
2013(新口径)	22258.2			103.0	21609.9	
2014	24069.4	1811.2	8.1	101.8	23643.8	6.2
2015	25827.7	1758.3	7.3	100.6	25673.7	6.7
2016	27352.3	1524.6	5.9	101.1	27054.7	4.8
2017	29131.8	1779.5	6.5	101.4	28729.6	5.0

4-11 主要年份城镇居民人均消费支出增长情况

PER CAPITA LIVING EXPENDITURE GROWTH OF URBAN HOUSEHOLDS IN MAJOR YEARS

单位：元 (yuan)

年 份 Year	消费支出 Living Expenditure	比上年增加额 Increase Value over Last Year	比上年增长(%) Increase Rate over Last Year	城镇居民消费价格指数(上年＝100) Consumer Price Index of Urban Residents (last year=100)	扣除物价上涨因素后 Deducting Price Rising	
					实际支出 Real Expenditure	比上年增长% Increase Rate over Last Year
1978	275.4					
1980	356.6	51.8	17.0	105.5	338.0	10.8
1985	533.4	100.1	23.1	109.1	488.9	12.8
1990	1047.7	54.2	5.5	101.5	1032.2	3.9
1995	2640.7	597.4	29.2	116.7	2262.8	10.7
2000	3941.9	448.9	12.9	104.7	3764.9	7.8
2005	6342.6	688.4	12.2	101.7	6236.6	10.3
2010	9792.7	437.6	4.7	103.1	9498.2	1.5
2013	13166.2	954.7	7.8	103.0	12782.7	4.7
2013(新口径)	13762.7			103.0	13361.8	
2014	14636.9	874.2	6.4	101.8	14378.1	4.5
2015	15818.6	1221.5	8.1	100.6	15724.3	7.4
2016	16992.8	1174.2	7.4	101.1	16807.9	6.3
2017	18404.0	1411.2	8.3	101.4	18149.9	6.8

注：2013年起，国家统计局实施城乡一体化住户调查改革，居民收支相关指标采用新口径。

Note: The NBS has conducted the integrated household survey reform and related indicators of household income and expenditure have adopted a new coverage since 2013.

4-12 城镇居民家庭平均每人食品消费量
PER CAPITA FOOD CONSUMPTION OF URBAN HOUSEHOLDS

单位：公斤 (kg)

指　标	Item	2016	2017
粮　食	Grain	109.00	114.30
油脂类	Oil or Fat	8.00	8.34
蔬菜及菜制品	Vegetables and Processed Products	87.58	88.70
肉　类	Meat	16.20	16.83
禽　类	Poultry	2.55	2.87
水产品	Aquatic Product	3.08	3.42
蛋类及蛋制品	Eggs and Processed Products	10.65	11.51
奶和奶制品	Milk and Processed Products	18.89	19.88
干鲜瓜果类	Fresh and Dried Fruits	57.79	64.00
糖果糕点类	Sweets and Pastry	5.29	6.18
饮　料	Beverage	0.18	0.17
酒	Liquor	3.09	3.46

4-13 城镇居民家庭平均每百户年末耐用消费品拥有量
DURABLE CONSUMER GOODS OWNED PER 100 URBAN HOUSEHOLDS AT YEAR-END

名　称	Item	2016	2017
家用汽车(辆)	Automobile (unit)	33.77	35.56
摩托车(辆)	Motorcycle (unit)	20.21	19.41
洗衣机(台)	Washing Machine (set)	99.12	99.95
电冰箱(台)	Refrigerator (set)	94.32	95.13
微波炉(台)	Microwave oven (set)	38.31	39.00
彩色电视机(台)	Color Television (set)	106.01	106.66
空　调(台)	Air conditioner (set)	33.88	36.00
固定电话(部)	Fixed Telephone (set)	32.17	26.49
移动电话(部)	Mobile Telephone (set)	230.56	235.86
#接入互联网	Mobile Telephone with Internet Access	137.33	144.74
计算机(台)	Computer (set)	73.09	74.57
#接入互联网	Computer with Internet Access	60.09	61.37
照相机(台)	Camera (set)	19.36	19.26

4-14 城镇居民家庭年末居住情况

HOUSING CONDITIONS OF URBAN HOUSEHOLDS AT YEAR-END

单位：% (%)

指　　标	Item	2016	2017
一、居住空间样式	Style of Residential Space	100.0	100.0
单栋楼房	Dependent Resident	11.6	9.7
单栋平房	Dependent Bungalow	20.8	14.2
四居室及以上单元房	Apartment with Four and More Bedrooms	1.2	1.1
三居室单元房	Apartment with Three Bedrooms	25.7	29.0
二居室单元房	Apartment with Two Bedrooms	30.4	36.1
一居室单元房	Apartment with One Bedrooms	2.8	3.6
筒子楼或连片平房	Tube-Shaped Apartment or Contiguous Bungalow	7.3	5.9
其　他	Others	0.2	0.3
二、主要建筑材料	Major Building Materials	100.0	100.0
钢筋混凝土	Reinforced Concrete	28.3	30.5
砖混材料	Brick and Concrete Material	58.9	59.1
砖瓦砖木	Tile and Brick	12.2	8.8
竹草土坯	Bamboo, Grass and Adobe	0.1	0.2
其　他	Others	0.5	1.4
三、现住房房屋来源	Current Housing Sources	100.0	100.0
租赁公房	Rent Public Houses	2.0	3.2
租赁私房	Rent Private Houses	5.5	4.8
自建住房	Self-Build Housing	31.1	21.4
购买商品房	Purchased Commercial Housing	30.1	33.7
购买房改住房	Purchased Housing-Reform Houses	18.1	21.7
购买保障性住房	Purchased Security Housing	4.2	5.7
拆迁安置房	Resettlement Housing	3.8	4.3
继承或获赠住房	Inherited or receive Housing	1.0	1.3
免费借用房	Free Rental Housing	1.3	1.1
雇主提供免费住房	Employer-Provided Free Housing	0.5	0.7
其他来源	Other Sources	2.5	2.1

4-14 续表1 continued

单位：% (%)

指　　标	Item	2016	2017
四、现住房建筑面积	Current Housing Construction Area	100.0	100.0
10平方米以内	Within 10 sq. m	0.1	0.1
10-20平方米	10 – 20 sq. m	1.5	1.6
20-30平方米	20 – 30 sq. m	1.9	1.4
30-60平方米	30 – 60 sq. m	19.8	22.9
60-90平方米	60 – 90 sq. m	30.6	31.1
90-120平方米	90 – 120 sq. m	25.7	24.0
120-200平方米	120 – 200 sq. m	17.0	16.7
200平方米以上	Above 200 sq. m	3.4	2.1
五、住宅外道路路面情况	Road Conditions Outside Houses	100.0	100.0
水泥或柏油路面	Cement or Asphalt Road	91.4	92.2
沙石或石板等硬质路面	Sand, Stone and Other Hard Surfacing Road	7.5	6.6
其　他	Others	1.1	1.1
六、住宅有管道供水情况	House Water Supply	100.0	100.0
管道供水入户	Piped Water Supply Inlet	98.8	99.0
管道供水至公共取水点	Piped Water Supply to Public Water Draw-off	0.3	0.4
没有管道设施	No Pipeline Facilities	0.9	0.6
七、住户主要饮用水来源情况	Major Sources of Drinking Water for Households	100.0	100.0
经过净化处理的自来水	Purified Running Water	87.4	91.9
受保护的井水和泉水	Protected Wells and Springs	10.1	6.1
不受保护的井水和泉水	Unprotected Wells and Springs	1.4	1.0
江河湖泊水	River and Lake Water		0.1
收集雨水	Collected rainwater		
桶装水	Bottled water	0.3	0.3
其他水源	Other Water sources	0.8	0.5
八、住户厕所类型	Household Toilet Type	100.0	100.0
水冲式卫生厕所	Clean Flush Toilets	69.4	79.1
水冲式非卫生厕所	Non-clean Flush Toilets	0.8	0.7
卫生旱厕	Clean Pit Latrines	7.6	4.0
普通旱厕	General Pit Latrines	20.2	13.7
无厕所	No Toilet	2.0	2.4

4-14 续表2 continued

单位：% (%)

指　　标	Item	2016	2017
九、住户主要取暖设备状况	Major Heating Equipments for Households	100.0	100.0
由市政或小区集中供暖	Central Heating Supplied by Municipal or Residential Area	70.3	81.5
自行供暖	Self Heating	29.5	17.6
无取暖设备	No Heating Equipments	0.1	0.9
十、住户主要取暖用能源状况	Major Heating Energy for Households	100.0	100.0
柴　草	Firewood	0.8	0.4
煤　炭	Coal	25.8	13.5
罐装液化石油气	Bottled Liquefied Petroleum Gas		
管道液化石油气	Pipelined Liquefied Petroleum Gas	0.1	0.1
管道煤气	Pipelined Gas	5.5	3.4
管道天然气	Pipelined Natural Gas	3.4	7.1
电	Electricity	3.7	3.9
燃料用油	Fuel oil		
沼　气	Biogas		
其　他	Others	7.5	8.0
无取暖行为	None	53.3	63.8
十一、主要炊用能源状况	Major Cooking Energy	100.0	100.0
柴　草	Firewood	0.2	0.2
煤　炭	Coal	14.6	8.7
罐装液化石油气	Bottled Liquefied Petroleum Gas	4.9	3.6
管道液化石油气	Pipelined Liquefied Petroleum Gas	0.5	0.6
管道煤气	Pipelined Gas	14.9	15.2
管道天然气	Pipelined Natural Gas	41.7	52.6
电	Electricity	22.9	18.6
燃料用油	Fuel oil		
沼　气	Biogas		
其　他	Others	0.4	0.6
无炊用行为	None		

4-15 城镇居民家庭五等分分组基本情况(2017年)

按可支配收入分组

指 标	Item	低收入户 (20%) Low Income Households
一、调查户数 (户)	Number of Households Surveyed (household)	473
二、调查户常住人口(人)	Number of Resident Population Surveyed (person)	1624
三、劳动力数(人)	Number of Labors	1042
#从业人数	Number of Employees	687
四、人均期末住房面积 (平方米)	Per Capita Housing Area at the Year-end (sq.m)	26.03
五、平均每百户期末耐用品拥有量	Durable Goods Owned Per 100 Households at the Year-end	
家用汽车(辆)	Automobile (unit)	24.33
摩托车(辆)	Motorcycle (unit)	31.07
洗衣机(台)	Washing Machine (set)	97.04
电冰箱(台)	Refrigerator (set)	85.63
微波炉(台)	Microwave Oven (set)	17.07
彩色电视机(台)	Color Television (set)	105.14
空 调(台)	Air Conditioner (set)	15.43
固定电话(部)	Fixed Telephone (set)	16.35
移动电话(部)	Mobile Telephone (set)	241.10
#接入互联网	Mobile Telephone with Internet Access	141.96
计算机(台)	Computer (set)	56.46
#接入互联网	Computer with Internet Access	43.77
照相机(台)	Camera (set)	4.44
六、平均每人食品消费情况 (公斤)	Per Capita Food Consumption (kg)	
粮 食	Grain	105.94
油脂类	Oil and Fat	7.25
蔬菜及菜制品	Vegetables and Processed Products	60.67
肉 类	Meat	11.38
禽 类	Poultry	1.98
水产品	Aquatic Product	1.89
蛋类及蛋制品	Eggs and Processed Products	9.08
奶和奶制品	Milk and Processed Products	13.21
干鲜瓜果类	Fresh and Dried Fruits	44.17
糖果糕点类	Sweets and Pastry	4.69
饮 料	Beverage	0.15
酒	Liquor	2.69

BASIC CONDITIONS OF URBAN HOUSEHOLDS BY INCOME QUINTILE(2017)

(by the group of disposible income)

中低收入户 (20%) Lower Middle Income Households	中等收入户 (20%) Middle Income Households	中高收入户 (20%) Higher Middle Income Households	高收入户 (20%) High Income Households
473	473	473	472
1591	1446	1257	1067
1116	1065	950	892
804	744	587	474
29.19	30.40	34.93	49.83
33.18	37.19	40.61	42.52
25.33	17.77	12.05	10.82
99.58	101.90	100.00	101.25
93.66	99.15	97.89	99.36
27.47	40.57	48.43	61.54
107.82	107.40	104.44	108.48
30.64	38.56	37.43	57.99
19.87	26.37	31.51	38.39
250.39	254.95	222.81	209.97
150.67	157.00	139.85	134.22
74.64	80.12	79.27	82.38
61.34	67.22	64.47	70.08
10.57	20.51	25.80	35.03
113.44	109.89	127.68	124.87
8.21	8.71	8.83	9.39
78.69	83.50	114.40	128.52
14.98	17.00	21.67	23.44
2.82	3.12	3.44	3.64
2.65	3.65	4.49	5.45
11.14	11.11	13.09	14.80
19.12	19.76	23.76	28.02
56.11	63.46	81.43	90.20
5.74	6.58	7.84	7.46
0.13	0.18	0.19	0.23
3.12	3.82	4.60	3.94

4-16 城镇居民家庭五等分分组人均收支情况(2017年)

按可支配收入分组

指　标	Item	低收入户 (20%) Low Income Households
一、总收入(元)	**Total Income (yuan)**	**13510.40**
(一)工资性收入	Income of Wages and Salaries	9083.79
(二)经营性收入	Business Income	2089.21
第一产业	Primary Industry	338.41
第二产业	Secondary Industry	117.09
第三产业	Tertiary Industry	1633.72
(三)财产性收入	Property Income	876.49
#利息收入	Interest	82.45
红利收入	Dividend and Bonus	26.52
储蓄性保险净收益	Net Savings Insurance	2.90
出租房屋财产性净收入	Net Income of Property Rental	113.11
(四)转移性收入	Transfer Income	1460.91
#养老金或离退休金	Pension or Retirement Payments	902.74
社会救济和补助	Social Relief and Subsidy	166.03
政策性生活补贴	Policy Living Allowances	26.27
赡养收入	Old Alimony	68.67
报销医疗费	Reimbursement of Medical Expenses	35.26
从政府和组织得到的实物产品和服务折价	Goods and Services Discount Received from Governments and Organizations	29.10
现金政策性惠农补贴	Cash Benefits Policy of Aagricultural Subsidies	18.79
二、总支出(元)	**Total Expenditure (yuan)**	**13311.83**
(一)生活消费支出	Living Expenditure	9922.20
食品烟酒	Food, Tobacco and Liquor	2544.42
衣　着	Clothing	1098.35
居　住	Residence	2136.77
生活用品及服务	Household Living Facilities,Articles and Services	477.75
交通通信	Transportation and Communication	1262.77
教育文化娱乐服务	Education, Culture and Recreation Services	1631.44
医疗保健	Health Care	589.89
其他商品和服务	Other Commodities and Services	180.80
(二)生产经营费用支出	Production and Operation Expenses	612.89
第一产业	Primary Industry	144.90
第二产业	Secondary Industry	28.68
第三产业	Tertiary Industry	439.31
(三)财产性支出	Property Expenditure	6.55
(四)转移性支出	Transfer Expenditure	868.16
(五)部分商业保险支出	Part of the Commercial Insurance Expenses	80.79
(六)购置资产及非经常性转移支出	Acquisition of Assets and Non-recurring Transfer Expenditures	1634.26
(七)借贷性支出	Borrowing Expenditure	186.99
三、可支配收入(元)	**Disposable Income (yuan)**	**11876.88**

PER CAPITA INCOME AND EXPENDITURE OF URBAN HOUSEHOLDS BY INCOME QUINTILE(2017)

(by the group of disposible income)

中低收入户 (20%) Lower Middle Income Households	中等收入户 (20%) Middle Income Households	中高收入户 (20%) Higher Middle Income Households	高收入户 (20%) High Income Households
25815.67	**29942.00**	**40767.30**	**62316.56**
14413.47	20427.36	22477.24	28008.41
6599.20	1845.89	3239.62	6827.62
644.70	362.64	123.56	397.20
201.46	80.38	281.69	401.85
5753.04	1402.87	2834.37	6028.57
1273.92	1746.75	2260.00	5260.65
183.48	163.55	78.86	329.48
8.80	28.54	86.62	876.57
	1.29		16.90
153.70	266.16	634.57	1381.70
3529.08	5922.00	12790.44	22219.87
2885.09	5278.03	12440.89	20012.54
47.21	9.92	0.75	43.20
22.24	7.55	26.92	51.75
67.50	162.06	10.08	142.94
204.08	190.91	264.54	1343.54
27.45	13.01	12.04	30.95
8.96	6.41	0.30	2.50
25067.47	**27499.96**	**31613.16**	**46576.70**
14691.98	18688.83	22346.93	30817.02
3549.33	4478.00	5327.72	6384.06
1331.87	1899.25	2147.48	2758.42
3067.83	3511.96	4870.14	6737.47
882.47	1072.92	1623.21	1868.20
2308.31	2837.51	3018.04	4486.52
2261.50	3006.45	2949.60	3467.50
979.31	1394.11	1769.46	4240.91
311.37	488.63	641.29	873.96
4222.28	451.87	1890.51	2562.53
394.27	115.41	78.48	133.84
9.55	0.35	0.12	70.93
3818.46	336.11	1811.92	2357.76
10.75	64.73	50.90	58.95
1308.47	1913.74	2307.57	2907.20
139.33	167.87	119.33	209.50
4371.86	4196.86	3507.28	7864.85
322.80	2016.07	1390.63	2156.65
20144.89	**27418.20**	**36437.90**	**56630.14**

4-17 农村居民家庭生活基本情况
BASIC LIVING CONDITIONS OF RURAL HOUSEHOLDS

指　标	Item	2016	2017
一、调查户数 (户)	Number of Households Surveyed (household)	2160	2159
二、调查户常住人口(人)	Number of Resident Population Surveyed (person)	6312	6212
三、平均每户常住人口数 (人)	Average Number of Resident Population per Household (person)	2.92	2.88
四、平均每户从业人口数 (人)	Average Number of Employees per Household (person)	2.04	1.80
五、平均每一从业者负担人数 (人)	Average Number of Persons Supported by Each Employee (person)	1.54	1.60
六、平均每人全年可支配收入 (元)	Per Capita Annual Disposable Income (yuan)	10082	10788
七、平均每人全年消费支出 (元)	Per Capita Annual Living Expenditure (yuan)	8029	8424
八、人均期末住房面积 (平方米)	Per Capita Living Space at Year-end (sq.m)	37.51	37.81

4-18 农村家庭人口状况
POPULATION CONDITIONS OF RURAL HOUSEHOLDS

指　标	Item	2016	2017
一、调查户数 (户)	**Number of Households Surveyed (household)**	**2160**	**2159**
二、调查户常住人口(人)	**Number of Resident Population Surveyed (person)**	**6312**	**6212**
#劳动力数	Labors	4632	4609
#从业人数	Employees	3924	3890
#在校学生	Students Enrollment	1158	1143
按年龄分组	**Grouped by Age**		
5岁及以下	Aged 5 and Under	178	150
6-15岁	Aged 6-15	645	613
16-19岁	Aged 16-19	378	341
20-24岁	Aged 20-24	463	465
25-29岁	Aged 25-29	298	320
30-34岁	Aged 30-34	256	222
35-40岁	Aged 35-40	361	364
41-50岁	Aged 41-50	1263	1198
51-60岁	Aged 51-60	1388	1380
61-65岁	Aged 61-65	503	546
66岁及以上	Aged 66 and Above	518	588

4-19 农村居民家庭劳动力状况
LABOR FORCE OF RURAL HOUSEHOLDS

单位：人 (person)

指 标	Item	2016	2017
一、劳动力文化状况	**Cultural Level of Labor Force**		
未上过学	Illiteracy or little literacy	121	134
小 学	Level of Primary School	1094	1099
初 中	Level of Junior Middle School	2687	2627
高 中	Level of Senior Middle School	550	546
大学专科	Level of Specialized Secondary School	145	163
大学本科	Level of Undergraduate	34	40
研究生	Level of Master and Doctor	1	
二、劳动力从业情况	**Employment of Labor Force**		
(一)第一产业	Primary Industry	2238	2171
(二)第二产业	Secondary Industry	652	660
采矿业	Mining	158	171
制造业	Manufacturing	225	222
电力、热力、燃气及水生产供应业	Production and Supply of Power, Heat, Gas and Water	50	49
建筑业	Construction	219	218
(三)第三产业	Tertiary Industry	1034	1059
批发和零售业	Wholesale and Retail Trade	168	165
交通运输、仓储和邮政业	Transportation, Storage and Post	181	185
住宿和餐饮业	Hotels and Catering Services	127	152
信息传输、软件业和信息技术服务业	Information Transmission, Software and Information Technology	15	11
金融业	Financial Industry	6	9
房地产业	Real Estate	5	4
租赁和商务服务业	Leasing and Business Services	11	11
科学研究和技术服务业	Scientific Research and Technical Services	1	1
水利、环境和公共设施管理业	Management of Water Conservancy, Environment and Public Facilities	15	14
居民服务、修理和其他服务业	Services to Households, Repair and Other Services	313	312
教 育	Education	60	57
卫生和社会工作	Health and Social Service	47	56
文化、体育和娱乐业	Culture, Sports and Entertainment	9	7
公共管理、社会保障和社会组织	Public Management, Social Security and Social Organization	77	75
国际组织	International Organization		

4-20 农村居民家庭人均全年总收入

PER CAPITA ANNUAL INCOME OF RURAL HOUSEHOLDS

单位：元 (yuan)

指　标	Item	2016	2017
总收入	**Total Income**	**12167.18**	**12819.40**
一、工资性收入	Income of Wages and Salaries	5204.45	5462.38
二、经营性收入	Business Income	4480.89	4492.73
(一)第一产业	Primary Industry	3499.62	3533.56
农　业	Farming	2932.56	3046.48
林　业	Forestry	93.19	60.38
牧　业	Animal Husbandry	473.80	426.69
渔　业	Fishery	0.08	0.01
(二)第二产业	Secondary Industry	56.63	83.03
采矿业	Mining	0.03	
制造业	Manufacturing	30.87	55.03
电力、热力、燃气及水生产和供应业	Production and Supply of Power, Heat, Gas and Water		
建筑业	Construction	25.73	27.99
(三)第三产业	Tertiary Industry	924.64	876.14
批发和零售业	Wholesale and Retail Trade	288.66	306.73
交通运输、仓储和邮政业	Transportation, Storage and Post	390.89	253.43
住宿和餐饮业	Hotels and Catering Services	74.60	76.74
房地产业	Real Estate		0.08
租赁和商务服务业	Leasing and Business Services	13.42	16.45
居民服务、修理和其他服务业	Resident Services, Repair and Other Services	63.46	105.63
农林牧渔服务业	Services of Agriculture, Forestry, Animal Husbandry and Fishery	67.44	79.93
其　他	Others	26.18	37.15
三、财产性收入	Property Income	161.28	181.78
#利息收入	Interest	22.57	11.41
红利收入	Dividend and Bonus	38.17	103.17
储蓄性保险净收益	Net Savings Insurance	0.35	0.55
出租房屋财产性净收入	Net Income of Property Rental	22.16	24.21
四、转移性收入	Transfer Income	2320.57	2682.52
#养老金或离退休金	Pension or Retirement Payments	881.72	898.88
社会救济和补助	Social Relief and Subsidy	120.62	158.00
政策性生活补贴	Policy Living Allowances	150.07	125.28
赡养收入	Old Alimony	146.16	214.42
报销医疗费	Reimbursement of Medical Expenses	120.16	194.66
从政府和组织得到的实物产品和服务折价	Goods and Services Discount Received from Governments and Organizations	90.25	58.40
现金政策性惠农补贴	Cash Benefits Policy of Aagricultural Subsidies	141.60	229.57

4-21 农村居民家庭人均全年总支出
PER CAPITA ANNUAL EXPENDITURE OF RURAL HOUSEHOLDS

单位：元 (yuan)

项　目	Item	2016	2017
总支出	**Total Expenditure**	**12487.10**	**12808.51**
#通过互联网购买的商品和服务	Commodities and Services Purchased by the Internet	15.43	18.30
一、消费支出	Living Expenditure	8028.77	8424.01
二、生产经营费用支出	Production and Operation Expenses	1609.27	1522.51
(一)第一产业	Primary Industry	1305.09	1259.99
农　业	Farming	987.21	1012.62
林　业	Forestry	20.32	6.65
牧　业	Animal Husbandry	297.53	240.70
渔　业	Fishery	0.04	0.01
(二)第二产业	Secondary Industry	13.61	25.53
采矿业	Mining		
制造业	Manufacturing	11.13	23.37
电力、热力、燃气及水生产和供应业	Production and Supply of Power, Heat, Gas and Water		
建筑业	Construction	2.49	2.16
(三)第三产业	Tertiary Industry	290.56	236.99
批发和零售业	Wholesale and Retail Trade	36.96	55.01
交通运输、仓储和邮政业	Transportation, Storage and Post	210.23	112.99
住宿和餐饮业	Hotels and Catering Services	4.95	22.44
房地产业	Real Estate		
租赁和商务服务业	Leasing and Business Services	5.86	1.85
居民服务、修理和其他服务业	Resident Services, Repair and Other Services	7.39	12.12
农林牧渔服务业	Services of Agriculture, Forestry, Animal Husbandry and Fishery	16.60	26.55
其　他	Others	8.58	6.03
三、财产性支出	Property Expenditure	12.26	17.85
生活贷款利息支出	Living Loans Interest Expense	11.93	17.64
其他财产性支出	Other Property Expenditure	0.34	0.21
四、转移性支出	Transfer Expenditure	321.43	345.27
个人所得税	Individual Income Tax	1.30	1.54
社会保障支出	Social Security Expenditures	265.73	291.81
外来从业人员寄给家人的支出	Expenses of Foreign Employees Sent to The Family	19.51	15.87
赡养支出	Alimony Expenses	11.11	15.09
其他转移性支出	Other Property Expenditure	23.78	20.96
五、部分商业保险支出	Part of the Commercial Insurance Expenses	45.89	37.79
六、购置资产及非经常性转移支出	Acquisition of Assets and Non-recurring Transfer Expenditures	2143.26	2166.23
七、借贷性支出	Borrowing Expenditure	326.22	294.84

4-22 农村居民家庭平均每户土地经营情况
LAND MANAGEMENT OF RURAL HOUSEHOLDS

单位：亩 (mu)

指 标	Item	2016	2017
一、期初实际经营土地面积	**Land Area Under Real Management at the Beginning of the Period**	**9.90**	**9.77**
耕 地	Cultivated Land	9.00	8.82
#有效灌溉面积	Effective Irrigated Area	2.92	2.69
林 地	Forest Land	0.27	0.28
园 地	Gardern Plot	0.63	0.66
二、期末实际经营土地面积	**Land Area Under Real Management at the End of the Period**	**9.80**	**9.56**
耕 地	Cultivated Land	8.93	8.61
#有效灌溉面积	Effective Irrigated Area	2.83	2.64
林 地	Forest Land	0.26	0.29
园 地	Orchards	0.62	0.66
三、期内主要粮食播种面积	**Sown Area of Major Crops within the Period**	**6.80**	**6.16**
小 麦	Wheat	1.00	0.80
水 稻	Rice		
玉 米	Corn	4.97	4.56
大 豆	Soybean	0.32	0.31
薯 类	Rubers	0.51	0.49
四、期内主要经济作物播种面积	**Sown Area of Major Commercial Crops within the Period**	**1.28**	**1.36**
棉 花	Cotton		
油 料	Oil-bearing Plants	0.65	0.72
糖料作物	Sugar-yileding Crops		0.03
蔬 菜	Vegetables	0.14	0.14
#设施蔬菜	Greenhouse Vegetables	0.05	0.03
水 果	Fruit	0.49	0.48
#设施水果	Greenhouse Fruit	0.02	0.02
五、农业生产技术应用情况	**Application of Agriculture Production Technology**		
机耕面积	Area Cultivated by Machine	6.30	6.06
机播面积	Area Sown by Machine	4.71	4.76
机收面积	Area Harvested by Machine	2.66	2.98
机电灌溉面积	Area Irrigated by Machine	1.61	1.66

4-23 农村居民家庭人均可支配收入及构成
PER CAPITA DISPOSABLE INCOME AND COMPOSITION OF RURAL HOUSEHOLDS

指　标	Item	2016	2017
可支配收入(元)	**Disposable Income (yuan)**	**10082.45**	**10787.51**
一、工资性收入	Income of Wages and Salaries	5204.45	5462.38
二、经营净收入	Net Business Income	2729.85	2823.96
三、财产净收入	Net Property Income	149.02	163.92
四、转移净收入	Net Transfer Income	1999.14	2337.25
可支配收入构成(%)	**Composition of Disposable Income (%)**	**100.00**	**100.00**
一、工资性收入	Income of Wages and Salaries	51.62	50.64
二、经营净收入	Net Business Income	27.08	26.18
三、财产净收入	Net Property Income	1.48	1.52
四、转移净收入	Net Transfer Income	19.83	21.67

4-24 农村居民家庭人均消费支出及构成
PER CAPITA LIVING EXPENDITURE AND COMPOSITION OF RURAL HOUSEHOLDS

项　目	Item	2016	2017
消费支出(元)	**Living Expenditure (yuan)**	**8028.77**	**8424.01**
一、食品烟酒	Food, Tobacco and Liquor	2272.44	2308.31
二、衣　着	Clothing	565.25	577.53
三、居　住	Residence	1798.29	1901.85
四、生活用品及服务	Household Living Facilities, Articles and Services	385.88	392.99
五、交通通信	Transportation and Communication	961.76	1028.02
六、教育文化娱乐服务	Education, Culture and Recreation Services	1132.31	1127.20
七、医疗保健	Health Care	769.58	937.54
八、其他用品和服务	Other Commodities and Services	143.25	150.57
消费支出构成 (%)	**Composition of Living Expenditure (%)**	**100.00**	**100.00**
一、食品烟酒	Food, Tobacco and Liquor	28.30	27.40
二、衣　着	Clothing	7.04	6.86
三、居　住	Residence	22.40	22.58
四、生活用品及服务	Household Living Facilities, Articles and Services	4.81	4.67
五、交通通信	Transportation and Communication	11.98	12.20
六、教育文化娱乐服务	Education, Culture and Recreation Services	14.10	13.38
七、医疗保健	Health Care	9.59	11.13
八、其他用品和服务	Other Commodities and Services	1.78	1.79

4-25 农村居民家庭平均每人家庭经营净收入

PER CAPITA NET INCOME FROM HOUSEHOLD BUSINESS OF RURAL HOUSEHOLDS

单位：元 (yuan)

指 标	Item	2016	2017
家庭经营净收入	**Net Income from Household Business**	**2729.94**	**2823.96**
农 业	Farming	1882.10	1969.43
林 业	Forestry	72.86	53.71
牧 业	Animal Husbandry	168.91	175.18
渔 业	Fishery	0.04	-0.01
采矿业	Mining		
制造业	Manufacturing	18.17	24.37
电力、热力、燃气及水生产和供应业	Production and Supply of Power, Heat, Gas and Water		-0.72
建筑业	Construction	21.33	23.85
批发和零售业	Wholesale and Retail Trade	237.23	239.13
交通运输、仓储和邮政业	Transportation, Storage and Post	139.77	107.15
住宿和餐饮业	Hotels and Catering Services	67.09	51.99
房地产业	Real Estate		0.08
租赁和商务服务业	Leasing and Business Services	6.68	12.28
居民服务、修理和其他服务业	Resident Services, Repair and Other Services	52.13	88.79
农林牧渔服务业	Services of Agriculture, Forestry, Animal Husbandry and Fishery	46.91	48.46
其 他	Others	16.72	30.25

4-26 主要年份农村居民人均可支配收入增长情况
PER CAPITA DISPOSABLE INCOME GROWTH OF RURAL HOUSEHOLDS IN MAJOR YEARS

单位：元 (yuan)

年 份 Year	可支配收入 Disposable Income	比上年增加额 Increase Value over Last Year	比上年增长(%) Increase Rate over Last Year	农村居民消费价格指数(上年=100) Consumer Price Index of Rural Residents (last year=100)	扣除物价上涨因素后 Deducting Price Rising	
					实际收入 Real Income	比上年增长% Increase Rate over Last Year
1978	101.6	8.0	8.6			
1980	155.8	10.4	7.1	101.3	153.8	5.8
1985	358.3	19.5	5.8	107.8	332.4	-1.9
1990	603.5	89.6	17.4	103.0	585.9	14.0
1995	1208.3	324.1	36.7	117.2	1031.0	16.6
2000	1905.6	133.0	7.5	103.0	1850.1	4.4
2005	2890.7	301.1	11.6	103.7	2787.5	7.6
2010	4736.2	492.2	11.6	102.8	4607.2	8.6
2013	7153.5	796.9	12.5	103.2	6931.7	9.0
2013(新口径)	7949.5			103.2	7703.0	
2014	8809.4	860.0	10.8	101.4	8685.4	9.2
2015	9453.9	644.5	7.3	100.7	9388.2	6.6
2016	10082.5	628.6	6.6	101.1	9968.9	5.5
2017	10787.5	705.1	7.0	100.5	10733.8	6.5

4-27 主要年份农村居民人均消费支出增长情况
PER CAPITA LIVING EXPENDITURE GROWTH OF RURAL HOUSEHOLDS IN MAJOR YEARS

单位：元 (yuan)

年 份 Year	消费支出 Living Expenditure	比上年增加额 Increase Value over Last Year	比上年增长(%) Increase Rate over Last Year	农村居民消费价格指数(上年＝100) Consumer Price Index of Rural Residents (last year=100)	扣除物价上涨因素后 Deducting Price Rising	
					实际支出 Real Expenditure	比上年增长% Increase Rate over Last Year
1978	90.6					
1980	134.4	16.1	13.6	101.3	132.7	12.1
1985	272.7	48.4	21.6	107.8	253.0	12.8
1990	487.7	78.4	19.2	103.0	473.4	15.7
1995	928.0	254.4	37.8	117.2	791.8	17.5
2000	1149.0	101.8	9.7	103.0	1115.5	6.5
2005	1877.7	241.2	14.7	103.7	1810.7	10.6
2010	3663.9	359.1	10.9	102.8	3564.1	7.8
2013	6017.1	450.9	8.1	103.2	5830.5	4.7
2013(新口径)	6457.8			103.2	6257.6	
2014	6991.7	534.0	8.3	101.4	6895.2	6.8
2015	7421.2	429.5	6.1	100.7	7369.6	5.4
2016	8028.8	607.6	8.2	101.1	7938.4	7.0
2017	8424.0	395.2	4.9	100.5	8382.1	4.4

4-28 农村居民家庭平均每人食品消费量
PER CAPITA FOOD CONSUMPTION OF RURAL HOUSEHOLDS

单位：公斤 (kg)

指　标	Item	2016	2017
粮　食	Grain	162.15	159.38
油脂类	Oil or Fat	7.85	7.81
蔬菜及菜制品	Vegetables and Processed Products	68.52	64.90
肉　类	Meat	10.36	10.60
禽　类	Poultry	1.65	1.72
水产品	Aquatic Product	1.17	1.22
蛋类及蛋制品	Eggs and Processed Products	9.26	10.15
奶和奶制品	Milk and Processed Products	8.91	9.61
干鲜瓜果类	Fresh and Dried Fruits	35.75	37.12
糖果糕点类	Sweets and Pastry	3.88	4.48
饮　料	Beverage	0.10	0.10
酒	Liquor	4.68	4.81

4-29 农村居民家庭平均每百户耐用消费品拥有量
DURABLE CONSUMER GOODS OWNED PER 100 RURAL HOUSEHOLDS

名　称	Item	2016	2017
家用汽车(辆)	Automobile (unit)	15.70	16.63
摩托车(辆)	Motorcycle (unit)	51.39	50.29
洗衣机(台)	Washing Machine (set)	88.38	89.07
电冰箱(台)	Refrigerator (set)	70.53	70.89
微波炉(台)	Microwave oven (set)	6.99	7.36
彩色电视机(台)	Color Television (set)	105.86	107.04
空　调(台)	Air conditioner (set)	12.85	14.73
固定电话(部)	Fixed Telephone (set)	19.38	15.56
移动电话(部)	Mobile Telephone (set)	215.46	222.61
#接入互联网	Mobile Telephone with Internet Access	99.02	110.69
计算机(台)	Computer (set)	33.58	34.90
#接入互联网	Computer with Internet Access	25.32	25.13
照相机(台)	Camera (set)	2.13	1.95

4-30 农村居民家庭年末居住情况
HOUSING CONDITIONS OF RURAL HOUSEHOLDS AT YEAR-END

单位：% (%)

指　标	Item	2016	2017
一、居住空间样式	Style of Residential Space	100.0	100.0
单栋楼房	Dependent Resident	11.6	10.9
单栋平房	Dependent Bungalow	70.1	73.8
四居室及以上单元房	Apartment with Four and More Bedrooms	0.1	0.2
三居室单元房	Apartment with Three Bedrooms	1.3	0.9
二居室单元房	Apartment with Two Bedrooms	0.2	0.1
一居室单元房	Apartment with One Bedrooms		
筒子楼或连片平房	Tube-Shaped Apartment or Contiguous Bungalow	8.2	7.1
其　他	Others	8.5	7.0
二、主要建筑材料	Major Building Materials	100.0	100.0
钢筋混凝土	Reinforced Concrete	8.4	8.4
砖混材料	Brick and Concrete Material	37.0	35.0
砖瓦砖木	Tile and Brick	45.2	47.9
竹草土坯	Bamboo, Grass and Adobe	4.2	4.0
其　他	Others	5.1	4.7
三、现住房房屋来源	Current Housing Sources	100.0	100.0
租赁公房	Rent Public Houses		0.04
租赁私房	Rent Private Houses	2.3	1.5
自建住房	Self-Build Housing	90.1	91.6
购买商品房	Purchased Commercial Housing	1.4	0.8
购买房改住房	Purchased Housing-Reform Houses	0.6	0.6
购买保障性住房	Purchased Security Housing	0.3	0.4
拆迁安置房	Resettlement Housing	0.4	0.4
继承或获赠住房	Inherited or receive Housing	1.9	2.0
免费借用房	Free Rental Housing	1.5	1.3
雇主提供免费住房	Employer-Provided Free Housing	1.1	0.9
其他来源	Other Sources	0.5	0.4

4-30 续表1 continued

单位：% (%)

指 标	Item	2016	2017
四、现住房建筑面积	Current Housing Construction Area	100.0	100.0
10平方米以内	Within 10 sq. m		
10-20平方米	10 – 20 sq. m	1.6	1.6
20-30平方米	20 – 30 sq. m	2.6	2.7
30-60平方米	30 – 60 sq. m	20.2	22.5
60-90平方米	60 – 90 sq. m	24.6	24.6
90-120平方米	90 – 120 sq. m	24.7	23.3
120-200平方米	120 – 200 sq. m	19.6	20.1
200平方米以上	Above 200 sq. m	6.6	5.1
五、住宅外道路路面情况	Road Conditions Outside Houses	100.0	100.0
水泥或柏油路面	Cement or Asphalt Road	86.5	86.4
沙石或石板等硬质路面	Sand, Stone and Other Hard Surfacing Road	9.4	9.5
其 他	Others	4.1	4.1
六、住宅有管道供水情况	House Water Supply	100.0	100.0
管道供水入户	Piped Water Supply Inlet	80.9	79.8
管道供水至公共取水点	Piped Water Supply to Public Water Draw-off	4.7	4.8
没有管道设施	No Pipeline Facilities	14.4	15.4
七、住户主要饮用水来源情况	Major Sources of Drinking Water for Households	100.0	100.0
经过净化处理的自来水	Purified Running Water	46.5	43.0
受保护的井水和泉水	Protected Wells and Springs	42.6	44.5
不受保护的井水和泉水	Unprotected Wells and Springs	7.0	8.2
江河湖泊水	River and Lake Water		0.05
收集雨水	Collected rainwater	1.9	2.0
桶装水	Bottled water	0.1	0.4
其他水源	Other Water sources	1.9	1.9
八、住户厕所类型	Household Toilet Type	100.0	100.0
水冲式卫生厕所	Clean Flush Toilets	4.2	3.6
水冲式非卫生厕所	Non-clean Flush Toilets	0.4	0.4
卫生旱厕	Clean Pit Latrines	13.3	12.4
普通旱厕	General Pit Latrines	81.3	83.0
无厕所	No Toilet	0.8	0.6

4-30 续表2 continued

单位：% (%)

指 标	Item	2016	2017
九、住户主要取暖设备状况	Major Heating Equipments for Households	100.0	100.0
由市政或小区集中供暖	Central Heating Supplied by Municipal or Residential Area	3.3	3.1
自行供暖	Self Heating	95.5	90.8
无取暖设备	No Heating Equipments	1.2	6.1
十、住户主要取暖用能源状况	Major Heating Energy for Households	100.0	100.0
柴 草	Firewood	11.0	11.9
煤 炭	Coal	77.3	73.1
罐装液化石油气	Bottled Liquefied Petroleum Gas	0.1	0.1
管道液化石油气	Pipelined Liquefied Petroleum Gas		
管道煤气	Pipelined Gas	1.2	1.2
管道天然气	Pipelined Natural Gas	0.3	1.9
电	Electricity	2.7	5.0
燃料用油	Fuel oil		
沼 气	Biogas		
其 他	Others	3.6	3.7
无取暖行为	None	3.8	3.1
十一、主要炊用能源状况	Major Cooking Energy	100.0	100.0
柴 草	Firewood	19.1	19.2
煤 炭	Coal	52.0	50.5
罐装液化石油气	Bottled Liquefied Petroleum Gas	2.4	2.3
管道液化石油气	Pipelined Liquefied Petroleum Gas	0.1	0.0
管道煤气	Pipelined Gas	2.0	1.6
管道天然气	Pipelined Natural Gas	1.6	2.1
电	Electricity	22.4	23.9
燃料用油	Fuel oil		
沼 气	Biogas		0.1
其 他	Others	0.3	0.2
无炊用行为	None		

4-31 农村居民家庭五等分分组基本情况(2017年)

按可支配收入分组

指 标	Item	低收入户 (20%) Low Income Households
一、调查户数 (户)	Number of Households Surveyed (household)	431
二、调查户常住人口(人)	Number of Resident Population Surveyed (person)	1243
三、劳动力数	Number of Labors	884
#从业人数	Number of Employees	713
四、人均期末住房面积 (平方米)	Per Capita Housing Area at the Year-end (sq.m)	32.24
五、户均期末经营土地面积(亩)	Average Land Area under Management at the End of the Period (mu)	8.25
六、平均每百户期末耐用品拥有量	Durable Goods Owned Per 100 Households at the Year-end	
家用汽车(辆)	Automobile (unit)	6.50
摩托车(辆)	Motorcycle (unit)	41.79
洗衣机(台)	Washing Machine (set)	76.90
电冰箱(台)	Refrigerator (set)	53.40
微波炉(台)	Microwave Oven (set)	5.11
彩色电视机(台)	Color Television (set)	102.09
空 调(台)	Air Conditioner (set)	6.50
固定电话(部)	Fixed Telephone (set)	16.25
移动电话(部)	Mobile Telephone (set)	183.46
#接入互联网	Mobile Telephone with Internet Access	78.99
计算机(台)	Computer (set)	19.38
#接入互联网	Computer with Internet Access	14.51
照相机(台)	Camera (set)	0.70
七、平均每人食品消费情况 (公斤)	Per Capita Food Consumption (kg)	
粮 食	Grain	157.91
油脂类	Oil and Fat	7.46
蔬菜及菜制品	Vegetables and Processed Products	53.67
肉 类	Meat	8.16
禽 类	Poultry	1.18
水产品	Aquatic Product	0.83
蛋类及蛋制品	Eggs and Processed Products	8.94
奶和奶制品	Milk and Processed Products	7.06
干鲜瓜果类	Fresh and Dried Fruits	27.76
糖果糕点类	Sweets and Pastry	3.82
饮 料	Beverage	0.09
酒	Liquor	4.48

BASIC CONDITIONS OF RURAL HOUSEHOLDS BY INCOME QUINTILE(2017)

(by the group of disposible income)

中低收入户 (20%) Lower Middle Income Households	中等收入户 (20%) Middle Income Households	中高收入户 (20%) Higher Middle Income Households	高收入户 (20%) High Income Households
433	431	433	432
1341	1348	1230	1051
932	960	952	881
787	818	826	746
32.84	35.92	39.63	48.95
10.05	9.01	11.02	9.50
14.34	17.40	19.63	25.23
50.64	57.08	54.50	47.44
86.24	94.43	93.07	94.68
66.59	74.65	78.29	81.49
6.24	7.19	6.70	11.57
107.17	109.05	108.55	108.33
11.10	14.39	16.17	25.46
18.03	12.53	15.70	15.27
219.77	236.89	236.72	236.10
100.81	110.85	127.94	134.73
29.60	39.66	39.26	46.54
21.04	28.05	27.71	34.29
1.16	1.16	2.54	4.17
143.88	151.76	157.78	191.44
6.75	7.58	8.03	9.75
58.53	59.99	68.77	87.48
9.15	9.17	11.18	16.24
1.54	1.39	1.84	2.79
0.88	1.20	1.46	1.93
8.98	9.67	10.80	12.99
8.45	8.14	12.21	12.74
32.09	37.97	38.52	53.36
3.95	4.12	4.65	6.22
0.10	0.09	0.11	0.14
4.25	4.51	4.56	6.43

4-32 农村居民家庭五等分分组人均收支情况(2017年)

按可支配收入分组

指　标	Item	低收入户 (20%) Low Income Households
一、总收入(元)	**Total Income (yuan)**	**5952.47**
(一)工资性收入	Income of Wages and Salaries	1603.31
(二)经营性收入	Business Income	3267.56
第一产业	Primary Industry	2592.23
第二产业	Secondary Industry	42.98
第三产业	Tertiary Industry	632.35
(三)财产性收入	Property Income	32.57
#利息收入	Interest	1.74
红利收入	Dividend and Bonus	10.57
储蓄性保险净收益	Net Savings Insurance	
出租房屋财产性净收入	Net Income of Property Rental	3.90
(四)转移性收入	Transfer Income	1049.02
#养老金或离退休金	Pension or Retirement Payments	219.90
社会救济和补助	Social Relief and Subsidy	176.87
政策性生活补贴	Policy Living Allowances	76.87
赡养收入	Old Alimony	118.46
报销医疗费	Reimbursement of Medical Expenses	44.16
从政府和组织得到的实物产品和服务折价	Goods and Services Discount Received from Governments and Organizations	53.21
现金政策性惠农补贴	Cash Benefits Policy of Aagricultural Subsidies	173.34
二、总支出(元)	**Total Expenditure (yuan)**	**9238.78**
(一)消费支出	Living Expenditure	5873.44
食品烟酒	Food, Tobacco and Liquor	1868.92
衣　着	Clothing	335.70
居　住	Residence	1386.73
生活用品及服务	Household Living Facilities,Articles and Services	251.27
交通通信	Transportation and Communication	533.80
教育文化娱乐服务	Education, Culture and Recreation Services	865.77
医疗保健	Health Care	534.76
其他商品和服务	Other Commodities and Services	96.49
(二)生产经营费用支出	Production and Operation Expenses	1557.79
第一产业	Primary Industry	1225.55
第二产业	Secondary Industry	23.92
第三产业	Tertiary Industry	308.32
(三)财产性支出	Property Expenditure	35.39
(四)转移性支出	Transfer Expenditure	302.61
(五)部分商业保险支出	Part of the Commercial Insurance Expenses	23.03
(六)购置资产及非经常性转移支出	Acquisition of Assets and Non-recurring Transfer Expenditures	1294.74
(七)借贷性支出	Borrowing Expenditure	151.76
三、可支配收入(元)	**Disposable Income (yuan)**	**3873.43**

PER CAPITA INCOME AND EXPENDITURE OF RURAL HOUSEHOLDS BY INCOME QUINTILE(2017)

(by the group of disposible income)

中低收入户 (20%) Lower Middle Income Households	中等收入户 (20%) Middle Income Households	中高收入户 (20%) Higher Middle Income Households	高收入户 (20%) High Income Households
9108.89	**11607.85**	**14713.02**	**24759.92**
3860.05	5709.92	7218.72	10095.58
3711.94	4027.89	4598.35	7358.66
2942.44	3047.82	3490.58	5969.47
31.59	103.74	87.75	183.04
737.91	876.33	1020.03	1206.14
60.51	65.23	147.84	230.25
7.01	1.84	16.32	32.63
20.81	11.57	24.03	54.94
		1.06	1.90
8.12	12.00	47.03	56.89
1476.39	1804.81	2748.10	7075.43
234.15	162.12	641.19	3650.35
156.87	159.64	150.14	144.45
106.37	127.05	152.48	160.90
191.19	184.16	210.18	390.45
81.49	113.12	231.06	574.90
55.25	41.68	70.04	70.53
201.27	179.39	197.13	423.23
10117.27	**10870.42**	**13257.86**	**22014.85**
6947.28	7599.93	9420.31	13146.07
1958.38	2060.56	2433.84	3357.02
517.54	576.17	669.03	859.37
1461.02	1821.88	2025.52	3049.12
312.98	344.16	401.83	708.69
775.32	1052.26	1224.12	1742.83
1173.51	1006.78	1434.32	1145.68
640.53	628.27	1077.68	1975.37
108.00	109.85	153.96	308.01
1276.29	1216.29	1357.57	2235.20
1011.67	1091.04	1146.02	1892.15
6.69	1.35	19.57	81.91
257.93	123.90	191.98	261.14
4.48	1.33	12.11	34.83
261.59	292.30	332.24	530.74
15.53	50.13	34.77	79.39
1532.71	1378.91	1741.64	5328.03
79.40	331.53	359.23	660.59
7464.63	**9982.92**	**12896.64**	**21735.73**

主要统计指标解释

可支配收入 指住户在调查期内获得的、可用于最终消费支出和储蓄的总和，即调查户可以用来自由支配的收入。可支配收入既包括现金，也包括实物收入。按照收入的来源，可支配收入包含四项，分别为：工资性收入、经营净收入、财产净收入和转移净收入。计算公式为：

可支配收入 = 工资性收入 + 经营净收入 + 财产净收入 + 转移净收入

工资性收入 指就业人员通过各种途径得到的全部劳动报酬和各种福利，包括受雇于单位或个人、从事各种自由职业、兼职和零星劳动得到的全部劳动报酬和福利。

经营净收入 指住户或住户成员从事生产经营活动所获得的净收入，是全部经营收入中扣除经营费用、生产性固定资产折旧和生产税之后得到的净收入。计算公式具体为：

经营净收入 = 经营收入 − 经营费用 − 生产性固定资产折旧 − 生产税

财产净收入 指住户或住户成员将其所拥有的金融资产、住房等非金融资产和自然资源交由其他机构单位、住户或个人支配而获得的回报并扣除相关的费用之后得到的净收入。财产净收入包括利息净收入、红利收入、储蓄性保险净收益、转让承包土地经营权租金净收入、出租房屋净收入、出租其他资产净收入和自有住房折算净租金等。

转移净收入 计算公式为：转移净收入 = 转移性收入 − 转移性支出

转移性收入 指国家、单位、社会团体对住户的各种经常性转移支付和住户之间的经常性收入转移。包括政府、非行政事业单位、社会团体对居民转移的养老金或退休金、社会救济和补助、惠农补贴、政策性生活补贴、救灾款、经常性捐赠和赔偿以及报销医疗费等；住户之间的赡养收入、经常性捐赠和赔偿以及农村地区（村委会）在外（含国外）工作的本住户非常住成员寄回带回的收入等。

转移性支出 指住户对国家、单位、住户或个人的经常性或义务性转移支付。包括缴纳的税款、各项社会保障支出、赡养支出、经常性捐赠和赔偿支出以及其他经常转移支出等。

消费支出 指住户用于满足家庭日常生活消费需要的全部支出，包括用于消费品的支出和用于服务性消费的支出。根据用途不同，消费支出可划分为食品烟酒、衣着、居住、生活用品及服务、交通通信、教育文化娱乐服务、医疗保健、其他商品及服务八大类。

Explanatory Notes on Main Statistical Indicators

Disposable Income refers to the disposable income of households which obtained during the survey period, and can be used for final consumption and savings. It includes cash and physical income. It can be divided into four categories, including income of wages and salaries, net business income, net property income and net transfer income by the sources of income. The formula is as follows:

Disposable Income = Income of Wages and Salaries + Net Business Income + Net Property Income + Net Transfer Income

Income of Wages and Salaries refers to total labor rewards and welfare employees received through various channels, including employed by units or individuals, engaged in free occupations, part-time jobs and sporadic jobs.

Net Business Income refers to net income the households or their members received through production and operation activities. It equals to total business income minus business expenses, depreciation of productive fixed assets and production taxes. The formula is as follows:

Net Business Income = Business Income – Business Expenses – Depreciation of Productive Fixed Assets – Production Taxes

Net Property Income refers to net income received as returns deducting related expenses by the households or their members, who owns the financial assets, non-financial assets such as housing and natural resources, by providing them to other institutional units, households or individuals. It includes net interest income, dividend and bonus, net savings insurance, net rental income from transferring management right of contracted land, net rental income from houses, net rental income from other assets, imputed net rental from owner occupied housing and etc.

Net Transfer Income is calculated by the following formula:

Net Transfer Income = Transfer Income – Transfer Expenditure

Transfer Income refers to current transfer payment the state, units, social organizations pay to households and current transfer income among households. It includes pensions or retirement payments, social relief and subsidies, agricultural subsidies, policy living allowances, relief funds, regular donations and compensations and reimbursement of medical expenses, which the government, non-administrative institutions, social organizations transferring to households. It also includes old alimony, regular donations and compensations and incomes that non-resident household members who work away from home including abroad sending or bringing back to the rural area, which transferring among households.

Transfer Expenditure refers to current or compulsory transfer payment households pay to the state, units, households and individuals. It includes taxes, social security expenditures, alimony payments, regular donations and compensations and other current transfer expenditures.

Living Expenditure refers to total expenditure households used to satisfy daily life consumption, which includes consumer goods and services expenditure. It can be classified into eight categories, including expenditure on food, tobacco and liquor, clothing, residence, living articles and services, transportation and communication, education, culture and recreation services, health care, other commodities and services.

5

财政、金融和保险

PUBLIC FINANCE, BANKING AND INSURANCE

资料整理人员

安爱萍　张艳芳　张艳君

财政、金融和保险
PUBLIC FINANCE, BANKING AND INSURANCE

一般公共预算收入	General Public Budget Revenue	1867.0	亿元	(100 million yuan)
一般公共预算支出	General Public Budget Expenditure	3756.4	亿元	(100 million yuan)
住户存款	Households Deposits	18620.3	亿元	(100 million yuan)
原保险保费收入	Income of Premiums	823.9	亿元	(100 million yuan)

一般公共预算收入（亿元）

General Public Budget Revenue (100 million yuan)

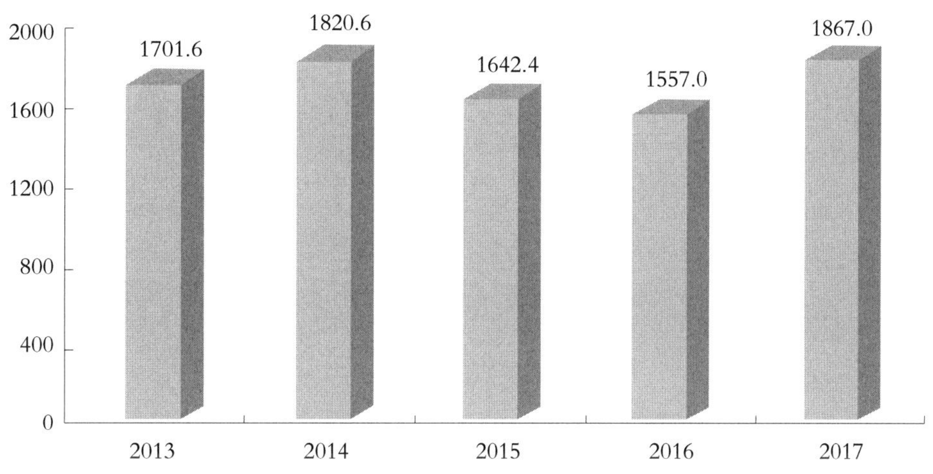

金融机构人民币各项存款余额（亿元）

Deposits Balance in RMB of Financial Institutions (100 million yuan)

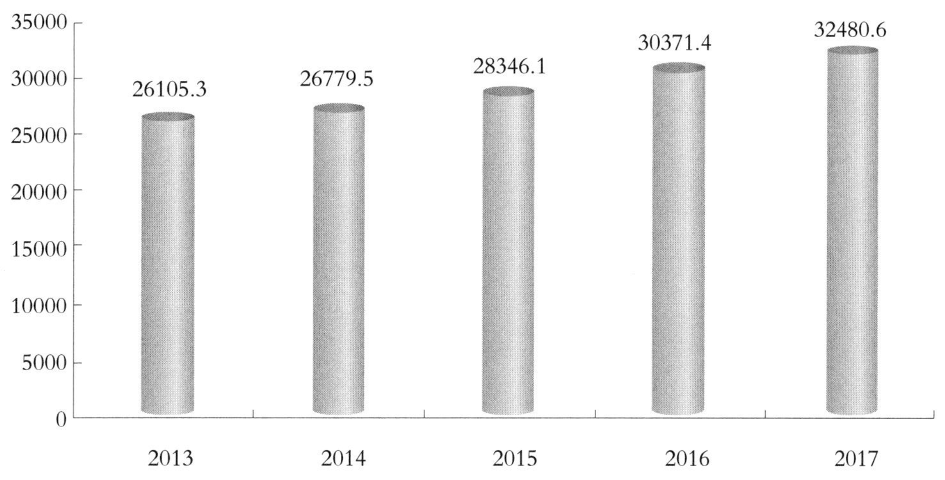

5-1 主要年份财政收支情况

FINANCIAL REVENUE AND EXPENDITURE IN MAJOR YEARS

单位：万元 (10 000 yuan)

年 份 Year	一般公共预算收入 General Public Budget Revenue	一般公共预算支出 General Public Budget Expenditure	一般公共预算收支差额 General Public Budget Balance	一般公共预算收支指数(上年=100) Genera Public Budget Revenue and Expenditure Indices (last year=100)	
				收 入 Revenue	支 出 Expenditure
1952	18276	10913	7362	138	185
1957	35230	28832	6398	109	95
1962	54001	36423	17578	79	50
1965	68571	51064	17507	115	103
1970	92081	94164	-2083	181	150
1975	123934	149779	-25845	113	98
1978	196419	211118	-14699	148	129
1980	209555	196099	13456	103	95
1985	249906	355483	-105577	92	119
1990	517495	548962	-31467	107	108
1995	722064	1128924	-406860	134	127
2000	1144762	2250554	-1105792	105	121
2005	3683437	6687508	-3004071	144	129
2006	5833752	9155698	-3321946	158	137
2007	5978870	10499228	-4520358	102	115
2008	7480047	13150175	-5670128	125	125
2009	8058279	15617047	-7558768	108	119
2010	9696652	19313641	-9616989	120	124
2011	12134340	23638476	-11504136	125	122
2012	15163780	27594582	-12430802	125	117
2013	17016227	30301263	-13285036	112	110
2014	18206350	30852826	-12646476	107	102
2015	16423546	34229731	-17806185	90	111
2016	15569972	34288617	-18718645	95	100
2017	18670022	37564199	-18894177	120	110

注：1994年以前一般预算收支为财政收支。

Note：General budget revenue and expenditure refer to financial revenue and expenditure before 1994.

5-2 政府性基金收支额(2017年)

REVENUE AND EXPENDITURE OF GOVERNMENT FUNDS(2017)

单位：万元 (10 000 yuan)

项 目	Item	金 额 Value
收入合计	**Total Revenue**	**7601059**
政府性基金收入	Revenue of Government Funds	7601059
支出合计	**Total Expenditure**	**9093730**
一、文化体育与传媒	Expenditure for Culture, Sports and Media	5941
二、社会保障和就业	Expenditure for Social Security and Employment	47998
三、节能环保	Expenditure for Energy Conservation and Environmental Protection	
四、城乡社区	Expenditure for Urban and Rural Community	6386877
五、农林水	Expenditure for Agriculture, Forestry and Water Conservancy	81012
六、交通运输	Expenditure for Transportation	1441716
七、资源勘探信息等	Expenditure for Resources Exploration and Information	20808
八、商业服务业等	Expenditure for Business and Services	2678
九、债务发行费用	Expenditure for Debts Issuance	3575
十、债务付息	Expenditure for Interest Payment on Debts	122191
十一、其他支出	Other Expenditures	980934

5-3 一般公共预算收入(2017年)
GENERAL PUBLIC BUDGET REVENUE(2017)

单位：万元　　(10 000 yuan)

项　目	Item	金 额 Value
收入总计	**Total Revenue**	**18670022**
一、税收收入	**Total taxes**	**13974310**
增值税	Value-added Taxes	6205468
营业税	Operation Taxes	25650
企业所得税	Enterprises Income Taxes	1744151
个人所得税	Individual Income Taxes	478952
资源税	Resource Taxes	2726921
城市维护建设税	Taxes on Urban Construction and Maintenance	697628
房产税	House Property Taxes	343931
印花税	Stamp Taxes	240713
城镇土地使用税	Taxes on Use of Urban Land	355946
土地增值税	Land Value-added Taxes	436263
车船税	Taxes on Use of Vehicles and vessels	208423
耕地占用税	Taxes on Occuping Cultivated Land	120832
契　税	Contract Taxes	386824
烟叶税	Tobacco Taxes	2608
其他税收收入	Other Taxes	
二、非税收入	**Non-tax Revenue**	**4695712**
专项收入	Special Incomes	1158612
行政事业性收费收入	Incomes from Administrative Fees	789199
罚款收入	Penalty Incomes	432798
国有资本经营收入	Business Revenue of State-owned Properties	36276
国有资源(资产)有偿使用收入	Incomes from State-owned Resource Utilization	1765992
捐赠收入	Donation Incomes	
政府住房基金收入	Incomes from Government Housing Fund	
其他收入	Other Incomes	512835

5-4 一般公共预算支出(2017年)
GENERAL PUBLIC BUDGET EXPENDITURE(2017)

单位：万元 (10 000 yuan)

项　目	Item	金 额 Value
支出总计	**Total Expenditure**	**37564199**
一、一般公共服务	Expenditure for General Public Services	3140692
二、国　防	Expenditure for National Defence	36659
三、公共安全	Expenditure for Public Security	2159961
四、教　育	Expenditure for Education	6206738
五、科学技术	Expenditure for Science and Technology	502451
六、文化体育与传媒	Expenditure for Culture, Sports and Media	719219
七、社会保障和就业	Expenditure for Social Security and Employment	6466265
八、医疗卫生与计划生育	Expenditure for Medical and Health Care and Family Planning	3213388
九、节能环保	Expenditure for Energy Conservation and Environmental Protection	1288667
十、城乡社区	Expenditure for Urban and Rural Community	2819085
十一、农林水	Expenditure for Agriculture, Forestry and Water Conservancy	4779052
十二、交通运输	Expenditure for Transportation	1647866
十三、资源勘探信息等	Expenditure for Resources Exploration and Information	730109
十四、商业服务业等	Expenditure for Business and Services	195171
十五、金　融	Expenditure for Finance	71890
十六、援助其他地区	Expenditure for Other Regional Assistance	26700
十七、国土海洋气象等	Expenditure for Land, Ocean and Weather	1199562
十八、住房保障	Expenditure for Housing Security	1381930
十九、粮油物资储备	Expenditure for Cereals, Oils and Material Reserves	168325
二十、债务付息	Expenditure for Interest Payment on Debts	424098
二十一、债务发行费用	Expenditure for Debts Issuance	4543
二十二、其　他	Other Expenditures	381828

5-5 税收分经济类型情况(2017年)

单位：万元

项 目	Item	合 计 Total	内 资			
			国有企业 Stated -owned Enterprise	集体企业 Collective -owned Enterprise	股份合作 企 业 Share Cooperative Enterprise	联营企业 Joint Enterprise
地税收入	**Local Tax Revenue**	**8715265**	**395514**	**41143**	**6204**	**1109**
国内增值税	Domestic Value-added Taxes	27109	8		1	
营业税	Operation Taxes	52427	5306	250	193	
企业所得税	Enterprises Income Taxes	1919696	97940	11456	190	240
个人所得税	Individual Income Taxes	1197297	88558	8831	4280	88
资源税	Resource Taxes	2726919	60345	2425	2	497
城市维护建设税	Taxes on Urban Construction and Maintenance	696454	72110	7300	377	52
房产税	House Property Taxes	343930	21948	5445	604	5
印花税	Stamp Taxes	240711	10080	1777	152	12
城镇土地使用税	Taxes on Use of Urban Land	355944	25705	2984	106	28
土地增值税	Land Value-added Taxes	436260	1925	55	3	
车船税	Taxes on Use of Vehicles and vessels	208424	2345	3	194	
烟叶税	Tobacco Taxes	2608	1822			
耕地占用税	Taxes on Occuping Cultivated Land	120658	5528	14		187
契 税	Contract Taxes	386828	1894	603	102	
国税收入	**National Tax Revenue**	**16150064**	**1251955**	**138253**	**27356**	**294**
国内增值税	Domestic Value-added Taxes	12457117	646470	94150	8584	290
#一般纳税人	General Taxpayers	11321918	518180	87149	7606	273
国内消费税	Domestic Consumption Taxes	634611	344095	180	1294	
企业所得税	Income Taxes of Enterprises	2178962	149410	43530	17445	
个人所得税	Individual Income Taxes	74				
车辆购置税	Vehicle Purchase Taxes	769806	2486	393	33	4
其他税收	Other Taxes	109494	109494			

TAXES REVENUE BY FORM OF OWNERSHIP(2017)

(10 000 yuan)

Civil Funded Enterprises					港澳台投资企业 Enterprise Funded by Hongkong, Macao and Taiwan	外商投资企业 Foreign Funded Enterprise	个体经营 Individual
有限责任公司 Limited Responsibility Company	股份公司 Share Holding Limited Company	#国有控股 State Controlling Share	私营企业 Private Enterprise	其他企业 Other Enterprise			
5937880	**1142711**	**983512**	**286244**	**337888**	**54764**	**193505**	**318303**
2586	395	376	324	917		1	22877
33783	4391	1631	539	7476	53	109	327
1476332	289589	275766	25609	17384	321	635	
482101	250652	196664	73078	107477	13165	31014	138053
2152769	329077	304368	68777	1509	3061	106919	1538
424747	112997	94194	24480	8219	12766	26643	6763
211109	43594	32677	10753	14804	8934	10822	15912
163541	30584	25101	17171	3578	7094	4214	2508
266051	24932	17238	16678	4292	8008	6389	771
399609	5116	801	21772	1597	720	3373	2090
26684	40200	30156	2085	121144	16	1558	14195
786							
63792	3053	1495	4838	41717	258	1142	129
233990	8131	3045	20140	7774	368	686	113140
9590250	**2209937**	**1445409**	**1095631**	**53104**	**315960**	**688351**	**778973**
8325329	1581630	1064410	912366	46292	180753	454341	206912
7670293	1566802	1060798	793438	27767	175657	452091	22662
103459	176598	124042	2516		1341	4562	566
1028417	450326	256061	125520	3055	133059	228200	
							74
133045	1383	896	55229	3757	807	1248	571421

5-6 金融机构信贷收支余额(2017年)

BALANCE OF CREDIT FUNDS OF FINANCIAL INSTITUTIONS(2017)

单位：亿元 (100 million yuan)

项 目	Item	本外币 RMB and Foreign Currency	人民币 RMB
一、各项存款	**Deposits**	**32844.88**	**32480.55**
境内存款	Domestic Deposits	32840.81	32477.00
住户存款	Households Deposits	18713.87	18620.29
#活期存款	Demand Deposits	4917.68	4873.12
非金融企业存款	Non-financial Enterprises Deposits	8414.52	8146.95
#活期存款	Demand Deposits	4507.61	4449.03
广义政府存款	Broad Government Deposits	5271.69	5270.08
非银行业金融机构存款	Deposits of Non-banking Financial Institutions	440.73	439.67
境外存款	Foreign Deposites	4.07	3.55
二、所有者权益	**Creditors' Equity**	**1366.85**	**1361.76**
三、各项贷款	**Loans**	**22573.77**	**22463.90**
境内贷款	Domestic Loans	22569.68	22463.70
住户贷款	Households Loans	4171.15	4170.96
#短期贷款	Short-term Loans	1466.58	1466.39
中长期贷款	Medium and Long-term Loans	2704.57	2704.57
非金融企业及机关团体贷款	Loans to Non-financial Enterprises, Government Departments and Orgnizations	18398.52	18292.74
#短期贷款	Short-term Loans	6822.37	6720.44
中长期贷款	Medium and Long-term Loans	10091.54	10087.75
票据融资	Bill Finance	1397.36	1397.36
境外贷款	Foreign Loans	4.10	0.20

5-7 金融机构人民币各项存款和贷款余额

BALANCE OF DEPOSITS AND LOANS IN RENMINBI OF FINANCIAL INSTITUTIONS

单位：万元 (10 000 yuan)

年 份 Year	各项存款合 计 Balance of Deposits	#非金融企业存款 Non-financial Enterprises Deposits	#住户存款 Households Deposits	各项贷款合 计 Balance of Loans	#短期贷款 Short-term	#中长期贷款 Medium and Long-term
1980	392088	125522	128705	591107	578830	12277
1981	447477	147220	166949	650669	631246	19189
1982	543771	160023	219636	712125	684031	27712
1983	673990	194255	288045	801843	767329	32372
1984	877119	269620	405322	1092897	1012969	68283
1985	1050817	401574	529220	1512441	1185224	247760
1986	1333530	496555	704837	1837204	1406768	347628
1987	1640576	562031	944179	2150614	1643114	403385
1988	1933480	642254	1244252	2382519	1995685	340744
1989	2480443	745858	1719554	2809278	2371858	397300
1990	3141354	847362	2313378	3569045	2877047	571351
1991	3809523	1034918	2915655	4328291	3262954	943164
1992	4607404	1224459	3636711	5148408	3712448	1274798
1993	5702498	1414515	4603533	6381035	4400154	1778957
1994	6854272	2062932	6159495	8020557	5081106	2756760
1995	12882737	2833481	8444641	12231107	7744271	3210760
1996	15699109	3681447	10738217	14201114	9259966	3910686
1997	17923626	4474154	12368354	15249840	11782869	2965442
1998	20811147	4948038	14370605	17417903	13022710	3360439
1999	23572121	5643636	16143945	19092096	13767722	3740309
2000	26283900	6772936	17484210	24531452	14224781	8212709
2001	30907287	8219315	19797268	24084029	14317608	7687055
2002	37087186	9602764	23073176	29031751	16331829	9587870
2003	46815142	12594164	27815374	35522883	19343085	12138826
2004	58116546	15579954	33423062	40161240	20362341	14893336
2005	70886971	17489745	41196865	42289987	21082074	16994250
2006	85774569	22553297	47961838	47885141	23096219	20234188
2007	100418455	26614242	54223930	53944680	26792518	22980302
2008	127667183	32744816	70486087	59603272	27912981	27300364
2009	156984678	42390374	80994287	78147390	33337917	39118456
2010	185756526	53338036	92229697	96343196	37425196	54092971
2011	209204319	93395109	104554604	111693542	42314059	63877414
2012	240505805	107851389	119970319	131062060	51960561	71455443
2013	261053489	111639664	133393743	148875306	59772430	80157833
2014	267794699	108700270	141451816	164327453	63715573	87589237
2015	283460992	69622303	156758537	184586645	59898305	79535966
2016	303713743	74534097	171280459	202285781	77290669	108638948
2017	324805540	81469491	186202942	224638999	81868248	127923217

注：2015年，央行对金融机构存贷款统计口径进行了调整。本表非金融企业存款2015年以前数据为企事业存款口径；住户存款2015年以前数据为城乡居民储蓄存款口径；短期贷款、中长期贷款数据2015年起为非金融企业及机关团体贷款。

Note: PBC adjusted the coverage of deposits and loans of financial institutions in 2015. Non-financial Enterprises deposits before 2015 uses the former data of corporate deposits; households deposits before 2015 uses the former data of saving deposits of urban and rural residents; the coverage of short-term, medium and long-term loans have changed to non-financial enterprises, government departments and organizations since 2015.

5-8 金融机构法定存款利率

OFFICIAL INTEREST RATES OF DEPOSITS OF FINANCIAL INSITITUTIONS

单位：年利率% (annual interest rate %)

项　目	Item	2008.10.30 Oct.30,2008	2008.11.27 Nov.27,2008	2008.12.23 Dec.23,2008	2010.10.20 Oct.20,2010
城乡居民和单位存款	**Deposits of Urban and Rural Residents and Units**				
活　期	Demand Savings	0.72	0.36	0.36	0.36
定　期	Time Savings				
整存整取	Lump-sum Deposit and Withdrawing				
三个月	3 Months	2.88	1.98	1.71	1.91
半　年	6 Months	3.24	2.25	1.98	2.20
一　年	1 Year	3.60	2.52	2.25	2.50
二　年	2 Years	4.14	3.06	2.79	3.25
三　年	3 Years	4.77	3.60	3.33	3.85
五　年	5 Years	5.13	3.87	3.60	4.20
零存整取、整存零取、存本取息	Small Savings for Lump-sum Withdrawal, Big Money Saving and Small Withdrawing, Interest Withdrawal on a Principal Deposited				
一　年	1 Year	2.88	1.98	1.71	1.91
三　年	3 Years	3.24	2.25	1.98	2.30
五　年	5 Years	3.60	2.52	2.25	2.50
定活两便	Time-demand Optional Deposit				

项　目	Item	2010.12.26 Dec.26,2010	2011.2.9 Feb.9,2011	2011.4.6 Apr.6,2011	2011.7.7 Jul.7,2011
城乡居民和单位存款	**Deposits of Urban and Rural Residents and Units**				
活　期	Demand Savings	0.36	0.40	0.50	0.50
定　期	Time Savings				
整存整取	Lump-sum Deposit and Withdrawing				
三个月	3 Months	2.25	2.60	2.85	3.10
半　年	6 Months	2.50	2.80	3.05	3.30
一　年	1 Year	2.75	3.00	3.25	3.50
二　年	2 Years	3.55	3.90	4.15	4.40
三　年	3 Years	4.15	4.50	4.75	5.00
五　年	5 Years	4.55	5.00	5.25	5.50
零存整取、整存零取、存本取息	Small Savings for Lump-sum Withdrawal, Big Money Saving and Small Withdrawing, Interest Withdrawal on a Principal Deposited				
一　年	1 Year	2.25	2.60	2.85	3.10
三　年	3 Years	2.50	2.80	3.05	3.30
五　年	5 Years	2.75	3.00	3.25	3.50
定活两便	Time-demand Optional Deposit				

注：定活两便存款按一年期以内定期整存整取同档次利率打六折执行；2014年起不再公布5年期存款基准利率。

Note：Time-demand optional deposit enjoys a 60% preferential interest rate of lump-sum deposit and withdrawing in a year. Five-year benchmark deposit rate doesn't be announced from 2014.

5-8 续表 continued

单位：年利率% (annual interest rate %)

项　目	Item	2012.6.8 Jun.8,2012	2012.7.6 Jul.6,2012	2014.11.22 Nov.22,2014	2015.3.1 Mar.1,2015
城乡居民和单位存款	**Deposits of Urban and Rural Residents and Units**				
活　期	Demand Savings	0.40	0.35	0.35	0.35
定　期	Time Savings				
整存整取	Lump-sum Deposit and Withdrawing				
三个月	3 Months	2.85	2.60	2.35	2.10
半　年	6 Months	3.05	2.80	2.55	2.30
一　年	1 Year	3.25	3.00	2.75	2.50
二　年	2 Years	4.10	3.75	3.35	3.10
三　年	3 Years	4.65	4.25	4.00	3.75
五　年	5 Years	5.10	4.75		
零存整取、整存零取、存本取息	Small Savings for Lump-sum Withdrawal, Big Money Saving and Small Withdrawing, Interest Withdrawal on a Principal Deposited				
一　年	1 Year	2.85	2.60	2.35	2.10
三　年	3 Years	3.05	2.80	2.55	2.30
五　年	5 Years	3.25	3.00		
定活两便	Time-demand Optional Deposit				

项　目	Item	2015.5.11 May.11,2015	2015.6.28 Jun.28,2015	2015.8.26 Aug.26,2015	2015.10.24 Oct.24,2015
城乡居民和单位存款	**Deposits of Urban and Rural Residents and Units**				
活　期	Demand Savings	0.35	0.35	0.35	0.35
定　期	Time Savings				
整存整取	Lump-sum Deposit and Withdrawing				
三个月	3 Months	1.85	1.60	1.35	1.10
半　年	6 Months	2.05	1.80	1.55	1.30
一　年	1 Year	2.25	2.00	1.75	1.50
二　年	2 Years	2.85	2.60	2.35	2.10
三　年	3 Years	3.50	3.25	3.00	2.75
五　年	5 Years				
零存整取、整存零取、存本取息	Small Savings for Lump-sum Withdrawal, Big Money Saving and Small Withdrawing, Interest Withdrawal on a Principal Deposited				
一　年	1 Year	1.85	1.60	1.35	1.10
三　年	3 Years	2.05	1.80	1.55	1.30
五　年	5 Years				
定活两便	Time-demand Optional Deposit				

5-9 保险业基本情况(分险种)

BASIC STATISTICS ON INSURANCE BUSINESS BY TYPE

单位：万元 (10 000 yuan)

项　目	Item	2016	2017
原保险保费收入	**Premium of Primary Insurance**	**7005480**	**8239224**
财产险	Property Insurance	1741487	1941002
企业财产保险	Enterprise Property Insurance	74095	74355
家庭财产保险	Family Property Insurance	3317	3429
机动车辆保险	Motor Vehicle Insurance	1481450	1627113
工程保险	Engineering Insurance	15094	10296
责任保险	Liability Insurance	56819	66038
信用保险	Export Credit Insurance	8016	6874
保证保险	Guarantee Insurance	29313	62896
船舶保险	Ship Insurance	79	63
货物运输保险	Freight Transport Insurance	7682	9154
特殊风险保险	Special Risks Insurance	796	973
农业保险	Agriculture Insurance	63535	77554
其他险	Other Insurance	1292	2258
人身险	Personal Insurance	5263994	6298221
意外险	Accident Insurance	111710	139111
健康险	Health Insurance	598997	798427
寿　险	Life Insurance	4553287	5360683
普通寿险	Ordinary Life Insurance	2667651	3089581
分红寿险	Participating Life Insurance	1862346	2246897
投资连结保险	Investment-linked Life Insurance	176	246
万能寿险	Universal Life Insurance	23114	23960
赔款及给付	**Claim and Payment**	**2390159**	**2611381**
财产险	Property Insurance	924765	967284
人身险	Personal Insurance	1465394	1644097
意外险	Accident Insurance	30673	38290
健康险	Health Insurance	164974	237026
寿　险	Life Insurance	1269746	1368782

5-10 原保险保费收入情况(山西分公司)

BASIC STATISTICS ON INCOME OF PREMIUMS BY COMPANY(SHANXI BRANCH)

单位：万元 (10 000 yuan)

公司名称	Name of Company	2016	2017
合　　计	**Total**	**7005480**	**8239224**
财产险公司	**Property Insurance Company**	**1839741**	**2072099**
中国人民财产保险股份有限公司山西省分公司	PICC Property and Casualty Insurance Co.,Ltd., Shanxi Branch	618958	701915
中国太平洋财产保险股份有限公司山西分公司	China Pacific Property Insurance Co.,Ltd., Shanxi Branch	118567	138101
永安财产保险股份有限公司山西分公司	Yong An Property Insurance Co.,Ltd., Shanxi Branch	48148	48404
中国平安财产保险股份有限公司山西分公司	Ping An Property & Casualty Insurance Company of China,Ltd., Shanxi Branch	288549	355859
天安财产保险股份有限公司山西省分公司	Tianan Property Insurance Co.Ltd..Of China, Shanxi Branch	24618	25082
中国大地财产保险股份有限公司山西分公司	China Continent Property & Casualty Insurance Co.,Ltd., Shanxi Branch	78866	91731
太平财产保险有限公司山西分公司	Taiping General Insurance Co.,Ltd., Shanxi Branch	46302	52738
华安财产保险股份有限公司山西分公司	Sinosafe General Insurance Co.,Ltd., Shanxi Branch	30216	31229
安邦财产保险股份有限公司山西分公司	Anbang Property Casualty Insurance Company Ltd., Shanxi Branch	3555	10230
永诚财产保险股份有限公司山西分公司	Alltrust Insurance Co.,Ltd., Shanxi Branch	13397	19155
阳光财产保险股份有限公司山西分公司	Sunshine Property & Casualty Insurance Co.,Ltd., Shanxi Branch	67760	83963
中国人寿财产保险股份有限公司山西省分公司	China Life Property & Casualty Insurance Share Co.,Ltd., Shanxi Branch	256651	241569
渤海财产保险股份有限公司山西分公司	Bohai Property Insurance Co., Ltd., Shanxi Branch	3710	11726

注：因虚拟总公司尚未设立各省分公司，分省数据按照业务来源进行统计。
Note: Provincial virtual data are calculated by the business sources because of the head company hasn't opened branches.

5-10 续表1 continued

单位：万元 (10 000 yuan)

公司名称	Name of Company	2016	2017
都邦财产保险股份有限公司山西分公司	Dubon Property & Casualty Insurance Co.,Ltd., Shanxi Branch	7519	9141
华泰财产保险有限公司山西省分公司	Huatai Property & Casualty Insurance Co.,Ltd., Shanxi Branch	20457	20383
中国出口信用保险公司山西分公司	China Export & Credit Insurance Corporation, Shanxi Branch	5673	5919
安盛天平财产保险股份有限公司山西分公司	AXA Tianping Property & Casualty Insurance Co., Ltd., Shanxi Branch	31254	28567
安诚财产保险股份有限公司山西分公司	Ancheng Property & Casualty Insurance Co., Ltd., Shanxi Branch	10000	16710
国任财产保险股份有限公司山西分公司	Guoren Property and Casualty Insurance Co., Ltd., Shanxi Branch	12170	14171
中银保险有限公司山西分公司	Bank of China Insurance Co., Ltd., Shanxi Branch	8748	10492
中煤财产保险股份有限公司山西分公司	China Coal Insurance Co., Ltd., Shanxi Branch	61455	49793
英大泰和财产保险股份有限公司山西分公司	Yingda Taihe Property Insurance Co., Ltd., Shanxi Branch	24563	23113
紫金财产保险股份有限公司山西分公司	Zking Property & Casualty Insurance Co., Ltd., Shanxi Branch	14595	17550
中华联合财产保险股份有限公司山西分公司	China United Property Insurance Co., Ltd., Shanxi Branch	39053	29502
华农财产保险股份有限公司山西分公司	China Huanong Property & Casualty Insurance Co.,Ltd., Shanxi Branch	242	19134
诚泰财产保险股份有限公司山西分公司	Champion Property & Casualty Insurance Co.,Ltd., Shanxi Branch		5729
众安在线财产保险股份有限公司山西分公司(虚拟)	Zhongan Online Property Insurance Co., Ltd., Shanxi Branch (Virtual)	3089	5002
中国铁路财产保险自保有限公司山西分公司(虚拟)	China Railway Captive Insurance Co., Ltd., Shanxi Branch (Virtual)	1609	3258

5-10 续表2 continued

单位：万元 (10 000 yuan)

公司名称	Name of Company	2016	2017
泰康在线财产保险股份有限公司山西分公司(虚拟)	TK.CN Insurance Co.,Ltd., Shanxi Branch (Virtual)	6	1924
阳光渝融信用保证保险股份有限公司山西分公司(虚拟)	Sunshine Yurong Credit and Guarantee Insurance Co.,Ltd., Shanxi Branch (Virtual)	7	4
安心财产保险有限责任公司山西分公司(虚拟)	Answern Property & Casualty Insurance Co.,Ltd., Shanxi Branch (Virtual)	2	4
易安财产保险股份有限公司山西分公司(虚拟)	E An Property & Casualty Insurance Co.,Ltd., Shanxi Branch (Virtual)	2	
众惠财产相互保险社山西分公司(虚拟)	Public Mutual Insurance Corporation, Shanxi Branch (Virtual)		
人身险公司	**Life Insurance Company**	**5165740**	**6167124**
中国人寿保险股份有限公司山西省分公司	China Life Insurance Co.,Ltd., Shanxi Branch	1352283	1630578
中国太平洋人寿保险股份有限公司山西分公司	China Pacific Life Insurance Co.,Ltd., Shanxi Branch	675850	816657
中国平安人寿保险股份有限公司山西分公司	Ping An Life Insurance Company of China,Ltd., Shanxi Branch	434080	572382
新华人寿保险股份有限公司山西分公司	New China Life Insurance Co.,Ltd., Shanxi Branch	303588	299196
泰康人寿保险股份有限公司山西分公司	Taikang Life Insurance Co.,Ltd., Shanxi Branch	221783	302292
平安养老保险股份有限公司山西分公司	Ping An Annuity Insurance Company of China, Ltd., Shanxi Branch	9245	12251
太平人寿保险有限公司山西分公司	Taiping Life Insurance Co.,Ltd., Shanxi Branch	220517	278331
中国人民人寿保险股份有限公司山西省分公司	PICC Life Insurance Co.,Ltd., Shanxi Branch	375091	374055
农银人寿保险股份有限公司山西分公司	ABC Life Insurance Co.,Ltd., Shanxi Branch	114473	116950

5-10 续表3 continued

单位：万元 (10 000 yuan)

公司名称	Name of Company	2016	2017
中国人民健康保险股份有限公司山西省分公司	PICC Health Insurance Co.,Ltd., Shanxi Branch	115740	115439
英大泰和人寿保险股份有限公司山西分公司	Yingda Taihe Life Insurance Co.,Ltd., Shanxi Branch	11833	20174
合众人寿保险股份有限公司山西分公司	Unionlife Insurance Co.,Ltd., Shanxi Branch	86028	83997
民生人寿保险股份有限公司山西分公司	Minsheng Life Insurance Co.,Ltd., Shanxi Branch	26948	25099
阳光人寿保险股份有限公司山西分公司	Sunshine Life Insurance Co.,Ltd., Shanxi Branch	102237	121416
富德生命人寿保险股份有限公司山西分公司	Funde Sino Life Insurance Co.,Ltd., Shanxi Branch	184563	124518
光大永明人寿保险有限公司山西分公司	Sun Life Everbright Life Insurance Co.,Ltd., Shanxi Branch	13346	21666
国华人寿保险股份有限公司山西分公司	Guohua Life Insurance Co.,Ltd., Shanxi Branch	275035	602305
幸福人寿保险股份有限公司山西分公司	Happy Life Insurance Co.,Ltd., Shanxi Branch	63275	118821
泰康养老保险股份有限公司山西分公司	Taikang Pension & Insurance Co.,Ltd., Shanxi Branch	10984	13195
中信保诚人寿保险股份有限公司山西分公司	citic prudential life insurance Co.,Ltd., Shanxi Branch	3276	7228
安邦人寿保险股份有限公司山西分公司	Anbang Life Insurance Co.,Ltd., Shanxi Branch	445520	239051
百年人寿保险股份有限公司山西分公司	Aeon Life Insurance Co., Ltd, Shanxi Branch	29064	142076
工银安盛人寿保险股份有限公司山西分公司	ICBC-AXA Life Insurance Co., Ltd, Shanxi Branch	90984	129448

5-11 证券业基本情况
BASIC STATISTICS ON SECURITY

年 份 Year	境内上市公司(家) Number of Listed Companies in Mainland (unit)	上交所 Shanghai Stock Exchange	深交所 Shenzhen Stock Exchange	股票总发行股本(万股) Issued Capital (10 000 shares)	股票发行量(万股) Issued Share (10 000 shares)	#A股 A Shares
2000	17	7	10	663761	206471	188391
2001	18	8	10	714403	228688	210608
2002	19	9	10	733432	240216	222136
2003	21	12	9	809114	267920	249840
2004	22	13	9	907871	271920	253840
2005	22	13	9	907871	271920	253840
2006	25	16	9	2570003	761526	743446
2007	26	16	10	2734756	807626	789546
2008	27	16	11	3343555	851495	833415
2009	28	17	11	3483585	873895	855815
2010	31	18	13	4314023	1119875	898926
2011	34	18	16	4623996	1128522	907573
2012	34	18	16	4983495	1315198	1083249
2013	34	18	16	5268694	1514809	1282860
2014	35	19	16	5624837	1533841	1301892
2015	37	19	18	6944563	2328559	2086610
2016	38	20	18	7540697	2708300	2466351
2017	38	20	18	7980539	2918867	2676918

年 份 Year	股票筹资额(万元) Raised Capital (10 000 yuan)	#A股 A Shares	保险公司保费收入(万元) Premium Income of Insurance Companies (10 000 yuan)	保险公司赔款及给付(万元) Indemnity Expenditure and Payment of Insurance Companies (10 000 yuan)
2000	1092835	1070061	283300	104200
2001	1234761	1211987	374100	104200
2002	1306661	1283887	694621	121023
2003	1505721	1482947	905101	156993
2004	1531281	1508507	1041413	197050
2005	1531281	1508507	1218039	200781
2006	4036272	4013498	1409766	252664
2007	4387204	4364430	1803611	525335
2008	4869204	4846430	2608864	735782
2009	5051201	5028427	2892495	785454
2010	8411601	7358740	3652983	798544
2011	8638229	7585368	3646684	1035325
2012	9168729	8111468	3846491	1193251
2013	9873152	8815892	4123840	1693188
2014	10451202	9393942	4653746	1824737
2015	13171489	12114229	5867255	2002219
2016	14122089	13064829	7005480	2390159
2017	15562917	14505647	8239224	2611381

主要统计指标解释

一般公共预算收入　指按照现行财政体制规定列入地方预算，直接缴入地方金库的财政收入。具体由两部分组成：一是税收收入，包括增值税、企业所得税、个人所得税的地方分享部分，营业税、资源税、城市维护建设税、房产税、印花税、城镇土地使用税、土地增值税、车船税、契税、耕地占用税等；二是非税收入，包括专项收入、行政事业性收费收入、罚没收入、国有资本经营收入、国有资源（资产）有偿使用收入、其他收入等。

上划中央收入　指实行分税制财政体制后，增值税的75%部分和消费税划为中央收入，以及从2002年起实行所得税分享改革后，所得税（包括企业所得税、个人所得税）由中央分享部分，这部分收入直接缴入中央金库。根据《预算法》和财政体制规定，上划中央收入属于列入中央预算范围的收入，地方总预算中不予包括。

税收收入　反映政府税收收入。包括：增值税、营业税、企业所得税、个人所得税、城市维护建设税、房产税、印花税、城镇土地使用税、土地增值税、车船税、耕地占用税、契税、烟叶税以及其他税收收入等。

非税收入　反映政府非税收入。包括：专项收入、行政事业性收入、罚没收入、国有资本经营收入、国有资源（资产）有偿使用收入以及其他收入等。

一般公共预算支出　是指列入地方预算的财政支出，包括：一般公共服务支出、国防支出、公共安全支出、教育支出、科学技术支出、文化体育与传媒支出、社会保障和就业支出、医疗卫生与计划生育支出、节能环保支出、城乡社区支出、农林水支出、交通运输支出、资源勘探信息等支出、商业服务业等支出、金融支出、国土海洋气象等支出、住房保障支出、粮油物资储备支出、国债还本付息支出及其他支出等。其资金来源包括用地方当年财力安排的支出、上年结余、调入资金和中央一般性及专项转移支付补助收入安排的支出。

一般公共服务　反映政府提供一般公共服务的支出。具体包括人大、政协、政府办公厅（室）及相关机构、发展与改革、统计信息、财政、税收、审计、海关、人事、纪检监察、人口与计划生育、商贸、知识产权、工商行政管理、质量技术监督与检验检疫、民族、宗教、港澳台侨、档案、民主党派及工商联、群众团体事务、党委办公厅（室）其相关机构事务、组织事务、宣传事务、统战事务、对外联盟、其它共产党事务支出、其它一般公共服务支出。

公共安全支出　反映政府维护社会公共安全方面的支出。有关事务包括：武装警察、公安、国家安全、法院、司法、强制隔离戒毒、国家保密、缉私警察等。

教育支出　反映政府教育事务支出。有关事务包括：教育管理事务、学前教育、小学教育、初中教育、高中教育、高等教育、初等职业教育、中专教育、技校教育、职业高中教育、高等职业教育、成人教育、广播电视教育、留学生教育、特殊教育、进修及培训等。

科学技术支出　反映科学技术方面的支出。有关事务包括：科学技术管理事务、基础研究、应用研究、技术研究与开发、科技条件与服务、社会科学、科学技术普及、科技交流与合作等。

文化体育与传媒支出　反映政府在文化、文物、体育、广播影视、新闻出版等方面的支出。

社会保障和就业支出　反映政府在社会保障与就业方面的支出。有关事务包括：人力资源和社会保障管理事务、民政管理事务、财政对社会保险基金的补助、补充全国社会保障基金、行政事业单位离退休、企业改革补助、就业补助、抚恤、退役安置、社会福利、残疾人事业、城市居民最低生活保障、其他城市生活救助、自然灾害生活救助、农村最低生活保障、红十字事务等。

医疗卫生与计划生育支出　反映政府医疗卫生方面的支出。有关事务包括：医疗卫生管理事务、公立医院、公共卫生、基层医疗卫生机构、医疗保障、中医药、人口与计划生育事务、食品和药品监督管理事务等。

节能环保支出　反映政府节能环保支出。有关事务包括：环境保护管理事务、环境监测与监察、污染防治、自然生态保护、天然林保护、退耕还林、风沙荒漠治理、退牧还草、已垦草原退耕还草、能源节约利用、污染减排、可再生能源和资源综合利用等支出等。

城乡社区支出 反映政府城乡社区事务支出。有关事务包括：城乡社会管理事务、城乡社区规划与管理、城乡社区公共设施、城乡社区环境卫生、建设市场管理与监督等。

农林水支出 反映政府农林水事务支出。有关事务包括：农业、林业、水利、扶贫、农业综合开发等。

交通运输支出 反映交通运输和邮政业方面的支出。有关事务包括：公路水路运输、铁路运输、民用航空运输等。

资源勘探信息等支出 反映用于资源勘探、制造业、建筑业、信息等方面的支出。有关事务包括：资源勘探、制造业、建筑业、工业和信息产业监管、安全生产监管、国有资产监管、支持中小企业发展和管理支出等。

粮油物资储备支出 反映政府用于粮油物资储备方面的支出。有关事务包括：粮油事务、物资事务、能源储备、重要商品储备等。

金融支出 反映金融方面的支出。有关事务包括：金融部门行政支出、金融部门监管支出、金融发展支出、金融调控支出等。

国土海洋气象支出 反映政府用于国土资源、海洋、测绘、地震、气象等公益服务事务方面的支出。

商业服务业等支出 反映商业服务业等方面的支出。有关事务包括：商业流通事务、旅游业管理与服务支出、涉外发展服务支出等。

其他支出 反映不能划分到上述功能科目的其他政府支出。包括年初预留和其他支出。

当年可用财力 是指按照现行财政体制规定，在预算年度内可统筹安排使用的预算内资金，其来源包括当年公共财政收入、税收返还收入、下级上解收入、一般性转移支付补助，并从中扣减上解上级及补助下级的资金。当年可用财力不包括上年结余资金及中央专项转移支付补助。根据《预算法》的规定，当年支出预算应当小于或等于当年地方可用财力。

存款 企业、机关、团体或居民根据可以收回的原则，把货币资金存入银行或其他信用机构保管并取得一定利息的一种信用活动形式。根据存款对象的不同可划分：企业存款、财政存款、机关团体存款、城镇居民储蓄存款、农村存款等项目。

住户存款 银行业金融机构通过信用方式吸收的居民储蓄存款及通过其他方式吸收的由住户部门(由住户和为其服务的非营利机构组成的部门）支配的存款。其他方式吸收的存款主要有两部分：一是保证金存款；二是个人委托业务在银行沉淀资金。

非金融企业存款 银行业金融机构吸收的企业定活期存款、保证金存款、应解及临时存款以及企业委托银行业金融机构开展委托业务沉淀在银行的货币资金。

贷款 银行或其他信用机构根据必须归还的原则，按一定利率，为企业、个人等提供资金的一种信用活动形式。我国银行贷款，分流动资金贷款、农业贷款、固定资产贷款等科目。

境内贷款 银行业金融机构对非金融企业、个人、机关团体以贷款、票据贴现、垫款、押汇、福费廷等方式提供的融资总额。

住户贷款 银行业金融机构向住户部门（由住户和为其服务的非营利机构组成的部门）发放的贷款。

非金融企业及机关团体贷款 银行业金融机构向非金融企业及机关团体发放的贷款。

票据融资 银行业金融机构通过对客户持有的商业汇票、银行承兑汇票等票据进行贴现提供的融资。

保费收入 指投保人依据保险合同的约定向保险人缴付的保险费。

赔付支出 指保险人根据保险合同的约定，向被保险人或受益人支付的赔款、死伤医疗给付、满期给付和年金给付。

Explanatory Notes on Main Statistical Indicators

General Public Budget Revenue refers to financial revenue arranged to regional budget and directly paid to local treasury according to the current regulation of financial system. It consists of tax revenue and non-tax revenue. Tax revenue includes value-added tax, enterprise income tax, local share of individual income tax, operation tax, resource tax, urban construction and maintenance tax, house property tax, stamp tax, tax on use of urban land, land value-added tax, tax on use of vehicles and vessels, contract tax, tax on occupying cultivated land and etc. And non-tax revenue includes special incomes, incomes from administrative fees, penalty incomes, business revenue of state-owned properties, incomes from state-owned resource utilization and other incomes.

Revenue Turned Over to the State refers to 75 percent of value added tax and consumption tax turned over to the state after implement financial system of tax distribution, and part of income tax shared by state and directly paid to central treasury after implement reform of income tax share from 2002. According to budget law and rule of financial system, revenue turned over to the state belongs to state budget, excluded in local budget.

Tax Revenue reflects to the government's tax revenue, including value-added tax, operation tax, enterprise income tax, individual income tax, urban maintenance and construction tax, house property tax, stamp tax, tax on use of urban land, urban land value-added tax, tax on use of vehicles and vessels, tax on occupying cultivated land, contract tax, tobacco tax and etc.

Non-tax Revenue reflects to the government's non-tax revenue, including special revenue, incomes from administrative fees, penalty incomes, business revenue of state-owned properties, incomes form state-owned resource utilization and other incomes.

General Public Budget Expenditure refers to financial expenditure arranged to local budget, including expenditure for public services, national defence, public safety, education, science and technology, culture, sports and media, social security and employment, medical and health care, family planning, energy conservation and environmental protection, urban and rural community, agriculture, forest and water conservancy, transportation, resources exploration and information, business and services, finance, land, ocean and weather, housing security, cereals, oils and material reserves, government bond and its interest and other expenditures. The sources of funds include expenditure arranged from local disposable financial resources of the year, surplus of last year, funds transferred and subsides of general and special transfer payment from central government.

General Public Services reflect the government's provision of general public service expenditures, specifically including the NPC and CPPCC, government offices and related agencies, development and reform, statistics, finance, taxation, auditing, customs, personnel, discipline inspection and supervision, population and family planning, commerce, intellectual property rights, industrial and commercial administration, quality and technical supervision, inspection and quarantine, land and natural resources, marine management, surveying and mapping, earthquakes, weather, ethnic, religious, Hong Kong, Macao oversea Chinese affairs, files, democratic parties and the federation of industry and commerce, mass organizations, party committee offices and related agencies, organization affairs, publicity affairs, united front affairs, external alliances, other CPC affairs and other affairs.

Expenditure for Public Safety reflects the expenditure of government maintaining social public safety. Related affairs include armed police, public security, national security, justice, compulsory isolation for drug rehabilitation, state secrecy, anti-smuggling police, etc.

Expenditure for Education reflects the government's education expenditure. Related affairs include education administration affairs, pre-primary education, primary education, secondary education, high school education, higher education, primary vocational education, secondary education, technical school education, vocational high school education and higher vocational education, adult education, radio and television education, the international education, special education, further education and training.

Expenditure for Science and Technology reflects the expenditure used for science and technology. It includes science and technology management services, basic research, applied research, technology research and development, science and technology and service conditions, social science, science and technology popularization, scientific and technological exchanges and cooperation.

Expenditure for Culture, Sports and Media reflects the expenditures government used for culture, heritage, sports, radio, film and television, press, publishing and other aspects.

Expenditure for Social Security and Employment reflects expenditures government used in the aspects of employment and social security. Related affairs include human resources and social security management affairs, civil administration affairs, the financial allowance for social security fund, addition of the national social security fund, retirement of administrative and institution units, subsidies for enterprises reform, employment subsidies, pension, retirement and placement, social welfare, disabled cause, the minimum living guarantee for urban residents, other urban life assistance, life assistance for natural disaster, rural minimum living guarantee, the Red Cross affairs and so on.

Expenditure for Medical and Health Care, Family Planning reflects expenditures government used in the aspects of medical and health care. Related affairs include management affairs of medical and health care, public hospitals, public health care, primary medical and health care institutions, medical security, traditional Chinese medicine, population and family planning affairs, supervision and management affairs of food and drugs.

Expenditure for Energy Conservation and Environmental Protection reflects government's expenditure on energy conservation and environmental protection, including expenditures on management of environmental protection, environmental monitoring and supervision, pollution control, natural and ecological protection, natural forests protection, returning farmland to forests, desertification control, restoring grassland from over-grazing and cultivating, energy conservation and utilization, pollution reduction, comprehensive utilization of renewable energy and resources.

Expenditure for Urban and Rural Community reflects the government's expenditure on urban and rural community affairs, including urban and rural social management affairs, planning and management of urban and rural communities, public facilities in rural and urban communities, urban and rural community sanitation, management and supervision of the construction market and so on.

Expenditure for Agriculture, Forestry and Water Conservancy reflects the government's expenditure on agriculture, forestry and water conservancy affairs. Related affairs include agriculture, forestry, water conservancy, poverty alleviation, comprehensive agricultural development, etc.

Expenditure for Transportation reflects transport and post expenditure. Related affairs include highway and waterway transport, railway transport and civil aviation transport, etc.

Expenditure for Resources Exploration and Information reflects the expenditure used on resources exploration, manufacture, construction and information. Related affairs include resources exploration, manufacture, construction, supervision of industry and information, supervision of safety production, supervision of national assets, development and management on supporting small and medium-sized enterprises, etc.

Expenditure for Cereals, Oils and Material Reserves reflects the government expenditure on the aspects of cereals, oils, and material reserves. Related affairs include cereals and oils affairs, materials affairs, energy reserves, critical commodities reserves, etc.

Expenditure for Finance reflects expenditure in banking areas. Related Affairs include administrative expenditure of financial department, supervision of financial department, financial development expenditure, financial regulation expenditure, etc.

Expenditure for Land, Ocean and Weather reflects expenditure used on the public service affairs, such as land resources, oceans, surveying and mapping, earthquake and weather affairs.

Expenditure for Business and Services reflects expenditure on business and services aspects. Related affairs include expenditure on commercial circulation affairs, management and service of tourism, foreign developing service and so on.

Other Expenditures reflect other government expenditures that cannot be subjected to the above mentioned functions, including reserve expenditures at the beginning of the year and other expenses.

Disposable Financial Resources in the Year refer to budgetary funds which can be overall arranged and used in the budget year according to current regulation of financial system. The sources of funds include public finance revenue, return revenue of taxes, revenue turned over from lower authorities, subsides of general transfer payment, deducing funds turning over to higher authorities and subsides to lower authorities. It excludes surplus of last year and subsides of transfer payment from special central funds. According to regulation of budgetary law, budget expenditure should be less than or equal to the local disposable financial resources of the year.

Deposit is a form of credit activities by which enterprises, institutions, organizations or households can put money into banks and other credit institutions for sake keeping and interest earning under the principle of free withdrawal. According to different depositors, deposits are divided into enterprise deposits, fiscal deposits, government agencies and institutions deposits, saving deposits of urban and rural residents, rural deposits and etc.

Households Deposits refer to the residents saving deposits banking financial institutions absorbed by credit and the deposits at household sector's (consisting of households and non-profit service institutions) disposal by other means. Other means of deposits mainly contain margin deposits and precipitation funds of individual entrusted business.

Non-financial Enterprises Deposits refer to enterprise demand and time deposits, margin deposits, remittances outstanding, temporary deposits and precipitation funds of enterprise entrusted business.

Loan is a form of credit activities by which banks and other credit institutions provide funds at certain interest rate to enterprises and individuals in the light of the principle of unconditional repayment. Loans from Chinese banks include circulating capital loans, agriculture loans, fixed assets loans, etc.

Domestic Loans refer to finance amount that banking institutions provide for non-financial enterprises, individuals, government organizations by loaning, bill discounting, advancing, bill exchanging, forfeiting.

Households Loans refer to loans banking institutions offer to the household sector (consisting of households and non-profit service institutions).

Loans to Non-financial Enterprises, Government Departments and Organizations refer to loans that banking institutions offer to non-financial banking enterprises, government departments and organizations.

Bill Finance refers to the discount bill financing that banking institutions offer customers by trade bill, bank acceptance, etc.

Income of Premiums refers to the fees paid by the insurant to the insurer according to contract agreed terms.

Indemnity Expenditure refers to the indemnity, payment for death, injury and medical treatment, payment at maturity and annuity payment that the insurer paid to the insurant according to the contract agreed terms.

6

能源

ENERGY

资料整理人员

郭骞擘　武鹏程　牛玉龙　李伟琨

能　源
ENERGY

能源消费总量	Total Energy Consumption	20057.2	万吨标准煤	(10 000 tons of SCE)
发电装机容量	Installed Electricity Capacity	8072.7	万千瓦	(10 000 kw)
#火　电	Thermal Power	6366.5	万千瓦	(10 000 kw)
全社会用电量	Total Electricity Consumption	1990.6	亿千瓦小时	(100 million kwh)

全社会用电量（亿千瓦小时）

Total Electricity Consumption (100 million kwh)

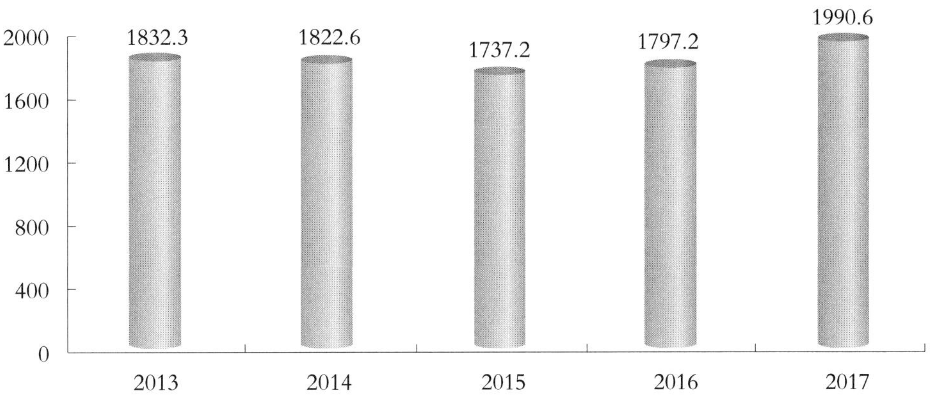

电力外调量（亿千瓦小时）

Electricity Transferred to Other Provinces and Exported (100 million kwh)

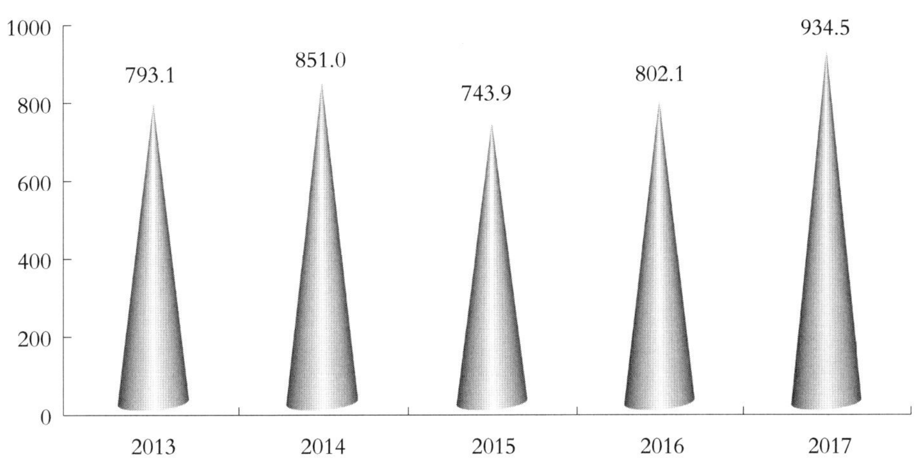

6-1 能源生产、外调、使用平衡表
BALANCE SHEET OF ENERGY PRODUCTION, TRANSFER AND USE

单位：万吨标准煤 (10 000 tons of SCE)

项　目	Item	2010	2015	2017
一、资　源	Resources	65274.19	79138.84	68619.85
年初库存	Stock of Year Beginning	3377.39	6640.49	6155.44
一次能源生产量	Primary Energy Output	56098.74	67283.04	55777.93
外省市调入量	Transfer from Other Provinces	5466.26	4629.65	6036.23
回收能	Recvery of Energy	331.80	585.66	650.25
二、加工转换投入产出差数	Margin of Input and Output for Conversion	2734.44	3865.46	3574.07
加工转换投入量	Input for Conversion	34471.73	60696.06	56471.69
加工转换产出量	Output for Conversion	31737.29	56830.60	52897.62
三、外调出省、出口	Transfer to Other Provinces and Export	45730.99	50788.04	43222.89
调给外省市	Transfer to Other Provinces	45268.31	50788.04	43222.89
供应外贸出口	Export	462.68		
四、终端消费	Final Consumption	13820.47	15813.30	16836.79
(一)第一产业	Primary Industry	337.65	313.37	323.60
农林牧渔业	Farming, Forestry, Animal Husbandry And Fishery	337.65	313.37	323.60
(二)第二产业	Secondry Industry	10489.37	12041.17	12712.58
工　业	Industry	10343.91	11878.09	12546.50
轻工业	Light Industry	202.37	287.07	189.08
重工业	Heavy Industry	10141.54	11591.02	12357.42
建筑业	Construction	145.46	163.08	166.08
(三)第三产业	Tertiary Industry	1661.76	1930.67	2125.80
交通运输、仓储和邮政业	Transport, Storage and Post	887.83	1051.19	1171.72
批发、零售业和住宿、餐饮业	Wholesale and Retail Trade, Hotels and Catering Services	339.74	392.73	407.14
其　他	Others	434.19	486.75	546.94
(四)人民生活	Residential Consumption	1331.69	1528.09	1674.81
城　镇	Cities and Towns	774.12	940.16	1020.17
乡　村	Rural Areas	557.57	587.93	654.64
五、损失量	Losses	253.12	290.43	296.63
运输、仓储及输配损失	Losses in Transmission, Storage and Distribution	253.12	290.43	296.63
六、年末库存量	Stock of Year End	3956.72	8381.61	4689.47

6-2 煤炭生产、外调、使用平衡表
BALANCE SHEET OF COAL PRODUCTION, TRANSFER AND USE

单位：万吨 (10 000 tons)

项 目	Item	2010	2015	2017
一、资 源	Resources	83330.02	110410.88	103289.53
年初库存	Stock of Year Beginning	3226.07	8813.12	8964.35
一次能源生产量	Primary Energy Product	74096.00	96680.00	87221.36
外省市调入量	Transfer from Other Provinces	6007.95	4917.76	7103.82
二、加工转换投入产出差数	Margin of Input and Output for Conversion	24186.40	30471.90	36299.66
加工转换投入量	Input for Conversion	42727.04	86168.36	89787.65
加工转换产出量	Output for Conversion	18540.64	55696.46	53487.99
三、外调出省、出口	Transfer to Other Provinces and Export	51197.64	62425.63	53624.83
调给外省市	Transfer to Other Provinces	50714.22	62425.63	53624.83
供应外贸出口	Export	483.42		
四、终端消费	Final Consumption	5678.70	6643.20	6642.63
(一)第一产业	Primary Industry	175.55	175.50	173.64
农林牧渔业	Farming, Forestry, Animal Husbandry And Fishery	175.55	175.50	173.64
(二)第二产业	Secondry Industry	3921.41	5075.55	4984.79
工 业	Industry	3849.34	5044.91	4977.73
轻工业	Light Industry	146.91	223.84	86.66
重工业	Heavy Industry	3702.43	4821.07	4891.07
建筑业	Construction	72.07	30.64	7.06
(三)第三产业	Tertiary Industry	499.28	460.95	506.02
交通运输、仓储和邮政业	Transport, Storage and Post	54.94	69.26	75.38
批发、零售业和住宿、餐饮业	Wholesale and Retail Trade, Hotels and Catering services	219.19	170.60	190.07
其 他	Others	225.15	221.09	240.57
(四)人民生活	Residential Consumption	1082.46	931.20	978.18
城 镇	Cities and Towns	421.46	277.50	363.37
乡 村	Rural Areas	661.00	653.70	614.81
五、损失量	Losses			
运输、仓储损失	Losses in Transmission and Storage			
六、年末库存量	Stock of Year End	4267.28	10870.15	6722.41

6-3 焦炭生产、外调、使用平衡表
BALANCE SHEET OF COKE PRODUCTION, TRANSFER AND USE

单位：万吨 (10 000 tons)

项　目	Item	2010	2015	2017
一、资　源	Resources	916.71	760.08	639.85
年初库存	Stock of Year Beginning	916.71	760.08	639.85
二、加工转换投入产出差数	Margin of Input and Output for Conversion	8476.44	8039.88	8383.14
加工转换投入量	Input for Conversion			
加工转换产出量	Output for Conversion	8476.44	8039.88	8383.14
三、外调出省、出口	Transfer to Other Provinces and Export	6121.00	5901.29	6579.15
调给外省市	Transfer to Other Provinces	5954.93	5901.29	6579.15
供应外贸出口	Export	166.07		
四、终端消费	Final Consumption	2589.22	2083.45	1958.74
(一)第一产业	Primary Industry			
农林牧渔业	Farming, Forestry, Animal Husbandry And Fishery			
(二)第二产业	Secondry Industry	2586.93	2082.65	1955.58
工　业	Industry	2586.73	2082.51	1955.45
轻工业	Light Industry	0.24	0.11	0.22
重工业	Heavy Industry	2586.48	2082.40	1955.23
建筑业	Construction	0.20	0.14	0.13
(三)第三产业	Tertiary Industry	1.11	0.80	3.16
交通运输、仓储和邮政业	Transport, Storage and Post			
批发、零售业和住宿、餐饮业	Wholesale and Retail Trade, Hotels and Catering services	1.11	0.80	3.16
其　他	Others			
(四)人民生活	Residential Consumption	1.18		
城　镇	Cities and Towns	1.10		
乡　村	Rural Areas	0.08		
五、损失量	Losses			
运输、仓储损失	Losses in Transmission and Storage			
六、年末库存量	Stock of Year End	682.93	815.22	485.10

6-4 电力生产、外调、使用平衡表
BALANCE SHEET OF ELECTRICITY PRODUCTION, TRANSFER AND USE

单位：万千瓦小时 (10 000 kwh)

项 目	Item	2010	2015	2017
一、资 源	Resources	915400	1625200	4221100
一次能源生产量	Primary Energy Output	462100	1388500	2625400
外省市调入量	Transfer from Other Provinces	453300	236700	1595700
二、加工转换投入产出差数	Margin of Input and Output for Conversion	21043500	23186000	25029900
加工转换投入量	Input for Conversion			
加工转换产出量	Output for Conversion	21043500	23186000	25029900
三、外调出省、出口	Transfer to Other Provinces and Export	7358400	7439100	9344800
调给外省市	Transfer to Other Provinces	7358400	7439100	9344800
四、终端消费	Final Consumption	13812500	16440900	18935900
(一)第一产业	Primary Industry	351400	409700	411500
农林牧渔业	Farming, Forestry, Animal Husbandry And Fishery	351400	409700	411500
(二)第二产业	Secondry Industry	11273900	12802100	14696600
工 业	Industry	11112100	12633657	14481334
轻工业	Light Industry	284300	342795	348857
重工业	Heavy Industry	10827800	12290862	14132477
建筑业	Construction	161800	168443	215266
(三)第三产业	Tertiary Industry	1132400	1630400	2002900
交通运输、仓储和邮政业	Transport, Storage and Post	456300	543100	667600
批发、零售业和住宿、餐饮业	Wholesale and Retail Trade, Hotels and Catering services	201700	350400	431600
其 他	Others	474400	736900	903700
(四)人民生活	Residential Consumption	1054800	1598700	1824900
城 镇	Cities and Towns	641200	999300	1130400
乡 村	Rural Areas	413600	599400	694500
五、损失量	Losses	788000	931200	970300
输配损失	Losses in Distribution	788000	931200	970300

6-5 石油制品生产、外调、使用平衡表

BALANCE SHEET OF PETROLEUM PRODUCTS PRODUCTION, TRANSFER AND USE

单位：万吨标准煤 (10 000 tons SCE)

项　　目	Item	2010	2015	2017
一、资　源	Resources	1183.83	1203.88	1384.82
一次能源生产量	Stock of Year Beginning	64.27	72.76	62.00
外省市调入量	Transfer from Other Provinces	1119.56	1131.12	1322.82
二、加工转换投入产出差数	Margin of Input and Output for Conversion			
加工转换投入量	Input for Conversion			
加工转换产出量	Output for Conversion			
三、外调出省、出口	Transfer to Other Provinces and Export			29.30
调给外省市	Transfer to Other Provinces			29.30
四、终端消费	Final Consumption	1103.77	1133.29	1285.70
(一)第一产业	Primary Industry	100.14	61.04	73.77
农林牧渔业	Farming, Forestry, Animal Husbandry And Fishery	100.14	61.04	73.77
(二)第二产业	Secondry Industry	172.23	208.98	298.65
工　业	Industry	131.31	147.95	205.25
轻工业	Light Industry	2.39	1.64	1.11
重工业	Heavy Industry	128.91	146.31	204.14
建筑业	Construction	40.92	61.02	93.40
(三)第三产业	Tertiary Industry	743.48	780.31	837.46
交通运输、仓储和邮政业	Transport, Storage and Post	643.12	738.65	783.83
批发、零售业和住宿、餐饮业	Wholesale and Retail Trade, Hotels and Catering services	47.06	14.75	29.28
其　他	Others	53.30	26.90	24.35
(四)人民生活	Residential Consumption	87.92	82.95	75.82
城　镇	Cities and Towns	54.25	37.16	41.42
乡　村	Rural Areas	33.68	45.79	34.40
五、损失量	Losses	1.76	1.79	
运输、仓储损失	Losses in Transmission and Storage	1.76	1.79	
六、年末库存量	Stock of Year End	78.30	68.81	69.82

6-6 主要年份一、二次能源生产量及构成

PRODUCTION AND COMPOSITION OF PRIMARY AND SECONDARY ENERGY IN MAJOR YEARS

年 份 Year	一次能源产量 (万吨标准煤) Primary Energy Production (10 000 tons of SCE)	占能源产量(%) Percentage			加工转换能源占一次能源产量(%) Conversion As Percentage of Primary Energy (%)			
		原 煤 Coal	水电和风电 Hydro Power and Wind Power	瓦 斯 Gas		火 电 Thermal Power	洗精煤及其他洗煤 Cleaned Coal and Other Washed Coal	焦 炭 Coke
1980	10310.32	99.71	0.18	0.04	11.28	4.68	3.02	3.57
1985	18237.45	99.82	0.16	0.02	8.85	4.06	2.23	2.56
1990	24341.19	99.86	0.13	0.01	17.08	5.37	5.29	6.42
1995	29760.94	99.88	0.10	0.02	38.73	6.77	14.67	17.29
2000	21457.60	99.63	0.31	0.06	53.72	11.44	19.79	22.50
2005	47233.52	99.74	0.17	0.09	47.04	11.05	19.58	16.41
2010	63326.74	99.45	0.23	0.32	47.20	13.43	20.77	13.00
2011	74481.77	99.55	0.26	0.19	45.31	12.46	21.05	11.80
2012	78182.88	99.30	0.47	0.23	45.89	12.62	22.57	10.70
2013	68925.26	98.95	0.45	0.60	70.36	11.44	46.13	12.79
2014	68426.78	98.83	0.52	0.65	71.69	11.54	47.71	12.44
2015	72488.91	98.76	0.60	0.64	64.86	9.95	44.14	10.77
2016	63030.18	98.21	0.99	0.80	74.80	11.36	50.82	12.62
2017	65901.20	97.94	1.23	0.83	75.78	11.72	51.70	12.36

注：2013年、2014年能源相关指标为三经普调整数据，后同。
Note: Energy data of 2013 and 2014 have been adjusted according to the Third Economic Census. The same applies to the following.

6-7 主要年份煤炭消费量

COAL CONSUMPTION IN MAJOR YEARS

单位：万吨 (10 000 tons)

年 份 Year	总 计 Total	生产建设消费 Production and Construction Consumption	#发 电 Electricity Generation	#炼 焦 Coking	生活用 Living Consumption
1980	4326	3378	727	642	948
1985	5566	4539	1028	1169	1027
1990	7292	6451	1692	2383	841
1995	13373	12757	2717	7264	616
2000	12704	12179	3128	6298	525
2005	22631	21811	6550	11208	820
2010	28180	27098	9968	11640	1082
2011	30896	29702	10980	12498	1194
2012	31085	29840	11547	11800	1245
2013	33062	32043	12271	12334	1019
2014	32056	31078	11597	11971	978
2015	29428	28497	10248	10914	931
2016	30061	29124	10324	10969	937
2017	32171	31193	12112	11161	978

注：本表煤炭消费量包括终端消费量和用于加工转换消费量。
Note: Data of coal consumption in this table includes end-use consumption and consumption during the process of energy conversion.

6-8 主要年份石油制品、焦炭消费量
PETROLEUM PRODUCTS AND COKE CONSUMPTION IN MAJOR YEARS

单位：吨 (ton)

年 份 Year	石油制品 (标准煤) Petroleum Products (SCE)	#工业交通 Industry And Transportation	#农 业 Agriculture	焦 炭 Coke	#工业生产 Industry	#建 筑 Construction
1980	1084440	684270	351519	2995572	2553669	9840
1985	1582990	913600	462500	3698900	3118000	17500
1990	1987500	1481400	380400	8326800	7611200	12100
1995	2581000	1828700	449300	12764800	10114700	40800
2000	2751900	1988800	455100	12769000	10103000	62000
2005	5374600	4169400	524300	21399000	20405000	89000
2010	11037700	7744300	1001400	25892200	25867300	2000
2011	11105000	8238700	1004700	25585500	25546900	1500
2012	11296100	8331900	1068700	29385500	29344200	1600
2013	11481700	8876600	597500	21455900	21435500	300
2014	10929900	8677400	583400	21776900	21772000	300
2015	11332800	8866160	610400	20834500	20825100	1400
2016	11880100	9273100	678000	21981000	21978200	1200
2017	12857000	9890800	737700	19587400	19554500	1300

6-9 主要年份社会用电量
TOTAL ELECTRICITY CONSUMPTION IN MAJOR YEARS

单位：万千瓦小时 (10 000 kwh)

年 份 Year	社会用电量 Total Consumption	#农 业 Agriculture	#工 业 Industry	#电力工业 Electricity	#化学工业 Chemistry	#煤炭工业 Coal	#黑色金属 Ferrous Metal	#交通运输 Transportation	#市政生活 Civicism
1980	1185877	171092	962483	248288	218915	146197	131800	5502	46798
1985	1634743	159100	1343101	321440	268079	232152	173668	37281	85000
1990	2552179	146279	2127321	480095	403856	386180	272555	89230	157301
1995	3782338	232387	3280436	809643	547112	553580	391889	121693	298126
2000	5020917	261338	4114046	939969	684945	603963	493088	147750	392327
2005	9463268	356384	7873556	1704567	1380229	1101659	1223916	310704	701698
2010	14600467	351399	11900099	2725517	1323372	1718512	2096358	456362	1482910
2011	16504098	387461	13451317	2933961	1500490	1943094	2223308	507130	1651314
2012	17657848	373888	14340495	3261393	1646993	2129660	2491088	519249	1659972
2013	18323479	378267	14755243	3252894	1676244	2347403	2624159	557756	1824445
2014	18226274	378518	14521438	3416360	1548017	2339848	2543894	587914	1926674
2015	17372078	409692	13564889	3187532	1511069	2359723	2360362	543134	2012292
2016	17971804	384500	13910563	3334719	1501452	2374025	2166583	584274	2152262
2017	19906135	411497	15451576	3583409	1719173	2588149	2291906	667569	2312858

6-10 主要年份能源生产弹性系数

ELASTICITY RATIO OF ENERGY PRODUCTION IN MAJOR YEARS

单位：%　　(%)

年 份 Year	能源生产比上年增长 Growth Rate of Energy Production Over Preceding Year	电力生产比上年增长 Growth Rate of Electricity Over Preceding Year	地区生产总值比上年增长 Growth Rate of Gross Domestic Product Over Preceding Year	能源生产弹性系数 Elasticity Ratio of Energy Production	电力生产弹性系数 Elasticity Ratio of Electricity Production
1980	11.10	5.38	2.00	5.55	2.69
1985	14.46	10.18	7.10	2.04	1.43
1990	3.96	3.64	5.00	0.79	0.73
1995	5.26	10.73	12.00	0.44	0.89
2000	1.12	9.62	9.40	0.12	1.02
2005	10.85	21.59	13.50	0.80	1.60
2010	24.87	14.97	14.00	1.78	1.07
2011	15.75	9.01	12.90	1.22	0.70
2012	4.94	8.13	10.10	0.49	0.80
2013	5.62	3.57	8.90	0.63	0.40
2014	−3.22	0.22	4.90	−0.66	0.04
2015	3.95	−7.16	3.10	1.27	−2.31
2016	−16.05	2.16	4.50	−3.57	0.48
2017	−1.24	10.16	7.00	−0.18	1.45

注：本表2014年为三经普调整后数据，下表同。
Note: Data of 2014 have been dajusted according to the Third Economic Census. The same applies to the following.

6-11 主要年份能源消费弹性系数

ELASTICITY RATIO OF ENERGY CONSUMPTION IN MAJOR YEARS

单位：%　　(%)

年 份 Year	能源消费比上年增长 Growth Rate of Energy Consumption Over Preceding Year	电力消费比上年增长 Growth Rate of Electricity Consumption Over Preceding Year	地区生产总值比上年增长 Growth Rate of Gross Domestic Product Over Preceding Year	能源消费弹性系数 Elasticity Ratio of Energy Consumption	电力消费弹性系数 Elasticity Ratio of Electricity Consumption
1980	3.92	−4.22	2.00	1.96	−2.11
1985	10.25	14.85	7.10	1.44	2.09
1990	−0.19	2.98	5.00	−0.04	0.60
1995	10.03	10.82	12.00	0.84	0.90
2000	3.60	11.61	9.40	0.38	1.24
2005	8.61	14.24	13.50	0.64	1.05
2010	7.91	15.47	14.00	0.57	1.11
2011	8.97	14.12	12.90	0.70	1.09
2012	5.57	6.10	10.10	0.55	0.60
2013	4.85	3.53	8.90	0.54	0.40
2014	0.51	−0.31	4.90	0.10	−0.06
2015	−2.41	−4.75	3.10	−0.78	−1.53
2016	0.09	3.82	4.50	0.02	0.85
2017	3.38	10.93	7.00	0.48	1.56

6-12 主要年份能源加工转换投入产出情况

EFFICIENCY OF ENERGY CONVERSION IN MAJOR YEARS

年 份 Year	投入及转换总效率 Total Efficiency		发电及供热投入原煤(万吨) Coal Input in Electricity And Heat (10 000 tons)	洗选加工投入原煤(万吨) Coal Input in Washing (10 000 tons)
	投入总量(万吨标准煤) Total Input (10 000 tons of SCE)	投入产出总效率(%) Efficiency(%)		
1980	1512.30	54.35	727.18	617.16
1985	2214.09	61.77	1108.00	802.00
1990	4792.46	73.22	1812.74	2162.71
1995	13076.80	82.56	2946.49	6864.89
2000	12867.25	81.44	3127.88	6958.75
2005	25291.10	79.72	6597.20	14652.96
2010	34407.94	80.18	9977.89	20225.00
2011	39760.22	80.86	11085.49	24827.28
2012	42285.31	81.08	11742.37	28952.95
2013	63122.88	86.20	12566.48	62776.72
2014	62427.14	86.40	12029.82	66236.01
2015	60696.06	86.49	10895.02	63383.77
2016	56916.32	86.02	10625.63	60609.49
2017	56471.69	85.57	12339.77	64259.76

年 份 Year	炼焦投入量 Input in Coking		制气投入原 煤(万吨) Coal Input in Making Gas (10 000 tons)	产出总量(万吨标准煤) Total Output (10 000 tons of SCE)
	原 煤(万吨) Coal (10 000 tons)	洗精煤(万吨) Cleaned Coal (10 000 tons)		
1980	474.00	168.00		821.90
1985	834.00	234.74		1367.69
1990	1772.80	610.24	72.59	3509.20
1995	3964.26	3298.52	63.97	10796.47
2000	3250.02	3045.74	58.03	10478.69
2005	2633.60	8571.16	136.14	20161.30
2010	223.61	11414.74	33.76	27587.12
2011	297.20	12180.33	55.57	32149.49
2012	67.32	11732.62	55.09	34283.93
2013	25.27	12309.16	52.79	54410.16
2014	26.23	11943.36	42.99	55508.26
2015	32.07	10882.20	24.80	52493.20
2016	32.99	10935.80	99.76	48959.49
2017	123.80	11037.49	95.03	48321.88

注：本表炼焦产出的焦炉煤气从2005年起包括了加热炼焦炉用气；2013年以前洗精煤为炼焦洗精煤，以后为炼焦洗精煤加动力洗精煤。

Note: The gas output of coking in this table includes the gas used to heat up the coke ovens from 2005. Cleaned coal refers to coking coal and power coal after 2013, while it refers to coking coal in the previous years.

6-12 续表 continued

年 份 Year	发电及供热产出 Output of Electricity And Heat		炼焦产出 Output of Coking	
	电 力 (万千瓦小时) Electricity (10 000 kwh)	热 力 (万百万千焦) Heat (10 billion kilo-joule)	焦 炭 (万吨) Coke (10 000 tons)	焦炉煤气 (万立方米) Gas (10 000 cu.m)
1980	1156600		320.95	
1985	1777200	1297.88	568.66	55634
1990	3068800	2324.00	1586.57	81600
1995	4988500	3930.40	5294.97	159800
2000	6087300	2367.70	4967.22	179900
2005	12916500	6020.60	7981.04	1440000
2010	21043500	12089.93	8476.44	1607200
2011	22964500	14472.47	9047.91	1868200
2012	24429600	16014.55	8612.66	1674300
2013	25513000	17916.84	9022.40	1780300
2014	25460100	19810.66	8765.84	1709900
2015	23186000	23630.29	8039.88	1600600
2016	23092900	27215.90	8185.98	1595100
2017	25029900	31548.05	8383.14	1631000

年 份 Year	洗选煤产出 Output of Washed Coal		制气产出 Output of Making Gas	
	洗精煤 (万吨) Cleaned Coal (10 000 tons)	其他洗煤 (万吨) Others (10 000 tons)	焦炉煤气 (万立方米) Coke Gas (10 000 cu.m)	其他煤气 (万立方米) Others (10 000 cu.m)
1980	409.00			
1985	518.55	158.91		
1990	1429.65	366.30	9400	136400
1995	4850.20	710.59	1100	230000
2000	4818.21	590.05		191800
2005	10275.88	1327.49		417900
2010	14863.17	3537.38		101600
2011	17426.68	4652.97		168300
2012	19604.71	5698.09		156000
2013	34615.00	24428.00		117900
2014	35974.94	24563.82		84600
2015	35577.81	19983.52		54200
2016	22458.30	32452.00		224700
2017	21346.04	32019.97		239000

6-13 终端能源消费量和构成(2017年)

单位：万吨标准煤

项　目	Ietm	合 计 Total
消费总计	**Total Consumption**	**16836.79**
一、第一产业	Primary Industry	323.60
农林牧渔业	Farming, Forestry, Animal Husbandry And Fishery	323.60
二、第二产业	Secondry Industry	12712.58
工　业	Industry	12546.50
轻工业	Light Industry	189.08
重工业	Heavy Industry	12357.42
建筑业	Construction	166.08
三、第三产业	Tertiary Industry	2125.80
交通运输、仓储及邮电通讯业	Transport, Storage, Post and Telecommunication	1171.72
批发、零售业和住宿、餐饮业	Wholesale and Retail Trade, Hotels and Catering Services	407.14
其　他	Others	546.94
四、人民生活	Residential Consumption	1674.81
部门构成 (%)	**Composition of Department(%)**	
消费总计	**Total Consumption**	**100.00**
一、第一产业	Primary Industry	1.92
农林牧渔业	Farming, Forestry, Animal Husbandry And Fishery	1.92
二、第二产业	Secondry Industry	75.50
工　业	Industry	74.52
轻工业	Light Industry	1.12
重工业	Heavy Industry	73.40
建筑业	Construction	0.99
三、第三产业	Tertiary Industry	12.63
交通运输、仓储及邮电通讯业	Transport, Storage, Post and Telecommunication	6.96
批发、零售业和住宿、餐饮业	Wholesale and Retail Trade, Hotels and Catering Services	2.42
其　他	Others	3.25
四、人民生活	Residential Consumption	9.95
品种构成 (%)	**Composition of Variety(%)**	
消费总计	**Total Consumption**	**100.00**
一、第一产业	Primary Industry	**100.00**
农林牧渔业	Farming,Forestry,Animal Husbandry And Fishery	100.00
二、第二产业	Secondry Industry	100.00
工　业	Industry	100.00
轻工业	Light Industry	100.00
重工业	Heavy Industry	100.00
建筑业	Construction	100.00
三、第三产业	Tertiary Industry	100.00
交通运输、仓储和邮政业	Transport,Storage and Post	100.00
批发、零售业和住宿、餐饮业	Wholesale and Retail Trade, Hotels and Catering Services	100.00
其　他	Others	100.00
四、人民生活	Residential Consumption	100.00

CONSUMPTION AND COMPOSITION OF TERMINAL ENERGY(2017)

(10 000 tons of SCE)

原 煤 Coal	洗精煤及其他洗煤 Washed Coal and Others	焦 炭 Coke	石油制品 Petroleum Products	电 力 Electricity	天然气煤气及其他 Natural Gas, Gas and Others
4281.02	**362.36**	**1902.72**	**1285.70**	**5788.91**	**3216.08**
124.03			73.77	125.80	
124.03			73.77	125.80	
3419.43	174.01	1899.65	298.65	4492.91	2427.93
3414.39	174.01	1899.53	205.25	4427.09	2426.24
62.25	0.19	0.21	1.11	106.65	18.66
3352.14	173.81	1899.31	204.14	4320.44	2407.58
5.04		0.13	93.40	65.82	1.69
361.45		3.07	837.46	612.31	311.51
53.84			783.83	204.09	129.95
135.77		3.07	29.28	131.94	107.08
171.84			24.35	276.27	74.48
376.11	188.36		75.82	557.89	476.64
100.00	**100.00**	**100.00**	**100.00**	**100.00**	**100.00**
2.90			5.74	2.17	
2.90			5.74	2.17	
79.87	48.02	99.84	23.23	77.61	75.49
79.76	48.02	99.83	15.96	76.48	75.44
1.45	0.05	0.01	0.09	1.84	0.58
78.30	47.97	99.82	15.88	74.63	74.86
0.12		0.01	7.26	1.14	0.05
8.44		0.16	65.14	10.58	9.69
1.26			60.97	3.53	4.04
3.17		0.16	2.28	2.28	3.33
4.01			1.89	4.77	2.32
8.79	51.98		5.90	9.64	14.82
25.43	**2.15**	**11.30**	**7.64**	**34.38**	**19.10**
38.33			**22.80**	**38.87**	
38.33			22.80	38.87	
26.90	1.37	14.94	2.35	35.34	19.10
27.21	1.39	15.14	1.64	35.29	19.34
32.92	0.10	0.11	0.59	56.41	9.87
27.13	1.41	15.37	1.65	34.96	19.48
3.04		0.08	56.24	39.63	1.01
17.00		0.14	39.39	28.80	14.65
4.60			66.90	17.42	11.09
33.35		0.75	7.19	32.41	26.30
31.42			4.45	50.51	13.62
22.46	11.25		4.53	33.31	28.46

6-14 分行业能源消费总量(2017年)

单位：万吨标准煤

行　业	Sector	能源消费总量 Total Energy Consumption
消费总计	**Total**	**20057.23**
农、林、牧、渔业	**Farming, Forestry, Animal Husbandry And Fishery**	**323.60**
工　业	**Industry**	**15766.93**
轻工业	Light Industry	217.54
重工业	Heavy Industry	15549.40
按工业行业分	Grouped by Industry Sector	
采矿业	Mining	4191.35
煤炭开采和洗选业	Coal Mining and Dressing	3973.52
石油和天然气开采业	Petroleum and Natural Gas Extraction	25.60
黑色金属矿采选业	Ferrous Metals Mining and Dressing	128.85
有色金属矿采选业	Nonferrous Metals Mining and Dressing	31.08
非金属矿采选业	Nonmetal Minerals Mining and Dressing	10.04
开采辅助活动	Mining Auxiliary Activities	
其他采矿业	Other Minerals Mining	22.26
制造业	Manufacturing	10158.25
农副食品加工业	Farm and Sideline Food Processing	27.54
食品制造业	Food Manufacturing	19.93
酒、饮料和精制茶制造业	Alcohol, Beverage and Refined Tea Manufacturing	23.41
烟草制品业	Tobacoo Manufaturing	0.85
纺织业	Textile Industry	8.78
纺织服装、服饰业	Manufacture of Garments and Accessories	5.19
皮革、毛皮、羽毛及其制品和制鞋业	Manufacture of Leather, Fur, Feather and their Products and Footwear	0.15
木材加工和木、竹、藤、棕、草制品业	Processing of Timber, Manufacture of Wood, Bamboo, Rattan, Palm, and Straw Products	2.31
家具制造业	Manufacture of Funiture	0.66
造纸和纸制品业	Manufacture of Paper and Paper Products	20.40
印刷和记录媒介复制业	Printing and Record Medium Reproduction	1.89
文教、工美、体育和娱乐用品制造业	Manufacture of Articles For Culture, Education and Sport Activity	0.84

TOTAL ENERGY CONSUMPTION BY SECTOR(2017)

(10 000 tons of SCE)

煤炭 (万吨) Coal (10 000 tons)	电力 (亿千瓦小时) Electricity (100 million kwh)	焦炭 (万吨) Coke (10 000 tons)	汽油 (万吨) Gasoline (10 000 tons)	柴油 (万吨) Diesel Oil (10 000 tons)
32170.52	**1990.62**	**1958.74**	**257.71**	**559.82**
173.64	**41.15**		**23.50**	**26.90**
30505.62	**1545.16**	**1955.45**	**28.72**	**87.34**
213.78	34.89	0.22	0.33	0.42
30291.84	1510.28	1955.23	28.39	86.91
2034.64	318.75	24.00	13.75	64.64
1997.82	258.81	19.57	13.61	57.38
	6.26		0.10	0.01
36.55	33.78	4.42	0.05	5.74
0.24	9.40	0.02		1.48
0.03	3.20			0.03
	7.28			
17052.27	821.29	1931.45	12.95	21.48
8.75	6.30		0.08	0.03
7.02	2.77	0.02	0.06	0.06
13.44	2.84		0.05	0.05
	0.15			
7.41	1.01		0.01	0.01
0.70	1.37		0.02	0.04
0.04	0.04			
	0.75			
0.01	0.21		0.01	
14.88	3.02		0.01	0.04
	0.54		0.03	0.07
0.20	0.07	0.10	0.01	0.01

6-14 续表

单位：万吨标准煤

行　业	Sector	能源消费总量 Total Energy Consumption
石油加工、炼焦和核燃料加工业	Petroleum Processing ,Coking and Nuclear Fuel Processing	1340.79
化学原料和化学制品制造业	Manufacture Raw Chemical Materials and Chemical Products	2048.88
医药制造业	Manufacture of Medical Products	59.82
化学纤维制造业	Manufacture of Chemical Fibers	15.72
橡胶和塑料制品业	Manufacture of Rubber and Plastic Products	24.37
非金属矿物制品业	Manufacture of Nonmetals Mineral Products	1052.01
黑色金属冶炼和压延加工业	Smelting and Pressing of Ferrous Metals	3802.24
有色金属冶炼和压延加工业	Smelting and Pressing of Nonferrous Metals	1400.08
金属制品业	Manufacture of Metal Products	100.03
通用设备制造业	Manufacture of Universal Purpose Equipment	34.36
专用设备制造业	Manufacture of Special Purpose Equipment	66.32
汽车制造业	Manufacture of Motor Vehicles	15.93
铁路、船舶、航空航天和其他运输设备制造业	Manufacture of Railways, Ships, Aviation, Aircrafts and Other Transportation Equipments	15.49
电气机械和器材制造业	Manufacture of Electrical Equipment and Machinery	8.41
通信设备、计算机和其他电子设备制造业	Manufacture of Computer, Telecommunication and Other Electronic Equipments	23.53
仪器仪表制造业	Manufacture of Measuring Instrument and Machinery	2.05
其他制造业	Other Manufacturing	32.35
废弃资源综合利用业	Comprehensive Utilization of Waste	3.89
金属制品、机械和设备修理业	Repair of Metal Products, Machinery and Equipment	0.03
电力、热力、燃气及水生产和供应业	Production and Supply of Electricity, Heat, Gas and Water	1417.34
电力、热力生产和供应业	Production and Supply of Electricity and Heat	1273.52
燃气生产和供应业	Production and Supply of Gas	87.19
水的生产和供应业	Production and Supply of Water	56.63
建筑业	**Construction**	**166.08**
交通运输、仓储和邮政业	**Transport, Storage and Post**	**1171.71**
批发、零售业和住宿、餐饮业	**Wholesale and Retail Trade, Hotels and Catering Services**	**407.14**
人民生活及其他	**Residential Consumption and Others**	**2221.76**

continued

(10 000 tons of SCE)

煤 炭 (万吨) Coal (10 000 tons)	电 力 (亿千瓦小时) Electricity (100 million kwh)	焦 炭 (万吨) Coke (10 000 tons)	汽 油 (万吨) Gasoline (10 000 tons)	柴 油 (万吨) Diesel Oil (10 000 tons)
10046.93	55.79	0.21	2.42	3.09
1664.29	171.92	21.44	2.36	1.19
34.21	10.19		0.06	0.12
	5.14			
0.78	7.12		0.03	0.13
926.73	74.25	4.57	1.33	6.31
2593.90	229.19	1894.32	4.56	8.74
1587.25	168.41	1.13	1.26	0.97
6.10	25.28	9.07	0.10	0.14
1.41	10.68	0.04	0.08	0.09
5.44	19.00		0.18	0.15
2.01	3.24	0.44	0.09	0.14
2.75	2.69		0.04	0.03
0.22	2.37		0.05	0.02
0.18	6.46		0.05	0.02
	0.65		0.04	
127.61	8.59			0.03
	1.24	0.10		
			0.02	
11418.71	405.13		2.02	1.22
11418.35	358.34		1.91	1.21
	28.37		0.07	
0.36	18.42		0.04	0.01
7.06	**21.53**	**0.13**	**18.22**	**44.72**
75.38	**66.76**		**115.53**	**389.76**
190.07	**43.16**	**3.16**	**10.58**	**9.28**
1218.80	**272.86**		**61.16**	**1.82**

主要统计指标解释

能源资源 指报告期全省各种能源资源总量。能源品种包括原煤、洗精煤、焦炭、原油、汽油、柴油、煤油、燃料油、天然气、焦炉煤气、其他煤气、其他焦化制品、热力、电力等品种。能源资源组成包括三部分：

1.期初、期末库存量是指一定时点各种能源的库存量，其中包括产成品库存量，各种能源库存量。

2.一次能源生产量是指报告期一次能源的生产量，其中包括原煤、水电、风电、天然气（煤矿瓦斯）的生产量。由一次能源加工转换产出的二次能源产量不包括在内。

3.外省市调入量是指报告期调入的各种能源数量。我省从外省市调入的能源主要是石油制品：汽油、柴油、煤油、燃料油及电网交界处输入部分电力和相邻省调入的部分煤炭。

能源消费总量 是指报告期全省用于生产、生活的各种能源消费量的总和。能源消费总量按标准煤折算。能源消费总量中包括：原煤、原油及其制品、天然气、电力，不包括生物能和太阳能等的利用。能源消费总量包括三部分：

1.能源终端消费量 指报告期全省物质生产部门、非物质生产部门的各种能源消费量。不包括加工转换损失量和运输、管理中的损失量。

2.能源加工转换损失量 指全省投入加工转换的各种能源数量和与产出能源及制品之和的差数，是能源加工转换过程的消费量，也称加工转换损失量。

3.损失量 指能源的运输、储存中发生的经营管理损失量，包括煤炭库存中的水冲、自燃等损失量。

能源生产弹性系数 是研究能源生产量的增长与国民经济增长之间关系的指标。国民经济年平均增长速度，可根据不同目的的需要，用工农业总产值、国内生产总值等指标来计算，本资料是采用国内生产总值指标计算的。其计算公式为：

$$\text{能源生产弹性系数}=\frac{\text{能源生产量年平均增长速度}}{\text{国内生产总值年平均增长速度}}\times 100\%$$

电力生产弹性系数 是研究电力生产的增长与国民经济增长之间关系的指标。其计算公式为：

$$\text{电力生产弹性系数}=\frac{\text{电力生产量年平均增长速度}}{\text{国内生产总值年平均增长速度}}\times 100\%$$

能源消费弹性系数 是反映能源消费增长速度与国民经济增长速度之间比例关系的指标。其计算公式为：

$$\text{能源消费弹性系数}=\frac{\text{能源消费年平均增长速度}}{\text{国内生产总值年平均增长速度}}\times 100\%$$

电力消费弹性系数 是反映电力消费增长速度与国民经济增长速度之间比例关系的指标。其计算公式为：

$$\text{电力消费弹性系数}=\frac{\text{电力消费年平均增长速度}}{\text{国内生产总值年平均增长速度}}\times 100\%$$

能源加工转换效率 是指报告期内一次能源产品经过加工转换后，产出的各种能源产品及其制品的数量，与同期投入加工转换的各种一次能源数量的比率。它是观察能源加工转换装置和生产工艺先进与落后、管理水平高低等的重要指标。

Explanatory Notes on Main Statistical Indicators

Energy Resources refers to total resources of all energy in the province in the reference period. It includes coal, washed coal, coke, crude oil, gasoline, diesel oil, kerosene, fuel oil, natural gas, gas and other gas, other coking products, heat and electricity, etc. It includes three parts:

1. Stock in the beginning and end of the year refers to stock of all kind of energy at a certain point of time, including products stock and energy stock.

2. Primary Energy Production refers to the total production of primary energy in the reference period, including production of coal, hydropower, wind power and gas, excluding secondary energy converted from the primary energy.

3. Energy Quantity Transferred from other Province refers to energy quantity transferred in a given period of time. Energy transferred from other province mostly is crude oil product including gasoline, diesel oil, kerosene, fuel oil, some electricity input in the juncture of electricity nets and some coals.

Total Energy Consumption refers to the total consumption of various kinds by production and households in the province in a given period of time. It is converted by SCE. The total energy includes that of coal, crude oil and their products, natural gas and electricity. It excludes bioenergy and solar energy. It can be divided into three parts:

1. Final energy consumption refers to total energy consumption by material production sectors, non-material production sectors in the province in a given period of time, but excludes the loss in the conversion and transportation.

2. Loss during the Process of Energy Conversion refers to the total input of various kinds of energy for conversion, minus total output of various kinds of energy in the province in a given period of time. It is energy consumption during the process of energy conversion, also called loss of energy conversation.

3. Loss refers to the loss of energy during the course of energy transportation and storage, include coal loss caused by washed away by the water and self-ignite in the storage.

Elasticity Ratio of Energy Production refers to indicators to show the relationship between the growth rate of energy production and the growth rate of the national economy. Average annual growth rate of national economy can be shown by the gross domestic product, gross output value of industry and agriculture, depending upon the purposes or need. The gross domestic product is used in calculation of the indicator in this chapter. The formula is:

$$\text{Elasticity Ratio of Energy Production} = \frac{\text{Average Annual Growth Rate of Energy Production}}{\text{Average Annual Growth Rate of Gross Demestic Product}} \times 100\%$$

Elasticity Ratio of Electricity Production refers to indicators to show the relationship between the growth rate of electricity production and the growth rate of the national economy. The formula is:

$$\text{Elasticity Ratio of Electricity Production} = \frac{\text{Average Annual Growth Rate of Electricity Production}}{\text{Average Annual Growth Rate of Gross Demestic Product}} \times 100\%$$

Elasticity Ratio of Energy Consumption refers to indicators to show the relationship between the growth rate of energy consumption and the growth rate of the national economy. The formula is:

$$\text{Elasticity Ratio of Energy Consumption} = \frac{\text{Average Annual Growth Rate of Energy Consumption}}{\text{Average Annual Growth Rate of Gross Demestic Product}} \times 100\%$$

Elasticity Ratio of Electricity Consumption refers to indicators to show the relationship between the growth rate of electricity consumption and the growth rate of the national economy. The formula is:

$$\text{Elasticity Ratio of Electricity Consumption} = \frac{\text{Average Annual Growth Rate of Electricity Consumption}}{\text{Average Annual Growth Rate of Gross Demestic Product}} \times 100\%$$

Efficiency of Energy Processing and Conversion refers to the ratio of the total output of energy products of various kinds after processing and conversion and the total input of energy of various kinds for processing and conversion in the same reference period. It is an important indicator to show the current conditions of energy processing and conversion equipment, production technique and management.

7

固定资产投资

INVESTMENT IN FIXED ASSETS

资料整理人员

邸慧东　芦巧娟　任启龙

固定资产投资
INVESTMENT IN FIXED ASSETS

全社会固定资产投资	Total Investment in Fixed Assets	6140.9	亿元	(100 million yuan)
第一产业	Primary Industry	580.1	亿元	(100 million yuan)
第二产业	Secondary Industry	2105.7	亿元	(100 million yuan)
第三产业	Tertiary Industry	3455.1	亿元	(100 million yuan)
房屋竣工面积	Floor Space of Completed Buildings	5185	万平方米	(10 000 sq.m)
#住 宅	Residential Buildings	4200	万平方米	(10 000 sq.m)

全社会固定资产投资总额构成(%)
Composition of Total Investment in Fixed Assets (%)

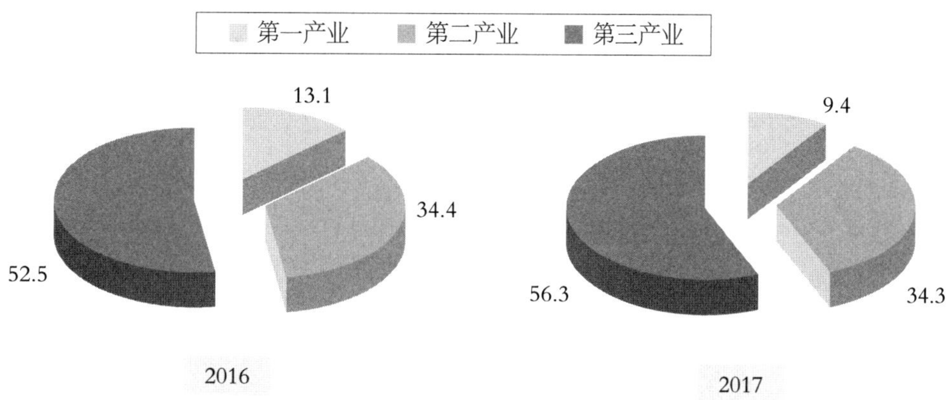

2017 年主要工业行业固定资产投资(亿元)
Investment in Fixed Assets by Main Industrial Sector in 2017 (100 million yuan)

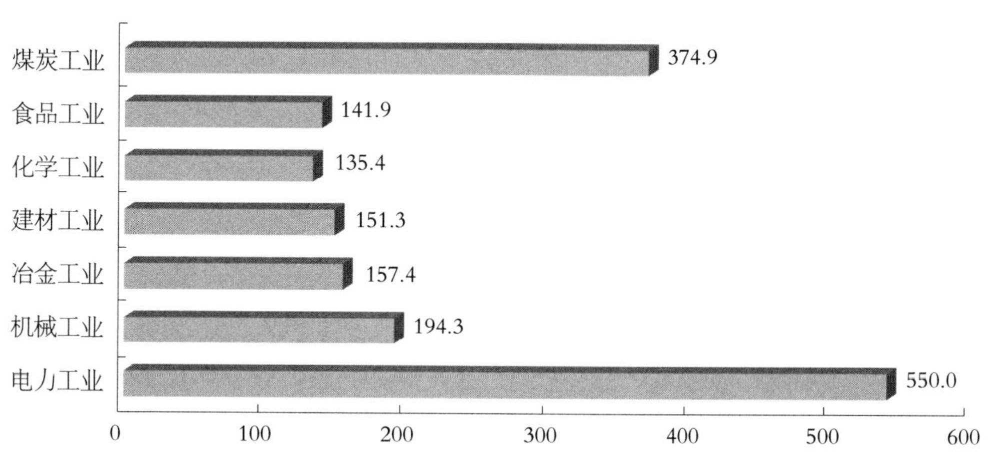

7-1 全社会固定资产投资主要指标(2017年)
MAJOR INDICATORS OF TOTAL INVESTMENT IN FIXED ASSETS(2017)

单位：万元 (10 000 yuan)

指　标	Item	2017
一、投资总额	**Total**	**61408894**
#房地产开发投资	Real Estate Investment	11662833
#农户投资	Rural Households Investment	3183809
#住　宅	Residential Buildings	11431746
按登记注册类型分	Grouped by Type of Registration Status	
内　资	Domestic-funded Enterprises	60168547
港、澳、台商投资	Enterprises with Investment from Hong Kong, Macao and Taiwan	805872
外商投资	Enterprises with Foreign Investment	434475
按构成分	Grouped by Composition	
建筑工程	Construction	38708169
安装工程	Installation	5756242
设备工器具购置	Purchase of Equipment and Instruments	9722448
其他费用	Other Expenses	7222035
按三次产业分	Grouped by Type of Industry	
第一产业	Primary Industry	5801187
第二产业	Secondary Industry	21057051
第三产业	Tertiary Industry	34550656
二、新增固定资产	**Newly Increased Fixed Assets**	**39811683**
三、房屋建筑面积(万平方米)	**Floor Space of Buildings (10 000 sq.m)**	
本年房屋施工面积	Floor Space of Buildings Under Construction This Year	22792
#住　宅	Residential Buildings	15661
本年房屋竣工面积	Floor Space of Buildings Completed This Year	5185
#住　宅	Residential Buildings	4200
四、本年资金来源小计	**Total Sources of Funds This Year**	**56094698**
国家预算内资金	State Budgetary Appropriation	3532787
国内贷款	Domestic Loans	5409574
利用外资	Foreign Investment	91721
自筹资金	Self-Raised Funds	35565625
其　他	Others	11494991

注：2017年新口径说明：为贯彻落实中央《关于深化统计管理体制改革提高统计数据真实性的意见》，进一步提高投资统计数据质量，为全国改革提供有益经验，2017年国家统计局确定山西为投资统计改革试点省份，固定资产投资额的统计方法由原来的以形象进度法为主改为以财务支出法为主。

Note：To implement Centre government's the Opinions on Deepening the Reform of Statistical Management System and Improving the Authenticity of Statistical Data, and to improve the quality of investment statistical data and provide useful experience for the whole country's reform, Shanxi was identified as pilot province for investment statistical reform by National Bureau of Statistics in 2017. The main statistical method of investment in fixed assets was adjusted from the previous image progress method to the financial expenditure method.

7-2 全社会固定资产投资
TOTAL INVESTMENT IN FIXED ASSETS

单位：万元 (10 000 yuan)

年 份 Year	总 计 Total	#房地产开发 Real Estate Development	#农 户 Rural Households	#住 宅 Residential Buildings	第一产业 Primary Industry	第二产业 Secondary Industry	第三产业 Tertiary Industry
1978	214935		11313	15006	1645	132080	81210
1979	232713		14940	38261	10752	131838	90123
1980	281960		21173	59117	17560	162157	102243
1981	254719		38452	76511	13723	129473	111523
1982	345486		38244	95144	20698	186438	138350
1983	448347		57569	96277	26159	257200	164988
1984	688991		63475	114800	15352	384594	289045
1985	916918		87387	158060	11443	554744	350731
1986	970247		106473	176525	22578	600777	346892
1987	1062371	6207	136987	193745	25621	597032	439718
1988	1076779	5421	141201	169236	33359	662277	381143
1989	1079587	2370	136709	184680	28614	668424	382549
1990	1234137	28486	164556	220354	51962	756324	425851
1991	1495206	32642	202269	238231	56159	934621	504426
1992	1727858	51869	119330	240328	48795	1079071	599992
1993	2512628	129685	191765	415095	84534	1424294	1003800
1994	2909041	116512	201153	464303	63897	1427878	1417266
1995	2955570	150886	188798	456871	76160	1401945	1477465
1996	3334714	147893	302383	666374	90324	1587144	1657246
1997	3983959	181736	317673	708704	104368	2008130	1871461
1998	5346852	278653	331200	920980	83706	2135036	3128110
1999	5753507	350458	245781	1083149	103046	2261965	3388496
2000	6251628	394556	344392	1113447	119648	2896273	3235707
2001	7083468	466464	399594	1021534	205239	3090533	3787696
2002	8382683	674331	462572	1173468	334467	3793232	4254984
2003	11163486	950740	533216	1210898	359529	6127825	4676132
2004	14776985	1449898	621851	1551521	362856	8697815	5716314
2005	18593969	1779937	757098	2245567	501034	11304223	6788712
2006	23214735	2086231	933279	3503467	651894	13463726	9099115
2007	29271653	2589251	1157947	4619967	838947	16171517	12261189
2008	36351396	3279807	1443268	5651842	1119701	18688907	16542788
2009	50335333	4772748	1785790	7600820	2203844	21636020	26495469
2010	63526011	5922376	2179375	9003350	2812813	26281280	34431918
2011	73730582	7901982	2353725	11877169	2712048	33485814	37532720
2012	91763142	10104513	2784109	14670489	3660868	41354020	46748254
2013	112002376	13086275	2865426	16889560	7140003	46579278	58283095
2014	123545298	14035549	3190738	20045373	9462029	50040489	64042780
2015	141371594	14948719	3295638	21067639	15636698	52060392	73674504
2016	142849820	15973532	3386310	18827570	18703803	49096362	75049655
2017	61408894	11662833	3183809	11431746	5801187	21057051	34550656

7-3 按登记注册类型和控股情况分全社会固定资产投资(2017年)
TOTAL INVESTMENT IN FIXED ASSETS BY REGISTRATION STATUS AND SHARE HOLDING(2017)

单位：万元　　(10 000 yuan)

指　标	Item	2017
总　计	**Total**	**61408894**
按登记注册类型分	**Grouped by Type of Registration Status**	
内　资	Domestic-Funded Enterprises	60168547
国　有	State-owned Enterprises	12695185
集　体	Collective-owned Enterprises	572076
股份合作	Share Cooperative Enterprises	27245
国有联营	State Joint Ownership Enterprises	6771
集体联营	Collective Joint Ownership Enterprises	
国有与集体联营	Joint State-collective Enterprises	23350
其他联营	Other Joint Ownership Enterprises	
国有独资公司	State-funded Corporations	3011569
其他有限责任公司	Other Limited Liability Corporations	13852388
股份有限公司	Share-holding Corporations Ltd.	904128
私　营	Private Enterprises	21687195
个体户	Self-employed Individuals	3435378
个人合伙	Individual Partnership Enterprises	360299
其　他	Others	3592963
港澳台投资	Enterprises with Investment from Hong Kong, Macao and Taiwan	805872
港澳台合资经营	Joint-venture Enterprises	242279
港澳台合作经营	Cooperative Enterprises	528
港澳台独资	Enterprises with Sole Investment	516905
港澳台股份有限	Share-holding Corporations Ltd.	43108
其　他	Others	3052
外商投资	Enterprises with Foreign Investment	434475
外商合资经营	Joint-venture Enterprises	198504
外商合作经营	Cooperative Enterprises	38300
外商独资	Enterprises with Sole Foreign Investment	168855
外商股份有限	Share Corporations Ltd.	28816
其　他	Others	
按控股情况分	**Grouped by Share Holding**	
国有控股	State-owned Enterprises	23366049
集体控股	Collective-owned Enterprises	2041541
私人控股	Private Enterprises	29699914
港澳台商控股	Enterprises with Investment from Hong Kong, Macao and Taiwan	608271
外商控股	Enterprises with Foreign Investment	222956
其　他	Others	5470163

7-4 按国民经济行业分全社会固定资产投资(2017年)
TOTAL INVESTMENT IN FIXED ASSETS BY ECONOMIC SECTOR(2017)

单位：万元 (10 000 yuan)

行　　业	Sector	全社会固定资产投资 Total Investment in Fixed Assets	#农户投资 Rural Households Investment
总　计	**Total**	**61408894**	**3183809**
农、林、牧、渔业	Farming, Forestry, Animal Husbandry and Fishery	6073415	710611
采矿业	Mining	4700364	
制造业	Manufacturing	8849895	3318
电力、热力、燃气及水生产和供应业	Production and Supply of Electricity, Heat, Gas and Water	7575092	
建筑业	Construction	94503	7793
批发和零售业	Wholesale and Retail Trade	1039821	64952
交通运输、仓储和邮政业	Transport, Storage and Post	5258224	317216
住宿和餐饮业	Hotels and Catering Services	276039	23658
信息传输、软件和信息技术服务业	Information Transmission, Software and Information Technology Services	280459	
金融业	Banking and Insurance	14949	
房地产业	Real Estate Trade	16182592	1971614
租赁和商务服务业	Lease and Business Affairs Services	558202	25300
科学研究和技术服务业	Scientific Reseach and Technical Services	315101	
水利、环境和公共设施管理业	Management of Water Conservancy, Environmental and Public Facilities	7386105	
居民服务、修理和其他服务业	Resident Services, Repair and Other Services	115448	33349
教　育	Education	765375	18401
卫生和社会工作	Health Care and Social Work	699721	4554
文化、体育和娱乐业	Culture, Sports and Recreation	616113	1745
公共管理、社会保障和社会组织	Public Management, Social Security and Social Organization	607475	1297

7-5 固定资产投资

单位：万元

年 份 Year	施工项目(个) Number of Projects Under Construction (unit)	新开工项目(个) Number of Newly Started Projects (unit)	本年投产项目(个) Number of Projects Put into Use (unit)	固定资产投资 Investment in Fixed Assets	#住 宅 Residential Buildings
1978	4477	548	2424	197409	11507
1979	2282	509	841	203476	21911
1980	3253	878	1204	227885	34960
1981	3398	878	1290	186890	33669
1982	4848	989	2172	263473	49408
1983	4354	848	2015	331972	46070
1984	4049	1216	1913	523864	51023
1985	5249	1656	2250	728498	68621
1986	4335	1063	2053	789593	98173
1987	4173	1071	1981	859390	94857
1988	4219	942	1863	861514	83192
1989	3618	542	1695	873928	90315
1990	3017	582	1401	981331	113872
1991	3417	582	1628	1187970	113389
1992	3702	819	1867	1490073	185171
1993	3833	841	1902	2144908	324911
1994	4124	2043	2043	2546950	341533
1995	3815	892	2004	2550276	367761
1996	4416	2713	2539	2859217	470490
1997	5718	3781	3678	3488553	508095
1998	4011	1481	1896	4812052	695634
1999	4497	2679	2627	5273575	885847
2000	4937	3343	3107	5518198	847573
2001	4851	3464	3148	6325861	751015
2002	5542	4264	3584	7526897	859174
2003	5419	4076	2948	10143163	898601
2004	5060	3323	2663	13490264	1302098
2005	5090	3764	2975	16992979	1723145
2006	5846	3902	3331	21214238	2741836
2007	6558	4336	3972	26659240	3525849
2008	6803	4571	3898	32985514	4435275
2009	9656	7389	6097	45999284	6112434
2010	12861	9425	8031	58160325	7316208
2011	9941	6621	6494	71376857	10348491
2012	10777	7285	6593	88979033	12810088
2013	12689	8458	8286	109136950	14982702
2014	12818	8444	9173	120354560	17909781
2015	17295	13421	13918	138075956	18897592
2016	23321	19717	18687	139463510	16654993
2017	10719	6983	5990	57221585	9460132

注：2010年以前为城镇固定资产投资，下同。

Note: Data coverage in the table is urban investment in fixed assets before 2010. The same applies to the following.

INVESTMENT IN FIXED ASSETS

(10 000 yuan)

第一产业 Primary Industry	第二产业 Secondary Industry	第三产业 Tertiary Industry	工业 Industry	轻工业 Light Industry	重工业 Heavy Industry	#能源工业 Energy Industry
1592	130133	65684	130534	3573	126961	66664
3392	127372	72712	127800	44571	83229	74156
4038	152567	71280	158672	10202	148470	88460
1891	119232	65767	118886	8224	110662	73167
2744	173884	86845	168500	12998	155502	98593
4167	236887	90918	235600	11440	224160	140591
3227	359278	161359	361794	16198	345596	214490
4961	506000	217537	503455	23596	479859	257108
5351	565154	219088	536314	31439	504875	330956
4993	566917	287480	544004	33077	510927	347642
4966	613805	242743	605667	43721	561946	381904
5146	628569	240213	621684	40844	580840	415226
7880	708513	264938	704105	25287	678818	489747
6740	876223	305007	868290	32581	835709	602208
6879	1017443	465751	1007817	38803	969014	638782
8971	1305601	830336	1292477	55174	1237303	733737
6515	1371463	1168972	1287314	34898	1252416	699372
7003	1300878	1242395	1259735	71793	1187942	727468
10983	1513878	1334356	1490037	87527	1402510	919671
45001	1918423	1525129	1811050	38473	1772577	1262414
21302	2015391	2775359	1974814	84854	1889960	1378520
33087	2194339	3046149	2143590	134705	2008885	1508720
72412	2593464	2852322	2532148	165447	2366701	1706272
103986	2836651	3385224	2766524	228006	2538518	1661777
215901	3577905	3733091	3527500	397139	3130361	1826431
235450	5833360	4074353	5795798	584801	5210997	3046474
192183	8306909	4991172	8269361	664565	7604796	4930625
253784	10701927	6037268	10660374	541604	10118770	6027304
353720	12846351	8014167	12782402	857080	11925322	6856405
485984	15443603	10729653	15348518	1162724	14185794	8627639
671437	17628300	14685777	17459436	836878	16622558	10231350
1477215	20640157	23881912	20423626	1286480	19137146	12194046
1609380	25367665	31183280	25201300	1990317	23210983	15207315
2227834	33478939	35670084	33389789	3228708	30161081	19190472
3134957	41348398	44495678	41296706	5416452	35880254	21126315
6599858	46567723	55969369	47004222	7089092	39915130	20978446
8872300	50030104	61452156	50524764	7941544	42583220	23133511
15000374	52050467	71025115	52831396	7777053	45054343	25831278
17974326	49085255	72403929	49616253	9341723	40274530	21209888
5090576	21045939	31085070	21122033	2845159	18276874	11820160

7-6　工业固定资产投资

单位：万元

年份 Year	工业合计 Total Industry	煤炭工业 Coal Industry	食品工业 Food Industry	纺织工业 Textile Industry	炼焦工业 Coking Industry	医药工业 Medical Industry
1978	130534	42326	595	3731	2452	
1979	127800	44571	1273	3672	3159	301
1980	158672	61543	2700	6663	2584	1451
1981	118886	56227	1134	5417	1928	920
1982	168500	71532	3074	8297	1529	1534
1983	235600	98328	4601	7646	3615	1502
1984	361794	153277	9504	9122	6228	1609
1985	503455	179652	10790	14680	1856	4808
1986	536314	244082	9891	11892	1437	1044
1987	544004	250597	11898	9956	1465	2566
1988	605667	257214	7945	10549	3639	3879
1989	621684	270039	4871	11630	4321	2695
1990	704105	324577	10867	7944	1681	3281
1991	868290	377988	6560	11377	1201	2689
1992	1007817	407803	11047	16381	1874	3373
1993	1292477	435372	20448	30578	3728	4621
1994	1287314	405070	20562	14013	9622	4206
1995	1259735	473255	10174	29886	21173	7312
1996	1490037	598324	36195	26176	25246	8213
1997	1811050	671205	35400	17395	46370	8462
1998	1974814	480879	24755	8534	32066	6540
1999	2143590	421932	29734	9428	67568	13885
2000	2532148	365536	42995	15450	118894	15977
2001	2766524	466135	35928	13640	227631	57351
2002	3527500	674181	103161	33102	266173	97095
2003	5795798	903602	228361	26114	761553	119907
2004	8269361	1523924	237363	31665	1231811	217946
2005	10660374	2587510	234051	36801	940325	119171
2006	12782402	3056054	448909	60892	744919	114432
2007	15348518	3639235	630765	51605	923172	82769
2008	17459436	4640781	480582	44382	1014761	116958
2009	20423626	5986723	638705	136310	1025476	213235
2010	25201300	9295058	844184	87951	964168	266805
2011	33389789	12402352	1408809	159945	922900	560131
2012	41296706	13522238	2292109	214322	965519	618691
2013	47004222	11579546	2628882	297289	1135629	908555
2014	50524764	10780765	3544405	203606	643261	760721
2015	52831396	10481658	4212920	274255	719246	904008
2016	49616253	7691758	5328783	194814	729233	1023404
2017	21122033	3748990	1418901	131541	378260	461653

INDUSTRY INVESTMENT IN FIXED ASSETS

(10 000 yuan)

化学工业 Chemical Industry	建材工业 Building Materials Industry	冶金工业 Metallurgical Industry	机械工业 Machinery Industry	电力工业 Power Industry	其他工业 Others
14665	2827	19577	19225	21886	3250
7974	3366	11823	18336	26426	6899
8790	4402	12983	17229	24333	15994
7194	2010	7041	13131	15012	8872
12055	4397	18899	19895	25532	1756
12089	4569	20637	20584	38648	23381
41986	8416	29405	16561	54985	30701
75494	14595	59590	34519	70424	37047
58768	18490	55891	33104	80994	20721
32144	30402	66666	33664	87301	17345
37512	24226	77954	39492	112286	30971
36350	18079	80367	29048	136334	27950
46013	15541	69476	39446	154818	30461
68093	24920	94526	32441	206166	42329
66447	35103	150136	47118	200365	68170
39808	65250	264320	40015	273695	114642
32096	75502	355916	56577	266244	47506
54248	83759	228823	68076	213791	69238
88097	57404	228823	84496	264519	72544
27638	42921	179755	108587	524099	149218
92894	80906	228381	109525	823699	86635
78552	50793	234689	119146	933944	183919
125360	59112	359334	136555	1155472	137463
195203	95932	433812	143919	917135	179838
224754	159615	797834	135082	819672	216831
417828	266663	1411434	184932	1243865	231539
361725	258973	1558100	547290	1993540	307024
551373	311073	2565294	707231	2351865	255680
854895	399107	2834415	1049695	2859992	359092
1168096	575193	2383560	1533976	3559634	800513
1669419	795012	2402164	1379377	3860768	1055232
1356876	1350349	2167187	1826408	4084562	1637795
1301352	1823683	2514715	2299351	3628893	2175140
1987466	1989882	3516824	3762369	3973930	2705181
2720478	3435742	4756524	4747496	3826177	4197410
3287996	4048065	5229945	7175055	4201362	6511898
4865070	4613278	4457474	6652858	7089819	6913507
4178438	4561540	4001162	5751531	9562467	8184171
4323522	5123103	3531361	5443492	8210036	8016747
1354222	1513209	1574230	1942922	5499589	3098516

7-7 按国民经济行业分固定资产投资(2017年)
INVESTMENT IN FIXED ASSETS BY ECONOMIC SECTOR(2017)

单位：万元 (10 000 yuan)

行 业	Sector	2017
总 计	**Total**	**57221585**
农、林、牧、渔业	Farming, Forestry, Animal Husbandry and Fishery	5362804
农 业	Farming	2139662
林 业	Forestry	634793
畜牧业	Animal Husbandry	2285430
渔 业	Fishery	30691
农、林、牧、渔服务业	Farming, Forestry, Animal Husbandry and Fishery Services	272228
采矿业	Mining	4700364
煤炭开采和洗选业	Coal Mining and Washsing	3748990
石油和天然气开采业	Extraction of Petroleum and Natural Gas	321463
黑色金属矿采选业	Mining and Dressing of Ferrous Metals	215193
有色金属矿采选业	Mining and Dressing of Nonferrous Metals	126446
非金属矿采选业	Mining and Dressing of Nonmetal Ores	145520
开采辅助活动	Mining Auxiliary Activities	142702
其他采矿业	Others	50
制造业	Manufacturing	8846577
农副食品加工业	Farm and Sideline Food Processing	871193
食品制造业	Food Manufacturing	253946
酒、饮料和精制茶制造业	Alcohol, Beverage and Refined Tea Manufacturing	251945
烟草制品业	Tobacoo Manufatuing	41817
纺织业	Textile Industry	59335
纺织服装、服饰业	Manufacture of Garments and Accessories	22188
皮革、毛皮、羽毛及其制品和制鞋业	Manufacture of Leather, Fur, Feather and their Products and Footwear	630
木材加工和木、竹、藤、棕、草制品业	Processing of Timber, Manufacture of Wood, Bamboo, Rattan, Palm, and Straw Products	76138
家具制造业	Manufacture of Funiture	23994
造纸和纸制品业	Manufacture of Paper and Paper Products	114486
印刷和记录媒介复制业	Printing and Record Medium Reproduction	23730
文教、工美、体育和娱乐用品制造业	Manufacture of Articles For Culture, Education and Sport Activity	50561
石油加工、炼焦和核燃料加工业	Petroleum Processing ,Coking and Nuclear Fuel Processing	447822
化学原料和化学制品制造业	Manufacture Raw Chemical Materials and Chemical Products	1174368
医药制造业	Manufacture of Medical Products	461653
化学纤维制造业	Manufacture of Chemical Fibers	72206
橡胶和塑料制品业	Manufacture of Rubber and Plastic Products	179854
非金属矿物制品业	Manufacture of Nonmetals Mineral Products	1367689
黑色金属冶炼和压延加工业	Smelting and Pressing of Ferrous Metals	564150
有色金属冶炼和压延加工业	Smelting and Pressing of Nonferrous Metals	668441
金属制品业	Manufacture of Metal Products	336403
通用设备制造业	Manufacture of Universal Purpose Equipment	329527
专用设备制造业	Manufacture of Special Purpose Equipment	218617
汽车制造业	Manufacture of Motor Vehicles	296611

7-7 续表1 continued

单位：万元 (10 000 yuan)

行　业	Sector	2017
铁路、船舶、航空航天和其他运输设备制造业	Manufacture of Railways, Ships, Aviation, Aircrafts and Other Transportation Equipments	123497
电气机械和器材制造业	Manufacture of Electrical Equipment and Machinery	313964
计算机、通信和其他电子设备制造业	Manufacture of Computer, Telecommunication and Other Electronic Equipments	288832
仪器仪表制造业	Manufacture of Measuring Instrument and Machinery	15369
其他制造业	Other Manufacturing	50679
废弃资源综合利用业	Comprehensive Utilization of Waste	126830
金属制品、机械和设备修理业	Repair of Metal Products, Machinery and Equipment	20102
电力、热力、燃气及水生产和供应业	Production and Supply of Electricity, Heat, Gas and Water	7575092
电力、热力生产和供应业	Production and Supply of Electricity and Heat	6631088
燃气生产和供应业	Production and Supply of Gas	670797
水的生产和供应业	Production and Supply of Water	273207
建筑业	Construction	86710
房屋建筑业	Buildings Construction	13944
土木工程建筑业	Civil Engineering	53252
建筑安装业	Building Installation	13697
建筑装饰和其他建筑业	Building Decoration and Other Construction	5817
批发和零售业	Wholesale and Retail Trade	974869
批发业	Wholesale Trade	424834
零售业	Retail Trade	550035
交通运输、仓储和邮政业	Transport, Storage and Post	3937508
铁路运输业	Railway Transport	437031
道路运输业	Highway Transport	2793510
航空运输业	Air Transport	841
管道运输业	Transport Via Pipelines	53631
装卸搬运和运输代理业	Loading, Unloading and Other Transport Services	51312
仓储业	Storage	584169
邮政业	Post	17014
住宿和餐饮业	Hotels and Catering Services	252381
住宿业	Hotels	206214
餐饮业	Catering Services	46167
信息传输、软件和信息技术服务业	Information Transmission, Software and Information Technology Services	280459
电信、广播电视和卫星传输服务	Transimission Services of Telecommunication, Broadcast, Television and Satellite	117331
互联网和相关服务	Internet and Relative Services	94954
软件和信息技术服务业	Software and Information Technology Services	68174
金融业	Banking and Insurance	14949
货币金融服务	Monetary Banking	6005

7-7 续表2 continued

单位：万元 (10 000 yuan)

行 业	Sector	2017
资本市场服务	Capital Market	799
保险业	Insurance	
其他金融业	Other Financial Activities	8145
房地产业	Real Estate Trade	14210978
房地产业	Real Estate Trade	14210978
租赁和商务服务业	Lease and Business Affairs Services	532902
租赁业	Leasing	31469
商务服务业	Business Affairs Services	501433
科学研究和技术服务业	Scientific Reseach and Technical Services	315101
研究和试验发展	Reserch and Experimental Development	118630
专业技术服务业	Professional Technical Services	122764
科技推广和应用服务业	Services of Science and Technology Exchanges and Promotion	73707
水利、环境和公共设施管理业	Management of Water Conservancy, Environment and Public Facilities	7386105
水利管理业	Water Conservancy	914092
生态保护和环境治理业	Ecological Protection and Environmental Management	824354
公共设施管理业	Public Facilities	5647659
居民服务、修理和其他服务业	Resident Services, Repair and Other Services	82099
居民服务业	Residence Services	33402
机动车、电子产品和日用产品修理业	Repair of Motor Vehicles, Electronic Products and Daily Products	32665
其他服务业	Other Services	16032
教 育	Education	746974
教 育	Education	746974
卫生和社会工作	Health Care and Social Work	695167
卫 生	Health Care	439510
社会工作	Social Work	255657
文化、体育和娱乐业	Culture, Sports and Recreation	614368
新闻和出版业	Journalism and Publishing Activities	
广播、电视、电影和影视录音制作业	Broadcasting, Movies, Televisions and Audiovisual Activities	3898
文化艺术业	Culture and Arts Activities	325596
体 育	Sports Activities	138177
娱乐业	Entertainment	146697
公共管理、社会保障和社会组织	Public Management, Social Security and Social Organization	606178
中国共产党机关	Organs of CPC	
国家机构	Government Agencies	379304
社会保障	Social Security	1068
群众团体、社会团体和其他成员组织	Mass Organizations, Social Organizations and Other Member Organizations	133349
基层群众自治组织	Grass Roots Self-governing Organizations	92457

7-8 固定资产投资主要指标(2017年)

MAJOR INDICATORS OF INVESTMENT IN FIXED ASSETS(2017)

单位：万元　　(10 000 yuan)

指　标	Item	2017
一、投资总额	**Total Investment**	**57221585**
#国有经济控股	State-Controlled Share Holding	22359404
#住 宅	Residential Buildings	9460132
按隶属关系分	Grouped by Administrative Relationship	
中　央	Central Investment	2438878
地　方	Local Investment	54782707
按登记注册类型分	Grouped by Type of Registration Status	
内　资	Domestic-Funded Enterprises	55981238
港、澳、台商投资	Enterprises with Investment from Hong Kong, Macao and Taiwan	805872
外商投资	Enterprises with Foreign Investment	434475
按构成分	Grouped by Composition	
建筑工程	Construction	35923546
安装工程	Installation	5756242
设备工器具购置	Purchase of Equipment and Instruments	8706898
其他费用	Others	6834899
按建设性质分(不含房地产投资)	Grouped by Type of Construction	
新　建	New Construction	33071268
扩　建	Expansion	4751045
改建和技术改造	Reconstruction and Technical Reformation	6127191
单纯建造生活设施	Construction of Living Facilities	711929
其　他	Others	897319
按三次产业分	Grouped by Type of Industry	
第一产业	Primary Industry	5090576
第二产业	Secondary Industry	21045939
第三产业	Tertiary Industry	31085070
二、新增固定资产	**Newly Increased Fixed Assets**	**36548185**
三、建设项目(个)	**Construction Projects (unit)**	
施工项目	Projects Under Construction	10719
#本年新开工	Projects Newly Started This Year	6983
本年投产项目	Projects Put into Use This Yesr	5990
四、房屋建筑面积(万平方米)	**Floor Space of Buildings (10 000 sq.m)**	
本年施工房屋面积	Floor Space Under Construction	20034
#住　宅	Residential Buildings	12935
本年竣工房屋面积	Floor Space Completed	2616
#住　宅	Residential Buildings	1737
五、投资资金来源合计	**Grouped by Source of Funds**	**58649981**
上年结余资金	Balance of Funds Last Year	6754482
本年资金来源小计	Subtotal Source of Funds This Year	51895499
国家预算内资金	State-budgetary Appropriation	3377787
国内贷款	Domestic Loans	5005563
利用外资	Foreign Investment	91721
自筹资金	Self-raised Funds	32359271
其　他	Others	11061157

7-9 固定资产投资规模(2017年)

单位：万元

指 标	Item	计划总投资 Total Planned Investment	自开始建设至本年底累计完成投资 Accumulated Investment Completed This Year
总 计	**Total**	**185957851**	**110290979**
#本年新开工项目	Projects Newly Started This Year	56325031	24228687
#本年投产项目	Projects Put into Use This Year	41862715	39578926
按隶属关系分	Grouped By Administrative Relationship		
中 央	Central Investment	10833867	7678482
地 方	Local Investment	175123984	102612497
按登记注册类型分	Grouped by Type of Registration Status		
内 资	Domestic-Funded Enterprises	180554462	106870983
港、澳、台商投资	Enterprises with Investment from Hong Kong, Macao and Taiwan	3059164	2073294
外商投资	Enterprises with Foreign Investment	2344225	1346702
按建设性质分	Grouped by Type of Construction		
新 建	New Construction	147168275	84320786
扩 建	Expansion	17028677	11171122
改建和技术改造	Reconstruction and Technical Reforming	14567145	10098347
单纯建造生活设施	Construction of Living Facilities	4631391	3326990
其 他	Others	2562363	1373734
按控股情况分	Grouped by Share Holding		
国有控股	State-owned Enterprises	98257413	59086804
集体控股	Collective-owned Enterprises	6908261	5206599
私人控股	Private Enterprises	63199265	35954531
港澳台商控股	Enterprises with Investment from Hong Kong, Macao and Taiwan	1984040	1251336
外商控股	Enterprises with Foreign Investment	1266329	708575
其 他	Others	14342543	8083134
按三次产业分	Grouped by Type of Industry		
第一产业	Primary Industry	12308874	6750031
第二产业	Secondary Industry	90054190	55092776
第三产业	Tertiary Industry	83594787	48448172
按投资总规模分	Grouped by Scale of Investment		
500－5000万元	5 million-50 million yuan	21662093	16857630
5000万元－1亿元	50 million-100 million yuan	6158632	4272117
1亿元－5亿元	100 million-500 million yuan	41095484	25614131
5亿元－10亿元	500 million-1 billion yuan	20503011	11533236
10亿元以上	1 billion yuan and Above	96538631	52013865

注：本表不含房地产开发投资。

Note: Data in this table excludes investment in real estate development.

SCALE OF FIXED ASSETS INVESTMENT(2017)

(10 000 yuan)

#本年完成投资 Investment Completed This Year	本年新增固定资产 Newly Increased Fixed Assets This Year	施工项目(个) Number of Projects under Construction (unit)	#本年新开工 Newly Started This Year	本年投产项目(个) Number of Projects Put into Use This Year (unit)
45558752	**30901304**	**10719**	**6983**	**5990**
24226431	11374004	6983	6983	3608
20265813	29875074	5828	3608	5990
2020792	1257360	219	121	114
43537960	29643944	10500	6862	5876
44476170	30375892	10642	6943	5954
720441	411728	41	21	20
362141	113684	36	19	16
33071268	20838773	7578	4695	3769
4751045	4004290	1463	1037	928
6127191	4788015	1468	1145	1026
711929	671961	144	68	83
897319	598265	66	38	184
20296854	11179700	3756	2267	2051
1809429	2442132	410	262	261
18232446	13729732	5274	3576	3019
575753	386090	26	10	10
145383	10772	15	6	7
4498887	3152878	1238	862	642
5090576	3613436	2182	1614	1165
21045939	14181902	4067	2666	2448
19422237	13105966	4470	2703	2377
14475963	12249262	7580	5642	5026
3094789	2097003	822	482	351
13407838	8017286	1670	702	509
4513720	2470047	296	88	52
10066442	6067706	351	69	52

7-10 按登记注册类型分固定资产投资(2017年)

单位：万元

行 业	Sector	总 计 Total
总 计	**Total**	**57221585**
农、林、牧、渔业	Farming, Forestry, Animal Husbandry and Fishery	5362804
农 业	Farming	2139662
林 业	Forestry	634793
畜牧业	Animal Husbandry	2285430
渔 业	Fishery	30691
农、林、牧、渔服务业	Farming, Forestry, Animal Husbandry and Fishery Services	272228
采矿业	Mining	4700364
煤炭开采和洗选业	Coal Mining and Washsing	3748990
石油和天然气开采业	Extraction of Petroleum and Natural Gas	321463
黑色金属矿采选业	Mining and Dressing of Ferrous Metals	215193
有色金属矿采选业	Mining and Dressing of Nonferrous Metals	126446
非金属矿采选业	Mining and Dressing of Nonmetal Ores	145520
开采辅助活动	Mining Auxiliary Activities	142702
其他采矿业	Others	50
制造业	Manufacturing	8846577
农副食品加工业	Farm and Sideline Food Processing	871193
食品制造业	Food Manufacturing	253946
酒、饮料和精制茶制造业	Alcohol, Beverage and Refined Tea Manufacturing	251945
烟草制品业	Tobacoo Manufaturing	41817
纺织业	Textile Industry	59335
纺织服装、服饰业	Manufacture of Garments and Accessories	22188
皮革、毛皮、羽毛及其制品和制鞋业	Manufacture of Leather, Fur, Feather and their Products and Footwear	630
木材加工和木、竹、藤、棕、草制品业	Processing of Timber, Manufacture of Wood, Bamboo, Rattan, Palm, and Straw Products	76138
家具制造业	Manufacture of Funiture	23994
造纸和纸制品业	Manufacture of Paper and Paper Products	114486
印刷和记录媒介复制业	Printing and Record Medium Reproduction	23730
文教、工美、体育和娱乐用品制造业	Manufacture of Articles For Culture, Education and Sport Activity	50561
石油加工、炼焦和核燃料加工业	Petroleum Processing ,Coking and Nuclear Fuel Processing	447822
化学原料和化学制品制造业	Manufacture Raw Chemical Materials and Chemical Products	1174368
医药制造业	Manufacture of Medical Products	461653
化学纤维制造业	Manufacture of Chemical Fibers	72206
橡胶和塑料制品业	Manufacture of Rubber and Plastic Products	179854
非金属矿物制品业	Manufacture of Nonmetals Mineral Products	1367689
黑色金属冶炼和压延加工业	Smelting and Pressing of Ferrous Metals	564150
有色金属冶炼和压延加工业	Smelting and Pressing of Nonferrous Metals	668441
金属制品业	Manufacture of Metal Products	336403
通用设备制造业	Manufacture of Universal Purpose Equipment	329527

INVESTMENT IN FIXED ASSETS BY REGISTRATION STATUS(2017)

(10 000 yuan)

内 资 Domestic-Funded Enterprises	国 有 State-owned Enterprises	集 体 Collective-owned Enterprises	股份合作 Share Cooperative Enterprises	国有联营 State Joint Ownership Enterprises	集体联营 Collective Joint Ownership Enterprises	国有与集体联营 Joint State-collective Enterprises	其他联营 Other Joint Ownership Enterprises
55981238	**11691685**	**572076**	**27245**	**6771**		**23350**	
5362276	394326	143686		1460			
2139662	47074	89938					
634793	222895	28280					
2284902	39915	11637		1460			
30691							
272228	84442	13831					
4646718	366718	42082					
3732200	316175	34383					
288727	48841						
215193	1702						
126446							
141400		7699					
142702							
50							
8380209	294710	1783		1446			
863573	11108	500					
253946							
239692							
41817							
59335							
22188							
630							
76138	1215						
23994							
114486							
23730							
50561	1597						
396587	88351						
1107637	38363	500					
436436	5800						
72206							
179854				1446			
1362298	50729	783					
562533	26555						
664601	3842						
328626	3616						
305991	9408						

7-10 续表1

单位：万元

行　业	Sector	总 计 Total
专用设备制造业	Manufacture of Special Purpose Equipment	218617
汽车制造业	Manufacture of Motor Vehicles	296611
铁路、船舶、航空航天和其他运输设备制造业	Manufacture of Railways, Ships, Aviation, Aircrafts and Other Transportation Equipments	123497
电气机械和器材制造业	Manufacture of Electrical Equipment and Machinery	313964
计算机、通信和其他电子设备制造业	Manufacture of Computer, Telecommunication and Other Electronic Equipments	288832
仪器仪表制造业	Manufacture of Measuring Instrument and Machinery	15369
其他制造业	Other Manufacturing	50679
废弃资源综合利用业	Comprehensive Utilization of Waste	126830
金属制品、机械和设备修理业	Repair of Metal Products, Machinery and Equipment	20102
电力、热力、燃气及水生产和供应业	Production and Supply of Electricity, Heat, Gas and Water	7575092
电力、热力生产和供应业	Production and Supply of Electricity and Heat	6631088
燃气生产和供应业	Production and Supply of Gas	670797
水的生产和供应业	Production and Supply of Water	273207
建筑业	Construction	86710
房屋建筑业	Buildings Construction	13944
土木工程建筑业	Civil Engineering	53252
建筑安装业	Building Installation	13697
建筑装饰和其他建筑业	Building Decoration and Other Construction	5817
批发和零售业	Wholesale and Retail Trade	974869
批发业	Wholesale Trade	424834
零售业	Retail Trade	550035
交通运输、仓储和邮政业	Transport, Storage and Post	3937508
铁路运输业	Railway Transport	437031
道路运输业	Highway Transport	2793510
水上运输业	Water Transport	
航空运输业	Air Transport	841
管道运输业	Transport Via Pipelines	53631
装卸搬运和运输代理业	Loading, Unloading and Other Transport Services	51312
仓储业	Storage	584169
邮政业	Post	17014
住宿和餐饮业	Hotels and Catering Services	252381
住宿业	Hotels	206214
餐饮业	Catering Services	46167
信息传输、软件和信息技术服务业	Information Transmission, Software and Information Technology Services	280459
电信、广播电视和卫星传输服务	Transimission Services of Telecommunication, Broadcast, Television and Satellite	117331
互联网和相关服务	Internet and Relative Services	94954
软件和信息技术服务业	Software and Information Technology Services	68174

continued

(10 000 yuan)

内资 Domestic-Funded Enterprises	国有 State-owned Enterprises	集体 Collective-owned Enterprises	股份合作 Share Cooperative Enterprises	国有联营 State Joint Ownership Enterprises	集体联营 Collective Joint Ownership Enterprises	国有与集体联营 Joint State-collective Enterprises	其他联营 Other Joint Ownership Enterprises
215137	4108						
296611	8500						
90825	11056						
309859	5984						
77473	4000						
15369							
50679	9786						
117295	3885						
20102	6807						
7132357	1608966	24601				22850	
6200171	1319537	16412				22850	
665609	195565	4530					
266577	93864	3659					
86710	41795					500	
13944							
53252	41009					500	
13697	786						
5817							
974869	25466	37779		3865			
424834	15875	23269		3865			
550035	9591	14510					
3933508	1850606	44597	5046				
437031	44964						
2790010	1755780	33652					
841							
53131	17693						
51312							
584169	32169	10945	5046				
17014							
252381	31250						
206214	29900						
46167	1350						
210608	60084						
99098	42595						
51361	10796						
60149	6693						

7-10 续表2

单位：万元

行 业	Sector	总 计 Total
金融业	Banking and Insurance	14949
货币金融服务	Monetary Banking	6005
资本市场服务	Capital Market	799
保险业	Insurance	
其他金融业	Other Financial Activities	8145
房地产业	Real Estate Trade	14210978
房地产业	Real Estate Trade	14210978
租赁和商务服务业	Lease and Business Affairs Services	532902
租赁业	Leasing	31469
商务服务业	Business Affairs Services	501433
科学研究和技术服务业	Scientific Reseach and Technical Services	315101
研究和试验发展	Reserch and Experimental Development	118630
专业技术服务业	Professional Technical Services	122764
科技推广和应用服务业	Services of Science and Technology Exchanges and Promotion	73707
水利、环境和公共设施管理业	Management of Water Conservancy, Environment and Public Facilities	7386105
水利管理业	Water Conservancy	914092
生态保护和环境治理业	Ecological Protection and Environmental Management	824354
公共设施管理业	Public Facilities	5647659
居民服务、修理和其他服务业	Resident Services, Repair and Other Services	82099
居民服务业	Residence Services	33402
机动车、电子产品和日用产品修理业	Repair of Motor Vehicles, Electronic Products and Daily Products	32665
其他服务业	Other Services	16032
教 育	Education	746974
教 育	Education	746974
卫生和社会工作	Health Care and Social Work	695167
卫 生	Health Care	439510
社会工作	Social Work	255657
文化、体育和娱乐业	Culture, Sports and Recreation	614368
新闻和出版业	Journalism and Publishing Activities	
广播、电视、电影和影视录音制作业	Broadcasting, Movies, Televisions and Audiovisual Activities	3898
文化艺术业	Culture and Arts Activities	325596
体 育	Sports Activities	138177
娱乐业	Entertainment	146697
公共管理、社会保障和社会组织	Public Management, Social Security and Social Organization	606178
中国共产党机关	Organs of CPC	
国家机构	Government Agencies	379304
人民政协、民主党派	PPCC and Democratic Parties	
社会保障	Social Security	1068
群众团体、社会团体和其他成员组织	Mass Organizations, Social Organizations and Other Member Organizations	133349
基层群众自治组织	Grass Roots Self-governing Organizations	92457

continued

(10 000 yuan)

内 资 Domestic-Funded Enterprises	国 有 State-owned Enterprises	集 体 Collective -owned Enterprises	股份合作 Share Cooperative Enterprises	国有联营 State Joint Ownership Enterprises	集体联营 Collective Joint Ownership Enterprises	国有与集体联 营 Joint State-collective Enterprises	其他联营 Other Joint Ownership Enterprises
14949	8944	2830	1475				
6005		2830	1475				
799	799						
8145	8145						
14022192	1107957	128118					
14022192	1107957	128118					
532902	64287	11806					
31469							
501433	64287	11806					
315101	101640						
118630	23886						
122764	47731						
73707	30023						
7371672	4264406	97488					
914092	849399	14454					
812101	268742	4512					
5645479	3146265	78522					
82099	14613	300					
33402	5573	300					
32665	3190						
16032	5850						
746974	485430	10098	20724				
746974	485430	10098	20724				
695167	382103	9901					
439510	343604	4577					
255657	38499	5324					
614368	188993	15642					
3898							
325596	150942	8542					
138177	38051	4083					
146697		3017					
606178	399391	1365					
379304	366037						
1068	1068						
133349	29556						
92457	2730	1365					

7-10 续表3

单位：万元

行 业	Sector	国有独资公司 State-funded Corporations
总 计	**Total**	**3011569**
农、林、牧、渔业	Farming, Forestry, Animal Husbandry and Fishery	41898
农 业	Farming	6850
林 业	Forestry	27048
畜牧业	Animal Husbandry	8000
渔 业	Fishery	
农、林、牧、渔服务业	Farming, Forestry, Animal Husbandry and Fishery Services	
采矿业	Mining	493991
煤炭开采和洗选业	Coal Mining and Washsing	318626
石油和天然气开采业	Extraction of Petroleum and Natural Gas	21136
黑色金属矿采选业	Mining and Dressing of Ferrous Metals	12215
有色金属矿采选业	Mining and Dressing of Nonferrous Metals	10638
非金属矿采选业	Mining and Dressing of Nonmetal Ores	
开采辅助活动	Mining Auxiliary Activities	131376
其他采矿业	Others	
制造业	Manufacturing	153187
农副食品加工业	Farm and Sideline Food Processing	
食品制造业	Food Manufacturing	
酒、饮料和精制茶制造业	Alcohol, Beverage and Refined Tea Manufacturing	
烟草制品业	Tobacoo Manufaturing	
纺织业	Textile Industry	
纺织服装、服饰业	Manufacture of Garments and Accessories	
皮革、毛皮、羽毛及其制品和制鞋业	Manufacture of Leather, Fur, Feather and their Products and Footwear	
木材加工和木、竹、藤、棕、草制品业	Processing of Timber, Manufacture of Wood, Bamboo, Rattan, Palm, and Straw Products	
家具制造业	Manufacture of Funiture	
造纸和纸制品业	Manufacture of Paper and Paper Products	
印刷和记录媒介复制业	Printing and Record Medium Reproduction	
文教、工美、体育和娱乐用品制造业	Manufacture of Articles For Culture, Education and Sport Activity	
石油加工、炼焦和核燃料加工业	Petroleum Processing ,Coking and Nuclear Fuel Processing	1500
化学原料和化学制品制造业	Manufacture Raw Chemical Materials and Chemical Products	5500
医药制造业	Manufacture of Medical Products	
化学纤维制造业	Manufacture of Chemical Fibers	24774
橡胶和塑料制品业	Manufacture of Rubber and Plastic Products	
非金属矿物制品业	Manufacture of Nonmetals Mineral Products	51548
黑色金属冶炼和压延加工业	Smelting and Pressing of Ferrous Metals	32014
有色金属冶炼和压延加工业	Smelting and Pressing of Nonferrous Metals	5200
金属制品业	Manufacture of Metal Products	
通用设备制造业	Manufacture of Universal Purpose Equipment	

continued

(10 000 yuan)

其他有限责任公司 Other Limited Liability Corporations	股份有限公司 Share Co. Ltd.	私营 Private Enterprises	个体户 Self-employed Individuals	个体合伙 Individual Partnership Enterprises	其他 Others	港澳台商投资 Enterprises with Investment from HongKong, Macao and Taiwan	外商投资 Enterprises with Foreign Investment
13852388	**904128**	**21687195**	**251569**	**360299**	**3592963**	**805872**	**434475**
291008	21323	2559103	178267	208936	1522269	528	
75486	19051	1084213	31521	63213	722316		
52670		164696	4850	4316	130038		
154939	1080	1182399	134768	137129	613575	528	
		10813	25	1557	18296		
7913	1192	116982	7103	2721	38044		
2279380	284367	1164421	5170		10589	4120	49526
2100461	212567	745485			4503		16790
132090	71750	14910					32736
17918		182688	670				
12997		100811			2000		
14209		110906	4500		4086	4120	
1705		9621					
	50						
1970512	195433	5374733	57031	29934	301440	374691	91677
125832		549541	5897	27448	143247		7620
31314		212709			9923		
39706		184922			15064		12253
41817							
21427		36908			1000		
		22188					
		630					
1457	3000	66480	3986				
		23994					
12181		97252	1600		3453		
2440		19150	2140				
7551		37527			3886		
81153	8601	216982				45555	5680
399685	45518	606251	1735		10085	47333	19398
110247	10046	268392			41951	21334	3883
26780		20652					
34300	34048	107608			2452		
155849	12291	1017361	22323	2486	48928	1810	3581
102886	4020	397058				1617	
396591		250268	8700				3840
32972	1250	284822	3500		2466	6177	1600
24302		266240	4150		1891		23536

7-10 续表4

单位：万元

行 业	Sector	国有独资公 司 State-funded Corporations
专用设备制造业	Manufacture of Special Purpose Equipment	1000
汽车制造业	Manufacture of Motor Vehicles	501
铁路、船舶、航空航天和其他运输设备制造业	Manufacture of Railways, Ships, Aviation, Aircrafts and Other Transportation Equipments	
电气机械和器材制造业	Manufacture of Electrical Equipment and Machinery	31150
计算机、通信和其他电子设备制造业	Manufacture of Computer, Telecommunication and Other Electronic Equipments	
仪器仪表制造业	Manufacture of Measuring Instrument and Machinery	
其他制造业	Other Manufacturing	
废弃资源综合利用业	Comprehensive Utilization of Waste	
金属制品、机械和设备修理业	Repair of Metal Products, Machinery and Equipment	
电力、热力、燃气及水生产和供应业	Production and Supply of Electricity, Heat, Gas and Water	722786
电力、热力生产和供应业	Production and Supply of Electricity and Heat	705222
燃气生产和供应业	Production and Supply of Gas	
水的生产和供应业	Production and Supply of Water	17564
建筑业	Construction	3060
房屋建筑业	Buildings Construction	
土木工程建筑业	Civil Engineering	3060
建筑安装业	Building Installation	
建筑装饰和其他建筑业	Building Decoration and Other Construction	
批发和零售业	Wholesale and Retail Trade	14189
批发业	Wholesale Trade	
零售业	Retail Trade	14189
交通运输、仓储和邮政业	Transport, Storage and Post	364728
铁路运输业	Railway Transport	
道路运输业	Highway Transport	356702
水上运输业	Water Transport	
航空运输业	Air Transport	
管道运输业	Transport Via Pipelines	
装卸搬运和运输代理业	Loading, Unloading and Other Transport Services	
仓储业	Storage	8026
邮政业	Post	
住宿和餐饮业	Hotels and Catering Services	4000
住宿业	Hotels	
餐饮业	Catering Services	4000
信息传输、软件和信息技术服务业	Information Transmission, Software and Information Technology Services	6300
电信、广播电视和卫星传输服务	Transimission Services of Telecommunication, Broadcast, Television and Satellite	
互联网和相关服务	Internet and Relative Services	6300
软件和信息技术服务业	Software and Information Technology Services	

continued

(10 000 yuan)

其他有限责任公司 Other Limited Liability Corporations	股份有限公司 Share Co. Ltd.	私营 Private Enterprises	个体户 Self-employed Individuals	个体合伙 Individual Partnership Enterprises	其他 Others	港澳台商投资 Enterprises with Investment from HongKong, Macao and Taiwan	外商投资 Enterprises with Foreign Investment
41377	2205	159292	3000		4155		3480
142433	14907	121993			8277		
13250		66519				32672	
91768	8275	168682			4000		4105
12800	28296	32377				208658	2701
8024	3945	3400					
8865		32028					
3505	19031	90874				9535	
		12633			662		
2761432	155929	1698921		101503	35369	298060	144675
2386600	129321	1489802		101503	28924	290088	140829
272688	25448	160933			6445	5188	
102144	1160	48186				2784	3846
21137		17218			3000		
10030		914			3000		
6814		1869					
3011		9900					
1282		4535					
134172	830	676010	4319	13849	64390		
26981		321289	3301	13849	16405		
107191	830	354721	1018		47985		
825790	15910	696907	3993	2061	123870		4000
277757	240	114070					
439139	7265	173226		520	23726		3500
841							
30	1670	31222			2516		500
24800		26512					
83223	1872	339726	3993	1541	97628		
	4863	12151					
32068		161609		406	23048		
14765		141548		406	19595		
17303		20061			3453		
18529	36605	86090			3000	39335	30516
5259	25440	25804					18233
8065	8000	15200			3000	31310	12283
5205	3165	45086				8025	

7-10 续表5

单位：万元

行 业	Sector	国有独资公 司 State-funded Corporations
金融业	Banking and Insurance	
货币金融服务	Monetary Banking	
资本市场服务	Capital Market	
保险业	Insurance	
其他金融业	Other Financial Activities	
房地产业	Real Estate Trade	560050
房地产业	Real Estate Trade	560050
租赁和商务服务业	Lease and Business Affairs Services	49909
租赁业	Leasing	3413
商务服务业	Business Affairs Services	46496
科学研究和技术服务业	Scientific Reseach and Technical Services	1310
研究和试验发展	Reserch and Experimental Development	1310
专业技术服务业	Professional Technical Services	
科技推广和应用服务业	Services of Science and Technology Exchanges and Promotion	
水利、环境和公共设施管理业	Management of Water Conservancy, Environment and Public Facilities	516519
水利管理业	Water Conservancy	2111
生态保护和环境治理业	Ecological Protection and Environmental Management	14984
公共设施管理业	Public Facilities	499424
居民服务、修理和其他服务业	Resident Services, Repair and Other Services	
居民服务业	Residence Services	
机动车、电子产品和日用产品修理业	Repair of Motor Vehicles, Electronic Products and Daily Products	
其他服务业	Other Services	
教 育	Education	39024
教 育	Education	39024
卫生和社会工作	Health Care and Social Work	4850
卫 生	Health Care	
社会工作	Social Work	4850
文化、体育和娱乐业	Culture, Sports and Recreation	34953
新闻和出版业	Journalism and Publishing Activities	
广播、电视、电影和影视录音制作业	Broadcasting, Movies, Televisions and Audiovisual Activities	
文化艺术业	Culture and Arts Activities	34953
体 育	Sports Activities	
娱乐业	Entertainment	
公共管理、社会保障和社会组织	Public Management, Social Security and Social Organization	815
中国共产党机关	Organs of CPC	
国家机构	Government Agencies	815
人民政协、民主党派	PPCC and Democratic Parties	
社会保障	Social Security	
群众团体、社会团体和其他成员组织	Mass Organizations, Social Organizations and Other Member Organizations	
基层群众自治组织	Grass Roots Self-governing Organizations	

continued

(10 000 yuan)

其他有限责任公司 Other Limited Liability Corporations	股份有限公司 Share Co. Ltd.	私营 Private Enterprises	个体户 Self-employed Individuals	个体合伙 Individual Partnership Enterprises	其他 Others	港澳台商投资 Enterprises with Investment from HongKong, Macao and Taiwan	外商投资 Enterprises with Foreign Investment
	1700						
	1700						
4522736	155099	6763739			784493	85431	103355
4522736	155099	6763739			784493	85431	103355
36008		298301		3610	68981		
733		14683		3610	9030		
35275		283618			59951		
52637		150502			9012		
20813		71431			1190		
31074		41846			2113		
750		37225			5709		
722001	20322	1448829	1184		300923	3707	10726
29216		17534			1378		
188863	12046	314901			8053	1527	10726
503922	8276	1116394	1184		291492	2180	
5775	1000	50700	1050		8661		
5330		20340			1859		
445	1000	24570	1050		2410		
		5790			4392		
4148		117678			69872		
4148		117678			69872		
82009	7610	155594	555		52545		
1680	1780	66172	555		21142		
80329	5830	89422			31403		
93046	8000	231336			42398		
		3227			671		
39190		73044			18925		
34563		44812			16668		
19293	8000	110253			6134		
		35504			169103		
		7793			4659		
		27711			76082		
					88362		

7-11 按构成分固定资产投资(2017年)

单位：万元

行 业	Sector	本年完成投资 Investment Completed This Year
总 计	**Total**	**57221585**
农、林、牧、渔业	Farming, Forestry, Animal Husbandry and Fishery	5362804
农 业	Farming	2139662
林 业	Forestry	634793
畜牧业	Animal Husbandry	2285430
渔 业	Fishery	30691
农、林、牧、渔服务业	Farming, Forestry, Animal Husbandry and Fishery Services	272228
采矿业	Mining	4700364
煤炭开采和洗选业	Coal Mining and Washsing	3748990
石油和天然气开采业	Extraction of Petroleum and Natural Gas	321463
黑色金属矿采选业	Mining and Dressing of Ferrous Metals	215193
有色金属矿采选业	Mining and Dressing of Nonferrous Metals	126446
非金属矿采选业	Mining and Dressing of Nonmetal Ores	145520
开采辅助活动	Mining Auxiliary Activities	142702
其他采矿业	Others	50
制造业	Manufacturing	8846577
农副食品加工业	Farm and Sideline Food Processing	871193
食品制造业	Food Manufacturing	253946
酒、饮料和精制茶制造业	Alcohol, Beverage and Refined Tea Manufacturing	251945
烟草制品业	Tobacoo Manufaturing	41817
纺织业	Textile Industry	59335
纺织服装、服饰业	Manufacture of Garments and Accessories	22188
皮革、毛皮、羽毛及其制品和制鞋业	Manufacture of Leather, Fur, Feather and their Products and Footwear	630
木材加工和木、竹、藤、棕、草制品业	Processing of Timber, Manufacture of Wood, Bamboo, Rattan, Palm, and Straw Products	76138
家具制造业	Manufacture of Funiture	23994
造纸和纸制品业	Manufacture of Paper and Paper Products	114486
印刷和记录媒介复制业	Printing and Record Medium Reproduction	23730
文教、工美、体育和娱乐用品制造业	Manufacture of Articles For Culture, Education and Sport Activity	50561
石油加工、炼焦和核燃料加工业	Petroleum Processing ,Coking and Nuclear Fuel Processing	447822
化学原料和化学制品制造业	Manufacture Raw Chemical Materials and Chemical Products	1174368
医药制造业	Manufacture of Medical Products	461653
化学纤维制造业	Manufacture of Chemical Fibers	72206
橡胶和塑料制品业	Manufacture of Rubber and Plastic Products	179854
非金属矿物制品业	Manufacture of Nonmetals Mineral Products	1367689
黑色金属冶炼和压延加工业	Smelting and Pressing of Ferrous Metals	564150
有色金属冶炼和压延加工业	Smelting and Pressing of Nonferrous Metals	668441
金属制品业	Manufacture of Metal Products	336403
通用设备制造业	Manufacture of Universal Purpose Equipment	329527

INVESTMENT IN FIXED ASSETS BY COMPOSITION(2017)

(10 000 yuan)

#住 宅 Residential Buildings	建筑工程 Construction	安装工程 Installation	设备工器具购置 Purchase of Equipment and Instruments	其他费用 Others
9460132	**35923546**	**5756242**	**8706898**	**6834899**
3942	4187379	337478	412647	425300
554	1682606	116223	154506	186327
	463581	29479	23533	118200
3177	1803688	168646	205598	107498
	28108	756	1441	386
211	209396	22374	27569	12889
591	2665049	410773	1178116	446426
261	2073567	334731	942819	397873
	231780	33762	28920	27001
	159396	17372	37819	606
230	78770	13499	22898	11279
	104241	10870	20922	9487
100	17295	539	124738	130
				50
24526	4623253	1024060	2659663	539601
14409	676153	64553	105030	25457
70	172495	21775	46624	13052
3600	117073	10781	115690	8401
	14183	3596	23151	887
	42793	2581	10612	3349
	12893	4358	4337	600
	200	40	230	160
700	38127	11470	16265	10276
	19083	464	3651	796
	54725	20668	33919	5174
	16039	1062	6629	
2250	26767	6227	15214	2353
	224586	76206	110095	36935
700	522472	157116	374541	120239
870	303426	43587	82825	31815
	32416	5020	33540	1230
	97813	15319	57417	9305
1477	717854	185932	404816	59087
	230587	67249	237226	29088
	405716	106367	141329	15029
	146953	45419	132594	11437
	174061	31706	101378	22382

7–11 续表1

单位：万元

行　业	Sector	本年完成投资 Investment Completed This Year
专用设备制造业	Manufacture of Special Purpose Equipment	218617
汽车制造业	Manufacture of Motor Vehicles	296611
铁路、船舶、航空航天和其他运输设备制造业	Manufacture of Railways, Ships, Aviation, Aircrafts and Other Transportation Equipments	123497
电气机械和器材制造业	Manufacture of Electrical Equipment and Machinery	313964
计算机、通信和其他电子设备制造业	Manufacture of Computer, Telecommunication and Other Electronic Equipments	288832
仪器仪表制造业	Manufacture of Measuring Instrument and Machinery	15369
其他制造业	Other Manufacturing	50679
废弃资源综合利用业	Comprehensive Utilization of Waste	126830
金属制品、机械和设备修理业	Repair of Metal Products, Machinery and Equipment	20102
电力、热力、燃气及水生产和供应业	Production and Supply of Electricity, Heat, Gas and Water	7575092
电力、热力生产和供应业	Production and Supply of Electricity and Heat	6631088
燃气生产和供应业	Production and Supply of Gas	670797
水的生产和供应业	Production and Supply of Water	273207
建筑业	Construction	86710
房屋建筑业	Buildings Construction	13944
土木工程建筑业	Civil Engineering	53252
建筑安装业	Building Installation	13697
建筑装饰和其他建筑业	Building Decoration and Other Construction	5817
批发和零售业	Wholesale and Retail Trade	974869
批发业	Wholesale Trade	424834
零售业	Retail Trade	550035
交通运输、仓储和邮政业	Transport, Storage and Post	3937508
铁路运输业	Railway Transport	437031
道路运输业	Highway Transport	2793510
水上运输业	Water Transport	
航空运输业	Air Transport	841
管道运输业	Transport Via Pipelines	53631
装卸搬运和运输代理业	Loading, Unloading and Other Transport Services	51312
仓储业	Storage	584169
邮政业	Post	17014
住宿和餐饮业	Hotels and Catering Services	252381
住宿业	Hotels	206214
餐饮业	Catering Services	46167
信息传输、软件和信息技术服务业	Information Transmission, Software and Information Technology Services	280459
电信、广播电视和卫星传输服务	Transimission Services of Telecommunication, Broadcast, Television and Satellite	117331
互联网和相关服务	Internet and Relative Services	94954
软件和信息技术服务业	Software and Information Technology Services	68174

continued

(10 000 yuan)

#住 宅 Residential Buildings	建筑工程 Construction	安装工程 Installation	设备工器具购置 Purchase of Equipment and Instruments	其他费用 Others
	140838	24612	44092	9075
450	120651	27323	86655	61982
	59471	10895	49537	3594
	137865	32301	117218	26580
	17837	10235	260127	633
	6508	4007	2678	2176
	34132	2752	13095	700
	44258	26085	29148	27339
	15278	4354		470
4746	2476649	1382910	3271162	444371
4746	1893274	1217462	3121668	398684
	414685	123575	106002	26535
	168690	41873	43492	19152
	65962	10757	7378	2613
	7840	4070	1664	370
	44993	1502	4514	2243
	8218	4279	1200	
	4911	906		
17373	649519	125237	82729	117384
100	316749	46300	38310	23475
17273	332770	78937	44419	93909
13641	2895917	99443	224924	717224
572	347813	2545	2605	84068
9325	2019939	44536	144236	584799
	841			
3724	13625	14625	24109	1272
	45202	717	1723	3670
20	451483	37020	52251	43415
	17014			
518	192206	18117	14644	27414
518	160427	15086	12794	17907
	31779	3031	1850	9507
	135560	60199	74839	9861
	51200	39646	25007	1478
	38997	9858	41225	4874
	45363	10695	8607	3509

7-11 续表2

单位：万元

行　业	Sector	本年完成投资 Investment Completed This Year
金融业	Banking and Insurance	14949
货币金融服务	Monetary Banking	6005
资本市场服务	Capital Market	799
保险业	Insurance	
其他金融业	Other Financial Activities	8145
房地产业	Real Estate Trade	14210978
房地产业	Real Estate Trade	14210978
租赁和商务服务业	Lease and Business Affairs Services	532902
租赁业	Leasing	31469
商务服务业	Business Affairs Services	501433
科学研究和技术服务业	Scientific Reseach and Technical Services	315101
研究和试验发展	Reserch and Experimental Development	118630
专业技术服务业	Professional Technical Services	122764
科技推广和应用服务业	Services of Science and Technology Exchanges and Promotion	73707
水利、环境和公共设施管理业	Management of Water Conservancy, Environment and Public Facilities	7386105
水利管理业	Water Conservancy	914092
生态保护和环境治理业	Ecological Protection and Environmental Management	824354
公共设施管理业	Public Facilities	5647659
居民服务、修理和其他服务业	Resident Services, Repair and Other Services	82099
居民服务业	Residence Services	33402
机动车、电子产品和日用产品修理业	Repair of Motor Vehicles, Electronic Products and Daily Products	32665
其他服务业	Other Services	16032
教　育	Education	746974
教　育	Education	746974
卫生和社会工作	Health Care and Social Work	695167
卫　生	Health Care	439510
社会工作	Social Work	255657
文化、体育和娱乐业	Culture, Sports and Recreation	614368
新闻和出版业	Journalism and Publishing Activities	
广播、电视、电影和影视录音制作业	Broadcasting, Movies, Televisions and Audiovisual Activities	3898
文化艺术业	Culture and Arts Activities	325596
体　育	Sports Activities	138177
娱乐业	Entertainment	146697
公共管理、社会保障和社会组织	Public Management, Social Security and Social Organization	606178
中国共产党机关	Organs of CPC	
国家机构	Government Agencies	379304
人民政协、民主党派	PPCC and Democratic Parties	
社会保障	Social Security	1068
群众团体、社会团体和其他成员组织	Mass Organizations, Social Organizations and Other Member Organizations	133349
基层群众自治组织	Grass Roots Self-governing Organizations	92457

continued

(10 000 yuan)

#住 宅 Residential Buildings	建筑工程 Construction	安装工程 Installation	设备工器具购置 Purchase of Equipment and Instruments	其他费用 Others
	13419	1380	150	
	4844	1011	150	
	430	369		
	8145			
9352263	9404722	1805779	182048	2818429
9352263	9404722	1805779	182048	2818429
680	404623	24530	56993	46756
	23425	1890	6094	60
680	381198	22640	50899	46696
1063	229174	30539	36325	19063
	92615	7163	5302	13550
163	87780	10758	20273	3953
900	48779	12618	10750	1560
5217	5795930	249056	295137	1045982
100	796353	23990	31361	62388
	572946	59666	143213	48529
5117	4426631	165400	120563	935065
	62747	4451	10542	4359
	29251	1953	2198	
	24238	921	5039	2467
	9258	1577	3305	1892
20	606919	37674	48200	54181
20	606919	37674	48200	54181
11458	563080	61851	47017	23219
4898	359420	30185	42031	7874
6560	203660	31666	4986	15345
	482585	38628	63961	29194
	3169	189	540	
	281562	11088	14635	18311
	109221	11470	10253	7233
	88633	15881	38533	3650
24094	468853	33380	40423	63522
12445	305441	18564	19730	35569
	908	119		41
	120389	2045	10429	486
11649	42115	12652	10264	27426

7-12　按建设性质分固定资产投资(2017年)

单位：万元

行　业	Sector	新 建 New Construction
总　计	**Total**	**33071268**
农、林、牧、渔业	Farming, Forestry, Animal Husbandry and Fishery	4584118
农　业	Farming	1832568
林　业	Forestry	534158
畜牧业	Animal Husbandry	1980815
渔　业	Fishery	21294
农、林、牧、渔服务业	Farming, Forestry, Animal Husbandry and Fishery Services	215283
采矿业	Mining	2308872
煤炭开采和洗选业	Coal Mining and Washsing	1637643
石油和天然气开采业	Extraction of Petroleum and Natural Gas	264469
黑色金属矿采选业	Mining and Dressing of Ferrous Metals	104576
有色金属矿采选业	Mining and Dressing of Nonferrous Metals	81233
非金属矿采选业	Mining and Dressing of Nonmetal Ores	84410
开采辅助活动	Mining Auxiliary Activities	136541
其他采矿业	Others	
制造业	Manufacturing	5977778
农副食品加工业	Farm and Sideline Food Processing	785414
食品制造业	Food Manufacturing	130340
酒、饮料和精制茶制造业	Alcohol, Beverage and Refined Tea Manufacturing	118998
烟草制品业	Tobacoo Manufaturing	41817
纺织业	Textile Industry	50014
纺织服装、服饰业	Manufacture of Garments and Accessories	20024
皮革、毛皮、羽毛及其制品和制鞋业	Manufacture of Leather, Fur, Feather and their Products and Footwear	630
木材加工和木、竹、藤、棕、草制品业	Processing of Timber, Manufacture of Wood, Bamboo, Rattan, Palm, and Straw Products	60970
家具制造业	Manufacture of Funiture	18626
造纸和纸制品业	Manufacture of Paper and Paper Products	90429
印刷和记录媒介复制业	Printing and Record Medium Reproduction	17135
文教、工美、体育和娱乐用品制造业	Manufacture of Articles For Culture, Education and Sport Activity	45633
石油加工、炼焦和核燃料加工业	Petroleum Processing ,Coking and Nuclear Fuel Processing	235741
化学原料和化学制品制造业	Manufacture Raw Chemical Materials and Chemical Products	819919
医药制造业	Manufacture of Medical Products	240917
化学纤维制造业	Manufacture of Chemical Fibers	72206
橡胶和塑料制品业	Manufacture of Rubber and Plastic Products	152320
非金属矿物制品业	Manufacture of Nonmetals Mineral Products	965504
黑色金属冶炼和压延加工业	Smelting and Pressing of Ferrous Metals	195416
有色金属冶炼和压延加工业	Smelting and Pressing of Nonferrous Metals	361029
金属制品业	Manufacture of Metal Products	201422
通用设备制造业	Manufacture of Universal Purpose Equipment	234130

注：本表不含房地产开发投资。

Note：Investment in this table doesn't include investment in real estate development.

INVESTMENT IN FIXED ASSETS BY TYPE OF CONSTRUCTION(2017)

(10 000 yuan)

扩 建 Expansion	改建和技术改造 Reconstruction and Technical Reformation	单纯建造生活设施 Construction of Living Facilities	迁 建 Movement Construction	恢 复 Resumption Construction	单纯购置 Purchase of Equipment and Instruments
4751045	**6127191**	**711929**	**247760**	**164767**	**484792**
697496	51923	2886		19051	7330
278691	1902	2886		19051	4564
77083	23552				
288455	15262				898
9397					
43870	11207				1868
562418	1556655	5656	3050	26330	237383
421589	1418687	5656	3050	26330	236035
56994					
41831	68786				
10405	33460				1348
31599	29511				
	6161				
	50				
1167660	1468841	370	108335		123593
73446	9033		3300		
82800	14175		26631		
30752	18263		12942		70990
	6283		3038		
2164					
10623	4545				
5368					
16418	4195				3444
6595					
4928					
11557	200524				
249066	105383				
109267	70980		21164		19325
22047	3932				1555
200180	161567		35360		5078
90515	277849	370			
21415	284097		1900		
36686	98295				
19283	75013				1101

7-12 续表1

单位：万元

行 业	Sector	新 建 New Construction
专用设备制造业	Manufacture of Special Purpose Equipment	130835
汽车制造业	Manufacture of Motor Vehicles	194689
铁路、船舶、航空航天和其他运输设备制造业	Manufacture of Railways, Ships, Aviation, Aircrafts and Other Transportation Equipments	122097
电气机械和器材制造业	Manufacture of Electrical Equipment and Machinery	234601
计算机、通信和其他电子设备制造业	Manufacture of Computer, Telecommunication and Other Electronic Equipments	252421
仪器仪表制造业	Manufacture of Measuring Instrument and Machinery	10934
其他制造业	Other Manufacturing	38556
废弃资源综合利用业	Comprehensive Utilization of Waste	116263
金属制品、机械和设备修理业	Repair of Metal Products, Machinery and Equipment	18748
电力、热力、燃气及水生产和供应业	Production and Supply of Electricity, Heat, Gas and Water	6437648
电力、热力生产和供应业	Production and Supply of Electricity and Heat	5809987
燃气生产和供应业	Production and Supply of Gas	466424
水的生产和供应业	Production and Supply of Water	161237
建筑业	Construction	50791
房屋建筑业	Buildings Construction	13030
土木工程建筑业	Civil Engineering	32682
建筑安装业	Building Installation	3797
建筑装饰和其他建筑业	Building Decoration and Other Construction	1282
批发和零售业	Wholesale and Retail Trade	863479
批发业	Wholesale Trade	360542
零售业	Retail Trade	502937
交通运输、仓储和邮政业	Transport, Storage and Post	2561239
铁路运输业	Railway Transport	437031
道路运输业	Highway Transport	1539167
水上运输业	Water Transport	
航空运输业	Air Transport	
管道运输业	Transport Via Pipelines	52131
装卸搬运和运输代理业	Loading, Unloading and Other Transport Services	50457
仓储业	Storage	477590
邮政业	Post	4863
住宿和餐饮业	Hotels and Catering Services	217242
住宿业	Hotels	173140
餐饮业	Catering Services	44102
信息传输、软件和信息技术服务业	Information Transmission, Software and Information Technology Services	243354
电信、广播电视和卫星传输服务	Transimission Services of Telecommunication, Broadcast, Television and Satellite	94752
互联网和相关服务	Internet and Relative Services	82825
软件和信息技术服务业	Software and Information Technology Services	65777

continued

(10 000 yuan)

扩 建 Expansion	改建和技术改造 Reconstruction and Technical Reformation	单纯建造生活设施 Construction of Living Facilities	迁 建 Movement Construction	恢 复 Resumption Construction	单纯购置 Purchase of Equipment and Instruments
53995	29644				4143
40384	60738				800
300	1100				
43601	31616				4146
16400	3000		4000		13011
	4435				
12123					
7747	2820				
	1354				
551985	579309		4525		1625
427410	388472		3594		1625
77130	127243				
47445	63594		931		
10769	20524				4626
					914
869	15989				3712
9900					
	4535				
76411	23979		11000		
47724	5568		11000		
28687	18411				
567201	744020	1500		10557	52991
457983	733667			10557	52136
	841				
		1500			
					855
97067	9512				
12151					
21839	13300				
19774	13300				
2065					
16120	20985				
16120	6459				
	12129				
	2397				

7-12 续表2

单位：万元

行 业	Sector	新 建 New Construction
金融业	Banking and Insurance	11524
货币金融服务	Monetary Banking	2580
资本市场服务	Capital Market	799
保险业	Insurance	
其他金融业	Other Financial Activities	8145
房地产业	Real Estate Trade	1747927
房地产业	Real Estate Trade	1747927
租赁和商务服务业	Lease and Business Affairs Services	506551
租赁业	Leasing	31469
商务服务业	Business Affairs Services	475082
科学研究和技术服务业	Scientific Reseach and Technical Services	293019
研究和试验发展	Reserch and Experimental Development	116315
专业技术服务业	Professional Technical Services	108517
科技推广和应用服务业	Services of Science and Technology Exchanges and Promotion	68187
水利、环境和公共设施管理业	Management of Water Conservancy, Environment and Public Facilities	5200815
水利管理业	Water Conservancy	735662
生态保护和环境治理业	Ecological Protection and Environmental Management	365857
公共设施管理业	Public Facilities	4099296
居民服务、修理和其他服务业	Resident Services, Repair and Other Services	63332
居民服务业	Residence Services	31543
机动车、电子产品和日用产品修理业	Repair of Motor Vehicles, Electronic Products and Daily Products	22749
其他服务业	Other Services	9040
教 育	Education	537041
教 育	Education	537041
卫生和社会工作	Health Care and Social Work	538997
卫 生	Health Care	289768
社会工作	Social Work	249229
文化、体育和娱乐业	Culture, Sports and Recreation	507736
新闻和出版业	Journalism and Publishing Activities	
广播、电视、电影和影视录音制作业	Broadcasting, Movies, Televisions and Audiovisual Activities	3298
文化艺术业	Culture and Arts Activities	250521
体 育	Sports Activities	123769
娱乐业	Entertainment	130148
公共管理、社会保障和社会组织	Public Management, Social Security and Social Organization	419805
中国共产党机关	Organs of CPC	
国家机构	Government Agencies	300700
人民政协、民主党派	PPCC and Democratic Parties	
社会保障	Social Security	418
群众团体、社会团体和其他成员组织	Mass Organizations, Social Organizations and Other Member Organizations	71400
基层群众自治组织	Grass Roots Self-governing Organizations	47287

continued

(10 000 yuan)

扩 建 Expansion	改建和技术改造 Reconstruction and Technical Reformation	单纯建造生活设施 Construction of Living Facilities	迁 建 Movement Construction	恢 复 Resumption Construction	单纯购置 Purchase of Equipment and Instruments
1475	1950				
1475	1950				
92524	8277	698917			500
92524	8277	698917			500
17393				7226	1732
17393				7226	1732
8759	6764		580		5979
	1256				1059
8239	508		580		4920
520	5000				
624717	1531374		15549	9644	4006
53982	122948			1500	
63486	391511			995	2505
507249	1016915		15549	7149	1501
13463	845	2600			1859
					1859
9071	845				
4392		2600			
103510	33440		32765	23707	16511
103510	33440		32765	23707	16511
62904	2512		65163		25591
57105	2512		65163		24962
5799					629
77732	18796		530	9574	
600					
51898	13073		530	9574	
10185	4223				
15049	1500				
76669	43697		6263	58678	1066
26230	43697		6263	1348	1066
650					
4619				57330	
45170					

7-13 按控股情况分固定资产投资(2017年)

单位：万元

行 业	Sector	本年完成投资 Investment Completed This Year
总 计	**Total**	**57221585**
农、林、牧、渔业	Farming, Forestry, Animal Husbandry and Fishery	5362804
农 业	Farming	2139662
林 业	Forestry	634793
畜牧业	Animal Husbandry	2285430
渔 业	Fishery	30691
农、林、牧、渔服务业	Farming, Forestry, Animal Husbandry and Fishery Services	272228
采矿业	Mining	4700364
煤炭开采和洗选业	Coal Mining and Washsing	3748990
石油和天然气开采业	Extraction of Petroleum and Natural Gas	321463
黑色金属矿采选业	Mining and Dressing of Ferrous Metals	215193
有色金属矿采选业	Mining and Dressing of Nonferrous Metals	126446
非金属矿采选业	Mining and Dressing of Nonmetal Ores	145520
开采辅助活动	Mining Auxiliary Activities	142702
其他采矿业	Others	50
制造业	Manufacturing	8846577
农副食品加工业	Farm and Sideline Food Processing	871193
食品制造业	Food Manufacturing	253946
酒、饮料和精制茶制造业	Alcohol, Beverage and Refined Tea Manufacturing	251945
烟草制品业	Tobacoo Manufaturing	41817
纺织业	Textile Industry	59335
纺织服装、服饰业	Manufacture of Garments and Accessories	22188
皮革、毛皮、羽毛及其制品和制鞋业	Manufacture of Leather, Fur, Feather and their Products and Footwear	630
木材加工和木、竹、藤、棕、草制品业	Processing of Timber, Manufacture of Wood, Bamboo, Rattan, Palm, and Straw Products	76138
家具制造业	Manufacture of Funiture	23994
造纸和纸制品业	Manufacture of Paper and Paper Products	114486
印刷和记录媒介复制业	Printing and Record Medium Reproduction	23730
文教、工美、体育和娱乐用品制造业	Manufacture of Articles For Culture, Education and Sport Activity	50561
石油加工、炼焦和核燃料加工业	Petroleum Processing ,Coking and Nuclear Fuel Processing	447822
化学原料和化学制品制造业	Manufacture Raw Chemical Materials and Chemical Products	1174368
医药制造业	Manufacture of Medical Products	461653
化学纤维制造业	Manufacture of Chemical Fibers	72206
橡胶和塑料制品业	Manufacture of Rubber and Plastic Products	179854
非金属矿物制品业	Manufacture of Nonmetals Mineral Products	1367689
黑色金属冶炼和压延加工业	Smelting and Pressing of Ferrous Metals	564150
有色金属冶炼和压延加工业	Smelting and Pressing of Nonferrous Metals	668441
金属制品业	Manufacture of Metal Products	336403
通用设备制造业	Manufacture of Universal Purpose Equipment	329527

INVESTMENT IN FIXED ASSETS BY SHARE HOLDING(2017)

(10 000 yuan)

国有控股 State-owned	集体控股 Collective-owned	私人控股 Private	港澳台商控股 Investment from Hong Kong, Mcao and Taiwan	外商控股 Foreign Investment	其他 Others
22362549	**2041541**	**26516105**	**608271**	**222956**	**5470163**
496960	213175	3428080			1224589
89596	123131	1335363			591572
264246	55196	198598			116753
58676	18525	1740794			467435
		17135			13556
84442	16323	136190			35273
2654725	173413	1570160	4120	34192	263754
2252060	165714	1079344		1799	250073
238109		50961		32393	
13917		187953			13323
16213		110233			
2050	7699	131293	4120		358
132376		10326			
		50			
1277463	374432	6313052	321371	23392	536867
43159	1680	703304			123050
4596		232516			16834
	3500	217888		12253	18304
41817					
		59335			
		22188			
		630			
1215		74923			
		23994			
		111033			3453
		21290			2440
1597		45707			3257
110968		257339	40378		39137
362377	31556	729463			50972
56936		295438	21334	3883	84062
29794		42412			
6066	34248	139418			122
148017	35031	1135200	1000		48441
63719		447155	1617		51659
173361	201148	275735			18197
5264	7796	301056	6177		16110
13241		313417		450	2419

7-13 续表1

单位：万元

行　业	Sector	本年完成投资 Investment Completed This Year
专用设备制造业	Manufacture of Special Purpose Equipment	218617
汽车制造业	Manufacture of Motor Vehicles	296611
铁路、船舶、航空航天和其他运输设备制造业	Manufacture of Railways, Ships, Aviation, Aircrafts and Other Transportation Equipments	123497
电气机械和器材制造业	Manufacture of Electrical Equipment and Machinery	313964
计算机、通信和其他电子设备制造业	Manufacture of Computer, Telecommunication and Other Electronic Equipments	288832
仪器仪表制造业	Manufacture of Measuring Instrument and Machinery	15369
其他制造业	Other Manufacturing	50679
废弃资源综合利用业	Comprehensive Utilization of Waste	126830
金属制品、机械和设备修理业	Repair of Metal Products, Machinery and Equipment	20102
电力、热力、燃气及水生产和供应业	Production and Supply of Electricity, Heat, Gas and Water	7575092
电力、热力生产和供应业	Production and Supply of Electricity and Heat	6631088
燃气生产和供应业	Production and Supply of Gas	670797
水的生产和供应业	Production and Supply of Water	273207
建筑业	Construction	86710
房屋建筑业	Buildings Construction	13944
土木工程建筑业	Civil Engineering	53252
建筑安装业	Building Installation	13697
建筑装饰和其他建筑业	Building Decoration and Other Construction	5817
批发和零售业	Wholesale and Retail Trade	974869
批发业	Wholesale Trade	424834
零售业	Retail Trade	550035
交通运输、仓储和邮政业	Transport, Storage and Post	3937508
铁路运输业	Railway Transport	437031
道路运输业	Highway Transport	2793510
水上运输业	Water Transport	
航空运输业	Air Transport	841
管道运输业	Transport Via Pipelines	53631
装卸搬运和运输代理业	Loading, Unloading and Other Transport Services	51312
仓储业	Storage	584169
邮政业	Post	17014
住宿和餐饮业	Hotels and Catering Services	252381
住宿业	Hotels	206214
餐饮业	Catering Services	46167
信息传输、软件和信息技术服务业	Information Transmission, Software and Information Technology Services	280459
电信、广播电视和卫星传输服务	Transimission Services of Telecommunication, Broadcast, Television and Satellite	117331
互联网和相关服务	Internet and Relative Services	94954
软件和信息技术服务业	Software and Information Technology Services	68174

continued

(10 000 yuan)

国有控股 State-owned	集体控股 Collective-owned	私人控股 Private	港澳台商控股 Investment from Hong Kong, Mcao and Taiwan	外商控股 Foreign Investment	其 他 Others
5908	3808	194550			14351
53936	4663	227055			10957
24306		66519	32672		
76180	22706	193478		4105	17495
4000	28296	37577	208658	2701	7600
8024		3400			3945
13259		37420			
22916		90979	9535		3400
6807		12633			662
4127204	69993	2146375	206069	62791	962660
3595917	34153	1903088	205805	62791	829334
389231	4530	159353			117683
142056	31310	83934	264		15643
63639		8660	1511		12900
8800		2144			3000
51271		1981			
2286			1511		9900
1282		4535			
104902	61167	698403			110397
72022	23269	296835			32708
32880	37898	401568			77689
2879174	75829	792143			190362
322748		114082			201
2462432	42324	219180			69574
841					
18223		31222			4186
		51312			
74930	33505	371484			104250
		4863			12151
35250	5473	209605			2053
29900		176314			
5350	5473	33291			2053
116997		106173	42682	4238	10369
80925		25804		4238	6364
29379		27918	34657		3000
6693		52451	8025		1005

7-13 续表2

单位：万元

行　业	Sector	本年完成投资 Investment Completed This Year
金融业	Banking and Insurance	14949
货币金融服务	Monetary Banking	6005
资本市场服务	Capital Market	799
保险业	Insurance	
其他金融业	Other Financial Activities	8145
房地产业	Real Estate Trade	14210978
房地产业	Real Estate Trade	14210978
租赁和商务服务业	Lease and Business Affairs Services	532902
租赁业	Leasing	31469
商务服务业	Business Affairs Services	501433
科学研究和技术服务业	Scientific Reseach and Technical Services	315101
研究和试验发展	Reserch and Experimental Development	118630
专业技术服务业	Professional Technical Services	122764
科技推广和应用服务业	Services of Science and Technology Exchanges and Promotion	73707
水利、环境和公共设施管理业	Management of Water Conservancy, Environment and Public Facilities	7386105
水利管理业	Water Conservancy	914092
生态保护和环境治理业	Ecological Protection and Environmental Management	824354
公共设施管理业	Public Facilities	5647659
居民服务、修理和其他服务业	Resident Services, Repair and Other Services	82099
居民服务业	Residence Services	33402
机动车、电子产品和日用产品修理业	Repair of Motor Vehicles, Electronic Products and Daily Products	32665
其他服务业	Other Services	16032
教　育	Education	746974
教　育	Education	746974
卫生和社会工作	Health Care and Social Work	695167
卫　生	Health Care	439510
社会工作	Social Work	255657
文化、体育和娱乐业	Culture, Sports and Recreation	614368
新闻和出版业	Journalism and Publishing Activities	
广播、电视、电影和影视录音制作业	Broadcasting, Movies, Televisions and Audiovisual Activities	3898
文化艺术业	Culture and Arts Activities	325596
体　育	Sports Activities	138177
娱乐业	Entertainment	146697
公共管理、社会保障和社会组织	Public Management, Social Security and Social Organization	606178
中国共产党机关	Organs of CPC	
国家机构	Government Agencies	379304
人民政协、民主党派	PPCC and Democratic Parties	
社会保障	Social Security	1068
群众团体、社会团体和其他成员组织	Mass Organizations, Social Organizations and Other Member Organizations	133349
基层群众自治组织	Grass Roots Self-governing Organizations	92457

continued

(10 000 yuan)

国有控股 State-owned	集体控股 Collective-owned	私人控股 Private	港澳台商控股 Investment from Hong Kong, Mcao and Taiwan	外商控股 Foreign Investment	其 他 Others
9224	4305	1420			
280	4305	1420			
799					
8145					
3443826	651799	8476543	32518	96816	1509476
3443826	651799	8476543	32518	96816	1509476
121196	53650	262437			95619
3413		8078			19978
117783	53650	254359			75641
122919		181724			10458
38770		76841			3019
54126		68638			
30023		36245			7439
5270672	215513	1612231		1527	286162
872726	15324	17534			8508
405809	4512	379820		1527	32686
3992137	195677	1214877			244968
18843	300	60652			2304
9803	300	21440			1859
3190		29030			445
5850		10182			
526055	35429	126057			59433
526055	35429	126057			59433
442813	16326	223552			12476
343604	6357	83854			5695
99209	9969	139698			6781
250311	45677	252424			65956
		3898			
204180	25045	55279			41092
38051	14771	62931			22424
8080	5861	130316			2440
400376	45060	46414			114328
367022		7793			4489
1068					
29556		38621			65172
2730	45060				44667

7-14 按资金来源分固定资产投资(2017年)

单位：万元

行 业	Sector	本年资金来源小计 Total Source of Funds
总 计	**Total**	**51895499**
农、林、牧、渔业	Farming, Forestry, Animal Husbandry and Fishery	4375472
农 业	Farming	1672962
林 业	Forestry	414784
畜牧业	Animal Husbandry	1997832
渔 业	Fishery	27467
农、林、牧、渔服务业	Farming, Forestry, Animal Husbandry and Fishery Services	262427
采矿业	Mining	4060904
煤炭开采和洗选业	Coal Mining and Washsing	3189826
石油和天然气开采业	Extraction of Petroleum and Natural Gas	290579
黑色金属矿采选业	Mining and Dressing of Ferrous Metals	209283
有色金属矿采选业	Mining and Dressing of Nonferrous Metals	103241
非金属矿采选业	Mining and Dressing of Nonmetal Ores	126921
开采辅助活动	Mining Auxiliary Activities	141004
其他采矿业	Others	50
制造业	Manufacturing	7845059
农副食品加工业	Farm and Sideline Food Processing	734858
食品制造业	Food Manufacturing	182088
酒、饮料和精制茶制造业	Alcohol, Beverage and Refined Tea Manufacturing	181434
烟草制品业	Tobacoo Manufaturing	43000
纺织业	Textile Industry	42647
纺织服装、服饰业	Manufacture of Garments and Accessories	19647
皮革、毛皮、羽毛及其制品和制鞋业	Manufacture of Leather, Fur, Feather and their Products and Footwear	1036
木材加工和木、竹、藤、棕、草制品业	Processing of Timber, Manufacture of Wood, Bamboo, Rattan, Palm, and Straw Products	65173
家具制造业	Manufacture of Funiture	23078
造纸和纸制品业	Manufacture of Paper and Paper Products	101758
印刷和记录媒介复制业	Printing and Record Medium Reproduction	23375
文教、工美、体育和娱乐用品制造业	Manufacture of Articles For Culture, Education and Sport Activity	46803
石油加工、炼焦和核燃料加工业	Petroleum Processing ,Coking and Nuclear Fuel Processing	536974
化学原料和化学制品制造业	Manufacture Raw Chemical Materials and Chemical Products	1001802
医药制造业	Manufacture of Medical Products	389193
化学纤维制造业	Manufacture of Chemical Fibers	61877
橡胶和塑料制品业	Manufacture of Rubber and Plastic Products	155232
非金属矿物制品业	Manufacture of Nonmetals Mineral Products	1075750
黑色金属冶炼和压延加工业	Smelting and Pressing of Ferrous Metals	449520
有色金属冶炼和压延加工业	Smelting and Pressing of Nonferrous Metals	725062
金属制品业	Manufacture of Metal Products	283683
通用设备制造业	Manufacture of Universal Purpose Equipment	264762

INVESTMENT IN FIXED ASSETS BY SOURCE OF FUNDS(2017)

(10 000 yuan)

国家预算内资金 State Budgetary Appropriation	国内贷款 Domestic Loans	利用外资 Foreign Investment	自筹资金 Self-raised Funds	其他资金 Others
3377787	**5005563**	**91721**	**32359271**	**11061157**
182745	93957	6258	4017902	74610
22860	33350	3560	1595844	17348
65107	2820	498	336077	10282
20361	54087	2200	1886051	35133
60			24740	2667
74357	3700		175190	9180
20822	319796	20670	3623570	76046
20722	287596	1591	2833109	46808
	30800	19079	240700	
	1000		183145	25138
	400		101841	1000
			124021	2900
100			140704	200
			50	
15611	192299	1000	7245962	390187
643	30928		683638	19649
	3150		165319	13619
	3480		176857	1097
			43000	
	340		41483	824
			18047	1600
			1036	
			60735	4438
			23078	
	370		101388	
			23375	
	7500		36000	3303
	36200		455093	45681
400	11230		923774	66398
500	21757		361354	5582
			61377	500
	3250		144622	7360
7652	18960	1000	1007220	40918
2900	1500		438880	6240
			569886	155176
	2100		281533	50
525	8100		253632	2505

7-14 续表1

单位：万元

行　业	Sector	本年资金来源小计 Total Source of Funds
专用设备制造业	Manufacture of Special Purpose Equipment	185722
汽车制造业	Manufacture of Motor Vehicles	269665
铁路、船舶、航空航天和其他运输设备制造业	Manufacture of Railways, Ships, Aviation, Aircrafts and Other Transportation Equipments	128406
电气机械和器材制造业	Manufacture of Electrical Equipment and Machinery	422971
计算机、通信和其他电子设备制造业	Manufacture of Computer, Telecommunication and Other Electronic Equipments	268273
仪器仪表制造业	Manufacture of Measuring Instrument and Machinery	16389
其他制造业	Other Manufacturing	40583
废弃资源综合利用业	Comprehensive Utilization of Waste	93359
金属制品、机械和设备修理业	Repair of Metal Products, Machinery and Equipment	10939
电力、热力、燃气及水生产和供应业	Production and Supply of Electricity, Heat, Gas and Water	5868009
电力、热力生产和供应业	Production and Supply of Electricity and Heat	5266137
燃气生产和供应业	Production and Supply of Gas	411714
水的生产和供应业	Production and Supply of Water	190158
建筑业	Construction	49908
房屋建筑业	Buildings Construction	13823
土木工程建筑业	Civil Engineering	25048
建筑安装业	Building Installation	5220
建筑装饰和其他建筑业	Building Decoration and Other Construction	5817
批发和零售业	Wholesale and Retail Trade	801734
批发业	Wholesale Trade	364189
零售业	Retail Trade	437545
交通运输、仓储和邮政业	Transport, Storage and Post	3195226
铁路运输业	Railway Transport	512180
道路运输业	Highway Transport	2150801
水上运输业	Water Transport	
航空运输业	Air Transport	9800
管道运输业	Transport Via Pipelines	37306
装卸搬运和运输代理业	Loading, Unloading and Other Transport Services	39771
仓储业	Storage	428344
邮政业	Post	17024
住宿和餐饮业	Hotels and Catering Services	181395
住宿业	Hotels	140858
餐饮业	Catering Services	40537
信息传输、软件和信息技术服务业	Information Transmission, Software and Information Technology Services	245105
电信、广播电视和卫星传输服务	Transimission Services of Telecommunication, Broadcast, Television and Satellite	96223
互联网和相关服务	Internet and Relative Services	88924
软件和信息技术服务业	Software and Information Technology Services	59958

continued

(10 000 yuan)

国家预算内资金 State Budgetary Appropriation	国内贷款 Domestic Loans	利用外资 Foreign Investment	自筹资金 Self-raised Funds	其他资金 Others
500	5994		178062	1166
	1200		267865	600
			128406	
1791	10225		410575	380
			255773	12500
			16389	
	3815		36568	200
500	22200		70258	401
200			10739	
387291	1514999	48100	3365112	552507
330341	1478389	48100	2883742	525565
50279	30000		326566	4869
6671	6610		154804	22073
15261			30450	4197
			11823	2000
15261			7720	2067
			5090	130
			5817	
214	12668		692834	96018
214	8360		301729	53886
	4308		391105	42132
791148	583408	1200	1368439	451031
4690	181200		139990	186300
772043	395113	600	757091	225954
9800				
820	300		32736	3450
			39271	500
3795	6795	600	394488	22666
			4863	12161
	3000		173465	4930
	3000		134378	3480
			39087	1450
2293	11481		219468	11863
402	8081		84089	3651
1891			79630	7403
	3400		55749	809

7-14 续表2

单位：万元

行　业	Sector	本年资金来源小计 Total Source of Funds
金融业	Banking and Insurance	12414
货币金融服务	Monetary Banking	4815
资本市场服务	Capital Market	799
保险业	Insurance	
其他金融服务	Other Financial Activities	6800
房地产业	Real Estate Trade	18437002
房地产业	Real Estate Trade	18437002
租赁和商务服务业	Lease and Business Affairs Services	400135
租赁业	Leasing	28448
商务服务业	Business Affairs Services	371687
科学研究和技术服务业	Scientific Reseach and Technical Services	230225
研究和试验发展	Reserch and Experimental Development	52670
专业技术服务业	Professional Technical Services	116753
科技推广和应用服务业	Services of Science and Technology Exchanges and Promotion	60802
水利、环境和公共设施管理业	Management of Water Conservancy, Environment and Public Facilities	4069795
水利管理业	Water Conservancy	778866
生态保护和环境治理业	Ecological Protection and Environmental Management	577428
公共设施管理业	Public Facilities	2713501
居民服务、修理和其他服务业	Resident Services, Repair and Other Services	67190
居民服务业	Residence Services	32529
机动车、电子产品和日用产品修理业	Repair of Motor Vehicles, Electronic Products and Daily Products	21179
其他服务业	Other Services	13482
教　育	Education	643571
教　育	Education	643571
卫生和社会工作	Health Care and Social Work	468124
卫　生	Health Care	252592
社会工作	Social Work	215532
文化、体育和娱乐业	Culture, Sports and Recreation	482399
新闻和出版业	Journalism and Publishing Activities	
广播、电视、电影和影视录音制作业	Broadcasting, Movies, Televisions and Audiovisual Activities	1275
文化艺术业	Culture and Arts Activities	235643
体　育	Sports Activities	115874
娱乐业	Entertainment	129607
公共管理、社会保障和社会组织	Public Management, Social Security and Social Organization	461832
中国共产党机关	Organs of CPC	
国家机构	Government Agencies	271199
人民政协、民主党派	PPCC and Democratic Parties	
社会保障	Social Security	901
群众团体、社会团体和其他成员组织	Mass Organizations, Social Organizations and Other Member Organizations	127345
基层群众自治组织	Grass Roots Self-governing Organizations	62387

continued

(10 000 yuan)

国家预算内资金 State Budgetary Appropriation	国内贷款 Domestic Loans	利用外资 Foreign Investment	自筹资金 Self-raisied Funds	其他资金 Others
6800			5591	23
			4792	23
			799	
6800				
252903	1611126		7714262	8858711
252903	1611126		7714262	8858711
27604	100		302787	69644
4690	100		22548	1110
22914			280239	68534
20101	36357		145525	28242
2509	4757		44213	1191
13175	31600		64178	7800
4417			37134	19251
1090152	531288	12417	2190268	245670
382116	221232	5001	149946	20571
77330	18882	6600	466985	7631
630706	291174	816	1573337	217468
6940			58200	2050
3290			28389	850
850			20329	
2800			9482	1200
288097	11363	2076	278907	63128
288097	11363	2076	278907	63128
96699	16702		339807	14916
65479	16160		160176	10777
31220	542		179631	4139
53959	13007		375667	39766
			1275	
47246	7100		156273	25024
6713	5100		91568	12493
	807		126551	2249
119147	54012		211055	77618
118296	54012		73609	25282
851				50
			118544	8801
			18902	43485

7-15 固定资产投资规模及新增生产能力(2017年)

生产能力(或效益)名称		Item	建设规模 Construction Scale
原煤开采	(万吨/年)	Coal Mining (10 000 tons/year)	10715
焦　炭	(万吨/年)	Coke (10 000 tons/year)	776
天然气开采	(亿立方米/年)	Extraction of Natural Gas(100 million cu.m/year)	82
石油加工：蒸馏设备能力	(处理万吨/年)	Petroleum Processing: Capacity of Distillation Equipment (10 000 tons/year)	17
石油加工：裂化设备能力	(处理万吨/年)	Petroleum Processing: Capacity of Cracking Equipment (10 000 tons/year)	7
铁矿开采(原矿)	(万吨/年)	Iron-Ore Mining (10 000 tons/year)	866.0
生　铁	(万吨/年)	Pig Iron (10 000 tons/year)	1.3
钢　材	(万吨/年)	Rolled Steel (10 000 tons /year)	160
氧化铝	(吨/年)	Oxide Aluminium (ton/year)	6260100
原铝(电解铝)	(吨/年)	Primary Aluminium (ton/year)	500000
铝加工材	(吨/年)	Aluminum Processing Material (ton/year)	62800
黄　金	(公斤/年)	Gold (kg/year)	1500
发电机组容量	(万千瓦)	Capacity of Power Generating Sets (10 000 kw)	2936
火力发电	(万千瓦)	Fire Power (10 000 kw)	2262
风力发电	(万千瓦)	Wind Power (10 000 kw)	313
太阳能发电	(万千瓦)	Solar Power (10 000 kw)	331
其　他	(万千瓦)	Others (10 000 kw)	31
输电线路长度(110千伏及以上)	(公里)	Length of Power Transmission Line (≥110 kv) (km)	1353
水　泥	(万吨/年)	Cement (10 000 tons/year)	630
农用氮、磷、钾化学肥料	(吨/年)	Chemical Fertilizers (ton/year)	88200
氮　肥	(吨/年)	Nitrogen Fertilizers (ton/year)	80200
钾　肥	(吨/年)	Potash Fertilizers (ton/year)	8000
塑料树脂及共聚物	(吨/年)	Plastic Colophony and Polymer (ton/year)	2478
汽车制造	(辆/年)	Motor Vehicles (unit/year)	120011
载货汽车制造	(辆/年)	Trucks (unit/year)	20000
客车制造	(辆/年)	Passenger Motor Vehicles (unit/year)	5000
轿车制造	(辆/年)	Cars (unit/year)	95011

SCALE OF INVESTMENT IN FIXED ASSETS AND NEWLY INCREASED PRODUCTION CAPACITY(2017)

本年施工规模 Construction Scale This Year	#本年新开工 Newly Started This Year	累计新增生产能力 Accumulated Newly Increased Production Capacity	#本年新增 Newly Increased This Year
7713	963	554	432
421	210	90	
14	11	24	5
10	10		
296.8	96.8	63.0	63.0
1.3	1.3	1.3	1.3
160	160	0.2	0.2
3490000	2290000	2090000	1090000
500000			
14	12	38000	4
194	194	401	194
1684	363	502	379
1180	44	220	148
215	98	94	58
277	217	179	167
12	4	9	6
1115	448	503	487
481	200		
30500	30500	80200	22500
22500	22500	80200	22500
8000	8000		
2478	2478	2478	2478
100011	87588	32885	27577
5000			
		5000	
95011	87588	27885	27577

7-15 续表

生产能力(或效益)名称		Item	建设规模 Construction Scale
化学纤维	(吨／年)	Chemical Fibre (ton/year)	25000
酒	(万吨／年)	Alcoholic Drink (10 000 tons/year)	10.6
白　酒	(万吨／年)	White Spirit(10 000 tons/year)	10.1
其他酒	(万吨／年)	Other Alcohols (10 000 tons/year)	0.5
卷　烟	(箱/年)	Cigarettes (box/year)	400000
新建铁路里程	(公里)	Length of Railways Newly Built (km)	572
电气化铁路里程	(公里)	Length of Electrified Railways (km)	18
新建公路	(公里)	Length of Newly Built Highways (km)	995
#高速公路	(公里)	Express Way (km)	409
一级公路	(公里)	First Class (km)	146
二级公路	(公里)	Second Class (km)	128
改建公路	(公里)	Reconstructed Highways (km)	2407
#高速公路	(公里)	Express Way (km)	54
一级公路	(公里)	First Class (km)	2
二级公路	(公里)	Second Class (km)	276
新建独立公路桥梁	(延长米)	Independent Highway Bridges Newly Built (extended m)	9363
新建独立公路桥梁	(座)	Independent Highway Bridges Newly Built (unit)	19
新(扩)建公路客、货运站	(个)	Highway Passenger and Freight Station of Newly Built or Extended (unit)	6
新(扩)建公路客、货运站	(平方米)	Highway Passenger and Freight Station of Newly Built or Extended (sq.m)	65352
民航机场跑道	(条)	Runways of Civil Aviation Airport (unit)	1
民航机场跑道	(米)	Runways of Civil Aviation Airport (meter)	1500
候机楼	(座)	Terminal Buildings (unit)	1
候机楼	(平方米)	Terminal Buildings (sq.m)	7200
城市自来水供水能力	(万吨／日)	City Tap Water Supply Capacity (10 000 tons/day)	51
城市污水处理能力	(万吨／日)	City Sewage Treatment Capacity (10 000 tons/day)	67

continued

本年施工规模 Construction Scale This Year	#本年新开工 Newly Started This Year	累计新增生产能力 Accumulated Newly Increased Production Capacity	#本年新增 Newly Increased This Year
21000	20000		
10.6	0.1	0.4	0.1
10.1			
0.5	0.1	0.4	0.1
400000		100000	100000
138	12	318	29
710	301	397	172
252	67	184	3
76	9	42	31
113	99	79	68
2101	1535	1152	841
54		54	54
2	2		
226	74	141	100
6770	2164	5747	3217
16	10	11	7
6	3	5	5
58267	6921	61265	56767
1			
1500			
1			
7200			
26	11	14	11
53	46	48	44

7-16 固定资产投资总规模及新增固定资产(2017年)

单位：万元

行 业	Sector	计划总投资 Total Planned Investment
总 计	**Total**	**282087571**
农、林、牧、渔业	Farming, Forestry, Animal Husbandry and Fishery	13265447
农 业	Farming	4936894
林 业	Forestry	1298819
畜牧业	Animal Husbandry	6021705
渔 业	Fishery	51456
农、林、牧、渔服务业	Farming, Forestry, Animal Husbandry and Fishery Services	956573
采矿业	Mining	21092947
煤炭开采和洗选业	Coal Mining and Washsing	15557946
石油和天然气开采业	Extraction of Petroleum and Natural Gas	3547955
黑色金属矿采选业	Mining and Dressing of Ferrous Metals	831377
有色金属矿采选业	Mining and Dressing of Nonferrous Metals	494195
非金属矿采选业	Mining and Dressing of Nonmetal Ores	333157
开采辅助活动	Mining Auxiliary Activities	245598
其他采矿业	Others	82719
制造业	Manufacturing	42773040
农副食品加工业	Farm and Sideline Food Processing	2855068
食品制造业	Food Manufacturing	551536
酒、饮料和精制茶制造业	Alcohol, Beverage and Refined Tea Manufacturing	1628135
烟草制品业	Tobacoo Manufaturing	199131
纺织业	Textile Industry	337499
纺织服装、服饰业	Manufacture of Garments and Accessories	39401
皮革、毛皮、羽毛及其制品和制鞋业	Manufacture of Leather, Fur, Feather and their Products and Footwear	1036
木材加工和木、竹、藤、棕、草制品业	Processing of Timber, Manufacture of Wood, Bamboo, Rattan, Palm, and Straw Products	382528
家具制造业	Manufacture of Funiture	41171
造纸和纸制品业	Manufacture of Paper and Paper Products	425594
印刷和记录媒介复制业	Printing and Record Medium Reproduction	82830
文教、工美、体育和娱乐用品制造业	Manufacture of Articles For Culture, Education and Sport Activity	147564
石油加工、炼焦和核燃料加工业	Petroleum Processing ,Coking and Nuclear Fuel Processing	4512153
化学原料和化学制品制造业	Manufacture Raw Chemical Materials and Chemical Products	7640981
医药制造业	Manufacture of Medical Products	1544194
化学纤维制造业	Manufacture of Chemical Fibers	212159
橡胶和塑料制品业	Manufacture of Rubber and Plastic Products	378808
非金属矿物制品业	Manufacture of Nonmetals Mineral Products	3693723
黑色金属冶炼和压延加工业	Smelting and Pressing of Ferrous Metals	1563545
有色金属冶炼和压延加工业	Smelting and Pressing of Nonferrous Metals	4483021
金属制品业	Manufacture of Metal Products	1124084
通用设备制造业	Manufacture of Universal Purpose Equipment	1161567

注：本表项目个数不含房地产开发投资。

Note: Number of projects in this table doesn't include investment in real estate development.

SCALE OF INVESTMENT AND NEWLY INCREASED FIXED ASSETS(2017)

(10 000 yuan)

自开始建设至本年底累计完成投资 Accumulated Investment Completed This Year	#本年完成投资 Investment Completed This Year	施工项目(个) Number of Projects under Construction (unit)	#本年新开工 Newly Started This Year	本年投产项目(个) Number of Projects Put into Use This Year (unit)	本年新增固定资产 Newly Increased Fixed Assets This Year
172658107	**57221585**	**10719**	**6983**	**5990**	**36548185**
7357425	5362804	2327	1698	1248	4045883
2995302	2139662	856	595	485	1663400
762447	634793	236	176	141	491044
2951863	2285430	1073	833	529	1433646
40419	30691	17	10	10	25346
607394	272228	145	84	83	432447
14235407	4700364	900	614	650	3745732
10890180	3748990	707	499	535	3092908
2190716	321463	25	8	7	97175
507507	215193	71	40	41	170474
279585	126446	24	13	16	101697
215279	145520	56	38	42	147195
142702	142702	16	16	9	136283
9438	50	1			
23353238	8846577	2138	1355	1241	6093971
1581842	871193	307	162	139	542077
418534	253946	81	44	60	199104
1269117	251945	57	38	35	156030
147384	41817	2			
228941	59335	19	8	12	43762
22736	22188	8	7	4	8524
630	630	1	1		
213040	76138	20	7	12	71980
27321	23994	12	9	7	14841
267178	114486	29	21	20	88578
54815	23730	9	3	7	21074
82076	50561	16	9	9	46320
3328411	447822	89	68	58	352009
4028020	1174368	222	153	126	894546
873590	461653	95	54	51	268209
128557	72206	5	4	2	25452
265392	179854	55	31	38	155688
2131565	1367689	406	306	260	1017957
1037560	564150	133	102	97	517291
1751127	668441	61	32	30	526187
581275	336403	123	76	81	219776
736092	329527	102	54	51	289258

7-16 续表1

单位：万元

行　业	Sector	计划总投资 Total Planned Investment
专用设备制造业	Manufacture of Special Purpose Equipment	846239
汽车制造业	Manufacture of Motor Vehicles	2185093
铁路、船舶、航空航天和其他运输设备制造业	Manufacture of Railways, Ships, Aviation, Aircrafts and Other Transportation Equipments	635116
电气机械和器材制造业	Manufacture of Electrical Equipment and Machinery	3660155
计算机、通信和其他电子设备制造业	Manufacture of Computer, Telecommunication and Other Electronic Equipments	1058459
仪器仪表制造业	Manufacture of Measuring Instrument and Machinery	146605
其他制造业	Other Manufacturing	227220
废弃资源综合利用业	Comprehensive Utilization of Waste	937243
金属制品、机械和设备修理业	Repair of Metal Products, Machinery and Equipment	71182
电力、热力、燃气及水生产和供应业	Production and Supply of Electricity, Heat, Gas and Water	26184407
电力、热力生产和供应业	Production and Supply of Electricity and Heat	23725389
燃气生产和供应业	Production and Supply of Gas	1357565
水的生产和供应业	Production and Supply of Water	1101453
建筑业	Construction	320576
房屋建筑业	Buildings Construction	43442
土木工程建筑业	Civil Engineering	230965
建筑安装业	Building Installation	34154
建筑装饰和其他建筑业	Building Decoration and Other Construction	12015
批发和零售业	Wholesale and Retail Trade	4686336
批发业	Wholesale Trade	2192872
零售业	Retail Trade	2493464
交通运输、仓储和邮政业	Transport, Storage and Post	20292201
铁路运输业	Railway Transport	5137524
道路运输业	Highway Transport	11395607
水上运输业	Water Transport	
航空运输业	Air Transport	36825
管道运输业	Transport Via Pipelines	210813
装卸搬运和运输代理业	Loading, Unloading and Other Transport Services	143272
仓储业	Storage	3314997
邮政业	Post	53163
住宿和餐饮业	Hotels and Catering Services	1003229
住宿业	Hotels	913295
餐饮业	Catering Services	89934
信息传输、软件和信息技术服务业	Information Transmission, Software and Information Technology Services	1279306
电信、广播电视和卫星传输服务	Transimission Services of Telecommunication, Broadcast, Television and Satellite	261208
互联网和相关服务	Internet and Relative Services	336167
软件和信息技术服务业	Software and Information Technology Services	681931

continued

(10 000 yuan)

自开始建设至本年底累计完成投资 Accumulated Investment Completed This Year	#本年完成投资 Investment Completed This Year	施工项目(个) Number of Projects under Construction (unit)	#本年新开工 Newly Started This Year	本年投产项目(个) Number of Projects Put into Use This Year (unit)	本年新增固定资产 Newly Increased Fixed Assets This Year
504459	218617	73	42	43	167571
1184810	296611	44	23	16	142734
165229	123497	15	12	8	18628
911733	313964	80	46	46	155195
442990	288832	13	7	7	53285
81204	15369	6	2	1	100
201250	50679	18	11	8	25913
657948	126830	28	16	10	67241
28412	20102	9	7	3	4641
17532418	7575092	1033	705	556	4398775
15603784	6631088	772	530	390	3732160
1147194	670797	164	118	108	477975
781440	273207	97	57	58	188640
142827	86710	21	15	13	84348
41044	13944	4	3	4	41044
73302	53252	9	7	4	24621
21293	13697	5	3	3	11500
7188	5817	3	2	2	7183
2280970	974869	283	168	154	742705
1263832	424834	145	79	71	358593
1017138	550035	138	89	83	384112
12021280	3937508	776	503	466	2222859
2716239	437031	18	3	5	478732
7358446	2793510	537	367	332	1278509
2857	841	1			
61424	53631	15	11	8	40141
116636	51312	8	3	7	20518
1740608	584169	195	118	113	400096
25070	17014	2	1	1	4863
444952	252381	61	34	37	160748
364413	206214	45	25	26	118800
80539	46167	16	9	11	41948
653071	280459	76	43	46	240988
198348	117331	32	16	23	84073
211023	94954	22	16	13	86106
243700	68174	22	11	10	70809

7-16 续表2

单位：万元

行　业	Sector	计划总投资 Total Planned Investment
金融业	Banking and Insurance	33550
货币金融服务	Monetary Banking	13611
资本市场服务	Capital Market	2546
保险业	Insurance	
其他金融业	Other Financial Activities	17393
房地产业	Real Estate Trade	109755712
房地产业	Real Estate Trade	109755712
租赁和商务服务业	Lease and Business Affairs Services	2409427
租赁业	Leasing	121833
商务服务业	Business Affairs Services	2287594
科学研究和技术服务业	Scientific Reseach and Technical Services	1802754
研究和试验发展	Reserch and Experimental Development	1024648
专业技术服务业	Professional Technical Services	596869
科技推广和应用服务业	Services of Science and Technology Exchanges and Promotion	181237
水利、环境和公共设施管理业	Management of Water Conservancy, Environment and Public Facilities	27430598
水利管理业	Water Conservancy	3615676
生态保护和环境治理业	Ecological Protection and Environmental Management	1796088
公共设施管理业	Public Facilities	22018834
居民服务、修理和其他服务业	Resident Services, Repair and Other Services	167094
居民服务业	Residence Services	95499
机动车、电子产品和日用产品修理业	Repair of Motor Vehicles, Electronic Products and Daily Products	47672
其他服务业	Other Services	23923
教　育	Education	2232822
教　育	Education	2232822
卫生和社会工作	Health Care and Social Work	2963005
卫　生	Health Care	1790123
社会工作	Social Work	1172882
文化、体育和娱乐业	Culture, Sports and Recreation	2864509
新闻和出版业	Journalism and Publishing Activities	
广播、电视、电影和影视录音制作业	Broadcasting, Movies, Televisions and Audiovisual Activities	13605
文化艺术业	Culture and Arts Activities	1559729
体　育	Sports Activities	417388
娱乐业	Entertainment	873787
公共管理、社会保障和社会组织	Public Management, Social Security and Social Organization	1530611
中国共产党机关	Organs of CPC	
国家机构	Government Agencies	920288
人民政协、民主党派	PPCC and Democratic Parties	
社会保障	Social Security	2665
群众团体、社会团体和其他成员组织	Mass Organizations, Social Organizations and Other Member Organizations	383347
基层群众自治组织	Grass Roots Self-governing Organizations	224311

continued

(10 000 yuan)

自开始建设至本年底累计完成投资 Accumulated Investment Completed This Year	#本年完成投资 Investment Completed This Year	施工项目(个) Number of Projects under Construction (unit)	#本年新开工 Newly Started This Year	本年投产项目(个) Number of Projects Put into Use This Year (unit)	本年新增固定资产 Newly Increased Fixed Assets This Year
20099	14949	8	5	3	7704
9408	6005	5	3	2	5158
2546	799	1		1	2546
8145	8145	2	2		
72146613	14210978	513	258	228	8322135
72146613	14210978	513	258	228	8322135
927592	532902	104	66	40	239878
34629	31469	12	7	6	19800
892963	501433	92	59	34	220078
834292	315101	96	49	40	91865
512127	118630	25	4	6	13555
212728	122764	46	31	20	50594
109437	73707	25	14	14	27716
15276774	7386105	1567	1002	881	4596253
2742646	914092	235	119	147	797754
1184914	824354	268	228	167	600540
11349214	5647659	1064	655	567	3197959
116565	82099	37	27	25	56421
64716	33402	12	5	10	21690
35349	32665	18	16	11	22716
16500	16032	7	6	4	12015
1385790	746974	239	148	117	360482
1385790	746974	239	148	117	360482
1542677	695167	207	105	103	386604
984661	439510	122	57	63	220482
558016	255657	85	48	40	166122
1497854	614368	184	106	86	451131
13605	3898	3	1	3	6652
775852	325596	103	54	47	242165
185293	138177	41	28	20	80013
523104	146697	37	23	16	122301
888263	606178	149	82	56	299703
587616	379304	109	60	46	222441
2003	1068	2	1	1	1353
204879	133349	29	14	7	73922
93765	92457	9	7	2	1987

7-17 农户固定资产投资主要指标

MAJOR INDICATORS OF RURAL HOUSEHOLDS INVESTMENT IN FIXED ASSETS

单位：万元 (10 000 yuan)

指 标	Item	2016	2017
一、本年新增固定资产原值	Original Value of Newly Increased Fixed Assets This Year	3603289	3263498
二、本年固定资产投资完成额	Completed Investment in Fixed Assets This Year	3386310	3183809
按投资来源分	Grouped by Source of Funds		
国内贷款	Domestic Loans	348003	363621
自筹资金	Self-raised Funds	3012929	2801354
其他资金	Others	25379	18834
按投资构成分	Grouped by Composition		
建筑工程	Construction	2297310	2021016
#水 利	Conservancy	1809	1906
房 屋	Buildings	2221473	1997993
#住 宅	Residential Buildings	2172577	1971614
安装工程	Installation		
设备工器具购置	Purchase of Equipment and Instruments	934916	1015550
#生产设备	Production Equipment	934916	1015550
其 他	Others	154084	147243
按具体投资项目分	Grouped by Investment Projects		
房 屋	Buildings	2221473	1997993
#住 宅	Residential Buildings	2172577	1971614
道 路	Roadway		
桥 梁	Bridge		
设 备	Equipment	934916	1015550
水 利	Conservancy	1809	1906
其 他	Others	228112	168360
三、本年施工房屋面积(万平方米)	Floor Space of Buildings Under Construction This Year (10 000 sq.m)	3008	2758
#住 宅	Residential Buildings	2897	2727
#当年新开工	Newly Started in The Current Year	2676	2657
四、本年竣工房屋面积(万平方米)	Floor Space of Buildings Completed This Year (10 000 sq.m)	2852	2568
#住 宅	Residential Buildings	2686	2463
五、本年竣工房屋投资额	Investment in Buildings Completed This Year	2089957	1811784
#住 宅	Residential Buildings	2055069	1793664

7-18 主要年份农户固定资产投资

INVESTMENT IN FIXED ASSETS OF RURAL HOUSEHOLDS IN MAJOR YEARS

年 份 Year	竣工房屋面积 (万平方米) Floor Space of Buildings Completed (10 000 sq.m)	#住 宅 Residential Buildings	本年竣工房屋投资额 (万元) Investment in Buildings Completed This Year (10 000 yuan)	#住 宅 Residential Buildings	购置生产性固定资产投资(万元) Purchase of Productive Fixed Assets (10 000 yuan)
1985	1327	1165	67840	58794	19547
1990	1214	1192	152724	103171	10971
1995	406	403	85050	84528	97111
2000	793	765	236059	227276	58651
2001	862	826	258909	246602	49381
2002	954	932	304384	298523	91453
2003	1152	1023	332777	320480	131960
2004	1164	1077	377435	362733	158117
2005	1320	1298	456869	448930	158022
2006	1545	1507	596264	577144	205530
2007	1702	1666	783527	769298	176299
2008	1617	1554	869494	824246	357467
2009	1700	1599	960717	904851	413236
2010	1899	1714	1107868	1022321	451000
2011	1929	1815	1155259	1123754	473729
2012	2020	1907	1330340	1321667	489125
2013	2365	2264	1907906	1832392	727639
2014	2588	2505	2061461	2019725	805335
2015	2708	2535	2188411	2159373	862664
2016	2852	2686	2089957	2055069	934916
2017	2568	2463	1811784	1793664	1015550

主要统计指标解释

全社会固定资产投资 是以货币形式表现的在一定时期内全社会建造和购置固定资产的工作量以及与此有关的费用的总称。该指标是反映固定资产投资规模、结构和发展速度的综合性指标,又是观察工程进度和考核投资效果的重要依据。全社会固定资产投资按登记注册类型可分为国有、集体、联营、股份制、私营和个体、港澳台商、外商、其他等。

固定资产投资(不含农户) 指城镇和农村各种登记注册类型的企业、事业、行政单位及城镇个体户进行的计划总投资500万元及500万元以上的建设项目投资和房地产开发投资,包含原口径的城镇固定资产投资加上农村企事业组织项目投资,该口径自2011年起开始使用。

固定资产投资的实际到位资金 根据固定资产投资的资金来源不同,分为国家预算资金、国内贷款、利用外资、自筹资金和其他资金。

(1)国家预算资金 国家预算包括一般预算、政府性基金预算、国有资本经营预算和社保基金预算。各类预算中用于固定资产投资的资金全部作为国家预算资金填报,其中一般预算中用于固定资产投资的部分包括基建投资、车购税、灾后恢复重建基金和其他财政投资。各级政府债券也应归入国家预算资金。

(2)国内贷款 指报告期固定资产项目投资单位向银行及非银行金融机构借入用于固定资产投资的各种国内借款,包括银行利用自有资金及吸收存款发放的贷款、上级主管部门拨入的国内贷款、国家专项贷款(包括煤代油贷款、劳改煤矿专项贷款等),地方财政专项资金安排的贷款、国内储备贷款、周转贷款等。

(3)利用外资 指报告期收到的境外(包括外国及港澳台地区)资金(包括设备、材料、技术在内)。包括对外借款(外国政府贷款、国际金融组织贷款、出口信贷、外国银行商业贷款、对外发行债券和股票)、外商直接投资、外商其他投资(包括利用外商投资收益在国内进行固定资产再投资活动的资金)。不包括我国自有外汇资金(国家外汇、地方外汇、留成外汇、调剂外汇和国内银行自有资金发放的外汇贷款等)。各类外资按报告期末的外汇牌价(中间价)折成人民币计算。

(4)自筹资金 指固定资产投资单位在报告期收到的,由各企、事业单位筹集用于固定资产投资的资金,包括各类企事业单位的自有资金和从其他单位筹集的用于固定资产投资的资金,但不包括各类财政性资金、从各类金融机构借入资金和国外资金。

(5)其他资金 指在报告期收到的除以上各种资金之外的用于固定资产投资的资金,包括社会集资、个人资金、无偿捐赠的资金及其他单位拨入的资金等。

固定资产投资按国民经济行业分 指根据其从事的社会经济活动性质对各类单位进行的分类。应根据建设项目建成投产后的主要产品种类或主要用途及社会经济活动种类来划分,不能根据项目单位本身的行业类别来划分。如果项目投产后有几种产品,应根据主要产品来确定行业类别。一般情况下,一个建设项目只能属于一种国民经济行业。

固定资产投资按隶属关系分 是按建设单位或企业、事业、行政单位的主管上级机关确定的。

(1)中央 是指中共中央、人大常委会和国务院各部、委、局、总公司以及直属机构直接领导的建设项目和企业、事业、行政单位。这些单位的固定资产投资计划由国务院各部门直接编制和下达,统一组织或委托下级实施。包括有中央垂直管理的部门(如国家统计局各级调查队)和中央直属企业、事业单位(如工商银行、中国电信、中国石油)等。

(2)地方 是由省(自治区、直辖市)、地(区、市、州、盟)、县(区、市、旗)三级政府及业务主管部门直接领导和管理的建设项目、企业、事业、行政单位。地方项目还包括不隶属以上各级政府及主管部门的建设项目和企业、事业单位,如外商投资企业和无主管部门的企业等。

固定资产投资按建设性质分 按整个建设项目情况来确定。建设项目的性质一般分为新建、扩建、改建和技术改造、单纯建造生活设施、迁建、恢复、单纯购置。房地产开发单位、农户投资不划分建设性质。

(1)新建 指从无到有"平地起家"开始建设的项目。现有企业、事业、行政单位投资的项目一般不属于新建。但如有的单位原有基础很小,经过建设后新增的固定资产价值超过该企业、事业、行政单位原有固定资产价值(原值)三倍以上的,也应作为新建。

(2)扩建　指在厂内或其他地点，为扩大原有产品的生产能力(或效益)或增加新的产品生产能力，而增建的生产车间(或主要工程)、分厂、独立的生产线的企业、事业单位。行政、事业单位在原单位增建业务性用房(如学校增建教学用房、医院增建门诊部、病房等)也作为扩建。

现有企、事业单位为扩大原有主要产品生产能力或增加新的产品生产能力，增建一个或几个主要生产车间(或主要工程)、分厂，同时进行一些更新改造工程的，也应作为扩建。

(3)改建和技术改造　指现有企业、事业单位对原有设施进行技术改造或更新(包括相应配套的辅助性生产、生活福利设施) 的建设项目。改建项目包括现有企业、事业单位为适应市场变化的需要，而改变企业的主要产品种类(如军工企业转民产品等) 的建设项目，原有产品生产作业线由于各工序(车间)之间能力不平衡，为填平补齐充分发挥原有生产能力而增建不增加本企业主要产品设计能力的车间的建设项目。技术改造是指企业、事业单位在现有基础上，用先进的技术代替落后的技术，用先进的工艺和装备代替落后的工艺和装备，以改变企业落后的技术经济面貌，实现以内涵为主的扩大再生产，达到提高产品质量、促进产品更新换代、节约能源、降低消耗、扩大生产规模、全面提高社会经济效益的目的。技术改造具体包括以下内容：机器设备和工具的更新改造；生产工艺改革、节约能源和原材料的改造；厂房建筑和公共设施的改造；保护环境进行的“三废”治理改造；劳动条件和生产环境的改造等。

固定资产投资按构成分

(1)建筑工程　指各种房屋、建筑物的建造工程，又称建筑工作量。这部分投资额必须兴工动料，通过施工活动才能实现，是固定资产投资额的重要组成部分。

(2)安装工程　指各种设备、装置的安装工程，又称安装工作量。

在安装工程中，不包括被安装设备本身价值。

(3)设备工具器具购置　指报告期内购置或自制的，达到固定资产标准的设备、工具、器具的价值。新建单位及扩建单位的新建车间，按照设计或计划要求购置或自制的全部设备、工具、器具，不论是否达到固定资产标准均计入“设备工具器具购置”中。

(4)其他费用　指在固定资产建造和购置过程中发生的，除建筑安装工程和设备、工器具购置投资完成额以外的应当分摊计入固定资产投资的费用，不指经营中财务上的其他费用。

施工项目个数　是指本年正式进行过建筑或安装施工活动的建设项目个数。包括本年新开工项目，以前年度开工跨入本年继续施工项目，本年全部建成投产项目、以前年度全部停缓建在本年恢复施工的项目，本年进行过施工又在本年内全部停缓建的项目。施工项目个数可以反映一定时期固定资产投资的实际规模，与同期全部建成投产项目个数相比，可以从建设速度的角度反映固定资产投资的效果。

本年投产项目个数　指报告期内按设计文件规定建成主体工程和相应配套的辅助设施，形成生产能力或工程效益，经过验收合格，并且已正式投入生产或交付使用的建设项目。

新增生产能力(或工程效益)　指通过固定资产投资活动而增加的设计能力(或工程效益)。主要指标包括建设规模、本年施工规模、自开始建设累计新增生产能力(或工程效益)、本年新增生产能力(或工程效益)等。

建设规模　指建设项目或工程设计文件中规定的全部设计能力(或工程效益)。包括已经建成投产和尚未建成投产的工程的生产能力(或工程效益)。

本年施工规模　指报告期内施工的单项工程（或更新改造项目）的设计能力(或工程效益)，包括报告期以前已开工跨入本年继续施工的工程的设计能力和报告期新开工工程的设计能力。也包括报告期内建成投产或报告期施工后又停缓建的单项工程设计能力。不包括在报告期以前建成投产或已经停、缓建的工程，以及报告期内尚未正式开工的工程的设计能力。

自开始建设累计新增生产能力(或工程效益)　指自开始建设至本年底止建成投产的全部单项工程累计新增生产能力(或工程效益)。

本年新增生产能力(或工程效益)　指在本年度内按照新增生产能力(或工程效益)的计算条件和标准，实际建成投入生产或交付使用的生产能力(或工程效益)。

新增固定资产　是指已经完成建造和购置过程，并已交付生产或使用单位的固定资产的价值，包括已经建成投入生产或交付使用的工程投资和达到固定资产标准的设备、工具、器具的投资及有关应摊入的费用。该指标是表示固定资产投资成果的价值指标，也是反映建设进度，计算固定资产投资效果的重要指标。

Explanatory Notes on Main Statistical Indicators

Total Investment in Fixed Assets in the Whole Country refers to the volume of activities in construction and purchases of fixed assets of the whole country and related fees, expressed in monetary terms during the reference period. It is a comprehensive indicator which shows the size, structure and growth of the investment in fixed assets, providing a basis for observing the progress of construction projects and evaluating results of investment. Total investment in fixed assets in the whole country includes, by type of ownership, the investment by State-owned units, collective-owned units, joint ownership units, share-holding units, private units, individuals as well as investments by entrepreneurs from Hong Kong, Macao and Taiwan, foreign investors and others.

Investment in Fixed Assets (Excluding Rural Households) refers to the investment in construction projects with a total planned investment of 5 million yuan and over by enterprises of various ownerships, institutions, administrative units and urban self-employed individuals, and the investment in real estate development in both urban and rural areas. Since 2011, it covers the urban investment in fixed assets under the previous statistical coverage plus project investments by rural enterprises and institutions.

Actual Funds in Place for Investment in Fixed Assets are categorized as funds from the State budget, domestic loans, foreign investment, self-raised funds, and others, depending on the sources of investment.

(1) Fund from the State budget: State budget consists of general budget, government fund budget, operation budget of state-owned assets and social security fund budget. Funds for investment in fixed assets from various budgets are reported as fund from the state budget, of which, the general budget utilized on fixed assets investment includes investment on infrastructure construction, vehicle purchase tax, post-disaster restoration and reconstruction funds and other financial investment. Government bonds at all levels should also be included.

(2) Domestic loans refer to loans of various forms borrowed by investing units from banks and non-bank financial institutions during the reference period for the purpose of investment in fixed assets, including loans issued by banks from their self-owned funds and deposit, loans appropriated by higher responsible authorities, special loans by government (including loan for substituting petroleum with coal, special loans for reform-through-labour coal mines), loans arranged by local government from special funds, domestic reserve loan, and revolving loan, etc.

(3) Foreign investment refers to overseas (including foreign countries, Hongkong, Macao and Taiwan) funds received during the reference period (covering equipment, materials and technology), including foreign borrowings (loans from foreign governments and international financial institutions, export credit, commercial loans from foreign banks, issue of bonds and stocks overseas), foreign direct investment and other foreign investments (including funds from foreign direct investment income that are reinvested in fixed assets domestically). Excluded from this category is capital in foreign exchanges owned by China (foreign exchanges owned by the central and local governments, foreign exchanges retained by enterprises, foreign exchanges by enterprises through the regulating mechanism, loans in foreign exchanges issued by the Bank of China with its own fund, etc.). In calculating the utilization of foreign capital, foreign currencies are converted into Chinese Renminbi applying the exchange rate (central parity rate) at the end of the reference period.

(4) Self-raised funds refer to funds for investment in fixed assets received during the reference period by investing units, including investment in fixed assets using own funds of various enterprises and institutions or funds raised from other units other than financial funds, funds borrowed from financial institutions and overseas funds.

(5) Others refer to funds for investment in fixed assets received from sources other than those listed above, including funds raised from individuals and through donations, and funds transferred from other units.

Investment in Fixed Assets by Sector refers to the classification of investment by the nature of social economic activities the investing units are engaged in. The classification of construction projects by sector is determined by the major products or the purpose of the projects when they are put into production or use, and by the nature of their social economic activities, instead of being determined by industrial classification of the project enterprises. The project will be classified according to major product if there are several kinds of products yielded. In general, one project can only be classified into one sector.

Investment in Fixed Assets by Jurisdiction of Management refers to the classification of investment by the competent authorities under which investment is made by construction units, enterprises, institutions or administrative units.

(1) Central investment refers to the investment in projects or by enterprises, institutions or administrative units which are under the direct leadership and management of the State Council and of the national commissions, ministries, agencies and State-owned large corporations. Various ministries and departments of the State Council prepare and implement plans through unified organization or lower-level commissions, which include departments direct under central government (i.e. survey offices at all level of the National

Bureau of Statistics) and enterprises and institutions directly under central government (like the Industrial and Commercial Bank of China, China Telecom and China National Petroleum Corporation).

(2) Local investment refers to the investment in projects or by enterprises, institutions or administrative units which are under the direct leadership and management of competent departments and governments at the level of province (autonomous regions and municipalities directly under the Central Government), prefecture （prefectures, cities and leagues） and county (districts, cities and banners). Also included are projects by foreign-invested enterprises and enterprises without competent managing authorities.

Investment in Fixed Assets by Type of Construction Construction projects in general can be classified, by the type of construction, into new construction, expansion, reconstruction and technical transformation, purely construction of living facilities, moving, restoration and purely purchasing. However, investment by type of construction is not applied to investment by real-estate development units and investment by rural households.

(1) New construction in general refers to construction projects, which start from scratch. The existing projects invested by enterprises, institutions and administrative agencies cannot be classified as new construction. In case the size of the existing unit is quite small, and the value of newly added fixed assets is more than three times of the original value, the expansion will be considered as new construction.

(2) Expansion refers to construction of new production workshop, branch factory or independent production line within a factory or in other locations, for the purpose of increasing the production capacity (or improving efficiency) or adding new production capacity by enterprises and institutions. Newly constructed accommodation for the operation of institutions and administrative organizations (such as newly constructed buildings for teaching in schools, buildings for clinics or wards in hospitals, etc.) are also classified as expansion.

Also included in expansion are investments by existing enterprises or institutions in building major production line(s) or branch factory (ies) along with some work on innovation, for the purpose of expanding the production capacity of original products or producing new products.

(3) Reconstruction and technical transformation refers to construction projects by existing enterprises or institutions in innovation or technical transformation of the old facilities (including auxiliary production equipment and welfare facilities). Also considered as reconstruction is the construction of new workshops by the existing enterprises or institutions to change the variety of products to meet the market demand (such as the production of civil products by defence industries), or to bring the designed production capacity into full play through a more balanced production process on production lines. Technical transformation refers to replacement of old technology or equipment by new technology or equipment, in order to expand the reproduction through improvement of technology contents in production, to improve product quality, to promote new products, to save energy, to reduce consumption, to expand the production scale and to improve overall social-economic efficiency. Contents of technical transformation include: updating of machinery, equipment and tools; reforming production process by using energy or materials saving technology; construction of factory workshops and transformation of public facilities; treatment transformation of "three wastes" (waste gas, waste water and industrial residue) aiming at environmental protection; improvement of working conditions and environment, etc.

Investment in Fixed Assets by Structure

(1) Construction refers to the construction of houses and buildings, also known as work volume of construction. This part of investment can only be achieved through construction activities, it is the major component of the total investment in fixed assets.

(2) Installation refers to the installation of various kinds of equipment and instruments, also known as work volume of installation.

The value of equipment installed itself is not included in the value of installation projects.

(3) Purchase of equipment and instruments refers to the total value of equipment, tools, and instruments purchased or self-produced which come up to the cut-off point for fixed assets during the reference period. Equipment, tools and instruments purchased or self-produced for new workshops by newly established or expanded units are categorized as "purchase of equipment and instruments" no matter whether they come up to the cut-off point for fixed assets.

(4) Other expenses refer to expenses arising during the construction or purchase of fixed assets other than those expenses on construction, installation and purchase of equipment and instruments. Other financial expenses arising in operation are not included.

Number of Projects under Construction refers to number of all projects with actual construction or installation activities in current year, including newly started projects, projects started previously and extended into the current year, projects completed and put into operation in current year, projects suspended previously and resumed in current year, and projects started this year but suspended or postponed in current year. The number of projects under construction can reflect the actual size of investment in fixed assets during a given period, and when compared with the number of projects completed and put into use during the same period, it demonstrates the results of investment in fixed assets from the angle of the speed of the construction.

Number of Projects Put into Use This Year refer to projects have completed the main construction and correspondent auxiliary facilities in accordance with the design documents, resulting in forming production capacity (efficiency) and have been checked and accepted after relevant tests, and have been formally delivered for use.

Newly Increased Production Capacity (or Project Efficiency) refers to the increase in design capacity (or project efficiency) through investment in fixed assets. The main indicators include: construction scale, scale of projects under construction in current year, the accumulated newly increased production capacity (project efficiency) since the start of the projects and the newly increased production capacity (project efficiency) of current year.

Construction Scale refers to the total designed production capacity (project efficiency) of the construction projects in accordance with the design document, including those have been put into operation and those that have not been completed.

Scale of Projects under Construction in Current Year refers to the designed production capacity (project efficiency) of a single project (or renovation project) under construction in the reference period, including the designed production capacity of projects that have been started previously and still under construction in the current year, the newly started projects, and projects that have been completed and put into operation in the reference period or those have been started but suspended or postponed in the reference period. Projects that have been completed and put into operation, suspended or postponed before the reference period, and projects that have not been officially started in the reference period are not included.

The Accumulated Newly Increased Production Capacity (or Project Efficiency) since the Start of the Projects refers to the accumulated newly increased production capacity of all the single projects which have been put into use from the beginning of the projects till the end of current year.

The Newly Increased Production Capacity (or Project Efficiency) of Current Year refers to the production capacity(project efficiency) that has been completed and put into operation in current year according to the calculation conditions and standards on newly increased production capacity (project efficiency).

Newly Increased Fixed Assets refer to the value of fixed assets that has completed the construction and purchase, and has been delivered to the production or owner units, including investment in projects that have been completed and put into operation in current year and the investment in equipment, tools and appliance that meet the standard of fixed assets and fees that should be apportioned. This is an indicator that demonstrates the results of investment in fixed assets in monetary terms, and an important indicator to reflect the speed of construction and to calculate the efficiency of investment.

8

对外经济贸易

FOREIGN TRADE AND ECONOMIC COOPERATION

资料整理人员

王玉凤

对外经济贸易
FOREIGN TRADE AND ECONOMIC COOPERATION

进出口总额	Total Value of Imports and Exports	171.7	亿美元	(USD 100 million)
出口总额	Total Value of Exports	102.0	亿美元	(USD 100 million)
进口总额	Total Value of Imports	69.8	亿美元	(USD 100 million)
实际利用外资额	Actual Utilization of Foreign Capital	26.8	亿美元	(USD 100 million)

进出口总额（亿美元）
Total Value of Imports and Exports（USD 100 million）

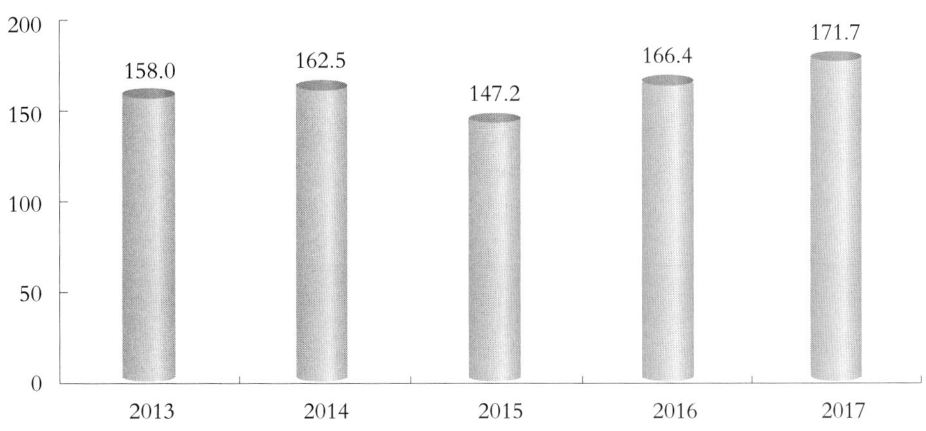

外商直接投资额（亿美元）
Foreign Direct Investment (USD 100 million)

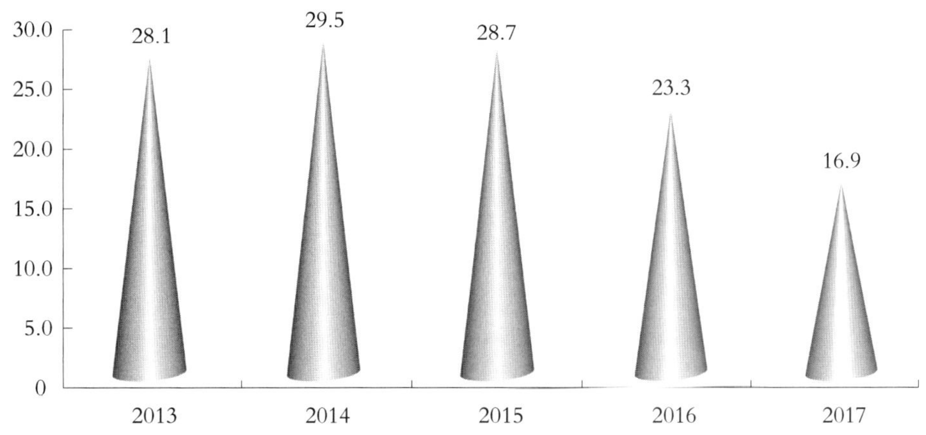

8-1 主要年份进出口贸易总额
TOTAL VALUE OF IMPORTS AND EXPORTS IN MAJOR YEARS

单位：万美元 (USD 10 000)

年 份 Year	进出口总额 Total	出口总额 Exports	进口总额 Imports
1990	35000	26300	8700
1995	140769	114367	26402
2000	176438	123687	52751
2005	554597	352871	201726
2010	1257839	470930	786909
2011	1475981	542823	933158
2012	1504325	701620	802705
2013	1579785	799649	780136
2014	1624852	894222	730631
2015	1471541	842091	629449
2016	1664428	993219	671210
2017	1717225	1019681	697544

8-2 进出口贸易总额(2017年)
TOTAL VALUE OF IMPORTS AND EXPORTS(2017)

单位：万元 (10 000 yuan)

项 目	Item	进出口总额 Total	出口总额 Exports	进口总额 Imports
总 额	**Total**	**11618521**	**6903055**	**4715466**
一、按企业性质分	**Grouped by Ownership**			
国有企业	State-Owned Enterprises	2955449	1537893	1417556
外商投资企业	Foreign Funded Enterprises	6877104	4166866	2710238
合作企业	Sino-Foreign Cooperative Operation Enterprises	16094	14887	1208
合资企业	Sino-Foreign Joint Ventures Enterprises	6384459	4086244	2298214
独资企业	Solely Foreign-Funded Enterprises	476551	65735	410816
民营企业	Non-State-Owned Enterprises	1785967	1198296	587671
集体企业	Collective-owned Enterprises	29806	29361	445
私人企业	Private-owned Enterprises	1746162	1158958	587204
个体工商户	Self-employed Business	9998	9976	22
二、按贸易方式分	**Grouped by The Mode of Trade**			
一般贸易	Original Trade	3468029	1825251	1642778
国家间、国际组织无偿援助和赠送的物资	Aid and Donation between Countries and from International	4262	4262	
加工贸易	Processing Trade	8085945	5062877	3023069
来料加工装配贸易	Processing and Assembly Trade for Income Material	2640	1475	1164
进料加工贸易	Processing Trade for Imported Material	8083306	5061401	3021904
加工贸易进口设备	Processing Trade for Imported Equipment	38615		38615
对外承包工程出口货物	Exported Goods on Contracted Projects	9387	9387	
外商投资企业作为投资进口的设备、物品	Equipments and Goods Imported as Foreign Investment	753		753
保税仓库进出境货物	Goods of Bonded Warehouse	7015	103	6912
保税区进出境仓储或转口货物	Storage and Transit Goods of Bonded Area	437		437
其 他	Others	4077	1176	2901

8-3 进出口主要商品分类总额(2017年)

TOTAL VALUE OF IMPORTS AND EXPORTS BY CATEGORY OF MAIN COMMODITIES(2017)

单位：万元　　(10 000 yuan)

项　　目	Item	出口总额 Exports	进口总额 Imports
合　计	**Total**	**6903055**	**4715466**
1.活动物;动物产品	Live Animals; Animal Products	6221	1150
2.植物产品	Vegetables Products	37252	41381
3.动,植物油,脂,蜡及其分解产品	Animal or Vegetable Oils, Fats and Waxes and their Cleavage Products	1	4458
4.食品,饮料,酒及醋;烟草及制品	Foods, Beverages, Liquor and Vinegar; Tobacco and Its Products	26365	516
5.矿产品	Mineral Products	104384	969215
6.化学工业及其相关工业的产品	Chemicals and Related Products	436963	32031
7.塑料及其制品;橡胶及其制品	Plastics and Related Products; Rubber and Related Products	60048	47221
8.生皮,皮革,毛皮及其制品	Raw Hides, Leather, Furs and Related Products	1106	23
9.木及木制品;其他编结材料制品	Wood and Wooden Products; Plaited Products of Other Materials	3049	1459
10.纸浆;纸,纸板及其制品	Paper Pulp; Paper, Paperboard and Their Products	1683	24054
11.纺织原料及纺织制品	Textile Materials and Products	67380	2123
12.鞋帽伞杖鞭;羽毛制品;人造花	Footwear, Headgear, Umbrellas, Canes, Whips; Feather Products; Artificial Flowers	1177	244
13.石料及其制品;陶瓷玻璃及制品	Building Stone and Its Products; Ceramics, Glass and Glassware	101778	5044
14.珍珠,宝石,贵金属;仿首饰;硬币	Pearls, Precious Stones, Precious Metals; Imitation Jewelery; Coins	435	8
15.贱金属及其制品	Base Metals and Related Products	1533179	796414
16.机器,电子产品,电气设备及零件	Machinery, Electronic Products, Electric Equipment and Accessoris	4285884	2626180
17.车辆,航空器,船舶及运输设备	Vehicles, Aircraft, Vessels and Trasportation Equipment	141176	70126
18.光学,检测,医疗设备;钟表,乐器	Optical, Testing, Medical Apparatus, Clocks and Watches, Musical Instruments	26938	93596
20.杂项制品	Miscellaneous Products	67969	221
21.艺术品,收藏品及古物	Works of Art, Collectors' Pieces and Antiques	8	
22.特殊交易品及未分类商品	Special Trading Goods and Non-classified Goods	58	2

8-4 分国别(地区)进出口贸易总额(2017年)

TOTAL VALUE OF IMPORTS AND EXPORTS BY COUNTRY(REGION)(2017)

单位：万元 (10 000 yuan)

国别（地区）	Country (Region)	进出口总额 Total	出口总额 Exports	进口总额 Imports
总　计	**Total**	**11618521**	**6903055**	**4715466**
亚　洲	**Asia**	**5404436**	**2322839**	**3081598**
#韩　国	Republic of Korea	1025338	336027	689311
日　本	Japan	735273	367006	368267
印　度	India	374239	332961	41278
中华人民共和国	China	723766		723766
哈萨克斯坦	Kazakhstan	140613	8424	132189
印度尼西亚	Indonesia	129287	54279	75009
香　港	Hong Kong	126500	126427	73
台湾省	Taiwan Province	931551	358789	572763
新加坡	Singapore	124444	102161	22284
土耳其	Turkey	189650	149513	40137
马来西亚	Malaysia	113740	79433	34307
泰　国	Thailand	102791	99489	3302
越　南	Vietnam	263002	93502	169500
非　洲	**Africa**	**355815**	**97842**	**257973**
#南　非	South Africa	198707	24722	173984
赞比亚	Zambia	50975	2144	48830
欧　洲	**Europe**	**2748208**	**2402945**	**345263**
#荷　兰	Netherlands	1034785	1033625	1160
德　国	Germany	337541	223555	113985
意大利	Italy	293523	220967	72556
俄罗斯联邦	Russia	370510	363465	7045
英　国	United Kingdom	331566	310682	20884
拉丁美洲	**Latin America**	**864646**	**251551**	**613095**
#巴　西	Brazil	268220	67157	201063
墨西哥	Mexico	181536	89843	91693
智　利	Chile	187021	27297	159725
北美洲	**North America**	**1798813**	**1684554**	**114259**
#加拿大	Canada	194662	171004	23658
美　国	United States	1604151	1513550	90601
大洋洲	**Oceania**	**446593**	**143324**	**303269**
#澳大利亚	Australia	316427	131071	185356
新喀里多尼亚	New Caledonia	117910	60	117850
东盟组织	**ASEAN**	**927390**	**465173**	**462217**
欧盟组织	**EU**	**2314277**	**2032695**	**281582**
亚太经济合作组织	**APEC**	**7284924**	**3970480**	**3314444**
金砖国家(除中国)	**BRICKS (except China)**	**1211676**	**788306**	**423370**

8-5 实际利用外资额

ACTURAL UTILIZATION OF FOREIGN CAPITAL

单位：万美元 (USD 10 000)

项　目	Item	2010	2015	2017
总　计	**Total**	**116512**	**325840**	**267653**
一、对外借款	**Foreign Loans**	**45091**	**38855**	**98604**
外国政府贷款	Government Loans	4874	4637	4664
国际金融组织贷款	Loans form International Financial Organizations	12480	5918	10919
一般商业贷款	General Commercial Loans	20589	28300	83021
买方信贷	Buyer Credit	7147		
二、外商直接投资	**Foreign Direct Investments**	**71421**	**286985**	**169049**
独资企业	Solely Foreign-Funded Enterprises	34009	96802	70135
合资企业	Joint Ventures Enterprises	34900	164537	95938
合作企业	Cooperative Operation Enterprises	2512	25646	2975

注：2011年起，实际利用外资额为全口径，后同。
Note: The coverage of actural utilization of foreign capital has changed to whole society since 2011.The same applies to the following.

8-6 主要年份实际利用外资额

ACTURAL UTILIZATION OF FOREIGN CAPITAL IN MAJOR YEARS

单位：万美元 (USD 10 000)

年 份 Year	利用外资总额 Total	对外借款 Foreign Loans	外商直接投资 Foreign Direct Investments	外商其他投资 Other Foreign Investments
1985	176	55	43	78
1990	3763	3006	340	417
1995	16085	7662	6383	2040
2000	63188	40716	22472	
2005	106369	78853	27516	
2006	132438	85239	47199	
2007	191471	57188	134283	
2008	172174	69892	102282	
2009	82646	33331	49315	
2010	116512	45091	71421	
2011	249530	42252	207278	
2012	276711	26332	250379	
2013	299096	18429	280667	
2014	335672	40486	295186	
2015	325840	38855	286985	
2016	343355	110113	233242	
2017	267653	98604	169049	

8-7 主要年份合同利用外资金额(外商直接投资)

CONTRACT UTILIZATION OF FOREIGN CAPITAL IN MAJOR YEARS(DIRECT INVESTMENT)

年 份 Year	项目投资总 额 Total Value of Project Investment	合同利用外资情况 Contract Utilization of Foreign Capital	独资企业 Solely Foreign -funded Enterprises	合资企业 Joint Venture Enterprises	合作企业 Cooperative Operation Enterprises	外商投资股份制 Foreign-funded Joint-stock
一、新批项目(企业)(个) New Projects and Enterprises (unit)						
1985		4		4		
1990		26		24	2	
1995		178	26	138	14	
2000		71	11	48	12	
2005		85	28	35	21	
2006		150	51	71	28	
2007		152	39	98	15	
2008		77	25	37	15	
2009		58	20	25	13	
2010		52	15	28	6	3
2011		62	35	21	6	
2012		39	12	18	7	2
2013		48	24	23	1	
2014		50	22	26	2	
2015		36	20	13	3	
2016		30	14	15	1	
2017		48	14	23	9	2
二、合同金额(万美元) Contracted Value (USD10 000)						
1985	201	53		53		
1990	2160	1194		458	736	
1995	40058	23133	3206	17223	2704	
2000	44409	26174	732	15028	10414	
2005	244292	110208	30712	35877	43619	
2006	338880	134207	53339	37109	43759	
2007	834379	247174	50496	175153	21525	
2008	171644	107758	48949	30175	28634	
2009	109438	66893	22326	22548	22019	
2010	132039	100301	32528	56198	7436	4139
2011	291687	155636	50325	7157	11539	86615
2012	144834	35605	6734	24009	4574	288
2013	286998	96152	27089	64083	4980	
2014	262216	96785	67251	23791	5743	
2015	184554	98210	59577	21471	16450	712
2016	228154	83030	29899	28141	24990	
2017	957424	223636	129946	16951	73692	3047

8-8 按行业分利用外商直接投资额(2017年)
UTILIZATION OF FOREIGN DIRECT INVESTMENT CAPITAL BY SECTOR(2017)

单位：万美元 (USD 10 000)

行业	Item	新批项目(企业)(个) New Projects & Enterprises (unit)	合同金额 Contract Value	实际使用金额 Actual Value
总计	**Total**	**48**	**223636**	**169049**
农、林、牧、渔业	Farming, Forestry, Animal Husbandry and Fishery	3	2571	356
采矿业	Mining	2	–3382	5727
制造业	Manufacturing	14	42762	84661
电力、热力、燃气及水生产和供应业	Production and Supply of Electricity, Heat, Gas and Water	4	–3304	62630
建筑业	Construction	1	105331	130
交通运输、仓储和邮政业	Transportation, Storage and Post			28
信息传输、计算机服务和软件业	Information Transmission, Computer Services and Softwares	1	372	
批发和零售业	Wholesale and Retail Trade	5	10171	676
住宿和餐饮业	Hotels and Catering Services	2	3527	
金融业	Financial Industry			
房地产业	Real Estate Trade			
租赁和商务服务业	Lease and Business Affairs Services	3	1340	6930
科学研究、技术服务和地质勘查业	Scientific Reseach, Technical Services and Geological Prospecting	6	17816	7711
水利、环境和公共设施管理业	Management of Water Conservancy, Environment and Public Facilities	4	7588	200
教育	Education	1	4	
居民服务和其他服务业	Resident Services and Other Services	1	8850	
卫生、社会保障和社会福利业	Health Care, Socail Security and Social Welfare	1	29990	

8-9 按国别(地区)分利用外商直接投资额(2017年)
UTILIZATION OF FOREIGN DIRECT INVESTMENT CAPITAL BY COUNTRY(REGION)(2017)

单位：万美元 (USD 10 000)

国别(地区)	Country (Region)	新批项目(企业)(个) New Projects and Enterprises (unit)	合同金额 Contract Value	实际使用金额 Actual Value
合计	**Total**	**48**	**223636**	**169049**
#香港	Hong Kong	11	39539	63265
新加坡	Singapore	1	1457	1322
台湾省	Taiwan Province	3	1155	3849
塞舌尔	Seychelles		195	795
英国	United Kingdom	1	29	2
德国	Germany	1	89	5236
意大利	Italy			743
英属维尔京群岛	British Virgin Is.	2	3548	2394
加拿大	Canada			
美国	United States	7	7927	21053
巴哈马	Bahamas			
澳大利亚	Australia	1	29	6120
荷兰	Netherlands			
卢森堡	Luxembourg			1400
法国	France			393
塞舌尔	Seychelles		195	795
以色列	Israel			2600
投资性公司投资	Investment Companies	11	173623	4940

8-10 主要年份对外承包工程和劳务合作
CONTRACTED PROJECTS AND LABOR COOPERATION WITH FOREIGN COUNTRIES OR REGIONS IN MAJOR YEARS

年 份 Year	新签合同份数 (个) Number of New Contracts (unit)	新签合同额 (万美元) New Contracted Value (USD 10 000)	完成营业额 (万美元) Value of Business (USD 10 000)	派出人数 (人) Persons Posted Abroad (person)	年末在外人数 (人) Persons Abroad at Year-end (person)
1985	1	101	132		
1990	12	186	118		73
1995	43	1537	728		574
2000	50	5563	3892		1518
2005	55	22187	20200	1195	2263
2010	8	48179	72228	1224	6147
2011	71	42187	70018	2447	5934
2012	42	64018	44927	3264	3513
2013	20	23599	76505	1816	4073
2014	14	34586	73542	1511	4232
2015	26	34875	73754	1595	5010
2016	20	22266	68641	2441	7587
2017	18	104648	71249	2066	5202

8-11 开发区综合发展情况
KEY STATISTICS OF DEVELOPMENT ZONE

单位：亿元 (100 million yuan)

指　　标	Item	2016	2017
当年规上工业企业总产值	Gross Industry Output Value	3791.5	5041.5
当年进出口总额(亿元)	Total Value of Imports and Exports(USD 10 000)	738.0	743.0
出口总额	Total Value of Exports	482.9	458.2
进口总额	Total Value of Imports	255.1	284.8
当年税收收入	Tax Revenue	192.9	256.6
实际到位外资金额(亿元)	Paid-in Foreign Funds(USD 10 000)	52.4	43.4
实际到位境内省外资金额	Paid-in Funds from Other Provinces	799.7	805.0
全区从业人员 (万人)	Employees (10 000 persons)	59.4	82.3
“四上”企业主营业务收入	Major Business Revenue of 4 Types of Enterprises above Designated Size	5899.2	7500.3

8-12 各开发区综合发展情况(2017年)
KEY STATISTICS OF DEVELOPMENT ZONES(2017)

单位：亿元 (100 million yuan)

开发区	Development Zone	"四上"企业主营业务收入 Major Business Revenue of 4 Types of Enterprises above Designated Size	规上工业企业总产值 Gross Output Value of Industrial Enterprises above Designated Size	税收收入 Tax Revenue	进出口总额 Total Value of Imports and Exports
总计	**Total**	**7500.3**	**5041.5**	**256.6**	**743.0**
山西转型综改示范区	Shanxi Transformation and Comprehensive Reform Demonstration Zone	3129.6	2053.7	82.0	652.2
太原不锈钢	Taiyuan Stainless Steer Industrial Park	67.0	65.7	3.3	0.4
清徐开发区	Qingxu Development Zone	93.0	62.0	4.9	0.3
大同开发区	Datong Development Zone	185.4	109.7	8.8	14.4
朔州开发区	Shuozhou Development Zone	86.7	48.7	5.6	0.2
忻州开发区	Xinzhou Development Zone	114.5	52.6	4.7	0.3
孝义开发区	Xiaoyi Development Zone	350.5	336.7	18.4	0.4
文水开发区	Wenshui Development Zone	58.0	45.4	1.8	2.4
交城开发区	Jiaocheng Development Zone	147.4	149.5	5.4	15.2
阳泉开发区	Yangquan Development Zone	77.4	58.0	4.8	3.6
晋中开发区	Jinzhong Development Zone	366.4	223.7	18.9	5.7
祁县开发区	Qixian Development Zone	71.1	60.4	2.1	1.2
长治高新区	Changzhi High-Tech Zone	345.0	295.1	26.5	0.9
壶关开发区	Huguan Development Zone	48.0	34.2	0.9	0.4
晋城开发区	Jincheng Development Zone	313.3	265.2	18.2	30.0
临汾开发区	Linfen Development Zone	332.0	36.4	7.0	5.1
侯马开发区	Houma Development Zone	347.2	28.1	2.1	0.3
运城开发区	Yuncheng Development Zone	310.1	166.3	8.2	3.1
盐湖工业园	Yanhu Industrial Park	88.2	70.1	1.3	0.9
绛县开发区	Jiangxian Development Zone	28.1	30.4	0.6	1.5
风陵渡开发区	Fenglingdu Development Zone	47.0	31.2	3.0	0.2
怀仁经济技术开发区	Huairen Eco-Tech Development Zone	4.3	48.7	0.1	0.1
原平经济技术开发区	Yuanping Eco-Tech Development Zone	46.5	46.0	0.2	
汾阳杏花村经济技术开发区	Fenyang Xinghuacun Eco-Tech Development Zone	181.5	86.7		
兴县经济技术开发区	Xingxian Eco-Tech Development Zone	24.0	21.0	1.2	
平定经济技术开发区	Pingding Eco-Tech Development Zone	24.2	27.1		0.1
介休经济技术开发区	Jiexiu Eco-Tech Development Zone	245.5	210.7	13.4	2.8
太谷经济技术开发区	Taigu Eco-Tech Development Zone	4.1	4.0		
襄垣经济技术开发区	Xiangyuan Eco-Tech Development Zone	41.1	49.7	4.3	0.1
长治经济技术开发区	Changzhi Eco-Tech Development Zone	35.3	37.7	4.3	0.1
屯留经济技术开发区	Tunliu Eco-Tech Development Zone	19.3	14.9	1.9	
高平经济技术开发区	Gaoping Eco-Tech Development Zone	11.0	11.2	0.5	
洪洞经济技术开发区	Hongtong Eco-Tech Development Zone	26.3	23.2		
闻喜经济技术开发区	Wenxi Eco-Tech Development Zone	48.0	52.9	1.1	0.7
永济经济技术开发区	Yongji Eco-Tech Development Zone	150.3	156.4	0.5	0.5
河津经济技术开发区	Hejin Eco-Tech Development Zone	33.0	28.3	0.7	

8-13 人民币对主要外币年末汇价(中间价)

YEAR-END EXCHANGE RATE OF RMB YUAN AGAINST MAIN CONVERTIBLE CURRENCIES (MIDDLE RATE)

单位：人民币元 (RMB yuan)

年 份 Year	100美元 100 US Dollars	100日元 100 Japanese Yen	100港元 100 Hong Kong Dollars	100欧元 100 Euros
1985	293.66	1.25	37.57	
1986	345.28	2.07	44.22	
1987	372.21	2.58	47.74	
1988	372.21	2.91	47.70	
1989	376.51	2.74	48.28	
1990	478.32	3.32	61.39	
1991	532.33	3.96	68.45	
1992	551.46	4.36	71.24	
1993	576.20	5.20	74.41	
1994	861.87	8.44	111.53	
1995	835.10	8.92	107.96	
1996	831.42	7.64	107.51	
1997	828.98	6.86	107.09	
1998	827.91	6.35	106.88	
1999	827.83	7.29	106.66	
2000	827.84	7.69	106.18	
2001	827.70	6.81	106.08	
2002	827.70	6.62	106.07	800.58
2003	827.70	7.15	106.24	936.13
2004	827.68	7.66	106.23	1029.00
2005	819.17	7.45	105.30	1019.53
2006	797.18	6.86	102.62	1001.90
2007	760.40	6.46	97.46	1041.75
2008	694.51	6.74	89.19	1022.27
2009	682.78	7.68	88.11	1020.76
2010	662.27	8.11	85.09	878.96
2011	633.59	8.19	81.29	843.89
2012	630.00	7.67	81.30	816.73
2013	613.76	6.02	79.16	830.72
2014	611.62	5.14	78.85	745.22
2015	649.36	5.39	83.78	709.52
2016	693.70	5.96	89.45	730.68
2017	653.42	5.79	83.59	779.79

主要统计指标解释

进出口总额 指实际进出我国国境的货物总金额。包括对外贸易实际进出口货物，来料加工装配进出口货物，国家间、联合国及国际组织无偿援助物资和赠送品，华侨、港澳台同胞和外籍华人捐赠品，租赁期满归承租人所有的租赁货物，进料加工进出口货物，边境地方贸易及边境地区小额贸易进出口货物(边民互市贸易除外)，中外合资经营企业、中外合作经营企业、外商独资经营企业进出口货物和公用物品，到、离岸价格在规定限额以上的进出口货样和广告品(无商业价值、无使用价值和免费提供出口的除外)，从保税仓库提取在中国境内销售的进出口货物，以及其他进出口货物。进出口总额用以观察一个国家在对外贸易方面的总规模。我国规定出口货物按离岸价格统计，进口货物按到岸价格统计。

实际利用外资 指我国各级政府、部门、企业和其他经济组织通过对外借款、吸收外商直接投资以及用其他方式筹措的境外现汇、设备、技术等。

对外借款 是我国利用外资的主要部分。包括我国通过外国政府贷款、国际金融组织贷款、外国银行商业贷款、出口信贷以及对外发行债券、股票等方式，从境外筹措的资金。

外商直接投资 是指外国企业和经济组织或个人(包括华侨、港澳台同胞以及我国在境外注册的企业)按我国有关政策、法规，用现汇、实物、技术等在我国境内开办外商独资企业，与我国境内的企业或经济组织共同举办中外合资经营企业、合作经营业或合作开发资源的投资(包括外商投资收益的再投资)以及经政府有关部门批准的项目投资总额内企业从境外借入的资金。

对外承包工程 包括各对外承包公司以招标议标承包方式承揽下列业务：(1)承包国外工程建设项目；(2)承包我国对外经援项目；(3)承包我国驻外机构的工程建设项目；(4)承包我国境内利用外资进行建设的工程项目；(5)与外国承包公司合营或联合承包工程项目时我国公司分包部分；(6)以服务成果向业主收费的技术服务项目(包括承揽地形地貌测绘；地质资源勘探与普查；建区域规划；提供设计文件、图纸、生产工艺技术资料和工程技术经济咨询；工程项目的可行性考察、研究和评估；进行技术指导和培训人员等)；(7)对外承包兼经营的房屋开发业务。对外承包工程的营业额是以货币表现的本期内完成的对外承包工程的工作量，包括以前年度签订的合同和本年度新签订的合同在报告期完成的工作量。

Explanatory Notes on Main Statistical Indicators

Total Value of Imports and Exports refers to the real value of commodities imported and exported across the border of China. They include the actual imports and exports through foreign trade, imported and exported goods under the processing and assembling trades and materials, supplies and gifts as aid given gratis between governments and by the United Nations and other international organizations, and contributions donated by overseas Chinese, compatriots in Hong Kong and Macao and Chinese with foreign citizenship, leasing commodities owned by tenant at the expiration of leasing period, the imported and exported commodities processed with imported materials, commodities trading in border areas (excluding mutual exchange goods), the imported and exported commodities and articles for public use of the Sino-foreign joint ventures, cooperative enterprises and ventures with sole foreign investment. Also included is import or export of samples and advertising goods for which CIF or FOB value are beyond the permitted ceiling (excluding goods of no trading or use value and free commodities for export), imported goods sold in China from bonded warehouses and other imported or exported goods. The indicator of the total imports and exports at customs can be used to observe the total size of external trade in a country. In accordance with the stipulation of the Chinese government, imports are calculated at CIF, while exports are calculated at FOB.

Actual Utilization of Foreign Capital refers to remittance, equipment and technology financed from abroad, by loans, foreign direct investment and other forms undertaken by the Chinese governments at all levels, by various departments, enterprises and other economic units.

Foreign Borrowings refer to funds borrowed from abroad through formal signing of borrowing agreements with foreign institutions, including loans of foreign governments, loans of international financial institutions, commercial loans of foreign banks, export credit, and funds raised by Chinese bonds (and shares before 1996) issued abroad. It is an important part of China's utilization of foreign capitals.

Foreign Direct Investment refers to the investments inside china by foreign enterprises and economic organizations or individuals（including overseas Chinese, compatriots from Hong Kong and Macao, and Chinese enterprises registered abroad）, following the relevant policies and laws of china, for the establishment of ventures exclusively with foreign own investment, Sino-foreign joint ventures and cooperative enterprises or for cooperative exploration of resources with enterprises or economic organizations in China. It includes the re-investment of the foreign entrepreneurs with the profits gained from the investment and the funds that enterprises borrow from abroad in the total investment of projects which are approved by the relevant department of the government.

Contracted Projects with Foreign Countries or Regions refer to projects undertaken by Chinese contractors（project contracting companies）through bidding process. They include：(1)overseas civil engineering construction projects financed by foreign investors; (2)overseas projects financed by the Chinese government through its foreign aid programs; (3)construction projects of Chinese diplomatic missions, trade offices and other institutions stationed abroad; (4)construction projects in china financed by foreign investment; (5)sub—contracted projects to be taken by Chinese contractors through a joint umbrella project with foreign contractor(s); (6)projects with charges for technical services from overseas operators. it includes geographic and topographic mappings geological resource prospecting and survey planning of construction areas provision of design documents blueprints materials on production process and techniques as well as engineering technical and economic consultation feasibility study research and evaluation of projects technical supervising and staff training. (7)housing development projects. The business income from international contracted projects is the work volume of contracted projects completed during the reference period, expressed in monetary terms, including completed work on projects signed in previous years.

9

农 业

AGRICULTURE

资料整理人员

程英翠　郭俊德　李怀民　郝静敏　杨　磊
王　辉　陈　琰　王宇霞

农　业
AGRICULTURE

农作物播种面积	Sown Areas of Farm Crops	3568.28	千公顷	(1 000 ha)
#粮　食	Sown Areas of Grain	3171.59	千公顷	(1 000 ha)
粮食产量	Output of Grain	1353.9	万吨	(10 000 tons)
油料产量	Output of Oil-bearing Crops	15.0	万吨	(10 000 tons)
肉类产量	Output of Meat	93.3	万吨	(10 000 tons)

农林牧渔业总产值构成(%)

Composition of Gross Output Value of Farming, Forestry, Animal Husbandry and Fishery (%)

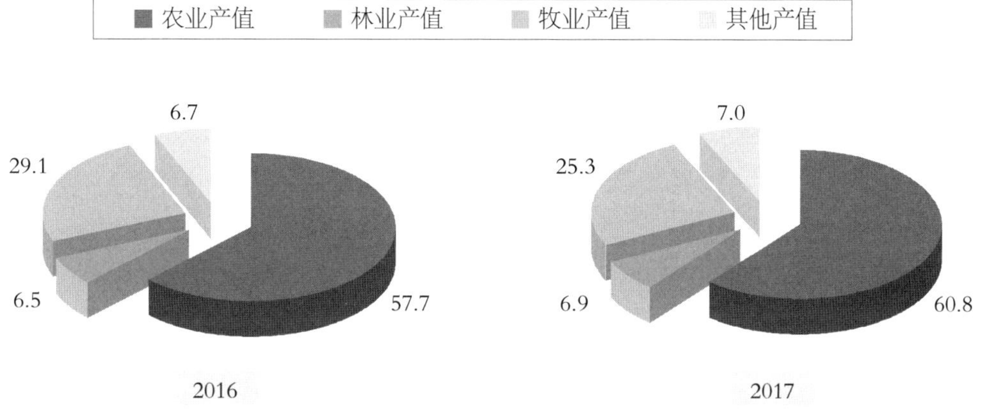

粮食总产量（万吨）

Output of Grain (10 000 tons)

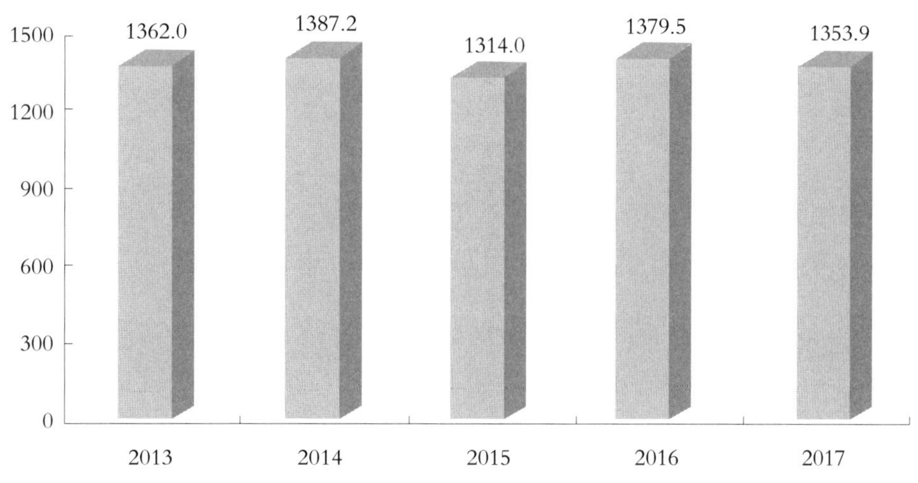

9-1 乡村基本情况
BASIC CONDITIONS OF RURAL AREA

指　　标	Item	2010	2015	2017
一、农村基层组织情况	**Basic Conditions of Rural Grass-roots Units**			
乡(镇)政府　(个)	Number of Township and Town Governments (unit)	1196	1196	1196
#镇政府	Number of Town Governments	563	564	564
村民委员会　(个)	Number of Villager Committees (unit)	28242	28122	27961
乡村户数　(万户)	Number of Rural Households (10 000 households)	694.42	830.17	823.03
乡村人口　(万人)	Rural Population (10 000 persons)	2393.83	2426.97	2382.10
二、乡村从业情况	**Rural Employment**			
乡村从业人员数(万人)	Rural Employees (10 000 persons)	1100.01	1160.20	1151.88
#男	Male	609.86	639.64	631.95
女	Female	490.15	520.56	519.93
#农、林、牧、渔业	Farming, Forestry, Animal Husbandry and Fishery	632.44	659.89	670.71

9-2 主要年份耕地情况
CULTIVATED AREA IN MAJOR YEARS

单位：千公顷　(1 000 ha)

年 份 Year	耕地总资源 Resoruces of Cultivated Area	有效灌溉面积 Effective Irrigated Area	#机电排灌面积 Mechanical and Electrical Irrigated Area	机耕地面积 Area Cultivated by Machine
1978	3923.41	1092.48	766.30	1936.99
1980	3921.46	1115.14	775.22	1777.76
1985	3761.09	1079.10	776.98	1916.74
1990	3692.51	1134.45	836.74	1987.08
1995	3645.09	1201.99	891.74	2143.55
2000	4341.94	1105.04	939.07	2270.24
2005	3793.19	1088.59	946.39	2042.27
2010	4064.18	1274.15	961.90	2559.72
2011	4064.51	1324.78	1012.03	2525.92
2012	4064.19	1319.16	1042.43	2573.45
2013	4061.73	1382.79	1052.79	2609.24
2014	4056.84	1408.17	1072.83	2683.05
2015	4058.79	1460.28	1111.71	2737.03
2016	4056.78	1487.21	1141.20	2715.51
2017		1511.21	1173.60	2733.19

9-3 主要年份农林牧渔业总产值

GROSS OUTPUT VALUE OF FARMING, FORESTRY, ANIMAL HUSBANDRY AND FISHERY IN MAJOR YEARS

按当年价格计算 (at current price)

年 份 Year	农林牧渔业总产值(万元) Total (10 000 yuan)	农 业 Farming	林 业 Forestry	牧 业 Animal Husbandry	渔 业 Fishery	农林牧渔服务业 Farming, Forestry, Animal Husbandry and Fishery Service
1978	290133	239742	17391	32934	66	
1980	382302	286574	40154	55492	82	
1985	629163	484341	41218	102941	663	
1990	1247781	889037	78275	276170	4299	
1995	2996751	2033892	133136	817463	12260	
2000	3223544	2183303	127258	896667	16316	
2005	4837972	2817384	165153	1485882	26945	342608
2010	10164065	6299625	630003	2610390	55047	569000
2011	11634010	7116094	706389	3108030	65999	637500
2012	12659821	7743453	754326	3384811	71981	705250
2013	13720159	8390636	852565	3632998	78960	765000
2014	14405971	8725551	924834	3840043	79749	835794
2015	14249630	8468670	907813	3927425	78621	867100
2016	14299148	8244205	927435	4155926	76382	895200
2017	14187298	8618934	976551	3588444	76889	926480

9-4 农林牧渔业总产值及增加值(按当年价格计算)

GROSS OUTPUT VALUE AND VALUE ADDED OF FARMING, FORESTRY, ANIMAL HUSBANDRY AND FISHERY(AT CURRENT PRICE)

单位：万元 (10 000 yuan)

指 标	Item	2016	2017
一、农林牧渔业总产值	**Gross Output Value**	**14299148**	**14187298**
农 业	Farming	8244205	8618934
林 业	Forestry	927435	976551
牧 业	Animal Husbandry	4155926	3588444
渔 业	Fishery	76382	76889
农林牧渔服务业	Farming, Forestry, Animal Husbandry and Fishery Service	895200	926480
二、农林牧渔业中间消耗	**Intermediate Material Consumption**	**6630948**	**6546653**
农 业	Farming	3554971	3713328
林 业	Forestry	528202	528520
牧 业	Animal Husbandry	2043533	1792561
渔 业	Fishery	34432	34765
农林牧渔服务业	Farming, Forestry, Animal Husbandry and Fishery Service	469811	477480
三、农林牧渔业增加值	**Value Added**	**7668199**	**7640645**
农 业	Farming	4689233	4905607
林 业	Forestry	399234	448032
牧 业	Animal Husbandry	2112393	1795883
渔 业	Fishery	41950	42124
农林牧渔服务业	Farming, Forestry, Animal Husbandry and Fishery Service	425389	449000

9-5 农作物播种面积
SOWN AREA OF FARM CROPS

单位：千公顷 (1 000 ha)

指 标	Item	2010	2015	2017
农作物总播种面积	**Total Sown Area**	**3644.53**	**3610.05**	**3568.28**
一、粮 食	**Grain**	**3210.28**	**3256.34**	**3171.59**
(一)谷 物	Cereal	2730.81	2845.88	2748.55
#稻 谷	Rice	1.09	0.78	0.76
小 麦	Wheat	678.79	575.88	560.53
玉 米	Corn	1635.25	1894.48	1806.85
谷 子	Millet	195.24	203.56	199.18
高 粱	Sorghum	32.47	20.61	22.48
燕 麦	Nakedoats	59.52	53.81	54.38
(二)豆 类	Beans	298.69	242.22	238.29
#大 豆	Soybean	172.47	137.40	130.79
(三)薯 类	Tubers	180.78	168.25	184.75
#马铃薯	Potato	162.69	151.02	168.11
二、油 料	**Oil-bearing Crops**	**154.06**	**110.06**	**114.08**
#花 生	Peanuts	8.10	5.89	5.77
油 菜	Rapeseeds	5.71	12.61	18.80
芝 麻	Sesame	4.01	1.96	1.73
胡 麻	Benne	62.71	42.83	35.42
葵花籽	Sunflower Seeds	41.39	27.11	31.75
三、棉 花	**Cotton**	**44.50**	**5.69**	**2.87**
四、生 麻	**Rough Bast Fiber**	**0.02**	**0.02**	**0.07**
五、甜 菜	**Beetroots**	**5.59**	**1.19**	**0.13**
六、烟 叶	**Tobacco**	**2.80**	**1.97**	**1.50**
七、药 材	**Medicinal Materials**	**21.05**	**30.18**	**67.54**
八、蔬 菜	**Vegetables**	**168.62**	**165.06**	**169.85**
#设施蔬菜	Greenhouse Vegetables	20.03	41.68	34.50
九、瓜果类	**Melons**	**21.34**	**17.83**	**14.52**
十、其他作物	**Others**	**16.26**	**21.70**	**26.14**
#青饲料	Green feed	14.57	18.71	22.00

9-6 主要年份主要农作物播种面积
SOWN AREAS OF MAJOR FARM CROPS IN MAJOR YEARS

单位：千公顷 (1 000 ha)

年 份 Year	总播种面积 Total Sown Area	#粮食作物 Grain Crops	#谷 物 Cereal	#油 料 Oil-bearing Crops	#棉 花 Cotton	#甜 菜 Beetroots	#蔬 菜 Vegetables
1978	4389.25	3692.43	3279.15	165.16	237.53	9.00	
1980	4266.60	3508.76	3117.22	231.46	224.31	9.69	92.37
1985	3978.23	3055.05	2634.17	505.61	121.14	10.79	104.94
1990	4016.89	3290.79	2755.55	356.33	130.34	16.89	110.59
1995	3895.55	3151.48	2425.09	342.42	127.10	21.76	156.79
2000	4042.42	3186.46	2326.74	417.06	43.04	7.56	242.13
2005	3795.35	3033.59	2333.37	273.38	97.45	1.22	244.93
2010	3644.53	3210.28	2730.81	154.06	44.50	5.59	168.62
2011	3696.26	3259.28	2805.28	148.03	37.70	7.44	181.14
2012	3692.33	3267.53	2819.77	138.54	24.65	8.54	187.88
2013	3661.35	3245.20	2809.56	133.33	14.43	4.62	189.36
2014	3659.85	3256.77	2830.51	124.36	10.75	1.76	192.16
2015	3610.05	3256.34	2845.88	110.06	5.69	1.19	165.06
2016	3579.54	3215.31	2795.45	118.03	3.53	0.53	158.77
2017	3568.28	3171.59	2748.55	114.08	2.87	0.13	169.85

9-7 主要年份主要农作物产量
OUTPUT OF MAJOR FARM CROPS IN MAJOR YEARS

单位：吨 (ton)

年 份 Year	粮 食 Grain	1.谷 物 Cereal	#稻 谷 Rice	#小 麦 Wheat	#玉 米 Corn	#谷 子 Millet
1978	7069560	6363715	58990	1288415	2711625	891140
1980	6857060	6201675	69290	1184780	2628820	960370
1985	8226767	7408051	58472	2950507	2098065	883671
1990	9690053	8643731	54429	3192990	3054441	876631
1995	9171000	8162190	41450	2701000	4035207	627530
2000	8533500	7029713	32770	2151500	3547500	602218
2005	9780000	8820582	8974	2022800	6161300	381889
2010	11075424	10616494	4837	2168894	8094496	193284
2011	12254032	11760406	4897	2204466	9145880	247143
2012	13094036	12569613	6432	2333639	9803388	251314
2013	13620056	13044258	7271	2038926	10494470	298545
2014	13872494	13275335	6800	2247070	10454832	353240
2015	13140206	12583730	5164	2315442	9747113	317546
2016	13795322	13097466	5503	2291486	10179585	378328
2017	13538954	12788561	5201	2323958	9778692	415886

9-7 续表 continued

单位：吨 (ton)

年 份 Year		2. 豆 类 Beans		3.薯 类 Tubers		油 料 Oil-bearing Crops
	#高 粱 Sorghum		#大 豆 Soybean		#马铃薯 Potato	
1978	959400	137420	137420	568425		42290
1980	766805	130620	130620	524765		133672
1985	770607	176898	176898	641818	477197	444478
1990	767132	302242	302242	744080	585814	393810
1995	519119	366840	220104	641970	430120	222635
2000	299801	577822	359542	925965	704063	448259
2005	111894	366750	259806	592668	461451	212620
2010	50661	214589	134461	244340	202550	166037
2011	50715	211596	136696	282030	236058	176898
2012	57639	232112	147498	292310	243938	182816
2013	64217	249121	160845	326676	273374	181028
2014	68166	247711	155714	349448	290362	164463
2015	51322	233158	146332	323318	269578	121945
2016	56543	274216	167020	423639	370492	159474
2017	66005	283065	170875	467329	408732	150425

年 份 Year	棉 花 Cotton	生 麻 Rough Bast Fiber	甜 菜 Beetroots	烟 叶 Tobacco	蔬 菜 Vegetables
1978	69430	5000	54605	1650	
1980	77500	5792	117024	1001	1804220
1985	73455	3779	248541	4702	2915412
1990	111526	1048	431641	8860	3474121
1995	90817	2155	396978	10455	5428701
2000	44796	680	210313	16319	9203364
2005	102907	38	39617	6327	9015370
2010	52528	16	251185	7412	6940604
2011	44805	10	204632	6951	7786117
2012	30996	3	407233	7301	8616973
2013	18857	10	204989	7001	9322640
2014	13534	6	65123	7356	9734576
2015	7764	37	54779	6280	8374328
2016	5162	97	32374	6060	7779429
2017	4000	134	6433	5217	8067422

9-8 主要年份主要农作物单位面积产量
MAJOR FARM CROPS OUTPUT PER HECTARE IN MAJOR YEARS

单位：公斤/公顷 (kg/ha)

年 份 Year	粮 食 Grain	谷 物 Cereal	稻 谷 Rice	小 麦 Wheat	玉 米 Corn	谷 子 Millet	高 粱 Sorghum
1978	1915	1941	5207	1169	3419	1579	3171
1980	1954	1989	5670	1191	3541	1743	3269
1985	2693	2812	6871	2912	4221	2234	4315
1990	2945	3137	5923	3141	4797	2296	4532
1995	2910	3366	6436	2945	5253	2101	4430
2000	2678	3021	7234	2409	4470	2150	4393
2005	3224	3780	3349	2805	5205	1764	2903
2010	3450	3888	4440	3195	4950	990	1560
2011	3760	4192	4530	3391	5190	1275	1830
2012	4007	4458	5940	3766	5415	1307	2160
2013	4197	4643	6840	3406	5715	1548	2430
2014	4260	4690	6885	3841	5595	1800	2475
2015	4035	4422	6645	4021	5145	1560	2490
2016	4291	4685	7000	4063	5471	1965	2760
2017	4269	4653	6810	4146	5412	2088	2936

年 份 Year	豆 类 Beans	薯 类 Tubers	油 料 Oil-bearing Crops	棉 花 Cotton	生 麻 Rough Bast Fiber	甜 菜 Beetroots	烟 叶 Tobacco
1978	1188	1910	256	292	522	6067	851
1980	943	2074	578	346	695	12077	1125
1985	1066	2517	879	606	1050	23034	2387
1990	1200	2627	1105	856	1092	25556	1897
1995	884	2061	650	715	1390	18243	1700
2000	1194	2465	1075	1041	1236	27819	2042
2005	1059	1674	778	1056	760	32473	2379
2010	718	1352	1078	1180	778	44939	2648
2011	773	1565	1195	1188	550	27516	2706
2012	854	1661	1320	1258	466	47693	2965
2013	952	1879	1358	1307	812	44341	2787
2014	972	2038	1322	1259	686	37078	3009
2015	963	1922	1108	1364	2217	46118	3195
2016	1140	2363	1351	1464	1966	61431	3139
2017	1188	2530	1319	1395	1984	50892	3486

9-9 主要年份主要油料作物产量
OUTPUT OF MAJOR OIL-BEARING CROPS IN MAJOR YEARS

单位：吨 (ton)

年 份 Year	花 生 Peanuts	油菜籽 Rapeseeds	芝 麻 Sesame	胡麻籽 Benne Seeds	葵花籽 Sunflower Seeds
1978	888	2229	968	20437	3488
1980	5025	2800	2214	54932	31452
1985	50247	6766	11810	80071	164865
1990	48539	7758	23469	75102	139664
1995	48611	14759	11716	28820	78645
2000	41404	8638	19081	51279	257370
2005	28583	7676	4268	37889	102668
2010	17277	6253	3633	56395	52306
2011	18201	5749	3955	60211	52524
2012	17562	6558	2689	72961	47594
2013	15822	7190	2657	69651	47996
2014	13997	7212	2116	69289	44387
2015	10104	12788	1802	41205	38755
2016	12598	15179	1618	42136	63314
2017	13050	17759	1471	35376	60266

9-10 主要年份造林和果园面积
AREA OF AFFORESTATION AND ORCHARDS IN MAJOR YEARS

年 份 Year	当年造林面积 (千公顷) Afforestation Area in the year (1 000 ha)	#经济林 Economic Forest	零星植树 (万株) Planting Trees Piecemeal (10 000 unit)	年末果园面积 (千公顷) Area of Orchards (1 000 ha)	#苹果园面积 Area of Apple Orchards
1978	173.65	13.20	21992	64.00	37.57
1980	221.57	23.00	23129	68.21	40.80
1985	243.33	22.30	28764	111.47	56.98
1990	191.05	61.30	21057	184.71	101.15
1995	405.18	171.40	21418	286.34	188.47
2000	404.86	113.10	17176	288.89	177.98
2005	140.26	4.10	10596	279.69	151.40
2010	291.10	52.30	11098	291.07	136.25
2011	302.53	80.70	10803	320.71	145.38
2012	307.22	61.70	10415	336.89	152.84
2013	303.00	84.40	10504	346.47	156.99
2014	307.99	85.80	10062	354.90	160.52
2015	280.94	56.90	10023	359.54	160.34
2016	266.69	31.10	10131	357.35	152.99
2017	311.97	77.50	10775	359.53	152.06

9-11 造林和果园面积
AREA OF AFFORESTATION AND ORCHARDS

单位：千公顷 (1 000 ha)

指 标	Item	2010	2015	2017
一、当年造林面积	**Afforestation Area in the Year**	**291.1**	**280.9**	**312.0**
#经济林	Economic Forest	52.3	56.9	77.5
防护林	Shelter Forest	223.7	131.7	233.8
二、育苗面积	**Area of Growing Seedings**	**40.0**	**71.3**	**74.7**
#本年新育	Area of Growing Seedings in the Year	19.2	21.8	19.3
三、零星植树(万株)	**Planting Trees Piecemeal (10 000 unit)**	**11098**	**10023**	**10775**
四、年末果园面积	**Area of Orchards at Year-end**	**291.1**	**359.5**	**359.5**
#苹果园	Apple Orchards	136.2	160.3	152.1
梨 园	Pear Orchards	28.7	35.9	39.7
葡萄园	Grape Orchards	8.6	12.7	12.4

9-12 主要林产品和水果产量
OUTPUT OF MAJOR FOREST PRODUCTS AND FRUITS

单位：吨 (ton)

指 标	Item	2010	2015	2017
一、主要林产品产量	**Output of Major Forest Products**			
核 桃	Walnuts	65156	168076	206810
板 栗	Chinese Chestnut	1346	1951	1936
二、水果产量	**Output of Fruits**	**4416081**	**7811497**	**7975075**
#苹 果	Apples	2682760	4634959	4449441
梨	Pears	417478	747519	866535
葡 萄	Grapes	148713	279016	304528
红 枣(鲜枣)	Red Jujube(Fresh Jujube)	397827	766246	725311
柿 子(鲜柿)	Persimmon(Fresh Persimmon)	88291	109718	102862
桃	Peach	535180	1028788	1244241

9-13 渔业生产情况
PRODUCTION OF FISHERY

指　标	Item	2010	2015	2017
淡水产品产量(吨)	**Freshwater Aquatic Products (ton)**	**31700**	**52427**	**53047**
#鱼类产量	Fish	30514	51850	52584
1.养殖产量	Aquiculture Products	30869	51264	50905
#池　溏	Pond	18933	34389	35853
湖　泊	Lakes	917	2114	631
水　库	Reservoir	10682	14473	14156
河　沟	Brook	240	94	95
2.捕捞产量	Fishing Products	831	1163	2142
淡水养殖面积(公顷)	**Freshwater Aquatic Area (ha)**	**14840**	**15715**	**15592**

9-14 主要年份肉类产量和猪羊数量
OUTPUT OF MEAT AND NUMBER OF HOGS, SHEEP AND GOATS IN MAJOR YEARS

年 份 Year	猪牛羊肉产量 (万吨) Output of Pork, Beef and Mutton (10 000 tons)	肉猪出栏头数 (万头) Slaughtered Fattened Hogs (10 000 heads)	猪年末头数 (万头) Hogs at Year-end (10 000 heads)	羊年末只数 (万只) Sheep and Goats at Year-end (10 000 heads)	山 羊 Goats	绵 羊 Sheep
1978	18.23	274.10	578.50	872.04	532.45	339.59
1980	17.34	277.31	531.16	909.86	535.73	374.13
1985	20.85	270.56	372.12	414.28	174.06	240.22
1990	29.27	308.59	363.14	709.58	303.92	405.66
1995	56.09	569.36	560.99	915.01	408.03	506.98
2000	59.24	589.92	519.52	1058.42	474.86	583.56
2005	80.99	805.23	626.07	1196.35	488.82	707.52
2010	67.65	729.65	528.83	769.72	370.25	399.48
2011	67.26	728.68	510.39	825.37	391.33	434.05
2012	73.68	797.63	556.82	894.33	390.48	503.84
2013	80.90	880.34	606.34	952.51	420.35	532.17
2014	86.77	952.84	638.46	1012.81	436.56	576.25
2015	83.86	906.39	619.16	1112.09	484.40	627.68
2016	82.56	880.24	588.62	1022.81	408.45	614.37
2017	77.13	822.80	544.11	943.18	382.10	561.08

9-15 畜牧业生产情况

NUMBER OF LIVESTOCK AND LIVESTOCK PRODUCTS

指 标	Item	2010	2015	2017
一、大牲畜年末存栏 (万头)	**Larger Animals at Year-end (10 000 heads)**	**120.97**	**109.53**	**116.79**
1.牛 (万头)	Cattle and Buffaloes (10 000 heads)	85.79	90.60	100.73
2.马 (万匹)	Horses (10 000 heads)	1.59	1.06	0.98
3.驴 (万头)	Donkeys (10 000 heads)	17.85	11.67	10.95
4.骡 (万头)	Mules (10 000 heads)	15.74	6.21	4.13
二、猪年末存栏 (万头)	**Hogs at Year-end (10 000 heads)**	**528.83**	**619.16**	**544.11**
#能繁殖的母猪	Reproducible Hogs	57.36	60.36	55.74
三、羊年末存栏 (万只)	**Sheep and Goats at Year-end (10 000 heads)**	**769.72**	**1112.09**	**943.18**
1.山 羊	Goats	370.25	484.40	382.10
2.绵 羊	Sheep	399.48	627.68	561.08
四、家禽年末存栏 (万只)	**Poultry at Year-end (10 000 heads)**	**6283.54**	**11052.91**	**10502.78**
五、养兔年末存栏 (万只)	**Rabbits at Year-end (10 000 heads)**	**240.33**	**116.36**	**66.95**
六、猪、牛、羊出栏	**Slaughtered Hogs, Cattle Buffaloes and Sheep**	**1189.58**	**1484.48**	**1453.47**
猪全年出栏 (万头)	Slaughtered Hog in the Year (10 000 heads)	729.65	906.39	822.80
牛全年出栏 (万头)	Slaughtered Cattle Buffaloes in the Year (10 000 heads)	34.98	40.23	40.13
羊全年出栏 (万只)	Slaughtered Mutton in the Year (10 000 heads)	424.94	537.86	590.54
七、当年肉类总产量 (万吨)	**Total Output of Meat (10 000 tons)**	**77.15**	**99.01**	**93.32**
#猪肉产量	Pork	56.86	70.32	62.67
牛肉产量	Beef	4.92	5.88	5.91
羊肉产量	Mutton	5.87	7.67	8.56
禽肉产量	Poultry	7.85	14.10	15.33
兔肉产量	Rabbit	0.75	0.42	0.31
八、畜禽产品产量 (吨)	**Output of Animal and Poulty Products (ton)**	**1418439**	**1879806**	**1819824**
1.奶 类	Milk	622683	768442	780864
#牛 奶	Cow Milk	605559	759772	773916
2.绵羊毛产量	Sheep Wool	6098	9172	8072
3.山羊粗毛产量	Goat Wool	792	1507	1537
4.羊绒产量	Cashmere	680	1197	1227
5.禽蛋产量	Poultry Eggs	779277	1088428	1018711
6.蜂蜜产量	Honey	3081	5042	5767
7.蚕茧产量	Silkworm Cocoons	5376	5498	2383

9-16 农业现代化情况
AGRICULTURAL MODERNIZATION

指 标	Item	2010	2015	2017
一、农田水利情况	**Farm Water Conservancy Condition**			
年末有效灌溉面积 (千公顷)	Effective Irrigated Area at Year-end (1 000 ha)	1274.15	1560.32	1511.21
#机电排灌面积 (千公顷)	Mechanical and Electrical Irrigated Area (1 000 ha)	961.90	1111.71	1173.60
灌溉机电井数量 (眼)	Electromechanical Well for Irrigation (unit)	81166	91276	94623
二、农村用电情况	**Electricity Consumed Condition**			
1.农村用电量 (万千瓦小时)	Electricity Consumed in Rural Areas (10 000 kwh)	811763	968311	992646
2.农村小型水电站个数 (个)	Small Hyrdopower Station in Rural Areas (unit)	72	60	62
装机容量 (千瓦)	Installed Capacity (kw)	29264	58607	62865
三、农用化肥情况	**Chemical Fertilizers Condition**			
农用化肥施用折纯 (吨)	Effective Component of Chemical Fertilizers (ton)	1103663	1185472	1119984
1.氮 肥	Nitrogenous Fertilizer	400203	335291	282233
2.磷 肥	Phosphate Fertilizer	199996	160235	131103
3.钾 肥	Potash Fertilizer	85069	104235	96795
4.复合肥	Compownd Fertilizer	418395	585710	609852
四、农业机械化情况	**Agricultural Mechanization**			
1.当年实际机耕地面积 (千公顷)	Area Cultivated by Machine at This Year (1 000 ha)	2560	2737	2733
2.当年机械播种面积 (千公顷)	Area Sown by Machine at This Year (1 000 ha)	2182	2647	2617
占总播种面积 (%)	Percentage to Total Sown Area (%)	59.8	73.3	73.3
3.当年机械收获面积(千公顷)	Mechanical Harvest Area at This Year (1 000 ha)	1027	1825	1855
占总播种面积 (%)	Percentage to Total Sown Area (%)	28.2	50.6	52.0

9-17 主要年份化肥施用量、小水电站和农村用电量

CONSUMPTION OF CHEMICAL FERTILIZER, NUMBER OF SMALL HYDROPOWER STATION AND ELECTRICITY CONSUMPTION IN RURAL AREAS IN MAJOR YEARS

年 份 Year	农用化肥施用量 (折纯量, 吨) Consumption of Chemical Fertilizer (ton)	农村小型水电站 Small Hydropower Station in Rural Areas		农村用电量 (万千瓦小时) Electricity Consumption in Rural Areas (10 000 kwh)
		个 数 (个) Number (unit)	装机容量 (千瓦) Installed Capacity (kw)	
1978	355990	401	18678	122683
1980	302904	407	23191	135870
1985	397907	231	26762	151085
1990	565624	197	30414	259437
1995	780568	142	31401	460583
2000	869882	106	24900	531441
2005	956999	87	22994	669390
2006	983000	69	22729	692109
2007	1008000	70	23880	759390
2008	1034042	74	25379	789864
2009	1043239	73	29000	811966
2010	1103663	72	29264	811763
2011	1145667	71	29177	865984
2012	1182795	71	28093	949517
2013	1210196	63	24963	997819
2014	1196138	60	28647	970811
2015	1185472	60	58607	968311
2016	1170719	61	59492	975220
2017	1119984	62	62865	992646

9-18 农业机械拥有量
AGRICULTURAL MACHINERY

年末数 (end of year)

指 标	Item	2010	2015	2017
农业机械总动力 (万千瓦)	**Total Power of Agricultural Machinery(10 000 kw)**	**2809.17**	**3351.65**	**1376.30**
柴油发动机动力 (万千瓦)	Diesel Engine Power(10 000 kw)	2369.83	2871.04	1106.08
汽油发动机动力 (万千瓦)	Gasoline Engine Power(10 000 kw)	86.17	70.61	18.33
电动机动力 (万千瓦)	Motor Power(10 000 kw)	353.17	410.00	251.89
大中型农用拖拉机 (台)	Large and Medium Tractors for Agriculture (unit)	73178	130685	130789
(万千瓦)	(10 000 kw)	261.25	475.86	482.50
小型农用拖拉机 (台)	Mini-tractors for Agriculture (unit)	299453	357935	241509
(万千瓦)	(10 000 kw)	276.82	332.47	205.91
大中型拖拉机配套机具 (部)	Number of Large and Medium Tractor Towing Farm Machinery (unit)	151727	256937	254924
小型拖拉机配套机具 (部)	Mini-Tractor Towing Farm Machinery (unit)	390537	511034	280628
农用排灌动力机械 (台)	Drainage and Irrigation Machinery (unit)	156780	172944	113761
(万千瓦)	(10 000 kw)	186.94	211.98	133.99
农用水泵 (台)	Pumps for Agricultural Use (unit)	139517	153363	95765
联合收割机 (台)	Combine Harvesters (unit)	12771	34363	27724
机动脱粒机 (台)	Motorized Threshers (unit)	60629	91441	51309

9-19 农民家庭平均每户生产性固定资产原值
ORIGINAL VALUE OF PRODUCTIVE FIXED ASSETS PER RURAL HOUSEHOLD

单位：元 (yuan)

指 标	Item	2016	2017
一、农业生产性固定资产原价	**Original Value of Agricultural Productive Fixed Assets**		
生产性用房及建筑物	Productive Houses and Buildings	545.84	504.84
役 畜	Draught Animals	404.62	405.66
产品畜	Commodity Animals	208.30	497.93
农业设施	Agricultural Facilities	67.61	84.92
农业机械	Agricultural Machinery	2160.81	2262.29
农林牧渔服务业	Services of Farming, Forestry, Animal Husbandry and Fishery	269.19	120.92
二、非农产业固定资产原价	**Original Value of Nonagricultural Fixed Assets**		
采矿业	Mining	1.30	0.01
制造业	Manufacturing	413.00	417.41
电力、热力、燃气及水生产和供应业	Production and Supply of Power, Heat, Gas and Water	0.83	23.16
建筑业	Construction	143.58	132.91
批发和零售业	Wholesale and Retail Trade	863.08	862.44
交通运输、仓储和邮政业	Transportation, Storage and Post	3890.06	3753.95
住宿和餐饮业	Hotels and Catering Services	273.72	206.55
房地产业	Real Estate		
租赁和商务服务业	Leasing and Business Services	124.92	118.09
居民服务、修理和其他服务业	Resident Services, Repair and Other Services	322.05	169.40
其他行业	Others	43.75	75.95

9-20 农民家庭平均每百户拥有主要生产性固定资产数量
MAJOR PRODUCTIVE FIXED ASSETS PER 100 RURAL HOUSEHOLDS

指 标	Item	2016	2017
生产性用房及建筑物(平方米)	Productive Houses and Buildings (sq.m)	600.20	801.69
大中型农用拖拉机（台）	Large and Medium-sized Agricultural Tractors (unit)	1.81	1.71
小型农用拖拉机 （台）	Small Agricultural Tractors (unit)	23.43	25.15
农用排灌动力机械（台）	Machinery forAgricultural Drainage and Irrigation (unit)	1.44	1.67
插秧机（台）	Rice Transplanters (unit)	0.05	0.09
收割机（台）	Harvesters (unit)	0.60	0.65
脱粒机（台）	Threshing Machines (unit)	1.30	1.16
役 畜（头）	Draught Animals (head)	5.41	4.91
产品畜（头）	Commodity Animals (head)	44.12	83.91

9-21 农民家庭平均每人生产和销售的主要农林产品
PER CAPITA MAJOR FARM AND FOREST PRODUCTS PRODUCED AND SOLD BY RURAL HOUSEHOLDS

单位：公斤 (kg)

指 标	Item	生产量 Output		出售量 Sales	
		2016	2017	2016	2017
谷 物	Cereal	1044.85	1104.72	882.07	927.95
薯 类	Tubers	31.46	30.88	9.52	9.30
豆 类	Beans	25.68	22.41	17.77	17.93
棉 花	Cotton	0.11	0.26	0.03	0.13
油 料	Oil-bearing Crops	16.27	13.23	8.40	11.16

主要统计指标解释

乡村户数 指长期(一年以上)居住在乡镇(不包括城关镇)行政管理区域内的住户，还包括居住在城关镇所辖行政村范围内的农村住户。户口不在本地而在本地居住一年及以上的住户也包括在本地农村住户内；有本地户口，但举家外出谋生一年以上的住户，无论是否保留承包耕地都不包括在本地农村住户范围内。不包括乡村地区内的国有经济的机关、团体、学校、企业、事业单位的集体户。

乡村人口 乡村地区常住居民户数中的常住人口数，即经常在家或在家居住6个月以上，而且经济和生活与本户连成一体的人口。外出从业人员在外居住时间虽然在6个月以上，但收入主要带回家中，经济与本户连为一体，仍视为家庭常住人口；在家居住，生活和本户连成一体的国家职工、退休人员也为家庭常住人口，但是现役军人、中专及以上（走读生除外）的在校学生以及常年在外（不包括探亲、看病等）且已有稳定的职业与居住场所的外出从业人员，不应当作家庭常住人口。

乡村从业人员 指乡村人口中16岁以上实际参加生产经营活动并取得实物或货币收入的人员，既包括劳动年龄内经常参加劳动的人员，也包括超过劳动年龄但经常参加劳动的人员。但不包括户口在家的在外学生、现役军人和丧失劳动能力的人，也不包括待业人员和家务劳动者。从业人员年龄为16岁以上。从业人员按从事主业时间最长（时间相同按收入）分为农业从业人员、工业从业人员、建筑业从业人员、交运仓储及邮政从业人员、信息传输、计算机服务业和软件业从业人员、批发与零售业从业人员、住宿和餐饮业从业人员、其他行业从业人员。

农林牧渔业总产值 指以货币表现的农林牧渔业的全部产品总量和对农林牧渔业生产进行的各种支持性服务活动的价值。它反映一定时期内农林牧渔业生产总规模和总成果，是观察农林牧渔业生产水平和发展速度，研究农林牧渔业内部比例关系、农林牧渔业与工业、农林牧渔业与国家建设、人民生活比例关系的重要指标，同时也是计算农林牧渔业劳动生产率和农林牧渔业增加值的基础资料。

农林牧渔业增加值 指农、林、牧、渔业生产及农林牧渔服务业提供服务活动所增加的价值，为农林牧渔业现价总产值扣除农林牧渔业中间消耗后的余额。

耕地总资源 指种植农作物的土地。包括熟地，新开发、复垦、整理地，休闲地（含轮歇地、轮作地）；以种植农作物（含蔬菜）为主，间有零星果树、桑树或其他树木的土地；平均每年能保证收获一季的已是滩地和海涂。耕地中包括南方宽度<1.0米、北方宽度<2.0米固定的沟、渠、路和地坎（梗）；临时种植药材、草皮、花卉、苗木等的耕地，以及其他临时改变用途的耕地。

有效灌溉面积 具有一定水源，地块比较平整，灌溉工程或设备已经配套，在一般年景下当年能够进行正常灌溉的耕地面积。在一般情况下，有效灌溉面积应等于灌溉工程或设备已经配套，能够进行正常灌溉的水田和水浇地之和。

农作物播种面积 指实际播种或移植有农作物的面积。凡是实际种植有农作物的面积，不论种植在耕地上还是种植在非耕地上，均包括在农作物播种面积中。在播种季节基本结束后，因遭灾而重新改种和补种的农作物面积，也包括在内。

农作物总产量 指本年度内生产的各种农作物总产量，不论计划内外、数量多少，耕地与非耕地上的农作物产量，都应统计在内。包括粮食、棉花、油料、麻类、糖类、药材、蔬菜、瓜类及其他农作物。

期末畜禽存栏头(只)数 指报告期末农村各种合作组织和国营农场、农民个人、机关、团体、学校、工矿企业、部队等单位，以及城镇居民饲养的大牲畜、猪、羊、家禽等畜禽的数量。科学研究单位专门用于试验研究的牲畜和军马除外。

肉类总产量 指调查期内各种牲畜及家禽、兔等动物肉产量总计。猪、牛、羊、马、驴、骡、骆驼肉产量按去掉头蹄下水后带骨肉的胴体重量计算，兔及禽肉产量按屠宰后去毛和内脏后的重量计算。

禽蛋产量 指调查期内饲养的蛋用家禽生产的禽蛋总重量。包括出售的和农民自产自用的部分。品种主要为鸡鸭鹅。

奶类产量 指全社会产量，包括出售部分和农牧民自食部分。不包括牛犊和乳羊直接吮食部分。

农用化肥施用量 指本年内实际用于农业生产的化肥数量，包括氮肥、磷肥、钾肥和复合肥。化肥施用量要求按折纯量计算数量。折纯量是指把氮肥、磷肥、钾肥分别按含氮、含五氧化二磷、含氧化钾的百分之百成份进行折算后的数量。复合肥按其所含主要成分折算。公式为：折纯量=实物量×某种化肥有效成份含量的百分比

农村用电量 本年度内，扣除在农村中的国有工业、交通、基建等单位的用电量以后的农村生产和生活的全年用电总量。包括国家电网供电和农村自办电站供电量。

Explanatory Notes on Main Statistical Indicators

Number of Rural Households refers to households resident on a long term basis (i.e. 1 year or more) in administrative districts in townships (not including urban townships), including rural households resident in areas under the jurisdiction of urban townships. Households whose household registration is not in the locality yet resident for one year or more are included among the rural households. Households having local household registration yet the whole household having left for somewhere else for work for one year or more, whether still retaining contracted farmland, are not included among the local rural households. Also not included are collective households associated with institutions of the State economy, organizations, schools and enterprises.

Rural Population refers to residential population of residential households in rural areas, i.e. who stay at home usually or residing at home above 6 months and link closely to the household in economy and livelihood. Persons who engaged outside above 6 months while take their income back to home and link closely with the household in economy, are still calculated as rural population. National workers and retirees who reside at home at the same time link closely with the household are still calculated as rural population, while enlisted man, secondary specialized and above students (except day-students) and persons engaged outside (except family visit and medical treatment) for years having stable jobs and living places can't be calculated as rural population.

Rural Employees refer to rural persons aged over 16 years who are engaged in actual production and management activities and receive payment in kind or wages, including those covered within the labor force age bracket and regularly participating in production activities, and those who are out of the labor force age bracket yet also participating in production activities regularly. Students studying in other places with their permanent residence registered in local areas, servicemen and persons incapable of working are not included. Unemployed persons and domestic workers are also not included. Persons employed are classified as persons engaged in agriculture, forestry, animal husbandry or fishery activities; persons engaged in industrial activities; persons engaged in construction activities; persons engaged in transport, storage and telecommunications activities; persons engaged in information transmission, computer services and software industry; persons engaged in wholesale and retail trade and catering activities; and persons engaged in other non-agriculture activities. In case the person is engaged in more than one type of work, classification is according to the industry in which he works most of the time.

Gross Output of Farming, Forestry, Animal Husbandry and Fishery refers to the total volume of products of farming, forestry, animal husbandry and fishery and value of service for farming, forestry, animal husbandry and fishery productive activity in value terms. It reflects total scale and results of farming, forestry, animal husbandry and fishery productive in a period time. It's a important indicator to watch production level and rate, research interior percentage, percentage with industry, state construction and people's livelihood. It's also basic to calculate productivity and value added.

Value Added of Farming, Forestry, Animal Husbandry and Fishery refers to new increasing value through farming, forestry, animal husbandry and fishery and services activities, which equals to gross output of farming, forestry, animal husbandry and fishery minus their intermediate consumption.

Resources of Cultivated Area refers to farm land for growing crops, including cultivated land, newly cultivated land and land planted crops in the current year, fallow land including swidden and rotation land, land which are mainly planted with crops including vegetables and scattered with fruit trees, mulberry trees and other trees, beaches and shoal land which can gains at least one season. Cultivated Area includes channels, ditches, footpaths and ridges which are not wider than one meter in the south while 2 meters in the north, land temporarily plant with medical materials, turfs, flowers and nursery stocks, and other lands which temporarily change usage.

Effective Irrigated Area refers to area of land that are effectively irrigated, i.e. relatively level land, where there are water sources or complete sets of irrigation facilities to lift and move adequate water for irrigation purpose under normal conditions. Under normal institutions, irrigated area is the sum of watered fields and irrigated fields where irrigation systems or equipment have been installed for regular irrigation purpose.

Sown Area of Farm Crops refers to area of land sown or transplanted with crops regardless of being in cultivated area or non-cultivated area, area of land re-sown due to natural disasters is also included.

Total Output of Farm Crops refers to the total output of all kinds of crops this year. It does not matter if they are included in the plans the amount is large or small or the crops are grown on the cultivated land or on uncultivated land. The crops include grain cotton oil hemp sugar herbs vegetables melons and other crops.

Number of Livestock or Poultry in Stock at End of the Period refers to the total number of large animals, pigs, sheep, poultry, etc. raised by rural cooperative organizations, state farms, rural individuals, government agencies, groups, schools, industrial and mining enterprises, armies and urban residents at end of the reference period. Experimental Livestock used by the scientific research units and army horses are excepted.

Total Output of Meat refers to the total meat output of all kinds of livestock, poultry, rabbits, etc. at end of the period. Meat of hogs, cattle, sheep, horses, donkeys, mules and camels are calculated by the body weights without heads, feet and offal, while meat of rabbits and poultry are calculated by the slaughtered weights without hair and offal.

Output of Poultry Eggs refers to the total weight of poultry eggs produced by raised egg-laying poultry in the survey period, including eggs for sale and for peasants own use. The main products are chicken eggs, duck eggs and gooses eggs.

Output of Milk refers to the total society milk output, including sold milk and milk consumed by the peasants and herdsmen. Milk sucked by calves and lambs are excepted.

Consumption of Chemical Fertilizers refers to the quantity of chemical fertilizers applied in agriculture in the year, including nitrogenous fertilizer, phosphate fertilizer, potash fertilizer and compound fertilizer. It is calculated in terms of volume of effective components by means of converting the gross weight of the respective fertilizers into weight containing effective component (e.g. nitrogen content in nitrogenous fertilizer, phosphorous pentoxide contents in phosphate fertilizer and potassium oxide contents in potash fertilizer). Compound fertilizer is converted in regard to its major components. The formula is: Volume of effective component = physical quantity × effective component of certain chemical fertilizer (%)

Electricity Consumption in Rural Areas refers to the total electricity consumption for rural production and living in the year, which deduct consumption of national industry, transportation and capital construction units in rural areas. It includes the supply of national power grid and power station building by rural residents.

10

工 业

INDUSTRY

资料整理人员

刘香元　文明佳　刘肖余　黄岩峰

工　业
INDUSTRY

工业企业单位数	Number of Industrial Enterprises	3835	个	(unit)
产品产量（全社会）	Output of Products(Total Society)			
原　煤	Coal	87221	万吨	(10 000 tons)
发电量	Electricity	2765.5	亿千瓦小时	(100 million kwh)
生　铁	Pig Iron	3951.9	万吨	(10 000 tons)
粗　钢	Crude Steel	4429.7	万吨	(10 000 tons)

工业增加值构成 (%)
Composition of Value Added of Industry (%)

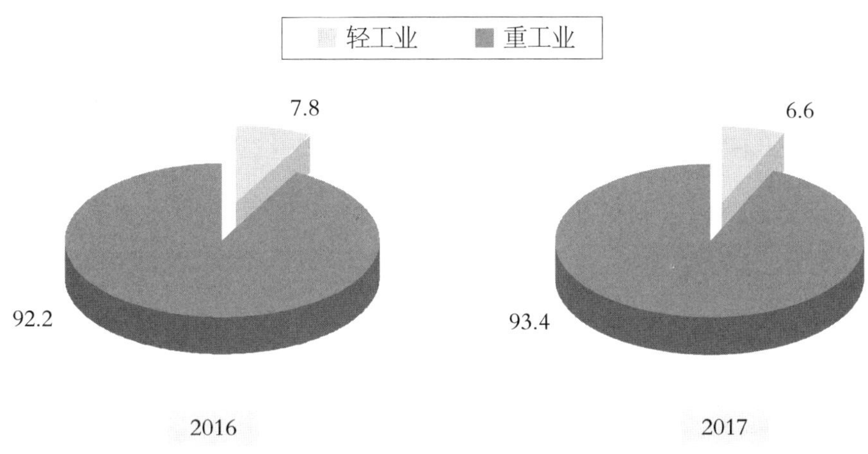

工业增加值增速 (%)
Growth Rate of Industrial Value Added (%)

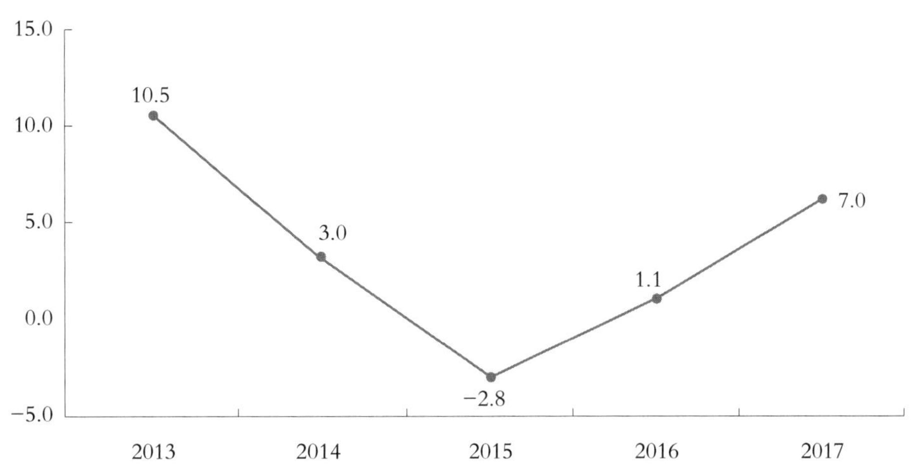

10-1 主要年份工业企业单位数
NUMBER OF INDUSTRIAL ENTERPRISES IN MAJOR YEARS

单位：个 (unit)

年 份 Year	工业企业单位数 Number of Industrial Enterprises	按轻重工业分 Grouped by Light & Heavy Industry		按经济类型分 Grouped by Ownership		
		轻工业 Light Industry	重工业 Heavy Industry	国有经济 State-owned Enterprise	集体经济 Collective-owned Enterprise	其他经济 Other Ownership
1978	9381	4463	4918	2547	6834	
1980	9533	4528	5005	2524	7009	
1985	11004	4875	6129	2421	8577	6
1990	12122	4922	7200	2776	9318	28
1995	12086	4080	8006	3042	8698	346
2000	3275	944	2331	1537	766	972
2005	4441	761	3680	879	928	2634
2010	4240	737	3503	266	181	3793
2011	3673	546	3127	227	114	3332
2012	3905	569	3336	237	97	3571
2013	3979	586	3393	110	72	3797
2014	3906	614	3292	84	56	3766
2015	3845	625	3220	74	45	3726
2016	3548	595	2953	56	39	3453
2017	3835	654	3181	54	38	3743

年 份 Year	按企业规模分 Grouped by Size of Enterprises				按隶属关系分 Grouped by Jurisdiction of Management	
	大型企业 Large Enterprises	中型企业 Medium-sized Enterprises	小型企业 Small Enterprises	微型企业 Microenterprises	中央企业 Central Enterprise	地方企业 Local Enterprise
1978	36	117	9228		100	9281
1980	50	94	9389		112	9421
1985	75	144	10785		168	10836
1990	97	169	11856		187	11935
1995	122	252	11712		183	11903
2000	137	228	2910		110	3165
2005	87	757	3597		95	4346
2010	149	970	3121		120	4120
2011	300	924	2297	152	135	3538
2012	295	889	2513	208	150	3755
2013	277	913	2542	247	148	3831
2014	246	898	2547	215	144	3762
2015	219	854	2476	296	147	3698
2016	223	843	2313	169	148	3400
2017	254	843	2516	222	171	3664

注：(1)规模以上工业企业统计范围1998-2006年为国有企业、大中型企业和年产品销售收入500万元及以上非国有企业；2007-2010年为年主营业务收入500万元以上的工业法人企业；2011年及以后为年主营业务收入2000万元以上的工业法人企业。
(2)2011年起企业规模划分采用新标准。

Notes: (1)Enterprises in this table contains enterprises which is state-owned, large & medium-sized and non-state-owned with sales above 5 million yuan from 1998 to 2006; enterprises whose major business revenue is above 5 million yuan from 2007 to 2010; enterprises whose major business revenue is above 20 million yuan since 2011.
(2)New standards of enterprise size have been used since 2011.

10-2 主要年份主要工业产品产量

OUTPUT OF MAJOR INDUSTRIAL PRODUCTS IN MAJOR YEARS

年 份 Year	原 煤 (万吨) Coal (10 000 tons)	发电量 (亿千瓦小时) Electricity (100 million kwh)	粗 钢 (万吨) Crude Steel (10 000 tons)	钢 材 (万吨) Steel Products (10 000 tons)	生 铁 (万吨) Pig Iron (10 000 tons)	原 铝 (万吨) Electrolyzed Aluminum (10 000 tons)	氧化铝 (万吨) Aluminum Oxide (10 000 tons)
1978	9825	106.63	119.99	74.04	150.39	0.50	
1980	12103	120.24	149.38	86.42	171.39	0.63	
1985	21418	184.59	183.74	110.80	229.54	1.00	
1990	28597	314.16	238.58	128.78	454.88	1.88	
1995	34731	505.97	339.80	217.09	1438.29	6.44	
2000	25152	624.71	472.73	392.60	1628.00	17.65	
2005	55426	1316.50	1654.72	1368.60	3229.80	34.52	151.19
2010	74096	2150.56	3048.82	2866.35	3402.43	80.57	358.94
2011	87228	2344.00	3490.42	3371.16	3786.08	104.72	500.93
2012	91333	2534.99	3950.17	3799.47	4009.64	105.57	508.63
2013	92167	2641.10	4671.44	4487.04	4310.66	104.19	784.59
2014	92794	2642.81	4325.39	4701.01	4059.29	82.69	903.01
2015	96680	2457.45	3846.96	4267.25	3576.38	66.03	1272.91
2016	83044	2510.51	3936.13	4278.97	3641.09	86.82	1414.14
2017	87221	2765.53	4429.68	4335.40	3951.86	98.50	1928.26

年 份 Year	焦 炭 (万吨) Coke (10 000 tons)	铜 (吨) Copper(ton)	水 泥 (万吨) Cement (10 000 tons)	平板玻璃 (万重量箱) Plate Glass (10 000 weight cases)	化学肥料(折有效成份100%，万吨) Chemical Fertilizer (calculated on100% effective content，10 000 tons)		
					合 计 Total	#氮 肥 Nitrogenous	#磷 肥 Phosphate
1978	356.51	13583	255.87	47.09	32.33	30.24	2.09
1980	320.95	26607	287.88	52.74	40.15	34.91	5.24
1985	417.34	24400	458.68	113.33	39.31	37.41	1.89
1990	1609.27	25147	612.47	181.58	71.94	60.06	11.88
1995	5297.62	27530	1169.85	241.44	102.31	83.31	18.93
2000	4967.00	28544	1434.00	357.98	170.17	137.55	18.82
2005	7981.00	27225	2310.68	360.24	353.51	336.35	13.10
2010	8502.10	80610	3670.29	1673.37	331.84	321.60	10.24
2011	9047.91	87785	4101.47	1847.64	363.75	353.73	10.02
2012	8612.66	98134	5076.21	1975.81	389.07	379.23	9.84
2013	9022.40	88564	5269.09	2065.28	446.13	439.79	6.34
2014	8765.90	144489	4801.96	1758.92	461.67	453.36	8.02
2015	8039.88	180935	3786.09	1400.82	464.96	455.69	9.27
2016	8185.99	195596	3851.54	1648.08	443.54	431.16	7.58
2017	8383.14	192287	3760.27	1702.60	373.92	368.29	5.58

注：本表产量为全社会口径。

Note: Coverage of products in the table is total society.

10-2 续表 continued

年 份 Year	初级形态的塑料(万吨) Primary Form of Plastics (10 000 tons)	轮胎外胎(万条) Tires Cover (10 000 units)	矿山设备(吨) Mining Equipment (ton)	纱(吨) Yarn(ton)	布(万米) Cloth (10 000 m)
1978	0.57	9.97	18214	72193	32756
1980	0.55	14.44	9349	84145	38652
1985	0.94	29.25	16345	77762	37555
1990	1.82	57.33	25717	94237	42948
1995	2.64	112.45	23675	72165	35593
2000	3.04	154.30	6857	84765	33253
2005	29.28	135.11	109570	149828	36256
2010	20.24	173.51	329442	53913	7381
2011	46.32	164.86	354327	54012	8139
2012	51.86	170.26	434304	61575	7499
2013	48.54	166.57	430963	56923	7553
2014	49.36	165.20	255155	55125	8172
2015	65.46	154.98	260185	52826	7720
2016	67.24	145.76	223304	53769	4176
2017	79.47	73.23	260521	32243	3668

年 份 Year	白 酒(千升) White Spirit (kiloliter)	食 醋(吨) Vinegar(ton)	卷 烟(万箱) Cigarettes (10 000 cases)	机制纸及纸板(万吨) Machine-made Paper and Paperboard (10 000 tons)	合成洗涤剂(吨) Synthetic Detergents (ton)
1978			17	9	14409
1980			19	12	18505
1985			19	19	60746
1990			24	35	68951
1995			28	60	135359
2000			30	27	189235
2005	77199		25	40	162303
2010	112022	385452	30	22	119774
2011	145722	455262	31	20	98419
2012	130691	550278	31	33	101898
2013	111881	550229	32	34	108199
2014	93597	474644	33	26	92683
2015	83568	673052	33	35	87713
2016	103239	626955	31	42	79342
2017	139907	567275	30	46	72305

10-3 规模以上主要工业产品产量

OUTPUT OF MAJOR INDUSTRIAL PRODUCTS ABOVE DESIGNATED SIZE

指 标		Item	2016	2017
原 煤	(万吨)	Coal (10 000 tons)	81641.5	85581.0
发电量	(亿千瓦小时)	Electricity (100 million kwh)	2498.7	2763.0
粗 钢	(万吨)	Crude Steel (10 000 tons)	3936.1	4429.7
钢 材	(万吨)	Steel Products (10 000 tons)	4279.0	4335.4
生 铁	(万吨)	Pig Iron (10 000 tons)	3641.1	3951.9
原 铝	(万吨)	Electrolyzed Aluminum (10 000 tons)	86.8	98.5
氧化铝	(万吨)	Aluminum Oxide (10 000 tons)	1414.1	1928.3
焦 炭	(万吨)	Coke (10 000 tons)	8186.0	8383.1
铜	(万吨)	Copper (10 000 tons)	19.6	19.2
水 泥	(万吨)	Cement (10 000 tons)	3595.4	3506.0
平板玻璃	(万重量箱)	Plate Glass (10 000 weight cases)	1648.1	1702.6
硫 酸	(折纯，万吨)	Sulfuric Acid (10 000 tons)	53.6	51.2
化学肥料	(折纯，万吨)	Chemical Fertilizer (10 000 tons)	437.5	373.1
化学农药	(吨)	Chemical Pesticide (10 000 tons)	589.0	649.0
初级形态的塑料	(万吨)	Primary Form of Plastics (10 000 tons)	67.2	79.5
轮胎外胎	(万条)	Tires Cover (10 000 units)	145.8	72.0
矿山设备	(吨)	Mining Equipment (ton)	223304	260521
金属切削机床	(台)	Metal-cutting Machine Tools (unit)	13	12
工业锅炉	(蒸发量吨)	Industrial Boiler (ton)	16430	14776
变压器	(万千伏安)	Transformer (10 000 kva)	654.8	771.0
泵	(台)	Pump (unit)	92547	87410
纱	(吨)	Yarn (ton)	53769.4	32243.4
布	(万米)	Cloth (10 000 m)	4175.9	3640.0
白 酒	(千升)	White Spirit (kiloliter)	103238.5	139906.7
啤 酒	(千升)	Beer (kiloliter)	339597.0	336719.5
卷 烟	(万箱)	Cigarettes (10 000 cases)	31.1	30.0
机制纸及纸板	(万吨)	Machine-made Paper and Paperboard (10 000 tons)	41.7	45.5
合成洗涤剂	(吨)	Synthetic Detergents (ton)	78342.1	72304.9
煤层气	(亿立方米)	Coalbed Methane (100 million cu.m)	43.2	46.8
手 机	(万台)	Mobile Phones (10 000 unit)	2693.4	2047.7
化学药品原药	(吨)	Chemical Medicine (ton)	27733.9	27144.3
食 醋	(吨)	Vinegar (ton)	626955.3	567275.3
太阳能电池	(千瓦)	Solar Cell (kw)	1441692	1977637
新能源汽车	(辆)	New Energy Motor Vehicles (unit)	12292	24781

10-4 工业企业主要财务指标(2017年)

单位：万元

指 标	Item	单位数 (个) Number of Enterprises (unit)
总 计	**Total**	**3835**
一、按隶属关系分	Grouped by Jurisdiction of Management	
中 央	Central Enterprises	171
省 属	Provincial Enterprises	371
市 属	Municipal Enterprises	220
县级及以下	Enterprises at County Level and Below	263
其 他	Others	2810
二、按登记注册类型分	Grouped by Registered Kind	
内资企业	Civil Funded Enterprises	3694
国有企业	State-owned Enterprises	54
集体企业	Collective-owned Enterprises	38
股份合作企业	Share Holding Cooperative Enterprises	1
联营企业	Joint Owned Enterprises	1
有限责任公司	Limited Liability Corporations	1258
国有独资公司	State Sole Funed Corporations	106
其他有限责任公司	Other Limited Liability Corporations	1152
股份有限公司	Share Holding Limited Corporations	126
私营企业	Private Enterprises	2213
私营独资企业	Private-funed Enterprises	131
私营合伙企业	Private Partnership Enterprises	10
私营有限责任公司	Private Limited Liability Corporations	1996
私营股份有限公司	Private Share Holding Limited Corporations	76
其他企业	Others	3
港、澳、台商投资企业	Enterprises Funded by Hong Kong, Macao and Taiwan	56
合资经营企业(港或澳、台资)	Joint Venture Enterprises	33
合作经营企业(港或澳、台资)	Cooperative Enterprises	
港澳台商独资企业	Solely Owned Enterprises	19
港澳台商投资股份有限公司	Share Holding Limited Corporations	3
其他港澳台商投资企业	Others	1

MAIN FINANCIAL INDICATORS OF INDUSTRIAL ENTERPRISES(2017)

(10 000 yuan)

#亏损企业 Loss-making Enterprises	资产总计 Total Assets	流动资产合计 Total Circulating Funds	固定资产合计 Total Fixed Assets	固定资产原价 Original Value of Fixed Assets
1112	**357142349**	**143595903**	**125181092**	**197230512**
47	47303677	11878474	26910303	46514611
133	150123381	56572882	45824909	76452266
77	20815989	7825627	8342797	11401555
80	24406135	10608551	8478174	12037881
775	114493168	56710369	35624908	50824199
1078	333454771	130393470	117617432	183758654
25	14866301	2715333	10998979	18724551
11	784940	466520	230485	538001
1	4936	4494	442	1938
	254886	71196	31468	67597
393	228679645	86362086	76022057	117397091
31	46769454	20153020	16086394	25358915
362	181910191	66209066	59935662	92038176
41	26455946	8388645	10994678	19606116
607	62017399	32096896	19273502	27317601
32	972568	575877	288854	452803
	63852	34440	16045	23954
563	56677427	29112721	17690185	25163083
12	4303553	2373859	1278418	1677763
	390717	288300	65822	105759
12	13020155	8648557	3481900	5495846
8	9897479	6860078	2315576	3934981
3	2551592	1547398	864146	1203698
1	494361	172441	302178	345108
	76723	68641		12060

10-4 续表1

单位：万元

指　标	Item	单位数(个) Number of Enterprises (unit)
外商投资企业	Foreign Funded Enterprises	85
中外合资经营企业	Joint Venture Enterprises	57
中外合作经营企业	Cooperative Enterprises	5
外资企业	Solely Owned Enterprises	21
外商投资股份有限公司	Share Holding Limited Corporations	1
其他外商投资企业	Others	1
三、在总计中: 亏损企业	Of the Total: Loss-making Enterprises	1112
在总计中: 国有控股企业	Of the Total: State-Controlled Share Holding Enterprises	861
在总计中: 轻工业	Of the Total: Light Industry	654
重工业	Heavy Industry	3181
在总计中: 大型企业	Of the Total: Large Enterprises	254
中型企业	Medium-sized Enterprises	843
小型企业	Small Enterprises	2516
微型企业	Microenterprises	222
四、按工业行业大类分	Grouped by Sector	
采矿业	Mining	1277
煤炭开采和洗选业	Coal Mining and Dressing	1070
石油和天然气开采业	Petroleum and Natural Gas Extraction	17
黑色金属矿采选业	Ferrous Metals Mining and Dressing	157
有色金属矿采选业	Nonferrous Metals Mining and Dressing	22
非金属矿采选业	Nonmetal Minerals Mining and Dressing	11
开采专业及辅助性活动	Mining Professional and Auxiliary Activities	
其他采矿业	Other Mining Industry	
制造业	Manufacturing	2239
农副食品加工业	Farm Products Processing	158
食品制造业	Food Manufacturing	79
酒、饮料和精制茶制造业	Wine, Beverages and Refined Tea Manufacturing	62
烟草制品业	Tobacoo Products Manfacturing	1
纺织业	Textile Industry	24
纺织服装、服饰业	Textile, Wearing Apparel and Accessories	16
皮革、毛皮、羽毛及其制品和制鞋业	Leather, Fur, Feather and Related Products and Footwear	2
木材加工和木、竹、藤、棕、草制品业	Timber Processing,Bamboo,Cane,Palm Fiber and Straw Products	5

continued

(10 000 yuan)

#亏损企业 Loss-making Enterprises	资产总计 Total Assets	流动资产合计 Total Circulating Funds	固定资产合计 Total Fixed Assets	固定资产原价 Original Value Of Fixed Assets
22	10667423	4553876	4081759	7976013
15	6666380	2541088	2626291	4323451
	1751387	615902	739822	2348352
7	2084150	1369205	579766	1154805
	15161	9729	4402	7319
	150344	17952	131478	142086
1112	96685475	35747860	37101186	54746658
282	234793779	80095620	88163764	144057508
147	14660320	7451261	4678013	6245024
965	342482029	136144642	120503078	190985488
46	199121002	86519080	56958619	97943345
260	100176106	32600188	44754106	67667992
746	52039964	22689541	20753487	28503272
60	5805277	1787095	2714880	3115903
408	183142616	70770482	51649558	80439532
347	176016331	68128747	48980676	76831866
4	3155035	1077804	1265549	1767283
46	3574308	1389083	1295526	1697919
9	347055	156298	94386	121322
2	49886	18551	13421	21142
578	129039163	64677491	42469484	66209952
27	2220946	1021594	796439	997030
15	1215201	540283	551314	708137
19	2697504	1556334	854872	1079634
	481593	290326	188173	154682
7	418718	203957	132934	186662
3	297983	174443	65902	101170
	19144	13298	5846	7132
	241372	139950	68288	59827

10–4 续表2

单位：万元

指　　标	Item	单位数 (个) Number of Enterprises (unit)
家具制造业	Furniture Manufacturing	5
造纸和纸制品业	Paper Making and Paper Products	21
印刷和记录媒介复制业	Printing and Record Medium Reproduction	26
文教、工美、体育和娱乐用品制造业	Culture, Education, Art and Crafts, Sport and Entertainment Products	13
石油、煤炭及其他燃料加工业	Petroleum, Coal and Other Fuels Processing	131
化学原料和化学制品制造业	Raw Chemical Materials and Chemical Products	236
医药制造业	Medical and Pharmaceutical Products	89
化学纤维制造业	Chemical Fiber Manufacturing	1
橡胶和塑料制品业	Rubber and Plastic Products	62
非金属矿物制品业	Nonmetal Mineral Products	411
黑色金属冶炼和压延加工业	Smelting and Pressing of Ferrous Metals	102
有色金属冶炼和压延加工业	Smelting and Pressing of Non–ferrous Metals	94
金属制品业	Metal Prodcuts	209
通用设备制造业	Ordinary Machinery Manufacturing	107
专用设备制造业	Special Purpose Equipment Manufacturing	148
汽车制造业	Automobile Manufacturing	51
铁路、船舶、航空航天和其他运输设备制造业	Railroad, Marine, Aviation and Other Transport Equipments Manufacturing	25
电气机械和器材制造业	Electrical Machinery and Equipment Manufacturing	82
计算机、通信和其他电子设备制造业	Computers, Telecommunication and Other Electronic Equipments Manufacturing	36
仪器仪表制造业	Equipments and Instruments Manufacturing	18
其他制造业	Other Manufacturing	6
废弃资源综合利用业	Comprehensive Utilization of Waste Resources	5
金属制品、机械和设备修理业	Metal Products, Machinery and Equipment Repair	14
电力、热力、燃气及水生产和供应业	Production and Supply of Electricity, Heat, Gas and Water	319
电力、热力生产和供应业	Production and Supply of Electricity and Heat	255
燃气生产和供应业	Production and Supply of Gas	48
水的生产和供应业	Production and Supply of Water	16

continued

(10 000 yuan)

#亏损企业 Loss-making Enterprises	资产总计 Total Assets	流动资产合计 Total Circulating Funds	固定资产合计 Total Fixed Assets	固定资产原价 Original Value Of Fixed Assets
2	36820	21760	12692	12381
4	201392	79925	86503	145919
7	301041	134894	108490	177179
4	188955	91181	78790	84462
31	22201597	11775673	5617486	9483010
63	12944359	5349721	5255006	7233172
21	4020584	1767691	1164083	1629728
	69967	19103	10935	10935
18	877666	506695	277919	425226
117	7111311	3360809	2855404	4620480
35	26190450	9034730	11101451	19985814
40	11073297	4209126	5039819	7992017
49	3678932	2231971	1137157	1553580
21	2920745	1650798	790246	988270
37	6077351	4464588	1030790	1341233
17	3473049	2207597	824502	1123159
7	2592260	1694224	677110	911326
17	3253866	2040100	744432	1094908
8	10197346	8528813	1200749	2072164
2	568020	376229	60960	88320
2	3224859	1042146	1649291	1830414
3	115843	53520	55073	56634
2	126993	96013	26831	55350
126	44960570	8147931	31062050	50581028
98	39794633	6819095	28964161	47730558
17	4314427	1105936	1644218	2059598
11	851509	222900	453671	790872

10-4 续表3

单位：万元

指 标	Item	累计折旧 Total Depreciation	负债合计 Total Liabilities
总 计	**Total**	**78722452**	**264833864**
一、按隶属关系分	Grouped by Jurisdiction of Management		
中 央	Central Enterprises	20477549	33011147
省 属	Provincial Enterprises	31676524	113912312
市 属	Municipal Enterprises	4232969	14926405
县级及以下	Enterprises at County Level and Below	4213966	17918223
其 他	Others	18121445	85065777
二、按登记注册类型分	Grouped by Registered Kind		
内资企业	Civil Funded Enterprises	72677249	249003744
国有企业	State-owned Enterprises	8637623	10572736
集体企业	Collective-owned Enterprises	306194	824969
股份合作企业	Share Holding Cooperative Enterprises	1496	2020
联营企业	Joint Owned Enterprises	36129	265211
有限责任公司	Limited Liability Corporations	44715170	175091624
国有独资公司	State Sole Funed Corporations	10769514	33083387
其他有限责任公司	Other Limited Liability Corporations	33945657	142008237
股份有限公司	Share Holding Limited Corporations	9049077	15393329
私营企业	Private Enterprises	9891624	46459380
私营独资企业	Private-funed Enterprises	162826	602200
私营合伙企业	Private Partnership Enterprises	8487	37477
私营有限责任公司	Private Limited Liability Corporations	9321042	43205676
私营股份有限公司	Private Share Holding Limited Corporations	399269	2614027
其他企业	Others	39937	394476
港、澳、台商投资企业	Enterprises Funded by Hong Kong, Macao and Taiwan	2162449	9792623
合资经营企业(港或澳、台资)	Joint Venture Enterprises	1754909	7946385
合作经营企业(港或澳、台资)	Cooperative Enterprises		
港澳台商独资企业	Solely Owned Enterprises	340885	1322580
港澳台商投资股份有限公司	Share Holding Limited Corporations	62060	448448
其他港澳台商投资企业	Others	4595	75211

continued

(10 000 yuan)

流动负债合计 Total Liquid Liabilities	所有者权益合计 Total Creditors' Equity	主营业务收入 Revenue of Major Business	主营业务成本 Costs of Major Business	主营业务税金及附加 Tax and Extra Charges of Major Business	销售费用 Costs of Sales	管理费用 Costs of Administration
182771723	**92367213**	**178524045**	**143515148**	**3881952**	**5798819**	**9588568**
21076907	14292528	23147024	18979889	577359	955553	973629
69245755	36479648	56416000	43378848	1827198	2187802	4086119
11690869	5950603	8748976	6792709	217851	283991	661472
13547727	6467483	11361088	7786296	387029	335955	1024160
67210466	29176951	78850958	66577406	872516	2035518	2843188
169396400	84510802	162917143	130189194	3654438	5579372	9093186
6473979	4354588	10902987	10158720	79934	36739	242891
789650	–45444	806067	607059	27356	51963	63404
1394	2916	3118	2834	18	43	377
261581	–10324	47703	26654	4589		4512
113122851	53814992	89963629	68982856	2791135	2909699	6468360
21964882	13954649	18454482	14390191	505274	586714	1436951
91157969	39860343	71509148	54592665	2285861	2322985	5031408
11528701	11062615	10988383	7323625	388787	1230402	773080
36964614	15335218	50108573	43051327	353370	1348270	1524868
435190	354646	1682458	1539274	10121	29896	22195
35216	26375	166237	155862	655	1458	2462
34630305	13271575	45423698	39213968	322609	1219988	1384919
1863904	1682622	2836180	2142222	19985	96929	115293
253630	–3759	96684	36120	9250	2256	15694
8502744	3227532	9857162	9082741	58613	93124	210857
7174908	1951094	8401189	7909424	43757	68363	131327
1073642	1229012	1195539	946485	11972	21997	66196
211243	45914	210649	197181	2483	2047	12982
42951	1512	49784	29650	401	716	352

10-4 续表4

单位：万元

指　　标	Item	累计折旧 Total Depreciation	负债合计 Total Liabilities
外商投资企业	Foreign Funded Enterprises	3882754	6037496
中外合资经营企业	Joint Venture Enterprises	1688616	4076503
中外合作经营企业	Cooperative Enterprises	1610933	826676
外资企业	Solely Owned Enterprises	569680	1047361
外商投资股份有限公司	Share Holding Limited Corporations	2917	10574
其他外商投资企业	Others	10607	76382
三、在总计中: 亏损企业	Of the Total: Loss-making Enterprises	21099452	86644888
在总计中: 国有控股企业	Of the Total: State-Controlled Share Holding Enterprises	59384295	175548494
在总计中: 轻工业	Of the Total: Light Industry	2129937	7844795
重工业	Heavy Industry	76592515	256989069
在总计中: 大型企业	Of the Total: Large Enterprises	44488068	142512030
中型企业	Medium-sized Enterprises	25211692	79445224
小型企业	Small Enterprises	8531917	38277035
微型企业	Microenterprises	490775	4599576
四、按工业行业大类分	Grouped by Sector		
采矿业	Mining	31679614	136997620
煤炭开采和洗选业	Coal Mining and Dressing	30490517	132807345
石油和天然气开采业	Petroleum and Natural Gas Extraction	599439	1910552
黑色金属矿采选业	Ferrous Metals Mining and Dressing	519424	2000470
有色金属矿采选业	Nonferrous Metals Mining and Dressing	60066	238144
非金属矿采选业	Nonmetal Minerals Mining and Dressing	10168	41110
开采专业及辅助性活动	Mining Professional and Auxiliary Activities		
其他采矿业	Other Mining Industry		
制造业	Manufacturing	27185260	93619562
农副食品加工业	Farm Products Processing	253356	1240966
食品制造业	Food Manufacturing	193863	585215
酒、饮料和精制茶制造业	Wine, Beverages and Refined Tea Manufacturing	395731	1342740
烟草制品业	Tobacoo Products Manfacturing	79118	106611
纺织业	Textile Industry	71975	280330
纺织服装、服饰业	Textile, Wearing Apparel and Accessories	42056	165745
皮革、毛皮、羽毛及其制品和制鞋业	Leather, Fur, Feather and Related Products and Footwear	1286	2917
木材加工和木、竹、藤、棕、草制品业	Timber Processing,Bamboo,Cane,Palm Fiber and Straw Products	16671	76784

continued

(10 000 yuan)

流动负债合计 Total Liquid Liabilities	所有者权益合计 Total Creditors' Equity	主营业务收入 Revenue of Major Business	主营业务成本 Costs of Major Business	主营业务税金及附加 Tax and Extra Charges of Major Business	销售费用 Costs of Sales	管理费用 Costs of Administration
4872580	4628880	5749741	4243214	168901	126324	284525
3081169	2589876	3262591	2458417	82586	105701	154101
696098	924711	1041566	620133	63248	10786	24863
1009062	1035743	1420070	1144292	22789	9388	101261
9869	4587	11807	7600	56	449	2162
76382	73962	13707	12771	223		2139
55444532	10170967	29134203	26489451	603911	744583	2334018
111556883	59573650	92155234	71334731	2913763	3414992	6219621
6731615	6776066	11519068	8984193	410855	762483	612771
176040109	85591148	167004978	134530955	3471098	5036336	8975797
93417873	56608970	95696579	75138237	2335283	3632865	5702053
59755578	20729730	46674845	36931383	1268119	1179875	2607674
27909745	13748972	34224931	29898918	264586	955602	1203892
1688528	1279541	1927691	1546610	13964	30478	74948
89113665	46199810	71777028	50676759	2998148	3028641	5307554
85978016	43270668	68335304	47846686	2943225	2990826	5060995
1379828	1244483	652801	530043	3551	4773	34127
1493817	1566972	2416629	1999111	36025	22476	184994
224326	108911	328443	267127	13318	10145	23779
37678	8776	43851	33793	2030	422	3660
76003070	35423522	88462283	75741543	790010	2613363	3880790
1012301	951339	2670648	2474544	2305	36460	50897
485160	628390	1176430	939521	4425	82236	59819
1158728	1354764	2445163	1808516	180109	174724	125980
106611	374982	416697	159732	185666	5510	24779
256775	138387	291374	268156	409	4292	9549
144777	131304	215334	177744	1254	5735	13084
2877	16227	22260	21095	134	134	135
70169	164588	144282	126620	72	1650	2399

10-4 续表5

单位：万元

指　　标	Item	累计折旧 Total Depreciation	负债合计 Total Liabilities
家具制造业	Furniture Manufacturing	5041	21422
造纸和纸制品业	Paper Making and Paper Products	58521	136639
印刷和记录媒介复制业	Printing and Record Medium Reproduction	91011	142982
文教、工美、体育和娱乐用品制造业	Culture, Education, Art and Crafts, Sport and Entertainment Products	15820	185450
石油、煤炭及其他燃料加工业	Petroleum, Coal and Other Fuels Processing	4558258	19416237
化学原料和化学制品制造业	Raw Chemical Materials and Chemical Products	2782115	10516873
医药制造业	Medical and Pharmaceutical Products	573432	1930862
化学纤维制造业	Chemical Fiber Manufacturing	3551	44535
橡胶和塑料制品业	Rubber and Plastic Products	150962	553147
非金属矿物制品业	Nonmetal Mineral Products	1736075	5619303
黑色金属冶炼和压延加工业	Smelting and Pressing of Ferrous Metals	9028090	18355427
有色金属冶炼和压延加工业	Smelting and Pressing of Non-ferrous Metals	3307256	7812329
金属制品业	Metal Prodcuts	583318	2296088
通用设备制造业	Ordinary Machinery Manufacturing	336486	1759927
专用设备制造业	Special Purpose Equipment Manufacturing	654237	4802244
汽车制造业	Automobile Manufacturing	336925	2402816
铁路、船舶、航空航天和其他运输设备制造业	Railroad, Marine, Aviation and Other Transport Equipments Manufacturing	372736	1759202
电气机械和器材制造业	Electrical Machinery and Equipment Manufacturing	316647	2205190
计算机、通信和其他电子设备制造业	Computers, Telecommunication and Other Electronic Equipments Manufacturing	897445	7191929
仪器仪表制造业	Equipments and Instruments Manufacturing	28545	298750
其他制造业	Other Manufacturing	253762	2234096
废弃资源综合利用业	Comprehensive Utilization of Waste Resources	12396	30442
金属制品、机械和设备修理业	Metal Products, Machinery and Equipment Repair	28576	102365
电力、热力、燃气及水生产和供应业	Production and Supply of Electricity, Heat, Gas and Water	19857579	34216682
电力、热力生产和供应业	Production and Supply of Electricity and Heat	19101474	30434564
燃气生产和供应业	Production and Supply of Gas	389733	3364593
水的生产和供应业	Production and Supply of Water	366372	417525

continued

(10 000 yuan)

流动负债合计 Total Liquid Liabilities	所有者权益合计 Total Creditors' Equity	主营业务收入 Revenue of Major Business	主营业务成本 Costs of Major Business	主营业务税金及附加 Tax and Extra Charges of Major Business	销售费用 Costs of Sales	管理费用 Costs of Administration
21353	15399	42468	37360	250	1868	1676
94877	64753	286131	261548	2096	5075	16796
126078	158058	180941	154578	889	5017	13331
178546	3505	87501	70336	468	7725	8131
14813193	2784717	15383980	13278725	66509	706324	376154
8339078	2421551	6500890	5676781	33391	229788	418657
1598257	2081438	1985492	1125639	24463	395561	210331
32317	25431	2047	1797	96	125	1244
441430	324518	522733	477788	2387	14663	33724
4309043	1491274	4353382	3579784	23359	159693	249055
14503709	8041388	20812305	17944941	104795	335922	742325
6265875	3260886	8379510	7344855	44058	74223	203632
1944828	1382842	2624703	2287588	8660	70823	140109
1344823	1160816	1384693	1121389	5807	44799	136549
4235076	1272621	2301949	1872153	17715	69414	231497
2080893	1070232	3017506	2608640	10158	70165	178317
1330533	833058	1381145	1085983	11431	28940	148411
1996955	1048675	1710118	1507540	10458	41564	117495
7001126	2852319	9021928	8450905	44527	14401	241585
272737	269269	284466	217397	1397	19219	27827
1708901	990763	635427	512892	1218	5184	81124
24246	85401	36035	22671	345	666	5484
101799	24629	144748	124324	1160	1464	10696
17654988	10743882	18284734	17096847	93794	156816	400223
15697484	9360066	16340051	15414488	87985	30042	293803
1655076	949833	1733456	1492438	3678	117601	66100
302428	433983	211227	189920	2132	9174	40320

10–4 续表6

单位：万元

指　标	Item	财务费用 Costs of Finance
总　计	**Total**	**6759352**
一、按隶属关系分	Grouped by Jurisdiction of Management	
中　央	Central Enterprises	799854
省　属	Provincial Enterprises	3288657
市　属	Municipal Enterprises	340081
县级及以下	Enterprises at County Level and Below	449963
其　他	Others	1880797
二、按登记注册类型分	Grouped by Registered Kind	
内资企业	Civil Funded Enterprises	6549578
国有企业	State–owned Enterprises	231834
集体企业	Collective–owned Enterprises	15668
股份合作企业	Share Holding Cooperative Enterprises	32
联营企业	Joint Owned Enterprises	9665
有限责任公司	Limited Liability Corporations	4865280
国有独资公司	State Sole Funed Corporations	690150
其他有限责任公司	Other Limited Liability Corporations	4175131
股份有限公司	Share Holding Limited Corporations	335682
私营企业	Private Enterprises	1076115
私营独资企业	Private–funed Enterprises	13170
私营合伙企业	Private Partnership Enterprises	1125
私营有限责任公司	Private Limited Liability Corporations	979364
私营股份有限公司	Private Share Holding Limited Corporations	82456
其他企业	Others	15302
港、澳、台商投资企业	Enterprises Funded by Hong Kong, Macao and Taiwan	78979
合资经营企业(港或澳、台资)	Joint Venture Enterprises	44268
合作经营企业(港或澳、台资)	Cooperative Enterprises	
港澳台商独资企业	Solely Owned Enterprises	22136
港澳台商投资股份有限公司	Share Holding Limited Corporations	9355
其他港澳台商投资企业	Others	3220

continued

(10 000 yuan)

利润总额 Total Profits	所得税费用 Income Taxes Expenses	亏损企业亏损总额 Total Loss of Loss-making Enterprises	应交增值税 Value Added Taxes Payable	应付职工薪酬 Remuneration Payable	平均用工人数(万人) Average Employees (10 000 persons)
10315933	**2156868**	**3512005**	**7777466**	**14254055**	**194.43**
967289	234261	551426	999743	1613078	15.48
2334200	865828	1657541	3079980	6606718	74.66
604324	125593	269101	403897	863743	13.52
1298389	219119	163019	711451	958502	17.29
5111733	712066	870917	2582395	4212015	73.48
8971669	1884223	3363088	7192195	12922931	178.90
237363	40532	116220	339222	833243	8.33
47438	1520	27529	66517	85395	1.61
-155		155	151	185	0.01
2040			6300	3136	0.13
4706139	1315411	2646748	4610748	9081047	115.32
1052101	204311	282287	803816	1798041	22.10
3654039	1111099	2364461	3806932	7283007	93.21
1010842	232022	213165	717235	946061	12.57
2954177	294738	359270	1439213	1966116	40.81
74658	11111	3559	53598	24044	0.77
4650	171		2292	2130	0.06
2475868	258792	342380	1296369	1816589	37.76
399001	24664	13332	86954	123353	2.22
13825			12810	7750	0.13
481325	108488	61655	142123	885360	9.79
318576	77818	44297	101263	664556	6.57
157354	27209	1460	32141	196812	2.93
-8384	17	15898	5126	23219	0.27
13779	3445		3594	774	0.01

10-4 续表7

单位：万元

指　　标	Item	财务费用 Costs of Finance
外商投资企业	Foreign Funded Enterprises	130795
中外合资经营企业	Joint Venture Enterprises	122306
中外合作经营企业	Cooperative Enterprises	15649
外资企业	Solely Owned Enterprises	-7271
外商投资股份有限公司	Share Holding Limited Corporations	110
其他外商投资企业	Others	
三、在总计中:亏损企业	Of the Total: Loss-making Enterprises	2374081
在总计中:国有控股企业	Of the Total: State-Controlled Share Holding Enterprises	4882559
在总计中:轻工业	Of the Total: Light Industry	165658
重工业	Heavy Industry	6593695
在总计中:大型企业	Of the Total: Large Enterprises	3774544
中型企业	Medium-sized Enterprises	1983772
小型企业	Small Enterprises	867491
微型企业	Microenterprises	133546
四、按工业行业大类分	Grouped by Sector	
采矿业	Mining	3829556
煤炭开采和洗选业	Coal Mining and Dressing	3753601
石油和天然气开采业	Petroleum and Natural Gas Extraction	21129
黑色金属矿采选业	Ferrous Metals Mining and Dressing	51563
有色金属矿采选业	Nonferrous Metals Mining and Dressing	2992
非金属矿采选业	Nonmetal Minerals Mining and Dressing	271
开采专业及辅助性活动	Mining Professional and Auxiliary Activities	
其他采矿业	Other Mining Industry	
制造业	Manufacturing	1961869
农副食品加工业	Farm Products Processing	37359
食品制造业	Food Manufacturing	15337
酒、饮料和精制茶制造业	Wine, Beverages and Refined Tea Manufacturing	17573
烟草制品业	Tobacoo Products Manfacturing	-2798
纺织业	Textile Industry	4774
纺织服装、服饰业	Textile, Wearing Apparel and Accessories	2840
皮革、毛皮、羽毛及其制品和制鞋业	Leather, Fur, Feather and Related Products and Footwear	180
木材加工和木、竹、藤、棕、草制品业	Timber Processing,Bamboo,Cane,Palm Fiber and Straw Products	3064

continued

(10 000 yuan)

利润总额 Total Profits	所得税费用 Income Taxes Expenses	亏损企业亏损总额 Total Loss of Loss-making Enterprises	应交增值税 Value Added Taxes Payable	应付职工薪酬 Remuneration Payable	平均用工人数(万人) Average Employees (10 000 persons)
862940	164156	87262	443147	445763	5.75
378023	70324	66179	196283	273002	3.29
301869	83889		113192	96349	0.70
178432	9730	21083	132724	73657	1.72
1121	214		544	1917	0.04
3496			404	839	0.01
-3512005	57750	3512005	1036031	3629792	53.17
4266985	1320503	2622147	4898356	9742934	112.20
658666	111376	88353	372658	773756	16.93
9657267	2045491	3423652	7404807	13480299	177.51
6147745	1322627	1312196	4550963	9180143	112.93
2801877	661949	1373173	2304512	3592452	54.61
1267424	165866	697298	908600	1454174	25.53
98888	6427	129338	13392	27286	1.36
6188439	1499433	1502157	4984293	7404685	93.99
5910933	1473589	1446346	4860537	7270069	90.94
128300	15697	19706	12140	36297	0.56
135024	7698	30664	90827	77670	2.07
10454	1921	5274	16740	15238	0.32
3728	528	166	4049	5411	0.09
4181633	561192	1114104	2303063	5624071	88.40
75577	2403	15996	3149	116124	2.65
80757	9263	6203	23408	57266	1.63
154356	47409	17576	115154	115047	2.35
42676	11239		40817	35800	0.09
4351	1004	912	2468	21408	0.67
13004	2364	186	4120	26176	0.68
582	4		184	675	0.02
11131			165	3984	0.08

10-4 续表8

单位：万元

指　　标	Item	财务费用 Costs of Finance
家具制造业	Furniture Manufacturing	820
造纸和纸制品业	Paper Making and Paper Products	4004
印刷和记录媒介复制业	Printing and Record Medium Reproduction	3138
文教、工美、体育和娱乐用品制造业	Culture, Education, Art and Crafts, Sport and Entertainment Products	1233
石油、煤炭及其他燃料加工业	Petroleum, Coal and Other Fuels Processing	444250
化学原料和化学制品制造业	Raw Chemical Materials and Chemical Products	272000
医药制造业	Medical and Pharmaceutical Products	46115
化学纤维制造业	Chemical Fiber Manufacturing	236
橡胶和塑料制品业	Rubber and Plastic Products	10981
非金属矿物制品业	Nonmetal Mineral Products	139872
黑色金属冶炼和压延加工业	Smelting and Pressing of Ferrous Metals	445378
有色金属冶炼和压延加工业	Smelting and Pressing of Non-ferrous Metals	224525
金属制品业	Metal Prodcuts	38411
通用设备制造业	Ordinary Machinery Manufacturing	33035
专用设备制造业	Special Purpose Equipment Manufacturing	120315
汽车制造业	Automobile Manufacturing	19844
铁路、船舶、航空航天和其他运输设备制造业	Railroad, Marine, Aviation and Other Transport Equipments Manufacturing	28851
电气机械和器材制造业	Electrical Machinery and Equipment Manufacturing	45628
计算机、通信和其他电子设备制造业	Computers, Telecommunication and Other Electronic Equipments Manufacturing	-18516
仪器仪表制造业	Equipments and Instruments Manufacturing	2444
其他制造业	Other Manufacturing	17553
废弃资源综合利用业	Comprehensive Utilization of Waste Resources	1325
金属制品、机械和设备修理业	Metal Products, Machinery and Equipment Repair	2101
电力、热力、燃气及水生产和供应业	Production and Supply of Electricity, Heat, Gas and Water	967927
电力、热力生产和供应业	Production and Supply of Electricity and Heat	890295
燃气生产和供应业	Production and Supply of Gas	71324
水的生产和供应业	Production and Supply of Water	6308

continued

(10 000 yuan)

利润总额 Total Profits	所得税费用 Income Taxes Expenses	亏损企业亏损总额 Total Loss of Loss-making Enterprises	应交增值税 Value Added Taxes Payable	应付职工薪酬 Remuneration Payable	平均用工人数(万人) Average Employees (10 000 persons)
522	5	984	185	1672	0.05
2953	521	604	18382	8005	0.25
5354	381	855	3317	21835	0.46
1013	253	1583	3800	7930	0.23
816134	99466	152846	436616	416756	9.18
-19492	34446	260121	108186	443370	7.96
204287	26994	11537	122181	178934	3.28
41	-9			1527	0.04
-8552	1298	20089	11220	52703	1.07
244901	16176	98064	155720	309720	7.62
1221759	41475	151254	551391	910340	13.07
500392	133566	113840	229557	347150	4.74
93904	14963	15136	53829	531531	4.70
55840	3081	11369	35125	160002	2.61
13578	9441	59376	84968	236501	4.08
175120	29175	53423	37810	163708	2.74
108186	14759	9765	60638	194717	2.05
10488	7643	53872	34253	106356	1.81
331850	47842	17819	146753	979979	12.39
20056	2731	2003	8197	19980	0.30
10836	567	36694	1341	115739	1.20
4943	1604	1496	399	3602	0.06
5087	1129	500	9733	35536	0.33
-54138	96242	895745	490110	1225299	12.04
-69019	78756	846182	472976	1086119	9.23
43227	17323	19333	8767	78239	1.78
-28346	163	30231	8367	60942	1.03

10-5 国有控股工业企业主要财务指标(2017年)

单位：万元

指　标	Item	单位数（个）Number of Enterprises (unit)	#亏损企业 Loss-making Enterprises
总　计	**Total**	**861**	**282**
按工业行业大类分	Grouped by Sector		
采矿业	Mining	357	94
煤炭开采和洗选业	Coal Mining and Dressing	340	89
石油和天然气开采业	Petroleum and Natural Gas Extraction	10	4
黑色金属矿采选业	Ferrous Metals Mining and Dressing	2	
有色金属矿采选业	Nonferrous Metals Mining and Dressing	4	1
非金属矿采选业	Nonmetal Minerals Mining and Dressing	1	
开采专业及辅助性活动	Mining Professional and Auxiliary Activities		
其他采矿业	Other Mining Industry		
制造业	Manufacturing	306	103
农副食品加工业	Farm Products Processing	3	1
食品制造业	Food Manufacturing	4	
酒、饮料和精制茶制造业	Wine, Beverages and Refined Tea Manufacturing	9	2
烟草制品业	Tobacoo Products Manfacturing	1	
纺织业	Textile Industry	1	
纺织服装、服饰业	Textile, Wearing Apparel and Accessories	7	1
皮革、毛皮、羽毛及其制品和制鞋业	Leather, Fur, Feather and its products and Footwear		
木材加工和木、竹、藤、棕、草制品业	Timber Processing, Bamboo, Cane, Palm Fiber and Straw Products		
家具制造业	Furniture Manufacturing		
造纸和纸制品业	Paper Making and Paper Products		
印刷和记录媒介复制业	Printing and Record Medium Reproduction	5	3
文教、工美、体育和娱乐用品制造业	Culture, Education, Art and Crafts, Sport and Entertainment Products	1	1

MAIN FINANCIAL INDICATORS OF STATE-HOLDING INDUSTRIAL ENTERPRISES(2017)

(10 000 yuan)

资产总计 Total Assets	流动资产合计 Total Circulating Funds	固定资产合计 Total Fixed Assets	固定资产原价 Original Value Of Fixed Assets	累计折旧 Total Depreciation
234793779	**80095620**	**88163764**	**144057508**	**59384295**
142333680	51628152	39583528	64008290	26185816
138540640	50549344	38003119	61936466	25600326
2532122	850054	925181	1306681	475473
1217056	201813	647668	751001	103333
41074	24963	7120	13457	6357
2788	1978	441	685	328
53827918	22197763	21218851	33881996	14229896
67860	38775	9409	22844	12062
32177	22173	5451	22198	16747
1460644	941427	374643	430120	183080
481593	290326	188173	154682	79118
30300	20869	9431	18532	12754
161610	85981	22665	51633	21280
71836	28095	33540	56570	35989
50927	22291	22575	25942	3367

10-5 续表1

单位：万元

指　　标	Item	单位数 (个) Number of Enterprises (unit)
石油、煤炭及其他燃料加工业	Petroleum, Coal and Other Fuels Processing	22
化学原料和化学制品制造业	Raw Chemical Materials and Chemical Products	48
医药制造业	Medical and Pharmaceutical Products	8
化学纤维制造业	Chemical Fiber	1
橡胶和塑料制品业	Rubber and Plastic Products	7
非金属矿物制品业	Nonmetal Mineral Products	32
黑色金属冶炼和压延加工业	Smelting and Pressing of Ferrous Metals	11
有色金属冶炼和压延加工业	Smelting and Pressing of Non-ferrous Metals	18
金属制品业	Metal Prodcuts	15
通用设备制造业	Ordinary Machinery Manufacturing	19
专用设备制造业	Special Purpose Equipment Manufacturing	38
汽车制造业	Automobile Manufacturing	13
铁路、船舶、航空航天和其他运输设备制造业	Railroad, Marine, Aviation and Other Transport Equipments Manufacturing	9
电气机械和器材制造业	Electrical Machinery and Equipment Manufacturing	13
计算机、通信和其他电子设备制造业	Computers, Telecommunication and Other Electronic Equipments Manufacturing	3
仪器仪表制造业	Equipments and Instruments Manufacturing	4
其他制造业	Other Manufacturing	5
废弃资源综合利用业	Comprehensive Utilization of Waste Resources	
金属制品、机械和设备修理业	Metal Products, Machinery and Equipment Repair	9
电力、热力、燃气及水生产和供应业	Production and Supply of Electricity, Heat, Gas and Water	198
电力、热力生产和供应业	Production and Supply of Electricity and Heat	155
燃气生产和供应业	Production and Supply of Gas	30
水的生产和供应业	Production and Supply of Water	13

continued

(10 000 yuan)

#亏损企业 Loss-making Enterprises	资产总计 Total Assets	流动资产合计 Total Circulating Funds	固定资产合计 Total Fixed Assets	固定资产原价 Original Value Of Fixed Assets	累计折旧 Total Depreciation
6	4771136	1921471	1515452	2538085	1092063
21	7595206	3034143	3225590	4396225	1848013
4	809844	252502	352292	553034	202170
	69967	19103	10935	10935	3551
4	275031	125012	138613	191180	53367
10	1562682	644048	681100	1189026	463098
3	13635525	3058023	6597857	12475031	5844014
9	6323092	2209634	3109434	5655361	2428650
3	1793824	1062947	571259	735745	275179
6	1672469	876513	590486	651477	214545
12	4568064	3365422	745268	901634	474809
6	477026	260054	127907	287709	147816
1	2230252	1381185	637489	796220	299370
4	2195942	1322648	520799	762154	212808
2	148632	82985	54112	78338	24227
1	39839	26692	11368	10856	5942
2	3201747	1031431	1640077	1817470	250031
1	100694	74015	22929	48994	25847
85	38632182	6269705	27361385	46167222	18968584
61	34067135	5205282	25500565	43621280	18299412
14	3787128	848829	1432904	1795209	317205
10	777919	215595	427917	750734	351968

10–5 续表2

单位：万元

指　　标	Item	负债合计 Total Liabilities	流动负债合　计 Total Liquid Liabilities
总　计	**Total**	**175548494**	**111556883**
按工业行业大类分	Grouped by Sector		
采矿业	Mining	106034511	65403825
煤炭开采和洗选业	Coal Mining and Dressing	104047295	64085636
石油和天然气开采业	Petroleum and Natural Gas Extraction	1556229	1103995
黑色金属矿采选业	Ferrous Metals Mining and Dressing	399268	190275
有色金属矿采选业	Nonferrous Metals Mining and Dressing	29047	23447
非金属矿采选业	Nonmetal Minerals Mining and Dressing	2672	472
开采专业及辅助性活动	Petroleum, Coal and Other Fuels Processing		
其他采矿业	Other Mining Industry		
制造业	Manufacturing	40116151	31285362
农副食品加工业	Farm Products Processing	46782	41707
食品制造业	Food Manufacturing	12472	11500
酒、饮料和精制茶制造业	Wine, Beverages and Refined Tea Manufacturing	710766	632285
烟草制品业	Tobacoo Products Manfacturing	106611	106611
纺织业	Textile Industry	12621	12621
纺织服装、服饰业	Textile, Wearing Apparel and Accessories	105859	86244
皮革、毛皮、羽毛及其制品和制鞋业	Leather, Fur, Feather and its products and Footwear		
木材加工和木、竹、藤、棕、草制品业	Timber Processing, Bamboo, Cane, Palm Fiber and Straw Products		
家具制造业	Furniture Manufacturing		
造纸和纸制品业	Paper Making and Paper Products		
印刷和记录媒介复制业	Printing and Record Medium Reproduction	47219	41622
文教、工美、体育和娱乐用品制造业	Culture, Education, Art and Crafts, Sport and Entertainment Products	93228	93228

continued

(10 000 yuan)

所有者 权益合计 Total Creditors' Equity	主营业务 收 入 Revenue of Major Business	主营业务 成 本 Costs of Major Business	主营业务 税金及附加 Taxes and Extra Charges of Major Business	销售费用 Costs of Sales	管理费用 Costs of Administration
59573650	**92155234**	**71334731**	**2913763**	**3414992**	**6219621**
36419928	46188153	30978625	2287106	2437265	4035925
34614105	45291943	30247585	2268135	2432722	3975773
975893	453337	380943	2574	2789	22573
817788	385712	294429	14713		34878
12027	55152	54021	1609	1648	2554
117	2010	1648	75	106	148
13919375	28934146	24268092	540664	844563	1850114
21078	33715	26922	74	1236	4757
19705	55037	46310	281	4495	2276
749878	1759869	1255799	159203	135939	95239
374982	416697	159732	185666	5510	24779
17680	20442	16461	44	919	2592
55751	89955	74572	1172	2944	9977
24617	36687	29838	523	293	6652
-42301	2022	1432	1	180	726

10-5 续表3

单位：万元

指　　标	Item	负债合计 Total Liabilities
石油、煤炭及其他燃料加工业	Petroleum, Coal and Other Fuels Processing	4536765
化学原料和化学制品制造业	Raw Chemical Materials and Chemical Products	6850266
医药制造业	Medical and Pharmaceutical Products	583527
化学纤维制造业	Chemical Fiber	44535
橡胶和塑料制品业	Rubber and Plastic Products	226825
非金属矿物制品业	Nonmetal Mineral Products	1396818
黑色金属冶炼和压延加工业	Smelting and Pressing of Ferrous Metals	8970712
有色金属冶炼和压延加工业	Smelting and Pressing of Non-ferrous Metals	4490822
金属制品业	Metal Prodcuts	1232093
通用设备制造业	Ordinary Machinery Manufacturing	1117914
专用设备制造业	Special Purpose Equipment Manufacturing	3709898
汽车制造业	Automobile Manufacturing	357213
铁路、船舶、航空航天和其他运输设备制造业	Railroad, Marine, Aviation and Other Transport Equipments Manufacturing	1534481
电气机械和器材制造业	Electrical Machinery and Equipment Manufacturing	1465517
计算机、通信和其他电子设备制造业	Computers, Telecommunication and Other Electronic Equipments Manufacturing	131756
仪器仪表制造业	Equipments and Instruments Manufacturing	21778
其他制造业	Other Manufacturing	2228190
废弃资源综合利用业	Comprehensive Utilization of Waste Resources	
金属制品、机械和设备修理业	Metal Products, Machinery and Equipment Repair	81485
电力、热力、燃气及水生产和供应业	Production and Supply of Electricity, Heat, Gas and Water	29397831
电力、热力生产和供应业	Production and Supply of Electricity and Heat	25956333
燃气生产和供应业	Production and Supply of Gas	3068088
水的生产和供应业	Production and Supply of Water	373411

continued

(10 000 yuan)

流动负债合计 Total Liquid Liabilities	所有者权益合计 Total Creditors' Equity	主营业务收入 Revenue of Major Business	主营业务成本 Costs of Major Business	主营业务税金及附加 Taxes and Extra Charges of Major Business	销售费用 Costs of Sales	管理费用 Costs of Administration
3541443	234371	2824628	2532678	11425	125338	88668
5671135	744940	3266923	2953739	20864	117562	264133
408440	226317	406437	303922	4912	42015	28744
32317	25431	2047	1797	96	125	1244
127561	48206	155679	153314	1066	4592	10374
795246	165133	854618	692623	5140	32919	69286
6512581	4873155	8486584	7006459	78292	185788	464562
3523071	1832270	4509882	4061878	30562	33980	128792
1025778	561730	744631	629705	2886	13296	74608
784736	554555	510289	405675	3032	16234	73914
3218531	858166	1400539	1109353	13847	49501	153047
288120	119813	439942	377771	2851	14360	32177
1106853	695772	1081892	869317	8537	25681	122549
1297106	730425	1029824	907400	7239	23801	86063
120854	16876	47942	38140	596	973	9989
21678	18061	30292	21387	187	1052	5248
1702996	973556	614764	495856	1176	4425	80393
81102	19209	112809	96012	994	1407	9328
14867697	9234347	17032935	16088015	85993	133164	333582
13139566	8110800	15357201	14620388	81446	22278	238101
1445655	719040	1479793	1291209	2792	101712	55960
282476	404508	195942	176418	1754	9174	39521

10-5 续表4

单位：万元

指　标	Item	财务费用 Costs of Finance	利润总额 Total Profits
总　计	**Total**	**4882559**	**4266985**
按工业行业大类分	Grouped by Sector		
采矿业	Mining	3027442	3723717
煤炭开采和洗选业	Coal Mining and Dressing	2986230	3632780
石油和天然气开采业	Petroleum and Natural Gas Extraction	23477	66825
黑色金属矿采选业	Ferrous Metals Mining and Dressing	17744	23885
有色金属矿采选业	Nonferrous Metals Mining and Dressing	-9	195
非金属矿采选业	Nonmetal Minerals Mining and Dressing		32
开采专业及辅助性活动	Mining Professional and Auxiliary Activities		
其他采矿业	Other Mining Industry		
制造业	Manufacturing	1019999	732258
农副食品加工业	Farm Products Processing	-360	569
食品制造业	Food Manufacturing	6	2036
酒、饮料和精制茶制造业	Wine, Beverages and Refined Tea Manufacturing	4049	121647
烟草制品业	Tobacoo Products Manfacturing	-2798	42676
纺织业	Textile Industry	5	506
纺织服装、服饰业	Textile, Wearing Apparel and Accessories	314	2236
皮革、毛皮、羽毛及其制品和制鞋业	Leather, Fur, Feather and its products and Footwear		
木材加工和木、竹、藤、棕、草制品业	Timber Processing, Bamboo, Cane, Palm Fiber and Straw Products		
家具制造业	Furniture Manufacturing		
造纸和纸制品业	Paper Making and Paper Products		
印刷和记录媒介复制业	Printing and Record Medium Reproduction	319	49
文教、工美、体育和娱乐用品制造业	Culture, Education, Art and Crafts, Sport and Entertainment Products		-301

continued

(10 000 yuan)

所得税费用 Income Taxes Expenses	亏损企业亏损总额 Total Loss of Lossmaking Enterprises	应交增值税 Value Added Taxes Payable	应付职工薪酬 Remuneration Payable	平均用工人数(万人) Average Employees (10 000 persons)
1320503	**2622147**	**4898356**	**9742934**	**112.20**
1092849	1140883	3553394	6322404	73.26
1076825	1120777	3516976	6276788	72.59
12683	19706	8967	23776	0.46
3144		25875	19322	0.16
194	399	1413	2323	0.04
3		164	195	0.01
147947	680370	854794	2291140	28.50
22	412	-14	1621	0.04
400		1241	2820	0.05
43225	4764	95700	77512	1.45
11239		40817	35800	0.09
		547	5605	0.13
224	39	3502	16727	0.44
	253	1108	9206	0.16
	301	111	427	0.01

10-5 续表5

单位：万元

指　　标	Item	财务费用 Costs of Finance
石油、煤炭及其他燃料加工业	Petroleum, Coal and Other Fuels Processing	152184
化学原料和化学制品制造业	Raw Chemical Materials and Chemical Products	190690
医药制造业	Medical and Pharmaceutical Products	23390
化学纤维制造业	Chemical Fiber	236
橡胶和塑料制品业	Rubber and Plastic Products	4681
非金属矿物制品业	Nonmetal Mineral Products	20905
黑色金属冶炼和压延加工业	Smelting and Pressing of Ferrous Metals	278766
有色金属冶炼和压延加工业	Smelting and Pressing of Non-ferrous Metals	146603
金属制品业	Metal Prodcuts	16969
通用设备制造业	Ordinary Machinery Manufacturing	18747
专用设备制造业	Special Purpose Equipment Manufacturing	95879
汽车制造业	Automobile Manufacturing	-1995
铁路、船舶、航空航天和其他运输设备制造业	Railroad, Marine, Aviation and Other Transport Equipments Manufacturing	24891
电气机械和器材制造业	Electrical Machinery and Equipment Manufacturing	27054
计算机、通信和其他电子设备制造业	Computers, Telecommunication and Other Electronic Equipments Manufacturing	197
仪器仪表制造业	Equipments and Instruments Manufacturing	426
其他制造业	Other Manufacturing	17039
废弃资源综合利用业	Comprehensive Utilization of Waste Resources	
金属制品、机械和设备修理业	Metal Products, Machinery and Equipment Repair	1804
电力、热力、燃气及水生产和供应业	Production and Supply of Electricity, Heat, Gas and Water	835118
电力、热力生产和供应业	Production and Supply of Electricity and Heat	760424
燃气生产和供应业	Production and Supply of Gas	69510
水的生产和供应业	Production and Supply of Water	5184

continued

(10 000 yuan)

利润总额 Total Profits	所得税费用 Income Taxes Expenses	亏损企业亏损总额 Total Loss of Loss-making Enterprises	应交增值税 Value Added Taxes Payable	应付职工薪酬 Remuneration Payable	平均用工人数(万人) Average Employees (10 000 persons)
35481	4508	93622	56822	146581	2.26
-161717	12876	227856	34752	302060	4.60
11528	2506	5324	10323	33231	0.61
41	-9			1527	0.04
-16447	133	17319	746	15732	0.37
57937	6529	18993	37733	58212	1.03
420417	17584	111880	272085	548634	4.44
115497	31362	79589	125505	249018	2.67
11260	1566	4149	13643	77584	1.38
3644	214	3510	11611	100051	1.34
-2490	3651	26216	61746	162617	2.41
14579	1413	6547	13491	42152	0.61
60503	6929	4880	39750	169615	1.64
-1277	1716	34612	21489	72938	1.03
-1167	21	1275	934	12460	0.22
2367	598	1790	1322	6927	0.11
9268	566	36694	1341	114185	1.14
3417	676	347	8490	27898	0.24
-188991	79707	800894	490168	1129390	10.44
-169486	69814	751992	477181	1003314	7.86
9847	9758	18984	5010	66965	1.57
-29351	135	29918	7978	59112	1.01

10-6 外商投资和港澳台投资工业企业主要财务指标(2017年)

单位：万元

指标	Item	单位数(个) Number of Enterprises (unit)	#亏损企业 Loss-making Enterprises
总计	**Total**	**141**	**34**
按工业行业大类分	Grouped by Sector		
采矿业	Mining	20	3
煤炭开采和洗选业	Coal Mining and Dressing	15	3
石油和天然气开采业	Petroleum and Natural Gas Extraction	3	
黑色金属矿采选业	Ferrous Metals Mining and Dressing		
有色金属矿采选业	Nonferrous Metals Mining and Dressing		
非金属矿采选业	Nonmetal Minerals Mining and Dressing	2	
开采专业及辅助性活动	Mining Professional and Auxiliary Activities		
其他采矿业	Other Mining Industry		
制造业	Manufacturing	94	23
农副食品加工业	Farm Products Processing	2	
食品制造业	Food Manufacturing	5	3
酒、饮料和精制茶制造业	Wine, Beverages and Refined Tea Manufacturing	14	4
烟草制品业	Tobacoo Products Manfacturing		
纺织业	Textile Industry		
纺织服装、服饰业	Textile, Wearing Apparel and Accessories		
皮革、毛皮、羽毛及其制品和制鞋业	Leather, Fur, Feather and its products and Footwear		
木材加工和木、竹、藤、棕、草制造业	Timber Processing,Bamboo,Cane,Palm Fiber and Straw Products		
家具制造业	Furniture Manufacturing		
造纸和纸制品业	Paper Making and Paper Products		
印刷和记录媒介复制业	Printing and Record Medium Reproduction	1	
文教、工美、体育和娱乐用品制造业	Culture, Education, Art and Crafts, Sport and Entertainment Products		

MAIN FINANCIAL INDICATORS OF INDUSTRIAL ENTERPRISES WITH HONG KONG, MACAO, TAIWAN AND FOREIGN FUNDS(2017)

(10 000 yuan)

资产总计 Total Assets	流动资产合计 Total Circulating Funds	固定资产合计 Total Fixed Assets	固定资产原价 Original Value Of Fixed Assets	累计折旧 Total Depreciation
23687578	**13202433**	**7563659**	**13471859**	**6045203**
4396713	1718892	1541586	2468159	1028113
3908079	1542278	1267470	2095815	929884
484227	174038	272660	365734	93075
4407	2576	1457	6610	5154
15082617	10487337	3130826	5544713	2412889
45555	30824	11081	14496	3415
22520	13937	6684	13788	7279
234520	79276	134091	249114	104610
5612	3209	2403		

10-6 续表1

单位：万元

指　　标	Item	单位数(个) Number of Enterprises (unit)
石油、煤炭及其他燃料加工业	Petroleum, Coal and Other Fuels Processing	11
化学原料和化学制品制造业	Raw Chemical Materials and Chemical Products	14
医药制造业	Medical and Pharmaceutical Products	2
化学纤维制造业	Chemical Fiber Manufacturing	
橡胶和塑料制品业	Rubber and Plastic Products	2
非金属矿物制品业	Nonmetal Mineral Products	6
黑色金属冶炼和压延加工业	Smelting and Pressing of Ferrous Metals	2
有色金属冶炼和压延加工业	Smelting and Pressing of Non-ferrous Metals	4
金属制品业	Metal Prodcuts	5
通用设备制造业	Ordinary Machinery Manufacturing	3
专用设备制造业	Special Purpose Equipment Manufacturing	6
汽车制造业	Automobile Manufacturing	3
铁路、船舶、航空航天和其他运输设备制造业	Railroad, Marine, Aviation and Other Transport Equipment Manufacturing	2
电气机械和器材制造业	Electrical Machinery and Equipment Manufacturing	4
计算机、通信和其他电子设备制造业	Computers, Telecommunication and Other Electronic Equipments Manufacturing	5
仪器仪表制造业	Equipments and Instruments Manufacturing	1
其他制造业	Other Manufacturing	
废弃资源综合利用业	Comprehensive Utilization of Waste Resources	1
金属制品、机械和设备修理业	Metal products, Machinery and Equipment Repair	1
电力、热力、燃气及水生产和供应业	Production and Supply of Electricity, Heat, Gas and Water	27
电力、热力生产和供应业	Production and Supply of Electricity and Heat	22
燃气生产和供应业	Production and Supply of Gas	4
水的生产和供应业	Production and Supply of Water	1

continued

(10 000 yuan)

#亏损企业 Loss-making Enterprises	资产总计 Total Assets	流动资产合计 Total Circulating Funds	固定资产合计 Total Fixed Assets	固定资产原价 Original Value Of Fixed Assets	累计折旧 Total Depreciation
2	1992519	1083258	481747	850445	478326
3	629891	167442	416387	680476	269202
	105136	44369	8551	16273	7722
	63943	33728	29437	65552	36144
4	314988	27930	232370	313299	82002
1	2802	2174	629	2314	1685
1	1796538	676117	748637	1110515	361882
	72602	48695	22582	42261	11739
	27549	18103	8918	11317	3646
1	267228	205622	41167	92569	51680
1	31055	23642	6024	9545	3894
	337185	289155	34235	126815	90504
2	554900	349193	8678	168341	59194
1	8402676	7313972	894911	1718098	823186
	123106	64446	5723	12401	6678
	42126	5215	34569	43899	8910
	10167	7032	2004	3195	1191
8	4208249	996204	2891247	5458987	2604201
7	3969528	885032	2779627	5305711	2562544
1	208023	108234	86086	113692	27606
	30698	2938	25534	39585	14051

10–6 续表2

单位：万元

指　标	Item	负债合计 Total Liabilities	流动负债合　计 Total Liquid Liabilities
总　计	**Total**	**15830120**	**13375324**
按工业行业大类分	Grouped by Sector		
采矿业	Mining	2307124	1870195
煤炭开采和洗选业	Coal Mining and Dressing	2041816	1630386
石油和天然气开采业	Petroleum and Natural Gas Extraction	262740	237505
黑色金属矿采选业	Ferrous Metals Mining and Dressing		
有色金属矿采选业	Nonferrous Metals Mining and Dressing		
非金属矿采选业	Nonmetal Minerals Mining and Dressing	2568	2304
开采专业及辅助性活动	Mining Professional and Auxiliary Activities		
其他采矿业	Other Mining Industry		
制造业	Manufacturing	10749316	10062548
农副食品加工业	Farm Products Processing	23441	16170
食品制造业	Food Manufacturing	5423	5190
酒、饮料和精制茶制造业	Wine, Beverages and Refined Tea Manufacturing	126093	124889
烟草制品业	Tobacoo Products Manfacturing		
纺织业	Textile Industry		
纺织服装、服饰业	Textile, Wearing Apparel and Accessories		
皮革、毛皮、羽毛及其制品和制鞋业	Leather, Fur, Feather and its products and Footwear		
木材加工和木、竹、藤、棕、草制造业	Timber Processing,Bamboo,Cane,Palm Fiber and Straw Products		
家具制造业	Furniture Manufacturing		
造纸和纸制品业	Paper Making and Paper Products		
印刷和记录媒介复制业	Printing and Record Medium Reproduction	2173	588
文教、工美、体育和娱乐用品制造业	Culture, Education, Art and Crafts, Sport and Entertainment Products		

continued

(10 000 yuan)

所有者权益合计 Total Creditors' Equity	主营业务收入 Revenue of Major Business	主营业务成本 Costs of Major Business	主营业务税金及附加 Taxes and Extra Charges of Major Business	销售费用 Costs of Sales	管理费用 Costs of Administration
7856411	**15606903**	**13325955**	**227514**	**219447**	**495382**
2089588	1723350	910088	128360	31374	112225
1866263	1601518	818932	127501	29580	105157
221487	117725	88515	741	1634	6438
1839	4107	2641	118	160	629
4332254	12525485	11209324	85309	181151	365149
22114	27452	23591	43	1385	1241
16051	31330	27490	245	2082	2302
108428	190032	146330	4627	18914	10456
3440	2211	1910	11	127	224

10–6 续表3

单位：万元

指　　标	Item	负债合计 Total Liabilities
石油、煤炭及其他燃料加工业	Petroleum, Coal and Other Fuels Processing	1898168
化学原料和化学制品制造业	Raw Chemical Materials and Chemical Products	508296
医药制造业	Medical and Pharmaceutical Products	40788
化学纤维制造业	Chemical Fiber Manufacturing	
橡胶和塑料制品业	Rubber and Plastic Products	12082
非金属矿物制品业	Nonmetal Mineral Products	292545
黑色金属冶炼和压延加工业	Smelting and Pressing of Ferrous Metals	2071
有色金属冶炼和压延加工业	Smelting and Pressing of Non–ferrous Metals	1038021
金属制品业	Metal Prodcuts	43542
通用设备制造业	Ordinary Machinery Manufacturing	19032
专用设备制造业	Special Purpose Equipment Manufacturing	236037
汽车制造业	Automobile Manufacturing	24586
铁路、船舶、航空航天和其他运输设备制造业	Railroad, Marine, Aviation and Other Transport Equipment Manufacturing	182829
电气机械和器材制造业	Electrical Machinery and Equipment Manufacturing	215515
计算机、通信和其他电子设备制造业	Computers, Telecommunication and Other Electronic Equipments Manufacturing	6012464
仪器仪表制造业	Equipments and Instruments Manufacturing	55536
其他制造业	Other Manufacturing	
废弃资源综合利用业	Comprehensive Utilization of Waste Resources	6053
金属制品、机械和设备修理业	Metal products, Machinery and Equipment Repair	4621
电力、热力、燃气及水生产和供应业	Production and Supply of Electricity, Heat, Gas and Water	2773679
电力、热力生产和供应业	Production and Supply of Electricity and Heat	2644230
燃气生产和供应业	Production and Supply of Gas	111207
水的生产和供应业	Production and Supply of Water	18243

continued

(10 000 yuan)

流动负债合 计 Total Liquid Liabilities	所有者权益合计 Total Creditors' Equity	主营业务收 入 Revenue of Major Business	主营业务成 本 Costs of Major Business	主营业务税金及附加 Taxes and Extra Charges of Major Business	销售费用 Costs of Sales	管理费用 Costs of Administration
1621260	94351	1281043	1089941	11855	84372	34419
465182	121595	372947	311471	2569	5979	21690
27107	64347	56741	15394	1000	19260	5411
11937	51861	32374	27223	327	1717	1808
283195	22443	80743	60405	1547	2924	10825
2071	731	6991	6039	342	274	303
796048	758517	1299519	1085069	12096	6741	11283
42457	29060	88454	71610	163	6195	5341
19014	8517	35116	29793	169	1110	1245
170516	31191	193658	168018	1854	3094	16837
23880	6469	29131	21771	134	1713	3559
181909	154356	288822	206491	2848	5636	17670
198426	339385	388327	319604	2489	10586	19059
6012464	2390212	8030388	7537897	42577	2935	191750
49571	67570	65614	48177	132	5655	4720
6053	36073	19850	6969	236	452	4583
4621	5545	4743	4133	46		423
1442580	1434569	1358068	1206543	13845	6923	18008
1368931	1325298	1302094	1164094	13504	16	14010
67570	96816	50991	37543	209	6907	3667
6079	12456	4983	4906	133		331

10–6 续表4

单位：万元

指　标	Item	财务费用 Costs of Finance
总　计	**Total**	**209774**
按工业行业大类分	Grouped by Sector	
采矿业	Mining	50499
煤炭开采和洗选业	Coal Mining and Dressing	54287
石油和天然气开采业	Petroleum and Natural Gas Extraction	–3788
黑色金属矿采选业	Ferrous Metals Mining and Dressing	
有色金属矿采选业	Nonferrous Metals Mining and Dressing	
非金属矿采选业	Nonmetal Minerals Mining and Dressing	
开采专业及辅助性活动	Mining Professional and Auxiliary Activities	
其他采矿业	Other Mining Industry	
制造业	Manufacturing	69718
农副食品加工业	Farm Products Processing	348
食品制造业	Food Manufacturing	–19
酒、饮料和精制茶制造业	Wine, Beverages and Refined Tea Manufacturing	2188
烟草制品业	Tobacoo Products Manfacturing	
纺织业	Textile Industry	
纺织服装、服饰业	Textile, Wearing Apparel and Accessories	
皮革、毛皮、羽毛及其制品和制鞋业	Leather, Fur, Feather and its products and Footwear	
木材加工和木、竹、藤、棕、草制造业	Timber Processing,Bamboo,Cane,Palm Fiber and Straw Products	
家具制造业	Furniture Manufacturing	
造纸和纸制品业	Paper Making and Paper Products	
印刷和记录媒介复制业	Printing and Record Medium Reproduction	–45
文教、工美、体育和娱乐用品制造业	Culture, Education, Art and Crafts, Sport and Entertainment Products	

continued

(10 000 yuan)

利润总额 Total Profits	所得税费用 Income Taxes Expenses	亏损企业 亏损总额 Total Loss of Loss-making Enterprises	应交增值税 Value Added Taxes Payable	应付职工薪酬 Remuneration Payable	平均用工人数 (万人) Average Employees (10 000 persons)
1344265	**272645**	**148917**	**585271**	**1331124**	**15.54**
619346	146966	15003	216971	203410	2.24
571644	145580	15003	214425	192261	2.17
47144	1386		2038	10591	0.06
558			508	558	0.02
672949	114297	60474	317087	1026964	12.53
1257	66		11	349	0.04
-507	213	1315	1118	2807	0.09
6115	607	3153	8115	15945	0.26
			37	386	0.01

10-6 续表5

单位：万元

指　　标	Item	财务费用 Costs of Finance
石油、煤炭及其他燃料加工业	Petroleum, Coal and Other Fuels Processing	22900
化学原料和化学制品制造业	Raw Chemical Materials and Chemical Products	15204
医药制造业	Medical and Pharmaceutical Products	200
化学纤维制造业	Chemical Fiber Manufacturing	
橡胶和塑料制品业	Rubber and Plastic Products	-207
非金属矿物制品业	Nonmetal Mineral Products	11471
黑色金属冶炼和压延加工业	Smelting and Pressing of Ferrous Metals	13
有色金属冶炼和压延加工业	Smelting and Pressing of Non-ferrous Metals	24747
金属制品业	Metal Prodcuts	979
通用设备制造业	Ordinary Machinery Manufacturing	156
专用设备制造业	Special Purpose Equipment Manufacturing	146
汽车制造业	Automobile Manufacturing	799
铁路、船舶、航空航天和其他运输设备制造业	Railroad, Marine, Aviation and Other Transport Equipment Manufacturing	4391
电气机械和器材制造业	Electrical Machinery and Equipment Manufacturing	12982
计算机、通信和其他电子设备制造业	Computers, Telecommunication and Other Electronic Equipments Manufacturing	-27575
仪器仪表制造业	Equipments and Instruments Manufacturing	679
其他制造业	Other Manufacturing	
废弃资源综合利用业	Comprehensive Utilization of Waste Resources	362
金属制品、机械和设备修理业	Metal products, Machinery and Equipment Repair	
电力、热力、燃气及水生产和供应业	Production and Supply of Electricity, Heat, Gas and Water	89557
电力、热力生产和供应业	Production and Supply of Electricity and Heat	88729
燃气生产和供应业	Production and Supply of Gas	467
水的生产和供应业	Production and Supply of Water	361

continued

(10 000 yuan)

利润总额 Total Profits	所得税费用 Income Taxes Expenses	亏损企业亏损总额 Total Loss of Loss-making Enterprises	应交增值税 Value Added Taxes Payable	应付职工薪酬 Remuneration Payable	平均用工人数(万人) Average Employees (10 000 persons)
54183	897	13102	37729	37749	0.82
21401	3616	7425	14496	22137	0.36
15910	2119		5737	3960	0.09
1462	377		2001	3005	0.06
-5776	-116	9840	2703	9883	0.14
44	4	91	139	160	
163090	43328	8	53309	19171	0.17
5180	678		3264	9157	0.15
2554	639		43	1696	0.03
10067	88	513	6357	29784	0.31
1127	214	41	544	4419	0.08
51377	7587		20034	14703	0.10
12680	4418	14247	5977	27736	0.30
319450	46921	10738	154195	818286	9.48
6617	993		781	2161	0.03
6407	1602		389	2616	0.02
312	49		111	857	0.01
51970	11382	73440	51213	100750	0.76
49073	11198	73128	49819	94208	0.66
2360	177	312	859	5820	0.09
536	7		534	721	0.01

10-7 大中型工业企业主要财务指标(2017年)

单位：万元

指　　标	Item	单位数(个) Number of Enterprises (unit)
总　计	**Total**	**1097**
按工业行业大类分	Grouped by Sector	
采矿业	Mining	466
煤炭开采和洗选业	Coal Mining and Dressing	446
石油和天然气开采业	Petroleum and Natural Gas Extraction	3
黑色金属矿采选业	Ferrous Metals Mining and Dressing	11
有色金属矿采选业	Nonferrous Metals Mining and Dressing	6
非金属矿采选业	Nonmetal Minerals Mining and Dressing	
开采专业及辅助性活动	Mining Professional and Auxiliary Activities	
其他采矿业	Other Mining Industry	
制造业	Manufacturing	558
农副食品加工业	Farm Products Processing	14
食品制造业	Food Manufacturing	15
酒、饮料和精制茶制造业	Wine, Beverages and Refined Tea Manufacturing	13
烟草制品业	Tobacoo Products Manfacturing	1
纺织业	Textile Industry	5
纺织服装、服饰业	Textile, Wearing Apparel and Accessories	7
皮革、毛皮、羽毛及其制品和制鞋业	Leather, Fur, Feather and its products and Footwear	
木材加工和木、竹、藤、棕、草制品业	Timber Processing, Bamboo, Cane, Palm Fiber and Straw Products	1
家具制造业	Furniture Manufacturing	
造纸和纸制品业	Paper Making and Paper Products	2
印刷和记录媒介复制业	Printing and Record Medium Reproduction	4
文教、工美、体育和娱乐用品制造业	Culture, Education, Art and Crafts, Sport and Entertainment Products	2

MAIN FINANCIAL INDICATORS OF LARGE AND MEDIUM-SIZED INDUSTRIAL ENTERPRISES(2017)

(10 000 yuan)

#亏损企业 Loss-making Enterprises	资产总计 Total Assets	流动资产合计 Total Circulating Funds	固定资产合计 Total Fixed Assets	固定资产原价 Original Value of Fixed Assets	累计折旧 Total Depreciation
306	**299297108**	**119119268**	**101712725**	**165611337**	**69699760**
113	163897677	61359238	46198029	74232275	30007532
109	160365891	60240143	44658600	72096528	29217740
	1370396	508104	631762	977661	436734
3	2017929	533910	874902	1084335	311458
1	143460	77081	32765	73751	41600
144	108029936	53255451	35995084	56794617	24106122
3	1017584	434885	408551	535849	137954
5	550064	217068	272062	376079	108729
2	1784436	1133023	489304	543927	223579
	481593	290326	188173	154682	79118
	285008	157904	90048	126796	53459
1	222603	148449	50210	83529	39635
	195377	119243	45657	29198	6458
	66388	24373	41712	86191	44479
	84896	27424	40396	70592	42590
	44148	25086	14553	23244	8692

10-7 续表1

单位：万元

指　标	Item	单位数（个）Number of Enterprises (unit)
石油、煤炭及其他燃料加工业	Petroleum, Coal and Other Fuels Processing	100
化学原料和化学制品制造业	Raw Chemical Materials and Chemical Products	56
医药制造业	Medical and Pharmaceutical Products	24
化学纤维制造业	Chemical Fiber Manufacturing	1
橡胶和塑料制品业	Rubber and Plastic Products	7
非金属矿物制品业	Nonmetal Mineral Products	73
黑色金属冶炼和压延加工业	Smelting and Pressing of Ferrous Metals	53
有色金属冶炼和压延加工业	Smelting and Pressing of Non-ferrous Metals	29
金属制品业	Metal Prodcuts	39
通用设备制造业	Ordinary Machinery Manufacturing	16
专用设备制造业	Special Purpose Equipment Manufacturing	23
汽车制造业	Automobile Manufacturing	25
铁路、船舶、航空航天和其他运输设备制造业	Railroad, Marine, Aviation and Other Transport Equipments Manufacturing	11
电气机械和器材制造业	Electrical Machinery and Equipment Manufacturing	10
计算机、通信和其他电子设备制造业	Computers, Telecommunication and Other Electronic Equipments Manufacturing	14
仪器仪表制造业	Equipments and Instruments Manufacturing	4
其他制造业	Other Manufacturing	6
废弃资源综合利用业	Comprehensive Utilization of Waste Resources	
金属制品、机械和设备修理业	Metal Products, Machinery and Equipment Repair	3
电力、热力、燃气及水生产和供应业	Production and Supply of Electricity, Heat, Gas and Water	73
电力、热力生产和供应业	Production and Supply of Electricity and Heat	52
燃气生产和供应业	Production and Supply of Gas	11
水的生产和供应业	Production and Supply of Water	10

continued

(10 000 yuan)

#亏损企业 Loss-making Enterprises	资产总计 Total Assets	流动资产合计 Total Circulating Funds	固定资产合计 Total Fixed Assets	固定资产原价 Original Value Of Fixed Assets	累计折旧 Total Depredation
22	21353466	11323590	5375335	8994533	4323066
17	10480076	4113065	4394191	5949365	2358200
1	3153923	1359394	872318	1245636	464199
	69967	19103	10935	10935	3551
3	337141	183069	132317	207109	75065
20	3008816	1423819	1130434	2014513	865479
17	25082778	8362078	10901158	19687194	8934678
14	10118951	3664735	4751303	7565312	3172510
7	2431097	1446196	772884	1019648	402722
3	1865783	1028204	611067	690342	229596
7	4623546	3426438	745785	923192	494472
8	3093544	2036684	679449	945314	300785
3	2516949	1638067	660783	883888	361372
2	2001814	1194036	477137	736957	238546
5	9578123	8182137	1145997	1997399	858452
2	311749	194079	40270	51159	17342
2	3224859	1042146	1649291	1830414	253762
	45260	40832	3766	11619	7636
49	27369495	4504578	19519612	34584445	15586107
36	23386150	3540858	17829246	32347313	14995182
5	3221962	754803	1271695	1510056	253370
8	761384	208916	418671	727076	337555

10-7 续表2

单位：万元

指　　标	Item	负债合计 Total Liabilities
总　计	**Total**	**221957253**
按工业行业大类分	Grouped by Sector	
采矿业	Mining	121271341
煤炭开采和洗选业	Coal Mining and Dressing	119778529
石油和天然气开采业	Petroleum and Natural Gas Extraction	542920
黑色金属矿采选业	Ferrous Metals Mining and Dressing	867738
有色金属矿采选业	Nonferrous Metals Mining and Dressing	82154
非金属矿采选业	Nonmetal Minerals Mining and Dressing	
开采专业及辅助性活动	Mining Professional and Auxiliary Activities	
其他采矿业	Other Mining Industry	
制造业	Manufacturing	80194259
农副食品加工业	Farm Products Processing	686672
食品制造业	Food Manufacturing	279482
酒、饮料和精制茶制造业	Wine, Beverages and Refined Tea Manufacturing	869700
烟草制品业	Tobacoo Products Manfacturing	106611
纺织业	Textile Industry	207952
纺织服装、服饰业	Textile, Wearing Apparel and Accessories	110652
皮革、毛皮、羽毛及其制品和制鞋业	Leather, Fur, Feather and its products and Footwear	
木材加工和木、竹、藤、棕、草制品业	Timber Processing,Bamboo,Cane,Palm Fiber and Straw Products	58847
家具制造业	Furniture Manufacturing	
造纸和纸制品业	Paper Making and Paper Products	53345
印刷和记录媒介复制业	Printing and Record Medium Reproduction	38636
文教、工美、体育和娱乐用品制造业	Culture, Education, Art and Crafts, Sport and Entertainment Products	24070

continued

(10 000 yuan)

流动负债合计 Total Liquid Liabilities	所有者权益合计 Total Creditors' Equity	主营业务收入 Revenue of Major Business	主营业务成本 Costs of Major Business	主营业务税金及附加 Tax and Extra Charges of Major Business	销售费用 Costs of Sales	管理费用 Costs of Administration
153173451	**77338700**	**142371424**	**112069620**	**3603402**	**4812739**	**8309728**
77444692	42625829	54046840	35104801	2819451	2560753	4868537
76489217	40586855	52487829	33900224	2790595	2543079	4693720
303078	827476	278086	211010	1746	1163	11390
578223	1150192	1116512	871436	18711	11737	148248
74174	61306	164412	122131	8399	4773	15180
64912378	27835030	73993921	63142625	713116	2140144	3166474
567581	330912	1568814	1471608	795	9421	20180
231413	270581	521075	409892	2667	40181	26098
755863	914736	2022270	1472866	164440	155174	104796
106611	374982	416697	159732	185666	5510	24779
185967	77056	205824	189774	108	3403	7554
91014	111950	187760	157417	1217	4464	11517
58847	136529	116732	102648	5	727	1341
37042	13043	166758	151285	1669	3143	13911
30244	46260	46670	33117	512	3563	7006
22843	20078	28685	18230	246	5327	4244

10-7 续表3

单位：万元

指　标	Item	负债合计 Total Liabilities
石油、煤炭及其他燃料加工业	Petroleum, Coal and Other Fuels Processing	18756790
化学原料和化学制品制造业	Raw Chemical Materials and Chemical Products	8865546
医药制造业	Medical and Pharmaceutical Products	1389251
化学纤维制造业	Chemical Fiber Manufacturing	44535
橡胶和塑料制品业	Rubber and Plastic Products	251672
非金属矿物制品业	Nonmetal Mineral Products	2711415
黑色金属冶炼和压延加工业	Smelting and Pressing of Ferrous Metals	17197735
有色金属冶炼和压延加工业	Smelting and Pressing of Non-ferrous Metals	7090301
金属制品业	Metal Prodcuts	1607884
通用设备制造业	Ordinary Machinery Manufacturing	1289093
专用设备制造业	Special Purpose Equipment Manufacturing	3902945
汽车制造业	Automobile Manufacturing	2247558
铁路、船舶、航空航天和其他运输设备制造业	Railroad, Marine, Aviation and Other Transport Equipments Manufacturing	1714514
电气机械和器材制造业	Electrical Machinery and Equipment Manufacturing	1372456
计算机、通信和其他电子设备制造业	Computers, Telecommunication and Other Electronic Equipments Manufacturing	6872397
仪器仪表制造业	Equipments and Instruments Manufacturing	187372
其他制造业	Other Manufacturing	2234096
废弃资源综合利用业	Comprehensive Utilization of Waste Resources	
金属制品、机械和设备修理业	Metal Products, Machinery and Equipment Repair	22731
电力、热力、燃气及水生产和供应业	Production and Supply of Electricity, Heat, Gas and Water	20491653
电力、热力生产和供应业	Production and Supply of Electricity and Heat	17519152
燃气生产和供应业	Production and Supply of Gas	2603802
水的生产和供应业	Production and Supply of Water	368699

continued

(10 000 yuan)

流动负债合　计 Total Liquid Liabilities	所有者权益合计 Total Creditors' Equity	主营业务收　入 Revenue of Major Business	主营业务成　本 Costs of Major Business	主营业务税金及附加 Tax and Extra Charges of Major Business	销售费用 Costs of Sales	管理费用 Costs of Administration
14219303	2596034	14582839	12579615	56973	667908	355491
6968180	1614529	4828070	4249708	27460	175277	334885
1148116	1764672	1523144	799608	20299	345342	162972
32317	25431	2047	1797	96	125	1244
163662	85469	210606	196593	1291	7413	18632
1981809	297400	1738473	1378327	10173	69812	103337
13734411	7885043	19960904	17124981	101424	325266	712037
5685326	3028649	7291152	6307219	42341	61322	182217
1281773	823214	1402737	1164421	5128	33955	100022
918957	576691	916613	726962	3140	28563	97002
3392129	720600	1431299	1121963	13409	52036	174094
1963381	845986	2800377	2424898	9603	63627	161076
1285967	802434	1323665	1038541	10785	28056	139675
1295431	629358	1059343	919615	7520	25767	84432
6859044	2705725	8789292	8253801	43615	8325	218975
163524	124376	140906	108678	449	11257	13076
1708901	990763	635427	512892	1218	5184	81124
22721	22529	75741	66438	869		4758
10816382	6877841	14330662	13822195	70835	111843	274717
9407038	5866997	12883514	12558916	67001	14833	189307
1131412	618159	1260035	1094038	2149	87838	47559
277932	392685	187114	169241	1685	9171	37851

10-7 续表4

单位：万元

指　标	Item	财务费用 Costs of Finance
总　计	**Total**	**5758315**
按工业行业大类分	Grouped by Sector	
采矿业	Mining	3543923
煤炭开采和洗选业	Coal Mining and Dressing	3501375
石油和天然气开采业	Petroleum and Natural Gas Extraction	10049
黑色金属矿采选业	Ferrous Metals Mining and Dressing	32459
有色金属矿采选业	Nonferrous Metals Mining and Dressing	40
非金属矿采选业	Nonmetal Minerals Mining and Dressing	
开采专业及辅助性活动	Mining Professional and Auxiliary Activities	
其他采矿业	Other Mining Industry	
制造业	Manufacturing	1662166
农副食品加工业	Farm Products Processing	23840
食品制造业	Food Manufacturing	4901
酒、饮料和精制茶制造业	Wine, Beverages and Refined Tea Manufacturing	6443
烟草制品业	Tobacoo Products Manfacturing	-2798
纺织业	Textile Industry	3866
纺织服装、服饰业	Textile, Wearing Apparel and Accessories	2326
皮革、毛皮、羽毛及其制品和制鞋业	Leather, Fur, Feather and its products and Footwear	
木材加工和木、竹、藤、棕、草制品业	Timber Processing,Bamboo,Cane,Palm Fiber and Straw Products	2183
家具制造业	Furniture Manufacturing	
造纸和纸制品业	Paper Making and Paper Products	424
印刷和记录媒介复制业	Printing and Record Medium Reproduction	398
文教、工美、体育和娱乐用品制造业	Culture, Education, Art and Crafts, Sport and Entertainment Products	221

continued

(10 000 yuan)

利润总额 Total Profits	所得税费用 Income Taxes Expenses	亏损企业亏损总额 Total Loss of Loss-making Enterprises	应交增值税 Value Added Taxes Payable	应付职工薪酬 Remuneration Payable	平均用工人数(万人) Average Employees (10 000 persons)
8949621	**1984576**	**2685369**	**6855474**	**12772595**	**167.54**
5410911	1423965	1240322	4450231	7158574	87.68
5254052	1408973	1234214	4370972	7083828	86.04
100407	9052		14478	18967	0.36
47451	4729	5966	56807	46389	1.08
9001	1211	142	7976	9391	0.19
3844539	510268	841554	2003087	4564021	69.98
42390	120	10990	-853	73029	1.63
41331	7592	3172	17409	33204	0.95
129403	45107	7340	100449	92257	1.76
42676	11239		40817	35800	0.09
1386	208		1146	15964	0.47
12444	2057	39	3739	24069	0.59
10091				2203	0.04
1242	298		13541	3583	0.09
2731	279		1707	12531	0.23
1306	192		2404	3134	0.10

10-7 续表5

单位：万元

指　标	Item	财务费用 Costs of Finance
石油、煤炭及其他燃料加工业	Petroleum, Coal and Other Fuels Processing	434462
化学原料和化学制品制造业	Raw Chemical Materials and Chemical Products	236262
医药制造业	Medical and Pharmaceutical Products	31360
化学纤维制造业	Chemical Fiber Manufacturing	236
橡胶和塑料制品业	Rubber and Plastic Products	4554
非金属矿物制品业	Nonmetal Mineral Products	62295
黑色金属冶炼和压延加工业	Smelting and Pressing of Ferrous Metals	427591
有色金属冶炼和压延加工业	Smelting and Pressing of Non-ferrous Metals	207743
金属制品业	Metal Prodcuts	21869
通用设备制造业	Ordinary Machinery Manufacturing	22647
专用设备制造业	Special Purpose Equipment Manufacturing	103783
汽车制造业	Automobile Manufacturing	15795
铁路、船舶、航空航天和其他运输设备制造业	Railroad, Marine, Aviation and Other Transport Equipments Manufacturing	28690
电气机械和器材制造业	Electrical Machinery and Equipment Manufacturing	26339
计算机、通信和其他电子设备制造业	Computers, Telecommunication and Other Electronic Equipments Manufacturing	-22263
仪器仪表制造业	Equipments and Instruments Manufacturing	1462
其他制造业	Other Manufacturing	17553
废弃资源综合利用业	Comprehensive Utilization of Waste Resources	
金属制品、机械和设备修理业	Metal Products, Machinery and Equipment Repair	-13
电力、热力、燃气及水生产和供应业	Production and Supply of Electricity, Heat, Gas and Water	552226
电力、热力生产和供应业	Production and Supply of Electricity and Heat	481571
燃气生产和供应业	Production and Supply of Gas	65473
水的生产和供应业	Production and Supply of Water	5183

continued

(10 000 yuan)

利润总额 Total Profits	所得税费用 Income Taxes Expenses	亏损企业 亏损总额 Total Loss of Loss-making Enterprises	应交增值税 Value Added Taxes Payable	应付职工薪酬 Remuneration Payable	平均用工人数 (万人) Average Employees (10 000 persons)
799345	98376	145390	418204	400269	8.72
-76925	20956	229187	67629	371970	6.18
179816	24061	1341	103482	142902	2.36
41	-9			1527	0.04
-12229	346	13965	6022	33072	0.55
150624	8151	40927	69825	169856	4.07
1269199	40975	90503	532401	887295	12.38
504598	131721	94397	222861	310997	3.95
83417	12110	4863	35485	130965	2.52
47331	1194	2117	23475	120432	1.67
-15050	5998	46095	65684	167855	2.75
163849	28958	48841	34110	149495	2.40
107388	14547	9031	57571	184287	1.88
11716	6229	39396	21035	77901	1.10
323565	46945	15262	154372	968175	11.88
8268	1357	2003	2293	7766	0.15
10836	567	36694	1341	115739	1.20
3751	696		6938	27744	0.21
-305829	50342	603492	402156	1049999	9.89
-276497	42413	560040	390487	946357	7.55
-90	7905	14077	4168	46795	1.38
-29241	25	29375	7501	56848	0.96

10-8 工业企业主要效益指标(2017年)

单位：%

指 标	Item	亏损面 Range of Deficits
总 计	**Total**	**29.00**
一、按隶属关系分	Grouped by Jurisdiction of Management	
中 央	Central Enterprises	27.49
省 属	Provincial Enterprises	35.85
市 属	Municipal Enterprises	35.00
县级及以下	Enterprises at County Level and Below	30.42
其 他	Others	27.58
二、按登记注册类型分	Grouped by Registered Kind	
内资企业	Civil Funded Enterprises	29.18
国有企业	State-owned Enterprises	46.30
集体企业	Collective-owned Enterprises	28.95
股份合作企业	Share Holding Cooperative Enterprises	100.00
联营企业	Joint Owned Enterprises	
有限责任公司	Limited Liability Corporations	31.24
国有独资公司	State Sole Funed Corporations	29.25
其他有限责任公司	Other Limited Liability Corporations	31.42
股份有限公司	Share Holding Limited Corporations	32.54
私营企业	Private Enterprises	27.43
私营独资企业	Private-funed Enterprises	24.43
私营合伙企业	Private Partnership Enterprises	
私营有限责任公司	Private Limited Liability Corporations	28.21
私营股份有限公司	Private Share Holding Limited Corporations	15.79
其他企业	Others	
港、澳、台商投资企业	Enterprises Funded by Hong Kong, Macao and Taiwan	21.43
合资经营企业(港或澳、台资)	Joint Venture Enterprises	24.24
合作经营企业(港或澳、台资)	Cooperative Enterprises	
港澳台商独资企业	Solely Owned Enterprises	15.79
港澳台商投资股份有限公司	Share Holding Limited Corporations	33.33
其他港澳台商独资企业	Others	

MAIN BENEFIT INDICATORS OF INDUSTRIAL ENTERPRISES(2017)

(%)

总资产贡献率 Ratio of Profits, Taxes and Interests to Average Assets	资产负债率 Ratio of Debts to Assets	成本费用利润率 Ratio of Profits to Total Costs	主营业务收入利润率 Ratio of Profits to Revenue of Major Business	产品销售率 Ratio of Sales to Gross Output Value
8.10	**74.15**	**6.07**	**5.78**	**97.75**
7.04	69.79	4.41	4.18	97.74
7.27	75.88	4.23	4.14	95.80
7.36	71.71	7.31	6.91	95.30
11.69	73.42	13.34	11.43	97.51
8.98	74.30	6.83	6.48	99.20
7.92	74.67	5.78	5.51	97.26
5.81	71.12	2.20	2.18	99.87
20.09	105.10	6.10	5.89	100.08
0.92	40.92	-4.73	-4.98	100.00
8.86	104.05	5.00	4.28	100.00
7.55	76.57	5.48	5.23	96.54
6.39	70.74	5.87	5.70	99.34
7.85	78.07	5.37	5.11	95.78
9.36	58.18	10.12	9.20	100.46
9.01	74.91	6.19	5.90	97.07
14.95	61.92	4.59	4.44	98.82
13.67	58.69	2.89	2.80	92.96
8.58	76.23	5.70	5.45	97.34
13.28	60.74	15.76	14.07	92.75
12.76	100.96	19.93	14.30	103.62
6.85	75.21	4.99	4.88	103.14
6.63	80.29	3.85	3.79	104.61
8.09	51.83	14.20	13.16	94.42
1.68	90.71	-3.61	-3.98	95.98
27.67	98.03	40.60	27.68	100.52

10-8 续表1

单位：%

指　　标	Item	亏损面 Range of Deficits
外商投资企业	Foreign Funded Enterprises	25.88
中外合资经营企业	Joint Venture Enterprises	26.32
中外合作经营企业	Cooperative Enterprises	
外资企业	Solely Owned Enterprises	33.33
外商投资股份有限公司	Share Holding Limited Corporations	
其他外商投资企业	Others	
三、在总计中: 亏损企业	Of the Total: Loss-making Enterprises	100.00
在总计中: 国有控股企业	Of the Total: State-Controlled Share Holding Enterprises	32.75
在总计中: 轻工业	Of the Total: Light Industry	22.48
重工业	Heavy Industry	30.34
在总计中: 大型企业	Of the Total: Large Enterprises	18.11
中型企业	Medium-sized Enterprises	30.84
小型企业	Small Enterprises	30.84
微型企业	Microenterprises	27.03
四、按工业行业大类分	Grouped by Sector	
采矿业	Mining	31.95
煤炭开采和洗选业	Coal Mining and Dressing	32.43
石油和天然气开采业	Petroleum and Natural Gas Extraction	23.53
黑色金属矿采选业	Ferrous Metals Mining and Dressing	29.30
有色金属矿采选业	Nonferrous Metals Mining and Dressing	40.91
非金属矿采选业	Nonmetal Minerals Mining and Dressing	18.18
开采专业及辅助性活动	Mining Professional and Auxiliary Activities	
其他采矿业	Other Mining Industry	
制造业	Manufacturing	25.82
农副食品加工业	Farm Products Processing	17.09
食品制造业	Food Manufacturing	18.99
酒、饮料和精制茶制造业	Wine, Beverages and Refined Tea Manufacturing	30.65
烟草制品业	Tobacoo Products Manfacturing	
纺织业	Textile Industry	29.17
纺织服装、服饰业	Textile,Wearing Apparel and Accessories	18.75
皮革、毛皮、羽毛及其制品和制鞋业	Leather, Fur, Feather and Related Products and Footwear	
木材加工和木、竹、藤、棕、草制品业	Timber Processing,Bamboo,Cane,Palm Fiber and Straw Products	

continued

(%)

总资产贡献率 Ratio of Profits, Taxes and Interests to Average Assets	资产负债率 Ratio of Debts to Assets	成本费用利润率 Ratio of Profits to Total Costs	主营业务收入利润率 Ratio of Profits to Revenue of Major Business	产品销售率 Ratio of Sales to Gross Output Value
15.09	56.60	17.43	15.01	102.48
11.49	61.15	12.70	11.59	99.43
27.86	47.20	44.85	28.98	99.02
16.80	50.25	14.00	12.57	112.56
12.12	69.75	10.84	9.49	100.00
2.74	50.80	23.44	25.50	100.00
0.98	89.62	-10.48	-12.05	99.34
7.38	74.77	4.82	4.63	96.55
10.93	53.51	6.16	5.72	93.48
7.98	75.04	6.07	5.78	98.05
8.75	71.57	6.74	6.42	97.86
8.09	79.31	6.44	6.00	97.56
6.11	73.55	3.80	3.70	97.48
3.85	79.23	5.40	5.13	101.84
10.04	74.80	9.59	8.62	95.87
10.14	75.45	9.64	8.65	96.29
5.61	60.56	21.17	19.65	99.96
8.76	55.97	5.97	5.59	85.88
12.66	68.62	3.31	3.18	98.75
19.96	82.41	9.77	8.50	109.46
7.07	72.55	4.83	4.73	98.77
5.23	55.88	2.91	2.83	93.17
10.15	48.16	6.97	6.86	97.24
17.16	49.78	7.22	6.31	91.12
55.49	22.14	22.77	10.24	101.89
2.67	66.95	1.52	1.49	95.90
6.95	55.62	6.36	6.04	99.53
5.46	15.24	2.70	2.61	90.62
5.78	31.81	8.32	7.71	99.85

10-8 续表2

单位：%

指　　标	Item	亏损面 Range of Deficits
家具制造业	Furniture Manufacturing	40.00
造纸和纸制品业	Paper Making and Paper Products	19.05
印刷和记录媒介复制业	Printing and Record Medium Reproduction	26.92
文教、工美、体育和娱乐用品制造业	Culture, Education, Art and Crafts, Sport and Entertainment Products	30.77
石油、煤炭及其他燃料加工业	Petroleum, Coal and Other Fuels Processing	23.66
化学原料和化学制品制造业	Raw Chemical Materials and Chemical Products	26.69
医药制造业	Medical and Pharmaceutical Products	23.60
化学纤维制造业	Chemical Fiber Manufacturing	
橡胶和塑料制品业	Rubber and Plastic Products	29.03
非金属矿物制品业	Nonmetal Mineral Products	28.47
黑色金属冶炼和压延加工业	Smelting and Pressing of Ferrous Metals	34.31
有色金属冶炼和压延加工业	Smelting and Pressing of Non-ferrous Metals	42.55
金属制品业	Metal Prodcuts	23.44
通用设备制造业	Ordinary Machinery Manufacturing	19.63
专用设备制造业	Special Purpose Equipment Manufacturing	25.00
汽车制造业	Automobile Manufacturing	33.33
铁路、船舶、航空航天和其他运输设备制造业	Railroad, Marine, Aviation and Other Transport Equipments Manufacturing	28.00
电气机械和器材制造业	Electrical Machinery and Equipment Manufacturing	20.73
计算机、通信和其他电子设备制造业	Computers, Telecommunication and Other Electronic Equipments Manufacturing	22.22
仪器仪表制造业	Equipments and Instruments Manufacturing	11.11
其他制造业	Other Manufacturing	33.33
废弃资源综合利用业	Comprehensive Utilization of Waste Resources	60.00
金属制品、机械和设备修理业	Metal products, Machinery and Equipment Repair	14.29
电力、热力、燃气及水生产和供应业	Production and Supply of Electricity, Heat, Gas and Water	39.50
电力、热力生产和供应业	Production and Supply of Electricity and Heat	38.43
燃气生产和供应业	Production and Supply of Gas	35.42
水的生产和供应业	Production and Supply of Water	68.75

continued

(%)

总资产贡献率 Ratio of Profits, Taxes and Interests to Average Assets	资产负债率 Ratio of Debts to Assets	成本费用利润率 Ratio of Profits to Total Costs	主营业务收入利润率 Ratio of Profits to Revenue of Major Business	产品销售率 Ratio of Sales to Gross Output Value
3.70	58.18	1.25	1.23	82.91
13.50	67.85	1.03	1.03	100.19
4.09	47.50	3.02	2.96	99.50
3.30	98.15	1.14	1.16	81.67
7.62	87.45	5.31	5.31	102.86
2.70	81.25	−0.29	−0.30	97.31
9.83	48.02	11.17	10.29	89.29
0.53	63.65	1.19	1.98	74.16
1.73	63.02	−1.49	−1.64	94.95
7.58	79.02	5.86	5.63	97.14
8.72	70.08	6.12	5.87	99.31
8.62	70.55	6.32	5.97	95.15
5.46	62.41	3.59	3.58	93.89
4.26	60.26	4.12	4.03	92.31
3.72	79.02	0.57	0.59	91.51
7.12	69.18	6.04	5.80	97.54
7.68	67.86	8.19	7.83	93.49
2.82	67.77	0.47	0.61	113.57
6.47	70.53	3.77	3.68	105.45
5.62	52.60	7.49	7.05	94.34
0.73	69.28	1.72	1.71	100.85
6.11	26.28	16.36	13.72	97.58
14.43	80.61	3.64	3.51	98.81
3.15	76.10	−0.29	−0.30	99.37
3.27	76.48	−0.41	−0.42	99.33
2.89	77.98	2.35	2.49	100.24
−1.38	49.03	−11.31	−13.42	95.24

10-9 国有控股工业企业主要效益指标(2017年)

单位：%

指　　标	Item	亏损面 Range of Deficits
总　计	**Total**	**32.75**
按工业行业大类分	Grouped by Sector	
采矿业	Mining	26.33
煤炭开采和洗选业	Coal Mining and Dressing	26.18
石油和天然气开采业	Petroleum and Natural Gas Extraction	40.00
黑色金属矿采选业	Ferrous Metals Mining and Dressing	
有色金属矿采选业	Nonferrous Metals Mining and Dressing	25.00
非金属矿采选业	Nonmetal Minerals Mining and Dressing	
开采专业及辅助性活动	Mining Professional and Auxiliary Activities	
其他采矿业	Other Mining Industry	
制造业	Manufacturing	33.66
农副食品加工业	Farm Products Processing	33.33
食品制造业	Food Manufacturing	
酒、饮料和精制茶制造业	Wine, Beverages and Refined Tea Manufacturing	22.22
烟草制品业	Tobacoo Products Manfacturing	
纺织业	Textile Industry	
纺织服装、服饰业	Textile, Wearing Apparel and Accessories	14.29
皮革、毛皮、羽毛及其制品和制鞋业	Leather, Fur, Feather and its products and Footwear	
木材加工和木、竹、藤、棕、草制品业	Timber Processing, Bamboo, Cane, Palm Fiber and Straw Products	
家具制造业	Furniture Manufacturing	
造纸和纸制品业	Paper Making and Paper Products	
印刷和记录媒介复制业	Printing and Record Medium Reproduction	60.00
文教、工美、体育和娱乐用品制造业	Culture, Education, Art and Crafts, Sport and Entertainment Products	100.00

MAIN BENEFIT INDICATORS OF STATE-HOLDING INDUSTRIAL ENTERPRISES(2017)

(%)

总资产贡献率 Ratio of Profits, Taxes and Interests to Average Assets	资产负债率 Ratio of Debts to Assets	成本费用利润率 Ratio of Profits to Total Costs	主营业务收入利润率 Ratio of Profits to Revenue of Major Business	产品销售率 Ratio of Sales to Gross Output Value
7.38	**74.77**	**4.82**	**4.63**	**96.55**
9.18	74.50	8.88	8.06	94.05
9.29	75.10	8.85	8.02	93.92
4.31	61.46	14.99	14.74	99.73
6.92	32.81	6.88	6.19	99.63
7.83	70.72	0.28	0.35	100.09
9.73	95.81	1.70	1.61	127.64
5.73	74.53	2.52	2.53	98.06
1.52	68.94	1.75	1.69	98.66
11.49	38.76	3.75	3.70	99.68
26.05	48.66	8.16	6.91	90.97
55.49	22.14	22.77	10.24	101.89
3.20	41.65	2.52	2.48	101.12
4.67	65.50	2.49	2.49	103.90
2.83	65.73	0.13	0.13	103.76
-0.37	183.06	-12.88	-14.89	127.19

10-9 续表

单位：%

指　　标	Item	亏损面 Range of Deficits
石油、煤炭及其他燃料加工业	Petroleum, Coal and Other Fuels Processing	27.27
化学原料和化学制品制造业	Raw Chemical Materials and Chemical Products	43.75
医药制造业	Medical and Pharmaceutical Products	50.00
化学纤维制造业	Chemical Fiber	
橡胶和塑料制品业	Rubber and Plastic Products	57.14
非金属矿物制品业	Nonmetal Mineral Products	31.25
黑色金属冶炼和压延加工业	Smelting and Pressing of Ferrous Metals	27.27
有色金属冶炼和压延加工业	Smelting and Pressing of Non-ferrous Metals	50.00
金属制品业	Metal Prodcuts	20.00
通用设备制造业	Ordinary Machinery Manufacturing	31.58
专用设备制造业	Special Purpose Equipment Manufacturing	31.58
汽车制造业	Automobile Manufacturing	46.15
铁路、船舶、航空航天和其他运输设备制造业	Railroad, Marine, Aviation and Other Transport Equipments Manufacturing	11.11
电气机械和器材制造业	Electrical Machinery and Equipment Manufacturing	30.77
计算机、通信和其他电子设备制造业	Computers, Telecommunication and Other Electronic Equipments Manufacturing	66.67
仪器仪表制造业	Equipments and Instruments Manufacturing	25.00
其他制造业	Other Manufacturing	40.00
废弃资源综合利用业	Comprehensive Utilization of Waste Resources	
金属制品、机械和设备修理业	Metal Products, Machinery and Equipment Repair	11.11
电力、热力、燃气及水生产和供应业	Production and Supply of Electricity, Heat, Gas and Water	42.93
电力、热力生产和供应业	Production and Supply of Electricity and Heat	39.35
燃气生产和供应业	Production and Supply of Gas	46.67
水的生产和供应业	Production and Supply of Water	76.92

continued

(%)

总资产贡献率 Ratio of Profits, Taxes and Interests to Average Assets	资产负债率 Ratio of Debts to Assets	成本费用利润率 Ratio of Profits to Total Costs	主营业务收入利润率 Ratio of Profits to Revenue of Major Business	产品销售率 Ratio of Sales to Gross Output Value
5.58	95.09	1.21	1.26	100.47
0.75	90.19	-4.42	-4.95	98.51
5.73	72.05	2.62	2.84	85.12
0.53	63.65	1.19	1.98	74.16
-3.74	82.47	-9.16	-10.56	96.59
7.77	89.39	6.99	6.78	98.08
7.60	65.79	5.20	4.95	100.39
6.44	71.02	2.62	2.56	93.42
3.00	68.69	1.40	1.51	91.71
2.16	66.84	0.70	0.71	98.06
3.56	81.21	-0.17	-0.18	87.84
6.17	74.88	3.38	3.31	94.27
5.63	68.80	5.65	5.59	91.62
2.21	66.74	-0.08	-0.12	125.88
0.40	88.65	-2.34	-2.43	97.58
10.89	54.66	8.42	7.81	100.19
0.67	69.59	1.52	1.51	100.83
14.85	80.92	3.11	3.03	98.44
3.02	76.10	-1.08	-1.11	99.49
3.22	76.19	-1.08	-1.10	99.45
2.25	81.01	0.61	0.67	100.17
-1.88	48.00	-12.47	-14.98	97.48

10-10 外商投资和港澳台投资工业企业主要效益指标(2017年)

单位：%

指 标	Item	亏损面 Range of Deficits
总 计	**Total**	**24.11**
采矿业	Mining	15.00
煤炭开采和洗选业	Coal Mining and Dressing	20.00
石油和天然气开采业	Petroleum and Natural Gas Extraction	
黑色金属矿采选业	Ferrous Metals Mining and Dressing	
有色金属矿采选业	Nonferrous Metals Mining and Dressing	
非金属矿采选业	Nonmetal Minerals Mining and Dressing	
开采专业及辅助性活动	Mining Professional and Auxiliary Activities	
其他采矿业	Other Mining Industry	
制造业	Manufacturing	24.47
农副食品加工业	Farm Products Processing	
食品制造业	Food Manufacturing	60.00
酒、饮料和精制茶制造业	Wine, Beverages and Refined Tea Manufacturing	28.57
烟草制品业	Tobacoo Products Manfacturing	
纺织业	Textile Industry	
纺织服装、服饰业	Textile, Wearing Apparel and Accessories	
皮革、毛皮、羽毛及其制品和制鞋业	Leather, Fur, Feather and Related Products and Footwear	
木材加工和木、竹、藤、棕、草制品业	Timber Processing,Bamboo,Cane,Palm Fiber and Straw Products	
家具制造业	Furniture Manufacturing	
造纸和纸制品业	Paper Making and Paper Products	
印刷和记录媒介复制业	Printing and Record Medium Reproduction	
文教、工美、体育和娱乐用品制造业	Culture, Education, Art and Crafts, Sport and Entertainment Products	

MAIN BENEFIT INDICATORS OF INDUSTRIAL ENTERPRISES WITH HONG KONG, MACAO, TAIWAN AND FOREIGN FUNDS(2017)

(%)

总资产贡献率 Ratio of Profits, Taxes and Interests to Average Assets	资产负债率 Ratio of Debts to Assets	成本费用利润率 Ratio of Profits to Total Costs	主营业务收入利润率 Ratio of Profits to Revenue of Major Business	产品销售率 Ratio of Sales to Gross Output Value
10.56	**66.83**	**9.21**	**8.61**	**102.90**
22.90	52.47	52.95	35.94	99.14
24.44	52.25	53.25	35.69	99.02
10.39	54.26	50.80	40.05	100.03
26.86	58.27	16.26	13.58	122.39
8.60	71.27	5.56	5.37	103.81
3.72	51.46	4.73	4.58	97.51
4.11	24.08	-1.59	-1.62	99.31
9.00	53.77	3.35	3.22	89.35
0.86	38.71	0.01	0.01	77.30

10-10 续表

单位：%

指　　标	Item	亏损面 Range of Deficits
石油、煤炭及其他燃料加工业	Petroleum, Coal and Other Fuels Processing	18.18
化学原料和化学制品制造业	Raw Chemical Materials and Chemical Products	21.43
医药制造业	Medical and Pharmaceutical Products	
化学纤维制造业	Chemical Fiber Manufacturing	
橡胶和塑料制品业	Rubber and Plastic Products	
非金属矿物制品业	Nonmetal Mineral Products	66.67
黑色金属冶炼和压延加工业	Smelting and Pressing of Ferrous Metals	50.00
有色金属冶炼和压延加工业	Smelting and Pressing of Non-ferrous Metals	25.00
金属制品业	Metal Prodcuts	
通用设备制造业	Ordinary Machinery Manufacturing	
专用设备制造业	Special Purpose Equipment Manufacturing	16.67
汽车制造业	Automobile Manufacturing	33.33
铁路、船舶、航空航天和其他运输设备制造业	Railroad, Marine, Aviation and Other Transport Equipment Manufacturing	
电气机械和器材制造业	Electrical Machinery and Equipment Manufacturing	50.00
计算机、通信和其他电子设备制造业	Computers, Telecommunication and Other Electronic Equipments Manufacturing	20.00
仪器仪表制造业	Equipments and Instruments Manufacturing	
其他制造业	Other Manufacturing	
废弃资源综合利用业	Comprehensive Utilization of Waste Resources	
金属制品、机械和设备修理业	Metal products, Machinery and Equipment Repair	
电力、热力、燃气及水生产和供应业	Production and Supply of Electricity, Heat, Gas and Water	29.63
电力、热力生产和供应业	Production and Supply of Electricity and Heat	31.82
燃气生产和供应业	Production and Supply of Gas	25.00
水的生产和供应业	Production and Supply of Water	

continued

(%)

总资产贡献率 Ratio of Profits, Taxes and Interests to Average Assets	资产负债率 Ratio of Debts to Assets	成本费用利润率 Ratio of Profits to Total Costs	主营业务收入利润率 Ratio of Profits to Revenue of Major Business	产品销售率 Ratio of Sales to Gross Output Value
6.42	95.26	3.88	4.23	99.78
7.79	80.70	5.92	5.74	100.96
21.74	38.80	39.51	28.04	84.99
5.90	18.89	4.79	4.52	83.25
3.15	92.87	-6.72	-7.15	95.95
18.98	73.91	0.66	0.62	97.48
14.09	57.78	14.43	12.55	92.96
13.32	59.97	6.10	5.86	97.73
10.09	69.08	7.91	7.27	107.65
6.86	88.33	5.06	5.20	95.90
7.94	79.17	4.04	3.87	75.42
22.77	54.22	21.94	17.79	99.29
5.91	38.84	3.49	3.27	106.28
7.70	71.55	4.10	3.98	107.79
6.78	45.11	11.17	10.08	100.00
17.71	14.37	51.81	32.28	100.00
4.60	45.46	6.83	6.57	100.00
4.70	65.91	3.93	3.83	100.00
4.84	66.61	3.87	3.77	100.00
1.86	53.46	4.85	4.63	100.00
5.09	59.43	9.58	10.76	100.00

10-11 大中型工业企业主要效益指标(2017年)

单位：%

指 标	Item	亏损面 Range of Deficits
总 计	**Total**	**27.89**
按工业行业大类分	Grouped by Sector	
采矿业	Mining	24.25
煤炭开采和洗选业	Coal Mining and Dressing	24.44
石油和天然气开采业	Petroleum and Natural Gas Extraction	
黑色金属矿采选业	Ferrous Metals Mining and Dressing	27.27
有色金属矿采选业	Nonferrous Metals Mining and Dressing	16.67
非金属矿采选业	Nonmetal Minerals Mining and Dressing	
开采专业及辅助性活动	Mining Professional and Auxiliary Activities	
其他采矿业	Other Mining Industry	
制造业	Manufacturing	25.81
农副食品加工业	Farm Products Processing	21.43
食品制造业	Food Manufacturing	33.33
酒、饮料和精制茶制造业	Wine, Beverages and Refined Tea Manufacturing	15.38
烟草制品业	Tobacoo Products Manfacturing	
纺织业	Textile Industry	
纺织服装、服饰业	Textile,Wearing Apparel and Accessories	14.29
皮革、毛皮、羽毛及其制品和制鞋业	Leather, Fur, Feather and its products and Footwear	
木材加工和木、竹、藤、棕、草制品业	Timber Processing,Bamboo,Cane,Palm Fiber and Straw Products	
家具制造业	Furniture Manufacturing	
造纸和纸制品业	Paper Making and Paper Products	
印刷和记录媒介复制业	Printing and Record Medium Reproduction	
文教、工美、体育和娱乐用品制造业	Culture, Education, Art and Crafts, Sport and Entertainment Products	

MAIN BENEFIT INDICATORS OF LARGE AND MEDIUM-SIZED INDUSTRIAL ENTERPRISES(2017)

(%)

总资产贡献率 Ratio of Profits, Taxes and Interests to Average Assets	资产负债率 Ratio of Debts to Assets	成本费用利润率 Ratio of Profits to Total Costs	主营业务收入利润率 Ratio of Profits to Revenue of Major Business	产品销售率 Ratio of Sales to Gross Output Value
8.53	**74.16**	**6.64**	**6.29**	**97.75**
10.16	73.99	11.36	10.01	95.02
10.18	74.69	11.38	10.01	95.14
9.62	39.62	40.28	36.11	100.00
7.80	43.00	4.45	4.25	88.90
19.45	57.27	6.32	5.47	97.86
7.58	74.23	5.32	5.20	99.10
6.47	67.48	2.78	2.70	93.65
12.06	50.81	8.29	7.93	95.87
22.43	48.74	7.44	6.40	92.22
55.49	22.14	22.77	10.24	101.89
1.95	72.96	0.68	0.67	96.23
8.69	49.71	7.02	6.63	99.87
6.28	30.12	9.44	8.64	100.00
25.35	80.35	0.74	0.74	102.85
6.07	45.51	6.17	5.85	104.33
9.41	54.52	4.45	4.55	79.15

10-11 续表

单位：%

指　　标	Item	亏损面 Range of Deficits
石油、煤炭及其他燃料加工业	Petroleum, Coal and Other Fuels Processing	22.00
化学原料和化学制品制造业	Raw Chemical Materials and Chemical Products	30.36
医药制造业	Medical and Pharmaceutical Products	4.17
化学纤维制造业	Chemical Fiber Manufacturing	
橡胶和塑料制品业	Rubber and Plastic Products	42.86
非金属矿物制品业	Nonmetal Mineral Products	27.40
黑色金属冶炼和压延加工业	Smelting and Pressing of Ferrous Metals	32.08
有色金属冶炼和压延加工业	Smelting and Pressing of Non-ferrous Metals	48.28
金属制品业	Metal Prodcuts	17.95
通用设备制造业	Ordinary Machinery Manufacturing	18.75
专用设备制造业	Special Purpose Equipment Manufacturing	30.43
汽车制造业	Automobile Manufacturing	32.00
铁路、船舶、航空航天和其他运输设备制造业	Railroad, Marine, Aviation and Other Transport Equipments Manufacturing	27.27
电气机械和器材制造业	Electrical Machinery and Equipment Manufacturing	20.00
计算机、通信和其他电子设备制造业	Computers, Telecommunication and Other Electronic Equipments Manufacturing	35.71
仪器仪表制造业	Equipments and Instruments Manufacturing	50.00
其他制造业	Other Manufacturing	33.33
废弃资源综合利用业	Comprehensive Utilization of Waste Resources	
金属制品、机械和设备修理业	Metal products, Machinery and Equipment Repair	
电力、热力、燃气及水生产和供应业	Production and Supply of Electricity, Heat, Gas and Water	67.12
电力、热力生产和供应业	Production and Supply of Electricity and Heat	69.23
燃气生产和供应业	Production and Supply of Gas	45.45
水的生产和供应业	Production and Supply of Water	80.00

continued

(%)

总资产贡献率 Ratio of Profits, Taxes and Interests to Average Assets	资产负债率 Ratio of Debts to Assets	成本费用利润率 Ratio of Profits to Total Costs	主营业务收入利润率 Ratio of Profits to Revenue of Major Business	产品销售率 Ratio of Sales to Gross Output Value
7.67	87.84	5.48	5.48	102.86
2.14	84.59	-1.50	-1.59	97.06
10.57	44.05	12.94	11.81	87.18
0.53	63.65	1.19	1.98	74.16
-0.21	74.65	-4.63	-5.81	96.47
9.63	90.12	9.11	8.66	95.18
9.14	68.56	6.67	6.36	99.10
9.31	70.07	7.42	6.92	94.73
6.49	66.14	5.99	5.95	92.92
5.07	69.09	5.30	5.16	90.44
3.51	84.41	-1.01	-1.05	88.13
7.29	72.65	6.10	5.85	98.04
7.73	68.12	8.50	8.11	92.65
3.12	68.56	0.75	1.11	122.13
6.85	71.75	3.78	3.68	105.63
4.04	60.10	6.15	5.87	99.65
0.73	69.28	1.72	1.71	100.85
25.59	50.22	5.27	4.95	100.00
2.53	74.87	-2.05	-2.13	99.47
2.72	74.91	-2.07	-2.15	99.45
2.22	80.81	-0.01	-0.01	99.72
-1.98	48.42	-12.91	-15.63	99.00

主要统计指标解释

工业 指从事自然资源的开采，对采掘品和农产品进行加工和再加工的物质生产部门。具体包括：(1)对自然资源的开采，如采矿、晒盐等(但不包括禽兽捕猎和水产捕捞)；(2)对农副产品的加工、再加工，如粮油加工、食品加工、缫丝、纺织、制革等；(3)对采掘品的加工、再加工，如炼铁、炼钢、化工生产、石油加工、机器制造、木材加工等，以及电力、燃气及水的生产和供应等；(4)对工业品的修理、翻新，如机器设备的修理等。

工业统计调查单位为工业法人单位。

工业法人单位指从事工业生产经营活动的法人单位。工业法人单位应同时具备以下条件：①依法成立，有自己的名称、组织机构和场所，能够独立承担民事责任；②独立拥有（或授权）使用资产，承担负债，有权与其他单位签订合同；③具有包括资产负债表在内的帐户，或者能够根据需要编制帐户。

企业(单位)登记注册类型 是以在工商行政管理机关登记注册的各类企业为划分对象，以工商行政管理部门对企业登记注册的类型为依据，将企业登记注册类型分为内资企业、港澳台商投资企业和外商投资企业三大类。内资企业包括国有企业、集体企业、股份合作企业、联营企业、有限责任公司、股份有限公司、私营企业和其他企业；港澳台商投资企业和外商投资企业分别包括合资经营企业、合作经营企业、独资经营企业和股份有限公司等。对不在工商行政管理部门进行登记注册的行政机关、事业单位和社会团体，主要按其经费来源和管理方式进行划分。

国有企业 指企业全部资产归国家所有，并按《中华人民共和国企业法人登记管理条例》规定登记注册的非公司制的经济组织。不包括有限责任公司中的国有独资公司。

集体企业 指企业资产归集体所有，并按《中华人民共和国企业法人登记管理条例》规定登记注册的经济组织。

股份合作企业 指以合作制为基础，由企业职工共同出资入股，吸收一定比例的社会资产投资组建，实行自主经营，自负盈亏，共同劳动，民主管理，按劳分配与按股分红相结合的一种集体经济组织。

联营企业 指两个及两个以上相同或不同所有制性质的企业法人或事业单位法人，按自愿、平等、互利的原则，共同投资组成的经济组织。联营企业包括国有联营企业、集体联营企业、国有与集体联营企业和其他联营企业。

有限责任公司 指根据《中华人民共和国公司登记管理条例》规定登记注册，由两个以上、五十个以下的股东共同出资，每个股东以其所认缴的出资额对公司承担有限责任，公司以其全部资产对其债务承担责任的经济组织。有限责任公司包括国有独资公司以及其他有限责任公司。

股份有限公司 指根据《中华人民共和国公司登记管理条例》规定登记注册，其全部注册资本由等额股份构成并通过发行股票筹集资本，股东以其认购的股份对公司承担有限责任，公司以其全部资产对其债务承担责任的经济组织。

私营企业 指由自然人投资设立或由自然人控股，以雇佣劳动为基础的营利性经济组织。包括按照《公司法》、《合伙企业法》、《私营企业暂行条例》规定登记注册的私营有限责任公司、私营股份有限公司、私营合伙企业和私营独资企业。

其他企业 指上述企业之外的其他内资经济组织。

合资经营企业（港或澳、台资） 指港澳台地区投资者与内地企业依照《中华人民共和国中外合资经营企业法》及有关法律的规定，按合同规定的比例投资设立、分享利润和分担风险的企业。

合作经营企业（港或澳、台资） 指港澳台地区投资者与内地企业依照《中华人民共和国中外合作经营企业法》及有关法律的规定，依照合作合同的约定进行投资或提供条件设立、分配利润和分担风险的企业。

港澳台商独资经营企业 指依照《中华人民共和国外资企业法》及有关法律的规定，在内地由港澳台地区投资者全额投资设立的企业。

港澳台商投资股份有限公司 指根据国家有关规定，经原外经贸部依法批准设立，其中港、澳、台商的股本占公司注册资本的比例达25%以上的股份有限公司。凡其中港、澳、台商的股本占公司注册资本的比例小于25%的，属于内资企业中的股份有限公司。

其他港澳台商投资企业 指在中国境内参照《外国企业或个人在中国境内设立合伙企业管理办法》和《外商投资合伙企业登记管理规定》，依法设立的港、澳、台商投资合伙企业等。

中外合资经营企业 指外国企业或外国人与中国内地企业依照《中华人民共和国中外合资经营企业法》及有关法律的规定，按合同规定的比例投资设立、分享利润和分担风险的企业。

中外合作经营企业 指外国企业或外国人与中国内地企业依照《中华人民共和国中外合作经营企业法》及有关法律的规定，依照合作合同的约定进行投资或提供条件设立、分配利润和分担风险的企业。

外资企业 指依照《中华人民共和国外资企业法》及有关法律的规定，在中国内地由外国投资者全额投资设立的企业。

外商投资股份有限公司 指根据国家有关规定，经原外经贸部依法批准设立，其中外资的股本占公司注册资本的比例达25% 以上的股份有限公司。凡其中外资股本占公司注册资本的比例小于25%的，属于内资企业中的股份有限公司。

其他外商投资企业 指在中国境内依照《外国企业或个人在中国境内设立合伙企业管理办法》和《外商投资合伙企业登记管理规定》，依法设立的外商投资合伙企业等。

国有控股企业 即原来的国有及国有控股企业，根据企业实收资本中国有经济成分的出资人的实际投资情况，或国有经济成分的出资人对企业资产的实际控制、支配程度进行分类。以下情况为国有控股：(1)在企业的全部实收资本中，国有经济成分的出资人拥有的实收资本（股本）所占企业全部实收资本（股本）的比例大于 50%的国有绝对控股。(2)在企业的全部实收资本中，国有经济成分的出资人拥有的实收资本（股本）所占比例虽未大于 50%，但相对大于其他任何一方经济成分的出资人所占比例的国有相对控股；或者虽不大于其他经济成分，但根据协议规定拥有企业实际控制权的国有协议控股。(3)投资双方各占 50%，且未明确由谁绝对控股的企业，若其中一方为国有经济成分的，一律按国有控股处理。

轻工业 主要提供生活消费品和制作手工工具的工业。按其所使用的原料不同，可分为两大类：(1)以农产品为原料的轻工业，是指直接或间接以农产品为基本原料的轻工业。主要包括食品制造、饮料制造、烟草加工、纺织、缝纫、皮革和毛皮制作、造纸以及印刷等工业；(2)以非农产品为原料的轻工业，是指以工业品为原料的轻工业。主要包括文教体育用品、化学药品制造、合成纤维制造、日用化学制品、日用玻璃制品、日用金属制品、手工工具制造、医疗器械制造、文化和办公用机械制造等工业。

重工业 指为国民经济各部门提供物质技术基础的主要生产资料的工业。按其生产性质和产品用途，可以分为下列三类：(1)采掘工业，是指对自然资源的开采，包括石油开采、煤炭开采、金属矿开采、非金属矿开采和木材采伐等工业；(2)原材料工业，指向国民经济各部门提供基本材料、动力和燃料的工业。包括金属冶炼及加工、炼焦及焦炭、化学、化工原料、水泥、人造板以及电力、石油和煤炭加工等工业；(3)加工工业，是指对工业原材料进行再加工制造的工业。包括装备国民经济各部门的机械设备制造工业、金属结构、水泥制品等工业，以及为农业提供的生产资料如化肥、农药等工业。

根据上述划分原则，修理业中以重工业产品为修理作业对象的划为重工业，反之划为轻工业。从 2003 年起轻、重工业内部不再细划分。

资产总计 指企业过去的交易或者事项形成的、由企业拥有或者控制的、预期会给企业带来经济利益的资源。资产一般按流动性（资产的变现或耗用时间长短）分为流动资产和非流动资产。其中流动资产可分为货币资金、交易性金融资产、应收票据、应收账款、预付款项、其他应收款、存货等；非流动资产可分为长期股权投资、固定资产、无形资产及其他非流动资产等。

流动资产合计 资产满足以下条件之一应归为流动资产：(1)预计在一个正常营业周期中变现、出售或耗用，主要包括存货、应收账款等；(2)主要为交易目的而持有；(3)预计在资产负债表日起一年内（含一年）变现；(4)自资产负债日起一年内，交换其他资产或清偿负债的能力不受限制的现金或现金等价物。包括货币资金、应收票据、应收账款、存货等项目。

固定资产合计 指企业为生产商品、提供劳务、出租或经营管理而持有的，使用寿命超过一个会计年度的有形资产。包括使用期限超过一年的房屋、建筑物、机器、机械、运输工具以及其他与生产、经营有关的设备、器具、工具等。固定资产合计是时点指标，表示固定资产经过扣减折旧、减值准备等后的期末余额。

固定资产原价 指固定资产的成本，包括企业在购置、自行建造、安装、改建、扩建、技术改造某项固定资产时所发生的全部支出总额。

累计折旧 指企业在报告期末提取的历年固定资产折旧累计数。

固定资产折旧 指企业在固定资产的使用寿命内，按照确定的方法对应计折旧额进行系统分摊。

负债合计 指企业过去的交易或者事项形成的，预期会导致经济利益流出企业的现时义务。负债一般按偿还期长短分为流动负债和非流动负债。

流动负债合计 负债满足下列条件之一的应归为流动负债：(1)预计在一个正常营业周期中清偿；(2)主要为交易目的而持有；(3)自资产负债表日起一年内到期应予清偿；(4)企业无权自主地将清偿推迟至资产负债表日后一年以上。包括短期借款、应付票据、应付账款、应付职工薪酬、应交税费等项目。

所有者权益合计 指企业资产扣除负债后由所有者享有的剩余权益。公司的所有者权益又称股东权益。包括实收资本、资本公积、盈余公积、未分配利润等。

主营业务收入 指企业确认的销售商品、提供劳务等主营业务的收入。

主营业务成本 指企业经营主要业务所发生的成本总额。

主营业务税金及附加 指企业经营主要业务应负担的消费税、城市维护建设税、资源税、教育费附加及房产税、土地使用税、车船使用税、印花税等相关税费。

销售费用 指企业在销售商品和材料、提供劳务的过程中发生的各种费用，包括保险费、包装费、展览费和广告费、商品维修费、预计产品质量保证损失、运输费、装卸费等以及为销售本企业商品而专设的销售机构（含销售网点、售后服务网点等）的职工薪酬、业务费、折旧费等经营费用。

管理费用 指企业为组织和管理企业生产经营所发生的费用，包括企业在筹建期间内发生的开办费、董事会和行政管理部门在企业经营管理中发生的，或者应当由企业统一负担的公司经费等。

财务费用 指企业为筹集生产经营所需资金等而发生的筹资费用，包括企业生产经营期间发生的利息支出（减利息收入）、汇兑损失（减汇兑收益）以及相关的手续费等。

利润总额 指企业在一定会计期间的经营成果，是生产经营过程中各种收入扣除各种耗费后的盈余，反映企业在报告期内实现的盈亏总额。利润总额为营业利润加上营业外收入，减去营业外支出后的金额。

所得税费用 所得税费用由两部分组成：当期所得税和递延所得税。当期所得税是指企业按照税法规定计算确定的针对当期发生的交易和事项，应交纳给税务部门的所得税金额，即应交所得税。递延所得税是指按照所得税准则规定应予确认的递延所得税资产和递延所得税负债应有的金额相对于原已确认金额之间的差异。

应交增值税 指按照税法规定，以销售货物、服务、无形资产、不动产或提供加工、修理修配劳务的增值额和货物进口金额为计税依据而课征的一种流转税。

应付职工薪酬 指企业为获得职工提供的服务而给予各种形式的报酬以及其他相关支出。包括职工工资、奖金、津贴和补贴，职工福利费，医疗保险费、养老保险费、失业保险费、工伤保险费和生育保险费等社会保险费，住房公积金，工会经费和职工教育经费，非货币性福利，因解除与职工的劳动关系给予的补偿，其他与获得职工提供的服务相关的支出。

平均用工人数 指报告期企业平均实际拥有的、参与本企业生产经营活动的人员数。

亏损面 指亏损企业单位数占全部工业企业单位数的比重。计算公式为：

亏损面 ＝ 亏损企业单位数/全部工业企业单位数 × 100%。

总资产贡献率 反映企业全部资产的获利能力，是企业经营业绩和管理水平的集中体现，是评价和考核企业盈利能力的核心指标。计算公式：

总资产贡献率=（利润总额+税金总额+利息支出）/平均资产总额 × 100%

资产负债率 又称举债经营比率,反映企业利用债权人提供资金进行经营活动的能力，也是衡量企业负债水平及经营风险程度的重要指标。计算公式：

资产负债率=负债总额/资产总额 × 100%

成本费用利润率 指企业实现的利润与同期成本、费用总额的比率。计算公式：

成本费用利润率=利润总额/成本费用总额×100%

主营业务收入利润率 指企业实现的利润与同期主营业务收入的比率。该指标既可考核企业利润计划的完成情况，又可比较各企业之间或不同时期的经营管理水平。计算公式：

主营业务收入利润率=利润总额/主营业务收入×100%

产品销售率 指企业实现的工业销售产值与同期全部工业总产值之比，是分析工业产销衔接情况，研究工业产品满足社会需求程度的重要指标。计算公式：

产品销售率=工业销售产值/工业总产值×100%

Explanatory Notes on Main Statistical Indicators

Industry refers to the material production sector which is engaged in the extraction of natural resources and processing and reprocessing of minerals and agricultural products, including (1) extraction of natural resources, such as mining, salt production (but not including hunting and fishing); (2) processing and reprocessing of farm and sideline produces, such as grain and oil processing, food processing, silk reeling, spinning and weaving and leather making; (3) processing and reprocessing of mineral products, such as steel making, iron smelting, chemicals manufacturing, petroleum processing, machine building, timber processing, and production and supply of electricity, gas and water; (4) repairing and renovating of industrial products such as the machinery.

In industrial surveys, the units of enquiry are industrial corporate units.

Industrial corporate units refer to corporate units engaging in industrial production and operation activities, which meet the following requirements: (1) They are established legally, having their own names, organizations, location, and are able to take civil liability independently; (2) They possess (or are authorized to use) assets independently, assume liabilities and are entitled to sign contracts with other units; (3) They have accounts including the balance sheets or can compile the accounts according to the need.

Registration Status of Enterprises (Units) Enterprises are classified into 3 categories, namely domestic-funded enterprises, enterprises with investment from Hong Kong, Macao and Taiwan, and enterprises with foreign investment, according to the registration status of an enterprise in industrial and commercial administration agencies. Domestic-funded enterprises include State-owned enterprises, collective-owned enterprises, cooperative enterprises, joint ownership enterprises, limited liability corporations, share-holding corporations Ltd., private enterprises and other enterprises. Included in the enterprises with investment from Hong Kong, Macao and Taiwan and enterprises with foreign investment are joint-venture enterprises, cooperative enterprises, sole investment enterprises and share-holding corporations Ltd. For government agencies, institutions and social organizations which are not registered in industrial and commercial administration agencies, they are classified mainly by their sources of funding and manner of management.

State-owned Enterprises refer to non-corporation economic units where the entire assets are owned by the State and which have been registered in accordance with the Regulation of the People's Republic of China on the Management of Registration of Corporate Enterprises. Not included from this category are solely State-funded corporations in the limited liability corporations.

Collective-owned Enterprises refer to economic units where the assets are owned collectively and which have been registered in accordance with the Regulation of the People's Republic of China on the Management of Registration of Corporate Enterprises.

Cooperative Enterprises refer to a form of collective economic units (enterprises) where capitals come mainly from employees as their shares, with certain proportion of capital from the outside, where production is organized on the basis of independent operation, independent accounting for profits and losses, joint work, democratic management, and a distribution system that integrates remuneration according to work with dividend according to capital share.

Joint Ownership Enterprises refer to economic units established by two or more corporate enterprises or corporate institutions of the same or different ownership, through joint investment on the basis of voluntary participation, equality, and mutual benefits. They include State joint ownership enterprises; collective joint ownership enterprises; joint State-collective enterprises; and other joint ownership enterprises.

Limited Liability Corporations refer to economic units established with investment from 2-50 investors and registered in accordance with the Regulation of the People's Republic of China on the Management of Registration of Corporations, each investor bearing limited liability to the corporation depending on its share of investment, and the corporation bearing liability to its debt to the maximum of its total assets. Limited liability corporations include solely State-funded limited liability corporations and other limited liability corporations.

Share-holding Corporations Ltd. refer to economic units registered in accordance with the Regulation of the People's Republic of China on the Management of Registration of Corporations, with total registered capital divided into equal shares and raised through issuing stocks. Each investor bears limited liability to the corporation depending on the holding of shares, and the corporation bears liability to its debt to the maximum of its total assets.

Private Enterprises refer to profit-making economic units invested and established by natural persons, or controlled by natural persons using employed labour. Included in this category are private limited liability corporations, private share-holding corporations Ltd., private partnership enterprises and private-funded enterprises registered in accordance with the Company Law, the Law on Partnership Business and Interim Regulations on Private Enterprises.

Other Domestic-funded Enterprises refer to domestic-funded economic units other than those mentioned above.

Joint Venture Enterprises (Funded by Hong Kong, Macao or Taiwan) are enterprises established by investors from Hong Kong, Macao and Taiwan with enterprises in the mainland of China in accordance with the Law of the People's Republic of China on Sino-foreign Equity Joint Ventures and other relevant laws, where the establishment of the investment and the sharing of profits and risks are stipulated under joint venture contracts.

Cooperative Enterprises (Funded by Hong Kong, Macao or Taiwan) established by investors from Hong Kong, Macao and Taiwan with enterprises in the mainland of China in accordance with the Law of the People's Republic of China on Sino-foreign Contractual Joint Venture and other relevant laws, where the investment or provision of facilities and the sharing of profits and risks are stipulated under cooperative contracts.

Enterprises with Sole Investment from Hong Kong, Macao and Taiwan refer to enterprises established in the mainland of China with exclusive investment from investors from Hong Kong, Macao and Taiwan in accordance with the Law of the People's Republic of China on Wholly Foreign-owned Enterprises and other relevant laws.

Share-holding Corporations Ltd. with Investment from Hong Kong, Macao and Taiwan refer to share-holding corporations Ltd. established with the approval from the former Ministry of Foreign Trade and Economic Relations in line with relevant State regulations, where the share of investment from Hong Kong, Macao or Taiwan businessmen exceeds 25% of the total registered capital of the corporation. In case the share of investment from Hong Kong, Macao or Taiwan is less than 25% of the total registered capital, the enterprise is to be classified as domestic-funded share-holding corporation Ltd.

Other Enterprises with Funds from Hong Kong, Macao and Taiwan refer to partnership enterprises with investments from Hong Kong, Macao and Taiwan established within the territory of China in accordance with Administrative Measures on the Establishment of Partnership Enterprises in China by Foreign Enterprises or Foreign Individuals and Regulations for the Administration of the Registration of Foreign-invested Partnership Enterprises.

Joint Venture Enterprises with Foreign Investment refer to enterprises jointly established by foreign enterprises or foreigners with enterprises in the mainland of China in accordance with the Law of the People's Republic of China on Sino-foreign Equity Joint Ventures and other relevant laws, where the sharing of investment, profits and risks is stipulated under contract.

Cooperative Enterprises with Foreign Investment refer to enterprises jointly established by foreign enterprises or foreigners with enterprises in the mainland of China in accordance with the Law of the People's Republic of China on Sino-foreign Contractual Joint Venture and other relevant laws, where the investment or provision of facilities and the sharing of profits and risks are stipulated under cooperative contracts.

Enterprises with Sole Foreign Investment refer to enterprises established in the mainland of China with exclusive investment from foreign investors in accordance with the Law of the People's Republic of China on Wholly Foreign-owned Enterprises and other relevant laws.

Share-holding Corporations Ltd. with Foreign Investment refer to share-holding corporations Ltd. established with the approval from the former Ministry of Foreign Trade and Economic Relations in line with relevant State regulations, where the share of investment from foreign investors exceeds 25% of the total registered capital of the corporation. In case the share of foreign investment is less than 25% of the total registered capital, the enterprise is to be classified as domestic-funded share-holding corporation Ltd.

Other Enterprises with Foreign Funds refer to partnership enterprises established within the territory of China in accordance with Administrative Measures on the Establishment of Partnership Enterprises in China by Foreign Enterprises or Foreign Individuals and Regulations for the Administration of the Registration of Foreign-invested Partnership Enterprises.

State-holding Enterprises cover the original state-owned enterprises and state-holding enterprises. They are classified according to the actual investment made by the contributor of state-owned part in the paid-in capital of the enterprises, or the degree of control or dominance of the contributor on the assets of the enterprises. The following cases are regarded as state-holding: (1) Absolute state-holding in which the contributors of state-owned parts possess more than 50% of all the paid-in capital (stocks) of the enterprises; (2) Relative state-holding in which the contributors of state-owned parts possess no more than 50% of the paid-in capital (stocks) of the enterprises, but more than that of any other contributors; or Agreed state-holding in which the contributors of state-owned parts possess no more than other contributors but have actual control over the enterprises according to agreements; (3) In the case both contributors possess 50% and it is not clear which one is in absolute holding position, the enterprise is regarded as state-holding enterprise if one of the contributor has state-owned elements.

Light Industry refers to the industry that produces consumer goods and hand tools. It consists of two categories depending on the raw materials used:

(1)Industries using farm products as raw materials. These are branches of light industry which directly or indirectly use farm products as basic raw materials, including the manufacture of food and beverages, tobacco processing, textile, clothing, fur and leather manufacturing, paper making, printing, etc. (2)Industries using non farm products as raw materials. These are branches of light industry which use manufactured goods as raw materials, including the manufacture of cultural, educational articles and sports goods chemicals synthetic fiber chemical products for daily use glass products for daily use metal products for daily use hand tools medical apparatus and instruments and the manufacture of cultural and clerical machinery.

Heavy Industry refers to the industry which produces capital goods and provides various sectors of the national economy with necessary material and technical basis. It consists of the following three branches according to the purpose of production or the use of products: (1)Mining and Quarrying Industry refers to the industry that extracts natural resources including extraction of petroleum coal metal and non-metal ores and logging. (2)Raw Materials Industry refers to the industry that provides various sectors of the national economy with raw materials fuels and power. It includes smelting and processing of metals, coking and coke, chemistry, chemical materials and building materials such as cement, plywood and power, petroleum refining and coal dressing. (3)Manufacturing Industry refers to the industry that processes raw materials. It includes machine building industry, metal structure industry, cement products industry, which equips sectors of the national economy, and chemical fertilizers industry and pesticides industry, which supplies productive materials for agriculture.

According to the above principle of classification the repairing trades which are engaged primarily in repairing products of heavy industry are classified into heavy industry while those engaged in repairing products of light industry are classified into light industry. It is not divided further in the interior of light industry and heavy industry from 2003.

Total Assets refer to all resources that are owned or controlled by enterprises through previous trades or transactions with expectation of making economic profits. Classified by the degree of liquidity, total assets include current assets and non-current assets. Current assets can be classified into monetary capital, trading financial assets, notes receivable, accounts receivable, advanced payments, other receivables and inventories. Non-current assets can be divided into long-term equity investment, fixed assets, intangible assets and other non-current assets.

Total Current Assets refer to the assets that meet one of the following requirements: (1) expected to be cashed, sold or used in a normal operation cycle, mainly including inventory and accounts receivable; (2) be owned for trading purpose mainly; (3) expected to be cashed in one year (including one year) from the day of the Balance Sheet; (4) unlimited cash or cash equivalents that can be exchanged with other assets or being capable of settling debts during one year since the day of the Balance Sheet. Included are monetary capital, notes receivable, accounts receivable and inventories.

Total Fixed Assets refer to tangible assets enterprises possess for production, service supplying, leasing or management, with life operation is longer than a fiscal year. Total Fixed Assets include houses, buildings, machines, machineries, transport tools and other relevant equipment, appliances and tools which use longer than a year. It is a time-point indicator, meaning the ending balance of fixed assets minus depreciation and allowance for impairment.

Original Value of Fixed Assets refers to the cost of fixed assets, including the total cost value of the fixed assets that the enterprises paid for purchase, self-construction, installation, reconstruction, expansion and technical transformation.

Accumulated Depreciation refers to the accumulated depreciation amount that enterprises drew of past years at the end of the report period.

Depreciation of Fixed Assets refers to the systematic amortization of the depreciable amount through a definite method during the useful life of the fixed assets.

Total Liabilities refer to payable liabilities of enterprises that accumulated from previous trades or transactions with expectation of economic profits leaking out. In terms of payment, it can be divided into liquid liabilities and long-term liabilities.

Total Liquid Liabilities refer to the liabilities that meet one of the following requirements: (1) expected to be paid off in a normal operation cycle; (2) be owned for trading purpose mainly; (3) expected to be paid off in one year from the day of the Balance Sheet; (4) Enterprises do not have an unconditional right to defer payment beyond a year after the balance sheet date. Included are short-time borrowings, notes payable, accounts payable, remuneration payable, taxes payable, etc.

Total Creditors' Equity refers to the residual interest in the assets of an enterprise after deducting all its liabilities. Creditors' equity of a company is also known as shareholders' equity. Included are paid-in capital, capital reserve, surplus reserve, undistributed profits, etc.

Revenue of Major Business refers to the income confirmed of an enterprise from the principal business of selling products and providing labor services.

Cost of Major Business refers to the total cost occurred from the principal business of the enterprise.

Taxes and Extra Charges of Major Business refer to the relevant taxes and fees of major business that enterprises should bear, including consumption tax, city maintenance and construction tax, resources tax, extra charge of education, real estate tax, land use tax, vehicle and vessel use tax, stamp tax, etc.

Costs of Sales refers to the cost during the sale of goods and materials, providing labour services, including insurance, packing, exhibition fees and advertising fees, merchandise maintenance costs, expected product quality guarantee loss, transportation fees, handling fees, and operating expenses for the sales of the company's products such as employee compensation, business expenses, depreciation costs for dedicated sales offices (including sales outlets, after-sales service outlets, etc.).

Administrative Expense refers to the expenses for the organization and management of enterprise operating, including the start-up costs during the construction of enterprises, funds occurred during enterprises operating by board of directors and executive management in the enterprise management, or burden by enterprises.

Financial Expenses refers to cost of raising fund for enterprises to raise funds for production and operation, including interest payments (a reduction in interest income), exchange loss (less exchange gains) and related fees during the period of production.

Total Profits refers to the operation results in a certain accounting period, and it is the balance of various incomes minus various spending in the course of operation, reflecting the total profits and losses of enterprises in reference period. It is balance of business profits plus nonbusiness income, minus nonbusiness expense.

Income Taxes Expenses contains two parts: current income taxes and deferred income taxes. Current income taxes refer to the income amount that enterprises should pay to the tax department, which is calculated by current trades and transactions according to the tax law; while deferred income taxes refer to the balance between the definite amount of deferred income taxes and liabilities according to the income tax regulation and the previous amount.

Value Added Taxes Payable refers to the turnover taxes which is imposed on the added value of selling goods, services, intangible assets, real estate, or providing processing and repairing , and on imported value of import goods according to the tax laws.

Remuneration Payable of Staff and Workers refers to all kinds of payments and other relevant expenditures that enterprises pay for getting services of staff and workers. It includes wages, bonus, allowances, subsides, welfare fees, health insurance premiums, endowment insurance premiums, unemployment insurance premiums, employment injury insurance premiums, birth insurance premiums, housing provident funds, labor union expenditures, educational expenditures, non-monetary welfare, compensation for terminal labor relations and other relevant expenditures.

Average Employees refers to the number of persons engaged in the enterprise production and operation activities in the reporting period, which are actually owned by the enterprise.

Range of Deficits refers to the proportion of loss-making enterprises in the number of all industrial enterprises. The formula is as follows:

Range of Deficits = (Number of loss-making enterprises ÷ Number of All Industrial Enterprises) ×100%

Ratio of Profits, Taxes and Interests to Average Assets reflects the profit-making capability of all assets of the enterprise and is a key indicator manifesting the performance and management and evaluating the profit-making potential of the enterprise. It is calculated as follows:

Ratio of profits taxes and interests to average assets = [(Total profits + total Taxes + interest payment) ÷ average assets]×100%

Ratio of Debts to Assets is also called leverage, reflecting the capability of the enterprise in making use of the capital from the creditors. It is also an important indicator to measure the debt level and management risk degree of an enterprise. It is calculated as follows:

Ratio of debts to assets = (Total debts ÷ total assets) ×100%

Ratio of Profits to Total Costs refers to the ratio of profits enterprises gained to the total costs and expenses in the same period. It is calculated as follows:

Ratio of Profits to Total Costs = (Total Profits ÷ Total Costs) ×100%

Ratio of Profits to Revenue of Major Business refers to the profits to the major business revenue in the same period. This indicator can evaluate accomplishment of profits plan of enterprises, as well as compare management level of different enterprises or different periods. The formula is as follows:

Ratio of Profits to Revenue of Major business = (Total Profits ÷ Revenue of Major Business) ×100%

Ratio of Sales to Gross Output Value refers to the sales of industrial products to the gross industrial output value in the same period. It is an important indicator to analyze the linkage between the production and sales of industry, and to research the degree that industrial products meet the needs of society. It is calculated as follows:

Ratio of Sales to Gross Output Value = (Industrial sales ÷ Gross industrial output value) ×100%

11

建筑业

CONSTRUCTION

资料整理人员

张利云　陈烨松

建筑业
CONSTRUCTION

建筑业施工企业个数	Number of Construction Enterprises	2538	个	(unit)
建筑业总产值	Gross Output Value of Construction	3566.6	亿元	(100 million yuan)
建筑业竣工产值	Completed Output Value of Costruction	1405.4	亿元	(100 million yuan)
建筑业房屋竣工面积	Floor Space of Buildings Completed of Construction	3544	万平方米	(10 000 sq.m)

建筑业总产值构成 (%)

Composition of Total Output Value of Construction(%)

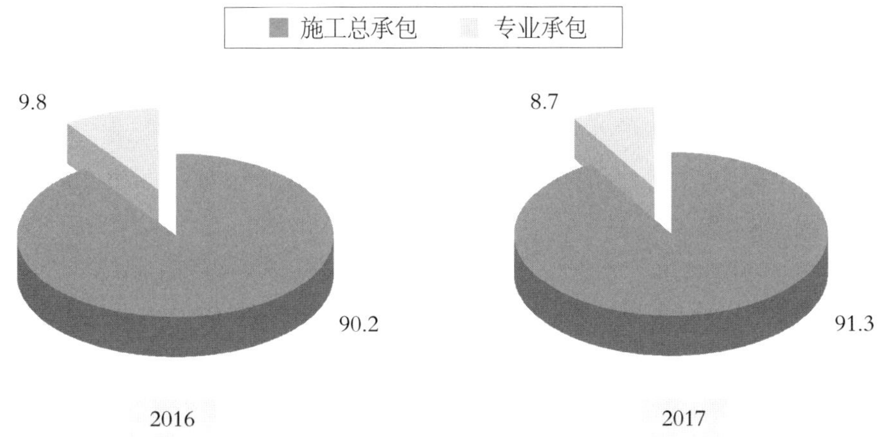

建筑业总产值（亿元）

Total Output Value of Construction (100 million yuan)

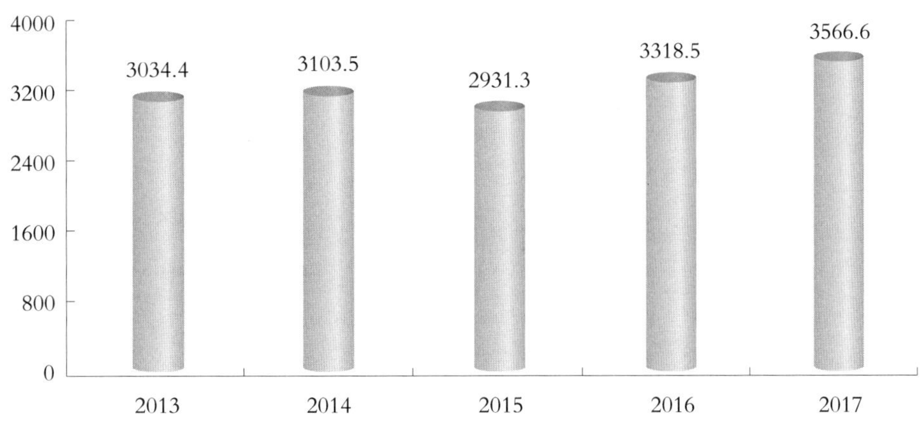

11-1 建筑施工企业主要经济指标
MAJOR ECONOMIC INDICATORS OF CONSTRUCTION ENTERPRISES

指 标	Item	2016	2017
施工企业个数(个)	Number of Construction Enterprises (unit)	2532	2538
直接从事生产经营活动的平均人数(万人)	Average Number of People Directly Engaged in Production and Operating Activities (10 000 persons)	112	104
建筑业企业期末人数(万人)	Number of Employees at The End of Period (10 000 persons)	75	79
固定资产原价(万元)	Original Value of Fixed Assets (10 000 yuan)	4806771	4913165
固定资产合计(万元)	Total Fixed Assets (10 000 yuan)	2958614	2905510
自有机械设备总台数(台)	Number of Machinery and Equipment Owned (set)	197334	221735
自有机械设备净值(万元)	Net Value of Machinery and Equipment Owned (10 000 yuan)	1468913	1467498
自有机械设备总功率(万千瓦)	Total Power of Machinery and Equipment Owned (10 000 kw)	697	719
建筑业总产值 (万元)	Output Value of Construction (10 000 yuan)	33184739	35665732
竣工产值 (万元)	Output Value of Buildings Completed (10 000 yuan)	12785480	14053856
本年折旧 (万元)	Depreciation in This Year (10 000 yuan)	333113	321565
施工面积 (万平方米)	Floor Space of Buildings under Construction (10 000 sq.m)	14621	15862
竣工面积 (万平方米)	Floor Space of Buildings Completed (10 000 sq.m)	3353	3544
营业利润 (万元)	Profits of Business (10 000 yuan)	950924	1001349
管理费用 (万元)	Costs of Administration (10 000 yuan)	1565024	1751376
利润总额 (万元)	Total Profits (10 000 yuan)	972077	1011316
按总产值计算的全员劳动生产率(元/人)	Overall Labor Productivity in Terms of Total Output Value (yuan/person)	295590	341750
实收资本(万元)	Capitals Hold (10 000 yuan)	7240168	8534142
资产总计 (万元)	Total Assets (10 000 yuan)	48453897	54559033
负债合计 (万元)	Total Liabilities (10 000 yuan)	37819762	42507242
所有者权益合计 (万元)	Total Creditors Equity (10 000 yuan)	10634135	12045244
竣工率(按产值计算) (%)	Rate of Completed (by Output Value) (%)	38.5	39.4
技术装备率(元/人)	Value of Machines per Laborer (yuan/person)	19473	18643
动力装备率(千瓦/人)	Power of Machines per Laborer (kw/person)	9.2	9.1
资产负债率(%)	Ratio of Debts to Assets (%)	78.1	77.9
产值利润率(%)	Ratio of Profit to Gross Output Value (%)	2.9	2.8

11-2 建筑业企业总产值和竣工产值(2017年)

GROSS OUTPUT VALUE AND COMPLETED VALUE OF CONSTRUCTION ENTERPRISES(2017)

单位：万元　　(10 000 yuan)

指　标	Item	建筑业总产值 Total Output Value	#建筑工程 Construction	#安装工程 Installation	竣工产值 Output Value of Buildings Completed
总　计	**Total**	**35665732**	**31221569**	**3538026**	**14053856**
#国有及国有控股	State Owned and State Controlling Share	21893510	20094532	1492431	7107159
按登记注册类型分	**Grouped by Registered Kind**				
内资企业	Civil Funded Enterprises	35636250	31194841	3538026	14025989
国有企业	State-owned Enterprises	2153503	2014872	90217	1001095
集体企业	Collective-owned Enterprises	311956	279998	23297	127425
股份合作企业	Share Cooperative Enterprises				
联营企业	Joint Ownership Enterprises				
有限责任公司	Limited Responsibility Corporations	22990606	20646894	1933790	7788536
国有独资公司	Company Exclusively with Investment from State	2541050	2308586	164656	1364536
其他有限责任公司	Other Limited Responsibility Company	20449556	18338307	1769134	6424000
股份有限公司	Share-holding Limited Corporations	458400	381892	48792	254039
私营企业	Private-owned Enterprises	9721786	7871186	1441930	4854894
私营独资企业	Enterprise Exclusively with Investment from Private	487	481	6	374
私营合伙企业	Private Partnership Enterprises				
私营有限责任公司	Private Limited Responsibility Corporations	7928586	6565730	1007607	4531271
私营股份有限公司	Private Share-holding Limited Corporations	1792713	1304975	434318	323249
其他企业	Other Enterprises				
港、澳、台商投资企业	Enterprises Funded by HongKong, Macao and Taiwan	5433	5433		3819
外商投资企业	Foreign Funded Enterprises	24049	21295		24049
按国民经济行业分	**Grouped by Economic Sector**				
房屋和土木工程建筑业	Housing and Civil Engineering Construction	32963517	29698089	2550060	12870895
房屋工程建筑	Housing	15645861	14238166	1147741	7401578
土木工程建筑	Civil Engineering	17317657	15459923	1402319	5469318
建筑安装业	Building Installation	1625867	657796	895267	614573
建筑装饰业	Building Fiting and Decoration	366356	282492	58365	239973
其他建筑业	Other Construction	709992	583192	34334	328415
按隶属关系分	**Grouped by Subordination**				
#中　央	Central	12527159	11689743	721906	2637252
省	Province	7587906	6829689	587971	3494191
市	Prefecture	2983564	2434879	473878	1705505
县	County	584765	497403	56222	429838
按企业资质等级分	**Grouped by Qualification Criteria**				
施工总承包	Overall Contract	32564057	29018426	2838512	12522926
专业承包	Specialized Contract	3101675	2203143	699514	1530930

11-3 按主要用途分的房屋建筑竣工面积(2017年)

单位：平方米

指　　标	Item	总 计 Total	住宅房屋 Residential Buildings
总　计	**Total**	**35439731**	**25106195**
#国有及国有控股	State Owned and State Controlling Share	15845057	11124446
按登记注册类型分	**Grouped by Registered Kind**		
内资企业	Civil Funded Enterprises	35439731	25106195
国有企业	State-owned Enterprises	2840463	2386020
集体企业	Collective-owned Enterprises	466294	432345
股份合作企业	Share Cooperative Enterprises		
联营企业	Joint Ownership Enterprises		
有限责任公司	Limited Responsibility Corporations	16759910	11250663
国有独资公司	Company Exclusively with Investment from State	3754443	2063235
其他有限责任公司	Other Limited Responsibility Company	13005467	9187428
股份有限公司	Share-holding Limited Corporations	729081	372232
私营企业	Private-owned Enterprises	14643983	10664935
私营独资企业	Enterprise Exclusively with Investment from Private	96	96
私营合伙企业	Private Partnership Enterprises		
私营有限责任公司	Private Limited Responsibility Corporations	13280274	9861404
私营股份有限公司	Private Share-holding Limited Corporations	1363613	803435
其他企业	Other Enterprises		
港、澳、台商投资企业	Enterprises Funded by HongKong, Macao and Taiwan		
外商投资企业	Foreign Funded Enterprises		
按国民经济行业分	**Grouped by Economic Sector**		
房屋和土木工程建筑业	Housing and Civil Engineering Construction	35046777	25061480
房屋工程建筑	Housing	32340834	23694518
土木工程建筑	Civil Engineering	2705943	1366962
建筑安装业	Building Installation	327814	43371
建筑装饰业	Building Fiting and Decoration		
其他建筑业	Other Construction	65140	1344
按隶属关系分	**Grouped by Subordination**		
#中　央	Central	4461707	2856621
省	Province	10157506	7224175
市	Prefecture	2131891	1511283
县	County	1691438	1301270
按企业资质等级分	**Grouped by Qualification Criteria**		
施工总承包	Overall Contract	34710284	25019743
专业承包	Specialized Contract	729447	86452

FLOOR SPACE OF BUILDINGS COMPLETED BY MAJOR USE(2017)

(sq.m)

商业及服务用房屋 Commercial and Service Buildings	办公用房 Oiffices	科研、教育、医疗用房屋 Scientific Research, Education and Healthcare Buildings	文化、体育、娱乐用房屋 Culture, Sports and Entertaninment Buildings	厂房及建筑物 Factory Buildings	仓 库 Warehouses	其他未列明的房屋建筑物 Other Unlisted Buildings
1623457	**1740564**	**2427385**	**283288**	**2963275**	**110006**	**1185561**
517111	592235	1578442	121564	1283273	16668	611318
1623457	1740564	2427385	283288	2963275	110006	1185561
47585	71742	107960	26313	42219	1544	157080
450	3989	12835		3013	1000	12662
653564	1030857	1755948	101761	1402754	15814	548549
333519	118970	733785	56050	363391		85493
320045	911887	1022163	45711	1039363	15814	463056
44129	18803	67331	12574	209312		4700
877729	615173	483311	142640	1305977	91648	462570
569565	614988	465473	24391	1228109	53774	462570
308164	185	17838	118249	77868	37874	
1621481	1737505	2424537	278823	2633876	107326	1181749
1547756	1453065	2284741	271966	2050868	81787	956133
73725	284440	139796	6857	583008	25539	225616
1000	2865	180		273906	2680	3812
976	194	2668	4465	55493		
46185	132608	313768	39201	731823	14504	326997
480654	519127	1295587	55352	524634		57977
24297	299827	15346	3058	21451	600	256029
30435	119564	143822	43037	18852	2634	31824
1563224	1734370	2427207	278823	2443121	107676	1136120
60233	6194	178	4465	520154	2330	49441

11-4 按主要用途分的房屋建筑竣工价值(2017年)

单位：万元

指 标	Item	总 计 Total	住宅房屋 Residential Buildings
总 计	**Total**	**6283897**	**4296550**
#国有及国有控股	State Owned and State Controlling Share	3249168	2103903
按登记注册类型分	**Grouped by Registered Kind**		
内资企业	Civil Funded Enterprises	6283897	4296550
国有企业	State-owned Enterprises	393155	321030
集体企业	Collective-owned Enterprises	62901	57057
股份合作企业	Share Cooperative Enterprises		
联营企业	Joint Ownership Enterprises		
有限责任公司	Limited Responsibility Corporations	3325324	2148434
国有独资公司	Company Exclusively with Investment from State	907860	504614
其他有限责任公司	Other Limited Responsibility Company	2417465	1643821
股份有限公司	Share-holding Limited Corporations	238483	58853
私营企业	Private-owned Enterprises	2264033	1711175
私营独资企业	Enterprise Exclusively with Investment from Private	24	24
私营合伙企业	Private Partnership Enterprises		
私营有限责任公司	Private Limited Responsibility Corporations	2083182	1615210
私营股份有限公司	Private Share-holding Limited Corporations	180828	95941
其他企业	Other Enterprises		
港、澳、台商投资企业	Enterprises Funded by HongKong, Macao and Taiwan		
外商投资企业	Foreign Funded Enterprises		
按国民经济行业分	**Grouped by Economic Sector**		
房屋和土木工程建筑业	Housing and Civil Engineering Construction	6253060	4291467
房屋工程建筑	Housing	5684414	4075319
土木工程建筑	Civil Engineering	568646	216148
建筑安装业	Building Installation	26592	4890
建筑装饰业	Builing Fiting and Decoration		
其他建筑业	Other Construction	4245	193
按隶属关系分	**Grouped by Subordination**		
#中 央	Central	1055481	576957
省	Province	2027720	1382974
市	Prefecture	355584	231452
县	County	240671	176222
按企业资质等级分	**Grouped by Qualification Criteria**		
施工总承包	Overall Contract	6232838	4287706
专业承包	Specialized Contract	51058	8844

VALUE OF BUILDINGS COMPLETED BY MAJOR USE(2017)

(10 000 yuan)

商业及服务用房屋 Commercial and Service Buildings	办公用房 Oiffices	科研、教育、医疗用房屋 Scientific Research, Education and Healthcare Buildings	文化、体育、娱乐用房屋 Culture, Sports and Entertaninment Buildings	厂房及建筑物 Factory Buildings	仓库 Warehouses	其他未列明的房屋建筑物 Other Unlisted Buildings
302991	**323616**	**595116**	**58987**	**465964**	**19590**	**221083**
120114	114269	457965	23429	285299	10237	133953
302991	323616	595116	58987	465964	19590	221083
9896	9657	24231	4316	8309	257	15459
68	716	1822		482	240	2516
142671	204792	401671	20184	261251	10109	136213
87214	32939	163279	15781	82652		21380
55457	171853	238392	4403	178599	10109	114833
8099	3918	105875	4211	56118		1410
142257	104534	61517	30277	139804	8985	65485
94093	104519	57457	4164	134588	7666	65485
48164	15	4060	26112	5216	1319	
302689	322885	594610	58355	442976	19286	220794
288385	295684	468113	57246	319712	7694	172261
14304	27200	126497	1108	123264	11592	48533
180	687	18		20224	304	290
122	45	489	632	2765		
8266	37884	179580	3332	152694	9842	86925
112494	88392	285687	15679	127372		15122
5429	72844	2366	600	4398	120	38375
5403	12525	27485	9099	2402	506	7030
299913	322972	595094	58355	438352	19485	210962
3078	644	22	632	27612	105	10121

11-5 建筑业企业房屋建筑面积(2017年)

FLOOR SPACE OF BUILDINGS CONSTRUCTED BY CONSTRUCTION ENTERPRISES(2017)

单位: 平方米 (sq.m)

指　标	Item	房屋建筑施工面积 Floor Space of Buildings under Construction	#本年新开工面积 Newly Started This Year
总　计	**Total**	**158618366**	**52458998**
#国有及国有控股	State Owned and State Controlling Share	99487443	26966497
按登记注册类型分	**Grouped by Registered Kind**		
内资企业	Civil Funded Enterprises	158618366	52458998
国有企业	State-owned Enterprises	12698414	2969447
集体企业	Collective-owned Enterprises	1638751	790459
股份合作企业	Share Cooperative Enterprises		
联营企业	Joint Ownership Enterprises		
有限责任公司	Limited Responsibility Corporations	103438130	29105826
国有独资公司	Company Exclusively with Investment from State	20148016	4752412
其他有限责任公司	Other Limited Responsibility Company	83290114	24353414
股份有限公司	Share-holding Limited Corporations	1434818	642965
私营企业	Private-owned Enterprises	39408253	18950301
私营独资企业	Enterprise Exclusively with Investment from Private	98	98
私营合伙企业	Private Partnership Enterprises		
私营有限责任公司	Private Limited Responsibility Corporations	32756325	17502814
私营股份有限公司	Private Share-holding Limited Corporations	6651830	1447389
其他企业	Other Enterprises		
港、澳、台商投资企业	Enterprises Funded by HongKong, Macao and Taiwan		
外商投资企业	Foreign Funded Enterprises		
按国民经济行业分	**Grouped by Economic Sector**		
房屋和土木工程建筑业	Housing and Civil Engineering Construction	157270772	51796259
房屋工程建筑	Housing	133490984	45541818
土木工程建筑	Civil Engineering	23779788	6254441
建筑安装业	Building Installation	1188889	561763
建筑装饰业	Building Fiting and Decoration		
其他建筑业	Other Construction	158705	100976
按隶属关系分	**Grouped by Subordination**		
#中　央	Central	39369221	15048567
省	Province	57040143	10681372
市	Prefecture	11144343	2827098
县	County	4736624	2160594
按企业资质等级分	**Grouped by Qualification Criteria**		
施工总承包	Overall Contract	157415876	51666686
专业承包	Specialized Contract	1202490	792312

11-6 建筑业企业机械设备情况(2017年)

MACHINARY AND EQUIPMENT OF CONSTRUCTION ENTERPRISES(2017)

指 标	Item	自有机械设备年末总台数(台) Number of Machinery and Equipment Owned(unit)	自有机械设备年末总功率(千瓦) Total Power of Machinery and Equipment Owned(kw)	自有机械设备净值(万元) Net Value of Machinery and Equipment Owned (10 000 yuan)
总 计	**Total**	**221735**	**7192633**	**1467498**
#国有及国有控股	State Owned and State Controlling Share	92639	4767284	832882
按登记注册类型分	**Grouped by Registered Kind**			
内资企业	Civil Funded Enterprises	221185	7179691	1464369
国有企业	State-owned Enterprises	17105	413545	76684
集体企业	Collective-owned Enterprises	8383	98777	16176
股份合作企业	Share Cooperative Enterprises			
联营企业	Joint Ownership Enterprises			
有限责任公司	Limited Responsibility Corporations	87515	4711554	866496
国有独资公司	Company Exclusively with Investment from State	10971	272487	38456
其他有限责任公司	Other Limited Responsibility Company	76544	4439067	828041
股份有限公司	Share-holding Limited Corporations	6345	120907	12987
私营企业	Private-owned Enterprises	101837	1834908	492027
私营独资企业	Enterprise Exclusively with Investment from Private	24	159	321
私营合伙企业	Private Partnership Enterprises			
私营有限责任公司	Private Limited Responsibility Corporations	97412	1688245	450108
私营股份有限公司	Private Share-holding Limited Corporations	4401	146504	41598
其他企业	Other Enterprises			
港、澳、台商投资企业	Enterprises Funded by HongKong, Macao and Taiwan	186	2184	292
外商投资企业	Foreign Funded Enterprises	364	10758	2837
按国民经济行业分	**Grouped by Economic Sector**			
房屋和土木工程建筑业	Housing and Civil Engineering Construction	183723	6687929	1364097
房屋工程建筑	Housing	87925	1714069	414205
土木工程建筑	Civil Engineering	95798	4973860	949892
建筑安装业	Building Installation	12173	279852	54390
建筑装饰业	Building Fiting and Decoration	22033	116388	11417
其他建筑业	Other Construction	3806	108464	37593
按隶属关系分	**Grouped by Subordination**			
#中 央	Central	41474	3475187	621461
省	Province	32735	723968	136739
市	Prefecture	18986	616913	86234
县	County	14092	249205	57133
按企业资质等级分	**Grouped by Qualification Criteria**			
施工总承包	Overall Contract	180473	6634401	1325512
专业承包	Specialized Contract	41262	558232	141986

11-7 建筑业企业劳动生产率(2017年)
LABOR PRODUCTIVITY OF CONSTRUCTION ENTERPRISES(2017)

指 标	Item	企业个数(个) Number of Enterprises (unit)	从事建筑业活动的从业人员平均人数(人) Average Number of Employees Engaged in Construction Activities (person)	按总产值计算的劳动生产率(元/人) Overall Labor Productivity in Terms of Total Output Value (yuan/person)	人均竣工产值(元/人) Per Capita Output Value of Buildings Completed (yuan/person)
总 计	**Total**	**2538**	**1043621**	**341750**	**134664**
#国有及国有控股	State Owned and State Controlling Share	304	535386	408929	132748
按登记注册类型分	**Grouped by Registered Kind**				
内资企业	Civil Funded Enterprises	2533	1041593	342132	134659
国有企业	State-owned Enterprises	97	69151	311420	144769
集体企业	Collective-owned Enterprises	68	16811	185567	75799
股份合作企业	Share Cooperative Enterprises				
联营企业	Joint Ownership Enterprises				
有限责任公司	Limited Responsibility Corporations	502	563798	407781	138144
国有独资公司	Company Exclusively with Investment from State	38	58130	437132	234739
其他有限责任公司	Other Limited Responsibility Company	464	505668	404407	127040
股份有限公司	Share-holding Limited Corporations	29	15116	303255	168059
私营企业	Private-owned Enterprises	1837	376717	258066	128874
私营独资企业	Enterprise Exclusively with Investment from Private	2	60	81100	62250
私营合伙企业	Private Partnership Enterprises				
私营有限责任公司	Private Limited Responsibility Corporations	1772	322846	245584	140354
私营股份有限公司	Private Share-holding Limited Corporations	63	53811	333150	60071
其他企业	Other Enterprises				
港、澳、台商投资企业	Enterprises Funded by HongKong, Macao and Taiwan	3	352	154332	108480
外商投资企业	Foreign Funded Enterprises	2	1676	143492	143492
按国民经济行业分	**Grouped by Economic Sector**				
房屋和土木工程建筑业	Housing and Civil Engineering Construction	1538	948005	347715	135768
房屋工程建筑	Housing	861	497794	314304	148688
土木工程建筑	Civil Engineering	677	450211	384656	121483
建筑安装业	Building Installation	464	53341	304806	115216
建筑装饰业	Building Fiting and Decoration	361	16728	219008	143456
其他建筑业	Other Construction	175	25547	277916	128553
按隶属关系分	**Grouped by Subordination**				
#中 央	Central	52	286690	436958	91990
省	Province	107	179393	422977	194779
市	Prefecture	211	93844	317928	181738
县	County	100	30649	190794	140245
按企业资质等级分	**Grouped by Qualification Criteria**				
施工总承包	Overall Contract	1355	922791	352887	135707
专业承包	Specialized Contract	1183	120830	256697	126701

11-8 建筑业企业资本金及资产(2017年)

CAPITAL AND ASSETS OF CONSTRUCTION ENTERPRISES(2017)

单位：万元 (10 000 yuan)

指 标	Item	实收资本 Capitals Hold	资产总计 Total Assets	#流动资产合计 Total Circul-ating Funds	#固定资产合计 Total Fixed Assets
总 计	**Total**	**8534142**	**54559033**	**45334449**	**2905510**
#国有及国有控股	State Owned and State Controlling Share	4124248	38997308	32377201	1360468
按登记注册类型分	**Grouped by Registered Kind**				
内资企业	Civil Funded Enterprises	8528743	54515368	45295034	2901363
国有企业	State-owned Enterprises	282260	2744337	2429525	223052
集体企业	Collective-owned Enterprises	87537	493116	425756	48855
股份合作企业	Share Cooperative Enterprises				
联营企业	Joint Ownership Enterprises				
有限责任公司	Limited Responsibility Corporations	4519894	39447991	32592250	1480075
国有独资公司	Company Exclusively with Investment from State	1145759	9456037	6508266	128486
其他有限责任公司	Other Limited Responsibility Company	3374134	29991953	26083984	1351590
股份有限公司	Share-holding Limited Corporations	168550	1147450	1032394	60931
私营企业	Private-owned Enterprises	3470503	10682474	8815110	1088450
私营独资企业	Enterprise Exclusively with Investment from Private	1351	2673	1331	1215
私营合伙企业	Private Partnership Enterprises				
私营有限责任公司	Private Limited Responsibility Corporations	3316992	9789974	8050441	1023799
私营股份有限公司	Private Share-holding Limited Corporations	152160	889827	763339	63437
其他企业	Other Enterprises				
港、澳、台商投资企业	Enterprises Funded by HongKong, Macao and Taiwan	3799	13629	13059	466
外商投资企业	Foreign Funded Enterprises	1600	30037	26356	3681
按国民经济行业分	**Grouped by Economic Sector**				
房屋和土木工程建筑业	Housing and Civil Engineering Construction	7318061	50367177	41785737	2500056
房屋工程建筑	Housing	2906972	16364662	14079054	1041206
土木工程建筑	Civil Engineering	4411088	34002515	27706683	1458850
建筑安装业	Building Installation	676853	2416111	2054693	239975
建筑装饰业	Building Fiting and Decoration	294972	662571	557932	71730
其他建筑业	Other Construction	244256	1113175	936087	93748
按隶属关系分	**Grouped by Subordination**				
#中 央	Central	1979836	20527878	17852684	682200
省	Province	1775808	15901150	12279461	464818
市	Prefecture	558593	4199036	3622311	354879
县	County	149393	834323	684755	106289
按企业资质等级分	**Grouped by Qualification Criteria**				
施工总承包	Overall Contract	7191764	49434590	40889669	2477059
专业承包	Specialized Contract	1342378	5124443	4444780	428451

11-9 建筑业企业负债及所有者权益(2017年)
LIABILITIES AND CREDITORS' EQUITY OF CONSTRUCTION ENTERPRISES(2017)

单位：万元 (10 000 yuan)

指 标	Item	负债合计 Total Liabilities	#流动负债 Liquid Liabilities	#非流动负债合计 Illiquid Liabilities	所有者权益合计 Total Creditors' Equity
总 计	**Total**	**42513789**	**39473958**	**2912360**	**12045244**
#国有及国有控股	State Owned and State Controlling Share	33142749	30401547	2710919	5854559
按登记注册类型分	**Grouped by Registered Kind**				
内资企业	Civil Funded Enterprises	42474977	39435166	2912360	12040391
国有企业	State-owned Enterprises	2462703	2318877	131141	281634
集体企业	Collective-owned Enterprises	385797	376469	6397	107319
股份合作企业	Share Cooperative Enterprises				
联营企业	Joint Ownership Enterprises				
有限责任公司	Limited Responsibility Corporations	32807730	30172128	2593149	6640260
国有独资公司	Company Exclusively with Investment from State	7830298	5875261	1951389	1625740
其他有限责任公司	Other Limited Responsibility Company	24977433	24296867	641760	5014521
股份有限公司	Share-holding Limited Corporations	804712	770240	33997	342738
私营企业	Private-owned Enterprises	6014034	5797452	147675	4668440
私营独资企业	Enterprise Exclusively with Investment from Private	770	770		1904
私营合伙企业	Private Partnership Enterprises				
私营有限责任公司	Private Limited Responsibility Corporations	5357204	5188115	102396	4432770
私营股份有限公司	Private Share-holding Limited Corporations	656061	608568	45279	233766
其他企业	Other Enterprises				
港、澳、台商投资企业	Enterprises Funded by HongKong, Macao and Taiwan	12065	12065		1564
外商投资企业	Foreign Funded Enterprises	26748	26728		3289
按国民经济行业分	**Grouped by Economic Sector**				
房屋和土木工程建筑业	Housing and Civil Engineering Construction	39945285	37021737	2816891	10421892
房屋工程建筑	Housing	12028719	11491346	466380	4335943
土木工程建筑	Civil Engineering	27916566	25530391	2350511	6085950
建筑安装业	Building Installation	1520167	1423655	88282	895944
建筑装饰业	Building Fiting and Decoration	297826	294084	1738	364745
其他建筑业	Other Construction	750513	734483	5449	362662
按隶属关系分	**Grouped by Subordination**				
#中 央	Central	17762844	17316014	446458	2765034
省	Province	13571709	11441559	2129842	2329442
市	Prefecture	3233148	3106077	103416	965889
县	County	466743	396503	58601	367581
按企业资质等级分	**Grouped by Qualification Criteria**				
施工总承包	Overall Contract	39390659	36408162	2886394	10043931
专业承包	Specialized Contract	3123130	3065797	25965	2001314

11-10 建筑业企业收入及成本情况(2017年)
REVENUE AND COST OF CONSTRUCTION ENTERPRISES(2017)

单位：万元 (10 000 yuan)

指 标	Item	营业收入 Revenue of Business	#主营业务收入 Revenue of Major Business	主营业务成本 Cost of Major Business
总 计	**Total**	**36623062**	**36277690**	**33030746**
#国有及国有控股	State Owned and State Controlling Share	23463363	23259636	21271816
按登记注册类型分	**Grouped by Registered Kind**			
内资企业	Civil Funded Enterprises	36582161	36236810	32991584
国有企业	State-owned Enterprises	2152709	2085792	1998298
集体企业	Collective-owned Enterprises	296751	289566	260665
股份合作企业	Share Cooperative Enterprises			
联营企业	Joint Ownership Enterprises			
有限责任公司	Limited Responsibility Corporations	24368220	24193974	22021218
国有独资公司	Company Exclusively with Investment	2702151	2672996	2389548
其他有限责任公司	Other Limited Responsibility Company	21666069	21520978	19631670
股份有限公司	Share-holding Limited Corporations	482074	478038	421543
私营企业	Private-owned Enterprises	9282406	9189440	8289860
私营独资企业	Enterprise Exclusively with Investment from Private	1673	1673	1085
私营合伙企业	Private Partnership Enterprises			
私营有限责任公司	Private Limited Responsibility Corporations	7411490	7349630	6522953
私营股份有限公司	Private Share-holding Limited Corporations	1869244	1838137	1765822
其他企业	Other Enterprises			
港、澳、台商投资企业	Enterprises Funded by HongKong，Macao and Taiwan	6507	6485	6012
外商投资企业	Foreign Funded Enterprises	34395	34395	33150
按国民经济行业分	**Grouped by Economic Sector**			
房屋和土木工程建筑业	Housing and Civil Engineering Construction	33877741	33575127	30695508
房屋工程建筑	Housing	14782092	14611889	13572240
土木工程建筑	Civil Engineering	19095649	18963237	17123268
建筑安装业	Building Installation	1661444	1631073	1411346
建筑装饰业	Building Fiting and Decoration	375304	372295	311886
其他建筑业	Other Construction	708573	699195	612006
按隶属关系分	**Grouped by Subordination**			
#中 央	Central	13922370	13853620	12746442
省	Province	7656920	7585650	6818957
市	Prefecture	2932647	2852325	2617596
县	County	562202	551995	480461
按企业资质等级分	**Grouped by Qualification Criteria**			
施工总承包	Overall Contract	33483265	33185905	30369238
专业承包	Specialized Contract	3139797	3091785	2661508

11-11 建筑业企业费用情况(2017年)
EXPENSES OF CONSTRUCTION ENTERPRISES(2017)

单位：万元 (10 000 yuan)

指 标	Item	销售费用 Sales Expenses	管理费用 Adminis-trative Expenses	财务费用 Financial Expenses
总 计	**Total**	**75904**	**1751376**	**244109**
#国有及国有控股	State Owned and State Controlling Share	10721	1179186	177891
按登记注册类型分	**Grouped by Registered Kind**			
内资企业	Civil Funded Enterprises	75904	1750325	244072
国有企业	State-owned Enterprises	3164	74042	7383
集体企业	Collective-owned Enterprises	952	17193	727
股份合作企业	Share Cooperative Enterprises			
联营企业	Joint Ownership Enterprises			
有限责任公司	Limited Responsibility Corporations	21895	1229778	169411
国有独资公司	Company Exclusively with Investment	759	151994	99245
其他有限责任公司	Other Limited Responsibility Company	21136	1077785	70166
股份有限公司	Share-holding Limited Corporations	2050	30338	9694
私营企业	Private-owned Enterprises	47843	398973	56857
私营独资企业	Enterprise Exclusively with Investment from Private	13	31	3
私营合伙企业	Private Partnership Enterprises			
私营有限责任公司	Private Limited Responsibility Corporations	46841	370475	53964
私营股份有限公司	Private Share-holding Limited Corporations	988	28468	2890
其他企业	Other Enterprises			
港、澳、台商投资企业	Enterprises Funded by HongKong，Macao and Taiwan		493	42
外商投资企业	Foreign Funded Enterprises		558	-5
按国民经济行业分	**Grouped by Economic Sector**			
房屋和土木工程建筑业	Housing and Civil Engineering Construction	50147	1519250	225520
房屋工程建筑	Housing	24817	556210	81226
土木工程建筑	Civil Engineering	25330	963040	144294
建筑安装业	Building Installation	12191	143511	11840
建筑装饰业	Building Fiting and Decoration	3998	32439	2729
其他建筑业	Other Construction	9567	56177	4021
按隶属关系分	**Grouped by Subordination**			
#中 央	Central	3097	628484	32697
省	Province	3333	473081	142017
市	Prefecture	4637	157730	4873
县	County	8731	25209	2329
按企业资质等级分	**Grouped by Qualification Criteria**			
施工总承包	Overall Contract	40812	1501654	235125
专业承包	Specialized Contract	35092	249722	8984

11-12 建筑业企业薪酬及利润情况(2017年)

REMUNERATION AND PROFITS OF CONSTRUCTION ENTERPRISES(2017)

单位：万元 (10 000 yuan)

指 标	Item	应付职工薪酬 Remuneration Payable of Staff and Workers	营业利润 Business Profits	其他业务利润 Profits of Other Business
总 计	**Total**	**2523370**	**1001349**	**45391**
#国有及国有控股	State Owned and State Controlling Share	1371919	662526	30686
按登记注册类型分	**Grouped by Registered Kind**			
内资企业	Civil Funded Enterprises	2513284	1000922	45391
国有企业	State-owned Enterprises	176341	9108	2117
集体企业	Collective-owned Enterprises	47184	5697	1189
股份合作企业	Share Cooperative Enterprises			
联营企业	Joint Ownership Enterprises			
有限责任公司	Limited Responsibility Corporations	1446186	689311	32897
国有独资公司	Company Exclusively with Investment from State	152299	27483	8993
其他有限责任公司	Other Limited Responsibility Company	1293887	661828	23904
股份有限公司	Share-holding Limited Corporations	30232	56504	1145
私营企业	Private-owned Enterprises	813340	240302	8043
私营独资企业	Enterprise Exclusively with Investment from Private	183	458	
私营合伙企业	Private Partnership Enterprises			
私营有限责任公司	Private Limited Responsibility Corporations	724498	214747	6630
私营股份有限公司	Private Share-holding Limited Corporations	88659	25097	1413
其他企业	Other Enterprises			
港、澳、台商投资企业	Enterprises Funded by HongKong，Macao and Taiwan	441	-62	
外商投资企业	Foreign Funded Enterprises	9645	489	
按国民经济行业分	**Grouped by Economic Sector**			
房屋和土木工程建筑业	Housing and Civil Engineering Construction	2246393	938507	38317
房屋工程建筑	Housing	1065712	253444	19700
土木工程建筑	Civil Engineering	1180682	685062	18617
建筑安装业	Building Installation	191149	41478	5675
建筑装饰业	Building Fiting and Decoration	39922	13176	857
其他建筑业	Other Construction	45906	8189	542
按隶属关系分	**Grouped by Subordination**			
#中 央	Central	673589	552084	11757
省	Province	523478	77456	16993
市	Prefecture	268336	46721	5095
县	County	91191	16286	281
按企业资质等级分	**Grouped by Qualification Criteria**			
施工总承包	Overall Contract	2182631	833132	38961
专业承包	Specialized Contract	340739	168217	6430

11-13 建筑业企业利润及税金情况(2017年)

PROFITS AND TAXES OF CONSTRUCTION ENTERPRISES(2017)

单位：万元 (10 000 yuan)

指 标	Item	利润总额 Total Profits	主营业务税金及附加 Taxes and Extra Charges of Major Business	应交增值税 Value-added Taxes Payable
总 计	**Total**	**1011316**	**211079**	**690487**
#国有及国有控股	State Owned and State Controlling Share	674377	86462	347655
按登记注册类型分	**Grouped by Registered Kind**			
内资企业	Civil Funded Enterprises	1010868	210912	690123
国有企业	State-owned Enterprises	14784	16617	36881
集体企业	Collective-owned Enterprises	6070	4901	9095
股份合作企业	Share Cooperative Enterprises			
联营企业	Joint Ownership Enterprises			
有限责任公司	Limited Responsibility Corporations	697031	90943	409217
国有独资公司	Company Exclusively with Investment from State	30487	10965	76844
其他有限责任公司	Other Limited Responsibility Company	666545	79978	332373
股份有限公司	Share-holding Limited Corporations	57129	2661	5501
私营企业	Private-owned Enterprises	235854	95791	229430
私营独资企业	Enterprise Exclusively with Investment from Private	458	9	
私营合伙企业	Private Partnership Enterprises			
私营有限责任公司	Private Limited Responsibility Corporations	210524	82590	174040
私营股份有限公司	Private Share-holding Limited Corporations	24873	13192	55390
其他企业	Other Enterprises			
港、澳、台商投资企业	Enterprises Funded by HongKong，Macao and Taiwan	-33	21	50
外商投资企业	Foreign Funded Enterprises	481	146	313
按国民经济行业分	**Grouped by Economic Sector**			
房屋和土木工程建筑业	Housing and Civil Engineering Construction	944331	194285	627928
房屋工程建筑	Housing	255853	104830	354302
土木工程建筑	Civil Engineering	688478	89456	273626
建筑安装业	Building Installation	44291	9543	41892
建筑装饰业	Building Fiting and Decoration	13064	3818	9471
其他建筑业	Other Construction	9630	3433	11196
按隶属关系分	**Grouped by Subordination**			
#中 央	Central	554352	42438	99832
省	Province	86161	24886	216976
市	Prefecture	50227	19334	64536
县	County	16060	12356	18141
按企业资质等级分	**Grouped by Qualification Criteria**			
施工总承包	Overall Contract	840454	189474	638125
专业承包	Specialized Contract	170863	21606	52361

主要统计指标解释

签订的合同额 指建筑业企业在报告期直接同建设单位签订的各种国内工程合同的总价款和以前年度同建设单位签订的各种国内工程合同的未完工程跨入本年度继续施工工程合同的总价款余额。

本年新签合同额 指建筑业企业在报告期内同建设单位直接新签订的各种国内工程合同的总价款,不包括与其他建筑业企业新签的分包合同额。

建筑业总产值 指以货币表现的建筑业企业在一定时期内生产的建筑业产品和服务的总和。建筑业总产值包括建筑工程产值、安装工程产值和其他产值三部分内容。

竣工产值 一般是以单位工程为对象，当该工程按照设计所规定的工程内容全部完成，达到了设计规定的交工条件，经有关部门检查验收鉴定合格的单位工程价值，即为竣工产值。竣工产值包括范围应是报告期内竣工单位工程从开工到竣工的全部自行完成的价值，竣工产值不包括附属辅助企业或内部核算的其他单位为外单位生产和服务的价值。

房屋施工面积 指报告期内施工的全部房屋建筑面积。包括本期新开工的房屋建筑面积、上期跨入本期继续施工的房屋建筑面积、上期停缓建在本期恢复施工的房屋建筑面积、本期竣工的房屋建筑面积以及本期施工后又停缓建的房屋建筑面积。

房屋竣工面积 指报告期内房屋建筑按照设计要求已全部完工，达到住人和使用条件，经验收鉴定合格或达到竣工验收标准，可正式移交使用的各栋房屋建筑面积的总和。

房屋竣工价值 指在报告期内按规定已经上报竣工的房屋本身的建造价值。一般按房屋设计和预算规定的内容计算。一般按结算价格（或中标价）计算。

固定资产合计 指企业为生产商品、提供劳务、出租或经营管理而持有的，使用寿命超过一个会计年度的有形资产。包括使用期限超过一年的房屋、建筑物、机器、机械、运输工具以及其他与生产、经营有关的设备、器具、工具等。

资产总计 指企业过去的交易或者事项形成的、由企业拥有或者控制的、预期会给企业带来经济利益的资源。资产一般按流动性分为流动资产和非流动资产。

执行《企业会计准则》或《小企业会计准则》的企业：资产合计 = 流动资产合计 + 非流动资产合计；

未执行《企业会计准则》的企业：资产合计 = 流动资产合计 + 长期投资 + 固定资产合计 + 无形资产 + 其他资产。

负债合计 指企业过去的交易或者事项形成的，预期会导致经济利益流出企业的现时义务。负债一般按偿还期长短分为流动负债和非流动负债。

所有者权益合计 指企业资产扣除负债后由所有者享有的剩余权益。公司的所有者权益又称股东权益。包括实收资本、资本公积、盈余公积、未分配利润等。

主营业务收入 指企业确认的销售商品、提供劳务等主营业务的收入。

如未设置该科目，以“营业收入”代替填报。

销售费用 指企业从事施工生产活动过程中发生的各项费用，包括应由企业负担的运输费、装卸费、包装费、保险费、维修费、展览费、差旅费、广告费和其他经费。

营业利润 指企业从事生产经营活动所取得的利润。

执行《企业会计准则》或《小企业会计准则》的企业，营业利润为营业收入减去营业成本、税金及附加、销售费用、管理费用、财务费用、资产减值损失，再加上公允价值变动收益、投资收益和其他收益后的金额。

执行其他企业会计制度的企业，营业利润为营业收入减去营业成本、税金及附加、销售费用、管理费用、财务费用，再加上投资收益后的金额。

利润总额 指企业在一定会计期间的经营成果，是生产经营过程中各种收入扣除各种耗费后的盈余，反映企业在报告期内实现的亏盈总额。利润总额为营业利润加上营业外收入，减去营业外支出后的金额。

应付职工薪酬 指企业为获得职工提供的服务而给予各种形式的报酬以及其他相关支出。包括职工工资、奖金、津贴和补贴，职工福利费，医疗保险费、养老保险费、失业保险费、工伤保险费和生育保险费等社会保险费，住房公积金，工会经费和职工教育经费，非货币性福利，因解除与职工的劳动关系给予的补偿，其他与获得职工提供的服务相关的支出。

应交增值税 指按照税法规定，以销售货物、服务、无形资产、不动产或提供加工、修理修配劳务的增值额和货物进口金额为计税依据而课征的一种流转税。

Explanatory Notes on Main Statistical Indicators

Contract Amount Signed refers to the total contract amount for domestic projects that construction enterprises signed directly with the constructed units in the reference period and the remaining sum of contract amount for domestic projects that construction enterprises signed in the previous years, with construction project are in process and extending to continue in current year.

Contract Amount Newly Signed This Year refers to total amount of domestic project contracts that construction enterprises newly signed directly with constructed units in the reference period, excluding subcontracts that construction enterprises newly signed with other construction enterprises.

Gross Output Value of Construction refers to total of construction products and services, expressed in money terms, completed by construction enterprises during a given period of time. It includes three parts: output value of construction projects, output value of installation projects and output value of others.

Output Value of Buildings Completed refers to the value of unit project that is completed in accordance with the requirements of the design, up to the standard for handing in, and has been checked and accepted by concerned departments as qualified one. It includes entire value of the completed project from start to completing in the reference period. If a project is under construction in two years, the output value of building completed should include completed value last year. Some large projects, such as large factory building, senior hotel, pipelines, roads, railways, which can be constructed by span, layer or fragment and can be put into use separately by contract, can calculate their output value separately. It excludes the value of products and services which affiliated enterprises or other inner accounting units provide to outer units.

Floor Space of Buildings under Construction refers to total floor space of buildings under construction during the reference period, including newly started buildings, buildings started earlier and continued during the reference period, and buildings suspended earlier but restarted during the reference period, buildings completed during the reference period, and buildings under construction and then suspended during the reference period.

Floor Space of Buildings Completed refers to the floor space of buildings that are completed in the reference period in accordance with the requirement of the design, up to the standard for being resided in and put into use, and have been checked and accepted by concerned departments as qualified ones or up to the standard of buildings completed and can be handed over fore putting into use.

Value of Buildings Completed refers to the constructing value of buildings which have reported completing in accordance with the requirement in reference period. Generally, it calculates by stipulated items in design and budget. It can report in term of settling value or value of attaining contract.

Total Fixed Assets refer to tangible assets enterprises possess for production, service supplying, leasing or management, with life operation is longer than a fiscal year. Total Fixed Assets include houses, buildings, machines, machineries, transport tools and other relevant equipments, appliances and tools which use longer than a year.

Total Assets refer to resources, formed by former transaction or events, owned or controlled by enterprises, and it can bring economic profits in future. Total assets normally include liquid assets and illiquid assets.

For enterprises implement Accounting Standards or Accounting Standards for Small Enterprises,

Total Assets = Liquid Assets + Illiquid Assets.

For enterprises don't implement Accounting Standards,

Total Assets = Liquid Assets + Long Term Investment + Fixed Assets + Intangible Assets + Other Assets.

Total Liabilities refer to the debts, formed by former transaction or events, and it can bring economic profits in future. The liabilities include liability include liquid liabilities and illiquid liabilities by terms of repayment.

Creditors' Equity refers to the residual equity enjoyed by the owners, which equals to assets deducting liabilities, including capital hold, capital accumulation fund, surplus accumulation fund and undistributed profit.

Revenue of Major Business refers to enterprises confirmed revenue of products sales, services supply and so on.

It is can be substituted by business revenue for enterprises which don't set the account.

Sales Expenses refer to kinds of costs through constructing activities, which include costs of transport, loading and unloading, packing, insurance, maintaining, showing, business trip, advertisement and others.

Profits of Business refer to profits realized through the business of enterprises.

For enterprises implement Accounting Standards or Account Standards for Small Enterprises, profits of business equal to business revenue minus business costs, taxes and extra charges, costs of sales, administrative expenses, fiscal costs, assets devaluation, and plus proceeds of changes in fair value, investment income and other profits.

For enterprises implement other accounting standards, profits of business equal to business revenue minus business costs, taxes and extra charges, costs of sales, administrative expenses, and fiscal costs, plus investment income.

Total Profits refer to business results of enterprises in a certain account period, i.e. enterprises' business surplus of income deduct losses in the production and operation process, reflecting total profits and losses during the reference period. Total profits equal business profits plus non-business income, and minus non-business expenses.

Remuneration Payable of Staff and Workers refers to all kinds of payments and other relevant expenditures that enterprises pay for getting services of staff and workers. It includes wages, bonus, allowances, subsides, welfare fees, health insurance premiums, endowment insurance premiums, unemployment insurance premiums, employment injury insurance premiums, birth insurance premiums, housing provident funds, labor union expenditures, educational expenditures, non-monetary welfare, compensation for terminal labor relations and other relevant expenditures.

Value Added Taxes Payable refers to the turnover taxes which is imposed on the added value of selling goods, services, intangible assets, real estate, or providing processing and repairing, and on imported value of import goods according to the tax laws.

12

房地产

REAL ESTATE

资料整理人员

郝志军

房地产
REAL ESTATE

房地产开发投资	Investment in Real Estate Development	1166.3	亿元	(100 million yuan)
#住　宅	Residential Buildings	846.4	亿元	(100 million yuan)
房屋施工面积	Floor Space of Buildings under Construction	16473.4	万平方米	(10 000 sq.m)
#住　宅	Residential Buildings	11817.1	万平方米	(10 000 sq.m)
房屋竣工面积	Floor Space of Buildings Completed	1969.9	万平方米	(10 000 sq.m)
#住　宅	Residential Buildings	1413.8	万平方米	(10 000 sq.m)

房地产开发投资构成(亿元)
Composition of Investment in Real Estate Development (100 million yuan)

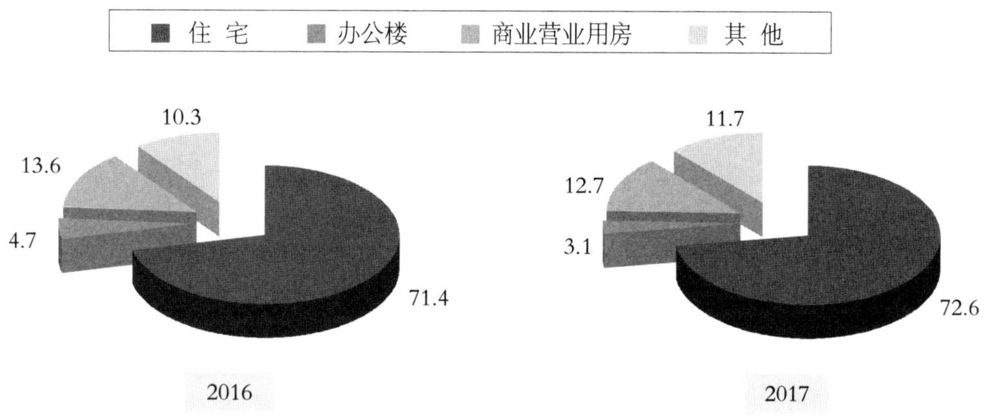

房地产开发投资(亿元)
Investment in Real Estate Development (100 million yuan)

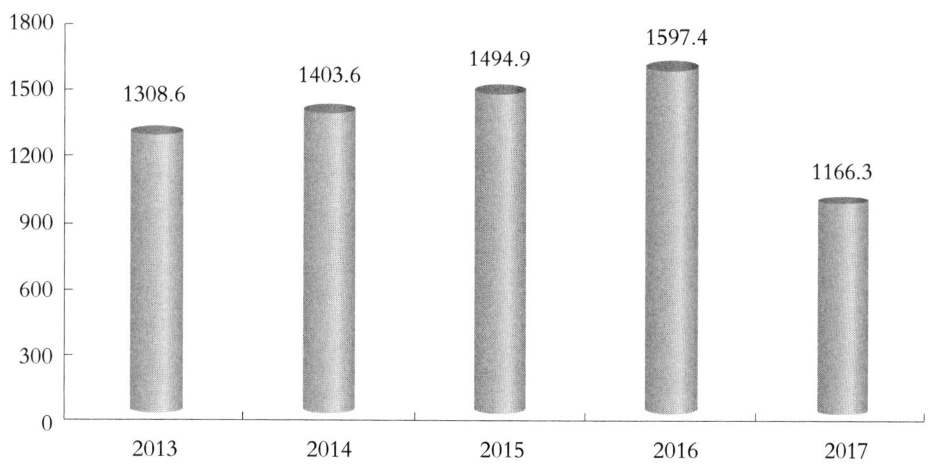

12-1 房地产开发企业主要指标
MAJOR INDICATORS OF REAL ESTATE DEVELOPMENT ENTERPRISES

单位：万元 (10 000 yuan)

指 标	Item	2016	2017
一、企业个数(个)	**Number of Enterprises (unit)**	**2485**	**2379**
二、本年完成投资	**Investment Completed This Year**	**15973532**	**11662833**
按工程用途分	Grouped by Use of Projects		
住 宅	Residential Buildings	11410813	8463841
办公楼	Office Buildings	751536	356003
商业营业用房	Buildings for Business Operation	2172920	1477912
其 他	Other Expenses	1638263	1365077
三、本年新增固定资产	**Newly Increased Fixed Assets This Year**	**8097180**	**5646881**
四、本年购置土地面积(平方米)	**Land Area Purchased This Year (sq.m)**	**3517434**	**2693876**
五、本年实际到位资金	**Actual Funds in Place This Year**	**15880181**	**16775424**
国内贷款	Domestic Loans	983256	1503791
自筹资金	Self-raised Fund	8110570	6522273
其他资金来源	Others	6786355	8749360
六、房屋建筑面积(平方米)	**Floor Space of Buildings (sq.m)**		
房屋施工面积	Floor Space of Buildings Under Construction	170692512	164733982
#住 宅	Residential Buildings	122223158	118171176
本年新开工面积	Floor Space of Buildings Newly Started Construction This Year	38547826	33058426
#住 宅	Residential Buildings	26542830	24112234
房屋竣工面积	Floor Space of Buildings Completed	26835885	19699186
#住 宅	Residential Buildings	20422192	14138324
七、商品房销售(平方米)	**Selling of Commercial Buildings (sq.m)**		
商品房销售面积	Floor Space of Commercial Buildings Sold	20610554	24159189
#住 宅	Residential Buildings	18815060	22462784
商品房销售额(万元)	Sales of Commercial Buildings (10 000 yuan)	10271364	13574775
#住 宅	Residential Buildings	9007879	12258970
八、经营状况	**Operation Condition**		
资产总计	Total Assets	81911104	103586567
营业收入	Business Revenue	9039089	9201321
#主营业务收入	Revenue of Major Business	8660816	8255094
营业利润	Business Profits	304816	371581
利润总额	Total Profits	290414	343194
九、从业人员平均人数(人)	**Average Number of Employees (person)**	**56305**	**55229**

12-2 房地产开发企业完成投资
COMPLETED INVESTMENT OF REAL ESTATE ENTERPRISES

单位：万元 (10 000 yuan)

年份 Year	本年完成投资 Investement Completed This Year	住宅 Residential Buildings	办公楼 Office Buildings	商业营业用房 Buildings for Business Operation	其他 Others
1990	28486	24635	342	2108	1401
1991	32642	27132			5510
1992	51869	41963	1473	1451	6982
1993	129685	102732		2362	24591
1994	116512	87606	2964	6169	19773
1995	150866	101914	12353	13841	22758
1996	147893	107111	6442	7471	26869
1997	181736	151687	6258	6990	16801
1998	278653	199862	9774	21609	47408
1999	350458	270496	7771	30307	41884
2000	394556	272280	19201	48178	54897
2001	466464	288916	17639	67861	92048
2002	674331	369041	46104	88518	170668
2003	950740	473991	53641	211630	211478
2004	1449898	846989	110917	353485	138507
2005	1779937	1168931	107448	274199	229359
2006	2086231	1558224	83778	238224	206005
2007	2589251	1902509	51973	245495	389274
2008	3279807	2287311	81888	389808	520800
2009	4772748	3778904	106264	437877	449703
2010	5922376	4574340	125367	604588	618081
2011	7901982	6153199	172888	736434	839461
2012	10104513	7356137	227958	1392518	1127900
2013	13086275	9588469	484284	1825554	1187968
2014	14035549	10106901	692123	1913124	1323401
2015	14948719	10983176	855037	1712127	1398379
2016	15973532	11410813	751536	2172920	1638263
2017	11662833	8463841	356003	1477912	1365077

12-3 房地产开发企业施工、销售和待售情况(2017年)

指　标	Item	合 计 Total	住 宅 Residential Buildings
房屋施工面积 (平方米)	Floor Space of Buildings under Construction (sq.m)	164733982	118171176
#本年新开工面积	Buildings Newly Started Construction This Year	33058426	24112234
房屋竣工面积 (平方米)	Floor Space of Buildings Completed (sq.m)	19699186	14138324
#不可销售面积	Buildings Unable to be Sold	2015806	959538
住宅竣工套数 (套)	Sets of Residential Buildings Completed (set)		129811
房屋竣工价值 (万元)	Value of Buildings Completed (10 000 yuan)	5294611	3700023
房屋出租面积 (平方米)	Floor Space of Buildings Leased (sq.m)	550803	14271
商品房销售面积(平方米)	Floor Space of Commercial Residential Buildings Sold (sq.m)	24159189	22462784
现　房	Completed Buildings	8202108	7375960
期　房	Forward Delivery Buildings	15957081	15086824
商品房销售额 (万元)	Sales of Commercial Buildings (10 000 yuan)	13574775	12258970
现　房	Completed Buildings	3265016	2839335
期　房	Forward Delivery Buildings	10309759	9419635
商品住宅销售套数(套)	Sets of Commercial Residential Buildings Sold (set)		196486
现　房	Completed Buildings		65042
期　房	Forward Delivery Buildings		131444
待售面积 (平方米)	Floor Space for Sale (sq.m)	12257255	8113307
#待售1-3年面积	Floor Space for Sale in 1-3 Years	5561011	3560258
待售3年以上面积	Floor Space for Sale More Than 3 Years	429269	312159

BUILDINGS UNDER CONSTRUCTION, SELLING AND FOR SALE OF REAL ESTATE DEVELOPMENT ENTERPRISES(2017)

#90平方米及以下住房 90 sq.m and Below	#144平方米以上住房 Above 144 sq.m	#别墅、高档公寓 Villas and High-grade Apartment Buildings	办公楼 Office Buildings	商业营业用房 Buildings for Business Operation	其他 Others
26460041	19351036	1275971	5489337	19798501	21274968
4307297	3487192	274311	739318	3292900	4913974
3049990	2120870	155484	845709	2280312	2434841
577998	147		171095	323981	561192
38344	11229	383			
740378	803588	134471	334768	678461	581359
10085	1295		72668	386474	77390
3583248	4045352	300175	426032	807331	463042
1542307	1304602	13627	136970	408651	280527
2040941	2740750	286548	289062	398680	182515
1715849	2970740	327161	375314	743660	196831
557383	645689	14791	85539	268880	71262
1158466	2325051	312370	289775	474780	125569
44502	22788	2602			
18851	7076	65			
25651	15712	2537			
1587456	2003993	141036	290011	2353445	1500492
721842	1004149	60214	200812	1179281	620660
7916	180898	54918	6133	100993	9984

12-4 房地产开发企业投资完成情况(2017年)

单位：万元

指 标	Item	企业个数（个）Number of Enterprises (unit)
总 计	**Total**	**2379**
按登记注册类型	**Grouped by Type of Registration Status**	
内 资	Domestic-Funded Enterprises	2362
国 有	State-owned Enterprises	56
集 体	Collective-owned Enterprises	5
股份合作	Share Cooperative Enterprises	
国有联营	State Joint Ownership Enterprises	
集体联营	Collective Joint Ownership Enterprises	
国有与集体联营	Joint State-collective Enterprises	
其他联营	Other Joint Ownership Enterprises	
国有独资公司	State-funded Corporations	40
其他有限责任公司	Other Limited Liability Corporations	497
股份有限公司	Share Corporations Ltd.	28
私营独资	Private-funded Enterprises	
私营合伙	Private Partnership Enterprises	
私营有限责任公司	Private Limited Liability Corporations	1697
私营股份有限公司	Private Share-holding Corporations Ltd.	39
其 他	Others	
港澳台投资	Enterprises with Investment from Hong Kong, Macao and Taiwan	12
合资经营	Joint-venture Enterprises	7
合作经营	Cooperative Enterprises	
独 资	Enterprises with Sole Investment	2
股份有限	Share Corporations Ltd.	1
其 他	Others	2
外商投资	Enterprises with Foreign Investment	5
合资经营	Joint-Venture Enterprises	2
合作经营	Cooperative Enterprises	
独 资	Enterprises with Sole Foreign Investment	3
股份有限	Share Corporations Ltd.	
其 他	Others	
按控股情况分	**Grouped by Share Holding**	
国有控股	State Holding Enterprises	199
集体控股	Collective-owned Holding Enterprises	38
私人控股	Private Holding Enterprises	2019
港澳台商控股	Hongkong, Macao and Taiwan Holding Enterprises	5
外商控股	Foreign Holding Enterprises	6
其 他	Others	112

COMPLETED INVESTMENT OF REAL ESTATE DEVELOPMENT ENTERPRISES(2017)

(10 000 yuan)

计划总投资 Total Planned Investment	累计完成投资 Accumulative Investment Completed	本年完成投资 Investment Completed This Year		
			建筑工程 Construction	安装工程 Installation
96129720	**62367128**	**11662833**	**7125042**	**1679887**
94007772	61352986	11505068	7012345	1644558
936318	813301	144094	96350	33690
31838	34229	16368	11168	5200
2648909	1440200	353081	214837	19437
37043637	20977938	4233102	2365146	463610
872249	650675	155099	104921	5641
51753769	36868483	6514035	4160804	1091088
721052	568160	89289	59119	25892
1739986	798644	85431	77017	7133
1247440	517472	67146	65865	
195516	127933	12505	5372	7133
289756	145701	3696	3696	
7274	7538	2084	2084	
381962	215498	72334	35680	28196
381962	215498	72334	35680	28196
20867282	12184461	2065695	1259165	220458
1243035	932733	232112	97696	10617
65129600	44610064	8283659	5251662	1329222
1206272	442953	32518	24104	7133
465153	300084	77573	40919	28196
7218378	3896833	971276	451496	84261

12-4 续表1

单位：万元

指　标	Item	设备工器具购置 Purchase of Equipment and Instruments
总　计	**Total**	**145484**
按登记注册类型	**Grouped by Type of Registration Status**	
内　资	Domestic-Funded Enterprises	144955
国　有	State-owned Enterprises	548
集　体	Collective-owned Enterprises	
股份合作	Share Cooperative Enterprises	
国有联营	State Joint Ownership Enterprises	
集体联营	Collective Joint Ownership Enterprises	
国有与集体联营	Joint State-collective Enterprises	
其他联营	Other Joint Ownership Enterprises	
国有独资公司	State-funded Corporations	
其他有限责任公司	Other Limited Liability Corporations	48531
股份有限公司	Share Corporations Ltd.	240
私营独资	Private-funded Enterprises	
私营合伙	Private Partnership Enterprises	
私营有限责任公司	Private Limited Liability Corporations	95636
私营股份有限公司	Private Share-holding Corporations Ltd.	
其　他	Others	
港澳台投资	Enterprises with Investment from Hong Kong, Macao and Taiwan	
合资经营	Joint-venture Enterprises	
合作经营	Cooperative Enterprises	
独　资	Enterprises with Sole Investment	
股份有限	Share Corporations Ltd.	
其　他	Others	
外商投资	Enterprises with Foreign Investment	529
合资经营	Joint-Venture Enterprises	
合作经营	Cooperative Enterprises	
独　资	Enterprises with Sole Foreign Investment	529
股份有限	Share Corporations Ltd.	
其　他	Others	
按控股情况分	**Grouped by Share Holding**	
国有控股	State Holding Enterprises	20105
集体控股	Collective-owned Holding Enterprises	200
私人控股	Private Holding Enterprises	122809
港澳台商控股	Hongkong, Macao and Taiwan Holding Enterprises	
外商控股	Foreign Holding Enterprises	529
其　他	Others	1841

continued

(10 000 yuan)

其他费用 Other Expenses	#旧建筑物购置费 Purchse of old Building	#土地购置费 Purchase of Land	住宅 Residential Buildings	#90平方米及以下住房 90 sq.m and Below
2712420	**33196**	**1898521**	**8463841**	**2157918**
2703210	33196	1898521	8400324	2127227
13506	125	2655	108317	83362
			15168	2350
118807		112267	251561	55490
1355815	20710	962658	3041851	654474
44297		38781	93027	40862
1166507	12361	781440	4807311	1265096
4278		720	83089	25593
1281			17857	100
1281				
			12077	
			3696	
			2084	100
7929			45660	30591
7929			45660	30591
565967	125	284736	1444472	444266
123599	2204	115245	172912	20495
1579966	12763	1149574	6010497	1475421
1281			15773	
7929			50899	34591
433678	18104	348966	769288	183145

12-4 续表2

单位：万元

指　标	Item	#144平方米以上住房 Above 144 sq.m
总　计	**Total**	**1336513**
按登记注册类型	**Grouped by Type of Registration Status**	
内　资	Domestic-Funded Enterprises	1321141
国　有	State-owned Enterprises	1888
集　体	Collective-owned Enterprises	
股份合作	Share Cooperative Enterprises	
国有联营	State Joint Ownership Enterprises	
集体联营	Collective Joint Ownership Enterprises	
国有与集体联营	Joint State-collective Enterprises	
其他联营	Other Joint Ownership Enterprises	
国有独资公司	State-funded Corporations	18114
其他有限责任公司	Other Limited Liability Corporations	624644
股份有限公司	Share Corporations Ltd.	14042
私营独资	Private-funded Enterprises	
私营合伙	Private Partnership Enterprises	
私营有限责任公司	Private Limited Liability Corporations	637755
私营股份有限公司	Private Share-holding Corporations Ltd.	24698
其　他	Others	
港澳台投资	Enterprises with Investment from Hong Kong, Macao and Taiwan	14001
合资经营	Joint-venture Enterprises	
合作经营	Cooperative Enterprises	
独　资	Enterprises with Sole Investment	10305
股份有限	Share Corporations Ltd.	3696
其　他	Others	
外商投资	Enterprises with Foreign Investment	1371
合资经营	Joint-Venture Enterprises	
合作经营	Cooperative Enterprises	
独　资	Enterprises with Sole Foreign Investment	1371
股份有限	Share Corporations Ltd.	
其　他	Others	
按控股情况分	**Grouped by Share Holding**	
国有控股	State Holding Enterprises	185700
集体控股	Collective-owned Holding Enterprises	49321
私人控股	Private Holding Enterprises	845628
港澳台商控股	Hongkong, Macao and Taiwan Holding Enterprises	14001
外商控股	Foreign Holding Enterprises	1610
其　他	Others	240253

continued

(10 000 yuan)

#别墅、高档公寓 Villas and Highgrade Apartment Buildings	办公楼 Office Buildings	商业营业用房 Buildings for Business Operation	其 他 Others	本年新增固定资产 Newly Increased Fixed Assets This Year
74720	**356003**	**1477912**	**1365077**	**5646881**
71024	287562	1458744	1358438	5465943
	2103	13002	20672	50444
		500	700	5085
	30774	37001	33745	60964
57347	118632	484533	588086	1588299
		17605	44467	108594
12277	136053	901345	669326	3629202
1400		4758	1442	23355
3696	58864	7209	1501	180938
	58864	7001	1281	180938
		208	220	
3696				
	9577	11959	5138	
	9577	11959	5138	
24780	142757	175511	302955	772041
3688	300	19603	39297	106890
30659	183867	1172100	917195	4337423
3696	15036	208	1501	
	9577	11959	5138	30990
11897	4466	98531	98991	399537

12-5 房地产开发企业资金来源情况(2017年)

单位：万元

指 标	Item	上年末结余资金 Remaining Funds at The End of Last Year
总 计	**Total**	**4536418**
按登记注册类型	**Grouped by Type of Registration Status**	
内 资	Domestic-Funded Enterprises	4448434
国 有	State-owned Enterprises	32271
集 体	Collective-owned Enterprises	
股份合作	Share Cooperative Enterprises	
国有联营	State Joint Ownership Enterprises	
集体联营	Collective Joint Ownership Enterprises	
国有与集体联营	Joint State-collective Enterprises	
其他联营	Other Joint Ownership Enterprises	
国有独资公司	State-funded Corporations	95935
其他有限责任公司	Other Limited Liability Corporations	1818059
股份有限公司	Share Corporations Ltd.	18119
私营独资	Private-funded Enterprises	
私营合伙	Private Partnership Enterprises	
私营有限责任公司	Private Limited Liability Corporations	2459793
私营股份有限公司	Private Share-holding Corporations Ltd.	24257
其 他	Others	
港澳台投资	Enterprises with Investment from Hong Kong, Macao and Taiwan	29207
合资经营	Joint-venture Enterprises	25845
合作经营	Cooperative Enterprises	
独 资	Enterprises with Sole Investment	331
股份有限	Share Corporations Ltd.	947
其 他	Others	2084
外商投资	Enterprises with Foreign Investment	58777
合资经营	Joint-Venture Enterprises	
合作经营	Cooperative Enterprises	
独 资	Enterprises with Sole Foreign Investment	58777
股份有限	Share Corporations Ltd.	
其 他	Others	
按控股情况分	**Grouped by Share Holding**	
国有控股	State Holding Enterprises	831169
集体控股	Collective-owned Holding Enterprises	141306
私人控股	Private Holding Enterprises	3249987
港澳台商控股	Hongkong, Macao and Taiwan Holding Enterprises	1671
外商控股	Foreign Holding Enterprises	62458
其 他	Others	249827

SOURCE OF FUNDS FOR REAL ESTATE DEVELOPMENT ENTERPRISES(2017)

(10 000 yuan)

本年实际到位资金 Actual Funds in Place This Year	国内贷款 Domestic Loans	自筹资金 Self-raised Funds	其他资金来源 Others	#定金及预付款 Deposit and Advanced Payment	#个人按揭贷款 Individual Mortgage
16775424	**1503791**	**6522273**	**8749360**	**5106144**	**3009920**
16491666	1503791	6422181	8565694	5017506	2914892
89783	4923	46528	38332	25128	
16368		14018	2350		
584729	52135	99317	433277	174050	199634
6929013	962479	2332074	3634460	2006862	1204706
320735	2570	49588	268577	158362	110215
8360858	430879	3792667	4137312	2619892	1389352
190180	50805	87989	51386	33212	10985
211575		64139	147436	66538	80898
154466		7030	147436	66538	80898
15264		15264			
39761		39761			
2084		2084			
72183		35953	36230	22100	14130
72183		35953	36230	22100	14130
3578954	345738	1067046	2166170	1127799	590561
240216		107774	132442	87293	40804
10676714	612353	4878947	5185414	3182534	1831213
55025		55025			
83411		47181	36230	22100	14130
2141104	545700	366300	1229104	686418	533212

12-6 房地产开发企业土地购置、开发和待售情况(2017年)

单位：平方米

指 标	Item	待开发土地面积 Land Area Pending Development
总 计	**Total**	**4680378**
按登记注册类型	**Grouped by Type of Registration Status**	
内 资	Domestic-Funded Enterprises	4606100
国 有	State-owned Enterprises	
集 体	Collective-owned Enterprises	
股份合作	Share Cooperative Enterprises	
国有联营	State Joint Ownership Enterprises	
集体联营	Collective Joint Ownership Enterprises	
国有与集体联营	Joint State-collective Enterprises	
其他联营	Other Joint Ownership Enterprises	
国有独资公司	State-funded Corporations	135351
其他有限责任公司	Other Limited Liability Corporations	1231171
股份有限公司	Share Corporations Ltd.	
私营独资	Private-funded Enterprises	
私营合伙	Private Partnership Enterprises	
私营有限责任公司	Private Limited Liability Corporations	3225635
私营股份有限公司	Private Share-holding Corporations Ltd.	13943
其 他	Others	
港澳台投资	Enterprises with Investment from Hong Kong, Macao and Taiwan	74278
合资经营	Joint-venture Enterprises	74278
合作经营	Cooperative Enterprises	
独 资	Enterprises with Sole Investment	
股份有限	Share Corporations Ltd.	
其 他	Others	
外商投资	Enterprises with Foreign Investment	
合资经营	Joint-Venture Enterprises	
合作经营	Cooperative Enterprises	
独 资	Enterprises with Sole Foreign Investment	
股份有限	Share Corporations Ltd.	
其 他	Others	
按控股情况分	**Grouped by Share Holding**	
国有控股	State Holding Enterprises	480993
集体控股	Collective-owned Holding Enterprises	31574
私人控股	Private Holding Enterprises	3983116
港澳台商控股	Hongkong, Macao and Taiwan Holding Enterprises	
外商控股	Foreign Holding Enterprises	
其 他	Others	184695

LAND PURCHASING, DEVELOPING AND FOR SALE OF REAL ESTATE DEVELOPMENT ENTERPRISES(2017)

(sq.m)

本年购置土地面积 Land Area Purchased This Year	本年土地成交价款(万元) Deal Value of Land This Year (10 000 yuan)	待售面积 Land Area for Sale	#待售面积(一年至三年) Land Area for Sale in 1-3 Years	#待售面积(三年以上) Land Area for Sale More Than Three Years
2693876	**955496**	**12257255**	**5561011**	**429269**
2693876	955496	12182084	5485840	429269
		87319	12715	
124669	16623	37856	29633	
1362983	611718	3589002	1953634	300097
		43188	6915	
1202919	326894	8169107	3472233	129172
3305	261	255612	10710	
		75171	75171	
		75171	75171	
595720	258387	550468	398451	
176630	69582	51297	16176	
1808843	572167	10738405	4733719	205393
		14661		
112683	55360	902424	412665	223876

12-7 房地产开发企业施工和销售情况(2017年)

单位：平方米

指 标	Item	房屋施工面积 Floor Space of Buildings under Construction	住 宅 Residential Buildings
总 计	**Total**	**164733982**	**118171176**
按登记注册类型	**Grouped by Type of Registration Status**		
内 资	Domestic-Funded Enterprises	161823683	117274804
国 有	State-owned Enterprises	2867535	2403145
集 体	Collective-owned Enterprises	181726	172698
股份合作	Share Cooperative Enterprises		
国有联营	State Joint Ownership Enterprises		
集体联营	Collective Joint Ownership Enterprises		
国有与集体联营	Joint State-collective Enterprises		
其他联营	Other Joint Ownership Enterprises		
国有独资公司	State-funded Corporations	4959193	3598812
其他有限责任公司	Other Limited Liability Corporations	52997618	39002637
股份有限公司	Share Corporations Ltd.	2289452	1817832
私营独资	Private-funded Enterprises		
私营合伙	Private Partnership Enterprises		
私营有限责任公司	Private Limited Liability Corporations	97093899	69157298
私营股份有限公司	Private Share-holding Corporations Ltd.	1434260	1122382
其 他	Others		
港澳台投资	Enterprises with Investment from Hong Kong, Macao and Taiwan	2442002	811515
合资经营	Joint-venture Enterprises	1998375	445027
合作经营	Cooperative Enterprises		
独 资	Enterprises with Sole Investment	297507	222560
股份有限	Share Corporations Ltd.	120000	120000
其 他	Others	26120	23928
外商投资	Enterprises with Foreign Investment	468297	84857
合资经营	Joint-Venture Enterprises		
合作经营	Cooperative Enterprises		
独 资	Enterprises with Sole Foreign Investment	468297	84857
股份有限	Share Corporations Ltd.		
其 他	Others		
按控股情况分	**Grouped by Share Holding**		
国有控股	State Holding Enterprises	29610965	21426089
集体控股	Collective-owned Holding Enterprises	2102491	1699563
私人控股	Private Holding Enterprises	119796315	85518710
港澳台商控股	Hongkong, Macao and Taiwan Holding Enterprises	1519507	689260
外商控股	Foreign Holding Enterprises	535132	140721
其 他	Others	11169572	8696833

CONSTRUCTION AND SALES OF REAL ESTATE DEVELOPMENT ENTERPRISES(2017)

(sq.m)

#90平方米及以下住房 90 sq.m and Below	#144平方米以上住房 Above 144 sq.m	#别墅、高档公寓 Villas and High-grade Apartment Buildings	办公楼 Office Buildings	商业营业用房 Buildings for Business Operation	其 他 Others
26460041	**19351036**	**1275971**	**5489337**	**19798501**	**21274968**
26331041	18663183	1155971	4309107	19409492	20830280
1712640	33348		18520	81474	364396
103000				1039	7989
879298	67773		125907	444890	789584
7262207	7151129	603882	1551960	5222137	7220884
555597	493863			274250	197370
15468761	10583218	528009	2597273	13144400	12194928
349538	333852	24080	15447	241302	55129
122255	652391	120000	1076906	179016	374565
98327	346700		1076906	154455	321987
	185691			22807	52140
	120000	120000			
23928				1754	438
6745	35462		103324	209993	70123
6745	35462		103324	209993	70123
5880817	3202762	350736	1563398	2528005	4093473
433696	202725	34956	4291	120278	278359
18019206	13512886	667189	3301135	15810049	15166421
	652391	120000	389700	73407	367140
9125	64399		103324	217660	73427
2117197	1715873	103090	127489	1049102	1296148

12-7 续表1

单位：平方米

指　标	Item	本年新开工面积 Floor Space of Builings Newly Started Construction	住　宅 Residential Buildings
总　计	**Total**	**33058426**	**24112234**
按登记注册类型	**Grouped by Type of Registration Status**		
内　资	Domestic-Funded Enterprises	32921829	23983095
国　有	State-owned Enterprises	306319	238985
集　体	Collective-owned Enterprises	63726	54698
股份合作	Share Cooperative Enterprises		
国有联营	State Joint Ownership Enterprises		
集体联营	Collective Joint Ownership Enterprises		
国有与集体联营	Joint State-collective Enterprises		
其他联营	Other Joint Ownership Enterprises		
国有独资公司	State-funded Corporations	1770144	1236003
其他有限责任公司	Other Limited Liability Corporations	12396250	9005342
股份有限公司	Share Corporations Ltd.	580306	513294
私营独资	Private-funded Enterprises		
私营合伙	Private Partnership Enterprises		
私营有限责任公司	Private Limited Liability Corporations	17686511	12831478
私营股份有限公司	Private Share-holding Corporations Ltd.	118573	103295
其　他	Others		
港澳台投资	Enterprises with Investment from Hong Kong, Macao and Taiwan	136597	129139
合资经营	Joint-venture Enterprises	7458	
合作经营	Cooperative Enterprises		
独　资	Enterprises with Sole Investment		
股份有限	Share Corporations Ltd.	120000	120000
其　他	Others	9139	9139
外商投资	Enterprises with Foreign Investment		
合资经营	Joint-Venture Enterprises		
合作经营	Cooperative Enterprises		
独　资	Enterprises with Sole Foreign Investment		
股份有限	Share Corporations Ltd.		
其　他	Others		
按控股情况分	**Grouped by Share Holding**		
国有控股	State Holding Enterprises	5296950	3810734
集体控股	Collective-owned Holding Enterprises	828646	600764
私人控股	Private Holding Enterprises	23329140	16856041
港澳台商控股	Hongkong, Macao and Taiwan Holding Enterprises	120000	120000
外商控股	Foreign Holding Enterprises		
其　他	Others	3483690	2724695

continued

(sq.m)

#90平方米及以下住房 90 sq.m and Below	#144平方米以上住房 Above 144 sq.m	#别墅、高档公寓 Villas and High-grade Apartment Buildings	办公楼 Office Buildings	商业营业用房 Buildings for Business Operation	其　他 Others
4307297	**3487192**	**274311**	**739318**	**3292900**	**4913974**
4298158	3367192	154311	739318	3285442	4913974
212915	4022		5312	13609	48413
				1039	7989
311267	28234		33289	123219	377633
1176120	1536116	114154	198163	1064027	2128718
196499	74620			42247	24765
2377858	1673676	36057	502554	2030923	2321556
23499	50524	4100		10378	4900
9139	120000	120000		7458	
				7458	
	120000	120000			
9139					
734476	351358	450	69759	416048	1000409
74139	150716	34956		70241	157641
2690907	2279323	118905	643729	2515457	3313913
	120000	120000			
807775	585795		25830	291154	442011

12-7 续表2

单位：平方米

指　标	Item	房屋竣工面　积 Floor Space of Buildings Completed	住　宅 Residential Buildings
总　计	**Total**	**19699186**	**14138324**
按登记注册类型	**Grouped by Type of Registration Status**		
内　资	Domestic-Funded Enterprises	19320430	14138324
国　有	State-owned Enterprises	240673	224733
集　体	Collective-owned Enterprises	63726	54698
股份合作	Share Cooperative Enterprises		
国有联营	State Joint Ownership Enterprises		
集体联营	Collective Joint Ownership Enterprises		
国有与集体联营	Joint State-collective Enterprises		
其他联营	Other Joint Ownership Enterprises		
国有独资公司	State-funded Corporations	253814	203131
其他有限责任公司	Other Limited Liability Corporations	5022598	4028183
股份有限公司	Share Corporations Ltd.	404791	338015
私营独资	Private-funded Enterprises		
私营合伙	Private Partnership Enterprises		
私营有限责任公司	Private Limited Liability Corporations	13198583	9172875
私营股份有限公司	Private Share-holding Corporations Ltd.	136245	116689
其　他	Others		
港澳台投资	Enterprises with Investment from Hong Kong, Macao and Taiwan	378756	
合资经营	Joint-venture Enterprises	378756	
合作经营	Cooperative Enterprises		
独　资	Enterprises with Sole Investment		
股份有限	Share Corporations Ltd.		
其　他	Others		
外商投资	Enterprises with Foreign Investment		
合资经营	Joint-Venture Enterprises		
合作经营	Cooperative Enterprises		
独　资	Enterprises with Sole Foreign Investment		
股份有限	Share Corporations Ltd.		
其　他	Others		
按控股情况分	**Grouped by Share Holding**		
国有控股	State Holding Enterprises	1762126	1225336
集体控股	Collective-owned Holding Enterprises	387746	355142
私人控股	Private Holding Enterprises	16151099	11419526
港澳台商控股	Hongkong, Macao and Taiwan Holding Enterprises		
外商控股	Foreign Holding Enterprises	66835	55864
其　他	Others	1331380	1082456

continued

(sq.m)

#90平方米及以下住房 90 sq.m and Below	#144平方米以上住房 Above 144 sq.m	#别墅、高档公寓 Villas and High-grade Apartment Buildings	办公楼 Office Buildings	商业营业用房 Buildings for Business Operation	其　他 Others
3049990	**2120870**	**155484**	**845709**	**2280312**	**2434841**
3049990	2120870	155484	466953	2280312	2434841
138110				7246	8694
				1039	7989
152975	13526			21567	29116
463499	481640	6411	200	472577	521638
220805				36743	30033
2041187	1601367	149073	466753	1733627	1825328
33414	24337			7513	12043
			378756		
			378756		
484917	48661		378756	46194	111840
28388	10198			16312	16292
2271120	1905461	149073	466953	2034276	2230344
2380	28937			7667	3304
263185	127613	6411		175863	73061

12-7 续表3

单位：万元

指　标	Item	房屋竣工价　值 Value of Buildings Completed	住　宅 Residential Buildings
总　计	**Total**	**5294611**	**3700023**
按登记注册类型	**Grouped by Type of Registration Status**		
内　资	Domestic-Funded Enterprises	5113673	3700023
国　有	State-owned Enterprises	50444	47895
集　体	Collective-owned Enterprises	5085	3885
股份合作	Share Cooperative Enterprises		
国有联营	State Joint Ownership Enterprises		
集体联营	Collective Joint Ownership Enterprises		
国有与集体联营	Joint State-collective Enterprises		
其他联营	Other Joint Ownership Enterprises		
国有独资公司	State-funded Corporations	56364	46207
其他有限责任公司	Other Limited Liability Corporations	1440641	1160651
股份有限公司	Share Corporations Ltd.	108594	88229
私营独资	Private-funded Enterprises		
私营合伙	Private Partnership Enterprises		
私营有限责任公司	Private Limited Liability Corporations	3429220	2333408
私营股份有限公司	Private Share-holding Corporations Ltd.	23325	19748
其　他	Others		
港澳台投资	Enterprises with Investment from Hong Kong, Macao and Taiwan	180938	
合资经营	Joint-venture Enterprises	180938	
合作经营	Cooperative Enterprises		
独　资	Enterprises with Sole Investment		
股份有限	Share Corporations Ltd.		
其　他	Others		
外商投资	Enterprises with Foreign Investment		
合资经营	Joint-Venture Enterprises		
合作经营	Cooperative Enterprises		
独　资	Enterprises with Sole Foreign Investment		
股份有限	Share Corporations Ltd.		
其　他	Others		
按控股情况分	**Grouped by Share Holding**		
国有控股	State Holding Enterprises	671552	436957
集体控股	Collective-owned Holding Enterprises	103530	97753
私人控股	Private Holding Enterprises	4115807	2826108
港澳台商控股	Hongkong, Macao and Taiwan Holding Enterprises		
外商控股	Foreign Holding Enterprises	20718	17318
其　他	Others	383004	321887

continued

(10 000 yuan)

#90平方米及以下住房 90 sq.m and Below	#144平方米以上住房 Above 144 sq.m	#别墅、高档公寓 Villas and High-grade Apartment Buildings	办公楼 Office Buildings	商业营业用房 Buildings for Business Operation	其 他 Others
740378	**803588**	**134471**	**334768**	**678461**	**581359**
740378	803588	134471	153830	678461	581359
30013				1713	836
				500	700
32634	3854			5099	5058
160192	225853	1475	40	156053	123897
55775				12600	7765
455397	569784	132996	153790	500827	441195
6367	4097			1669	1908
			180938		
			180938		
161140	18473		180938	12400	41257
16798	8711			4318	1459
499370	631411	132996	153830	615704	520165
738	8970			2376	1024
62332	136023	1475		43663	17454

12-7 续表4

单位：平方米

指　标	Item	商品房销售面积 Floor Space of Commercial Buildings Sold	住　宅 Residential Buildings
总　计	**Total**	**24159189**	**22462784**
按登记注册类型	**Grouped by Type of Registration Status**		
内　资	Domestic-Funded Enterprises	23876163	22323138
国　有	State-owned Enterprises	175148	159811
集　体	Collective-owned Enterprises		
股份合作	Share Cooperative Enterprises		
国有联营	State Joint Ownership Enterprises		
集体联营	Collective Joint Ownership Enterprises		
国有与集体联营	Joint State-collective Enterprises		
其他联营	Other Joint Ownership Enterprises		
国有独资公司	State-funded Corporations	761890	744389
其他有限责任公司	Other Limited Liability Corporations	8039316	7467610
股份有限公司	Share Corporations Ltd.	460897	446994
私营独资	Private-funded Enterprises		
私营合伙	Private Partnership Enterprises		
私营有限责任公司	Private Limited Liability Corporations	14228301	13302704
私营股份有限公司	Private Share-holding Corporations Ltd.	210611	201630
其　他	Others		
港澳台投资	Enterprises with Investment from Hong Kong, Macao and Taiwan	210716	71829
合资经营	Joint-venture Enterprises	138887	
合作经营	Cooperative Enterprises		
独　资	Enterprises with Sole Investment	27341	27341
股份有限	Share Corporations Ltd.	38998	38998
其　他	Others	5490	5490
外商投资	Enterprises with Foreign Investment	72310	67817
合资经营	Joint-Venture Enterprises		
合作经营	Cooperative Enterprises		
独　资	Enterprises with Sole Foreign Investment	72310	67817
股份有限	Share Corporations Ltd.		
其　他	Others		
按控股情况分	**Grouped by Share Holding**		
国有控股	State Holding Enterprises	3358246	2947909
集体控股	Collective-owned Holding Enterprises	368081	347473
私人控股	Private Holding Enterprises	18314019	17120779
港澳台商控股	Hongkong, Macao and Taiwan Holding Enterprises	66339	66339
外商控股	Foreign Holding Enterprises	105439	100946
其　他	Others	1947065	1879338

continued

(sq.m)

#90平方米及以下住房 90 sq.m and Below	#144平方米以上住房 Above 144 sq.m	#别墅、高档公寓 Villas and High-grade Apartment Buildings	办公楼 Office Buildings	商业营业用房 Buildings for Business Operation	其 他 Others
3583248	**4045352**	**300175**	**426032**	**807331**	**463042**
3527643	3969779	261177	287145	803400	462480
65834	7910			10087	5250
81962	162096			14983	2518
938363	1482409	195335	157863	284243	129600
31612	320689			10840	3063
2362695	1954635	65842	129282	476116	320199
47177	42040			7131	1850
5490	57871	38998	138887		
			138887		
	18873				
	38998	38998			
5490					
50115	17702			3931	562
50115	17702			3931	562
275762	779735	150038	232857	109597	67883
31118	102050			9381	11227
3035795	2550550	74114	182181	640251	370808
	57871	38998			
50115	44642			3931	562
190458	510504	37025	10994	44171	12562

12-7 续表5

单位：万元

指　标	Item	商品房销售额 Sales of Commercial Buildings	住　宅 Residential Buildings
总　计	**Total**	**13574775**	**12258970**
按登记注册类型	**Grouped by Type of Registration Status**		
内　资	Domestic-Funded Enterprises	13296859	12122677
国　有	State-owned Enterprises	61283	53795
集　体	Collective-owned Enterprises		
股份合作	Share Cooperative Enterprises		
国有联营	State Joint Ownership Enterprises		
集体联营	Collective Joint Ownership Enterprises		
国有与集体联营	Joint State-collective Enterprises		
其他联营	Other Joint Ownership Enterprises		
国有独资公司	State-funded Corporations	511343	489560
其他有限责任公司	Other Limited Liability Corporations	5272522	4796643
股份有限公司	Share Corporations Ltd.	277408	260176
私营独资	Private-funded Enterprises		
私营合伙	Private Partnership Enterprises		
私营有限责任公司	Private Limited Liability Corporations	7071344	6425695
私营股份有限公司	Private Share-holding Corporations Ltd.	102959	96808
其　他	Others		
港澳台投资	Enterprises with Investment from Hong Kong, Macao and Taiwan	218410	79932
合资经营	Joint-venture Enterprises	138478	
合作经营	Cooperative Enterprises		
独　资	Enterprises with Sole Investment	31083	31083
股份有限	Share Corporations Ltd.	47422	47422
其　他	Others	1427	1427
外商投资	Enterprises with Foreign Investment	59506	56361
合资经营	Joint-Venture Enterprises		
合作经营	Cooperative Enterprises		
独　资	Enterprises with Sole Foreign Investment	59506	56361
股份有限	Share Corporations Ltd.		
其　他	Others		
按控股情况分	**Grouped by Share Holding**		
国有控股	State Holding Enterprises	2384326	2001470
集体控股	Collective-owned Holding Enterprises	232335	209145
私人控股	Private Holding Enterprises	9338767	8498889
港澳台商控股	Hongkong, Macao and Taiwan Holding Enterprises	78505	78505
外商控股	Foreign Holding Enterprises	73173	70028
其　他	Others	1467669	1400933

continued

(10 000 yuan)

#90平方米及以下住房 90 sq.m and Below	#144平方米以上住房 Above 144 sq.m	#别墅、高档公寓 Villas and High-grade Apartment Buildings	办公楼 Office Buildings	商业营业用房 Buildings for Business Operation	其　他 Others
1715849	**2970740**	**327161**	**375314**	**743660**	**196831**
1679341	2879592	279739	236836	740908	196438
21319	2810			6508	980
73179	118878			18754	3029
438106	1161640	208093	133605	306036	36238
11636	200212			14380	2852
1113255	1377655	71646	103231	389449	152969
21846	18397			5781	370
1427	69868	47422	138478		
			138478		
	22446				
	47422	47422			
1427					
35081	21280			2752	393
35081	21280			2752	393
179682	520843	158166	230587	135318	16951
19374	71586			18487	4703
1362556	1803144	78678	131788	539450	168640
	69868	47422			
35081	32693			2752	393
119156	472606	42895	12939	47653	6144

12-8 房地产开发企业财务状况(2017年)

单位：万元

指 标	Item	固定资产原价 Original Value of Fixed Assets
总 计	**Total**	**1984804**
按登记注册类型	**Grouped by Type of Registration Status**	
内 资	Domestic-Funded Enterprises	1914472
国 有	State-owned Enterprises	26089
集 体	Collective-owned Enterprises	3612
股份合作	Share Cooperative Enterprises	
国有联营	State Joint Ownership Enterprises	
集体联营	Collective Joint Ownership Enterprises	
国有与集体联营	Joint State-collective Enterprises	
其他联营	Other Joint Ownership Enterprises	
国有独资公司	State-funded Corporations	403000
其他有限责任公司	Other Limited Liability Corporations	392811
股份有限公司	Share Corporations Ltd.	31707
私营独资	Private-funded Enterprises	
私营合伙	Private Partnership Enterprises	
私营有限责任公司	Private Limited Liability Corporations	1036087
私营股份有限公司	Private Share-holding Corporations Ltd.	21165
其 他	Others	
港澳台投资	Enterprises with Investment from Hong Kong, Macao and Taiwan	7440
合资经营	Joint-venture Enterprises	6725
合作经营	Cooperative Enterprises	
独 资	Enterprises with Sole Investment	49
股份有限	Share Corporations Ltd.	149
其 他	Others	518
外商投资	Enterprises with Foreign Investment	62891
合资经营	Joint-Venture Enterprises	1195
合作经营	Cooperative Enterprises	
独 资	Enterprises with Sole Foreign Investment	61696
股份有限	Share Corporations Ltd.	
其 他	Others	
按控股情况分	**Grouped by Share Holding**	
国有控股	State Holding Enterprises	591305
集体控股	Collective-owned Holding Enterprises	32650
私人控股	Private Holding Enterprises	1222367
港澳台商控股	Hongkong, Macao and Taiwan Holding Enterprises	1009
外商控股	Foreign Holding Enterprises	87500
其 他	Others	49975

FINANCIAL CONDITION OF REAL ESTATE DEVELOPMENT ENTERPRISES(2017)

(10 000 yuan)

累计折旧 Accumulative Depreciation	#本年折旧 Depreciation of This Year	资产总计 Total Assets	负债合计 Total Liabilities	所有者权益合计 Total Creditors' Equity	#实收资金 Paid-in Capital
485323	**80602**	**103586567**	**91068181**	**12518386**	**9181550**
471805	74176	102127301	89962162	12165139	8874974
8381	707	1284420	1161434	122987	43229
340	34	36718	34067	2651	2815
5088	382	11988950	8544664	3444286	1016349
98487	14748	36376903	31547186	4829717	3310280
9558	1632	1326728	1253310	73418	69704
343529	55839	50089778	46408470	3681309	4380971
6423	835	1023804	1013031	10772	51625
4946	252	729362	421218	308143	253800
4332	239	369559	179297	190262	138500
14	9	275252	184776	90477	96687
103	4	63968	39105	24862	13613
497		20583	18041	2543	5000
8572	6174	729904	684800	45104	52776
1125	1	87750	99059	-11309	2666
7447	6173	642154	585742	56413	50110
40659	5847	27266206	21893702	5372503	2360072
7290	1219	1399644	1285201	114442	52019
407818	63609	65720109	59769064	5951045	5705836
791	57	513823	290900	222922	210300
12323	7411	962459	922122	40338	62842
16442	2460	7724327	6907191	817136	790480

12-8 续表1

单位：万元

指　标	Item	营业收入 Business Revenue
总　计	**Total**	**9201321**
按登记注册类型	**Grouped by Type of Registration Status**	
内　资	Domestic-Funded Enterprises	8882392
国　有	State-owned Enterprises	39033
集　体	Collective-owned Enterprises	1940
股份合作	Share Cooperative Enterprises	
国有联营	State Joint Ownership Enterprises	
集体联营	Collective Joint Ownership Enterprises	
国有与集体联营	Joint State-collective Enterprises	
其他联营	Other Joint Ownership Enterprises	
国有独资公司	State-funded Corporations	836404
其他有限责任公司	Other Limited Liability Corporations	3794719
股份有限公司	Share Corporations Ltd.	184998
私营独资	Private-funded Enterprises	
私营合伙	Private Partnership Enterprises	
私营有限责任公司	Private Limited Liability Corporations	3974483
私营股份有限公司	Private Share-holding Corporations Ltd.	50816
其　他	Others	
港澳台投资	Enterprises with Investment from Hong Kong, Macao and Taiwan	301721
合资经营	Joint-venture Enterprises	272755
合作经营	Cooperative Enterprises	
独　资	Enterprises with Sole Investment	14902
股份有限	Share Corporations Ltd.	14064
其　他	Others	
外商投资	Enterprises with Foreign Investment	17208
合资经营	Joint-Venture Enterprises	217
合作经营	Cooperative Enterprises	
独　资	Enterprises with Sole Foreign Investment	16990
股份有限	Share Corporations Ltd.	
其　他	Others	
按控股情况分	**Grouped by Share Holding**	
国有控股	State Holding Enterprises	2369680
集体控股	Collective-owned Holding Enterprises	146569
私人控股	Private Holding Enterprises	5947311
港澳台商控股	Hongkong, Macao and Taiwan Holding Enterprises	28966
外商控股	Foreign Holding Enterprises	17197
其　他	Others	691597

continued

(10 000 yuan)

#主营业务收入 Revenue of Major Business	土地转让收入 Land Transferred Revenue	商品房屋销售收入 Sales Revenue of Commercial Buildings	自持物业收入 Revenue from Self-owned Real Estate		其他收入 Other Revenue
				房屋出租收入 Revenue from Buildings Leasing	
8255094	**67747**	**7852942**	**86215**	**78884**	**248191**
7938937	67747	7546028	79602	75513	245561
38867	171	32850	1812	1812	4035
1940		1831			109
225702		210993	1851	1851	12858
3493434	34257	3324739	24381	23661	110057
184183		183932	195	191	55
3944221	33318	3742337	50326	47390	118240
50591		49346	1038	609	207
298950		292492	4762	1520	1695
269984		263526	4762	1520	1695
14902		14902			
14064		14064			
17208		14422	1851	1851	935
217		217			
16990		14205	1851	1851	935
1472884	171	1396859	15314	15308	60540
145503		144812	424	424	268
5902344	67576	5588531	66310	59696	179928
28966		28966			
17197		14412	1851	1851	935
688200		679363	2317	1605	6520

12-8 续表2

单位：万元

指 标	Item	营业成本 Business Costs
总 计	**Total**	**7277407**
按登记注册类型	**Grouped by Type of Registration Status**	
内 资	Domestic-Funded Enterprises	7050746
国 有	State-owned Enterprises	26530
集 体	Collective-owned Enterprises	1233
股份合作	Share Cooperative Enterprises	
国有联营	State Joint Ownership Enterprises	
集体联营	Collective Joint Ownership Enterprises	
国有与集体联营	Joint State-collective Enterprises	
其他联营	Other Joint Ownership Enterprises	
国有独资公司	State-funded Corporations	654153
其他有限责任公司	Other Limited Liability Corporations	3035531
股份有限公司	Share Corporations Ltd.	135418
私营独资	Private-funded Enterprises	
私营合伙	Private Partnership Enterprises	
私营有限责任公司	Private Limited Liability Corporations	3151199
私营股份有限公司	Private Share-holding Corporations Ltd.	46682
其 他	Others	
港澳台投资	Enterprises with Investment from Hong Kong, Macao and Taiwan	213003
合资经营	Joint-venture Enterprises	188824
合作经营	Cooperative Enterprises	
独 资	Enterprises with Sole Investment	11224
股份有限	Share Corporations Ltd.	12955
其 他	Others	
外商投资	Enterprises with Foreign Investment	13659
合资经营	Joint-Venture Enterprises	130
合作经营	Cooperative Enterprises	
独 资	Enterprises with Sole Foreign Investment	13529
股份有限	Share Corporations Ltd.	
其 他	Others	
按控股情况分	**Grouped by Share Holding**	
国有控股	State Holding Enterprises	1853842
集体控股	Collective-owned Holding Enterprises	121415
私人控股	Private Holding Enterprises	4679430
港澳台商控股	Hongkong, Macao and Taiwan Holding Enterprises	24179
外商控股	Foreign Holding Enterprises	13768
其 他	Others	584774

continued

(10 000 yuan)

#主营业务成　本 Costs of Major Business	税金及附加 Tax and Extra Charges	#主营业务税金及附加 Tax and Extra Charges of Major Business	营业利润 Business Profits	利润总额 Total Profits	所得税费用 Income Taxes Expenses	从业人员期末人数(人) Employees at The End of Period (person)
6339642	**456567**	**383696**	**371581**	**343194**	**224573**	**55795**
6115154	438634	376281	319838	291261	208381	55068
26144	2543	2440	-6267	-4741	163	1912
662	54	54	175	302		342
189025	16068	3979	11431	33291	16254	1488
2659905	189093	155774	310943	313705	103451	14625
134962	5076	5076	21844	20813	93	587
3058355	223386	206543	-6802	-60654	88259	35375
46101	2415	2415	-11485	-11456	161	739
210830	17639	7211	63549	63768	16001	462
186651	15808	5392	63373	63596	16001	317
11224	1108	1096	1348	1348		47
12955	693	693	-872	-876		31
	31	31	-300	-300		67
13659	294	204	-11807	-11835	191	265
130	1	1	-214	-214		84
13529	293	203	-11593	-11621	191	181
1099525	101306	55220	144536	172859	63212	7250
110928	6928	3950	5404	4843	751	1138
4514479	315338	293257	223592	164758	152753	43423
24179	1801	1789	308	536		121
13768	832	228	-12462	-12934	191	358
576765	30363	29253	10203	13132	7666	3505

主要统计指标解释

房地产开发投资 指各种登记注册类型的房地产开发法人单位统一开发的住宅、厂房、仓库、饭店、宾馆、度假村、写字楼、办公楼等房屋建筑物，配套的服务设施，土地开发工程（如道路、给水、排水、供电、供热、通讯、平整场地等基础设施工程）和土地购置的投资；不包括单纯的土地开发和交易活动。

本年实际到位资金 指房地产开发企业实际拨入的，用于房地产开发的各种货币资金。包括国内贷款、利用外资、自筹资金、定金及预付款、个人按揭贷款和其他资金。

本年土地购置面积 指本年内通过各种方式获得土地使用权的土地面积。

本年土地成交价款 指进行土地使用权交易活动的最终金额。在土地一级市场，是指土地最后的划拨款、“招拍挂”价格和出让价；在土地二级市场是指土地转让、出租、抵押等最后确定的合同价格。土地成交价款与土地购置面积同口径，可以计算土地的平均购置价格。

房屋新开工面积 指报告期内新开工建设的房屋建筑面积，以单位工程为核算对象，即整栋房屋的全部建筑面积，不能分割计算。不包括在上期开工跨入报告期继续施工的房屋建筑面积和上期停缓建而在本期恢复施工的房屋建筑面积。房屋的开工应以房屋正式开始破土刨槽（地基处理或打永久桩）的日期为准。

房屋竣工面积 指报告期内房屋建筑按照设计要求已全部完工，达到住人和使用条件，经验收鉴定合格或达到竣工验收标准，可正式移交使用的各栋房屋建筑面积的总和。

房屋竣工价值 指报告期内按规定已经上报竣工的房屋本身的建造价值。一般按房屋设计和预算规定的内容计算。包括竣工房屋本身的基础、结构、屋面、装修以及水、电、卫等附属工程的建筑价值；也包括作为房屋建筑组成部分而列入房屋建筑工程预算内的设备（如电梯、通风设备等）的购置和安装费用。不包括厂房内的工艺设备、工艺管线的购置和安装，工艺设备基础的建造；室外的水、暖、电、卫、道路工程、挡土墙等环境工程的费用；办公和生活用家具的购置等费用；购置土地的费用；迁移补偿费和场地平整的费用及城市建设配套投资。

房屋竣工价值不仅包括该竣工房屋在报告期内完成的价值，也包括跨年施工的房屋在本期以前完成的价值。未竣工而转让给其他单位的房屋建筑工程，出让单位不计算竣工价值，待接受单位继续施工并符合竣工条件后，由接受单位计算其竣工价值，包括出让单位在出让前所完成的价值。房屋竣工价值一般按结算价格（或中标价）计算。

商品房销售面积 指报告期内出售商品房屋的合同总面积（即双方签署的正式买卖合同中所确定的建筑面积）。商品房销售面积由现房销售面积和期房销售面积两部分组成。

商品房销售额 指报告期内出售商品房屋的合同总价款（即双方签署的正式买卖合同中所确定的合同总价）。该指标与商品房销售面积同口径，由现房销售额和期房销售额两部分组成。

待售面积 指报告期末已竣工的可供销售或出租的商品房屋建筑面积中，尚未销售或出租的商品房屋建筑面积，包括以前年度竣工和本期竣工的房屋面积，但不包括报告期已竣工的拆迁还建、统建代建、公共配套建筑、房地产公司自用及周转房等不可销售或出租的房屋面积。按照商品房待售时间的长短可以划分为待售一年以下、待售一到三年（含一年）和待售三年以上（含三年）。

Explanatory Notes on Main Statistical Indicators

Investment in Real Estate Development refers to investment by real estate development corporation units of various types of ownership in the construction of buildings, such as residential buildings, factory buildings, warehouses, hotels, guesthouses, holiday villages, office buildings, complementary service facilities, land development projects and land purchase, such as roads, water supply, water drainage, power supply, heating supply, telecommunications, land leveling and other infrastructural projects. It does not include activities in pure land transactions.

Actual Funds in Place This Year refers to all kinds of monetary funds real estate enterprises actually invested for real estate development, including domestic loans, foreign investment, self-raising fund, down payment and advance payment, personal mortgage loans and other funds.

Land Area Purchased This Year refers to the land area which has been got the land use right by all means.

Value of Land Transaction This Year refers to the final value of land use right in the land transaction. It refers to the final appropriations of land, remising price and transfer price in primary land market, while it refers to the contract price of land transfer, lease and mortgage in the secondary land market. Value of land transaction has the same coverage with land area purchased, which can be used to calculate the average price of land purchased.

Floor Space of Buildings Newly Started This Year refers to the total floor space area of the buildings started in the year by re al estate development companies. It excludes the buildings started in previous years and continued in the year, and the buildings susp ended in previous years but restarted in the year. The start of a construction is defined by the date of ground breaking or pile driving.

Floor Space of Buildings Completed refers to the floor space of all buildings completed in the reference period, which has been appraised, accepted or reached the designed standards and transferred to owner units.

Value of Buildings Completed refers to construction value of completed buildings which has been reported in the reference period. It is usually calculated by the contents of building design and budget, including the construction value of completed buildings' backbone, structure, roof, decoration and appurtenant works such as water, electricity and sanitation. The purchasing and installation charges of budgetary facilities, such as elevators and ventilating devices, as a part of the composition of buildings, are also included in the value of completed buildings. The costs of purchasing and installation of plant processing equipments and pipelines and basic construction, costs of environmental projects outdoors, such as water, heating, electricity, sanitation, road projects and retaining walls, costs of purchasing of office and life furniture, costs of land purchasing, costs of residence moving and site formation and costs of supporting investment of urban construction are not included in the value of completed buildings.

Value of buildings completed includes not only value of buildings completed in the reference period, but also includes the previous value of buildings extended the previous period to the current period. The building value of construction projects, which uncompleted and transferred to other units, cannot be calculated by the transferred units. It should be calculated by the receiving units after the projects are completed and reached the relevant standards. Value of buildings completed is usually calculated at the settlement price or the bidding price.

Floor Space of Commercial Buildings Sold refers to total contracted area of commercialized buildings sold, i.e. area of floor space as designated in the formal contracts signed by both sides, during the reference time. It consists of floor space of completed buildings sold and forward delivery buildings sold.

Sales of Commercial Buildings refers to the total contracted value, i.e. value of commercialized buildings as designated in the contract signed by both sides, during the reference period. This indicator has the same coverage with the area of commercialized buildings sold, and it consists of sales of completed buildings and sales of forward delivery buildings.

Floor Space for Sale refers to the floor space of commercial buildings hasn't been sold or leased which is marketable or rentable in the reference period. It includes floor space of building which has been completed in the previous and current period, excluding floor space of completed buildings, such as relocation building, buildings built for employees by the government agencies and institutions units, auxiliary facilities of public buildings, buildings of real estate enterprises for self use, temporary houses, which cannot be sold or rent. Floor space for sale can be divided into floor space for sale less than a year, floor space for sale in 1-3 years, floor space for sale more than 3years according to the sales time.

13

批发和零售业

WHOLESALE AND RETAIL TRADE

资料整理人员

雷士伟　张艳芳　张艳君　邓　娜

批发和零售业
WHOLESALE AND RETAIL TRADE

社会消费品零售总额	Total Retail Sales of Consumer Goods	6918.1	亿元	(100 million yuan)
城　镇	Town	5643.6	亿元	(100 million yuan)
乡　村	Village	1274.5	亿元	(100 million yuan)

社会消费品零售总额构成 (%)

Composition of Total Retail Sales of Consumer Goods (%)

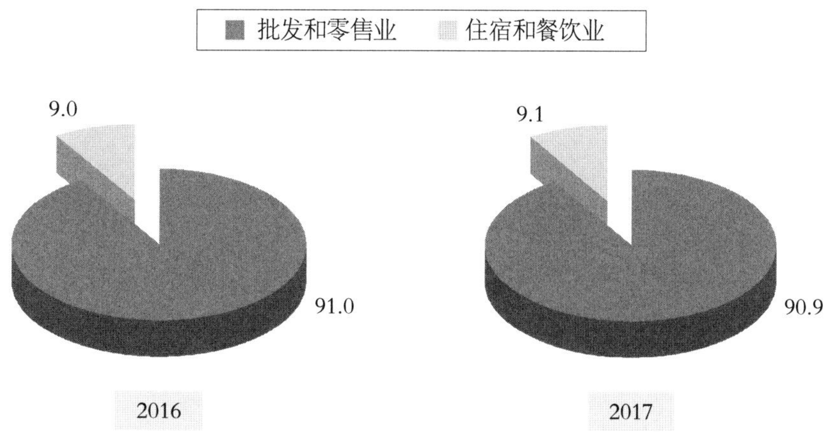

社会消费品零售总额（亿元）

Total Retail Sales of Consumer Goods (100 million yuan)

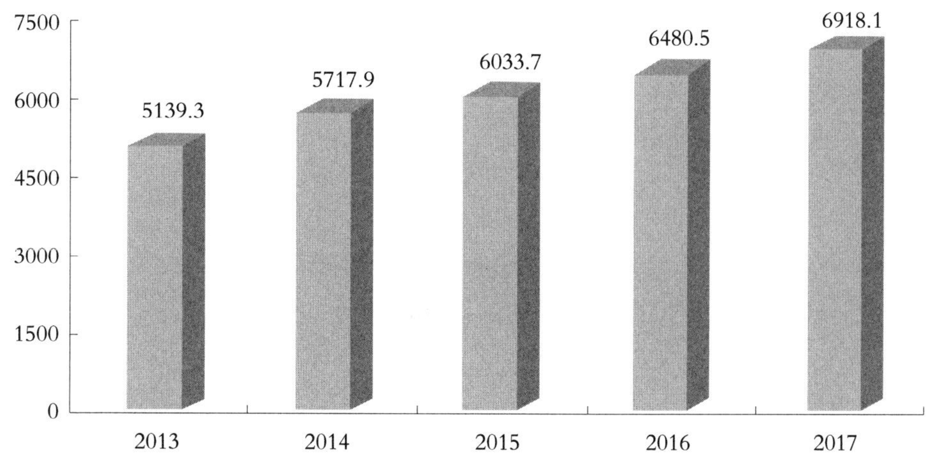

13-1 主要年份社会消费品零售总额

TOTAL RETAIL SALES OF CONSUMER GOODS IN MAJOR YEARS

单位：万元 (10 000 yuan)

年 份 Year	社会消费品零售总额 Total Retail Sales of Consumer Goods	市 City	县 County	县以下 Below County
1952	57436	19536	37900	
1957	119600	52278	67322	
1962	146532	59686	86846	
1965	153257	57252	96005	
1970	190949	63853	127096	
1975	265190	108543	133713	22934
1978	323837	121772	113985	88080
1980	426597	163154	122191	141252
1985	894413	394784	278646	220983
1990	1580415	848543	413831	318041
1995	3759500	2130633	861482	767385
2000	7226579	4240688	1521837	1464054
2001	7811932	4691960	1559178	1560794
2002	8671245	5218448	1720096	1732701
2003	10049972	6495135	1862970	1691867
2004	12190617	8002017	2181917	2006683
2005	14106531	9084606	2637921	2384004
2006	16353948	10630067	3025480	2698401
2007	19532597	12735253	3593998	3203346
2008	24210825	15785458	4479003	3946364
2009	28089708	17476248	5796850	4816610
2010	33181548	26697874	6483674	
2011	39034283	31885231	7149052	
2012	45068327	36825267	8243060	
2013	51393373	41925304	9468069	
2014	57178881	46617895	10560986	
2015	60336646	49172291	11164355	
2016	64805384	52845462	11959922	
2017	69180936	56436336	12744601	

注：2010年起分区域划分为城镇和乡村。

Note: Regions are divided into town and village since 2010.

13-2 社会消费品零售总额
TOTAL RETAIL SALES OF CONSUMER GOODS

单位：万元 (10 000 yuan)

指　标	Item	2016	2017
社会消费品零售总额	**Total**	**64805384**	**69180936**
按销售地区分	By Selling Region		
城　镇	Town	52845462	56436336
#城　区	Urban Area	35385865	37879189
乡　村	Village	11959922	12744601
按行业分	By Sector		
批发零售贸易业	Wholesale and Retail Sale Trades	59003973	62892012
限额以上贸易企业	Enterprises above Designated	22508676	23464535
限额以下及个体户贸易业	Enterprises below Designated and Individuals	36495297	39427477
住宿和餐饮业	Hotels and Catering Trade	5801411	6288924
限额以上企业	Enterprises above Designated	748116	721544
限额以下企业及个体户	Enterprises below Designated and Individuals	5053295	5567379
按消费形态分	By Consumption Pattern		
商品零售	Retail Sales	59044885	62915467
餐饮收入	Catering Income	5760499	6265469

13-3 限额以上连锁批发零售业经营情况(2017年)
MANAGEMENT OF CHAIN ENTERPRISES ABOVE DESIGNATED SIZE IN WHOLESALE AND RETAIL TRADE(2017)

指　标	Item	合 计 Total	直营店 Regular Chain	加盟店 Franchise Chain
一、门店总数 (个)	**Number of Stores (uint)**	**4167**	**2441**	**1726**
二、年末零售业营业面积 (平方米)	**Business Area of Retail at Year-end (sq.m)**	**3123457**	**3013387**	**110070**
三、年末从业人员 (人)	**Employees at Year-end (person)**	**37824**	**29275**	**8549**
四、商品购进总额 (万元)	**Total Purchases Value (10 000 yuan)**	**3336024**	**3099894**	**236130**
#统一配送商品购进额	Value of Unified Distribution	1919339	1755559	163780
#自有配送中心配送商品购进额	Disrtibuted by Owned Distribution Center	1144651	980991	163660
非自有配送中心配送商品购进额	Distributed by Other Distribution Center	3107	3107	
五、商品销售总额 (万元)	**Total Sales Value (10 000 yuan)**	**4603695**	**4371330**	**232365**
#零售额	Retail Sales	3676062	3443697	232365

13-4 限额以上批发和零售业法人企业商品购销存情况(2017年)

单位：万元

指　标	Item	法　人 企业数 (个) Number of Corporation Enterprises (unit)
总　计	**Total**	**3046**
一、批发业	**Wholesale Trade**	**980**
1.按登记注册类型分	Grouped by Registered Kind	
内资企业	Civil Funded Enterprises	975
国有企业	State-owned Enterprises	56
集体企业	Collective-owned Enterprises	23
股份合作企业	Share Cooperative Enterprises	1
联营企业	Joint Ownership Enterprises	1
国有联营企业	Collective Joint Enterprises	1
有限责任公司	Limited Responsibility Corporations	283
国有独资公司	Company Exclusively with Investment from State	63
其他有限责任公司	Other Limited Responsibility Company	220
股份有限公司	Share-holding Limited Corporations	17
私营企业	Private-owned Enterprises	589
私营独资企业	Enterprise Exclusively with Investment from Private	2
私营有限责任公司	Private Limited Responsibility Corporations	578
私营股份有限公司	Private Share-holding Limited Corporations	9
其他企业	Others	5
港、澳、台商投资企业	Enterprises Funded by HongKong, Macao and Taiwan	4
合资经营企业(港或澳、台资	Joint Venture Enterprises	2
港、澳、台商独资经营企业	Solely Owned Entersprises	2
外商投资企业	Foreign Funded Enterprises	1
中外合资经营企业	Joint Venture Enterprises	1
2.按批发行业小类分	Grouped by Wholesale Trade	
农、林、牧、渔产品批发	Wholesale of Agricultural, Forestry, Animal Husbandry and Fishery Products	35
食品、饮料及烟草制品批发	Wholesale of Food, Beverage and Tobaccos	113
#米、面制品及食用油批发	Rice, Flour and Edible Oil	17
烟草制品批发	Tobacoo Products Manufacturing	11
纺织、服装及家庭用品批发	Wholesale of Textiles, Garments and Family Articles	28
#服装批发	Wholesale of Garments	8
文化、体育用品及器材批发	Wholesale of Culture, Sports Articles and Equipments	17
医药及医疗器材批发	Wholesale of Medicines and Medical Appliances	109
#西药批发	Wholesale of Western Medicine	54
中药批发	Wholesale of Chinese Traditional Medicine	30

TOTAL VALUE OF COMMODITIES' PURCHASING, SELLING AND INVENTORY OF CORPORATION ENTERPRISES ABOVE DESIGNATED SIZE IN WHOLESALE AND RETAIL TRADE(2017)

(10 000 yuan)

从业人员期末人数(人) Number of Employees at The End of Period (person)	商品购进额 Total Purchases Value	商品销售额 Total Sales Value	#通过公共网络实现的商品销售额 by Public Network	#通过非自营平台实现的商品销售额 by Non-self-operating Platform
218454	**86702640**	**95898513**	**3506228**	**457817**
68271	**67985890**	**73750408**	**2686443**	**207173**
66378	66502979	72235826	2675791	207173
9669	2643299	3658400	1799412	181452
2823	525416	628990	1364	709
16	398	602		
11	5990	6109		
11	5990	6109		
28844	47609435	50192820	265425	100
6582	15930372	16989886	211339	
22262	31679063	33202934	54086	100
3102	2670935	3203787	373563	
21729	12984423	14470370	236026	24912
40	4256	4147		
21379	12793540	14183915	236026	24912
310	186627	282309		
184	63084	74747		
1698	1473283	1505001	10652	
250	1411018	1420860		
1448	62265	84141	10652	
195	9628	9582		
195	9628	9582		
1681	255070	265723	6290	1356
14141	4009267	5416962	1957875	182311
918	161821	161116		
6869	2335340	3383290	1918383	181442
5356	861319	964838	376605	
4183	404577	495441	373563	
1024	720652	798218		
11226	2459416	2805955	137146	15488
6785	1681215	1825051	80105	2339
3400	513898	673515	53554	13148

13-4 续表1

单位：万元

指　标	Item	法　人企业数(个) Number of Corporation Enterprises (unit)
矿产品、建材及化工产品批发	Wholesale of Mineral Products, Building and Chemical Products	547
#煤炭及制品批发	Coal and Related Products	342
石油及制品批发	Petroleum and Related Products	28
金属及金属矿批发	Metals and Metals Materials	110
建材批发	Building Materials	28
化肥批发	Chemical Fertilizer	12
机械设备、五金产品及电子产品批发	Wholesale of Machinery, Hardwaresand Electronic Products	113
#汽车及零配件批发	Motor Vehicles and Parts	40
计算机、软件及辅助设备批发	Computer, Sofeware and Accessories	5
其他批发业	Other Wholesales	18
3.按控股情况分	Grouped by Share Holding	
国有控股	State Holding Enterprises	264
集体控股	Collective-owned Holding Enterprises	32
私人控股	Private Holding Enterprises	637
港澳台商控股	Hongkong, Macao and Taiwan Holding Enterprises	3
其　他	Others	44
4.按经营形式分	Grouped by Management Form	
独立门店	Independent Stores	686
连锁总店	Chain Headquarters	4
其　他	Others	290
5.按单位规模分	Grouped by Enterprise Size	
大　型	Large-size	43
中　型	Medium-size	365
小　型	Small-size	445
微　型	Micro-size	127
二、零售业	**Retail Trade**	**2066**
1.按登记注册类型分组	Grouped by Registered Kind	
内资企业	Civil Funded Enterprises	2042
国有企业	State-owned Enterprises	56
集体企业	Collective-owned Enterprises	67
股份合作企业	Share Cooperative Enterprises	1

continued

(10 000 yuan)

从业人员期末人数(人) Number of Employees at The End of Period (person)	商品购进额 Total Purchases Value	商品销售额 Total Sales Value	#通过公共网络实现的商品销售额 by Public Network	#通过非自营平台实现的商品销售额 by Non-self-operating Platform
29696	56128093	59708435	132151	3000
23532	27202463	29904029	130015	3000
1339	817939	1345464	77	
2419	14762775	14975431	2059	
869	8847677	8911780		
375	4085659	4088999		
4415	3418473	3640702	76377	5018
1585	1596435	1749601	59865	
81	12599	14039	5016	5016
732	133601	149576		
30835	49993037	52977998	2022571	181454
3523	790627	972563	1364	709
27089	14650654	16479785	651855	25010
1698	100302	123624	10652	
5126	2451270	3196438		
39634	41726873	43976432	1357499	20006
1246	1661337	1851390		
27391	24597679	27922586	1328944	187167
24834	17017489	19695391	2350467	181442
31367	39573328	42042786	227715	15570
10202	7347653	7910032	107501	10161
1868	4047421	4102199	759	
150183	**18716750**	**22148105**	**819785**	**250644**
146120	18290064	21618398	818790	250644
2399	255817	287743		
2756	277636	319240	6620	
35	7037	8679		

13-4 续表2

单位：万元

指　标	Item	法　人 企业数 (个) Number of Corporation Enterprises (unit)
有限责任公司	Limited Responsibility Corporations	340
国有独资公司	Company Exclusively with Investment from State	22
其他有限责任公司	Other Limited Responsibility Company	318
股份有限公司	Share-holding Limited Corporations	41
私营企业	Private-owned Enterprises	1525
私营独资企业	Enterprise Exclusively with Investment from Private	139
私营合伙企业	Private Partnership Enterprises	12
私营有限责任公司	Private Limited Responsibility Corporations	1343
私营股份有限公司	Private Share-holding Limited Corporations	31
其他企业	Others	12
港、澳、台商投资企业	Enterprises Funded by HongKong, Macao and Taiwan	17
合资经营企业(港或澳、台资)	Joint Venture Enterprises	9
合作经营企业(港或澳、台资)	Cooperative Enterprises	1
港、澳、台商独资经营企业	Solely Owned Entersprises	6
其他港、澳、台商投资企业	Others	1
外商投资企业	Foreign Funded Enterprises	7
中外合资经营企业	Joint Venture Enterprises	2
外资企业	Enterprises with Sole Foreign Investment	4
其他外商投资企业	Other Foreign Funded Enterprises	1
2.按零售行业小类分	Grouped by Wholesale Trade	
综合零售	General Retail Sales Trade	357
百货零售	Daily Goods	175
超级市场零售	Supermarkets	152
便利店零售	Covenience Stores	6
其他综合零售	Others	24
食品、饮料及烟草制品专门零售	Retail of Food, Beverage and Tobaccos	161
纺织、服装及日用品专门零售	Retail of Textiles, Garments and Daily Articles	124
#服装零售	Garments	105
文化、体育用品及器材专门零售	Retail of Culture, Sports Articles and Equipments	91
#图书、报刊零售	Books and Mangzines	52
医药及医疗器材专门零售	Retail of Medicines and Medical Appliances	115
#西药零售	Western Medicines	101
中药零售	Traditional Chinese Medicines	9
汽车、摩托车、零配件和燃料及其他动力销售	Retail of Motor Vehicles, Motorcycles, Feuls, Parts and Others	827
#汽车新车零售	New Motor Vehicles	566
汽车旧车零售	Used Motor Vehicles	15
家用电器及电子产品专门零售	Retail of Household Electronic Equipments and Products	199
#日用家电设备零售	Household Appliance	105
计算机、软件及辅助设备零售	Computer, Software and Auxiliary Equipments	48
通信设备零售	Communication Equipments	28

continued

(10 000 yuan)

从业人员期末人数(人) Number of Employees at The End of Period (person)	商品购进额 Total Purchases Value	商品销售额 Total Sales Value	#通过公共网络实现的商品销售额 by Public Network	#通过非自营平台实现的商品销售额 by Non-self-operating Platform
35996	4134273	4913424	199799	2381
1940	106755	134115	405	
34056	4027518	4779310	199394	2381
10686	2646362	3216805	15918	
94034	10957167	12858828	596443	248254
3987	196253	219532	1217	
390	69933	83334		
79794	10195646	11486280	591866	247222
9863	495335	1069682	3360	1032
214	11772	13679	9	9
2893	351094	443948	995	
1833	198897	262449		
15	995	995	995	
1037	151021	180313		
8	181	191		
1170	75593	85759		
305	11344	11013		
744	51550	55648		
121	12699	19098		
46770	2661859	3716388	40327	777
18860	1273582	1617794	26756	160
25304	932962	1556112	744	617
132	11270	11884		
2474	444046	530599	12826	
7379	530843	636802	149673	136972
11837	783198	1091677	41735	3453
10172	670719	931615	9486	3246
3998	339695	373163	5294	262
2396	163267	167233	219	219
16340	1864068	2157414	37230	536
15677	1832634	2120607	26367	536
520	16215	18935		
46413	10492980	11820916	267465	82056
29434	7073963	7604318	265799	82056
437	137826	140075		
6139	836453	993504	159274	11105
3573	442122	559315	115141	621
1114	138923	155452	28146	7798
734	166194	181092	6826	1444

13-4 续表3

单位：万元

指　标	Item	法　人企业数(个) Number of Corporation Enterprises (unit)
五金、家具及室内装饰材料专门零售	Retail of Hardwares, Furniture and Room Decorative Building	89
货摊、无店铺及其他零售业	Retail of Stall, Non-store and Others	103
3.按控股情况分	Grouped by Share Holding	
国有控股	State Holding Enterprises	186
集体控股	Collective-owned Holding Enterprises	103
私人控股	Private Holding Enterprises	1671
港澳台商控股	Hongkong, Macao and Taiwan Holding Enterprises	13
外商控股	Foreign Holding Enterprises	5
其　他	Others	88
4.按经营形式分	Grouped by Management Form	
独立门店	Independent Stores	1841
连锁总店	Chain Headquarters	79
连锁直营店	Direct Chain Stores	21
连锁加盟店	Franchise Chain Stores	4
其　他	Others	121
5.按单位规模分	Grouped by Enterprise Size	
大　型	Large-size	55
中　型	Medium-size	633
小　型	Small-size	1011
微　型	Micro-size	367
6.按零售业态分	Grouped by Retail Format	
#有店铺零售	Store-based	1980
食杂店	Grocery Store	9
便利店	Convenient Store	27
超　市	Supermarket	178
大型超市	Hypermarket	43
仓储会员店	Warehouse Club	5
百货店	Department Store	202
专业店	Specialized Shop	863
专卖店	Exclusive Shop	530
家居建材商店	Home Center	31
购物中心	Shopping Center	50
厂家直销中心	Factory Outlet Center	42
无店铺零售	Non-store	82
#网上商店	Online	50

continued

(10 000 yuan)

从业人员期末人数(人) Number of Employees at The End of Period (person)	商品购进额 Total Purchases Value	商品销售额 Total Sales Value	#通过公共网络实现的商品销售额 by Public Network	#通过非自营平台实现的商品销售额 by Non-self-operating Platform
2796	592187	663053	2326	35
8511	615468	695189	116461	15449
29650	4743869	5752055	29324	293
6489	701314	765938	15612	209
105532	12110991	14241276	730420	249495
2413	316995	378414		
1038	61692	65222		
5061	781889	945200	44429	646
110939	14397809	16430359	540608	237559
19882	2588483	3033885	138035	3672
9522	700017	1339965	9032	1243
215	16847	16180	35	
9625	1013594	1327716	132075	8170
48361	6175937	7992023	86668	77
73417	7684441	8694065	441792	83076
25322	4190717	4732319	264733	159284
3083	665654	729698	26593	8208
145774	18391287	21777364	679423	232273
406	24126	29447	3542	
2734	611358	706288	14599	211
10600	365773	401646	998	873
16930	704701	1337924	9754	1
200	15177	17126	1101	
23359	1699918	2101363	33375	1372
50429	8503874	9785901	330877	146224
26885	5291784	5774173	253298	83498
1363	290455	314841		
6401	407134	584195	15	15
6467	476989	724460	31864	80
4221	311135	354942	140363	18371
1630	143737	172806	140148	18163

13-4 续表4

单位：万元

指　标	Item	#使用银行卡支付的商品销售额 Paid by Bank Cards
总　计	**Total**	**5769304**
一、批发业	**Wholesale Trade**	**2292262**
1.按登记注册类型分	Grouped by Registered Kind	
内资企业	Civil Funded Enterprises	2282681
国有企业	State-owned Enterprises	1022754
集体企业	Collective-owned Enterprises	
股份合作企业	Share Cooperative Enterprises	602
联营企业	Joint Ownership Enterprises	
国有联营企业	Collective Joint Enterprises	
有限责任公司	Limited Responsibility Corporations	654689
国有独资公司	Company Exclusively with Investment from State	
其他有限责任公司	Other Limited Responsibility Company	654689
股份有限公司	Share-holding Limited Corporations	
私营企业	Private-owned Enterprises	604636
私营独资企业	Enterprise Exclusively with Investment from Private	29
私营有限责任公司	Private Limited Responsibility Corporations	597097
私营股份有限公司	Private Share-holding Limited Corporations	7510
其他企业	Others	
港、澳、台商投资企业	Enterprises Funded by HongKong, Macao and Taiwan	
合资经营企业(港或澳、台资)	Joint Venture Enterprises	
港、澳、台商独资经营企业	Solely Owned Entersprises	
外商投资企业	Foreign Funded Enterprises	9582
中外合资经营企业	Joint Venture Enterprises	9582
2.按批发行业小类分	Grouped by Wholesale Trade	
农、林、牧、渔产品批发	Wholesale of Agricultural, Forestry, Animal Husbandry and Fishery Products	8734
食品、饮料及烟草制品批发	Wholesale of Food, Beverage and Tobaccos	1231056
#米、面制品及食用油批发	Rice, Flour and Edible Oil	
烟草制品批发	Tobacoo Products Manufacturing	1017845
纺织、服装及家庭用品批发	Wholesale of Textiles, Garments and Family Articles	23555
#服装批发	Wholesale of Garments	17208
文化、体育用品及器材批发	Wholesale of Culture, Sports Articles and Equipments	
医药及医疗器材批发	Wholesale of Medicines and Medical Appliances	43265
#西药批发	Wholesale of Western Medicine	31447
中药批发	Wholesale of Chinese Traditional Medicine	11818

continued

(10 000 yuan)

批发额 Wholesale Value	零售额 Retail Value	#通过公共网络实现的商品零售额 by Public Network	#通过非自营平台实现的商品零售额 by Non-self-operating Platform	期末商品库存额 Total Value of Storing at the End of Period	年末零售营业面积(平方米) Retail Operating Area at Year-end (sq.m)
75007023	**20891490**	**491224**	**44894**	**5850361**	**10637605**
72315304	**1435104**	**44019**	**840**	**2657016**	**1835560**
70805287	1430539	44019	840	2618480	1835260
3623306	35094			349163	34967
598184	30807	709	709	52150	38440
602				11	
6109				15	
6109				15	
49579638	613182	813		1054643	1011580
16958046	31839			229615	55624
32621592	581342	813		825028	955956
3172396	31391	20178		133392	70623
13760159	710211	22319	131	1019695	675222
4147				280	
13474302	709613	22319	131	1013274	669922
281711	598			6140	5300
64892	9855			9411	4428
1505001				38417	300
1420860				15048	
84141				23369	300
5016	4565			119	
5016	4565			119	
253793	11930	31	10	132625	61199
5130400	286562	2941	789	494891	415997
144211	16905			71244	9405
3383186	104			163799	2880
850748	114090	20258		110150	6982
462976	32466	20178		50023	300
797455	763			87226	4600
2762895	43060	748		264382	34947
1806857	18194			185003	21191
663840	9675			50873	9846

13-4 续表5

单位：万元

指 标	Item	#使用银行卡支付的商品销售额 Paid by Bank Cards
矿产品、建材及化工产品批发	Wholesale of Mineral Products, Building and Chemical Products	872499
#煤炭及制品批发	Coal and Related Products	668715
石油及制品批发	Petroleum and Related Products	414
金属及金属矿批发	Metals and Metals Materials	93045
建材批发	Building Materials	98594
化肥批发	Chemical Fertilizer	8111
机械设备、五金产品及电子产品批发	Wholesale of Machinery, Hardwaresand Electronic Products	77770
#汽车及零配件批发	Motor Vehicles and Parts	62445
计算机、软件及辅助设备批发	Computer, Sofeware and Accessories	5000
其他批发业	Other Wholesales	35384
3.按控股情况分	Grouped by Share Holding	
国有控股	State Holding Enterprises	1116740
集体控股	Collective-owned Holding Enterprises	
私人控股	Private Holding Enterprises	1161719
港澳台商控股	Hongkong, Macao and Taiwan Holding Enterprises	
其 他	Others	13804
4.按经营形式分	Grouped by Management Form	
独立门店	Independent Stores	1170275
连锁总店	Chain Headquarters	2218
其 他	Others	1119770
5.按单位规模分	Grouped by Enterprise Size	
大 型	Large-size	1613437
中 型	Medium-size	480873
小 型	Small-size	184306
微 型	Micro-size	13646
二、零售业	**Retail Trade**	**3477042**
1.按登记注册类型分组	Grouped by Registered Kind	
内资企业	Civil Funded Enterprises	3280670
国有企业	State-owned Enterprises	11104
集体企业	Collective-owned Enterprises	11953
股份合作企业	Share Cooperative Enterprises	

continued

(10 000 yuan)

批发额 Wholesale Value	零售额 Retail Value	#通过公共网络实现的商品零售额 by Public Network	#通过非自营平台实现的商品零售额 by Non-self-operating Platform	期末商品库存额 Total Value of Storing at the End of Period	年末零售营业面积（平方米） Retail Operating Area at Year-end (sq.m)
59119171	589264			1403309	1064931
29539315	364714			832938	952600
1327050	18414			113119	61074
14800456	174976			379003	12222
8892604	19175			42194	14178
4080967	8032			26904	1420
3253581	387121	20041	41	130230	216884
1398057	351544	20000		30244	192550
13134	905	41	41	3216	372
147261	2316			34202	30020
52721565	256433			1214153	117520
927353	45210	709	709	64114	42392
15632129	847656	43310	131	1189928	1351893
123624				23377	300
2910632	285806			165445	323455
43112407	864025	43189	90	1571541	1473271
1849525	1865			234881	2980
27353372	569214	830	750	850594	359309
19262491	432900	20178		712383	235673
41468609	574178			1492172	1050377
7614674	295359	23840	840	380350	535418
3969531	132668			72112	14092
2691719	**19456386**	**447206**	**44054**	**3193344**	**8802045**
2654607	18963791	446210	44054	3111221	8655659
8999	278744			24308	99166
33704	285535	6620		19489	139093
	8679			155	220

13-4 续表6

单位：万元

指　标	Item	#使用银行卡支付的商品销售额 Paid by Bank Cards
有限责任公司	Limited Responsibility Corporations	670871
国有独资公司	Company Exclusively with Investment from State	9590
其他有限责任公司	Other Limited Responsibility Company	661282
股份有限公司	Share-holding Limited Corporations	22068
私营企业	Private-owned Enterprises	2564649
私营独资企业	Enterprise Exclusively with Investment from Private	14887
私营合伙企业	Private Partnership Enterprises	488
私营有限责任公司	Private Limited Responsibility Corporations	2065448
私营股份有限公司	Private Share-holding Limited Corporations	483826
其他企业	Others	24
港、澳、台商投资企业	Enterprises Funded by HongKong, Macao and Taiwan	157015
合资经营企业(港或澳、台资)	Joint Venture Enterprises	79238
合作经营企业(港或澳、台资)	Cooperative Enterprises	995
港、澳、台商独资经营企业	Solely Owned Entersprises	76781
其他港、澳、台商投资企业	Others	
外商投资企业	Foreign Funded Enterprises	39357
中外合资经营企业	Joint Venture Enterprises	6238
外资企业	Enterprises with Sole Foreign Investment	33119
其他外商投资企业	Other Foreign Funded Enterprises	
2.按零售行业小类分	Grouped by Wholesale Trade	
综合零售	General Retail Sales Trade	908572
百货零售	Daily Goods	361011
超级市场零售	Supermarkets	533006
便利店零售	Covenience Stores	64
其他综合零售	Others	14492
食品、饮料及烟草制品专门零售	Retail of Food, Beverage and Tobaccos	67980
纺织、服装及日用品专门零售	Retail of Textiles, Garments and Daily Articles	133857
#服装零售	Garments	98584
文化、体育用品及器材专门零售	Retail of Culture, Sports Articles and Equipments	74228
#图书、报刊零售	Books and Mangzines	5418
医药及医疗器材专门零售	Retail of Medicines and Medical Appliances	7795
#西药零售	Western Medicines	3724
中药零售	Traditional Chinese Medicines	482
汽车、摩托车、零配件和燃料及其他动力销售	Retail of Motor Vehicles, Motorcycles, Feuls, Parts and Others	2042982
#汽车新车零售	New Motor Vehicles	1922826
汽车旧车零售	Used Motor Vehicles	61850
家用电器及电子产品专门零售	Retail of Household Electronic Equipments and Products	106651
#日用家电设备零售	Household Appliance	51324
计算机、软件及辅助设备零售	Computer, Software and Auxiliary Equipments	12702
通信设备零售	Communication Equipments	32193

continued

(10 000 yuan)

批发额 Wholesale Value	零售额 Retail Value	#通过公共网络实现的商品零售额 by Public Network	#通过非自营平台实现的商品零售额 by Non-self-operating Platform	期末商品库存额 Total Value of Storing at the End of Period	年末零售营业面积(平方米) Retail Operating Area at Year-end (sq.m)
1128819	3784606	169752	1447	588360	1539648
21701	112414			44036	28635
1107118	3672192	169752	1447	544324	1511013
560525	2656280			413640	936294
921951	11936878	269838	42607	2064536	5909879
10214	209318	360		20487	234521
68769	14565			1037	25644
808207	10678073	266118	41575	1965797	4921883
34760	1034922	3360	1032	77215	727831
610	13069			733	31359
37112	406836	995		59132	76364
27253	235195			40193	33806
	995	995		20	3100
9859	170454			18899	38078
	191			21	1380
	85759			22991	70022
	11013			1605	30000
	55648			5785	27628
	19098			15601	12394
107433	3608955	17015	621	358332	3007548
68633	1549161	3454	9	182676	1583717
3268	1552844	735	612	155730	1282024
1849	10035			512	13642
33683	496916	12826		19414	128165
204304	432498	11653	1973	64408	319483
25288	1066388	7860	2782	143245	940764
21163	910452	7645	2782	119230	909559
55551	317612	2341	262	156580	94652
4613	162620	219	219	59798	57740
854304	1303109	6444	78	344135	168335
838389	1282218	6444	78	337404	155622
1464	17471			5756	10553
1056912	10764004	163166	21785	1915362	2800578
249992	7354326	162357	21785	1358098	1293912
30544	109531			7113	12979
194420	799084	126635	1861	135364	709657
10996	548319	113341	606	94326	613772
67378	88075	11	11	22023	21297
114643	66449	5383	2	11198	10849

13-4 续表7

单位：万元

指　标	Item	#使用银行卡支付的商品销售额 Paid by Bank Cards
五金、家具及室内装饰材料专门零售	Retail of Hardwares, Furniture and Room Decorative Building	55201
货摊、无店铺及其他零售业	Retail of Stall, Non-store and Others	79776
3.按控股情况分	Grouped by Share Holding	
国有控股	State Holding Enterprises	229341
集体控股	Collective-owned Holding Enterprises	81655
私人控股	Private Holding Enterprises	2690184
港澳台商控股	Hongkong, Macao and Taiwan Holding Enterprises	155718
外商控股	Foreign Holding Enterprises	39357
其　他	Others	280787
4.按经营形式分	Grouped by Management Form	
独立门店	Independent Stores	2639119
连锁总店	Chain Headquarters	137271
连锁直营店	Direct Chain Stores	476498
连锁加盟店	Franchise Chain Stores	1698
其　他	Others	222457
5.按单位规模分	Grouped by Enterprise Size	
大　型	Large-size	1308004
中　型	Medium-size	1617511
小　型	Small-size	519082
微　型	Micro-size	32445
6.按零售业态分	Grouped by Retail Format	
#有店铺零售	Store-based	3393578
食杂店	Grocery Store	
便利店	Convenient Store	23633
超　市	Supermarket	37366
大型超市	Hypermarket	508697
仓储会员店	Warehouse Club	
百货店	Department Store	405322
专业店	Specialized Shop	1209594
专卖店	Exclusive Shop	1089518
家居建材商店	Home Center	10321
购物中心	Shopping Center	63237
厂家直销中心	Factory Outlet Center	45891
无店铺零售	Non-store	83463
#网上商店	Online	15133

continued

(10 000 yuan)

批发额 Wholesale Value	零售额 Retail Value	#通过公共网络实现的商品零售额 by Public Network	#通过非自营平台实现的商品零售额 by Non-self-operating Platform	期末商品库存额 Total Value of Storing at the End of Period	年末零售营业面积(平方米) Retail Operating Area at Year-end (sq.m)
106627	556427	897		37793	440415
86880	608309	111195	14692	38126	320613
1509872	4242183	6565	293	731851	1455151
47064	718874	15612	209	72899	518825
1031837	13209439	400791	42940	2212197	6366216
37112	341302			56614	67884
	65222			7325	57428
65834	879367	24238	611	112458	336541
2192470	14237890	247622	37431	2546823	6608870
139252	2894633	103057	3416	380585	1230910
101641	1238324	9032	1243	58741	638025
	16180	35		1297	10500
258356	1069360	87460	1964	205899	313740
1412418	6579605	86596	77	1511645	2394691
551216	8142849	243632	25097	969951	3930537
596317	4136002	97264	14394	637192	1948160
131768	597930	19713	4487	74556	528657
2613626	19163738	335292	27603	3162862	8661088
8079	21368	3542		1357	17857
90908	615380	14063	211	37244	100897
8449	393197	733	612	62255	416440
	1337924	9754	1	135299	1185119
6394	10732	1101		7691	106073
94190	2007172	10608	1221	192583	1727084
1932611	7853291	141146	2295	1934814	2963343
370089	5404084	154225	23184	663594	1131946
20759	294082			18113	301876
2090	582105			56673	593090
80057	644403	120	80	53238	117363
69320	285622	111914	16452	28951	118427
20557	152249	111906	16451	11846	45011

13-5 限额以上批发和零售业法人企业财务状况(2017年)

单位：万元

指　标	Item	年初存货 Beginning Inventory
总　计	**Total**	**4590475**
一、批发业	**Wholesale Trade**	**2479161**
1.按登记注册类型分	Grouped by Registered Kind	
内资企业	Civil Funded Enterprises	2416840
国有企业	State-owned Enterprises	320891
集体企业	Collective-owned Enterprises	48229
股份合作企业	Share Cooperative Enterprises	612
联营企业	Joint Ownership Enterprises	15
国有联营企业	Collective Joint Enterprises	15
有限责任公司	Limited Responsibility Corporations	946901
国有独资公司	Company Exclusively with Investment from State	261475
其他有限责任公司	Other Limited Responsibility Company	685427
股份有限公司	Share-holding Limited Corporations	127959
私营企业	Private-owned Enterprises	969116
私营独资企业	Enterprise Exclusively with Investment from Private	36
私营有限责任公司	Private Limited Responsibility Corporations	954017
私营股份有限公司	Private Share-holding Limited Corporations	15063
其他企业	Others	3117
港、澳、台商投资企业	Enterprises Funded by HongKong, Macao and Taiwan	62284
合资经营企业(港或澳、台资)	Joint Venture Enterprises	46804
港、澳、台商独资经营企业	Solely Owned Enterspises	15480
外商投资企业	Foreign Funded Enterprises	38
中外合资经营企业	Joint Venture Enterprises	38
2.按批发行业小类分	Grouped by Wholesale Trade	
农、林、牧、渔产品批发	Wholesale of Agricultural, Forestry, Animal Husbandry and Fishery Products	129764
食品、饮料及烟草制品批发	Wholesale of Food, Beverage and Tobaccos	345015
#米、面制品及食用油批发	Rice, Flour and Edible Oil	53878
烟草制品批发	Tobacoo Products Manufacturing	159932
纺织、服装及家庭用品批发	Wholesale of Textiles, Garments and Family Articles	91835
#服装批发	Wholesale of Garments	53833
文化、体育用品及器材批发	Wholesale of Culture, Sports Articles and Equipments	76217
医药及医疗器材批发	Wholesale of Medicines and Medical Appliances	228173
#西药批发	Wholesale of Western Medicine	161697
中药批发	Wholesale of Chinese Traditional Medicine	43853

FINANCIAL CONDITION OF CORPORATION ENTERPRISES IN WHOLESALE AND RETAIL TRADE ABOVE DESIGNATED SIZE(2017)

(10 000 yuan)

流动资产合计 Total Circulating Assets	#应收帐款 Accounts Receivable	#存货 Inventory	固定资产合计 Total Fixed Assets	累计折旧 Accumulated Depreciation	#本年折旧 Depreciation This Year	资产总计 Total Assets
37131635	**6554611**	**5008407**	**6004217**	**2564807**	**631029**	**53341040**
28911732	**5471126**	**2931065**	**3843910**	**1426489**	**459515**	**41496267**
28714895	5451964	2895793	3830930	1418419	454688	41254952
1322649	82028	341807	253407	218782	19924	1644257
249484	37528	54686	40690	53282	3248	334513
2536	321	10	140	605	73	2687
228	35	15	273	706	32	619
228	35	15	273	706	32	619
15328977	3120102	1070556	2960275	919768	393635	22366481
5942770	1060959	285600	2584835	663317	349539	11125086
9386207	2059143	784956	375440	256451	44096	11241395
4567539	253111	143711	129771	33747	6495	8011907
7224785	1957819	1277027	443358	188510	31224	8872750
4876	725	240	2286	472	50	9322
7124298	1910406	1265039	420933	177332	29172	8745807
95611	46687	11749	20139	10706	2002	117621
18699	1019	7982	3017	3020	58	21738
196334	18913	35153	12872	7558	4743	240705
153204	17598	15047	24	24		180175
43130	1314	20106	12848	7534	4743	60530
503	250	119	108	513	83	610
503	250	119	108	513	83	610
213056	22585	136631	76161	25631	1585	305928
1592013	79837	442058	272053	239867	29764	2050461
119137	5599	73600	21948	10760	695	149337
916367	2157	151165	192879	188049	17768	1154463
1233280	44727	138258	8361	5735	1641	3237240
1038575	23554	78872	7341	4835	1028	3041096
319151	86913	65082	22779	12782	1584	423835
1417730	723436	236291	71359	30125	8985	1599664
914065	427914	160870	50377	20634	6864	1070053
304928	166341	48775	18765	5698	1222	327985

13-5 续表1

单位：万元

指　标	Item	年初存货 Beginning Inventory
矿产品、建材及化工产品批发	Wholesale of Mineral Products, Building and Chemical Products	1467638
#煤炭及制品批发	Coal and Related Products	891547
石油及制品批发	Petroleum and Related Products	82254
金属及金属矿批发	Metals and Metals Materials	430648
建材批发	Building Materials	37814
化肥批发	Chemical Fertilizer	15339
机械设备、五金产品及电子产品批发	Wholesale of Machinery, Hardwaresand Electronic Products	105558
#汽车及零配件批发	Motor Vehicles and Parts	19362
计算机、软件及辅助设备批发	Computer, Sofeware and Accessories	3581
其他批发业	Other Wholesales	34962
3.按控股情况分	Grouped by Share Holding	
国有控股	State Holding Enterprises	1173668
集体控股	Collective-owned Holding Enterprises	54808
私人控股	Private Holding Enterprises	1103888
港澳台商控股	Hongkong, Macao and Taiwan Holding Enterprises	15492
其　他	Others	131305
4.按经营形式分	Grouped by Management Form	
独立门店	Independent Stores	1402734
连锁总店	Chain Headquarters	257271
其　他	Others	819156
5.按单位规模分	Grouped by Enterprise Size	
大　型	Large-size	650363
中　型	Medium-size	1398989
小　型	Small-size	298316
微　型	Micro-size	131493
二、零售业	**Retail Trade**	**2111314**
1.按登记注册类型分组	Grouped by Registered Kind	
内资企业	Civil Funded Enterprises	2060216
国有企业	State-owned Enterprises	20684
集体企业	Collective-owned Enterprises	16524
股份合作企业	Share Cooperative Enterprises	56

continued

(10 000 yuan)

流动资产合计 Total Circulating Assets	#应收帐款 Accounts Receivable	#存货 Inventory	固定资产合计 Total Fixed Assets	累计折旧 Accumulated Depreciation	#本年折旧 Depreciation This Year	资产总计 Total Assets
22524287	3754714	1488228	3323474	1069786	406681	32134445
18138019	2813698	947070	3117770	957553	388789	26500413
353388	117429	99748	89774	43268	9265	585052
2422896	309418	363749	61032	31097	4691	3173021
1145145	409462	42612	26561	25305	2575	1204555
290588	76702	25153	11520	4673	644	311493
1532520	751168	390072	48257	30461	8294	1637905
753433	361621	270265	10795	3315	1212	771128
10643	5392	3172	17	107	17	10703
79694	7747	34444	21467	12103	982	106789
18218547	3048059	1235317	3086445	1065845	394565	25813966
894630	65695	66545	71184	55665	4152	1397193
8866850	2167080	1460936	556114	236073	44935	12689291
46312	1314	20112	12860	7534	4743	63723
885393	188978	148155	117308	61373	11120	1532093
14319521	2997648	1534289	2302929	784747	157261	22260022
887184	15143	201203	40031	26003	2120	987020
13705027	2458335	1195572	1500950	615739	300134	18249225
11065503	1115514	1029492	2838710	869203	373053	19107055
14319927	3295933	1443440	751951	412494	66395	18191581
2080649	566695	365780	188902	109351	17025	2436744
1445653	492985	92352	64347	35442	3043	1760888
8219903	**1083484**	**2077343**	**2160307**	**1138318**	**171514**	**11844773**
8033485	1066754	2019538	2072304	1081117	163609	11553757
69981	9517	19532	37659	19285	1747	122508
54984	6260	18279	23806	17973	917	88405
1023	102	133	129	194	28	1192

13-5 续表2

单位：万元

指　标	Item	年初存货 Beginning Inventory
有限责任公司	Limited Responsibility Corporations	373523
国有独资公司	Company Exclusively with Investment from State	17141
其他有限责任公司	Other Limited Responsibility Company	356382
股份有限公司	Share-holding Limited Corporations	343021
私营企业	Private-owned Enterprises	1305431
私营独资企业	Enterprise Exclusively with Investment from Private	20367
私营合伙企业	Private Partnership Enterprises	1500
私营有限责任公司	Private Limited Responsibility Corporations	1212075
私营股份有限公司	Private Share-holding Limited Corporations	71488
其他企业	Others	978
港、澳、台商投资企业	Enterprises Funded by HongKong, Macao and Taiwan	44019
合资经营企业(港或澳、台资)	Joint Venture Enterprises	34517
合作经营企业(港或澳、台资)	Cooperative Enterprises	
港、澳、台商独资经营企业	Solely Owned Entersprises	9496
其他港、澳、台商投资企业	Others	6
外商投资企业	Foreign Funded Enterprises	7078
中外合资经营企业	Joint Venture Enterprises	1292
外资企业	Enterprises with Sole Foreign Investment	5774
其他外商投资企业	Other Foreign Funded Enterprises	12
2.按零售行业小类分	Grouped by Wholesale Trade	
综合零售	General Retail Sales Trade	292541
百货零售	Daily Goods	104211
超级市场零售	Supermarkets	151591
便利店零售	Covenience Stores	279
其他综合零售	Others	36460
食品、饮料及烟草制品专门零售	Retail of Food, Beverage and Tobaccos	72112
纺织、服装及日用品专门零售	Retail of Textiles, Garments and Daily Articles	110042
#服装零售	Garments	89356
文化、体育用品及器材专门零售	Retail of Culture, Sports Articles and Equipments	117948
#图书、报刊零售	Books and Mangzines	26408
医药及医疗器材专门零售	Retail of Medicines and Medical Appliances	255046
#西药零售	Western Medicines	247032
中药零售	Traditional Chinese Medicines	6974
汽车、摩托车、零配件和燃料及其他动力销售	Retail of Motor Vehicles, Motorcycles, Feuls, Parts and Others	1108489
#汽车新车零售	New Motor Vehicles	712868
汽车旧车零售	Used Motor Vehicles	8465
家用电器及电子产品专门零售	Retail of Household Electronic Equipments and Products	103537
#日用家电设备零售	Household Appliance	66166
计算机、软件及辅助设备零售	Computer, Software and Auxiliary Equipments	20690
通信设备零售	Communication Equipments	7280

continued

(10 000 yuan)

流动资产合计 Total Circulating Assets	#应收帐款 Accounts Receivable	#存货 Inventory	固定资产合计 Total Fixed Assets	累计折旧 Accumulated Depreciation	#本年折旧 Depreciation This Year	资产总计 Total Assets
2039087	368025	451830	657964	343391	54283	3141068
68403	10092	18099	29741	21907	1899	109202
1970684	357934	433731	628223	321484	52383	3031866
870122	18139	181433	385817	225666	30976	1471246
4994184	662873	1347334	965538	474456	75621	6717397
53680	11975	20246	15979	8376	3115	72119
9360	4829	909	1589	1417	151	13741
4766344	636449	1274833	871357	411893	67501	6308469
164800	9620	51346	76613	52771	4853	323069
4103	1838	997	1391	152	38	11941
168768	16627	51354	69919	40441	7073	254064
108047	12812	42275	60123	25391	3706	181538
58	38		774	99		832
60313	3596	9076	8989	14952	3367	71312
350	182	3	33			383
17651	103	6451	18084	16759	833	36951
2932	2	1366	503	5304	-804	3435
10580	7	5073	2013	3764	719	13810
4139	94	12	15568	7691	918	19707
1558267	88582	238018	453645	227892	21232	2465832
931919	45275	77234	224330	77152	11408	1414371
549320	39856	139474	198048	140716	8852	922302
3137	254	526	932	93	55	4141
73891	3197	20783	30335	9931	917	125018
236145	39175	80583	102771	34682	5105	427393
471331	77273	100269	72359	65142	10603	597335
422590	65396	82260	61527	62426	9730	526675
298507	57169	121338	66321	43297	5353	411843
121397	24680	24508	42982	24280	3606	191349
911422	273925	351269	32748	21466	5352	1028517
882112	257052	345255	30774	20760	5176	996293
9729	1815	5570	1728	422	119	12361
3791048	356305	990366	926033	492971	81338	5208377
2543218	259812	751933	354868	200601	42232	3106191
25679	4384	7289	1632	1334	215	27572
308923	48768	106439	28600	14915	3280	358419
173866	12087	66250	18465	7988	797	199672
74557	19759	21954	2560	3010	287	82269
33889	13028	9642	2326	1484	169	36423

13-5 续表3

单位：万元

指　标	Item	年初存货 Beginning Inventory
五金、家具及室内装饰材料专门零售	Retail of Hardwares, Furniture and Room Decorative Building	24392
货摊、无店铺及其他零售业	Retail of Stall, Non-store and Others	27207
3.按控股情况分	Grouped by Share Holding	
国有控股	State Holding Enterprises	495019
集体控股	Collective-owned Holding Enterprises	62582
私人控股	Private Holding Enterprises	1432032
港澳台商控股	Hongkong, Macao and Taiwan Holding Enterprises	43363
外商控股	Foreign Holding Enterprises	7019
其　他	Others	71298
4.按经营形式分	Grouped by Management Form	
独立门店	Independent Stores	1673154
连锁总店	Chain Headquarters	280630
连锁直营店	Direct Chain Stores	77222
连锁加盟店	Franchise Chain Stores	1344
其　他	Others	78965
5.按单位规模分	Grouped by Enterprise Size	
大　型	Large-size	739958
中　型	Medium-size	780204
小　型	Small-size	526347
微　型	Micro-size	64805
6.按零售业态分	Grouped by Retail Format	
#有店铺零售	Store-based	2085324
食杂店	Grocery Store	2194
便利店	Convenient Store	26591
超　市	Supermarket	62571
大型超市	Hypermarket	131025
仓储会员店	Warehouse Club	8162
百货店	Department Store	122918
专业店	Specialized Shop	1022691
专卖店	Exclusive Shop	599538
家居建材商店	Home Center	3798
购物中心	Shopping Center	46571
厂家直销中心	Factory Outlet Center	59265
无店铺零售	Non-store	25576
#网上商店	Online	5728

continued

(10 000 yuan)

流动资产合计 Total Circulating Assets	#应收帐款 Accounts Receivable	#存货 Inventory	固定资产合计 Total Fixed Assets	累计折旧 Accumulated Depreciation	#本年折旧 Depreciation This Year	资产总计 Total Assets
201464	78449	27937	83066	20624	7338	332160
442795	63838	61125	394764	217329	31914	1014898
1911657	255453	368755	863991	478659	65480	3290060
213872	51471	68720	63293	41680	8551	345224
5608576	741955	1491873	1082751	522532	82825	7513099
166614	16408	51351	69062	40277	7073	251049
13409	9	6384	2453	8988	-115	17047
305776	18189	90260	78758	46181	7701	428293
6171817	899265	1576727	1530942	741545	112754	8770420
1428300	103342	337221	160352	102054	23326	1796318
161026	3699	63488	86928	70114	4423	345079
4100	110	1003	2069	340	21	6220
454661	77067	98903	380016	224264	30990	926736
2954173	279702	545974	871301	515247	67259	4489331
3256006	382773	855434	916948	450519	71415	4811326
1711450	349673	596407	318896	151267	29679	2174205
298275	71337	79527	53162	21284	3161	369911
8070574	1055335	2033034	2128807	1121719	168697	11626701
12869	3971	2436	2647	770	97	17485
85083	10062	35896	59950	33262	4596	189127
192309	27570	65116	52489	29854	4148	286553
431973	30355	106018	130745	103318	3942	704624
29984	4974	8433	3531	2368	281	33860
1051200	60057	86700	307856	133677	18221	1627281
3582257	558244	979194	795413	382963	52723	4975854
2026203	261433	619737	324571	200609	45575	2596318
97728	40514	10586	47354	10626	5563	180701
235777	10824	43181	22771	26221	5703	275544
325191	47331	75735	381481	198050	27849	739355
139142	26208	42901	30222	13543	2594	205354
48778	6107	10116	6269	1973	734	72987

13-5 续表4

单位：万元

指　标	Item	流动负债合　计 Total Liquid Liabilities
总　计	**Total**	**33105919**
一、批发业	**Wholesale Trade**	**24870374**
1.按登记注册类型分	Grouped by Registered Kind	
内资企业	Civil Funded Enterprises	24804278
国有企业	State-owned Enterprises	677203
集体企业	Collective-owned Enterprises	225994
股份合作企业	Share Cooperative Enterprises	675
联营企业	Joint Ownership Enterprises	549
国有联营企业	Collective Joint Enterprises	549
有限责任公司	Limited Responsibility Corporations	14503805
国有独资公司	Company Exclusively with Investment from State	6021585
其他有限责任公司	Other Limited Responsibility Company	8482220
股份有限公司	Share-holding Limited Corporations	3029331
私营企业	Private-owned Enterprises	6350745
私营独资企业	Enterprise Exclusively with Investment from Private	6211
私营有限责任公司	Private Limited Responsibility Corporations	6246842
私营股份有限公司	Private Share-holding Limited Corporations	97693
其他企业	Others	15975
港、澳、台商投资企业	Enterprises Funded by HongKong, Macao and Taiwan	63751
合资经营企业(港或澳、台资)	Joint Venture Enterprises	41947
港、澳、台商独资经营企业	Solely Owned Enterspprises	21805
外商投资企业	Foreign Funded Enterprises	2345
中外合资经营企业	Joint Venture Enterprises	2345
2.按批发行业小类分	Grouped by Wholesale Trade	
农、林、牧、渔产品批发	Wholesale of Agricultural, Forestry, Animal Husbandry and Fishery Products	174063
食品、饮料及烟草制品批发	Wholesale of Food, Beverage and Tobaccos	849360
#米、面制品及食用油批发	Rice, Flour and Edible Oil	113319
烟草制品批发	Tobacoo Products Manufacturing	244284
纺织、服装及家庭用品批发	Wholesale of Textiles, Garments and Family Articles	739081
#服装批发	Wholesale of Garments	534717
文化、体育用品及器材批发	Wholesale of Culture, Sports Articles and Equipments	272208
医药及医疗器材批发	Wholesale of Medicines and Medical Appliances	1314758
#西药批发	Wholesale of Western Medicine	895142
中药批发	Wholesale of Chinese Traditional Medicine	262628

continued

(10 000 yuan)

负债合计 Total Liabilities	所有者权益合计 Total Creditors' Equity	#实收资本 Capital Hold	#国家资本 State	#集体资本 Collective	#法人资本 Legal Person	#个人资本 Individual
40303132	**13037907**	**10554832**	**1841158**	**207156**	**6423671**	**2022814**
30961413	**10534854**	**5382595**	**1417847**	**163972**	**2985084**	**790697**
30895317	10359635	5207736	1267847	163972	2985034	790697
695673	948584	70783	59164	139	11385	95
247554	86959	36150	202	35779	169	
675	2012	2012				2012
549	69	445	445			
549	69	445	445			
18717175	3649306	1981379	1154352	127197	638576	61079
9183433	1941653	734348	657419		76706	223
9533742	1707653	1247031	496932	127197	561870	60856
4011196	4000711	879537	52360	470	782411	44296
7205520	1667230	2235947	1324	387	1551728	682498
6211	3112	3444				3444
7101536	1644271	2214483	1324	387	1543923	668839
97773	19848	18020			7805	10215
16975	4763	1483			765	718
63751	176954	174809	150000			
41947	138228	150000	150000			
21805	38726	24809				
2345	-1735	50			50	
2345	-1735	50			50	
186185	119743	61248	30003		13950	17295
919571	1130890	131551	40083	8667	53482	29309
125229	24107	19626	10246	70	6270	3040
244286	910177	13622	12762		860	
763282	2473958	158126		237	145314	8699
558569	2482528	148438			143161	1400
276003	147832	30527	15785	5000	5432	4310
1329320	270344	211381	10334	31	101559	99457
905227	164825	129305	5258	31	59892	64124
267057	60928	48670	5076		21252	22342

13-5 续表5

单位：万元

指　标	Item	流动负债合　计 Total Liquid Liabilities
矿产品、建材及化工产品批发	Wholesale of Mineral Products, Building and Chemical Products	20285883
#煤炭及制品批发	Coal and Related Products	16276843
石油及制品批发	Petroleum and Related Products	426484
金属及金属矿批发	Metals and Metals Materials	1958651
建材批发	Building Materials	1111125
化肥批发	Chemical Fertilizer	266707
机械设备、五金产品及电子产品批发	Wholesale of Machinery, Hardwaresand Electronic Products	1160729
#汽车及零配件批发	Motor Vehicles and Parts	454174
计算机、软件及辅助设备批发	Computer, Sofeware and Accessories	12764
其他批发业	Other Wholesales	74291
3.按控股情况分	Grouped by Share Holding	
国有控股	State Holding Enterprises	15963239
集体控股	Collective-owned Holding Enterprises	779819
私人控股	Private Holding Enterprises	7518283
港澳台商控股	Hongkong, Macao and Taiwan Holding Enterprises	24770
其　他	Others	584263
4.按经营形式分	Grouped by Management Form	
独立门店	Independent Stores	12568123
连锁总店	Chain Headquarters	875887
其　他	Others	11426364
5.按单位规模分	Grouped by Enterprise Size	
大　型	Large-size	9010674
中　型	Medium-size	12569783
小　型	Small-size	1763989
微　型	Micro-size	1525929
二、零售业	**Retail Trade**	**8235545**
1.按登记注册类型分组	Grouped by Registered Kind	
内资企业	Civil Funded Enterprises	8036435
国有企业	State-owned Enterprises	95710
集体企业	Collective-owned Enterprises	51658
股份合作企业	Share Cooperative Enterprises	850

continued

(10 000 yuan)

负债合计 Total Liabilities	所有者权益合计 Total Creditors' Equity	#实收资本 Capital Hold	#国家资本 State	#集体资本 Collective	#法人资本 Legal Person	#个人资本 Individual
25990303	6144142	4591804	1274002	147953	2597715	572134
21632873	4867540	3524566	803649	67492	2363137	290288
524046	61006	87015	14151	3369	42763	26732
2133090	1039931	787468	415167	70727	122163	179410
1121316	83239	106507	25000		49052	32455
271384	40108	20403	4570	2429	1463	11941
1419352	218553	177056	44438	540	65073	45896
703465	67664	26407	1927	401	11794	12108
12764	–2061	2300			500	1800
77396	29392	20902	3202	1544	2559	13597
20902128	4911838	2144804	1382093	13635	723333	25744
852616	544577	139912	202	136006	3669	34
8464556	4224735	2507716	1324	561	1778063	727583
24770	38954	24809				
717343	814750	565354	34228	13770	480019	37337
16252565	6007457	2157294	743954	94209	808974	509971
875923	111097	107327	1727	5000		100600
13832925	4416300	3117974	672166	64763	2176110	180127
13265545	5841510	1021107	484646	53976	422056	56552
14115805	4075777	2445809	602750	90460	1307183	424308
1979643	457101	1509182	78413	13052	1179330	238378
1600421	160466	406497	252038	6485	76516	71459
9341720	**2503053**	**5172237**	**423312**	**43184**	**3438587**	**1232117**
9141966	2411791	5116225	423312	43184	3426422	1222607
104695	17813	18458	11188	635	6574	61
59035	29370	10843	327	9035	1156	325
850	342	200		200		

13-5 续表6

单位：万元

指 标	Item	流动负债合 计 Total Liquid Liabilities
有限责任公司	Limited Responsibility Corporations	2304520
国有独资公司	Company Exclusively with Investment from State	50642
其他有限责任公司	Other Limited Responsibility Company	2253878
股份有限公司	Share-holding Limited Corporations	623993
私营企业	Private-owned Enterprises	4956958
私营独资企业	Enterprise Exclusively with Investment from Private	37726
私营合伙企业	Private Partnership Enterprises	9276
私营有限责任公司	Private Limited Responsibility Corporations	4625635
私营股份有限公司	Private Share-holding Limited Corporations	284322
其他企业	Others	2746
港、澳、台商投资企业	Enterprises Funded by HongKong, Macao and Taiwan	142957
合资经营企业(港或澳、台资)	Joint Venture Enterprises	104804
合作经营企业(港或澳、台资)	Cooperative Enterprises	55
港、澳、台商独资经营企业	Solely Owned Entersprises	37768
其他港、澳、台商投资企业	Others	330
外商投资企业	Foreign Funded Enterprises	56154
中外合资经营企业	Joint Venture Enterprises	18521
外资企业	Enterprises with Sole Investment from Foreign	12779
其他外商投资企业	Other Foreign Funded Enterprises	24853
2.按零售行业小类分	Grouped by Wholesale Trade	
综合零售	General Retail Sales Trade	1888160
百货零售	Daily Goods	934437
超级市场零售	Supermarkets	864927
便利店零售	Covenience Stores	3166
其他综合零售	Others	85631
食品、饮料及烟草制品专门零售	Retail of Food, Beverage and Tobaccos	228804
纺织、服装及日用品专门零售	Retail of Textiles, Garments and Daily Articles	456480
#服装零售	Garments	422596
文化、体育用品及器材专门零售	Retail of Culture, Sports Articles and Equipments	221692
#图书、报刊零售	Books and Mangzines	88129
医药及医疗器材专门零售	Retail of Medicines and Medical Appliances	765719
#西药零售	Western Medicines	736212
中药零售	Traditional Chinese Medicines	10272
汽车、摩托车、零配件和燃料及其他动力销售	Retail of Motor Vehicles, Motorcycles, Feuls, Parts and Others	3470713
#汽车新车零售	New Motor Vehicles	2470882
汽车旧车零售	Used Motor Vehicles	22348
家用电器及电子产品专门零售	Retail of Household Electronic Equipments and Products	255520
#日用家电设备零售	Household Appliance	163077
计算机、软件及辅助设备零售	Computer, Software and Auxiliary Equipments	45304
通信设备零售	Communication Equipments	20768

continued

(10 000 yuan)

负债合计 Total Liabilities	所有者权益合计 Total Creditors' Equity	#实收资本 Capital Hold	#国家资本 State	#集体资本 Collective	#法人资本 Legal Person	#个人资本 Individual
2584836	556232	645558	254295	28753	266618	95392
62956	46246	40723	24655		15826	242
2521880	509986	604836	229641	28753	250792	95151
1032252	438994	167592	153782	367	9402	4041
5357052	1360345	4271993	3373	4104	3142218	1122098
40552	31567	23089	15	30	12294	10750
9451	4290	1119			672	448
5017375	1291095	4221113	3358	3045	3122032	1092478
289676	33393	26672		1030	7221	18422
3245	8696	1581	347	90	454	690
142495	111569	49068			8615	9311
105604	75934	39222			6795	9296
332	500	500			500	
36230	35082	9331			1321	
330	53	15				15
57258	-20307	6944			3550	199
18521	-15087	3696			3000	199
13884	-74	2748			50	
24853	-5146	500			500	
2175448	290384	379283	8800	7693	171880	186930
1192570	221801	233180	4915	6066	126530	91690
877158	45144	123986	3038	448	41581	78920
3572	569	907		225	100	582
102148	22870	21210	848	954	3669	15739
272778	154615	99145	31245	5955	31679	29546
500822	96512	194743	782	670	51043	136148
466341	60334	184699	698	170	44662	134069
223474	188370	103698	7642	2328	60606	31975
88575	102774	57145	7642		48104	1399
771492	257024	189396	104161	805	31461	52970
741983	254310	185970	103329	805	30429	51408
10264	2097	2173	272		609	1292
4024110	1184267	3526379	201925	19395	2982134	307393
2568043	538147	3114025	25117	15026	2842676	215673
22431	5140	6160	412		2322	3426
259904	98515	96169	283	329	37526	58031
165964	33707	45204	131	329	24869	19875
46072	36197	26771	152		6424	20195
20778	15645	13973			3603	10370

13-5 续表7

单位：万元

指　标	Item	流动负债合　计 Total Liquid Liabilities
五金、家具及室内装饰材料专门零售	Retail of Hardwares, Furniture and Room Decorative Building	216808
货摊、无店铺及其他零售业	Retail of Stall, Non-store and Others	731651
3.按控股情况分	Grouped by Share Holding	
国有控股	State Holding Enterprises	1892661
集体控股	Collective-owned Holding Enterprises	257584
私人控股	Private Holding Enterprises	5565439
港澳台商控股	Hongkong, Macao and Taiwan Holding Enterprises	142572
外商控股	Foreign Holding Enterprises	31154
其　他	Others	346136
4.按经营形式分	Grouped by Management Form	
独立门店	Independent Stores	6142924
连锁总店	Chain Headquarters	1039858
连锁直营店	Direct Chain Stores	291426
连锁加盟店	Franchise Chain Stores	4181
其　他	Others	757157
5.按单位规模分	Grouped by Enterprise Size	
大　型	Large-size	3042410
中　型	Medium-size	3396909
小　型	Small-size	1520969
微　型	Micro-size	275258
6.按零售业态分	Grouped by Retail Format	
#有店铺零售	Store-based	8115469
食杂店	Grocery Store	10455
便利店	Convenient Store	135992
超　市	Supermarket	206908
大型超市	Hypermarket	686784
仓储会员店	Warehouse Club	17266
百货店	Department Store	1125159
专业店	Specialized Shop	2925284
专卖店	Exclusive Shop	2010288
家居建材商店	Home Center	111542
购物中心	Shopping Center	182412
厂家直销中心	Factory Outlet Center	703380
无店铺零售	Non-store	113766
#网上商店	Online	33207

continued

(10 000 yuan)

负债合计 Total Liabilities	所有者权益合计 Total Creditors' Equity	#实收资本 Capital Hold	#国家资本 State	#集体资本 Collective	#法人资本 Legal Person	#个人资本 Individual
225229	106931	406925	1614	3097	18615	383091
888462	126436	176499	66859	2912	53644	46034
2510602	779458	554189	413395	9600	124442	6752
295252	49972	45667	327	26034	11110	8196
5981708	1531391	4453612	3638	4703	3262003	1183068
141034	110016	47553			8115	8296
32258	-15211	6394			3050	199
380866	47428	64822	5952	2847	29867	25607
6729241	2041179	4845246	317565	39700	3356076	1113486
1502194	294124	147757	41170	655	30451	65963
291917	53161	30231	16143		3691	10347
5090	1131	2450			960	1490
813278	113459	146554	48434	2829	47409	40832
3692917	796414	546832	305537	917	135866	93814
3784336	1026990	2327688	89187	28922	1483189	712311
1583585	590619	2136659	18679	11931	1724959	371326
280881	89030	161059	9909	1414	94573	54666
9215316	2411386	5103820	419620	39842	3410932	1198390
11541	5944	3387		167	2310	910
137809	51318	32185	19057	1098	4259	7771
218136	68417	66492	3419	509	33261	29303
699993	4631	84480	533	201	25515	54253
17366	16494	7403			6903	500
1408762	218519	367904	6687	7652	144379	209187
3514972	1460881	998965	292131	13077	402764	289223
2094295	502023	3416008	89863	13739	2749559	546116
118463	62239	33482		2920	11105	18951
204702	70843	45090		105	14978	25006
789278	-49923	48424	7930	374	15900	17170
120058	85296	62442	3692	2782	27656	28312
36093	36894	31406		1070	14188	16148

13-5 续表8

单位：万元

指 标	Item	营业收入 Business Revenue
总 计	**Total**	**85116002**
一、批发业	**Wholesale Trade**	**65752917**
1.按登记注册类型分	Grouped by Registered Kind	
内资企业	Civil Funded Enterprises	64456775
国有企业	State-owned Enterprises	3202078
集体企业	Collective-owned Enterprises	623571
股份合作企业	Share Cooperative Enterprises	573
联营企业	Joint Ownership Enterprises	5221
国有联营企业	Collective Joint Enterprises	5221
有限责任公司	Limited Responsibility Corporations	45186887
国有独资公司	Company Exclusively with Investment from State	15668813
其他有限责任公司	Other Limited Responsibility Company	29518074
股份有限公司	Share-holding Limited Corporations	2798744
私营企业	Private-owned Enterprises	12570192
私营独资企业	Enterprise Exclusively with Investment from Private	3545
私营有限责任公司	Private Limited Responsibility Corporations	12306529
私营股份有限公司	Private Share-holding Limited Corporations	260118
其他企业	Others	69508
港、澳、台商投资企业	Enterprises Funded by HongKong, Macao and Taiwan	1287771
合资经营企业(港或澳、台资)	Joint Venture Enterprises	1215816
港、澳、台商独资经营企业	Solely Owned Enterprises	71955
外商投资企业	Foreign Funded Enterprises	8372
中外合资经营企业	Joint Venture Enterprises	8372
2.按批发行业小类分	Grouped by Wholesale Trade	
农、林、牧、渔产品批发	Wholesale of Agricultural, Forestry, Animal Husbandry and Fishery Products	252500
食品、饮料及烟草制品批发	Wholesale of Food, Beverage and Tobaccos	4555453
#米、面制品及食用油批发	Rice, Flour and Edible Oil	147728
烟草制品批发	Tobacoo Products Manufacturing	2952664
纺织、服装及家庭用品批发	Wholesale of Textiles, Garments and Family Articles	841971
#服装批发	Wholesale of Garments	424896
文化、体育用品及器材批发	Wholesale of Culture, Sports Articles and Equipments	665429
医药及医疗器材批发	Wholesale of Medicines and Medical Appliances	2446747
#西药批发	Wholesale of Western Medicine	1596545
中药批发	Wholesale of Chinese Traditional Medicine	585361

continued

(10 000 yuan)

主营业务收入 Revenue of Major Business	营业成本 Business Costs	主营业务成本 Costs of Major Business	营业税金及附加 Business Taxes and Extra Charges	主营业务税金及附加 Taxes and Extra Charges in Major Business	其他业务利润 Profits of Other Business	销售费用 Costs of Sales
82268617	**79867887**	**77335375**	**569173**	**558098**	**271862**	**2381337**
63175712	**62296900**	**59880959**	**517523**	**507908**	**149901**	**1338134**
61880214	61029086	58613164	516534	506919	149683	1322754
3199277	2348185	2347096	403443	403359	6434	60466
620318	527170	526001	2408	2344	7996	74081
573	472	472	1	1		55
5221	5120	5120	8	8		121
5221	5120	5120	8	8		121
42743314	43747269	41386502	90006	82339	105252	631971
15559815	15056218	14990404	53436	50872	33910	219293
27183499	28691050	26396098	36570	31467	71342	412678
2759716	2564459	2547074	3108	3056	4477	161867
12482286	11776891	11741377	17401	15651	25524	386692
3545	3412	3412	9	9	107	94
12218623	11534176	11498662	16736	14986	25418	381008
260118	239303	239303	656	656		5590
69508	59522	59522	161	161		7501
1287308	1260945	1260927	962	962	35	13344
1215393	1206726	1206709	734	734		5403
71915	54220	54218	228	228	35	7941
8189	6869	6869	27	27	182	2035
8189	6869	6869	27	27	182	2035
252128	228428	228419	151	132	409	12855
4546923	3396261	3392164	422165	421320	15047	201654
147329	141944	141369	103	103	295	4579
2951318	2092880	2092566	417021	417021	360	47050
809616	683423	665682	1132	1132	136	105989
401257	288870	278265	562	562	35	93471
660513	621969	621925	602	602	842	14863
2436978	2158073	2157040	6874	6543	8398	158120
1587794	1469111	1468521	3552	3410	3621	54717
585166	465886	465443	2528	2339	4092	86708

13-5 续表9

单位：万元

指 标	Item	营业收入 Business Revenue
矿产品、建材及化工产品批发	Wholesale of Mineral Products, Building and Chemical Products	53809428
#煤炭及制品批发	Coal and Related Products	26714348
石油及制品批发	Petroleum and Related Products	1200372
金属及金属矿批发	Metals and Metals Materials	12834025
建材批发	Building Materials	8559357
化肥批发	Chemical Fertilizer	4084192
机械设备、五金产品及电子产品批发	Wholesale of Machinery, Hardwaresand Electronic Products	3041946
#汽车及零配件批发	Motor Vehicles and Parts	1411155
计算机、软件及辅助设备批发	Computer, Sofeware and Accessories	12055
其他批发业	Other Wholesales	139444
3.按控股情况分	Grouped by Share Holding	
国有控股	State Holding Enterprises	47745810
集体控股	Collective-owned Holding Enterprises	927409
私人控股	Private Holding Enterprises	14195130
港澳台商控股	Hongkong, Macao and Taiwan Holding Enterprises	105976
其 他	Others	2778592
4.按经营形式分	Grouped by Management Form	
独立门店	Independent Stores	39747481
连锁总店	Chain Headquarters	1601077
其 他	Others	24404360
5.按单位规模分	Grouped by Enterprise Size	
大 型	Large-size	17082449
中 型	Medium-size	38504022
小 型	Small-size	6658855
微 型	Micro-size	3507592
二、零售业	**Retail Trade**	**19363085**
1.按登记注册类型分组	Grouped by Registered Kind	
内资企业	Civil Funded Enterprises	18882981
国有企业	State-owned Enterprises	259935
集体企业	Collective-owned Enterprises	276643
股份合作企业	Share Cooperative Enterprises	7418

continued

(10 000 yuan)

主营业务收入 Revenue of Major Business	营业成本 Business Costs	主营业务成本 Costs of Major Business	营业税金及附加 Business Taxes and Extra Charges	主营业务税金及附加 Taxes and Extra Charges in Major Business	其他业务利润 Profits of Other Business	销售费用 Costs of Sales
51322831	52175207	49806333	83807	75391	120102	795617
24265917	25345242	22997947	67065	61847	61593	706540
1186251	1130302	1120317	2059	2045	42580	21615
12816612	12694529	12685911	9661	7985	8823	50426
8555595	8526634	8525535	2373	877	7078	4439
4082828	4071439	4070103	1461	1451	5	4986
3007726	2906886	2882757	2534	2531	4540	42939
1380242	1325118	1304181	694	691	412	24498
12055	11418	11418	14	14	125	525
138996	126653	126640	257	257	427	6097
45313340	45683062	43331493	483447	475835	112530	521338
919831	806101	803347	2991	2917	10954	78337
14076570	13158307	13105161	20151	18401	25656	558503
105937	86736	86734	264	264	35	9249
2760034	2562695	2554223	10670	10491	725	170707
37334429	37930446	35621175	210553	204355	72186	800258
1586129	1492340	1484872	37888	37888	3526	11794
24255154	22874114	22774912	269081	265664	74188	526081
16900514	14972064	14879785	463353	459893	48269	638501
36122439	37412776	35097067	43148	38789	93866	555702
6649671	6438160	6432401	8426	6644	6563	128220
3503087	3473900	3471707	2595	2581	1203	15710
19092905	**17570987**	**17454416**	**51650**	**50190**	**121961**	**1043203**
18625403	17173377	17061073	49226	47856	117658	997613
258718	239533	239231	632	533	3171	13490
275351	243276	243240	1107	1102	1084	8843
7418	6938	6938	26	26		

13-5 续表10

单位：万元

指　标	Item	营业收入 Business Revenue
有限责任公司	Limited Responsibility Corporations	4227582
国有独资公司	Company Exclusively with Investment from State	121985
其他有限责任公司	Other Limited Responsibility Company	4105597
股份有限公司	Share-holding Limited Corporations	2853887
私营企业	Private-owned Enterprises	11245462
私营独资企业	Enterprise Exclusively with Investment from Private	205024
私营合伙企业	Private Partnership Enterprises	72035
私营有限责任公司	Private Limited Responsibility Corporations	10008755
私营股份有限公司	Private Share-holding Limited Corporations	959650
其他企业	Others	12053
港、澳、台商投资企业	Enterprises Funded by HongKong, Macao and Taiwan	403793
合资经营企业(港或澳、台资)	Joint Venture Enterprises	245801
合作经营企业(港或澳、台资)	Cooperative Enterprises	995
港、澳、台商独资经营企业	Solely Owned Entersprises	156819
其他港、澳、台商投资企业	Others	178
外商投资企业	Foreign Funded Enterprises	76311
中外合资经营企业	Joint Venture Enterprises	9324
外资企业	Enterprises with Sole Foreign Investment	49489
其他外商投资企业	Other Foreign Funded Enterprises	17498
2.按零售行业小类分	Grouped by Wholesale Trade	
综合零售	General Retail Sales Trade	3105466
百货零售	Daily Goods	1367673
超级市场零售	Supermarkets	1346549
便利店零售	Covenience Stores	11241
其他综合零售	Others	380004
食品、饮料及烟草制品专门零售	Retail of Food, Beverage and Tobaccos	572610
纺织、服装及日用品专门零售	Retail of Textiles, Garments and Daily Articles	880492
#服装零售	Garments	755339
文化、体育用品及器材专门零售	Retail of Culture, Sports Articles and Equipments	339607
#图书、报刊零售	Books and Mangzines	160682
医药及医疗器材专门零售	Retail of Medicines and Medical Appliances	1879945
#西药零售	Western Medicines	1848481
中药零售	Traditional Chinese Medicines	15834
汽车、摩托车、零配件和燃料及其他动力销售	Retail of Motor Vehicles, Motorcycles, Feuls, Parts and Others	10488511
#汽车新车零售	New Motor Vehicles	6744525
汽车旧车零售	Used Motor Vehicles	127898
家用电器及电子产品专门零售	Retail of Household Electronic Equipments and Products	881953
#日用家电设备零售	Household Appliance	479279
计算机、软件及辅助设备零售	Computer, Software and Auxiliary Equipments	141584
通信设备零售	Communication Equipments	169221

continued

(10 000 yuan)

主营业务收入 Revenue of Major Business	营业成本 Business Costs	主营业务成本 Costs of Major Business	营业税金及附加 Business Taxes and Extra Charges	主营业务税金及附加 Taxes and Extra Charges in Major Business	其他业务利润 Profits of Other Business	销售费用 Costs of Sales
4162541	3788151	3766647	11805	11588	29431	228802
120216	96815	96422	582	579	1181	14983
4042325	3691336	3670225	11222	11009	28251	213819
2802505	2707603	2656146	4262	3729	4802	157494
11106818	10176588	10137682	31377	30871	79169	588807
204310	183655	182945	1046	925	271	6757
72035	69294	69294	90	90		981
9898973	9068517	9034638	28030	27654	78114	501005
931501	855122	850806	2211	2201	785	80064
12053	11289	11189	17	8		177
393738	336780	332516	2135	2046	2170	33000
239454	206660	202396	1070	982	1858	17810
995	999	999	7	7		
153110	128964	128964	1057	1057	312	15181
178	157	157	1	1		9
73765	60830	60828	290	288	2133	12590
8416	7119	7119	5	5	908	1898
49025	39081	39079	96	94	50	8680
16323	14630	14630	189	189	1175	2012
3009018	2702816	2691905	13297	13034	50828	231987
1326624	1165066	1159039	8299	8089	26457	93315
1291459	1167012	1162197	4011	3972	24167	126465
11241	10808	10808	39	37		265
379694	359930	359860	948	936	204	11942
571043	514795	513999	1696	1683	648	24737
862817	729189	727899	4142	3952	8797	66315
738425	628782	627764	3645	3470	7877	54533
334880	275523	274729	3192	3054	9411	38907
156022	118927	118132	741	613	7844	28204
1869550	1610327	1609879	4598	4597	2858	188924
1838624	1583772	1583772	4513	4513	2795	186596
15801	12652	12648	43	43	63	1929
10385263	9878328	9800230	17620	16824	43255	377664
6696823	6372249	6348230	10895	10805	38168	174887
127248	120377	120279	270	262	376	2659
876358	796517	793861	1809	1806	3874	52936
476990	429036	428477	1236	1236	2509	34073
140811	125110	124721	224	224	290	7236
167328	159255	158737	149	146	637	5664

13-5 续表11

单位：万元

指　标	Item	营业收入 Business Revenue
五金、家具及室内装饰材料专门零售	Retail of Hardwares, Furniture and Room Decorative Building	509746
货摊、无店铺及其他零售业	Retail of Stall, Non-store and Others	704757
3.按控股情况分	Grouped by Share Holding	
国有控股	State Holding Enterprises	5092127
集体控股	Collective-owned Holding Enterprises	611517
私人控股	Private Holding Enterprises	12490929
港澳台商控股	Hongkong, Macao and Taiwan Holding Enterprises	346486
外商控股	Foreign Holding Enterprises	57531
其　他	Others	764497
4.按经营形式分	Grouped by Management Form	
独立门店	Independent Stores	14357718
连锁总店	Chain Headquarters	2615637
连锁直营店	Direct Chain Stores	1189623
连锁加盟店	Franchise Chain Stores	15597
其　他	Others	1184510
5.按单位规模分	Grouped by Enterprise Size	
大　型	Large-size	7000526
中　型	Medium-size	7677727
小　型	Small-size	4058708
微　型	Micro-size	626124
6.按零售业态分	Grouped by Retail Format	
#有店铺零售	Store-based	19003564
食杂店	Grocery Store	25927
便利店	Convenient Store	514797
超　市	Supermarket	363158
大型超市	Hypermarket	1178665
仓储会员店	Warehouse Club	15664
百货店	Department Store	1714067
专业店	Specialized Shop	8653669
专卖店	Exclusive Shop	5163999
家居建材商店	Home Center	192398
购物中心	Shopping Center	516741
厂家直销中心	Factory Outlet Center	664478
无店铺零售	Non-store	345097
#网上商店	Online	163147

continued

(10 000 yuan)

主营业务收入 Revenue of Major Business	营业成本 Business Costs	主营业务成本 Costs of Major Business	营业税金及附加 Business Taxes and Extra Charges	主营业务税金及附加 Taxes and Extra Charges in Major Business	其他业务利润 Profits of Other Business	销售费用 Costs of Sales
508854	450220	450178	3862	3837	538	15664
675121	613272	591737	1434	1404	1753	46070
5005862	4690040	4626626	10663	9866	25689	302071
607082	550736	549220	2069	1956	3349	21740
12344341	11305566	11265602	34327	33803	84873	653017
337479	281727	278400	1983	1970	1993	28205
56212	45180	45180	93	93	908	10243
741931	697738	689388	2515	2502	5149	27927
14172722	13085830	13005777	40666	39677	106729	630720
2595238	2287717	2281345	5982	5753	9502	256041
1150439	1083715	1071318	2308	2224	523	102769
15597	13281	13281	53	53	480	1152
1158910	1100443	1082695	2641	2482	4727	52521
6887648	6380548	6327162	17220	16845	27934	416047
7547728	6898974	6850838	21751	20881	75115	405748
4033043	3707234	3693133	8115	7986	17087	206669
624486	584232	583283	4565	4479	1824	14740
18738475	17263536	17151384	51019	49570	121521	1009076
25917	23203	23199	42	42		1098
506158	491066	484195	1292	1211	1252	26403
357394	311096	309974	1465	1430	4756	34542
1132076	1018231	1014097	2253	2234	12713	124701
15664	14755	14755	16	16	42	533
1660113	1482549	1474280	10072	9687	38984	89940
8578545	7891031	7841308	18576	18086	27052	484903
5102321	4828866	4789084	9820	9487	33651	169867
192341	166967	166967	3574	3549	89	9545
507231	428241	427721	2385	2379	2040	35815
660715	607531	605805	1524	1449	943	31730
340048	295403	290985	572	561	439	33248
163007	143846	143594	200	199	193	10769

13-5 续表12

单位：万元

指　标	Item	管理费用 Costs of Administration
总　计	**Total**	**1346516**
一、批发业	**Wholesale Trade**	**804620**
1.按登记注册类型分	Grouped by Registered Kind	
内资企业	Civil Funded Enterprises	800069
国有企业	State-owned Enterprises	144140
集体企业	Collective-owned Enterprises	19649
股份合作企业	Share Cooperative Enterprises	35
联营企业	Joint Ownership Enterprises	206
国有联营企业	Collective Joint Enterprises	206
有限责任公司	Limited Responsibility Corporations	407488
国有独资公司	Company Exclusively with Investment from State	232881
其他有限责任公司	Other Limited Responsibility Company	174607
股份有限公司	Share-holding Limited Corporations	25258
私营企业	Private-owned Enterprises	202154
私营独资企业	Enterprise Exclusively with Investment from Private	108
私营有限责任公司	Private Limited Responsibility Corporations	197702
私营股份有限公司	Private Share-holding Limited Corporations	4343
其他企业	Others	1139
港、澳、台商投资企业	Enterprises Funded by HongKong, Macao and Taiwan	4330
合资经营企业(港或澳、台资)	Joint Venture Enterprises	1472
港、澳、台商独资经营企业	Solely Owned Entersprises	2857
外商投资企业	Foreign Funded Enterprises	222
中外合资经营企业	Joint Venture Enterprises	222
2.按批发行业小类分	Grouped by Wholesale Trade	
农、林、牧、渔产品批发	Wholesale of Agricultural, Forestry, Animal Husbandry and Fishery Products	9018
食品、饮料及烟草制品批发	Wholesale of Food, Beverage and Tobaccos	176773
#米、面制品及食用油批发	Rice, Flour and Edible Oil	4554
烟草制品批发	Tobacoo Products Manufacturing	130080
纺织、服装及家庭用品批发	Wholesale of Textiles, Garments and Family Articles	14133
#服装批发	Wholesale of Garments	10215
文化、体育用品及器材批发	Wholesale of Culture, Sports Articles and Equipments	13981
医药及医疗器材批发	Wholesale of Medicines and Medical Appliances	106917
#西药批发	Wholesale of Western Medicine	74772
中药批发	Wholesale of Chinese Traditional Medicine	20395

continued

(10 000 yuan)

财务费用 Costs of Finance	#利息支出 Interest Expenses	营业利润 Business Profits	利润总额 Total Profits	所得税费用 Income Tax Expenses	应付职工薪酬(本年贷方累计发生额) Remuneration Payable (Accumulated Credit Balance of The Year)	应交增值税 Added Taxes Payable
586343	**471007**	**369520**	**519308**	**222781**	**1579704**	**1919999**
428110	**377358**	**377382**	**520407**	**182778**	**801303**	**1665539**
429237	376538	363892	507001	180004	792096	1656267
-24625	3221	277935	282626	72730	120027	140561
1440	1167	-1322	3582	1219	20530	16904
		9	9	2	48	13
	1	-233	-233		24	1
	1	-233	-233		24	1
334006	291152	-127681	4402	70678	359795	1365166
192656	205503	-106472	-41166	22951	190860	82302
141350	85650	-21209	45568	47726	168935	1282864
6960	3133	44523	47918	7796	10918	23933
111359	77841	169572	167592	27458	279941	109603
46	45	-125	-125		90	30
108608	75389	162330	160157	26670	277811	103755
2705	2407	7367	7560	788	2041	5819
97	23	1088	1105	121	812	87
-1143	803	14288	14170	2774	8435	9066
-1828		8263	8280	1341	2118	6916
685	803	6025	5890	1433	6317	2150
17	17	-798	-764		773	206
17	17	-798	-764		773	206
1947	1246	5032	5898	422	5319	414
-19418	2276	379885	387806	100394	151434	180274
668	1663	-1135	284	16	3020	453
-27646	24	293305	293127	74877	103444	142017
3069	1250	36814	36744	5347	17496	5772
1859	73	32490	32488	5177	12182	1995
-251	630	15332	15360	4904	5032	760
22480	18256	32766	30163	9216	248439	45969
16824	14031	15857	14570	4458	90254	16313
4119	3141	5825	4614	1633	21355	17310

13-5 续表13

单位：万元

指　标	Item	管理费用 Costs of Administration
矿产品、建材及化工产品批发	Wholesale of Mineral Products, Building and Chemical Products	455164
#煤炭及制品批发	Coal and Related Products	405293
石油及制品批发	Petroleum and Related Products	5994
金属及金属矿批发	Metals and Metals Materials	23864
建材批发	Building Materials	10908
化肥批发	Chemical Fertilizer	3090
机械设备、五金产品及电子产品批发	Wholesale of Machinery, Hardwaresand Electronic Products	22521
#汽车及零配件批发	Motor Vehicles and Parts	4239
计算机、软件及辅助设备批发	Computer, Sofeware and Accessories	407
其他批发业	Other Wholesales	6114
3.按控股情况分	Grouped by Share Holding	
国有控股	State Holding Enterprises	518424
集体控股	Collective-owned Holding Enterprises	27726
私人控股	Private Holding Enterprises	230087
港澳台商控股	Hongkong, Macao and Taiwan Holding Enterprises	2900
其　他	Others	25483
4.按经营形式分	Grouped by Management Form	
独立门店	Independent Stores	486787
连锁总店	Chain Headquarters	13860
其　他	Others	303974
5.按单位规模分	Grouped by Enterprise Size	
大　型	Large-size	447114
中　型	Medium-size	268459
小　型	Small-size	70538
微　型	Micro-size	18509
二、零售业	**Retail Trade**	**541895**
1.按登记注册类型分组	Grouped by Registered Kind	
内资企业	Civil Funded Enterprises	526736
国有企业	State-owned Enterprises	9194
集体企业	Collective-owned Enterprises	11757
股份合作企业	Share Cooperative Enterprises	389

continued

(10 000 yuan)

财务费用 Costs of Finance	#利息支出 Interest Expenses	营业利润 Business Profits	利润总额 Total Profits	所得税费用 Income Tax Expenses	应付职工薪酬(本年贷方累计发生额) Remuneration Payable (Accumulated Credit Balance of The Year)	应交增值税 Added Taxes Payable
414230	346813	-157948	-20314	44418	347600	1418204
359288	301838	-197337	-72062	34881	302530	198230
7596	6177	31605	35036	2805	14194	20376
33037	25388	11572	16776	5276	21594	28233
5716	4155	5753	5542	696	3390	3493
2634	4288	585	1861	371	1199	1162514
5867	6655	65482	63566	17180	22019	12003
-1158	933	57199	57752	15609	8296	6265
50	17	-488	-488	9	284	66
186	234	20	1185	898	3964	2143
279379	285799	184087	287309	142595	441845	1483481
12564	3920	-9251	20728	2050	24968	22698
127714	79797	196143	195783	34191	296669	137164
711	803	6116	5998	1433	7393	2386
7743	7039	286	10589	2509	30428	19810
261317	221401	125973	218891	97587	580204	1427951
14705	11908	31479	31980	6492	13635	18306
152088	144049	219931	269536	78700	207464	219283
223438	210543	405826	499024	140352	441232	270268
135422	114069	85119	120926	35241	174409	1352707
29379	20014	-24482	-14758	4437	170449	31322
39872	32732	-89081	-84785	2750	15213	11242
158233	**93648**	**-7863**	**-1099**	**40003**	**778401**	**254459**
154990	90984	-23922	-17818	34711	757322	248172
471	74	-3218	-1123	201	8707	632
555	219	11040	11106	362	6440	3287
3		62	63	16	210	209

13-5 续表14

单位：万元

指　标	Item	管理费用 Costs of Administration
有限责任公司	Limited Responsibility Corporations	136828
国有独资公司	Company Exclusively with Investment from State	7837
其他有限责任公司	Other Limited Responsibility Company	128991
股份有限公司	Share-holding Limited Corporations	41162
私营企业	Private-owned Enterprises	327150
私营独资企业	Enterprise Exclusively with Investment from Private	9097
私营合伙企业	Private Partnership Enterprises	840
私营有限责任公司	Private Limited Responsibility Corporations	302848
私营股份有限公司	Private Share-holding Limited Corporations	14364
其他企业	Others	256
港、澳、台商投资企业	Enterprises Funded by HongKong, Macao and Taiwan	13543
合资经营企业(港或澳、台资)	Joint Venture Enterprises	8765
合作经营企业(港或澳、台资)	Cooperative Enterprises	60
港、澳、台商独资经营企业	Solely Owned Entersprises	4714
其他港、澳、台商投资企业	Others	3
外商投资企业	Foreign Funded Enterprises	1617
中外合资经营企业	Joint Venture Enterprises	374
外资企业	Enterprises with Sole Foreign Investment	573
其他外商投资企业	Other Foreign Funded Enterprises	670
2.按零售行业小类分	Grouped by Wholesale Trade	
综合零售	General Retail Sales Trade	119712
百货零售	Daily Goods	72312
超级市场零售	Supermarkets	41407
便利店零售	Covenience Stores	265
其他综合零售	Others	5729
食品、饮料及烟草制品专门零售	Retail of Food, Beverage and Tobaccos	20059
纺织、服装及日用品专门零售	Retail of Textiles, Garments and Daily Articles	62381
#服装零售	Garments	57160
文化、体育用品及器材专门零售	Retail of Culture, Sports Articles and Equipments	14687
#图书、报刊零售	Books and Mangzines	8218
医药及医疗器材专门零售	Retail of Medicines and Medical Appliances	36872
#西药零售	Western Medicines	34722
中药零售	Traditional Chinese Medicines	1020
汽车、摩托车、零配件和燃料及其他动力销售	Retail of Motor Vehicles, Motorcycles, Feuls, Parts and Others	209790
#汽车新车零售	New Motor Vehicles	138440
汽车旧车零售	Used Motor Vehicles	1624
家用电器及电子产品专门零售	Retail of Household Electronic Equipments and Products	26114
#日用家电设备零售	Household Appliance	14151
计算机、软件及辅助设备零售	Computer, Software and Auxiliary Equipments	6521
通信设备零售	Communication Equipments	2988

continued

(10 000 yuan)

财务费用 Costs of Finance	#利息支出 Interest Expenses	营业利润 Business Profits	利润总额 Total Profits	所得税费用 Income Tax Expenses	应付职工薪酬(本年贷方累计发生额) Remuneration Payable (Accumulated Credit Balance of The Year)	应交增值税 Added Taxes Payable
34285	21341	29772	32089	15419	154416	86391
229	41	2223	2666	860	8971	2282
34056	21300	27549	29423	14559	145445	84110
2055	581	-80948	-87229	128	97540	11987
117546	68721	19130	27000	18586	489685	145646
1017	508	3426	2713	227	11268	1924
9		819	662	2	684	293
109515	67902	13630	22169	17797	438413	140919
7005	310	1255	1455	561	39321	2510
75	49	241	276		325	18
2467	2052	15864	16486	5248	15639	5187
2232	1628	9249	9414	3576	12183	2722
		-60			33	4
235	424	6667	7064	1672	3406	2453
		8	8		17	8
776	612	196	233	44	5440	1101
548	549	-621	-635		893	54
185	63	863	912	44	3840	743
42		-47	-44		707	304
46658	22542	-3166	1248	7058	146643	85519
27735	15324	5215	7905	5464	87812	62721
17510	6233	-8712	-7507	727	54722	5769
1	1	-137	-204		187	7
1412	985	468	1054	868	3921	17022
4697	3461	7221	8519	1349	22600	5456
16497	13903	1450	1766	3264	33795	12057
16068	13708	-4909	-4993	1505	29510	8558
2388	133	12278	13163	2745	24298	3080
-46	3	4743	5286	1330	16728	686
8132	6390	31872	31986	10253	121916	28960
8031	6359	31560	31611	10202	119517	27411
98	31	160	239	37	1730	1286
67612	41685	-80456	-88493	9592	353950	103572
56800	33392	-4211	476	7251	118663	86789
1208	1179	1760	1763	491	1542	897
4091	1019	978	2305	1166	28097	8866
2414	486	-1651	-463	481	13476	4615
1002	453	1440	1552	348	4497	1360
277	70	376	431	227	7681	1348

13-5 续表15

单位：万元

指　标	Item	管理费用 Costs of Administration
五金、家具及室内装饰材料专门零售	Retail of Hardwares, Furniture and Room Decorative Building	16551
货摊、无店铺及其他零售业	Retail of Stall, Non-store and Others	35729
3.按控股情况分	Grouped by Share Holding	
国有控股	State Holding Enterprises	109281
集体控股	Collective-owned Holding Enterprises	26050
私人控股	Private Holding Enterprises	362305
港澳台商控股	Hongkong, Macao and Taiwan Holding Enterprises	13118
外商控股	Foreign Holding Enterprises	939
其　他	Others	30203
4.按经营形式分	Grouped by Management Form	
独立门店	Independent Stores	427274
连锁总店	Chain Headquarters	55817
连锁直营店	Direct Chain Stores	16862
连锁加盟店	Franchise Chain Stores	1211
其　他	Others	40732
5.按单位规模分	Grouped by Enterprise Size	
大　型	Large-size	155061
中　型	Medium-size	265596
小　型	Small-size	107961
微　型	Micro-size	13278
6.按零售业态分	Grouped by Retail Format	
#有店铺零售	Store-based	526788
食杂店	Grocery Store	685
便利店	Convenient Store	12111
超　市	Supermarket	16446
大型超市	Hypermarket	25909
仓储会员店	Warehouse Club	501
百货店	Department Store	91564
专业店	Specialized Shop	183517
专卖店	Exclusive Shop	118752
家居建材商店	Home Center	9710
购物中心	Shopping Center	38146
厂家直销中心	Factory Outlet Center	29449
无店铺零售	Non-store	14392
#网上商店	Online	8178

continued

(10 000 yuan)

财务费用 Costs of Finance	#利息支出 Interest Expenses	营业利润 Business Profits	利润总额 Total Profits	所得税费用 Income Tax Expenses	应付职工薪酬(本年贷方累计发生额) Remuneration Payable (Accumulated Credit Balance of The Year)	应交增值税 Added Taxes Payable
2834	1261	19732	23155	766	6487	3684
5324	3255	2229	5254	3808	40615	3267
12713	8743	-55270	-63629	12283	185778	25415
5394	3307	5239	10189	511	18728	5812
128704	73069	22489	31110	20118	532838	210949
2442	2029	18994	19576	5248	13269	4953
728	612	337	372		4593	753
8253	5889	349	1283	1843	23196	6578
133778	85577	36369	40619	29071	545528	213676
15548	5518	-6152	-6270	6524	146772	29990
5586	45	-21908	-22092	694	36706	3731
122	117	-224	-90		580	69
3199	2391	-15948	-13266	3714	48815	6993
50935	24704	-35119	-49362	15004	244581	46806
83284	56581	10639	26871	17737	367425	149301
22296	11301	8657	13217	7165	153098	54931
1719	1062	7960	8175	97	13297	3422
156620	93354	-7678	-1535	39553	653742	251576
61	32	837	1073	8	481	94
685	410	-16689	-15569	1431	13151	3069
3641	2005	-4014	-957	685	22516	2873
13836	4932	-5338	-6597	382	46856	5834
182		-324	-223	2	621	120
33703	19849	10516	11810	5725	88679	77767
37325	20766	26713	12038	19418	310838	94534
52209	32679	-11121	-3686	7285	111738	52274
1365	1035	55	2754	343	3816	1925
11947	9993	748	341	1172	19107	5708
1667	1653	-9061	-2520	3103	35938	7378
1537	218	-830	-212	306	123980	2605
895	137	-765	-468	54	5040	301

13-6 限额以上批发零售业商品销售类值(2017年)

SALES VALUE OF ENTERPRISES ABOVE DESIGNATED SIZE IN WHOLESALE AND RETAIL TRADE BY CATEGORY OF COMMODITIES(2017)

单位：万元 (10 000 yuan)

指　标	Item	销售额 Sales Value	批发额 Wholesale	零售额 Retail
总　计	**Total**	**88923817**	**65459282**	**23464535**
一、批发业	**Wholesale Trade**	**65400726**	**63865347**	**1535379**
1.粮油、食品类	Grain, Oil and Food	1591086	1295810	295276
2.饮料类	Beverages	101207	67241	33966
3.烟酒类	Tobacco and Liquor	3833147	3685856	147291
4.服装、鞋帽、针纺织品类	Clothing, Shoes and Hats, Textiles	955486	630637	324849
服装类	Clothing	942255	623836	318419
鞋帽类	Footwear and Hats	6008	3556	2452
针纺织品	Knitwear and Textiles	7224	3246	3978
5.化妆品类	Cosmetics	3653	857	2796
6.金银珠宝类	Gold, Silver and Jewellery	118757	118757	
7.日用品类	Articles for Daily Use	54639	40941	13698
#儿童玩具类	Children Toys	19649	18654	995
8.五金、电料类	Hardware and Electrical Materials	48187	30676	17511
9.体育、娱乐用品类	Sports and Recreation Articles	19176	18522	654
#照相器材类	Photographic Equipment			
10.书报杂志类	Newspapers and Magazines	199976	197701	2276
11.电子出版物及音像制品类	Electronic Publications and Audiovisual Products	10074	10074	
12.家用电器和音像器材类	Household Appliances and Audiovisual Equipments	675181	525065	150116
13.中西药品类	Traditional Chinese and Western Medicine	2421449	2380727	40722
#西　药	Western Medicine	1623319	1597898	25421
中草药及中成药类	Traditional Chinese Medicine	352759	341361	11398
14文化办公用品类	Culture and Office Articles	134976	128876	6100
#计算机及其配套产品	Computer and Corollarty Equipment	2105	2025	80
15.家具类	Furnitures	2653	1026	1627
16.通讯器材类	Communication Equipment	156	156	
17.煤炭及制品类	Coal and Related Products	21856317	21796990	59327
18.木材及制品类	Timber and Related Products	12869	12869	
19石油及制品类	Petroleum and Related Products	1446006	1421997	24009
20.化工材料及制品类	Chemical Materials and Related Products	3558275	3558275	
#化肥类	Chemical Fertilizer	693608	693608	
21.金属材料类	Metal Materials	22363452	22363452	
22.建筑及装潢材料类	Building and Decoration Materials	258939	191876	67063
23.机电产品及设备类	Mechanical and Electrical Products and Equipments	1587031	1583243	3789
#农机类	Farm Machineries	33156	33156	
24.汽车类	Automobiles	918393	639036	279357
25.种子饲料类	Seeds and Forages	49599	49599	
26.棉麻类	Cotton and Hemp	787	787	
27.其他类	Others	3179254	3114301	64954

13-6 续表 continued

单位：万元 (10 000 yuan)

指 标	Item	销售额 Sales Value	批发额 Wholesale	零售额 Retail
二、零售业	**Retail Trade**	**23523091**	**1593934**	**21929157**
1.粮油、食品类	Grain, Oil and Food	2138066	46726	2091340
2.饮料类	Beverages	243444	4431	239013
3.烟酒类	Tobacco and Liquor	663412	90122	573290
4.服装、鞋帽、针纺织品类	Clothing, Shoes and Hats, Textiles	2578432	31167	2547266
服装类	Clothing	1952438	26000	1926438
鞋帽类	Footwear and Hats	390385	641	389744
针纺织品	Knitwear and Textiles	235609	4525	231083
5.化妆品类	Cosmetics	273690	304	273387
6.金银珠宝类	Gold, Silver and Jewellery	411012	27568	383445
7.日用品类	Articles for Daily Use	435471	5566	429905
#儿童玩具类	Children Toys	59993	941	59053
8.五金、电料类	Hardware and Electrical Materials	281701	23429	258271
9.体育、娱乐用品类	Sports and Recreation Articles	57668	795	56873
#照相器材类	Photographic Equipment	663		663
10.书报杂志类	Newspapers and Magazines	209838	1641	208197
11.电子出版物及音像制品类	Electronic Publications and Audiovisual Products	10916		10916
12.家用电器和音像器材类	Household Appliances and Audiovisual Equipments	1020121	19473	1000649
13.中西药品类	Traditional Chinese and Western Medicine	1571439	245879	1325560
#西 药	Western Medicine	1096045	188595	907450
中草药及中成药类	Traditional Chinese Medicine	261832	49118	212714
14.文化办公用品类	Culture and Office Articles	167242	46946	120296
#计算机及其配套产品	Computer and Corollarty Equipment	57302	19063	38238
15.家具类	Furnitures	428896	1632	427264
16.通讯器材类	Communication Equipment	127534	42984	84550
17.煤炭及制品类	Coal and Related Products	137006	73056	63950
18.木材及制品类	Timber and Related Products	971	971	
19.石油及制品类	Petroleum and Related Products	4311387	687767	3623620
20.化工材料及制品类	Chemical Materials and Related Products	24481	24481	
#化肥类	Chemical Fertilizer	21622	21622	
21.金属材料类	Metal Materials	528	528	
22.建筑及装潢材料类	Building and Decoration Materials	482420	22740	459680
23.机电产品及设备类	Mechanical and Electrical Products and Equipments	44879	2756	42123
#农机类	Farm Machineries	2069	2069	
24.汽车类	Automobiles	7223105	161365	7061740
25.种子饲料类	Seeds and Forages	126	126	
26.棉麻类	Cotton and Hemp	1165		1165
27.其他类	Others	678142	31484	646658

13-7 亿元以上商品交易市场基本情况(2017年)

BASIC STATISTICS ON COMMODITY EXCHANGE MARKETS OF TRANSACTION VOLUME OVER 100 MILLION YUAN(2017)

市　场	Market	市场数量(个) Number of Markets (unit)	年末出租摊位数(个) Number of Stalls at Year-end (unit)	营业面积(平方米) Area of Bussiness (sq.m)	成交额(万元) Volume of Transaction (10 000 yuan)
总　计	**Total**	**32**	**25059**	**2504128**	**6395752**
一、按市场类别分组	Grouped by Market Category				
1.综合市场	Comprehensive Markets	11	15848	1679779	5153710
综合贸易市场	Comprehensive Commercial Markets	11	15848	1679779	5153710
生产资料综合市场	Productive Materials Comprehensive Markets	1	100	23000	10685
工业消费品综合市场	Industrial Consumable Comprehensive Markets	2	920	111220	16218
农产品综合市场	Farm Products Comprehensive Markets	4	2591	325934	565374
其他综合市场	Others	4	12237	1219625	4561433
2.专业市场	Special Markets	21	9211	824349	1242042
生产资料市场	Productive Materials Markets	1	372	15000	39281
建材市场	Building Materials Markets	1	372	15000	39281
农产品市场	Farm Products Comprehensive Markets	7	3096	280980	749348
粮油市场	Grain and Oil Markets	1	119	15000	71190
蔬菜市场	Vegetables Markets	4	2615	224800	631258
干鲜果品市场	Dried and Fresh Melons and Fruits Markets	2	362	41180	46900
食品、饮料及烟酒市场	Food, Beverages, Tobacco and Liquor Markets	1	96	3000	11200
纺织、服装、鞋帽市场	Textiles, Clothing, Shoes and Hats Markets	10	4911	373000	390039
服装市场	Clothing Markets	9	4451	335000	378139
鞋帽市场	Shoes and Hats Markets	1	460	38000	11900
家具、五金及装饰材料市场	Furniture, Hardware and Decoration Materials	2	736	152369	52174
家具市场	Markets Furniture Markets	1	571	123563	40171
装饰材料市场	Decoration Materials Markets	1	165	28806	12003
二、按经营方式分组	Grouped by Business Style				
1.以批发为主	Wholesale mainly	27	23086	2150759	6138430
2.以零售为主	Retail mainly	5	1973	353369	257322
三、按经营环境分组	Grouped by Business Environment				
1.露天式	Open-air Markets	4	2001	245400	234801
2.封闭式	Enclosed Markets	21	19218	1994603	5934564
3.其　他	Others	7	3840	264125	226387

13-8 亿元以上商品交易市场按摊位分类成交情况(2017年)

CLASSIFICATION OF COMMODITY EXCAHNGE MARKETS OF TRANSACTION VOLUME OVER 100 MILLION YUAN(2017)

类 别	Classification	年末出租摊位数(个) Number of Stalls at Year-end (unit)	成交额(万元) Volume of Transaction (10 000 yuan)
总 计	**Total**	**25059**	**6395752**
1.粮油、食品类	Grain, Oil and Food	6382	1967363
#粮油类	Grain and Oil	820	276160
肉禽蛋类	Meat, Poultry and Eggs	325	87258
水产品类	Aquatic Products	271	47752
蔬菜类	Vegetables	2912	625620
干鲜果品类	Dried and Fresh Fruits	1348	277022
2.饮料类	Beverages	121	14705
3.烟酒类	Tobacco and Liquor	335	352134
4.服装、鞋帽、针纺织品类	Clothing, Shoes, Hats and Textiles	10458	1046264
服装类	Clothing	7162	780006
鞋帽类	Footwear and Hats	1934	173303
针纺织品类	Knitwear and Textiles	1362	92955
5.化妆品类	Cosmetics	213	3537
6.金银珠宝类	Gold, Silver and Jewellery	4	133
7.日用品类	Articles for Daily Use	1678	549953
8.五金、电料类	Hardware and Electrical Materials	608	247359
9.体育、娱乐用品类	Sports and Recreational Articles	39	1680
10.电子出版物及音像制品类	Electronic Publication and Audiovisual Products	73	476
11.家用电器和音像器材类	Household Appliances and Audiovisual Equipments	95	3664
12.中西药品类	Traditional Chinese and Western Medicine	1	3
13.文化办公用品类	Cultural and Official Articles	44	4589
14.家具类	Furniture	1175	54995
15.通讯器材类	Communication Equipments	5	10
16.化工材料及制品类	Raw Chemical Materials and Related Products	4	210
17.金属材料类	Metal Materials	120	611025
18.建筑及装潢材料类	Building and Decoration Materials	1861	747799
19.机电产品及设备类	Mechanical and Electrical Products	200	206954
20.汽车类	Automobiles	35	506652
21.其他类	Others	1608	76247

13-9 私营企业基本情况(2017年)
BASIC STATISTICS ON PRIVATE-OWNED ENTERPRISES(2017)

单位：户 (household)

指　标	Item	年末实有户数 Real Number of Enterprises at Year-end	#本年开业 Openning at This Year	从业人员(人) Employees (person)	注册资金(万元) Registered Capital (10 000 yuan)
总　计	**Total**	**454520**	**97566**	**1804131**	**231861269**
农、林、牧、渔业	Farming, Forestry, Animal Husbandry and Fishery	24174	4087	96914	10778628
采矿业	Mining	4959	342	84396	6602888
制造业	Manufacturing	33201	4084	486683	26379456
电力、热力、燃气及水生产和供应业	Production and Supply of Electricity, Heat, Gas and Water	3146	871	16299	5421133
建筑业	Construction	31777	8727	113902	20431957
交通运输、仓储和邮政业	Transport, Storage and Post	15389	3291	53567	4978125
信息传输、软件和信息技术服务业	Information Transmission, Software and Information Technology Services	26983	5587	46702	8940542
批发和零售业	Wholesale and Retail Trade	185551	40350	554675	72238053
住宿和餐饮业	Hotels and Catering Services	8360	2014	39951	2644851
金融业	Financial Industry	4691	404	20787	11849770
房地产业	Real Estate	13315	2233	48890	13229392
租赁和商务服务业	Lease and Business Affairs Services	50292	12422	120515	27118687
科学研究和技术服务业	Scientific Reseach and Technical Services	17503	5147	30303	11114751
水利、环境和公共设施管理业	Water, Environmental Protection and Public Facility Management	3026	673	9053	1889720
居民服务、修理和其他服务业	Resident Services, Repair and Other Services	17996	3432	44657	3972820
教　育	Education	1178	299	4654	303413
卫生和社会工作	Health Care and Social Work	1917	480	7961	899879
文化、体育和娱乐业	Culture, Sports and Recreation	10740	2991	22755	2710551
其他行业	Others	322	132	1467	356652

13-10 个体工商业基本情况(2017年)
BASIC STATISTICS ON INDIVIDUAL BUSSINESS(2017)

单位：户 (household)

指 标	Item	年末实有户数 Real Number of Households at Year-end	#本年开业 Openning at This Year	从业人员(人) Employees (person)	注册资金(万元) Registered Capital (10 000 yuan)
总 计	**Total**	**1467583**	**271291**	**3292033**	**9652134**
农、林、牧、渔业	Farming, Forestry, Animal Husbandry and Fishery	20085	5673	69456	473531
采矿业	Mining	721	43	4518	28991
制造业	Manufacturing	50313	8404	159315	445460
电力、热力、燃气及水生产和供应业	Production and Supply of Electricity, Heat, Gas and Water	378	55	820	5141
建筑业	Construction	4472	1260	20013	72505
交通运输、仓储和邮政业	Transport, Storage and Post	84857	38811	167979	981133
信息传输、软件和信息技术服务业	Information Transmission, Software and Information Technology Services	36931	1096	69226	120241
批发和零售业	Wholesale and Retail Trade	873361	122054	1714590	5002562
住宿和餐饮业	Hotels and Catering Services	189903	54802	551143	1240182
金融业	Financial Industry	167	19	474	1621
房地产业	Real Estate	387	110	1246	2584
租赁和商务服务业	Lease and Business Affairs Services	10498	2248	25206	111230
科学研究和技术服务业	Scientific Reseach and Technical Services	1939	194	4896	13253
水利、环境和公共设施管理业	Water, Environmental Protection and Public Facility Management	5591	49	13440	23729
居民服务、修理和其他服务业	Resident Services, Repair and Other Services	171588	33497	443493	976257
教 育	Education	520	198	1864	5708
卫生和社会工作	Health Care and Social Work	7577	1398	16552	45143
文化、体育和娱乐业	Culture, Sports and Recreation	8153	1359	27431	101316
其他行业	Others	142	21	371	1546

主要统计指标解释

批发业 指向其他批发或零售单位（含个体经营者）及其他企事业单位、机关团体等批量销售生活用品、生产资料的活动，以及从事进出口贸易和贸易经纪与代理的活动。

零售业 指百货商店、超级市场、专门零售商店、品牌专卖店、售货摊等主要面向最终消费者（如居民等）的销售活动，以互联网、邮政、电话、售货机等方式的销售活动，还包括在同一地点，后面加工生产，前面销售的店铺（如面包房）。

批发和零售业法人企业 指具备如下条件的批发零售贸易企业：(1)依法成立，有自己的名称、组织机构和场所，能够承担民事责任；(2)独立拥有和使用资产，承担负债，有权与其他单位签订合同；(3)独立核算盈亏，并能够编制包括资产负债表在内的全部会计帐户。

限额以上批发企业 年主营业务收入2000万元及以上为限额以上批发企业。

限额以上零售企业 年主营业务收入500万元及以上为限额以上零售企业。

社会消费品零售总额 指企业（单位、个体户）通过交易直接售给个人、社会集团非生产、非经营用的实物商品金额，以及提供餐饮服务所取得的收入金额。个人包括城乡居民和入境人员，社会集团包括机关、社会团体、部队、学校、企事业单位、居委会或村委会等。

批发和零售业零售额 指批发和零售业企业、产业活动单位和个体户售给城乡居民用于生活消费和社会集团用于公共消费的商品金额。

门店总数 指该连锁企业所拥有的全部门店（包括直营店和加盟店）数量。其中，总店（如果总公司有门店的话）作为一个直营店处理。此外，有的地区分出控股店，控股店按直营店统计。

连锁总店（总部） 负责连锁企业资源（商号、商誉、经营模式、服务标准、管理模式等）的开发、配置、控制或使用等功能的企业核心管理机构。连锁经营是指经营同类商品或服务，使用统一商号的若干店铺，在同一总店（总部）的管理下，采取统一采购或特许经营等方式实现规模效益的组织形式，包括直营连锁、特许连锁和自愿连锁三种形式。

直营连锁 是指连锁店铺由连锁公司全资或控股开设，在总部的直接控制下，开展统一经营的连锁经营形式。

特许连锁 是指拥有注册商标、企业标志、专利、专有技术等经营资源的企业（特许人），以合同形式将其拥有的经营资源许可其他经营者（被特许人）使用，被特许人按合同约定在统一的经营模式下开展经营，并向特许人支付特许经营费用的连锁经营形式。

自愿连锁 是指若干个店铺或企业自愿组合起来，在不改变各自资产所有权关系的情况下，以同一个品牌形象面对消费者，以共同进货为纽带开展的连锁经营形式。

零售业态 指零售企业（单位）为满足不同的消费需求进行相应的要素组合而形成的不同经营形态；分类原则是，零售业态按零售店铺的结构特点，根据其经营方式、商品结构、服务功能，以及选址、商圈、规模、店堂设施、目标顾客和有无固定营业场所进行分类。

零售业态从总体上可以分为有店铺零售业态和无店铺零售业态两类。按照零售业态分类原则分为食杂店、便利店、折扣店、超市、大型超市、仓储会员店、百货店、专业店、专卖店、家居建材商店、购物中心、厂家直销中心、电视购物、邮购、网上商店、自动售货亭、电话购物等17种零售业态。

商品购进额 指从本企业以外的单位和个人购进(包括从国外直接进口)作为转卖或加工后转卖的商品金额(含增值税)。本指标反映批发和零售业从国内外市场上购进商品的总价。

商品销售额 指对本单位以外的单位和个人出售的商品金额（包括售给本单位消费用的商品，含增值税），在批发零售业中本指标反映在国内市场上销售商品以及出口商品的总量。

商品库存额 对于批发和零售业法人单位和个体经营户，是指报告期末取得所有权的全部商品金额（含增值税）；对于批发和零售业产业活动单位，是指报告期末实际在库且归属法人具有所有权的全部商品金额（含增值税）。该指标反映批发和零售业商品库存情况，以及对市场商品供应的保证程度。

亿元以上商品交易市场 指年成交额在亿元及以上的商品交易市场。商品交易市场是指经有关部门和组织批准设立，有固定场所、设施，有经营管理部门和监管人员，若干市场经营者入内，常年或实际开业三个月以上，集中、公开、独立地进行生活消费品、生产资料等现货商品交易以及提供相关服务的交易场所，包括各类消费品市场、生产资料市场等。

Explanatory Notes on Main Statistical Indicators

Wholesale Trade refers to the activities of wholesaler selling commodities in bulk for daily use and capital goods to other wholesale and retail enterprises, institutions and government offices, including the activities of wholesaler engaged in import and export and acting as a trade agent.

Retail Trade refers to the activities of department store, supermarket, franchised store, brand store, retail stall and on-the-spot-making-selling store selling commodities to the final consumers (citizens) by any means including internet, post, telephone, sales machine.

Wholesale and Retail Corporation Enterprises refer to the wholesale and retail trade enterprises satisfy the conditions as follow: (1) They are established legally, having their own names, organizations, location, able to take civil liability; (2) They possess and use their assets independently, assume liabilities, and are entitled to sign contracts with other units; (3) They are financially independent and compile their own balance sheets.

Wholesale Enterprise above Designated Size refers to wholesale enterprises whose annual revenue of major business amounts to 20 million yuan and over.

Retail Trade Enterprise above Designated Size refers to retail enterprises whose annual revenue of major business amounts to 5 million yuan and over.

Total Retail Sales of Consumer Goods refer to the amount obtained by enterprises (units, self-employed individuals) through direct sales of non-production and non-business physical commodity to individuals, social institutions, and revenue from providing catering services. Individuals include rural and urban households, population from abroad, and social institutions include government agencies, social organizations, military units, schools, institutions, neighborhood (village) committees.

Total Retail Sales of Wholesale and Retail Trade refer to the amount obtained by wholesale and retail enterprises, active units and self-employed individuals through sales to residents and social groups for mass consumption.

The Number of Stores refers to the total number of stores owned by the chain enterprises, including direct stores and franchises. The headquarter (if there has one) is counted as a direct store. In addition, there are some holding stores in some regions, and these stores are also counted as direct stores.

Chain Head Stores (Headquarters) refer to the core leading stores responsible for development, allocation, administration and utilization of resources (name of stores, brand of stores, operation model, service standard, management way, etc.) of chain stores. Chain stores refer to the stores engaged in providing homogeneous commodities or services, with the central leadership of head stores (headquarters) and guided by common policies, conduct centralized purchase and efficiency through standardized operation. The chain stores include regular chain stores, franchise chain stores and voluntary chain stores.

Regular Chain refers to chain that are invested or controlled by the headquarters. They operate under direct and unified management from the headquarters.

Franchise Chain refers to the chain stores (franchisees) which are franchised with operation resources such as trade marks, names, patent and operation know-how by the franchisors in form of contract and pay the operation fees to the franchisors.

Voluntary Chain refers to the stores or enterprises operate jointly on the voluntary bases while maintaining their status of independent legal entities with full ownership of the assets.

Retail Trade Format refers to the different business forms which combined by corresponding factors to satisfy different consumption needs. It is classified according to retail stores' structure characters, such as business form, commodities' structure, service function, address, business circle, scale, store facilities, target customers and whether having a fixed business place.

Retail trade format can be divided into store-based and non-store retail. It can be classified into 17 forms as the following: grocery store, convenient store, discount store, supermarket, hypermarket, warehouse club, department store, specialized shop, exclusive shop, home centre, shopping centre, factory outlet centre, TV shopping, mail shopping, web shop, vending machine and telephone shopping.

Value of Commodities Purchases refers to the value of commodities purchasing by enterprises from other units or individuals with value-added tax, including direct import form abroad, for the purpose of re-selling, either with or without further processing of the commodities purchased. It reflects the total commodities value that wholesale and retail trade purchased from the domestic and abroad market.

Value of Commodities Sales refers to the value of commodities sold by the units to other units or individuals with value-added tax, including goods sold for self consumption. It reflects the total commodities amount sold and exported in domestic market in wholesale and retail trade.

Total Value of Storing refers to total possessed commodities value including value-added tax for the wholesale and retail corporation units and individuals at the end of report period. And it refers to the total commodities value at the end of report period, including value-added tax, which are in stock and belong to the corporation units for the wholesale and retail active units. It reflects the goods stock of the wholesale and retail trade and the guarantee degree of goods supply to the market.

Commodities Trading Market over 100 Million Yuan refers to the commodity market with an annual transaction at and above 100 million yuan. Commodities trading market refers market that is approved by related government departments, which has fixed sites, facilities, managers and administration offices, traders, and has operated for more than three months. It is a place where the commodities including the articles for daily consumption, productive materials, goods transactions and services are traded in a centralized, independent and open way. And it includes consumer market, materials market and etc.

14

住宿、餐饮业和旅游

HOTELS, CATERING SERVICES AND TOURISM

资料整理人员

雷士伟　张艳君　邓　娜

住宿、餐饮业和旅游

HOTELS, CATERING SERVICES AND TOURISM

指标	Item	数值	单位	Unit
住宿、餐饮业营业额	Business Volume of Hotels and Catering Services	851756	万元	(10 000 yuan)
接待国内游客人数	Domestic Tourists	56073	万人次	(10 000 person-times)
接待入境过夜游客人数	Inbound Overnight Tourists	67.0	万人次	(10 000 person-times)
旅游总收入	Total Income of Tourism	5360.21	亿元	(100 million yuan)
旅游外汇收入	Foreign Exchange Earnings from Tourism	35014	万美元	(USD 10 000)

旅游总收入（亿元）

Total Income of Tourism (100 million yuan)

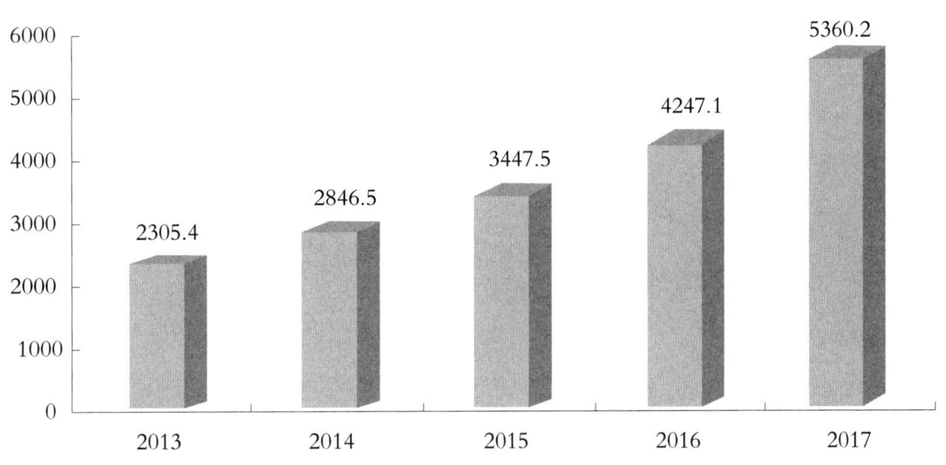

接待国内游客人数（万人次）

Domestic Tourists (10 000 person-times)

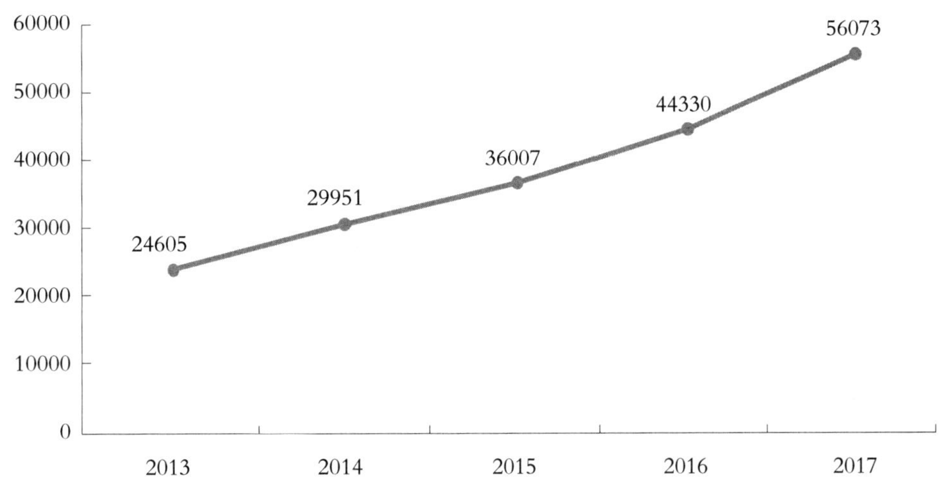

14-1　限额以上住宿和餐饮业法人企业经营情况(2017年)

单位：万元

指　标	Item	法人企业数(个) Number of Corporation Enterprises (unit)
总　计	**Total**	**736**
一、住宿业	**Hotels**	**334**
1.按登记注册类型分	Grouped by Registered Kind	
内资企业	Civil Funded Enterprises	334
国有企业	State-owned Enterprises	50
集体企业	Collective-owned Enterprises	7
有限责任公司	Limited Responsibility Corporations	61
国有独资公司	Company Exclusively with Investment from State	3
其他有限责任公司	Other Limited Responsibility Corporations	58
股份有限公司	Share-holding Limited Corporations	10
私营企业	Private-owned Enterprises	204
私营独资企业	Enterprise Exclusively with Investment from Private	25
私营合伙企业	Private Partnership Enterprises	2
私营有限责任公司	Private Limited Responsibility Corporations	176
私营股份有限公司	Private Share-holding Limited Corporations	1
其他企业	Others	2
2.按住宿行业小类分组	Grouped by Hotels	
旅游饭店	Tourist Hotels	176
一般旅馆	Ordinary Hotels	146
经济型连锁酒店	Economical Chain Hotels	21
其他一般旅馆	Others	125
民宿服务	Homestay Hotels	1
其他住宿业	Others	11
3.按控股情况分	Grouped by Share Holding	
国有控股	State Holding Enterprises	74
集体控股	Collective-owned Holding Enterprises	12
私人控股	Private Holding Enterprises	231
其　他	Others	17
4.按经营形式分	Grouped by Management Form	
独立门店	Independent Stores	299
连锁总店	Chain Headquarters	1
连锁直营店	Direct Chain Stores	5
连锁加盟店	Franchise Chain Stores	3
其　他	Others	26
5.按单位规模分	Grouped by Enterprise Size	
大　型	Large-size	1
中　型	Medium-size	34
小　型	Small-size	280
微　型	Micro-size	19
6.按星级分	Grouped by Stars	
五　星	Five Star	14
四　星	Four Star	51
三　星	Three Star	65
二　星	Two Star	16
其　他	Others	184

MANAGEMENT OF HOTELS AND CATERING CORPORATION ENTERPRISES ABOVE DESIGNATED SIZE(2017)

(10 000 yuan)

从业人员期末人数(人) Number of Employees at The End of Period (person)	营业额 Business Volume	#使用银行卡支付的营业额 Paid by Bank Cards	客房收入 Revenue of Guest Room	#通过公共网络实现的客房收入 by Public Network	通过非自营平台实现的客房收入 by Non-self-operating Platform
70980	**851756**	**145322**	**253695**	**13262**	**3528**
31784	**353647**	**61671**	**168703**	**9640**	**2988**
31784	353647	61671	168703	9640	2988
7860	89556	16858	38997	2781	1240
624	6143	444	3631	31	
8424	92336	12679	37639	1637	108
543	6319	2224	2904	361	
7881	86018	10455	34735	1276	108
776	9051	1878	5358	366	
13924	154928	29812	81928	4826	1640
1339	13034	1671	8916	438	10
40	574		436		
12305	139189	28141	71892	4388	1630
240	2131		684		
176	1633		1150		
22099	251143	39899	111597	6426	1424
8857	94522	21475	53504	3188	1563
794	7387	1687	5169	258	225
8063	87135	19788	48336	2930	1339
203	1278		95		
625	6705	296	3507	26	
11371	124802	22206	54582	3290	1272
1169	11990	2134	6365	204	32
16458	181512	34170	93286	5570	1640
2786	35343	3162	14471	576	44
29292	324574	60381	152350	9046	2825
22	566		543		
225	4596	540	4288	577	145
69	908		884		
2176	23003	750	10639	17	17
600	14964		6127		
10327	143586	30241	53731	3961	1058
20610	192390	31357	107079	5666	1922
247	2707	73	1765	13	8
4046	60012	5889	23644	641	331
6732	69676	18757	29770	1316	153
7018	76397	12777	32851	1096	409
1114	8147	1121	4099	51	
12507	134880	23101	76168	6522	2095

14-1 续表1

单位：万元

指　标	Item	法人企业数(个) Number of Corporation Enterprises (unit)
二、餐饮业	**Catering**	**402**
1.按登记注册类型分	Grouped by Registered Kind	
内资企业	Civil Funded Enterprises	400
国有企业	State-owned Enterprises	19
集体企业	Collective-owned Enterprises	2
股份合作企业	Share Cooperative Enterprises	1
有限责任公司	Limited Responsibility Corporations	62
国有独资公司	Company Exclusively with Investment from State	1
其他有限责任公司	Other Limited Responsibility Company	61
股份有限公司	Share-holding Limited Corporations	7
私营企业	Private-owned Enterprises	307
私营独资企业	Enterprise Exclusively with Investment from Private	46
私营合伙企业	Private Partnership Enterprises	3
私营有限责任公司	Private Limited Responsibility Corporations	250
私营股份有限公司	Private Share-holding Limited Corporations	8
其他企业	Others	2
港、澳、台商投资企业	Enterprises Funded by HongKong, Macao and Taiwan	1
港、澳、台商独资经营企业	Solely Owned	1
外商投资企业	Foreign Funded Enterprises	1
外资企业	Enterprises Funded by Foreign Invetments	1
2.按餐饮行业小类分组	Grouped by Catering Services	
正餐服务	Dinner	391
快餐服务	Fast Food	9
餐饮配送及外卖送餐服务	Catering Delivery and Takeout Delivery	1
餐饮配送服务	Catering Delivery	1
其他餐饮业	Others	1
3.按控股情况分	Grouped by Share Holding	
国有控股	State Holding Enterprises	30
集体控股	Collective-owned Holding Enterprises	5
私人控股	Private Holding Enterprises	347
港澳台商控股	Hongkong, Macao and Taiwan Holding Enterprises	2
外商控股	Foreign Holding Enterprises	1
其　他	Others	17
4.按经营形式分	Grouped by Management Form	
独立门店	Independent Stores	365
连锁总店	Chain Headquarters	6
连锁直营店	Direct Chain Stores	2
其　他	Others	29
5.按单位规模分	Grouped by Enterprise Size	
大　型	Large-size	3
中　型	Medium-size	40
小　型	Small-size	336
微　型	Micro-size	23

continued

(10 000 yuan)

从业人员期末人数(人) Number of Employees at The End of Period (person)	营业额 Business Volume	#使用银行卡支付的营业额 Paid by Bank Cards	客房收入 Revenue of Guest Room	#通过公共网络实现的客房收入 by Public Network	通过非自营平台实现的客房收入 by Non-self-operating Platform
39196	**498109**	**83651**	**84992**	**3622**	**541**
34824	415407	73591	84992	3622	541
1437	11906	1303	4245	41	18
146	1834	132	1035		
45	413	246	182		
7451	96451	14876	17675	603	17
167	728	296	622	28	
7284	95723	14579	17053	575	17
640	3771	530	1448		
24918	300103	56504	60135	2978	505
2219	26920	2699	6567	200	
108	1007	85	322		
21637	263567	52045	49744	2611	392
954	8609	1676	3502	167	113
187	928		273		
1283	18432	10061			
1283	18432	10061			
3089	64270				
3089	64270				
33574	399619	73101	84787	3622	541
5557	97063	10171			
50	456	380			
50	456	380			
15	972		205		
3226	31492	5681	11240	69	19
373	8143	132	1192		
29664	358568	66286	69004	3524	522
1359	19372	10061	485		
3089	64270				
1485	16265	1492	3071	28	
29252	339407	71251	79511	3530	541
5629	110223	10101			
215	2258	1015			
4100	46222	1284	5481	92	
5293	94525	10061			
11437	176621	46253	29878	1995	15
22190	224429	27159	54820	1626	526
276	2533	178	293		

14-1 续表2

单位：万元

指 标	Item	餐费收入 Revenue of Dining	#通过公共网络实现的餐费收入 by Public Network
总 计	**Total**	**533246**	**31403**
一、住宿业	**Hotels**	**145902**	**2613**
1.按登记注册类型分	Grouped by Registered Kind		
内资企业	Civil Funded Enterprises	145902	2613
国有企业	State-owned Enterprises	41560	421
集体企业	Collective-owned Enterprises	1968	
有限责任公司	Limited Responsibility Corporations	40894	748
国有独资公司	Company Exclusively with Investment from State	2768	3
其他有限责任公司	Other Limited Responsibility Corporations	38126	745
股份有限公司	Share-holding Limited Corporations	2854	41
私营企业	Private-owned Enterprises	58165	1403
私营独资企业	Enterprise Exclusively with Investment from Private	3247	15
私营合伙企业	Private Partnership Enterprises		
私营有限责任公司	Private Limited Responsibility Corporations	53571	1388
私营股份有限公司	Private Share-holding Limited Corporations	1346	
其他企业	Others	462	
2.按住宿行业小类分组	Grouped by Hotels		
旅游饭店	Tourist Hotels	111272	1939
一般旅馆	Ordinary Hotels	31612	666
经济型连锁酒店	Economical Chain Hotels	1856	68
其他一般旅馆	Others	29756	598
民宿服务	Homestay Hotels	1024	
其他住宿业	Others	1994	8
3.按控股情况分	Grouped by Share Holding		
国有控股	State Holding Enterprises	54852	457
集体控股	Collective-owned Holding Enterprises	4376	46
私人控股	Private Holding Enterprises	68318	2097
其 他	Others	18356	13
4.按经营形式分	Grouped by Management Form		
独立门店	Independent Stores	135565	2571
连锁总店	Chain Headquarters	6	
连锁直营店	Direct Chain Stores	191	41
连锁加盟店	Franchise Chain Stores	5	
其 他	Others	10136	
5.按单位规模分	Grouped by Enterprise Size		
大 型	Large-size	7848	
中 型	Medium-size	72121	1599
小 型	Small-size	65675	1014
微 型	Micro-size	258	
6.按星级分	Grouped by Stars		
五 星	Five Star	32186	69
四 星	Four Star	32374	321
三 星	Three Star	33956	478
二 星	Two Star	3679	14
其 他	Others	41545	1720

continued

(10 000 yuan)

其中：通过非自营平台实现的餐费收入 by Non-self-operating Platform	商品销售额收入 Revenue of Sales of Commodities	其他收入 Other Revenue	客房数(间) Rooms (unit)	床位数(个) Beds (unit)	餐位数(位) Tables (unit)	年末餐饮营业面积(平方米) Operating Area of Catering Services at Year-end(sq.m)
1874	**17212**	**47603**	**108612**	**172208**	**351055**	**1965319**
969	**4726**	**34316**	**66979**	**105858**	**131141**	**798650**
969	4726	34316	66979	105858	131141	798650
266	873	8126	6766	11897	22762	136632
		543	2323	4687	1750	6162
30	894	12910	11746	20639	30824	195262
	145	502	541	841	1316	3790
30	749	12408	11205	19798	29508	191472
	29	810	1097	2025	4574	20345
674	2909	11926	44855	66220	70681	433350
8	276	595	2212	4234	5340	51621
		138	169	305		
666	2533	11193	42314	61381	64441	380729
	101		160	300	900	1000
	21	1	192	390	550	6899
436	3493	24781	49441	74787	93002	508999
526	963	8442	16490	29295	33227	261504
35	155	207	1947	3172	2601	32022
491	808	8235	14543	26123	30626	229482
		159	89	159	1074	5517
8	271	933	959	1617	3838	22630
291	1098	14271	13389	24039	30990	217821
4	19	1230	2901	5757	3782	19902
674	3290	16619	47847	71109	85418	503897
	320	2196	2842	4953	10951	57030
969	4407	32253	62201	97871	119255	706137
	11	6	143	214	20	120
	61	56	928	1244	192	7240
	19		301	372	24	42
	228	2000	3406	6157	11650	85111
		989	401	527	600	4000
653	1579	16154	8005	13342	31796	147276
317	3134	16502	57595	90195	96935	626934
	13	672	978	1794	1810	20440
15	275	3907	4024	6758	13224	69217
	780	6752	7985	13145	28194	138847
276	2030	7560	7160	13084	28854	179888
8	167	201	18806	20089	8708	40167
670	1446	15722	28646	52125	50873	362002

14-1 续表3

单位：万元

指　标	Item	餐费收入 Revenue of Dining	#通过公共网络实现的餐费收入 by Public Network
二、餐饮业	**Catering**	**387343**	**28790**
1.按登记注册类型分	Grouped by Registered Kind		
内资企业	Civil Funded Enterprises	304641	26554
国有企业	State-owned Enterprises	7023	8
集体企业	Collective-owned Enterprises	800	55
股份合作企业	Share Cooperative Enterprises	216	
有限责任公司	Limited Responsibility Corporations	65949	1125
国有独资公司	Company Exclusively with Investment from State	106	
其他有限责任公司	Other Limited Responsibility Company	65843	1125
股份有限公司	Share-holding Limited Corporations	2146	
私营企业	Private-owned Enterprises	227854	25366
私营独资企业	Enterprise Exclusively with Investment from Private	19265	891
私营合伙企业	Private Partnership Enterprises	686	
私营有限责任公司	Private Limited Responsibility Corporations	203265	23813
私营股份有限公司	Private Share-holding Limited Corporations	4638	662
其他企业	Others	655	
港、澳、台商投资企业	Enterprises Funded by HongKong, Macao and Taiwan	18432	2237
港、澳、台商独资经营企业	Solely Owned	18432	2237
外商投资企业	Foreign Funded Enterprises	64270	
外资企业	Enterprises Funded by Foreign Invetments	64270	
2.按餐饮行业小类分组	Grouped by Catering Services		
正餐服务	Dinner	289826	26554
快餐服务	Fast Food	96920	2237
餐饮配送及外卖送餐服务	Catering Delivery and Takeout Delivery	76	
餐饮配送服务	Catering Delivery	76	
其他餐饮业	Others	522	
3.按控股情况分	Grouped by Share Holding		
国有控股	State Holding Enterprises	16766	9
集体控股	Collective-owned Holding Enterprises	1630	55
私人控股	Private Holding Enterprises	273173	25730
港澳台商控股	Hongkong, Macao and Taiwan Holding Enterprises	18887	2237
外商控股	Foreign Holding Enterprises	64270	
其　他	Others	12617	759
4.按经营形式分	Grouped by Management Form		
独立门店	Independent Stores	242046	11279
连锁总店	Chain Headquarters	110094	17407
连锁直营店	Direct Chain Stores	2258	23
其　他	Others	32946	82
5.按单位规模分	Grouped by Enterprise Size		
大　型	Large-size	94525	2725
中　型	Medium-size	133676	21060
小　型	Small-size	157003	5005
微　型	Micro-size	2139	

continued

(10 000 yuan)

其中：通过非自营平台实现的餐费收入 by Non-self-operating Platform	商品销售额收　入 Revenue of Sales of Commodities	其他收入 Other Revenue	客房数(间) Rooms (unit)	床位数(个) Beds (unit)	餐位数(位) Tables (unit)	年末餐饮营业面积(平方米) Operating Area of Catering Services at Year-end(sq.m)
904	**12486**	**13288**	**41633**	**66350**	**219914**	**1166669**
904	12486	13288	41633	66350	207709	1131490
6	165	473	1265	2384	6842	33294
			185	389	1690	7600
		15	24	50	300	2000
251	5911	6918	4139	7125	33639	225070
		1	166	283	1100	8000
251	5911	6917	3973	6842	32539	217070
	168	11	373	599	3895	14713
647	6243	5872	35567	55648	160783	845213
	512	576	1515	2740	20919	83146
			160	312	1410	5270
585	5705	4853	32907	50828	131899	706648
62	26	443	985	1768	6555	50149
			80	155	560	3600
					2525	8229
					2525	8229
					9680	26950
					9680	26950
904	11718	13288	41605	66299	203413	1119050
	143				16335	45119
	380				10	1000
	380				10	1000
	246		28	51	156	1500
8	242	3243	2517	4531	13684	95661
	4976	346	235	489	2180	9721
719	7054	9337	38049	59974	183332	986566
			119	177	2825	13229
					9680	26950
177	215	363	713	1179	8213	34542
833	6982	10868	40440	64353	182135	1026249
71		129			15745	52759
					1340	7200
	5504	2291	1193	1997	20694	80461
					14445	41559
106	7398	5668	4851	7908	45286	264264
798	5087	7519	36364	57669	155175	813651
	1	100	418	773	5008	47195

14-2 限额以上住宿和餐饮业法人企业主要财务状况(2017年)

单位：万元

指 标	Item	年初存货 Beginning Inventory
总 计	**Total**	**78298**
一、住宿业	**Hotels**	**31698**
1.按登记注册类型分	Grouped by Registered Kind	
内资企业	Civil Funded Enterprises	31698
国有企业	State-owned Enterprises	8695
集体企业	Collective-owned Enterprises	738
有限责任公司	Limited Responsibility Corporations	6096
国有独资公司	Company Exclusively with Investment from State	683
其他有限责任公司	Other Limited Responsibility Corporations	5413
股份有限公司	Share-holding Limited Corporations	760
私营企业	Private-owned Enterprises	15292
私营独资企业	Enterprise Exclusively with Investment from Private	659
私营合伙企业	Private Partnership Enterprises	3
私营有限责任公司	Private Limited Responsibility Corporations	14589
私营股份有限公司	Private Share-holding Limited Corporations	41
其他企业	Others	117
2.按住宿行业小类分组	Grouped by Hotels	
旅游饭店	Tourist Hotels	19327
一般旅馆	Ordinary Hotels	11560
经济型连锁酒店	Economical Chain Hotels	352
其他一般旅馆	Others	11208
民宿服务	Homestay Hotels	127
其他住宿业	Others	684
3.按控股情况分	Grouped by Share Holding	
国有控股	State Holding Enterprises	11368
集体控股	Collective-owned Holding Enterprises	986
私人控股	Private Holding Enterprises	17935
其 他	Others	1409
4.按经营形式分	Grouped by Management Form	
独立门店	Independent Stores	29603
连锁总店	Chain Headquarters	
连锁直营店	Direct Chain Stores	11
连锁加盟店	Franchise Chain Stores	45
其 他	Others	2040
5.按单位规模分	Grouped by Enterprise Size	
大 型	Large-size	626
中 型	Medium-size	6273
小 型	Small-size	24115
微 型	Micro-size	683
6.按星级分	Grouped by Stars	
五 星	Five Star	3472
四 星	Four Star	8434
三 星	Three Star	5491
二 星	Two Star	4317
其 他	Others	9762

FINANCIAL CONDITION OF HOTELS AND CATERING CORPORATION ENTERPRISES ABOVE DESIGNATED SIZE(2017)

(10 000 yuan)

流动资产合计 Total Circulating Assets	#应收帐款 Accounts Receivable	#存货 Inventory	固定资产合计 Total Fixed Assets	累计折旧 Accumulated Depreciation	#本年折旧 Depreciation This Year	资产总计 Total Assets
877823	**135314**	**72783**	**1041954**	**750864**	**95560**	**2382677**
456739	**60535**	**28809**	**611583**	**463410**	**51262**	**1286495**
456739	60535	28809	611583	463410	51262	1286495
111819	7909	4967	181221	148015	14652	330478
6877	3144	880	9509	5915	267	26908
105877	19827	7000	144242	134868	10217	299691
5475	1440	644	15201	16067	1055	21619
100403	18387	6356	129041	118801	9162	278072
6063	882	710	19349	20149	1225	28838
224898	28739	15150	254291	152357	24747	596083
8948	1084	547	5260	3665	1701	17687
237	3	2	90	62	62	818
210212	26581	14562	248579	146076	20429	571715
5500	1072	39	362	2555	2555	5864
1205	34	102	2972	2106	154	4497
331130	43803	20297	459540	389769	45377	938970
117463	15679	7720	130739	64249	5165	314285
3338	525	310	16476	2832	792	24897
114126	15154	7410	114263	61417	4373	289388
246	47	99	1251	3358	193	1607
7901	1006	694	20053	6034	527	31634
134300	14853	8152	248646	211697	18799	432360
9379	3822	1113	25979	13172	920	46982
275358	38749	17864	301060	194501	29289	716078
37702	3112	1680	35898	44039	2254	91075
419959	55553	26604	543062	438646	47075	1168712
661	13		7	57	4	731
1539	65	23	1834	1039	230	4236
359	29	50	664	492	26	1023
34222	4875	2133	66017	23176	3926	111793
13041	154	628	25860	31744	6609	38947
169103	17869	6850	244454	163601	14498	511361
259896	41247	20826	332808	265737	30055	703666
14699	1265	506	8462	2328	100	32521
63316	6193	3679	132336	94297	11969	228442
102058	12289	8015	125042	134408	13384	305109
113974	12130	5492	123307	116077	9587	266121
8935	1269	1051	16325	11795	1218	26638
162830	25034	10281	208693	104346	13075	448189

14-2 续表1

单位：万元

指　标	Item	年初存货 Beginning Inventory
二、餐饮业	**Catering**	**46600**
1.按登记注册类型分	Grouped by Registered Kind	
内资企业	Civil Funded Enterprises	45908
国有企业	State-owned Enterprises	1228
集体企业	Collective-owned Enterprises	380
股份合作企业	Share Cooperative Enterprises	6
有限责任公司	Limited Responsibility Corporations	5992
国有独资公司	Company Exclusively with Investment from State	278
其他有限责任公司	Other Limited Responsibility Company	5714
股份有限公司	Share-holding Limited Corporations	809
私营企业	Private-owned Enterprises	37395
私营独资企业	Enterprise Exclusively with Investment from Private	1440
私营合伙企业	Private Partnership Enterprises	6
私营有限责任公司	Private Limited Responsibility Corporations	35311
私营股份有限公司	Private Share-holding Limited Corporations	638
其他企业	Others	98
港、澳、台商投资企业	Enterprises Funded by HongKong, Macao and Taiwan	227
港、澳、台商独资经营企业	Solely Owned	227
外商投资企业	Foreign Funded Enterprises	465
外资企业	Enterprises Funded by Foreign Invetments	465
2.按餐饮行业小类分组	Grouped by Catering Services	
正餐服务	Dinner	45566
快餐服务	Fast Food	1004
餐饮配送及外卖送餐服务	Catering Delivery and Takeout Delivery	24
餐饮配送服务	Catering Delivery	24
其他餐饮业	Others	7
3.按控股情况分	Grouped by Share Holding	
国有控股	State Holding Enterprises	2988
集体控股	Collective-owned Holding Enterprises	762
私人控股	Private Holding Enterprises	41241
港澳台商控股	Hongkong, Macao and Taiwan Holding Enterprises	260
外商控股	Foreign Holding Enterprises	465
其　他	Others	884
4.按经营形式分	Grouped by Management Form	
独立门店	Independent Stores	42922
连锁总店	Chain Headquarters	1646
连锁直营店	Direct Chain Stores	
其　他	Others	2032
5.按单位规模分	Grouped by Enterprise Size	
大　型	Large-size	834
中　型	Medium-size	23828
小　型	Small-size	21486
微　型	Micro-size	452

continued

(10 000 yuan)

流动资产合计 Total Circulating Assets	#应收帐款 Accounts Receivable	#存货 Inventory	固定资产合计 Total Fixed Assets	累计折旧 Accumulated Depreciation	#本年折旧 Depreciation This Year	资产总计 Total Assets
421083	**74779**	**43974**	**430371**	**287454**	**44298**	**1096182**
415582	74705	43181	420806	280287	42876	1061546
4999	1206	1391	9689	13062	3401	19510
1596	418	346	1164	2492	171	2924
74	13	13	74	64	2	148
83012	15657	5437	149754	103661	15187	311394
1372	15	259	1128	1630	206	34053
81640	15642	5177	148626	102031	14981	277342
12071	611	831	317	1407	27	17708
313247	56926	35050	258241	157133	23868	707302
19863	4720	1183	19186	4890	718	41738
137	60	8	1151	99	4	1965
274693	47303	33280	220435	148197	22847	626935
18554	4844	578	17470	3947	300	36665
584	-127	113	1567	2468	220	2560
1714	58	251	5635	1074	440	17450
1714	58	251	5635	1074	440	17450
3788	16	542	3930	6094	982	17186
3788	16	542	3930	6094	982	17186
405077	73973	42773	415090	278316	42259	1040398
15480	615	1059	10583	8713	1958	50521
152	4	124	277	27	22	457
152	4	124	277	27	22	457
374	187	19	4421	399	60	4805
22193	3103	2864	102968	64128	13577	184861
5009	672	733	4719	5381	567	10736
375993	68780	38594	303578	205490	28351	842174
4402	93	268	5872	1310	449	20376
3788	16	542	3930	6094	982	17186
9699	2116	972	9304	5052	373	20850
374377	70325	39000	395674	260472	37955	988024
14137	1491	2829	11668	8742	2124	46478
1333	30		373	290	33	2868
31237	2933	2145	22657	17952	4185	58811
7443	113	928	9715	7661	1504	37458
126376	22600	14825	234069	158341	23252	437598
277676	48630	27778	179961	111167	18676	601530
9589	3435	443	6626	10285	867	19595

14-2 续表2

单位：万元

指 标	Item	流动负债合计 Liquid Liabilities
总 计	**Total**	**1857483**
一、住宿业	**Hotels**	**945183**
1.按登记注册类型分	Grouped by Registered Kind	
内资企业	Civil Funded Enterprises	945183
国有企业	State-owned Enterprises	200397
集体企业	Collective-owned Enterprises	22035
有限责任公司	Limited Responsibility Corporations	232886
国有独资公司	Company Exclusively with Investment from State	2968
其他有限责任公司	Other Limited Responsibility Corporations	229918
股份有限公司	Share-holding Limited Corporations	15415
私营企业	Private-owned Enterprises	471852
私营独资企业	Enterprise Exclusively with Investment from Private	13810
私营合伙企业	Private Partnership Enterprises	607
私营有限责任公司	Private Limited Responsibility Corporations	454579
私营股份有限公司	Private Share-holding Limited Corporations	2856
其他企业	Others	2599
2.按住宿行业小类分组	Grouped by Hotels	
旅游饭店	Tourist Hotels	691127
一般旅馆	Ordinary Hotels	221894
经济型连锁酒店	Economical Chain Hotels	24157
其他一般旅馆	Others	197737
民宿服务	Homestay Hotels	1297
其他住宿业	Others	30865
3.按控股情况分	Grouped by Share Holding	
国有控股	State Holding Enterprises	233826
集体控股	Collective-owned Holding Enterprises	35087
私人控股	Private Holding Enterprises	587591
其 他	Others	88680
4.按经营形式分	Grouped by Management Form	
独立门店	Independent Stores	859611
连锁总店	Chain Headquarters	47
连锁直营店	Direct Chain Stores	2712
连锁加盟店	Franchise Chain Stores	528
其 他	Others	82285
5.按单位规模分	Grouped by Enterprise Size	
大 型	Large-size	7620
中 型	Medium-size	357882
小 型	Small-size	554234
微 型	Micro-size	25447
6.按星级分	Grouped by Stars	
五 星	Five Star	108302
四 星	Four Star	210610
三 星	Three Star	239345
二 星	Two Star	22158
其 他	Others	354234

continued

(10 000 yuan)

负债合计 Total Liabilities	所有者权益合计 Total Creditors' Equity					
		#实收资本 Capital Hold	#国家资本 State	#集体资本 Collective	#法人资本 Legal Person	#个人资本 Individual
2195937	**186740**	**870994**	**160019**	**12891**	**314510**	**381835**
1171572	**114923**	**570679**	**137248**	**4640**	**199901**	**228891**
1171572	114923	570679	137248	4640	199901	228891
265535	64943	119646	119356		290	
25738	1170	1663	10	1598	55	
310810	-11120	121854	17832	1211	75845	26965
7426	14193	5637	427		5210	
303385	-25313	116216	17405	1211	70635	26965
16604	12233	124357		1786	22552	100020
550285	45798	200257	49	45	98757	101406
14395	3292	5762	49		4376	1337
607	211	210			5	205
531075	40640	192630		45	94376	98209
4208	1656	1656				1656
2599	1898	2902			2402	500
901719	37251	438071	82102	4152	160761	191056
237682	76603	121602	55146	488	35980	29989
24790	107	4883	530		3506	847
212892	76496	116719	54616	488	32474	29142
1297	310	2000			2000	
30874	759	9006			1160	7847
347464	84895	172157	137188	105	33614	1250
38804	8178	9674	10	4489	5055	120
680582	35496	342619	49	45	127684	214840
104721	-13646	46229			33548	12681
1064259	104453	544527	128369	2744	193686	219728
47	683	50				50
3416	820	2093			1410	683
528	494	560			510	50
103321	8472	23449	8879	1896	4295	8380
33044	5903	2985	2985			
465940	45421	188830	91238		77491	20101
646139	57527	367442	42597	4540	121780	198525
26448	6073	11422	428	100	630	10265
198384	30059	96220	40334	1110	41030	13746
286090	19019	144943	45517	45	65633	33749
281912	-15791	87285	33488	1891	43084	8822
22312	4327	9776	1411	174	2191	6000
372331	75858	229625	16498	1420	45963	165745

14-2 续表3

单位：万元

指　标	Item	流动负债合　计 Liquid Liabilities
二、餐饮业	**Catering**	**912300**
1.按登记注册类型分	Grouped by Registered Kind	
内资企业	Civil Funded Enterprises	893674
国有企业	State-owned Enterprises	12651
集体企业	Collective-owned Enterprises	1111
股份合作企业	Share Cooperative Enterprises	19
有限责任公司	Limited Responsibility Corporations	266196
国有独资公司	Company Exclusively with Investment from State	22976
其他有限责任公司	Other Limited Responsibility Company	243220
股份有限公司	Share-holding Limited Corporations	20897
私营企业	Private-owned Enterprises	589102
私营独资企业	Enterprise Exclusively with Investment from Private	22699
私营合伙企业	Private Partnership Enterprises	194
私营有限责任公司	Private Limited Responsibility Corporations	537461
私营股份有限公司	Private Share-holding Limited Corporations	28749
其他企业	Others	3697
港、澳、台商投资企业	Enterprises Funded by HongKong, Macao and Taiwan	13077
港、澳、台商独资经营企业	Solely Owned	13077
外商投资企业	Foreign Funded Enterprises	5549
外资企业	Enterprises Funded by Foreign Invetments	5549
2.按餐饮行业小类分组	Grouped by Catering Services	
正餐服务	Dinner	883963
快餐服务	Fast Food	27753
餐饮配送及外卖送餐服务	Catering Delivery and Takeout Delivery	490
餐饮配送服务	Catering Delivery	490
其他餐饮业	Others	94
3.按控股情况分	Grouped by Share Holding	
国有控股	State Holding Enterprises	100483
集体控股	Collective-owned Holding Enterprises	4832
私人控股	Private Holding Enterprises	772140
港澳台商控股	Hongkong, Macao and Taiwan Holding Enterprises	15629
外商控股	Foreign Holding Enterprises	5549
其　他	Others	13667
4.按经营形式分	Grouped by Management Form	
独立门店	Independent Stores	840812
连锁总店	Chain Headquarters	25028
连锁直营店	Direct Chain Stores	2669
其　他	Others	43791
5.按单位规模分	Grouped by Enterprise Size	
大　型	Large-size	20607
中　型	Medium-size	405173
小　型	Small-size	466682
微　型	Micro-size	19838

continued

(10 000 yuan)

负债合计 Total Liabilities	所有者权益合计 Total Creditors' Equity	#实收资本 Capital Hold	#国家资本 State	#集体资本 Collective	#法人资本 Legal Person	#个人资本 Individual
1024365	**71817**	**300315**	**22772**	**8252**	**114609**	**152944**
1004237	57309	293576	22772	8252	109609	152944
14715	4795	11030	5231		5799	
1111	1813	2230		2230		
19	128	100				100
282751	28643	66930	17541	921	26914	21554
23347	10706	13000			13000	
259404	17938	53930	17541	921	13914	21554
21127	-3419	4505			3474	1031
677987	29315	208131		5100	73422	129609
27867	13871	16739			4214	12525
622	1343	1340			21	1319
619859	7076	173592		100	63060	110433
29640	7025	16460		5000	6128	5332
6527	-3967	650				650
13077	4373	5000			5000	
13077	4373	5000			5000	
7051	10136	1739				
7051	10136	1739				
994426	45973	282241	22772	8252	104836	146382
29356	21166	13212			9773	1700
490	-33	150				150
490	-33	150				150
94	4712	4712				4712
102918	81943	43300	22772		19933	595
10218	518	3135		3135		1
872917	-30742	240987		5117	84123	151748
15687	4689	5500			5500	
7051	10136	1739				
15575	5275	5653			5053	600
945729	42295	275468	21712	8152	99557	146048
26542	19936	7929	1000		5090	100
2879	-11	1115				1115
49214	9597	15803	60	100	9962	5681
22109	15349	6799			5060	
464467	-26869	88684	16000	5100	14174	53410
517951	83580	200102	6146	3152	92215	98590
19838	-242	4730	626		3160	944

14-2 续表4

单位：万元

指　标	Item	营业收入 Business Revenue
总　计	**Total**	**812765**
一、住宿业	**Hotels**	**336673**
1.按登记注册类型分	Grouped by Registered Kind	
内资企业	Civil Funded Enterprises	336673
国有企业	State-owned Enterprises	85970
集体企业	Collective-owned Enterprises	4861
有限责任公司	Limited Responsibility Corporations	88022
国有独资公司	Company Exclusively with Investment from State	6005
其他有限责任公司	Other Limited Responsibility Corporations	82017
股份有限公司	Share-holding Limited Corporations	8709
私营企业	Private-owned Enterprises	147446
私营独资企业	Enterprise Exclusively with Investment from Private	12411
私营合伙企业	Private Partnership Enterprises	441
私营有限责任公司	Private Limited Responsibility Corporations	132584
私营股份有限公司	Private Share-holding Limited Corporations	2010
其他企业	Others	1665
2.按住宿行业小类分组	Grouped by Hotels	
旅游饭店	Tourist Hotels	238775
一般旅馆	Ordinary Hotels	90453
经济型连锁酒店	Economical Chain Hotels	7088
其他一般旅馆	Others	83365
民宿服务	Homestay Hotels	1227
其他住宿业	Others	6219
3.按控股情况分	Grouped by Share Holding	
国有控股	State Holding Enterprises	120429
集体控股	Collective-owned Holding Enterprises	10395
私人控股	Private Holding Enterprises	172692
其　他	Others	33157
4.按经营形式分	Grouped by Management Form	
独立门店	Independent Stores	309342
连锁总店	Chain Headquarters	534
连锁直营店	Direct Chain Stores	4404
连锁加盟店	Franchise Chain Stores	876
其　他	Others	21518
5.按单位规模分	Grouped by Enterprise Size	
大　型	Large-size	14117
中　型	Medium-size	136680
小　型	Small-size	183367
微　型	Micro-size	2509
6.按星级分	Grouped by Stars	
五　星	Five Star	56180
四　星	Four Star	66672
三　星	Three Star	73124
二　星	Two Star	7758
其　他	Others	128693

continued

(10 000 yuan)

主营业务收　入 Revenue in Major Business	营业成本 Business Costs	主营业务成　本 Costs in Major Business	营业税金及附加 Business Taxes and Extra Charges	主营业务税金及附加 Taxes and Extra Charges in Major Business	其　他业务利润 Profits of Other Business	销售费用 Costs of Sales
805345	**364858**	**361048**	**11468**	**11255**	**20853**	**299036**
332150	**126586**	**124320**	**6055**	**5947**	**11648**	**132536**
332150	126586	124320	6055	5947	11648	132536
85692	26826	26278	2673	2657	7948	36328
4755	1896	1896	109	108		1723
85961	34197	33328	1514	1514	1343	34752
5941	1516	1469	72	72	6	2735
80020	32681	31860	1442	1442	1337	32017
8696	4002	3993	115	115		2657
145382	59255	58414	1614	1521	2356	56107
12341	7037	6851	201	199	205	3624
441	340	340	3	3		45
130590	51205	50551	1400	1309	2151	51614
2010	672	672	10	10		824
1665	410	410	31	31		969
235371	89150	88195	4625	4619	9085	99627
89928	33517	32723	1314	1214	2009	30336
7088	3194	3194	128	104	4	1917
82840	30323	29529	1187	1110	2006	28418
1171	635	635	15	15		568
5680	3284	2767	101	99	554	2006
118806	40162	39371	3487	3471	9175	50438
10242	3519	3505	112	112		4005
170550	67032	66169	1821	1728	2471	67457
32553	15872	15275	636	636	2	10636
304944	115398	113185	5551	5465	11628	122666
534	30	30	2	2		245
4312	2162	2132	70	65		1288
876	405	405	13	5		77
21484	8591	8568	420	411	20	8260
14117	3337	3337	1136	1136	85	559
135960	47394	46288	2116	2116	7632	60124
180110	74373	73731	2788	2679	3390	71264
1964	1481	964	16	16	541	590
54643	17678	16912	1610	1610	93	17591
66441	22932	22849	802	792	1319	27525
72561	31628	31407	1742	1742	209	29623
7644	2857	2857	105	95	229	2818
126615	49884	48688	1752	1663	9798	53439

14-2 续表5

单位：万元

指　标	Item	营业收入 Business Revenue
二、餐饮业	**Catering**	**476092**
1.按登记注册类型分	Grouped by Registered Kind	
内资企业	Civil Funded Enterprises	398071
国有企业	State-owned Enterprises	11120
集体企业	Collective-owned Enterprises	1615
股份合作企业	Share Cooperative Enterprises	401
有限责任公司	Limited Responsibility Corporations	92242
国有独资公司	Company Exclusively with Investment from State	728
其他有限责任公司	Other Limited Responsibility Company	91514
股份有限公司	Share-holding Limited Corporations	3526
私营企业	Private-owned Enterprises	288250
私营独资企业	Enterprise Exclusively with Investment from Private	25955
私营合伙企业	Private Partnership Enterprises	987
私营有限责任公司	Private Limited Responsibility Corporations	253116
私营股份有限公司	Private Share-holding Limited Corporations	8193
其他企业	Others	917
港、澳、台商投资企业	Enterprises Funded by HongKong, Macao and Taiwan	17388
港、澳、台商独资经营企业	Solely Owned	17388
外商投资企业	Foreign Funded Enterprises	60632
外资企业	Enterprises Funded by Foreign Invetments	60632
2.按餐饮行业小类分组	Grouped by Catering Services	
正餐服务	Dinner	383154
快餐服务	Fast Food	91599
餐饮配送及外卖送餐服务	Catering Delivery and Takeout Delivery	390
餐饮配送服务	Catering Delivery	390
其他餐饮业	Others	949
3.按控股情况分	Grouped by Share Holding	
国有控股	State Holding Enterprises	30007
集体控股	Collective-owned Holding Enterprises	7929
私人控股	Private Holding Enterprises	343462
港澳台商控股	Hongkong, Macao and Taiwan Holding Enterprises	18301
外商控股	Foreign Holding Enterprises	60632
其　他	Others	15761
4.按经营形式分	Grouped by Management Form	
独立门店	Independent Stores	325089
连锁总店	Chain Headquarters	104607
连锁直营店	Direct Chain Stores	2177
其　他	Others	44219
5.按单位规模分	Grouped by Enterprise Size	
大　型	Large-size	89695
中　型	Medium-size	169834
小　型	Small-size	214302
微　型	Micro-size	2261

continued

(10 000 yuan)

主营业务收入 Revenue in Major Business	营业成本 Business Costs	主营业务成本 Costs in Major Business	营业税金及附加 Business Taxes and Extra Charges	主营业务税金及附加 Taxes and Extra Charges in Major Business	其他业务利润 Profits of Other Business	销售费用 Costs of Sales
473195	**238272**	**236729**	**5413**	**5308**	**9206**	**166500**
395174	203592	202048	5381	5276	9206	137930
11120	5525	5525	163	163	1053	3067
1592	546	546	12	12	2	518
386	203	203	2	2		148
91007	51272	49947	1552	1498	1950	30126
728	216	216				609
90279	51056	49732	1552	1498	1950	29517
3526	1802	1802	87	87		1374
286626	143578	143358	3530	3479	5985	102176
25948	13907	13907	563	563	83	5434
987	612	612	43	43		2
251877	125345	125127	2704	2653	4903	93644
7813	3713	3713	220	220	999	3096
917	667	667	35	35	215	523
17388	5431	5431	26	26		10256
17388	5431	5431	26	26		10256
60632	29250	29250	6	6		18314
60632	29250	29250	6	6		18314
380257	195616	194072	5305	5200	9206	135075
91599	41612	41612	57	57		31382
390	444	444	1	1		43
390	444	444	1	1		43
949	601	601	50	50		
29792	17856	17629	887	886	1053	10760
7830	4867	4867	28	28	2	1210
340925	173830	172516	4249	4145	8151	119563
18301	5666	5666	29	29		10629
60632	29250	29250	6	6		18314
15716	6804	6802	213	213		6023
322209	159600	158074	4624	4562	8985	119399
104607	54281	54281	358	358		33699
2177	1025	1025	47	7		1077
44202	23366	23349	384	381	221	12326
89695	40767	40767	52	52		32993
167846	85558	84190	2067	2067	3906	60197
213393	110806	110631	3246	3141	5300	72639
2261	1141	1141	49	49		671

14-2 续表6

单位：万元

指　标	Item	管理费用 Costs of Administration
总　计	**Total**	**199397**
一、住宿业	**Hotels**	**110751**
1.按登记注册类型分	Grouped by Registered Kind	
内资企业	Civil Funded Enterprises	110751
国有企业	State-owned Enterprises	32026
集体企业	Collective-owned Enterprises	2394
有限责任公司	Limited Responsibility Corporations	28893
国有独资公司	Company Exclusively with Investment from State	3260
其他有限责任公司	Other Limited Responsibility Corporations	25633
股份有限公司	Share-holding Limited Corporations	2672
私营企业	Private-owned Enterprises	44322
私营独资企业	Enterprise Exclusively with Investment from Private	2221
私营合伙企业	Private Partnership Enterprises	44
私营有限责任公司	Private Limited Responsibility Corporations	41472
私营股份有限公司	Private Share-holding Limited Corporations	584
其他企业	Others	445
2.按住宿行业小类分组	Grouped by Hotels	
旅游饭店	Tourist Hotels	77025
一般旅馆	Ordinary Hotels	32348
经济型连锁酒店	Economical Chain Hotels	2994
其他一般旅馆	Others	29353
民宿服务	Homestay Hotels	306
其他住宿业	Others	1072
3.按控股情况分	Grouped by Share Holding	
国有控股	State Holding Enterprises	46763
集体控股	Collective-owned Holding Enterprises	4037
私人控股	Private Holding Enterprises	52458
其　他	Others	7493
4.按经营形式分	Grouped by Management Form	
独立门店	Independent Stores	101861
连锁总店	Chain Headquarters	253
连锁直营店	Direct Chain Stores	809
连锁加盟店	Franchise Chain Stores	349
其　他	Others	7479
5.按单位规模分	Grouped by Enterprise Size	
大　型	Large-size	9306
中　型	Medium-size	34116
小　型	Small-size	66307
微　型	Micro-size	1022
6.按星级分	Grouped by Stars	
五　星	Five Star	24349
四　星	Four Star	28156
三　星	Three Star	18786
二　星	Two Star	3000
其　他	Others	35439

continued

(10 000 yuan)

财务费用 Costs of Finance		营业利润 Business Profits	利润总额 Total Profits	所得税费用 Income Tax Expernses	应付职工薪酬 (本年贷方累计发生额) Remuneration Payable (Accumulated Credit Balance of The Year)
	#利息支出 Interest Expense				
30349	**19964**	**−101777**	**−97335**	**4045**	**387889**
18342	**12172**	**−56412**	**−52037**	**772**	**277429**
18342	12172	−56412	−52037	772	277429
2010	1386	−14084	−11075	50	33108
26		−1287	−977		1753
6918	3786	−18144	−17304	138	34363
−9		−1615	−1631		7705
6927	3786	−16529	−15672	138	26659
33	19	−683	−62	2	2735
9355	6981	−22023	−22429	581	204669
54	9	−583	−721	26	2939
10		−1	−2		86
9285	6971	−21352	−21622	556	200891
6		−87	−84		753
1		−191	−191		801
13422	8616	−44520	−41116	264	251711
4889	3553	−11859	−10910	493	23891
130	119	−1273	−927	33	1940
4759	3433	−10585	−9983	459	21951
1	1	−299	−280		479
31	3	265	269	16	1348
2347	1758	−23035	−20053	108	52311
59	18	−1333	−955	2	2961
13398	9272	−28214	−28118	583	211274
2539	1124	−3831	−2912	78	10882
16878	11623	−51974	−48232	766	268752
1		3	7		21
117	108	42	43		767
2		31	30		233
1346	441	−4513	−3885	6	7657
−189	−1	−31	−82		5175
9263	6042	−15925	−13576	435	40438
9186	6055	−40315	−38237	307	231194
83	77	−141	−142	30	623
2465	2480	−7190	−5878		189864
4946	3675	−17619	−17487	14	26411
3679	1479	−12206	−10594	163	28305
78	58	−1099	−1015	49	2271
7051	4422	−18207	−16975	535	30135

14-2 续表7

单位：万元

指　标	Item	管理费用 Costs of Administration
二、餐饮业	**Catering**	**88646**
1.按登记注册类型分	Grouped by Registered Kind	
内资企业	Civil Funded Enterprises	82941
国有企业	State-owned Enterprises	5147
集体企业	Collective-owned Enterprises	364
股份合作企业	Share Cooperative Enterprises	40
有限责任公司	Limited Responsibility Corporations	18917
国有独资公司	Company Exclusively with Investment from State	276
其他有限责任公司	Other Limited Responsibility Company	18641
股份有限公司	Share-holding Limited Corporations	839
私营企业	Private-owned Enterprises	57193
私营独资企业	Enterprise Exclusively with Investment from Private	4048
私营合伙企业	Private Partnership Enterprises	167
私营有限责任公司	Private Limited Responsibility Corporations	50088
私营股份有限公司	Private Share-holding Limited Corporations	2890
其他企业	Others	442
港、澳、台商投资企业	Enterprises Funded by HongKong, Macao and Taiwan	576
港、澳、台商独资经营企业	Solely Owned	576
外商投资企业	Foreign Funded Enterprises	5128
外资企业	Enterprises Funded by Foreign Invetments	5128
2.按餐饮行业小类分组	Grouped by Catering Services	
正餐服务	Dinner	81970
快餐服务	Fast Food	6635
餐饮配送及外卖送餐服务	Catering Delivery and Takeout Delivery	31
餐饮配送服务	Catering Delivery	31
其他餐饮业	Others	10
3.按控股情况分	Grouped by Share Holding	
国有控股	State Holding Enterprises	10829
集体控股	Collective-owned Holding Enterprises	1714
私人控股	Private Holding Enterprises	67090
港澳台商控股	Hongkong, Macao and Taiwan Holding Enterprises	581
外商控股	Foreign Holding Enterprises	5128
其　他	Others	3304
4.按经营形式分	Grouped by Management Form	
独立门店	Independent Stores	74108
连锁总店	Chain Headquarters	6807
连锁直营店	Direct Chain Stores	390
其　他	Others	7341
5.按单位规模分	Grouped by Enterprise Size	
大　型	Large-size	6620
中　型	Medium-size	36703
小　型	Small-size	44030
微　型	Micro-size	1293

continued

(10 000 yuan)

财务费用 Costs of Finance	#利息支出 Interest Expense	营业利润 Business Profits	利润总额 Total Profits	所得税费用 Income Tax Expenses	应付职工薪酬 (本年贷方累计发生额) Remuneration Payable (Accumulated Credit Balance of The Year)
12007	**7792**	**-45365**	**-45298**	**3273**	**110460**
11548	7792	-53360	-53133	1407	98545
59	2	-2834	-1482	1	3970
3		174	175		359
1		7	7		108
1503	817	-21670	-23600	473	21170
4		-376	-380		337
1499	817	-21294	-23219	473	20833
555	520	-1131	-961		1504
9426	6453	-27157	-27270	933	71035
556	513	1493	663	141	4952
31		132	124	9	228
8456	5937	-26672	-25809	723	63011
384	3	-2111	-2247	60	2844
1		-750	-3		399
453		647	400		2756
453		647	400		2756
6		7348	7435	1866	9160
6		7348	7435	1866	9160
11497	7792	-56364	-53776	1192	95775
506		10829	8607	2081	14593
		-129	-129		65
		-129	-129		65
4		300			27
333	4	-21472	-20027	142	10500
3	-1	102	88	13	477
10920	7555	-31410	-32769	1238	83390
614	161	782	535		2849
6		7348	7435	1866	9160
131	73	-714	-560	14	4085
11245	7790	-53988	-52965	1111	79549
521	2	8361	8203	1910	16397
		-362	22	6	704
240	1	624	-558	247	13811
502		8183	8025	1910	15140
4258	2878	-29770	-31869	657	34606
7224	4914	-22857	-20807	692	60062
23		-921	-647	15	651

14-3 限额以上连锁住宿餐饮业经营情况(2017年)

MANAGEMENT OF CHAIN ENTERPRISES ABOVE DESIGNATED SIZE IN HOTELS AND CATERING SERVICES(2017)

指 标	Item	合 计 Total	直营店 Regular Chain	加盟店 Franchise Chain
一、门店总数 (个)	**Number of Stores (uint)**	**109**	**104**	**5**
二、年末餐饮业营业面积 (平方米)	**Business Area of Catering at Year-end (sq.m)**	**65230**	**60530**	**4700**
三、年末从业人员 (人)	**Employees at Year-end (person)**	**5560**	**5436**	**124**
四、年末经营餐饮业务餐位数 (位)	**Number of Catering Tables at Year-end (uint)**	**19754**	**18174**	**1580**
五、商品购进总额 (万元)	**Total Purchases Value (10 000 yuan)**	**35659**	**35287**	**372**
#统一配送商品购进额	Value of Unified Distribution	29445	29445	
#自有配送中心配送商品购进额	Disrtibuted by Owned Distribution Center	29445	29445	
非自有配送中心配送商品购进额	Distributed by Other Distribution Center			
六、营业收入 (万元)	**Business Revenue (10 000 yuan)**	**74937**	**73627**	**1310**
#餐费收入	Revenue of Dining	74937	73627	1310

14-4 主要年份旅游接待人数

NUMBER OF TOURISTS IN MAJOR YEARS

年 份 Year	接待国内游客人数 (万人次) Domestic Tourists (10 000 person-times)	接待入境过夜游客人数 (人次) Inbound Overnight Tourists (person-time)	外国人 Foreigners	华 侨 Overseas Chinese	港澳台同胞 Compatriots from Hong Kong, Macao and Taiwan	#台湾同胞 Compatriots from Taiwan
1985	360	34327	26066	1523	6738	2628
1990	465	46777	26983	908	18886	10786
1995	977	71199	51513	1106	18580	10035
2000	2905	165282	116578		48704	21460
2005	6545	421458	253986		167472	64970
2010	12497	1302856	820935		481921	178480
2011	14975	1553208	982522		570686	213088
2012	19434	1891758	1204155		687603	261330
2013	24605	2126372	1350399		775973	296177
2014	29951	564770	361272		203498	82258
2015	36007	593772	380390		213382	86425
2016	44330	629836	404221		225615	91981
2017	56073	670023	434686		235337	96628

注：2014年起，海外旅游相关指标采用新口径，后同。

Note: Oversea tourism and related indicators have adopted a new coverage since 2014. The same applies to the following.

14-5 主要年份旅游收入

TOTAL INCOME OF TOURISM IN MAJOR YEARS

单位：亿元 (100 million yuan)

年 份 Year	旅游总收入 Total Income of Tourism	国内旅游收入 Revenue from Domestic Tourism	旅游外汇收入 (万美元) Foreign Exchange Earnings from Tourism (USD 10 000)	国内旅游人均花费 (元/人次) Per Capita Expenditure of Domestic Tourists (yuan/person-time)
1985	0.48	0.36	146	10.00
1990	2.80	2.22	458	47.74
1995	16.71	15.00	2062	153.53
2000	81.35	77.21	4991	265.78
2005	291.99	281.91	11622	447.41
2010	1083.46	1052.26	46460	861.10
2011	1342.59	1305.10	56720	878.60
2012	1813.01	1766.28	72024	903.00
2013	2305.44	2253.65	82268	966.00
2014	2846.51	2829.29	28073	855.00
2015	3447.50	3428.91	29710	884.00
2016	4247.12	4227.97	31738	962.77
2017	5360.21	5338.61	35014	907.00

14-6 旅游外汇收入(2017年)

FOREIGN EXCHANGE EARNINGS FROM INTERNATIONAL TOURISM(2017)

单位：万美元 (USD 10 000)

项 目	Item	合 计 Total	外国人 Foreigners	香港同胞 Hong Kong Compatriots	澳门同胞 Macao Compatriots	台湾同胞 Taiwan Compatriots
总 计	**Total**	**35013.9**	**22752.9**	**4737.1**	**2197.0**	**5326.9**
1.长途交通	Long Distance Transportation	9688.4	6295.8	1310.8	607.9	1473.9
飞 机	Airplane	4551.8	2957.9	615.8	285.6	692.5
火 车	Railway	3151.3	2047.7	426.4	197.7	479.5
汽 车	Highway	1985.3	1290.1	268.6	124.6	302.0
2.住 宿	Accommodation	5533.3	3596.1	748.5	347.1	841.6
3.餐 饮	Catering	5357.4	3481.3	724.9	336.2	815.0
4.景区游览	Visiting	5995.5	3896.2	811.1	376.2	912.0
5.娱 乐	Recreation	2815.2	1829.3	380.9	176.7	428.3
6.购 物	Shopping	3606.6	2343.7	488.0	226.3	548.6
7.市内交通	Urban Transportation	770.4	500.6	104.2	48.4	117.2
8.邮电通讯	Post and Communication	791.3	514.2	107.1	49.6	120.4
9.其 他	Others	455.8	295.8	61.6	28.6	69.8

14-7 旅游四星级以上饭店(2017年)
TOURIST HOTELS ABOVE FOUR STAR GRADE(2017)

名 称	Name	地 址	Address
五星级	**5 Star**		
山西国贸大饭店	Shanxi World Trade Hotel	太原市府西街69号	No.69, Fuxi St., Taiyuan
万狮京华大酒店	Grand Metropark Wanshi Hotel	太原平阳路126号	No.126, Pingyang Rd., Taiyuan
晋祠宾馆	Jinci Hotel	太原晋祠路中段669号	No.669, Middle Section of Jinci Rd., Taiyuan
丽华大酒店	Lihua Grand Hotel	太原长风街1号	No.1, Changfeng St., Taiyuan
天贵国际酒店	Tiangui International Hotel	大同新开南路133号	No.133, North Xinkai Rd., Datong
金地豪生大酒店	Howard Johnson Jindi Plaza	大同市平城街88号	No.88, Pingcheng St., Datong
五台山五峰宾馆	Wutaishan Wufeng Hotel	五台县台怀镇龙泉寺	Longquan Temple, Taihuai Town, Wutai County
宏源国际饭店	Hongyuan International Hotel	灵石高速路口	Lingshi Highway Intersection
万豪美悦国际酒店	Wanhaomeiyue International Hotel	榆次迎宾西街中段	West Yingbin St., Yuci
药林会议中心	Yaolin Conference Center	阳泉平定县张庄镇南后峪村	South Houyu Vil., Zhangzhuang Town, Pingding County, Yangquan
益东国际酒店	Yidong International Hotel	长治市西一环路	Weat First Ring Rd., Changzhi
东明国际大酒店	Dongming International Hotel	长治市紫金东街369号	No.369, East Ziji St., Changzhi
万通源大酒店	Wantongyuan Hotel	朔州市开发北路68号	No.68, North Kaifa Rd., Shuozhou
阳城环城凯斯顿酒店	Huancheng Caston Hotel	阳城县南环路	South Ring Rd., Yangcheng
东兴帝豪酒店	Royal Dongxing Hotel	孝义市崇文大街181号	No.181, Chongwen St., Xiaoyi
海纳温泉国际酒店	Haina Wenquan International Hotel	运城永济河东大道南段	South Hedong Av., Yongji, Yuncheng
阳城美韵花园大酒店	Yangcheng Meiyun Garden Hotel	阳城县新阳西街	West Xinyang St., Yangcheng
四星级	**4 Star**		
山西大酒店	Shanxi Grand Hotel	太原新建南路5号	No.5, South Xinjian Rd., Taiyuan
山西愉园大酒店	Shanxi Yuyuan Hotel	太原开化寺街148号	No.148, Kaihuasi St.,Taiyuan
三晋国际饭店	Sanjin International Hotel	太原迎泽大街30号	No.30, Yingze St., Taiyuan
黄河京都大酒店	Yellow River Jingdu Hotel	太原平阳路17号	No.17, Pinyang Rd., Taiyuan
山西鑫阳光大酒店	Shanxi Xinyangguang Hotel	太原北大街47号	No.47, North St., Taiyuan
山西晋协宾馆	Shanxi Jinxie Hotel	太原东缉虎营35号	No.35, Dongjihuying, Taiyuan

14-7 续表1 continued

名 称	Name	地 址	Address
西山大厦	Xishan Hotel	太原西矿街318号	No.318, Xikuang St., Taiyuan
太原铁道大厦	Taiyuan Railway Hotel	太原迎泽南街19号	No.19, South Yingze St., Taiyuan
云水国际大酒店	Yunshui International Hotel	太原平阳路48号	No.48, Pingyang Rd., Taiyuan
太原金辇酒店	Taiyuan Jinnian Hotel	太原滨河东路北段22号	No.22, North Section of East Binhe Rd., Taiyuan
山西滨河饭店	Shanxi Binhe Hotel	太原市府西街103号	No.103, Fuxi St., Taiyuan
泰瑞国际商务酒店	Tairui International Commercial Hotel	太原长风街7号	No.7, Chengfeng St., Taiyuan
宏安国际酒店	Hongan International Hotel	大同迎宾西路28号	No.28, West Yingbin Rd., Datong
大同宾馆	Datong Hotel	大同迎宾西路37号	No.37, West Yingbin Rd., Datong
悦龙休闲商务酒店	Yuelong Leisure and Commercial Hotel	大同市操场城街5号	No.5, Caochang Cheng St., Datong
大同国宾大酒店	Datong Presidential Hotel	大同御河西路898号	No.898, West Yuhe Rd., Datong
花园大饭店	Huayuan Hotel	大同大南街59号	No.59, Danan St., Datong
浩海国际酒店	Haohai International Hotel	大同新建南路46号	No.46, South Xinjian Rd., Datong
雁北宾馆	Yanbei Hotel	大同御河北路甲1号	No. Jia1, North Yuhe Rd., Datong
晨光国际酒店	Chenguang International Hotel	大同迎宾东路68号	No.68, West Yingbin Rd., Datong
北冰洋大酒店	Beibingyang Hotel	阳泉北大街80号	No.80, North St., Yangquan
山西泉美国际大酒店	Shanxi quanmei International Hotel	阳泉市南大西街15号楼	No.15 Building South West Street, Yangquan
鹏宇国际大酒店	Pengyu International Hotel	长治市长兴中路509号	No.509, Changxing Middle Rd., Changzhi
财苑大厦	Caiyuan Hotel	长治市长兴中路305号	No.305, Changxing Middle Rd., Changzhi
富景国际饭店	Fujing International Hotel	晋城新市东街81号	No.81, East Xinshi St., Jincheng
晋城大酒店	Jincheng Grand Hotel	晋城凤台西街88号	No.88, West Fengtai St., Jincheng
太平洋大厦	Pacific Ocean Hotel	晋城凤台西街59号	No.59, West Fengtai St., Jincheng
颐宾大酒店	Yibin Hotel	晋城前西街58号	No.58, Qianxi St., Jincheng
晋城高都大酒店	Jincheng Gaodu Grand Hotel	晋城新市东街8号	No.8, East Xinshi St., Jincheng
晋城阳光大酒店	Jincheng Sunshine Hotel	晋城市泽州路76号	No.76, Zezhou Rd., Jincheng
棋源山庄	Qiyuan Moutain Village	晋城陵川县棋子山风景区	Qizishan Scenic Spot, Lingchuan, Jincheng
兰花大酒店	Lanhua Hotel	晋城凤台东街2288号	No.2288, East Fengtai St., Jincheng
泽州大酒店	Zezhou Hotel	晋城市凤台西街2839号	No.2839 West Feitai St., Jincheng

14-7 续表2 continued

名　称	Name	地　址	Address
皇城相府贵宾楼	Xianfu Grand Hotel	晋城市阳城北留皇城村	Huangcheng Vil., Beiliu, Yangcheng, Jincheng
万通源平鲁宾馆	Wantongyuan Pinglu Hotel	朔州市平鲁区胜利南路	South Shengli Rd., Pinglu District, Shuozhou
平朔宾馆	Pingshuo Hotel	朔州平朔生活区	Living District , Pingshuo, Shuozhou
圣厚源大酒店	Shenghouyuan Hotel	朔州开发北路安泰街2号	No.2, Antai St., North Kaifa Rd., Shuozhou
玉龙国际酒店	Yulong International Hotel	右玉县新建大街北侧	North of Xinjian St., Youyu
颐景国际大酒店	Yijing International Hotel	晋中市榆次区西顺城街71号	No.71, Xishuncheng St., Yuci District, Youyu
平遥峰岩大酒店	Pingyao Fengyan Hotel	晋中市平遥县曙光路峰岩广场	Fengyan Square, Shuguang Rd., Pingyao, Jinzhong
介休市正达海悦酒店	Jiexiu Zhengdahaiyue Hotel	晋中市介休市北坛东路25号	No.25, East Beitan Rd., Jiexiu, Jinzhong
运城市宾馆	Yuncheng Hotel	运城市红旗东街84号	No.84, East Hongqi St., Yuncheng
天都大酒店	Tiandu Hotel	河津市振兴东路	East Zhenxing Rd., Hejin
桃源国际酒店	Taoyuan International Hotel	运城市圣慧北路2号	No.2, North Shenghui Rd., Yuncheng
芮城惠阳大酒店	Ruicheng Huiyang Hotel	芮城县洞宾东街8号	No.8, East Dongbin St., Ruicheng
五台山银海山庄	Wutai Moutain Yinhai Moutain Village	忻州五台山台怀镇	Taihuai Town, Wutai Moutain, Xinzhou
原平市宾馆	Yuanping Hotel	忻州原平前进西街57号	No.57, West Qianjin St., Yuanping, Xinzhou
花卉山庄	Huahui Moutain Village	忻州五台山大车沟	Dachegou, Wutai Moutain, Xinzhou
繁峙县嘉盛伦大酒店	Fansi Jiashenglun Hotel	忻州市繁峙县向阳北路	North Xiangyang Rd., Fanshi, Xinzhou
金鼎大酒店	Jinding Grand Hotel	忻州市定襄县晋昌大街	Jinchang St., Dingxiang, Xinzhou
侯马华翔大酒店	Houma Huangxiang Hotel	临汾市侯马市火车站南侧	South of Houma Railway Station, Linfen
金海湾大酒店	Jinhaiwan Hotel	临汾市向阳西路西段	West Section of West Xiangyang Rd., Linfen
思麦尔国际酒店	Smir International Hotel	临汾市鼓楼东大街40号	No.40, East Gulou Dong St., Linfen
山西丁陶国际大酒店	Shixi Dingtao International Hotel	临汾市襄汾县兴农路公园南侧	South of XingnongRd. Park, Xiangfen, Linfen
华强大酒店	Huaqiang Grand Hotel	侯马市呈王东路69号	No.69, East Chengwang Rd., Houma
吕梁国际宾馆	Lvliang International Hotel	离石区滨河南东路2号	No.2, South Binhe Rd. , Lishi District
贾家庄裕和花园酒店	Jiajiazhuang Yuhe Garden Hotel	吕梁市汾阳县贾家庄腾飞路	Tengfei Rd., Jiajia Vil., Fenyang, Lvliang
东兴酒店	Dongxing Hotel	孝义市府前街55号	No.55, Fuqian St., Xiaoyi

主要统计指标解释

住宿业 指为旅行者提供短期留宿场所的活动，有些单位只提供住宿，也有些单位提供住宿、饮食、商务、娱乐一体的服务。

餐饮业 指通过即时制作加工、商业销售和服务性劳动等，向消费者提供食品和消费场所及设施的服务。

限额以上住宿企业 年主营业务收入200万元及以上为限额以上住宿企业。

限额以上餐饮企业 年主营业务收入200万元及以上为限额以上餐饮企业。

住宿业企业星级评定情况 星级等级指符合《中华人民共和国星级酒店评定标准》（GB/T14308-2003），并经过有关旅游管理权威部门评定（验收）后授予“星级”称号的宾馆、饭店等住宿设施的等级划分，分为一星级到五星级5个标准。星级越高，表示企业的档次越高。

营业额 指住宿和餐饮业单位在经营活动中因提供服务或销售商品等取得的全部收入（含增值税），收入主要来源于提供客房、餐费服务、商品销售和其他服务，如商务服务。不包括多产业法人企业附营的其他行业产业活动单位的餐费收入、商品销售收入等各项收入。

客房收入 指住宿和餐饮业单位在经营活动中因提供住宿服务取得的收入（含增值税）。不包括多产业法人企业附营的其他行业产业活动单位的客房收入。

餐费收入 指本单位为顾客提供就餐服务取得的收入（含增值税）。包括：经烹饪、调制加工后出售的各种食品，如主食、炒菜、凉拌菜等的收入。不包括多产业法人企业附营的其他行业产业活动单位的餐费收入。

商品销售额 指对本单位以外的单位和个人出售的商品金额（包括售给本单位消费用的商品，含增值税）。在住宿和餐饮业中，本指标反映住宿和餐饮业单位出售商品的销售总额（含增值税），不包括法人企业附营的其他行业产业活动单位的商品销售额。

其他收入 指提供客房、餐饮服务、商品销售以外的其他服务获得的收入（含增值税），如商品服务、健身娱乐等。

入境过夜游客 指在中国（大陆）的旅游住宿单位内至少停留一夜的外国人、港澳台同胞。

国内游客 指报告期内在中国（大陆）观光游览、度假、探亲访友、就医疗养、购物、参加会议或从事经济、文化、体育、宗教活动的中国（大陆）居民，其出游的目的不是通过所从事的活动谋取报酬。

旅游外汇收入 入境游客在中国（大陆）境内旅行、游览过程中用于交通、参观游览、住宿餐饮、购物、娱乐等全部花费。

国内旅游收入 指国内游客在国内旅行、游览过程中用于交通、参观游览、住宿餐饮、购物、娱乐等全部花费。

Explanatory Notes on Main Statistical Indicators

Hotel Services refer to activities provided to travelers a short time accommodation places. Some hotels only provide accommodation, others also provide lodging, business and entertainment services.

Catering Services refer to the activities provided to customers food, consumption places and facilities by on-the-spot making and processing, commercial sales and service-type labor.

Hotel Enterprises Above Designated Size refer to hotel enterprises whose annual revenue of major business amounts to 2 million yuan and over.

Catering Enterprises Above Designated Size refer to catering enterprises whose annual revenue of major business amounts to 2 million yuan and over.

Star Rating of Hotel Service Enterprises refers to catering enterprises being assessed by the relevant tourism authorities according to GB/T14308-2003 standard. Hotels can be divided into five standards from one-star to five-star. The more stars hotels get, the higher grade they show.

Business Revenue refers to the total revenue (including value-added tax) hotel and catering service enterprises got from business activities by providing services and commodities selling. It is mainly derived from room services, dinning services, commodities sales and other services, such as business services. Business revenue does not include the revenue get from other industrial active units which belonging to the multi-industry enterprises.

Room Revenue refers to business revenue (including value-added tax) hotel and catering enterprises got by providing lodging services. It does not include the revenue get from other industrial active units which belonging to the multi-industry enterprises.

Dinning Revenue refers to revenue (including value-added tax) hotel and catering enterprises got by providing customers catering services, including selling of cooked or prepared foods, such as staple food, cooked dishes, or cold dishes. It does not include the revenue get from other industrial active units which belonging to the multi-industry enterprises.

Commodity Sales refer to value of commodities sold by the units to other units and individuals (including goods sold for self consumption, including the value-added tax). It reflects the total commodities value sold by hotel and catering units (including the value-added tax). It does not include the sales value get from other industrial active units which belonging to the enterprises.

Other Revenue refers to other revenue (including value-added tax) hotel and catering enterprises got by providing other services, such as commodities service, fitness and entertainment.

Inbound Overnight Tourists refer to foreigners and compatriots from Hong Kong, Macao and Taiwan who come to China (the mainland) and stay in the tourist accommodation units for at least one night.

Domestic Tourists refer to residents of China (the mainland) who travel within China (the mainland) for sightseeing, vacation, visiting relatives, medical treatment, shopping, attending conference, or engaging in economic, cultural, sports and religious activities. And the purpose of their travelling isn't for profits.

Foreign Exchange Earnings from Tourism refer to the total expenditures of inbound tourists during their stay in the mainland of China on transportation, sightseeing, accommodation, food, shopping and entertainment.

Revenue from Domestic Tourism refers to the total expenditures of domestic tourists during their stay in the mainland of China on transportation, sightseeing, accommodation, food, shopping and entertainment.

15

交通运输、邮电通信业

TRANSPORTATION, POST
AND TELECOMMUNICATION SERVICES

资料整理人员

阮并晶

交通运输、邮电通信业
TRANSPORTATION, POST AND TELECOMMUNICATION SERVICES

铁路营业里程	Length of Railways in Operation	5317	公里	(km)
公路通车里程	Length of Highways	142855	公里	(km)
货物周转量	Turnover Volume of Freight Traffic	4185.0	亿吨公里	(100 million ton-km)
旅客周转量	Turnover Volume of Passenger Traffic	373.8	亿人公里	(100 million person-km)
市话年末到达数	Urban Telephone Subscribers at Year-end	259.2	万户	(10 000 subscribers)
农话年末到达数	Rural Telephone Subscribers at Year-end	43.1	万户	(10 000 subscribers)
移动电话户数	Number of Mobile Telephone Subscribers	3647.9	万户	(10 000 subscribers)

民用汽车拥有量（万辆）
Number of Civil Motor Vihicles (10 000 units)

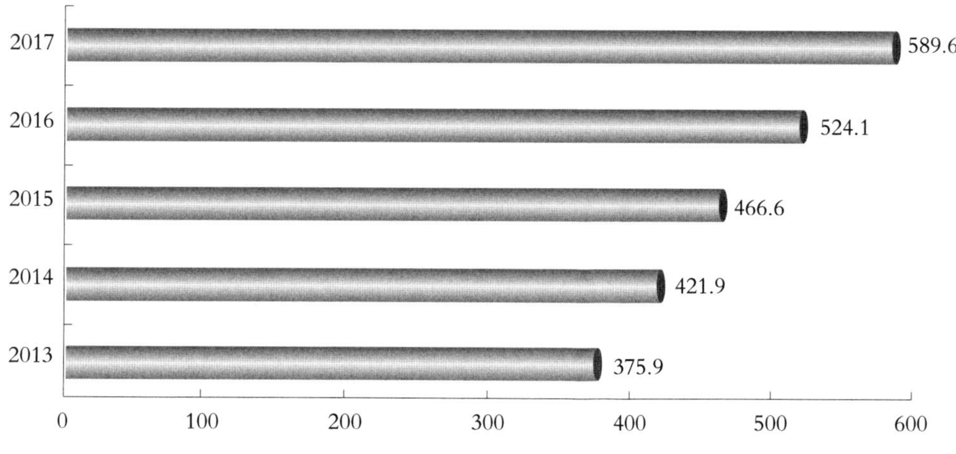

公路通车里程（公里）
Length of Highways (km)

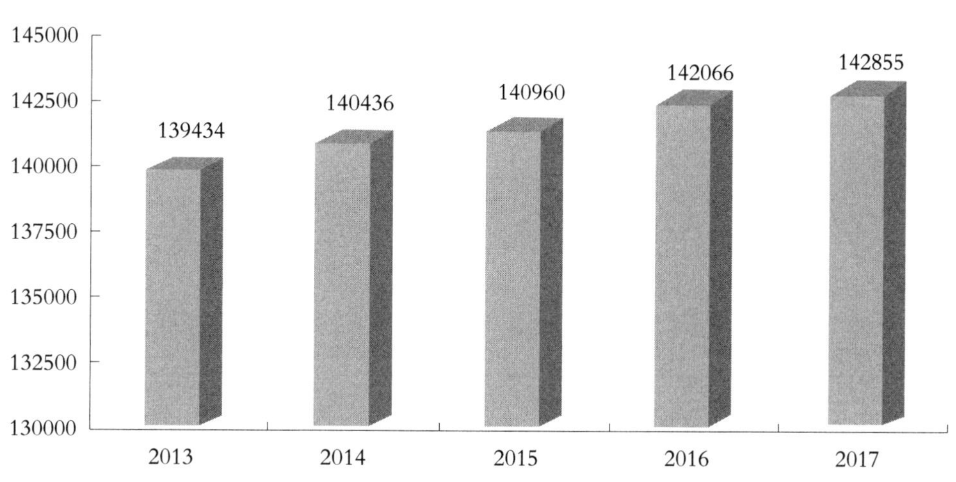

15-1 主要年份运输线路长度
LENGTH OF TRANSPORT ROUTES IN MAJOR YEARS

单位：公里 (km)

年份 Year	铁路营业里程 Length of Railways in Operation	公路通车里程 Length of Highways	#高速公路 Expressways	每百平方公里平均里程 Average Length Per Square Kilometre 铁路 Railways	公路 Highways
1978	2057	31868		1.3	20.3
1980	2129	27261		1.4	17.4
1985	2169	28762		1.4	18.4
1990	2330	30784		1.5	19.6
1995	2435	33644		1.6	21.5
2000	2511	55408	518	1.6	35.4
2005	3514	111227	1686	2.2	71.0
2010	3752	131644	3003	2.4	84.0
2011	3774	134808	4005	2.4	86.0
2012	3775	137771	5011	2.4	87.9
2013	3786	139434	5011	2.4	89.1
2014	4980	140436	5011	3.2	89.9
2015	5086	140960	5028	3.2	90.0
2016	5293	142066	5265	3.4	90.7
2017	5317	142855	5335	3.4	91.2

注：2005年起公路线路里程包括村道里程数；2006年起铁路营业里程包括国铁、合资和地方铁路。

Note: Length of highways and all-weather highways has included length of roads between villages since 2005. Length of railways has included length of national railways, joint-venture railways and local railways since 2006.

15-2 主要年份货运量
FREIGHT TRAFFIC IN MAJOR YEARS

单位：万吨 (10 000 tons)

年份 Year	合计 Total	铁路 Railways	#中央铁路 National Railways	公路 Highways	水运 Water Transport	民航 Civil Aviation
1978	15620	9166	9166	6443	11	0.09
1980	18080	11067	11067	7004	9	0.15
1985	29181	16110	16092	13071		0.35
1990	50111	23332	23082	26706	72	0.55
1995	65962	26095	25718	39776	90	0.67
2000	86624	28779	28469	57813	31	0.60
2005	125367	49067	47697	76201	95	3.80
2010	124677	63836	60808	60819	18	4.49
2011	137940	69194	65695	65201	41	4.53
2012	144622	71437	68294	73150	30	4.84
2013	156048	73181	69894	82834	28	5.00
2014	164924	76411	75059	88491	17	5.07
2015	161772	70509	68268	91240	17	5.04
2016	167082	64861	62563	102200	16	5.49
2017	189521	74616	72285	114880	20	5.50

注：(1)2000年以前汽车货运量为交通系统内口径，2000年及以后为全社会口径。
(2)2008-2012年，2013年至今，公路运输量相关指标为五年一次专项调查数据，下同。

Notes: (1)The freight traffic of automobile is calculated by the coverage of traffic system before 2000, and refferred to total society from 2000.
(2)Traffic volume of highways and relative data from 2008 to 2012, from 2013 to now are obtained from two special surveys, which are conducted once every 5 years. The same applies to the follwing.

15-3 主要年份货物周转量
TURNOVER VOLUME OF FREIGHT TRAFFIC IN MAJOR YEARS

单位：万吨公里 (10 000 ton-km)

年 份 Year	合 计 Total	铁 路 Railways	#中央铁路 National Railways	公 路 Highways	水 运 Water Transport
1978	1896350	1784790	1784790	111483	77
1980	2253618	2096450	2096450	157126	42
1985	3609795	3086917	3086584	522878	
1990	5948295	4795516	4784200	1152520	259
1995	7179630	5363846	5346060	1815463	321
2000	8679954	5979696	5958000	2700206	52
2005	13625549	9697012	9599369	3927715	822
2010	23324205	13624714	13436905	9698896	595
2011	30827489	20355804	20153949	10471189	496
2012	33458466	21435390	21231815	12022480	596
2013	35923686	23137331	23117075	12785747	608
2014	37108069	23475689	23453328	13631956	423
2015	34385474	20637317	20478663	13747614	543
2016	35654565	21133151	20965576	14520591	823
2017	41850327	24262711	24096950	17586569	1047

注：2011年起，铁路为全行业数据，包括国家铁路(含控股)、非控股合资铁路及地方铁路。

Note: Volume of railways is calculated by the whole industry coverage from 2011, which includes national railways, non-shareholding joint venture railways and local railways.

15-4 主要年份旅客运输量和周转量
PASSENGER TRAFFIC AND TURNOVER VOLUME IN MAJOR YEARS

年 份 Year	客运量 (万人) Passenger Traffic (10 000 persons)	#铁 路 Railways	#公 路 Highways	旅客周转量 (万人公里) Passenger Kilometers (10 000 person-km)	#铁 路 Railways	#公 路 Highways
1978	4498	2124	2375	387366	270950	116416
1980	5865	2523	3342	497897	356420	141477
1985	10564	3391	7173	931783	621351	310432
1990	15960	3226	12728	1260441	668100	587953
1995	21337	3308	17956	1750989	806580	861061
2000	31818	2953	28821	2245807	833600	1358962
2005	40209	3433	36456	3295406	1056422	1809406
2010	39059	5746	32606	3715683	1558206	2157019
2011	39932	6219	32865	4158078	1957808	2199108
2012	40839	6208	33662	4229773	1923652	2306121
2013	34781	6294	28487	3864404	1898201	1966203
2014	34040	6949	27091	3843762	2023842	1819920
2015	30676	7393	22085	3799506	2154182	1645324
2016	27619	7530	18702	3604561	2193137	1411424
2017	26581	7664	17333	3737555	2232856	1503565

注：2009年起旅客周转量不包括民航数据。

Note: Passenger turnover volume doesn't include civil aviation data from 2009.

15-5 主要年份民用汽车拥有量
NUMBER OF CIVIL MOTOR VEHICLES IN MAJOR YEARS

单位：辆 (unit)

年份 Year	民用汽车总数 Total	#载货汽车 Trucks	#载客汽车 Passenger Vehicles	#私人汽车 Private Vehicles	#载货 Trucks	#载客 Passenger Vehicles	每百公里公路平均汽车数 Average Number of Motor Vehicles Per 100 km
1978	45634	34383	8341				143.2
1980	70730	47872	10329				259.5
1985	129286	102033	20968	23664	21525	1884	449.5
1990	232665	174618	46390	46540	36084	10450	755.8
1995	332886	210157	106924	94987	54806	40131	989.4
2000	550148	278235	253481	235078	98837	135909	992.9
2005	1074350	379599	677746	587721	155570	430314	1056.5
2010	2478905	558169	1899271	1865984	319589	1541432	2315.8
2011	2953253	612696	2316189	2301975	364040	1931590	2190.7
2012	3275805	567788	2708017	2697177	362482	2334695	2377.7
2013	3758528	582913	3175615	3180579	385930	2794649	2695.6
2014	4219470	591108	3628362	3661596	400345	3261251	3004.6
2015	4665842	571789	4094053	4137927	393407	3744520	3310.0
2016	5240814	595149	4645665	4720486	406394	4314092	3689.0
2017	5896070	639361	5256709	5327549	413659	4913890	4127.3

注：民用汽车总数和私人汽车数不包括三轮汽车和低速货车。
Note: Number of civil motor vehicles and number of private cars exclude tricars and lower-speed cars.

15-6 民用汽车拥有量(2017年)
NUMBER OF CIVIL MOTOR VEHICLES(2017)

单位：辆 (unit)

指标	Item	合计 Total	营运 Business	非营运 Non-business	#个人 Individual
一、民用汽车	Civil Motor Vehicles	5954050	582231	5370752	5369976
1.载客汽车	Passenger Vehicles	5256709	85976	5169666	4913890
大 型	Large	33415	24386	8302	462
中 型	Medium	12463	3880	8243	2588
小 型	Small	5069981	56749	5013232	4775933
微 型	Mini	140850	961	139889	134907
#轿 车	Cars	3698978	56819	3642159	3513983
2.载货汽车	Trucks	639361	465064	174297	413659
重 型	Heavy	267615	264374	3241	119190
中 型	Medium	12891	11394	1497	7110
轻 型	Light	355729	188800	166929	284558
微 型	Mini	3126	496	2630	2801
#普通载货汽车	Ordinary	256973	104990	151983	213789
3.其他汽车	Others	57980	31191	26789	42427
二、拖拉机	Tractors	372298			
三、摩托车	Motorcycles	381329	32132	349197	371182
四、载货挂车	Trailers	174214	173690	524	72910
五、其他类型车	Other Kinds of Vehicles	156	106	50	1

注：民用汽车拥有量包括三轮汽车和低速货车。
Note: Number of civil motor vehicles include tricars and lower-speed cars.

15-7 民用航空航线(2017年)
CIVIL AVIATION ROUTES(2017)

太原-北京	Taiyuan-Beijing	太原-海拉尔	Taiyuan-Hailar
太原-上海	Taiyuan-Shanghai	太原-珠海	Taiyuan-Zhuhai
太原-广州	Taiyuan-Guangzhou	太原-南昌	Wenzhou-Taiyuan-Beijing
太原-深圳	Taiyuan-Shenzhen	太原-桂林	Taiyuan-Guilin
太原-西宁	Taiyuan-Xining	太原-温州	Taiyuan-Wenzhou
太原-成都	Taiyuan-Chengdu	太原-合肥	Taiyuan-Hefei
太原-青岛	Taiyuan-Qingdao	太原-丽江	Taiyuan-Lijiang
太原-无锡	Taiyuan-Wuxi	太原-徐州	Taiyuan-Xuzhou
太原-南京	Taiyuan-Nanjing	太原-南昌-深圳	Taiyuan-Nanchang-Shenzhen
太原-厦门	Taiyuan-Xiamen	太原-遵义-深圳	Taiyuan-Zunyi-Shenzhen
太原-长沙	Taiyuan-Changsha	太原-恩施-深圳	Taiyuan-Enshi-Shenzhen
太原-福州	Taiyuan-Fuzhou	太原-南京-泉州	Taiyuan-Nanjing-Quanzhou
太原-杭州	Taiyuan-Hangzhou	太原-武汉-泉州	Taiyuan-Wuhan-Quanzhou
太原-三亚	Taiyuan-Sanya	太原-武汉-福州	Taiyuan-Wuhan-Fuzhou
太原-昆明	Taiyuan-Kunming	太原-武汉-厦门	Taiyuan-Wuhan-Xiamen
太原-海口	Taiyuan-Haikou	太原-合肥-厦门	Taiyuan-Hefei-Xiamen
太原-重庆	Taiyuan-Chongqing	太原-长治-厦门	Taiyuan-Changzhi-Xiamen
太原-天津	Taiyuan-Tianjin	太原-杭州-厦门	Taiyuan-Hangzhou-Xiamen
太原-琼海	Taiyuan-Qionghai	太原-长沙-厦门	Taiyuan-Changsha-Xiamen
太原-大同	Taiyuan-Datong	太原-长沙-珠海	Taiyuan-Changsha-Zhuhai
太原-宁波	Taiyuan-Ningbo	太原-长沙-福州	Taiyuan-Changsha-Fuzhou
太原-兰州	Taiyuan-Lanzhou	太原-南通-福州	Taiyuan-Nantong-Fuzhou
太原-大连	Taiyuan-Dalian	太原-盐城-杭州	Taiyuan-Yancheng-Hangzhou
太原-贵阳	Taiyuan-Guiyang	太原-杭州-三亚	Taiyuan-Hangzhou-Sanya
太原-哈尔滨	Taiyuan-Harbin	太原-合肥-昆明	Taiyuan-Hefei-Kunming

15-7 续表1 continued

太原-合肥-海口	Taiyuan-Hefei-Haikou	太原-合肥-三亚	Taiyuan-Hefei-Sanya
太原-贵阳-海口	Taiyuan-Guiyang-Haikou	北京-太原-昆明	Beijing-Taiyuan-Kunming
太原-桂林-海口	Taiyuan-Guilin-Haikou	温州-太原-北京	Wenzhou-Taiyuan-Beijing
太原-长治-重庆	Taiyuan-Changzhi-Chongqing	重庆-太原-北京	Chongqing-Taiyuan-Beijing
太原-长治-南宁	Taiyuan-Changzhi-Nanning	上海-太原-呼和浩特	Shanghai-Taiyuan-Hohhot
太原-南京-三亚	Taiyuan-Nanjing-Sanya	西宁-太原-深圳	Xining-Taiyuan-Shenzhen
太原-长沙-台州	Taiyuan-Changsha-Taizhou	深圳-太原-呼和浩特	Shenzhen-Taiyuan-Hohhot
太原-长沙-海口	Taiyuan-Changsha-Haikou	成都-太原-大连	Chengdu-Taiyuan-Dalian
太原-宜宾-贵阳	Taiyuan-Yibin-Guiyang	成都-太原-日照	Chengdu-Taiyuan-Rizhao
太原-桂林-三亚	Taiyuan-Guilin-Sanya	成都-太原-大同	Chengdu-Taiyuan-Datong
太原-鄂尔多斯-银川	Taiyuan-Erdos-Yinchuan	乌鲁木齐-太原-青岛	Urumqi-Taiyuan-Qingdao
太原-合肥-深圳	Taiyuan-Hefei-Shenzhen	青岛-太原-兰州	Qingdao-Taiyuan-Lanzhou
太原-绵阳-南宁	Taiyuan-Mianyang-Nanning	南京-太原-乌鲁木齐	Nanjing-Taiyuan-Urumqi
太原-南昌-珠海	Taiyuan-Nanchang-Zhuhai	长沙-太原-沈阳	Changsha-Taiyuan-Shenyang
太原-南昌-桂林	Taiyuan-Nanchang-Guilin	哈尔滨-太原-三亚	Harbin-Taiyuan-Sanya
太原-吕梁-南宁	Taiyuan-Lvliang-Nanning	昆明-太原-长春	Kunming-Taiyuan-Changchun
太原-宜昌-珠海	Taiyuan-Yichang-Zhuhai	昆明-太原-哈尔滨	Kunming-Taiyuan-Harbin
太原-徐州-福州	Taiyuan-Xuzhou-Fuzhou	昆明-太原-大同	Kunming-Taiyuan-Datong
太原-南昌-厦门	Taiyuan-Nanchang-Xiamen	昆明-太原-呼和浩特	Kunming-Taiyuan-Hohhot
太原-张家界-惠州	Taiyuan-Zhangjiajie-Huizhou	昆明-太原-大连	Kunming-Taiyuan-Dalian
太原-南昌-广州	Taiyuan-Nanchang-Guangzhou	昆明-太原-沈阳	Kunming-Taiyuan-Shenyang
太原-济宁-宁波	Taiyuan-Jining-Ningbo	大连-太原-海口	Dalian-Taiyuan-Haikou
太原-淮安-宁波	Taiyuan-Huai'an-Ningbo	重庆-太原-沈阳	Chongqing-Taiyuan-Shenyang
太原-长沙-昆明	Taiyuan-Changsha-Kunming	重庆-太原-长春	Chongqing-Taiyuan-Changchun
太原-长治-海口	Taiyuan-Changzhi-Haikou	大连-太原-银川	Dalian-Taiyuan-Yinchuan

15-7 续表2 continued

南宁-太原-大连	Nanning-Taiyuan-Dalian	合肥-太原-包头	Hefei-Taiyuan-Baotou
哈尔滨-太原-南宁	Harbin-Taiyuan-Nanning	南昌-太原-长春	Nanchang-Taiyuan-Changchun
贵阳-太原-哈尔滨	Guiyang-Taiyuan-Harbin	南宁-太原-满洲里	Nanning-Taiyuan-Manzhouli
济南-太原-包头	Jinan-Taiyuan-Baotou	南宁-太原-海拉尔	Nanning-Taiyuan-Hailar
榆林-太原-天津	Yulin-Taiyuan-Tianjin	宁波-太原-呼和浩特	Ningbo-Taiyuan-Hohhot
南京-太原-呼和浩特	Nanjing-Taiyuan-Hohhot	南京-太原-呼和浩特	Nanjing-Taiyuan-Hohhot
南京-太原-兰州	Nanjing-Taiyuan-Lanzhou	杭州-太原-兰州	Hangzhou-Taiyuan-Lanzhou
南京-太原-银川	Nanjing-Taiyuan-Yinchuan	成都-太原-营口	Chengdu-Taiyuan-Yingkou
长沙-太原-大连	Changsha-Taiyuan-Dalian	沈阳-太原-合肥	Shenyang-Taiyuan-Hefei
哈尔滨-太原-桂林	Harbin-Taiyuan-Guilin	包头-太原-桂林	Baotou-Taiyuan-Guilin
南京-太原-西宁	Nanjing-Taiyuan-Xining	沈阳-太原-琼海	Shenyang-Taiyuan-Qionghai
天津-太原-西宁	Tianjin-Taiyuan-Xining	北京首都-长治	Beijing Capital-Changzhi
大连-太原-西宁	Dalian-Taiyuan-Xining	北京南苑-长治	Beijing Nanyuan-Changzhi
乌鲁木齐-太原-烟台	Urumqi-Taiyuan-Yantai	上海浦东-长治	Shanghai Pudong-Changzhi
青岛-太原-绵阳	Qingdao-Taiyuan-Mianyang	广州-长治	Guangzhou-Changzhi
福州-太原-银川	Fuzhou-Taiyuan-Yinchuan	广州-武汉-长治	Guangzhou-Wuhan-Changzhi
桂林-太原-沈阳	Guilin-Taiyuan-Shenyang	成都-长治	Chengdu-Changzhi
南昌-太原-银川	Nanchang-Taiyuan-Yinchuan	海口-长治-天津	Haikou-Changzhi-Tianjin
丽江-太原-哈尔滨	Lijiang-Taiyuan-Harbin	西安-长治-大连	Xi'an-Changzhi-Dalian
海口-太原-乌海	Haikou-Taiyuan-Wuhai	昆明-长治-沈阳	Kunming-Changzhi-Shenyang
呼和浩特-太原-济南	Hohhot-Taiyuan-Jinan	昆明-长治-天津	Kunming-Changzhi-Tianjin
兰州-太原-烟台	Lanzhou-Taiyuan-Yantai	天津-长治-桂林	Tianjin-Changzhi-Guilin
无锡-太原-呼和浩特	Wuxi-Taiyuan-Hohhot	太原-长治-海口	Taiyuan-Changzhi-Haikou
长春-太原-兰州	Changchun-Taiyuan-Lanzhou	大同-北京	Datong-Beijing
乌鲁木齐-太原-宁波	Urumqi-Taiyuan-Ningbo	大同-上海	Datong-Shanghai

15-7 续表3 continued

银川-大同-北京南苑	Yinchuan-Datong-Beijing Nanyuan	运城-北京	Yuncheng-Beijing
哈尔滨-大同-厦门	Harbin-Datong-Xiamen	运城-广州	Yuncheng-Guangzhou
西安-大同-沈阳	Xi'an-Datong-Shenyang	运城-珠海	Yuncheng-Zhuhai
天津-大同-呼和浩特	Tianjin-Datong-Hohhot	重庆-运城-沈阳	Chongqing-Yuncheng-Shenyang
大同-武汉-广州	Datong-Wuhan-Guangzhou	运城-昆明	Yuncheng-kunming
大同-大连	Datong-Dalian	大连-运城-贵阳	Dalian-Yuncheng-Guiyang
天津-大同-海口	Tianjin-Datong-Haikou	大连-运城-海口	Dalian-Yuncheng-Haikou
大同-暹粒	Datong-Siem Reap	哈尔滨-运城-三亚	Harbin-Yuncheng-Sanya
大同-岘港	Datong-Da Nang	天津-运城-桂林	Tianjin-Yuncheng-Guilin
大同-曼谷	Datong-Bangkok	三亚-运城-哈尔滨	Sanya-Yuncheng-Harbin
大同-金边	Datong-Phnom Penh	运城-长沙-海口	Yuncheng-Changsha-Haikou
吕梁-北京	Lvliang-Beijing	运城-成都	Yuncheng-Chengdu
上海浦东-吕梁-兰州	Shanghai Pudong-Lvliang-Lanzhou	运城-上海	Yuncheng-Shanghai
重庆-吕梁-天津	Chongqi-Lvliang-Tianjin	天津-运城-香港	Tianjin-Yuncheng-Hong Kong
上海浦东-五台山-银川	Shanghai Pudong-Wutaishan-Yinchuan	南京-运城-芭提雅	Nanjing-Yuncheng-Pattaya
		临汾-武汉	Linfen-Wuhan
广州/深圳-郑州-五台山	Guangzhou/Shenzhen-Zhenzhou-Wutaishan	临汾-北京	Linfen-Beijing
		呼和浩特-临汾-成都	Hohhot-Linfen-Chengdu
海口-桂林-五台山	Haikou-Guilin-Wutaishan	临汾-昆明	Linfen-Kunming
厦门-南京-五台山	Xiamen-Nanjing-Wutaishan	临汾-广州	Linfen-Guangzhou
三亚-五台山-哈尔滨	Sanya-Wutaishan-Harbin	上海-临汾-银川	Shanghai-Linfen-Yinchuan
深圳-五台山-哈尔滨	Shenzhen-Wutaishan-Harbin	青岛-临汾-昆明	Qingdao-Linfen-Kunming
昆明-五台山-哈尔滨	Kunming-Wutaishan-Harbin	天津-临汾-海口	Tianjin-Linfen-Haikou
重庆-五台山-天津	Chongqi-Wutaishan-Tianjin	海口-桂林-临汾	Haikou-Guilin-Linfen
济南-五台山-兰州	Jinan-Wutaishan-Lanzhou	重庆-临汾-天津	Chongqing-Linfen-Tianjin

15-8 国家铁路分货类运输量(2017年)

NATIONAL RAILWAY FREIGHT TRAFFIC BY CATEGORY OF CARGO(2017)

指 标	Item	货运量(万吨) Volume of Freight Traffic (10 000 tons)	货物周转量 (万吨公里) Turnover Volume of Freight Traffic (10 000 ton-km)	平均运程 (公里) Average Transport Mileage (km)
合 计	**Total**	**77060.5**	**38911161.1**	**505**
#煤 炭	Coal	58878.1	34258782.8	582
石 油	Petroleum	611.9	153674.3	251
焦 炭	Cake	3016.3	1080818.6	358
金属矿石	Metal Ore	5600.7	1160612.5	207
钢铁及有色金属	Steel and Nonferrous Metal	2539.0	680741.2	268
非金属矿石	Nonmetal Ores	233.2	66547.3	285
磷矿石	Phosphate Rock	3.8	628.5	166
矿建材料	Mine Construction Materials	1804.6	140459.5	78
水 泥	Cement	0.4	130.2	291
木 材	Timber	23.9	7264.1	303
粮 食	Grain	396.9	158926.4	400
零 担	Sporadic Freight Transport	58.8	23044.9	392
集装箱	Container Transport	2434.6	703430.0	289

注：本表为太原铁路局全部数据。
Note: Data in the table is supplied by Taiyuan Railway Bureau.

15-9 地方铁路营运概况(2017年)
BASIC STATISTICS ON LOCAL RAILWAYS(2017)

线路名称 Name of Railway Lines	起讫地址 The Beginning and The End	线路长度(公里) Length of Railways (km)		机车(台) Locomotives (unit)		
		延展里程 Length of Extention	正线里程 Length of the Truck Lines	合计 Total	电气 Electrical	内燃 Diesel
总计 Total		**452.0**	**327.1**	**39**	**19**	**20**
一、合资铁路 Joint Venture Railways		331.6	233.5	32	19	13
武沁铁路 Wuqin Railway	武乡-左权；沁县-沁源 Wuxiang-Zuoquan;Qinxian-Qinyuan	146.8	118.0	6		6
孝柳有限责任公司 Xiaoliu Railway Co., Ltd.	孝西-穆村 Xiaoxi-Mucun	184.8	115.5	26	19	7
二、地方铁路 Local Railways		120.5	93.6	7		7
宁静铁路 Ningjing Railway	宁武-静乐 Ningwu-Jingle	120.5	93.6	7		7

线路名称 Name of Railway Lines	货物运输 Freight Traffic		财务状况 Financial Situation			
	货运量(万吨) Freight Traffic (10 000 tons)	货物周转量(万吨公里) Turnover of Freight Traffic (10 000 ton-kms)	运输收入(万元) Transportation Revenue (10 000 yuan)	运输支出(万元) Transportation Expend (10 000 yuan)	实现利润(万元) Profits (10 000 yuan)	上缴税金(万元) Taxes (10 000 yuan)
总计 Total	**2331**	**165761**	**57971**	**58339**	**-414**	**3076**
一、合资铁路 Joint Venture Railways	2121	161771	54743	52374	2323	3035
武沁铁路 Wuqin Railway	375	20497	7384	7083	255	47
孝柳有限责任公司 Xiaoliu Railway Co., Ltd.	1746	141274	47359	45291	2068	2988
二、地方铁路 Local Railways	209	3990	3228	5965	-2737	41
宁静铁路 Ningjing Railway	209	3990	3228	5965	-2737	41

15-10 邮电业务基本情况(2017年)

BASIC CONDITIONS OF POST AND TELECOMMUNICATION SERVICES(2017)

指 标	Item	2016	2017
邮政行业业务总量 (亿元)	**Business Volume of Post Services (100 million yuan)**	**56.9**	**72.4**
函 件 (万件)	Number of Letters (10 000 pcs)	2650	2729
包 裹 (万件)	Number of Parcels (10 000 pcs)	46	43
汇 兑 (万笔)	Number of Postal Money Orders (10 000 pcs)	98	69
机要邮件 (万件)	Number of Confidential Letters (10 000 pcs)	50	52
快 递 (万件)	Express Mail Services (10 000 pcs)	18665	24359
集邮邮票 (万枚)	Philately (10 000 pcs)	3642	3169
订阅报纸期发数 (万份)	Newspapers Circulation (10 000 copies)	59	200
订阅报纸累计数 (万份)	Accumulative Total of Newspapers Circulation (10 000 copies)	51797	51993
订阅杂志期发数 (万份)	Magazines Circulation (10 000 copies)	25	64
订阅杂志累计数 (万份)	Accumulative Total of Magazines Circulation (10 000 copies)	1701	1676
报刊流转额 (万元)	Circulation of Newspapers and Magazines (10 000 yuan)	61646	64023
电信业务总量 (亿元)	**Business Volume of Telecommunication Services (100 million yuan)**	**328.7**	**584.2**
市话年末到达数 (万户)	Number of Subscribers of Urban Telephone at Year-end (10 000 subscribers)	287.7	259.2
农话年末到达数 (万户)	Number of Subscribers of Rural Telephone at Year-end (10 000 subscribers)	55.9	43.1
移动电话用户 (万户)	Number of Mobile Telephone Subscribers (10 000 subscribers)	3365.7	3647.9
#3G移动电话用户	3G Mobile Phone Subscribers	374.2	310.2
4G移动电话用户	4G Mobile Phone Subscribers	1885.4	2583.3
移动短信 (亿条)	Mobile Short Information (10 000 pcs)	201	281

15-11 主要年份邮电通信网

NETWORK OF POST AND TELECOMMUNICATION IN MAJOR YEARS

年 份 Year	邮政支局所 (处) Number of Branch Post Offices (unit)	#在农村 In Rural Area	邮路长度 (公里) Length of Postal Routes (km)	#铁 路 Railway Routes	#汽 车 Highway Routes
1978	1675	1444	143907	6840	17672
1980	1629	1380	141596	7304	17902
1985	1890	1591	146024	7024	21454
1990	1813	1456	146251	9482	20320
1995	1888	1454	157202	11062	30700
2000	1730	1239	203725	11564	45488
2005	1603	1045	181703	13738	48016
2010	1306	759	184998	15200	58698
2011	1526	853	213310	16066	81394
2012	1516	738	169908	16860	82490
2013	1483	773	150648	15358	58770
2014	1518	1072	87520	8306	68938
2015	1582	1158	86946	8392	74542
2016	1636	1194	93323	8306	83107
2017	1637	1191	104080		103414

注：2014年起，邮政实施网运改革，邮路长度采用新口径。

Note：Because of the post reform of network operation, length of postal routes has adopted a new coverage since 2014.

15-12 邮政邮路

POSTAL ROUTES

单位：公里 (km)

指 标	Item	2016	2017
邮路总条数(条)	Number of Postal Routes (route)	496	555
#铁 路	Railway Postal Routes	2	
汽 车	Highway Postal Routes	472	547
邮路总长度(单程)	Total Length of Postal Routes (one-way)	46662	52040
#铁 路	Railway Postal Routes	4153	
汽 车	Automobile Postal Routes	41554	51709
农村邮路条数(条)	Number of Rural Postal Routes (route)	250	244
农村邮路长度(单程)	Length of Rural Postal Routes (one-way)	15141	14823
城市投递路线条数(条)	Number of Rural Delivery Routes (route)	1638	2375
城市投递路线长度(单程)	Length of Rural Delivery Routes (one-way)	36276	38371
农村投递路线条数(条)	Number of Rural Delivery Routes (route)	2211	2310
#摩托车	Motorcycles	1997	1844
自行车	Bicycles	68	273
步 班	On Foot	10	
农村投递线路长度(单程)	Length of Rural Delivery Routes (one-way)	108813	109632
#摩托车	Motorcycles	97121	89611
自行车	Bicycles	2981	8343
步 班	On Foot	277	

15-13 邮政局所、房屋、服务点
NUMBER OF POSTAL OFFICES, BUILDINGS AND SERVICE PLACES

单位：处 (unit)

指 标	Item	2016	2017
邮政支局所	Number of Branch Post Offices	1636	1637
#设在农村的	In Rural Area	1194	1191
#电子化支局	Electrical Branch Offices	1069	938
#邮政局	Number of Post Offices	108	108
邮政支局	Nmber of Branch Post Offices	403	419
#自办邮政所	Number of Post Offices Operated by Post Department	525	519
代办邮政所	Number of Postal Agencies	708	699
邮政信筒信箱 (个)	Post Boxes (unit)	1362	1425
自有房屋建筑面积 (万平方米)	Floor Space of Self-owned Buildings (10 000 sq.m)	107.0	98.5
邮政生产用房面积	Floor Space of Production Used	58.9	57.8
其他生产用房	Other Productive Buildings	5.5	5.2
非生产用房面积	Floor Space of Non-production	42.6	35.5

主要统计指标解释

铁路营业里程 指办理客货运输业务的铁路正线总长度。凡是全线或部分建成双线及以上的线路，以第一线的实际长度计算；复线、站线、段管线、岔线和特别用途线以及不计算运费的联络线都不计算营业里程。线路营业里程是反映铁路运输业基础设施发展水平的重要指标，也是计算客货周转量、运输密度和机车车辆运用效率等指标的基础资料。

铁路延展里程 可以分为总延展里程以及正线、站线、段管线、岔线和特别用途线的延展里程。总延展里程是各种线路的延展里程之和。正线延展里程是正线第一线、第二线、第三线和其他正线建筑里程之和，站线、段管线、岔线和特别用途线的延展里程，均是各自建筑里程之和。延展里程是作为计算线路上钢轨、枕木及路基砂石需要量的主要依据。

公路网 是由各级公路组成的网状运输系统。它是由连结各城镇、乡村和工矿基地之间主要供汽车行驶的道路形成的网络。我国的公路里程是按其作用及使用管理性质分为国家干线公路、省级干线公路、县级公路、乡公路和专用公路。按其公路工程技术要求分为高速公路和一、二、三、四级公路。

公路里程 也称"公路通车里程"，是指实际达到交通部制定的公路工程技术标准规定的等级公路长度。它包括大中城市的郊区以及通过小城镇街道的公路里程，也包括桥梁、渡口的长度，但不包括城市街道以及厂矿、林区和农业生产用道的里程。两条或多条公路共同径由同一路段，只计算一次，不得重复计算里程长度。公路里程是反映公路建设发展规模的重要指标，也是计算运输网密度等指标的资料。

民用汽车 由公安交通监理部门所掌管的领有本地区民用车辆牌照的机动车辆中的一部分。不包括拖拉机、摩托车、其他机动车等。民用汽车包括普通载货汽车、专用载货汽车、载客汽车、其他专用汽车、特种汽车等。

营运汽车 指领有公安交通监理部门核发的车辆牌照，并经当地工商行政管理机关核准，领取营业执照，参加营业性运输的载客和载货汽车。

货(客)运量 指运输业实际运送的货物（旅客）数量。货运按吨计算。货物不论运输距离长短、货物类别，均按实际重量计算，旅客不论行程远近或票价多少，均按一人一次作为客运量统计。半票价、小孩票也按一人统计。货（客）运量反映运输业为国民经济和人民生活服务的数量指标，也是制定和检查运输生产计划，研究运输发展规模和速度的重要指标。

货物(旅客)周转量 指运输业运送的货物（旅客）数量与其相应运输距离的乘积之总和，通常以吨公里和人公里为计算单位。计算货物周转量通常按发出站与到达站之间的最短距离，也就是计费距离计算。它是反映运输业生产总成果的重要指标，也是编制和检查运输生产计划、计算运输效率、劳动生产率以及核算运输单位成本的主要基础资料。

换算周转量 是综合反映各种运输工具在一定时期内实际完成的旅客、货物周转量的综合指标。具体计算方法是将旅客周转量和货物周转量区分不同运输工具按相应的换算比例，换算成同一计量单位进行加总求得。其计算单位为：吨公里。

公路运输的换算比例是：1 吨公里=10 人公里

内河水运的换算比例是：1 吨公里=3 人公里（座位）　　1 吨公里=1 人公里（带卧铺）

铁路运输的换算比例是：1 吨公里=1 人公里（地方铁路为 5 人公里）

民航运输的换算比例是：1 吨公里=13.9 人公里（国际航线为 13.3 人公里）

邮政行业业务总量 指以货币形式表现的邮政企业为社会提供各类邮政通信服务或其他服务的总数量。计算方法为各类邮政通信服务业务的实物量分别乘以相应的不变单价，求出各类业务的货币量后加总求得。该指标反映了一定时期邮政通信业务发展的总成果，是观察邮政通信业务发展变化总趋势的综合性指标。

电话用户数 包括固定和移动电话。固定电话用户指接入国家公众固定电话网，并按固定电话业务进行经营管理的电话用户。移动电话用户指在移动电话营业部门登记，通过移动电话交换机接入移动电话网、占有移动电话号码的用户。

邮路 各邮政局所之间，邮政局所与车站、码头、机场、转运站、邮件处理中心、报刊社之间，邮区中心局与邮政局所及各邮区中心局之间由自办或委办人员按固定班期规定路线交换邮件（包括机要文件，下同）、报刊的路线。包括农村地区运邮兼投递的路线，不包括城市、农村地区纯投递路线。按运输方式可分为航空邮路、铁路邮路、汽车邮路、水路邮路和其他邮路等。

邮路总长度 邮路由起点到终点的长度。单程长度统计法的计算方法是直线算单程，环型算全程；直环混合中直线部分算单程，环型部分算全程；Y 型三段相加算单程。

投递路线 投递路线是指邮政局所或邮政投递机构的自办或委办人员按固定班期（班次）、规定路线为城乡用户投递邮件、报刊的路线。按地域可分为城市投递路线和农村投递路线。按投递方式可分为汽车投递路线、摩托车投递路线、自行车投递路线、马班投递路线和步班投递路线等。

Explanatory Notes on Main Statistical Indicators

Length of Railways in Operation refers to the total length of the trunk line under passenger and freight transportation. The calculation is based on the actual length of the first line even if this line has a full or partial double tracks, excluding double tracks, station sidings, tracks under the charge of stations, branch lines, special-purpose lines and the non-payable connecting lines. The length of railways is an important, traffic density and utilization efficiency of the locomotives and carriages.

Extension Length of Railway it can be divided into total extension length and extension length of main lines, station lines, section lines, branch lines and special lines. Total extension length is the sum of the length of all kinds of lines. Extension length of main lines is the sum of the length of first lines, second lines, third lines and other constructed main lines. Extension length of station lines, section lines, branch lines and special lines, is the sum of their construction length. It provides important information for the calculation of the needs for rails, sleepers, sand and stone for the construction of railways.

Highway Net is a netted communications system, it is composed of various highway. It is a network that linked with carious road of cities, towns, villages and mines. In China, the length of highways, if grouped by its functions and administer characters, can be divided into state highways, provincial highways, county highways, village highways and highways for special purpose. Grouped by its engineering standard, it can be divided into expressways and class I to IV class highways.

Length of Highways it is also be called "opening length of highways". It refers to the length of highways which are built in conformity with the grades specified by the highway engineering standard formulated by the Ministry of Communications. The length of highways includes that of the suburb highways at large and medium-sized cities, highways passing through streets at small cities and towns, and also the length of bridges and ferries. It does not include the length of streets in big and medium-sized cities and highways built for the production purpose at factories, mines, forest areas and agricultural areas. If two or more highway go the same section of the way, the length of the section is only calculated for once and no duplication is allowed. The length of highway is an important indicator to show the development of the highway construction and to provide essential information to calculate the transport network density.

Civil Motor Vehicles refer to a part of motor vehicles that are controlled by public security supervise department and have this locality civil motor vehicles license. Excluding the tractors, motor cycles and other motor vehicles, civil motor vehicles include ordinary trucks, trucks for special use, buses and cars, other trucks for special use, special vehicles.

Business Vehicles refer to the passenger vehicles and trucks for business, which gains vehicle licenses issued by the traffic control department and the business license approved by administration for industry and commerce.

Freight (Passenger) Traffic refers to the volume of freight (passenger) transported with various means within a specific period of time. This indicator reflects the service of the transport industry towards the national economy and people's living conditions, as well as an important indicator used in formulating and monitoring transport production plans and research into the scale and pace of transport development. Freight transport is calculated in tons and passenger traffic is calculated in terms of number of persons. Freight transport is calculated in terms of the actual weight of the goods and takes no account of the type of freight and distance of travel. Passenger traffic is calculated by the principle that one person can be counted only once in one trip and takes no account of the travelling distance and ticket price. The passengers who travel with a half price ticket or a child's ticket is also calculated as one person.

Freight Ton-kilometres (Passenger-kilometres) refers to the sum of the product of the volume of transported cargo (passengers) multiplied by the transport distance. It is an important indicator to reflect the achievement of the transportation industry. This is an important indicator to show the total results of the transport industry; to prepare and examine the transport plan; and to serve as the main basic data for calculating the efficiency, labour productivity and unit cost of transport. Normally, the shortest distance between the departure station and the destination station (i.e., the payable distance) is the basis in calculating the freight ton-kilometres.

Converted into Turnover Volume is a synthesis item which reflect real freight or passenger traffic with various means in a period time. The calculated method as follows: Sum of Freight or passenger traffic which are converted into uniform unit by transport means according to corresponding scaling. The uniform unit is ton-km.

Scaling of highways: 1 ton-km=10 person-km

Scaling of river: 1 ton-km=3 person-km(seat);1 ton-km=1 person-km(sleeper)

Scaling of railway: 1 ton-km=1 person-km(equals 5 person-km on local railways)

Scaling of Civil Aviation: 1 ton –km=13.9 person-km(equals 13.3 person-km on international routes)

Business Volume of Post Services refers to the total amount of postal services, expressed in value terms, provided by the post departments for society. Business volume of post services is the sum of each service in kind multiplying with its correspondent unit price (constant price). It is a comprehensive indicator reflecting the development result and the change trend of post and telecommunication services.

Number of Telephone Subscribers includes fixed-telephone subscribers and mobile telephone subscribers. Fixed-telephone subscribers refer to subscribers that are connected to the state public fixed-telephone net and are managed according to fixed-telephone business. Mobile telephone subscribers refer to subscribers that are registering in business department on mobile phone, connected to the mobile telephone net and owing the number of mobile phone.

Postal Routes refers routes that self-run clerks or clients change mails, newspapers and magazines by fixed schedule and regular routes between post offices, post offices and stations, docks, airports, transfer stations, mail processing centers, newspaper agencies. It includes posting and delivering routes in rural areas, while excludes routes that only delivers in urban and rural areas. It can be divided into airway postal routes, railway postal routes, automobile postal routes, waterway postal routes and other postal routes according to transport means.

Total Length of Post Routes refers length of postal routes from the start point to the end point. The single length is calculated by the following method, that is, straight line route is calculated as single way, circle route as entire way, straight line and circle mixed route is calculated separately, and Y type route is calculated as the sum of three single lines.

Delivery Routes refers routes that self-run clerks or clients of postal offices and postal delivery agencies deliver mails, newspapers and magazines by fixed schedule and regular routes for urban and rural residents. It can be divided into urban delivery postal routes and rural delivery postal routes according to regions. And there are automobile deliver route, motorcycle deliver route, bicycle deliver route, horse deliver route and deliver route on foot.

16

教育、科技

EDUCATION, SCIENCE AND TECHNOLOGY

资料整理人员

刘铁生　商彩云　吴丹宁

教育、科技

EDUCATION, SCIENCE AND TECHNOLOGY

普通高等学校数	Regular Institutions of Higher Education	80	所	(unit)
普通高等学校专任教师数	Full-time Teachers of Higher Education	4.1	万人	(10 000 persons)
普通高等学校在校学生数	Students Enrollment of Higher Education	79.5	万人	(10 000 persons)
普通中专学校数	Regular Specialized Secondary Schools	92	所	(unit)
普通中专专任教师数	Full-time Teachers of Regular Specilized Secondary Schools	7691	人	(person)
普通中专在校学生数	Students Enrollment of Regular Specilized Secondary Schools	12.6	万人	(10 000 persons)
科学研究机构	Scientific Research Institutions	158	个	(unit)

自然科技人员构成 (%)

Composition of Natural Science and Technology Personnels (%)

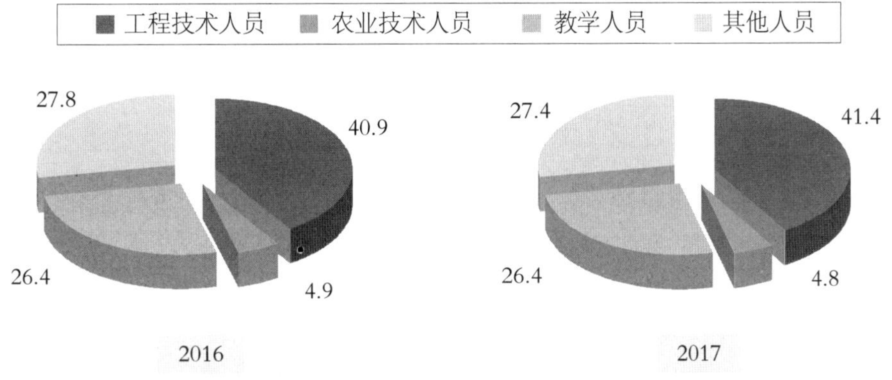

研究生在校学生数（人）

Number of Postgraduate Enrollment (person)

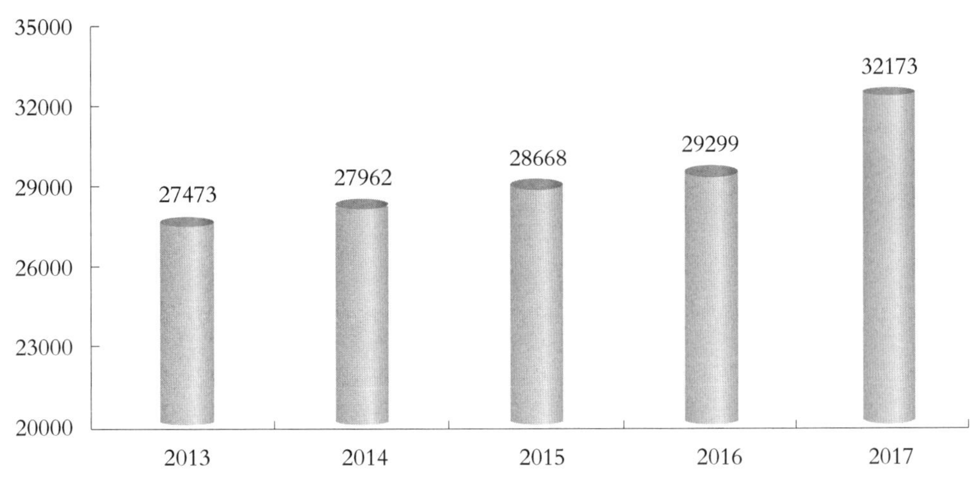

16-1 主要年份各类学校数

SCHOOLS BY LEVEL IN MAJOR YEARS

单位：所 (unit)

年份 Year	普通高等学校 Regular Instiutions of Higher Education	中等职业教育 Secondary Vocational Education	#普通中专 Regular Specia-lized Secondary Schools	#职业中学 Vocational Schools	#技工学校 Skilled Workers Schools	普通中学 Regular Secondary Schools	小学 Primary Schools	特殊教育学校 Special Education Schools
1978	16	731	73	87	50	14062	33393	12
1980	16	3628	90	342	60	9895	37746	12
1985	22	746	113	408	70	4749	42394	12
1990	26	793	125	380	97	3944	42195	13
1995	26	791	129	377	110	3401	40795	63
2000	24	787	127	339	134	3346	37451	39
2005	59	629	73	309	106	3279	24339	40
2010	65	584	92	259	110	2747	12776	45
2011	66	573	93	249	111	2611	10936	51
2012	67	556	90	246	100	2534	10042	53
2013	70	507	92	234	62	2495	8946	56
2014	71	543	92	233	99	2418	6885	62
2015	79	542	92	233	98	2400	6403	64
2016	80	544	92	235	98	2353	6043	69
2017	80	535	92	238	86	2340	5646	73

16-2 主要年份各类学校专任教师数

NUMBER OF FULL-TIME TEACHERS BY LEVEL OF SCHOOL IN MAJOR YEARS

单位：人 (person)

年份 Year	普通高等学校 Regular Instiutions of Higher Education	中等职业教育 Secondary Vocational Education	#普通中专 Regular Specia-lized Secondary Schools	#职业中学 Vocational Schools	#技工学校 Skilled Workers Schools	普通中学 Regular Secondary Schools	小学 Primary Schools
1978	4244	5933	3246	330	938	103772	132785
1980	5077	7915	3991	1090	1386	104075	148255
1985	7417	14322	6176	4512	1931	92619	157251
1990	8963	22440	8295	6976	4165	108774	163693
1995	9140	24729	9161	8632	4446	113216	171860
2000	10466	26916	9823	10343	3655	127582	180362
2005	27862	25005	5687	11132	5500	159803	192271
2010	36492	26578	7437	12461	3542	172793	190538
2011	37527	28004	7877	13030	3888	175443	188820
2012	38124	29295	7903	13597	4365	176319	184326
2013	40764	28871	7943	13806	3652	177344	180548
2014	40317	30744	7793	13671	5803	176853	176840
2015	40406	32652	7830	13997	7485	175053	172957
2016	41301	32877	7853	14199	7583	173503	171535
2017	40971	33111	7691	14150	8113	187836	153445

16-3 主要年份各类学校在校学生数

STUDENTS ENROLLMENT BY LEVEL OF SCHOOL IN MAJOR YEARS

单位：万人 (10 000 persons)

年 份 Year	普通高等学校(人) Regular Institutions of Higher Education (person)	中等职业教育 Secondary Vocational Education	#普通中专 Regular Specia-lized Secondary Schools	#职业中学 Vocational Schools	#技工学校 Skilled Workers Schools	普通中学 Regular Secondary Schools	#高中 Senior	小学 Primary Schools
1978	20940	4.73	2.90	0.64	1.19	194.28	58.45	377.36
1980	33104	8.38	4.61	2.12	1.65	179.55	31.06	384.16
1985	41946	14.58	5.14	7.58	1.86	156.97	22.87	335.20
1990	51309	21.47	8.68	8.78	4.01	145.08	22.31	297.40
1995	67420	26.40	10.74	10.51	5.15	150.97	19.04	327.04
2000	125674	37.19	19.65	13.62	3.92	199.75	33.72	343.60
2005	407036	46.58	20.15	17.04	9.39	261.15	71.37	350.26
2010	562924	56.51	20.73	24.65	11.13	253.67	82.29	291.06
2011	594469	61.94	18.33	22.32	11.08	249.55	85.27	277.19
2012	637330	60.00	17.85	21.45	11.68	235.74	85.50	261.76
2013	676817	50.46	16.38	19.40	6.82	213.99	84.85	229.64
2014	713218	51.03	15.37	18.39	11.10	204.68	82.78	224.50
2015	740245	43.59	13.99	17.91	10.62	192.06	79.37	226.95
2016	756287	43.82	12.12	17.83	10.03	184.65	75.38	227.09
2017	795147	42.08	12.55	19.51	10.02	180.21	71.97	228.12

16-4 主要年份各类学校招生数

NEW STUDENTS ENROLLMENT BY LEVEL OF SCHOOL IN MAJOR YEARS

单位：人 (person)

年 份 Year	普通高等学校 Regular Institutions of Higher Education	中等职业教育 Secondary Vocational Education	#普通中专 Regular Specia-lized Secondary Schools	#职业中学 Vocational Schools	#技工学校 Skilled Workers Schools	普通中学 Regular Secondary Schools	#高中 Senior	小学 Primary Schools	特殊教育学校 Special Education Schools
1978	10744	29699	15531	5708	8460	884918	275642	879737	376
1980	8287	97500	18990	11696	8096	539613	65803	664927	234
1985	14107	95883	20864	37437	9122	529347	75238	548667	390
1990	15710	103887	28615	38566	14606	482926	78749	557803	503
1995	20926	116548	35898	46721	18817	552978	69774	642867	1110
2000	48041	157521	67975	52476	13823	726669	137662	631942	856
2005	127514	187674	75240	65842	40000	887403	263159	548755	743
2010	184399	274149	71680	134823	37303	852635	280984	451390	1088
2011	184602	217326	66613	87893	41030	795844	286680	440802	1339
2012	208122	214892	74147	87237	42475	755080	292630	440460	906
2013	215296	164653	64007	73583	21710	701819	288826	394203	729
2014	214394	170977	56337	71877	39134	634452	255585	347419	824
2015	222685	156124	46966	68497	37247	583570	248426	376640	913
2016	219954	145033	42662	65749	34020	620287	244539	383579	1153
2017	221360	141457	35438	62193	31765	597077	227416	379249	1441

16-5 主要年份各类学校毕业生数
GRADUATES BY LEVEL OF SCHOOL IN MAJOR YEARS

单位：人 (person)

年 份 Year	普通高等学校 Regular Institution of Higher Education	普通中专 Regular Specia-lized Secondary Schools	职业中学 Vocational Schools	技工学校 Skilled Workers Schools	普通中学(万人) Regular Secondary Schools (10 000 persons)	#高 中 Senior	小 学 (万人) Primary Schools (10 000 persons)	特殊教育学校 Special Education Schools
1978	4523	11766	760	3813	75.26	19.11	62.09	145
1980		13563	4884	10649	84.83	28.31	59.05	104
1985	8499	16773	16941	6383	39.09	5.49	64.68	105
1990	15103	26768	31770	11708	47.63	7.27	51.31	475
1995	20312	31474	38238	15542	43.17	7.08	55.36	617
2000	19785	42356	48364	17652	56.18	7.86	64.09	604
2005	88344	54904	47546	18000	82.95	19.69	63.56	483
2010	165545	75255	87159	53002	83.48	25.94	57.35	895
2011	152680	77950	88946	40296	82.54	27.01	52.78	805
2012	162571	73455	90805	32335	86.39	28.53	54.73	882
2013	173259	69722	82314	25379	82.76	28.61	47.73	877
2014	174060	64534	77453	38239	72.22	27.35	38.81	616
2015	191273	63509	61759	37876	71.12	28.36	34.11	616
2016	199259	54538	70396	38454	69.54	28.44	38.03	738
2017	210429	38280	59706	29688	64.16	26.03	37.50	990

16-6 普通本科分形式、分学科学生数(2017年)
STUDENTS OF REGULAR UNDERGRADUATE COURSES BY FORM AND BY FIELD OF STUDY(2017)

单位：人 (person)

项 目	Item	毕业生数 Number of Graduates	招生数 Number of New Students Enrollment	在校学生数 Number of Students Enrollment
总 计	**Total**	**113275**	**129117**	**488394**
#女	Female	61251	73554	270802
按形式分	By Form			
高中起点	Senior as Starting Point	107490	121102	474346
专科起点	Junior College as Starting Point	5785	8015	14048
第二学士学位	Second Bachelor's Degree			
按学科分	By Field of Study			
哲 学	Philosophy	64	58	156
经济学	Economics	4795	5693	20728
法 学	Law	4325	4560	16812
教育学	Education	5736	6549	23746
文 学	Literature	9797	9364	34822
#外 语	Foreign Language	4005	4176	14578
历史学	History	1586	1404	5521
理 学	Science	11205	11706	45313
工 学	Engineering	37095	43163	165913
农 学	Agriculture	1852	2381	8357
医 学	Medicine	8115	10270	41393
管理学	Administration	18487	21658	80207
艺术学	Art Theory	10218	12311	45426
总计中：师范生	Of the total：Teacher-training	23366	19844	78445

16-7 主要年份研究生数
NUMBER OF POSTGRADUATES IN MAJOR YEARS

单位：人 (person)

年 份 Year	培养研究生的单位数(个) Institutions of Foster Postgraduates (unit)	招生数 New Students Enrollment	毕业生数 Graduates	在校学生数 Students Enrollment
1978	4	151		151
1980	6	15		218
1985	8	399	84	670
1990	9	219	288	688
1995	12	524	263	1336
2000	12	1190	466	2633
2005	12	4929	2069	12059
2010	12	8074	5929	23555
2011	12	8745	7330	24790
2012	12	9212	7771	26098
2013	13	9384	7754	27473
2014	14	9141	8492	27962
2015	14	9769	8795	28668
2016	14	10078	9118	29299
2017	15	12143	8983	32173

16-8 研究生数(2017年)
NUMBER OF POSTGRADUATES(2017)

单位：人 (person)

项 目	Item	招生数 New Students Enrollment	#攻读硕士学位 Master Degree	毕业生数 Graduates	#攻读硕士学位 Master Degree	在校学生数 Students Enrollment	#攻读硕士学位 Master Degree
总 计	**Total**	**12143**	**11563**	**8983**	**8533**	**32173**	**29454**
国家任务	Country Assignment			7281	6995	17036	15546
委托培养	Entrust Foster			350	204	848	290
自筹经费	Self-raised Funds			1352	1334	2147	2056
全日制	Full-time	10254	9674			10255	9675
非全日制	Part-time	1889	1889			1887	1887
一、中央部门	**Central Departments**	**42**	**42**	**41**	**41**	**120**	**120**
国家任务	Country Assignment			41	41	78	78
委托培养	Entrust Foster						
自筹经费	Self-raised Funds						
全日制	Full-time	42	42			42	42
非全日制	Part-time						
二、地方部门	**Local Departments**	**12101**	**11521**	**8942**	**8492**	**32053**	**29334**
国家任务	Country Assignment			7240	6954	16958	15468
委托培养	Entrust Foster			350	204	848	290
自筹经费	Self-raised Funds			1352	1334	2147	2056
全日制	Full-time	10212	9632			10213	9633
非全日制	Part-time	1889	1889			1887	1887

16-9 高等教育学校学生数(2017年)

单位：人

指 标	Item	毕业生数 Graduates
研究生	Postgraduates	8983
博 士	Doctor Degree	450
硕 士	Master Degree	8533
普通本科、专科生	Students of Regular Undergraduate Course and Specialized Subject	210429
本 科	Students of Regular Undergraduate Course	113275
专 科	Students of Specialized Subject	97154
成人本科、专科生	Adult Education Students of Regular Undergraduate Course and Specialized Subject	44348
函授本科	Correspondence Education of Regular Undergraduate Course	15981
业余本科	Spare Time Education of Regular Undergraduate Course	4783
脱产本科	Released from Work for Education of Regular Undergraduate Course	476
函授专科	Correspondence Education of Specialized Subject	15285
业余专科	Spare Time Education of Specialized Subject	5395
脱产专科	Released from Work for Education of Specialized Subject	2428
网络本科、专科生	Net Education Students of Regular Undergraduate Course and Specialized Subject	
本 科	Students of Regular Undergraduate Course	
专 科	Students of Specialized Subject	
在职人员攻读硕士学位	Persons Admitted to Master Degree Programme	
学历文凭考试	Academic Credentials Examination	
电大注册视听生	TV Education Students	
自考助学班	Guidance Class for Students Learning Themselves and Examination	
研究生课程进修班	Class for Advanced Studies of Postgraduate Course	33594
普通预科生	Students for Preparatory Course	
证书教育	Certificate Education	22241
岗位培训	Post Training	12592
进修及培训	Advanced Study and Training	33594
留学生	Student Studing Abroad	145

NUMBER OF STUDENTS IN HIGHER EDUCATION INSTITUTIONS(2017)

(person)

#授予学位数 Award Degree	招生数 New Students Enrollment	在校生数 Students Enrollment
8906	12143	32173
403	580	2719
8503	11563	29454
111556	221360	762974
111556	129117	488394
	92243	274580
2372	22225	83382
	9279	34055
	4632	13974
	257	623
	5740	24396
	1561	8072
	756	2262
2062		5697
		25199
		135
		20782
		11714
		25199
4	402	643

16-10 普通高校分类别专任教师数(2017年)
FULL-TIME TEACHERS OF HIGHER EDUCATION INSTITUTIONS BY TYPE(2017)

单位：人 (person)

类 别	Type	专任教师 Full-time Teachers	正高级 Senior	副高级 Sub-senior	中 级 Middle	初 级 Junior	无职称 No Rank
总 计	**Total**	**40971**	**2819**	**10682**	**16527**	**7765**	**3178**
#女	Female	23710	1284	5873	9714	4872	1967
分类型:	By Type						
本科院校	Regular Undergraduate Course	28881	2565	7879	11736	4765	1936
专科院校	Specialized Subject	12090	254	2803	4791	3000	1242
分性质类别:	By Nature						
综合大学	Synthesize Universitys	10421	477	2616	4527	2146	655
理工院校	Science and Engineering Institutes	12139	981	3268	5287	1914	689
农业院校	Agriculture Institutes	2072	241	508	716	493	114
林业院校	Forestry Institutes	182	5	46	66	62	3
医药院校	Medical Institutes	3209	318	799	1266	604	222
师范院校	Teacher-Training Institutes	5529	339	1621	1980	936	653
语文院校	Chinese Institues	1234	50	267	446	343	128
财经院校	Finance and Economic Institutes	5200	377	1273	1849	989	712
政法院校	Politics and Law Institutes	423	15	146	166	96	
体育院校	Sports Institues	141	2	32	72	35	
艺术院校	Art Institutes	421	14	106	152	147	2
分举办者:	By Owner						
1.地方所属	Departments of Local Government	33918	2248	9063	14348	5901	2358
教育部门	Education Departments	24290	2005	6618	10280	3834	1553
其他部门	Other Departments	9191	243	2353	3863	1965	767
地方企业	Local Enterprises	437		92	205	102	38
2.民 办	Run by Private Institutions	7053	571	1619	2179	1864	820

16-11 普通高校分科专任教师数(2017年)

FULL-TIME TEACHERS OF HIGHER EDUCATION INSTITUTIONS BY FIELD OF STUDY(2017)

单位：人 (person)

类别	Type	专任教师 Full-time Teachers	正高级 Senior	副高级 Sub-senior	中级 Middle	初级 Junior	无职称 No Rank
总 计	**Total**	**40971**	**2819**	**10682**	**16527**	**7765**	**3178**
#女	Female	23710	1284	5873	9714	4872	1967
总计中:哲 学	Of the Total: Philosophy	1123	87	316	425	209	86
经济学	Economics	1921	155	560	726	268	212
法 学	Law	1932	111	421	837	378	185
教育学	Education	4209	165	1155	1710	885	294
文 学	Literature	5839	191	1261	2491	1490	406
历史学	History	551	39	154	213	102	43
理 学	Science	5155	453	1684	1989	658	371
工 学	Engineering	10054	816	2675	4292	1611	660
农 学	Agriculture	1287	172	411	475	161	68
医 学	Medicine	2650	312	706	1007	439	186
管理学	Administration	3140	192	729	1278	573	368
艺术学	Artistics	3110	126	610	1084	991	299

16-12 中等职业教育分科类学生情况(2017年)

STUDENTS IN SECONDARY VOCATIONAL EDUCATION BY FIELD OF STUDY(2017)

单位：人 (person)

类别	Type	毕业生数 Number of Graduates	#获得职业资格证书 Having Occupation Credentials	招生数 Number of New Students Enrollment	#招收初中毕业生数 Graduates from Junior	在校学生数 Number of Students Enrollment
总 计	**Total**	**111375**	**97569**	**109692**	**100535**	**329291**
#女	Female	55132	46050	49840	45512	157300
农林牧渔类	Farming,Forestry,Husbandry and Fishing	6204	3337	3420	2779	19658
资源环境类	Resource and Environment	1414	955	894	892	1819
能源与新能源类	Engery and New Energy	90	87	55	55	433
土木水利类	Engineering	4584	4508	3040	2785	9337
加工制造类	Processing and Manufacture	12354	11615	11710	10957	32357
石油化工类	Petroleum Chemical	886	712	498	497	1744
轻纺食品类	Textile and Food	574	551	339	338	806
交通运输类	Transportation	7340	7069	7306	6916	21207
信息技术类	Information Technology	24411	23336	27798	26453	76378
医药卫生类	Medicine and Hygiene	10839	9602	9385	8326	28454
休闲保健类	Recreation and Health Care	1013	996	942	824	3204
财经商贸类	Economics,Finance and Business	10393	9892	8386	7607	26630
旅游服务类	Tourism Service	4874	4697	5337	5130	14386
文化艺术类	Culture and Art	12650	11840	16967	16005	49410
体育与健身	Sports and Fitness	2073	2025	2307	2191	7162
教育类	Education	8141	3280	5696	5613	20929
司法服务类	Judicial Service	1257	1195	1145	964	3382
公共管理与服务类	Public Administration and Service	1703	1312	2423	1755	6049
其 他	Others	575	560	2044	448	5946

注：本表不含技工学校数。

Note: The coverage doesn't include skilled workers schools in this table.

16-13 普通中学学校数、班数(2017年)

NUMBER OF REGULAR SECONDARY SCHOOLS AND CLASSES(2017)

项 目	Item	学校数(所) Number of Schools (unit)	初级中学 Junior	高级中学 Senior	完全中学 Junior And Senior	九年一贯制学校 9 Year Education	十二年一贯制学校 12 Year Education	班数(班) Classes (class)	初中 Junior	高中 Senior
总 计	**Total**	**2340**	**1314**	**250**	**211**	**521**	**44**	**39360**	**24588**	**14772**
教育部门	Education Departments	1964	1219	191	152	398	4	30855	19343	11512
民 办	Run by Private Institutions	9	3		1	4	1	30	30	
地方企业	Local Enterprises	3				3		9	9	
其他部门	Other Departments	364	92	59	58	116	39	8466	5206	3260
城 区	Urban Areas	568	237	71	148	88	24	14852	8365	6487
教育部门	Education Departments	443	215	54	111	59	4	11378	6348	5030
民 办	Run by Private Institutions	4	1		1	2		21	21	
地方企业	Local Enterprises	1				1		3	3	
其他部门	Other Departments	120	21	17	36	26	20	3450	1993	1457
镇 区	Township	1029	640	159	44	171	15	19536	12232	7304
教育部门	Education Departments	862	589	126	34	113		15773	9833	5940
民 办	Run by Private Institutions	3	2				1	5	5	
地方企业	Local Enterprises	2				2		6	6	
其他部门	Other Departments	162	49	33	10	56	14	3752	2388	1364
乡 村	Rural Areas	743	437	20	19	262	5	4972	3991	981
教育部门	Education Departments	659	415	11	7	226		3704	3162	542
民 办	Run by Private Institutions	2				2		4	4	
地方企业	Local Enterprises									
其他部门	Other Departments	82	22	9	12	34	5	1264	825	439

16-14　普通中学学生数(2017年)

STUDENTS OF REGULAR SECONDARY SCHOOLS(2017)

单位：人　　(person)

项　目	Item	毕业生数 Number of Graduates	#高中 Senior	招生数 Number of New Students Enrollment	#高中 Senior	在校学生数 Number of Students Enrollment	#高中 Senior
总　计	**Total**	**641602**	**260270**	**597077**	**227416**	**1802113**	**719683**
#女	Female	318488	136095	297567	119347	896067	377521
教育部门	Education Departments	506039	205174	458320	179274	1397593	569157
民　办	Run by Private Institutions	194		244		646	
地方企业	Local Enterprises	92		109		288	
其他部门	Other Departments	135277	55096	138404	48142	403586	150526
城　区	Urban Areas	246228	112047	234776	99060	697857	313001
教育部门	Education Departments	189924	86011	179716	78709	535980	247212
民　办	Run by Private Institutions	116		154		425	
地方企业	Local Enterprises	27		16		39	
其他部门	Other Departments	56161	26036	54890	20351	161413	65789
镇　区	Township	326131	131783	299796	112500	916150	359509
教育部门	Education Departments	266229	109969	237664	92511	732247	295871
民　办	Run by Private Institutions	61		64		160	
地方企业	Local Enterprises	65		93		249	
其他部门	Other Departments	59776	21814	61975	19989	183494	63638
乡　村	Rural Areas	69243	16440	62505	15856	188106	47173
教育部门	Education Departments	49886	9194	40940	8054	129366	26074
民　办	Run by Private Institutions	17		26		61	
地方企业	Local Enterprises						
其他部门	Other Departments	19340	7246	21539	7802	58679	21099

16-15 中学学校教职工数(2017年)

TEACHERS AND STAFF OF SECONDARY SCHOOLS(2017)

单位：人 (person)

项 目	Item	教职工数 Total	#专任教师 Full-time Teachers	#行政人员 Administrative Personnel	#教辅人员 Teaching Assistants	代课教师 Substitute Teachers	兼任教师 Part-time Teachers
总 计	**Total**	**220769**	**187836**	**5974**	**12631**	**8132**	**1052**
#女	Female	140685	125657	1698	6516	5615	628
#少数民族	Minority Nationality	345	288	14	9	4	3
教育部门	Education Departments	172610	153260	3902	10499	5393	308
民 办	Run by Private Institutions	130	121				
地方企业	Local Enterprises	185	168	5	8	6	
其他部门	Other Departments	47844	34287	2067	2124	2733	744
城 区	Urban Areas	79651	67019	2929	4198	3681	797
教育部门	Education Departments	59976	53237	1837	3299	2334	190
民 办	Run by Private Institutions	39	38				
地方企业	Local Enterprises	71	65	2	4		
其他部门	Other Departments	19565	13679	1090	895	1347	607
镇 区	Township	107352	92777	2128	6238	3422	200
教育部门	Education Departments	86462	77303	1461	5262	2279	73
民 办	Run by Private Institutions	91	83				
地方企业	Local Enterprises	55	53		2	6	
其他部门	Other Departments	20744	15338	667	974	1137	127
乡 村	Rural Areas	33766	28040	917	2195	1029	55
教育部门	Education Departments	26172	22720	604	1938	780	45
民 办	Run by Private Institutions						
地方企业	Local Enterprises	59	50	3	2		
其他部门	Other Departments	7535	5270	310	255	249	10

注：本表包括初级中学、九年一贯制学校、职业初中、完全中学、高级中学、十二年一贯制学校。

Note: Teachers and staff who work in junior schools, 9 year education schools, vocational junior schools, senior schools and 12 year education schools are included in the table.

16-16 职业高中分科类学生数(2017年)

STUDENTS OF VOCATIONAL HIGH SCHOOLS BY FIELD OF STUDY(2017)

单位：人 (person)

学科分类	Subject	毕业生数 Number of Graduates	招生数 Number of New Students Enrollment	在校学生数 Number of Students Enrollment
总　计	**Total**	**62336**	**64643**	**195094**
农林牧渔类	Farming,Forestry,Husbandry and Fishing	2568	1633	14560
资源环境类	Resource and Environment	454	495	1253
能源与新能源类	Engery and New Energy	69	8	272
土木水利类	Engineering	1659	1411	4127
加工制造类	Processing and Manufacture	8003	7103	20562
石油化工类	Petrochemical Industry	721	419	1614
轻纺食品类	Textile and Food	574	326	760
交通运输类	Transportation	4429	4474	12882
信息技术类	Information Technology	20323	22703	62665
医药卫生类	Medicine and Public Health	2391	2402	6574
休闲保健类	Recreation and Health Care	530	502	1593
财经商贸类	Economics,Finance and Business	5502	4836	15353
旅游服务类	Tourism Service	3291	3680	9820
文化艺术类	Culture and Art	8314	11135	32619
体育与健身	Sports and Fitness	433	480	1377
教育类	Education	1137	568	2398
司法服务类	Judicial Service	214	274	1111
公共管理与服务类	Public Administration and Service	1256	1688	4254
其　他	Others	468	506	1300

16-17 职业高中分课程专任教师数

FULL-TIME TEACHERS OF VOCATIONAL HIGH SCHOOLS BY COURSE OF STUDY

单位：人 (person)

项　目	Item	2016	2017
总　计	**Total**	**14199**	**14150**
#女	Female	8611	8773
文化课	Foundation	8108	8147
专业课	Specialized	5745	5665
农林牧渔类	Farming,Forestry,Husbandry and Fishing	143	153
资源环境类	Resource and Environment	52	73
能源与新能源类	Engery and New Energy	44	42
土木水利类	Engineering	129	125
加工制造类	Processing and Manufacture	522	535
石油化工类	Petrochemical Industry	78	69
轻纺食品类	Textile and Food	42	30
交通运输类	Transportation	267	300
信息技术类	Information Technology	1289	1240
医药卫生类	Medicine and Public Health	186	179
休闲保健类	Recreation and Health Care	34	30
财经商贸类	Economics,Finance and Business	416	416
旅游服务类	Tourism Service	313	329
文化艺术类	Culture and Art	1084	1060
体育与健身	Sports and Fitness	240	251
教育类	Education	500	442
司法服务类	Judicial Service	35	36
公共管理与服务类	Public Administration and Service	107	113
其　他	Others	264	242
实习指导课	Practical Courses	346	338

16-18 小学学生情况(2017年)
BASIC STATISTICS ON PRIMARY SCHOOLS(2017)

单位：人 (person)

项 目	Item	学校数(所) Number of Schools (unit)	毕业生数 Number of Graduates	招生数 Number of New Students Enrollment	在校学生数 Number of Students Enrollment	预计毕业生数 Expected Number of Graduates
总 计	**Total**	**5646**	**374969**	**379249**	**2281194**	**401410**
#女	Female		179271	182116	1093757	192729
教育部门	Education Departments	5444	339010	345214	2073621	360739
民 办	Run by Private Institutions	8	887	735	4962	969
地方企业	Local Enterprises	3	220	162	1079	227
其他部门	Other Departments	191	34852	33138	201532	39475
城 区	Urban Areas	869	127521	148887	848149	137242
教育部门	Education Departments	798	116328	135386	774159	124439
民 办	Run by Private Institutions	7	776	627	4327	879
地方企业	Local Enterprises		14	9	86	24
其他部门	Other Departments	64	10403	12865	69577	11900
镇 区	Township	1552	159824	160265	960589	172773
教育部门	Education Departments	1473	141434	144193	858327	151826
民 办	Run by Private Institutions		62	62	421	69
地方企业	Local Enterprises	1	174	133	856	167
其他部门	Other Departments	78	18154	15877	100985	20711
乡 村	Rural Areas	3225	87624	70097	472456	91395
教育部门	Education Departments	3173	81248	65635	441135	84474
民 办	Run by Private Institutions	1	49	46	214	21
地方企业	Local Enterprises	2	32	20	137	36
其他部门	Other Departments	49	6295	4396	30970	6864

16-19 小学学校教职工数(2017年)

TEACHERS AND STAFF OF PRIMARY SCHOOLS(2017)

单位：人 (person)

项 目	Item	教职工数 Total	#专任教师 Full-time Teachers	#行政人员 Adminis-trative Personnel	代课教师 Substitute Teachers	兼任教师 Part-time Teachers
总 计	**Total**	**170956**	**153445**	**3663**	**9398**	**429**
#女	Female	128426	120202	1150	8240	316
#少数民族	Minority Nationality	188	174	7	1	
教育部门	Education Departments	160023	146177	3151	8913	366
民 办	Run by Private Institutions	67	67			
地方企业	Local Enterprises	263	244	10	4	
其他部门	Other Departments	10603	6957	502	481	63
城 区	Urban Areas	47327	43203	1236	2560	131
教育部门	Education Departments	43233	40537	1006	2438	81
民 办	Run by Private Institutions					
地方企业	Local Enterprises	236	221	10	4	
其他部门	Other Departments	3858	2445	220	118	50
镇 区	Township	64669	58543	1175	2871	99
教育部门	Education Departments	59429	55015	987	2743	98
民 办	Run by Private Institutions	39	39			
地方企业	Local Enterprises					
其他部门	Other Departments	5201	3489	188	128	1
乡 村	Rural Areas	58960	51699	1252	3967	199
教育部门	Education Departments	57361	50625	1158	3732	187
民 办	Run by Private Institutions	28	28			
地方企业	Local Enterprises	27	23			
其他部门	Other Departments	1544	1023	94	235	12

注：本表为小学、教学点数。

Note: The coverage includes primary schools and their relavent teaching schools in this table.

16-20 小学学龄人口入学率(2017年)

RATE OF SCHOOL-AGED CHILDREN ENROLLMENT(2017)

单位：人 (person)

项　目	Item	校内外学龄人口数 Total School-age Children in and out of School	在校学龄人口数 Total School-age Children in School	适龄人口入学率 (%) Rate of Enrollment
总　计	**Total**	**2258819**	**2256970**	**99.92**
#女　童	Female Children	1083990	1083195	99.93
城　区	Urban Areas	837469	837012	99.95
镇　区	Township	952083	951168	99.90
乡　村	Rural Areas	469267	468790	99.90

16-21 主要年份幼儿园基本情况

BASIC STATISTICS ON KINDERGARTENS IN MAJOR YEARS

单位：人 (person)

年　份 Year	幼儿园数(所) Number of Kindergartens (unit)	在园幼儿数 Number of Student Enrollment	教职工数 Number of Staff and Teachers	#专任教师 Full-time Teachers	平均每一教师负担幼儿数 Student-Teacher Ratio
1978	5997	305783	13243	6473	47
1980	7461	408471	17363	10390	39
1985	7731	592600	26855	20714	29
1990	7849	816087	38074	28922	28
1995	8477	1026401	45760	37483	27
2000	10856	1025982	51694	42565	24
2005	4619	641470	32666	21711	30
2010	4352	710297	42782	28509	25
2011	4908	820608	51472	33294	25
2012	5489	914797	58666	38194	24
2013	5882	951431	63684	41317	23
2014	6183	968237	68785	44475	22
2015	6450	982943	74823	48285	20
2016	6708	990985	79984	51110	19
2017	6937	1027546	86508	54796	19

16–22 幼儿园基本情况(2017年)
BASIC STATISTICS ON KINDERGARTENS(2017)

单位：人 (person)

项目	Item	园数(所) Number of Kindergartens (unit)	班数(个) Number of Classes (unit)	在园幼儿数 Number of Students Enrollment	教职工数 Number of Staff and Teachers	#专任教师 Full-time Teachers	平均每一教师负担幼儿数 Student-Teacher Ratio
总计	**Total**	**6937**	**44019**	**1027546**	**86508**	**54796**	**19**
#女	Female			495647	80419	54053	9
教育部门	Education Departments	1948	17939	412422	20464	15090	27
其他部门	Other Departments	73	526	15787	1553	893	18
地方企业	Local Enterprises	150	1201	34687	5578	3036	11
事业单位	Institutional Units	17	143	4369	680	320	14
部队	Troops	9	33	898	163	77	12
集体	Run by Collectives	1819	5943	114023	7523	4865	23
民办	Run by Private Institutions	2921	18234	445360	50547	30515	15
城区	Urban Areas	1663	12928	335307	41833	24483	14
教育部门	Education Departments	202	2350	77309	6285	4565	17
其他部门	Other Departments	33	320	10751	1321	744	14
地方企业	Local Enterprises	119	977	27951	4604	2425	12
事业单位	Institutional Units	15	131	4004	657	299	13
部队	Troops	6	26	732	116	53	14
集体	Run by Collectives	195	877	22849	2208	1356	17
民办	Run by Private Institutions	1093	8247	191711	26642	15041	13
镇区	Township	2246	15908	445831	32063	22204	20
教育部门	Education Departments	648	6505	202195	10156	7771	26
其他部门	Other Departments	22	151	4554	200	131	35
地方企业	Local Enterprises	27	192	5822	820	519	11
事业单位	Institutional Units	1	6	183	14	13	14
部队	Troops						
集体	Run by Collectives	408	1736	42307	2277	1557	27
民办	Run by Private Institutions	1140	7318	190770	18596	12213	16
乡村	Rural Areas	3028	15183	246408	12612	8109	30
教育部门	Education Departments	1098	9084	132918	4023	2754	48
其他部门	Other Departments	18	55	482	32	18	27
地方企业	Local Enterprises	4	32	914	154	92	10
事业单位	Institutional Units	1	6	182	9	8	23
部队	Troops	3	7	166	47	24	7
集体	Run by Collectives	1216	3330	48867	3038	1952	25
民办	Run by Private Institutions	688	2669	62879	5309	3261	19

16-23 特殊教育学校基本情况(2017年)

BASIC STATISTICS ON SPECIAL EDUCATION SCHOOLS(2017)

单位：人 (person)

类别	Type	班数(个) Number of Classes (unit)	毕业生数 Number of Graduates	招生数 Number of New Students Enrollment	在校学生数 Number of Students Enrollment	教职工数 Number of Staff and Teachers	#专任教师 Full-time Teachers
总　计	**Total**	**814**	**1662**	**2508**	**12684**	**1982**	**1656**
#女	Female		647	942	4823	1399	1274
视力残疾	Vision Deformity	42	99	108	690		
听力残疾	Hearing Deformity	222	514	464	2652		
智力残疾	Intelligence Deformity	496	687	1183	5761		
其他残疾	Others	54	323	644	3091		
特殊教育学校	Special Education School	772	954	1400	6564		
视力残疾	Vision Deformity	42	36	32	220		
听力残疾	Hearing Deformity	221	398	314	1797		
智力残疾	Intelligence Deformity	465	491	898	4086		
其他残疾	Others	44	29	156	461		
小学附设特教班	Class Attached Primary School	41	27	31	189		
视力残疾	Vision Deformity				1		
听力残疾	Hearing Deformity	1		5	13		
智力残疾	Intelligence Deformity	31	23	20	143		
其他残疾	Others	9	4	6	32		
小学随班就读	Learning with Other Children in Primary School		314	494	3964		
视力残疾	Vision Deformity		35	34	335		
听力残疾	Hearing Deformity		53	66	610		
智力残疾	Intelligence Deformity		108	169	1240		
其他残疾	Others		118	225	1779		
初中附设特教班	CLass Attached Junior Secondary School	1	9	10	10		
视力残疾	Vision Deformity						
听力残疾	Hearing Deformity						
智力残疾	Intelligence Deformity		9				
其他残疾	Others	1		10	10		
初中随班就读	Learning with Other Students in Junior Secondary School		319	464	1467		
视力残疾	Vision Deformity		28	42	134		
听力残疾	Hearing Deformity		63	79	232		
智力残疾	Intelligence Deformity		56	96	292		
其他残疾	Others		172	247	809		

注：(1)总计中毕业生数、招生数、在校生数包括送教上门小学生数和送教上门初中学生数，表中未列出。
(2)其他残疾包括言语残疾、肢体残疾、精神残疾和多重残疾。

Notes:(1)Door-to-door primary school students and junior secondary school students are included in total graduates, entrants and enrolments but are not shown in this chart.
(2)Other disabilities include speech disability, physical disability, mental disability and multiple disability.

16-24 科学研究机构及人员(2017年)

INSTITUTIONS AND PERSONNELS OF SCIENTIFIC RESEARCH(2017)

项目	Item	机构(个) Institutions (unit)	职工人数(人) Employees (person)	从事科技活动人员(人) Personnels (person)	#大学本科及以上学历 Bachelor Degree and Above
总计	**Total**	**158**	**10695**	**8817**	**7061**
一、自然科学	**Natural Science**	**124**	**9423**	**7720**	**6115**
按隶属关系分	Grouped by Jurisdiction of Management				
中央	Central Government	1	528	525	433
地方	Local Government	123	8895	7195	5682
按国民经济行业分	Grouped by Sector				
农、林、牧、渔业	Farming, Forestry, Animal Husbandry and Fishery	51	3109	2589	2208
采矿业	Mining	2	128	47	47
制造业	Manufacturing	15	786	534	376
建筑业	Construction	1	811	723	693
信息传输、软件和信息技术服务业	Information Transmission , Software and Information Technology Services	1	129	119	115
科学研究和技术服务业	Scientific Reseach and Technical Services	21	1700	1528	1135
水利、环境和公共设施管理业	Water, Environmental Protection and Public Facility Management	14	794	730	562
教育	Education	2	72	70	70
卫生和社会工作	Health Care and Social Work	13	1775	1282	849
文化、体育和娱乐业	Culture, Sports and Recreation	2	84	64	34
公共管理、社会保障和社会组织	Public Management, Social Security and Social Organization	2	35	34	26
二、社会科学	**Social Science**	**22**	**956**	**808**	**711**
艺术学	Art	6	136	112	88
考古学	Archaeology	2	182	134	113
经济学	Economics	8	391	327	297
社会学	Sociology	1	23	23	23
教育学	Education	2	164	161	147
体育科学	Sport Science	2	51	42	36
统计学	Statistics	1	9	9	7
三、情报科学	**Information Science**	**12**	**316**	**289**	**235**

16-25 主要年份县级以上自然科学研究与技术开发机构数
NATURAL SCIENTIFIC RESEARCH AND TECHNOLOGICAL DEVELOPMENT INSTITUTIONS AT COUNTY LEVEL AND ABOVE IN MAJOR YEARS

单位：个 (unit)

年份 Year	合计 Total	中国科学院直属 Subordinated to CAS	国务院各部门直属 Subordinated to the State Council Departments	省科委及各厅局直属 Subordinated to Provincial Departments	地、市直属 Subordinated to Prefecture and City
1980	134	1	10	54	69
1985	147	1	12	65	69
1990	199	1	12	77	109
1995	180	1	7	75	97
2000	160	1	7	76	76
2005	132	1		66	65
2010	134	1		70	63
2011	133	1		70	62
2012	133	1		72	60
2013	129	1		69	59
2014	128	1		68	59
2015	131	1		71	59
2016	127	1		71	55
2017	124	1		71	52

16-26 县级以上自然科学研究与技术开发机构人员数(2017年)
PERSONNELS OF NATURAL SCIENTIFIC RESEARCH AND TECHNOLOGICAL DEVELOPMENT INSTITUTIONS AT COUNTY LEVEL AND ABOVE(2017)

单位：人 (person)

项目	Item	机构数(个) Number of Institutions (unit)	职工人数 Number of Employees	#从事科技活动人员 Personnels	#大学本科及以上学历 Bachelor Degree and Above	在职工总数中：从事课题活动人员 Personnels of Projects in Staff and Workers
总计	**Total**	**124**	**9423**	**7720**	**6115**	**5001**
中国科学院属	Subordinated to CAS	1	528	525	433	381
省地市属	Subordinated to Province, Prefecture and City	123	8895	7195	5682	4620
太原市	Taiyuan	70	6874	5617	4454	3648
大同市	Datong	5	211	165	141	113
阳泉市	Yangquan	3	71	40	29	23
长治市	Changzhi	8	226	184	127	84
晋城市	Jincheng	7	52	50	28	9
朔州市	Shuozhou	2	49	35	16	16
晋中市	Jinzhong	4	452	322	287	183
运城市	Yuncheng	5	399	321	230	213
忻州市	Xinzhou	8	205	187	152	126
临汾市	Linfen	7	303	225	190	173
吕梁市	Lvliang	4	53	49	28	32

16-27 主要年份自然科学技术人员数

PERSONNELS OF NATURAL SCIENCE AND TECHNOLOGY IN MAJOR YEARS

单位：人 (person)

年 份 Year	总 计 Total	工程技术人员 Engineering	农业技术人员 Agriculture	卫生技术人员 Health Care	科学研究人员 Scientific Research	教学人员 Teaching
1952	14558	4764	448	7196	105	2045
1957	48922	20010	3131	19883	379	5519
1962	72683	25777	5111	33155	1417	7223
1965	84527	28591	5498	37877	2174	10387
1975	119357	34998	5778	42016	3391	33174
1978	151951	51127	13671	46557	5906	34690
1980	152781	54683	10825	41755	5602	39916
1985	238276	112064	12641	63502	5837	44232
1990	323808	152920	14608	77013	5218	74049
1995	355452	167114	11808	82407	4789	89334
2000	328936	121751	17074	83886	3681	102544
2001	340230	125134	17549	86843	3463	107241
2002	347760	126244	17705	89348	3442	111021
2003	352384	124547	18596	90826	3794	114621
2004	364246	121807	20011	97924	4637	119867
2005	375556	127236	20191	100160	4118	123851
2006	396904	133263	20456	112702	4006	126477
2007	403813	137329	20280	113775	3903	128526
2008	416572	145019	20507	116453	4007	130586
2009	422416	146990	20840	119458	3958	131170
2010	426966	148829	23269	119979	3652	131237
2011	433546	153618	23823	122011	3613	130481
2012	446840	162442	25613	126525	4930	127330
2013	451492	167161	25931	123205	4077	131118
2014	460218	177869	25313	124146	4442	128448
2015	461163	183053	23736	123148	4597	126629
2016	470156	192515	22836	126100	4500	124205
2017	466066	192731	22509	123226	4716	122884

注：2000年及以后不包括中央驻晋单位自然科学技术人员数。

Note：Data in this table excludes persons belonging to the central unit since 2000.

16-28 省科学技术协会及所属学会工作情况(2017年)
PROVINCIAL SCIENCE AND TECHNOLOGY ASSOCIATION AND ITS BRANCHES(2017)

项　目	Item	省科协 Provincial Associations	省级学会 Provincial Learned Societies	地(市)科协 Prefectural (civic) Associations
一、机构与从业人员	**Organization and Personnel**			
机　构(个)	Organization (unit)	1		11
机关从业人员(人)	Personnel of Administrative organs (person)	40		143
直属单位从业人员(人)	Personnel of Affiliated Institntions (person)	444		150
二、学术交流	**Academic Exchange**			
学术会议(次)	Academic Meetings (time)	3	211	26
参加人员(人次)	Participants (person-time)	636	46237	3220
交流论文(篇)	Papers Presented (piece)	70	4470	294
#国内学术会议(次)	Domestic Academic Meetings (time)	3	202	26
参加人员　(人次)	Participants (person-time)	636	39197	3220
交流论文　(篇)	Papers Presented (piece)	70	4308	294
国际学术会议(次)	International Academic Meetings (time)		9	
参加人员　(人次)	Participants (person-time)		7040	
交流论文　(篇)	Papers Presented (piece)		162	
三、科学普及	**Science Universal**			
举办科普宣讲活动(次)	Science Universal Lectures (time)	165	243	62
宣讲活动受众人数(人次)	Participants (person-time)	773600	1566446	404793
四、科技培训	**Science and Technology Training**			
举办实用技术培训(次)	Practical Techniques Training (time)	73	23	24
培训人数(人次)	Persons Trained (person-time)	59408	82939	63366
五、青少年科技活动	**Science and Technology Activity for Teenagers**			
举办青少年科普宣讲活动(次)	Science Universal Lectures to teenagers (time)	17	23	34
青少年科技竞赛(次)	Teenagers Participating in Science and Technology Competitions (time)	3	10	23
参加人数(人次)	Number of Participants (person-time)	2696	10649	129965

16-29 规模以上工业企业的科技活动基本情况

BASIC STATISTICS ON SCIENCE AND TECHNOLOGY ACTIVITIES OF INDUSTRIAL ENTERPRISES ABOVE DESIGNATED SIZE

指　　标	Item	2016	2017
一、企业基本情况	**Statistics on Industrial Enterprises**		
有R&D活动企业数(个)	Number of Enterprises Having R&D Activities (unit)	348	468
有R&D活动企业所占比重(%)	Percentage of Enterprises Having R&D Activities to Total Number of Enterprises (%)	9.8	12.2
二、R&D活动情况	**Statistics on R&D Activities**		
R&D人员全时当量(万人年)	Full-time Equivalent of R&D Personnel (10 000 man-years)	2.9	3.2
R&D经费支出(亿元)	Expenditure on R&D (100 million yuan)	97.6	112.2
R&D经费支出与主营业务收入之比(%)	Percentage of Expenditure on R&D to Sales Revenue (%)	0.7	0.6
R&D项目数(项)	R&D Projects (item)	2471	3454
R&D项目经费支出(亿元)	Expenditure on R&D Projects (100 million yuan)	83.7	111.2
三、企业办R&D机构情况	**Statistics on R&D Institutions**		
机构数(个)	Number of R&D Institutions (unit)	323	378
机构人员数(万人)	R&D Personnel (10 000 persons)	2.3	2.7
机构经费支出(亿元)	Expenditure on R&D (100 million yuan)	33.3	35.3
四、新产品开发及生产情况	**Statistics on New Products Development and Production**		
新产品开发项目数(个)	Number of New Products (unit)	2206	3119
新产品开发经费支出(亿元)	Expenditure on New Products Development (100 million yuan)	69.0	89.5
新产品销售收入(亿元)	Sales Revenue of New Products (100 million yuan)	1085.0	1543.5
#新产品出口	Export	160.7	195.5
五、专利情况(件)	**Statistics on Patents (piece)**		
有效发明专利数	Number of Inventions in Force	5350	6567
六、技术获取和技术改造情况(亿元)	**Statistics on Technology Acquisition and Technology Reconstruction (100 million yuan)**		
引进国外技术经费支出	Expenditure for Acquisition of Foreign Technology	4.7	3.7
引进技术消化吸收经费支出	Expenditure for Assimilation of Technology	0.6	0.4
购买国内技术经费支出	Expenditure for Purchase of Domestic Technology	1.5	1.6
技术改造经费支出	Expenditure for Technical Renovation	45.5	52.7

16-30 按登记注册类型分规模以上工业企业研究与试验发展(R&D)活动及专利情况(2017年)

STATISTICS ON R&D ACTIVITIES AND PATENTS OF INDUSTRIAL ENTERPRISES ABOVE DESIGNATED SIZE BY REGISTRATION STATUS(2017)

登记注册类型	Status of Registration	R&D人员全时当量(人年) Full-time Equivalent of R&D Personnel (man-year)	R&D经费(万元) Expenditure on R&D (10 000 yuan)	有效发明专利数(件) Number of Inventions in Force (piece)
合　计	**Total**	**31757**	**1122323**	**6567**
#大中型工业企业	Large and Medium-sized Industrial Enterprises	29109	1034604	4965
内资企业	**Domestic Funded Enterprises**	**27717**	**1054083**	**6352**
国有企业	State-owned Enterprises	460	15533	657
集体企业	Collective-owned Enterprises	102	216	2
股份合作企业	Cooperative Enterprises	5	45	7
联营企业	Joint Ownership Enterprises			
国有联营企业	State Joint Ownership Enterprises			
有限责任公司	Limited Liability Corporations	21315	828126	3736
国有独资公司	State Sole Funded Corporations	8560	431052	1873
股份有限公司	Share-holding Corporations Ltd.	2558	80973	493
私营企业	Private Enterprises	3277	129190	1457
其他企业	Other Enterprises			
港、澳、台商投资企业	**Enterprises with Funds from Hong Kong, Macao and Taiwan**	**2173**	**22818**	**62**
合资经营企业	Joint-venture Enterprises	46	657	12
合作经营企业	Cooperative Enterprises			
独资经营企业	Enterprises with Sole Fund	1931	19692	8
投资股份有限公司	Share-holding Corporations Ltd.	196	2470	42
外商投资企业	**Foreign Funded Enterprises**	**1867**	**45422**	**153**
中外合资经营企业	Joint-venture Enterprises	128	6289	143
中外合作经营企业	Cooperation Enterprises			
外资企业	Enterprises with Sole Fund	1692	38389	9
外商投资股份有限公司	Share-holding Corporations Ltd.	46	745	1

16-31 按行业分规模以上工业企业研究与试验发展(R&D)活动及专利情况(2017年)

STATISTICS ON R&D ACTIVITIES AND PATENTS OF INDUSTRIAL ENTERPRISES ABOVE DESIGNATED SIZE BY INDUSTRIAL SECTOR(2017)

行 业	Sector	R&D人员全时当量(人年) Full-time Equivalent of R&D Personnel (man-year)	R&D经费(万元) Expenditure on R&D (10 000 yuan)	有效发明专利数(件) Number of Inventions in Force (piece)
总 计	**Total**	**31757**	**1122323**	**6567**
煤炭开采和洗选业	Mining and Washing of Coal	11379	343241	382
石油和天然气开采业	Extraction of Petroleum and Natural Gas	51	3560	38
黑色金属矿采选业	Mining and Processing of Ferrous Metal Ores	9	329	
有色金属矿采选业	Mining and Processing of Non-ferrous Metal Ores			
非金属矿采选业	Mining and Processing of Non-metal Ores	4	190	
农副食品加工业	Processing of Food from Agricultural Products	103	2984	21
食品制造业	Manufacture of Foods	94	2417	20
酒、饮料和精制茶制造业	Manufacture of Liquor, Beverages and Refined Tea	35	2487	75
烟草制品业	Manufacture of Tobacco	23	486	
纺织业	Manufacture of Textile	260	1642	8
纺织服装、服饰业	Manufacture of Textile, Wearing Apparel and Accessories	2	456	74
皮革、毛皮、羽毛及其制品和制鞋业	Manufacture of Leather, Fur, Feather and Related Products and Footwear			
木材加工和木、竹、藤、棕、草制品业	Processing of Timber, Manufacture of Wood, Bamboo, Rattan, Palm and Straw Products			
家具制造业	Manufacture of Furniture			
造纸及纸制品业	Manufacture of Paper and Paper Products	18	8480	
印刷和记录媒介复制业	Printing and Reproduction of Recording Media	34	702	1
文教、工美、体育和娱乐用品制造业	Manufacture of Articles for Culture, Education, Arts and Crafts, Sport and Entertainment Activities	91	1290	5
石油加工、炼焦及核燃料加工业	Processing of Petroleum, Coking and Processing of Nuclear Fuel	100	8703	68

16-31 续表 continued

行　业	Sector	R&D人员全时当量(人年) Full-time Equivalent of R&D Personnel (man-year)	R&D经费(万元) Expenditure on R&D (10 000 yuan)	有效发明专利数(件) Number of Inventions in Force (piece)
化学原料及化学制品制造业	Manufacture of Raw Chemical Materials and Chemical Products	1752	63779	377
医药制造业	Manufacture of Medicines	1400	38062	314
化学纤维制造业	Manufacture of Chemical Fibre			
橡胶和塑料制品业	Manufacture of Rubber and Plastics Products	211	3556	48
非金属矿物制品业	Manufacture of Non-metallic Mineral Products	849	31043	260
黑色金属冶炼和压延加工业	Smelting and Pressing of Ferrous Metals	3643	259139	883
有色金属冶炼和压延加工业	Smelting and Pressing of Non-ferrous Metals	708	32153	168
金属制品业	Manufacture of Metal Products	1336	56991	759
通用设备制造业	Manufacture of General Purpose Machinery	512	17548	332
专用设备制造业	Manufacture of Special Purpose Machinery	1908	74375	1054
汽车制造业	Manufacture of Automobiles	868	30012	122
铁路、船舶、航空航天和其他运输设备制造业	Manufacture of Railway, Ship, Aerospace and Other Transport Equipments	670	16276	156
电气机械和器材制造业	Manufacture of Electrical Machinery and Apparatus	1392	49287	282
计算机、通信和其他电子设备制造业	Manufacture of Computers, Communication and Other Electronic Equipment	3889	65622	264
仪器仪表制造业	Instruments and Meters	137	3776	259
其他制造业	Other Manufacturing			
废弃资源综合利用	Utilization of Waste Resources			
金属制品、机械和设备修理业	Repair Service of Metal Products, Machinery and Equipment	2	165	2
电力、热力生产和供应业	Production and Supply of Electric Power and Heat Power	239	2649	594
燃气生产和供应业	Production and Supply of Gas	41	927	1
水的生产和供应业	Production and Supply of Water			

16-32 按登记注册类型分规模以上工业企业新产品开发及生产情况(2017年)

NEW PRODUCTS DEVELOPMENT AND PRODUCTION OF INDUSTRIAL ENTERPRISES ABOVE DESIGNATED SIZE BY REGISTRATION STATUS(2017)

登记注册类型	Status of Registration	新产品开发项目数(项) New Products (unit)	新产品开发经费支出(万元) Expenditure on New Products Development (10 000 yuan)	新产品销售收入(万元) Sales Revenue of New Products (10 000 yuan)	#出口 Exports
合　计	**Total**	**3119**	**895493**	**15434765**	**1954765**
#大中型工业企业	Large and Medium-sized Industrial Enterprises	2083	766093	14497672	1909985
内资企业	**Domestic Funded Enterprises**	**2977**	**853899**	**13639613**	**1935960**
国有企业	State-owned Enterprises	85	17582	74950	
集体企业	Collective-owned Enterprises	3	338	2690	1725
股份合作企业	Cooperative Enterprises	3	171	1969	
联营企业	Joint Ownership Enterprises				
国有联营企业	State Joint Ownership Enterprises				
有限责任公司	Limited Liability Corporations	1657	614565	11405791	1807062
国有独资公司	State Sole Funded Corporations	568	252852	6016761	1415925
股份有限公司	Share-holding Corporations Ltd.	308	57700	697280	9742
私营企业	Private Enterprises	921	163544	1456933	117431
其他企业	Other Enterprises				
港、澳、台商投资企业	**Enterprises with Funds from Hong Kong, Macao and Taiwan**	**79**	**24140**	**390211**	**9584**
合资经营企业	Joint-venture Enterprises	13	1040	8837	2043
合作经营企业	Cooperative Enterprises				
独资经营企业	Enterprises with Sole Fund	45	19613	272659	
投资股份有限公司	Share-holding Corporations Ltd.	21	3486	108715	7542
外商投资企业	**Foreign Funded Enterprises**	**63**	**17454**	**1404941**	**9220**
中外合资经营企业	Joint-venture Enterprises	39	15269	640551	7640
中外合作经营企业	Cooperation Enterprises				
外资企业	Enterprises with Sole Fund	18	1817	760715	1580
外商投资股份有限公司	Share-holding Corporations Ltd.	6	368	3675	

16-33 按行业分规模以上工业企业新产品开发及生产情况(2017年)

NEW PRODUCTS DEVELOPMENT AND PRODUCTION OF INDUSTRIAL ENTERPRISES ABOVE DESIGNATED SIZE BY INDUSTRIAL SECTOR(2017)

行　业	Sector	新产品开发项目数(项) New Products (unit)	新产品开发经费支出(万元) Expenditure on New Products Development (10 000yuan)	新产品销售收入(万元) Sales Revenue of New Products (10 000yuan)	#出　口 Exports
总　计	**Total**	**3119**	**895493**	**15434765**	**1954765**
煤炭开采和洗选业	Mining and Washing of Coal	324	218194	2721126	210570
石油和天然气开采业	Extraction of Petroleum and Natural Gas	5	1087	52729	
黑色金属矿采选业	Mining and Processing of Ferrous Metal Ores				
有色金属矿采选业	Mining and Processing of Non-Ferrous Metal Ores	1	632		
非金属矿采选业	Mining and Processing of Non-metal Ores				
农副食品加工业	Processing of Food from Agricultural Products	31	6015	38893	
食品制造业	Manufacture of Foods	43	3750	44337	170
酒、饮料和精制茶制造业	Manufacture of Liquor, Beverages and Refined Tea	21	6114	43300	
烟草制品业	Manufacture of Tobacco	2	880	9713	
纺织业	Manufacture of Textile	9	2245	45940	43366
纺织服装、服饰业	Manufacture of Textile, Wearing Apparel and Accessories	9	1290	12959	
皮革、毛皮、羽毛及其制品和制鞋业	Manufacture of Leather, Fur, Feather and Related Products and Footwear				
木材加工和木、竹、藤、棕、草制品业	Processing of Timber, Manufacture of Wood, Bamboo, Rattan, Palm and Straw Products	1	355		

16-33 续表1 continued

行　业	Sector	新产品开发项目数(项) New Products (unit)	新产品开发经费支出(万元) Expenditure on New Products Development (10 000yuan)	新产品销售收入(万元) Sales Revenue of New Products (10 000yuan)	#出 口 Exports
家具制造业	Manufacture of Furniture				
造纸和纸制品业	Manufacture of Paper and Paper Products	1	6863	3506	
印刷和记录媒介复制业	Printing and Reproduction of Recording Media	9	725	3511	
文教、工美、体育和娱乐用品制造业	Manufacture of Articles for Culture, Education, Arts and Crafts, Sport and Entertainment Activities	13	1402	21612	381
石油加工、炼焦及核燃料加工业	Processing of Petroleum, Coking and Processing of Nuclear Fuel	13	3623	7364	2933
化学原料及化学制品制造业	Manufacture of Raw Chemical Materials and Chemical Products	227	56727	556692	8782
医药制造业	Manufacture of Medicines	352	43877	458295	55548
化学纤维制造业	Manufacture of Chemical Fibres				
橡胶和塑料制品业	Manufacture of Rubber and Plastics Products	44	4638	67087	19353
非金属矿物制品业	Manufacture of Non-metallic Mineral Products	158	36779	419236	49053
黑色金属冶炼和压延加工业	Smelting and Pressing of Ferrous Metals	131	114470	5192095	1335151
有色金属冶炼和压延加工业	Smelting and Pressing of Non-ferrous Metals	82	34135	534465	
金属制品业	Manufacture of Metal Products	290	64529	594601	20982
通用设备制造业	Manufacture of General Purpose Machinery	148	22887	248179	1249

16-33 续表2 continued

行　业	Sector	新产品开发项目数(项) New Products (unit)	新产品开发经费支出(万元) Expenditure on New Products Development (10 000yuan)	新产品销售收入(万元) Sales Revenue of New Products (10 000yuan)	#出口 Exports
专用设备制造业	Manufacture of Special Purpose Machinery	475	81748	826179	153647
汽车制造业	Manufacture of Automobiles	116	44364	977587	21661
铁路、船舶、航空航天和其他运输设备制造业	Manufacture of Railway, Ship, Aerospace and Other Transport Equipments	88	21066	510194	22658
电气机械和器材制造业	Manufacture of Electrical Machinery and Apparatus	205	64483	820517	4666
计算机、通信和其他电子设备制造业	Manufacture of Computers, Communication and Other Electronic Equipment	154	31664	1157931	4595
仪器仪表制造业	Manufacture of Measuring Instruments and Machinery	76	15104	57034	
其他制造业	Other Manufacture				
废弃资源综合利用	Utilization of Waste Resources				
金属制品、机械和设备修理业	Repair Service of Metal Products, Machinery and Equipment	2	90	180	
电力、热力生产和供应业	Production and Supply of Electric Power and Heat Power	86	4902	9503	
燃气生产和供应业	Production and Supply of Gas	3	858		
水的生产和供应业	Production and Supply of Water				

主要统计指标解释

普通高等学校 指按照国家规定的审批程序批准举办，通过全国统一招生考试招收高级中等学校毕业生和具有同等学历者，实施高等教育，培养高等专门人材的学校。包括大学、专门学院、专科学院和短期职业大学。

成人高等学校 指按照国家规定的审批程序批准举办，招收在职高中毕业或同等学历者，利用多种形式对成人实施高等教育，培训相当普通高等学校专科或本科毕业水平的专门人才的学校。包括广播电视大学、职工高等学校、农民高等学校、干部管理学院、教育学院、独立函授学院以及普通高等学校举办的函授、夜大等。

小学学龄儿童入学率 指调查范围内已入小学学习的学龄儿童数占全部小学学龄儿童总数（包括弱智儿童在内，但不包括盲聋哑儿童）的比重。计算公式是：

$$\text{小学学龄儿童入学率} = \frac{\text{已入学的小学学龄儿童数}}{\text{校内外小学学龄儿童总数}} \times 100\%$$

科学家和工程师 指大学毕业及以上文化程度和其他具有高、中级职称的从事科技活动人员。

自然科学技术人员 指已取得科学技术职称，或大学、中专的理、工、农、医类系毕业，以及国民经济各部门从工作实践中提拔，从事理、工、农、医等自然科学技术的研究、教学、生产（事业）技术方面工作的专业人员和在机关、企业、事业中从事科学技术业务管理工作的专业人员。

工程技术人员 指在国民经济各行业从事工程技术工作的自然科学技术的专业人员。包括：高级工程师、工程师、助理工程师、技术员和未评定职称的技术人员。

农业技术人员 指在国民经济各行业从事农业技术工作的自然科学技术的专业人员。包括：高级农艺师、农艺师、助理农艺师、技术员和未评定职称的技术人员。

卫生技术人员 指在国民经济各行业从事卫生医务工作的自然科学技术的专业人员。包括：正副主任医师、主治医师、医师、医（护）士和未评定职称的技术人员。

科学研究人员 指在国民经济各行业从事科学技术活动的自然科学技术的专业人员。包括：正副研究员、助理研究员、实习研究员、技术员和未评定职称的技术人员。

教学人员 指在国民经济各行业从事自然科学技术方面的教学活动的专业人员。包括：正副教授、讲师、助教、教师和在小学从事自然科学技术方面的教学活动的人员。

科技活动 指在所有科学技术领域内，即自然科学、工程科学和技术、医学科学、农业科学、社会科学及人文科学中，与科技知识的产生、发展、传播、应用密切相关的全部的、有组织的、系统的活动。包括三类活动：(1)研究与实验发展活动；(2)研究与实验发展成果应用；(3)科技服务活动。

科技服务 指同研究与实验发展活动、研究与实验发展成果应用活动有关的和有助于科技知识的产生、传播和应用的活动。目前我们所统计的科技服务是指调查范围内，除为研究与实验发展活动直接（完全或主要是为某项研究与实验发展而开展的辅助性活动）以外的科技服务，如情报、文献、咨询等。

科学论文 指以书面发表的，最原始的研究与开发成果报道。科学论文应该是：(1)首次或最初发表的研究与开发成果；(2)作者的实验应该能被同行重复并验证；(3)发表后科技界能引用。

科技著作 指经过正式出版部门编印出版的论述科学技术问题的理论性文集或专著。如果著作系与本机构外的同行数人合著，则只统计以本机构科技人员为主的著作。

国外发表 包括在各种国际性学术会议、讨论会、讲座上发表的论文以及编入国际会议文集的论文和我国学术刊物上发表的论文。

R&D 项目 指在当年立项并开展研究工作、以前年份立项仍继续进行研究的研发项目或课题，包括当年完成和年内研究工作已告失败的研发项目或课题。

R&D 人员全时当量 是国际上通用的、用于比较科技人力投入的指标。指 R&D 全时人员（全年从事 R&D 活动累积工作时间占全部工作时间的 90%及以上人员）工作量与非全时人员按实际工作时间折算的工作量之和。例如：有两个 R&D 全时人员和三个 R&D 非全时人员(工作时间分别为 0.2 年、0.3 年和 0.7 年)，则 R&D 人员全时当量为 1+1+0.2+0.3+0.7=3.2 人年。

Explanatory Notes on Main Statistical Indicators

Regular Institutions of Higher Education refer to educational establishments set up according to the government evaluation and approval procedures, enrolling graduates from senior secondary schools and providing higher education courses and training for senior professionals. They include full-time universities, colleges, institutions of higher professional education, institutions of higher vocational education and others.

Institutions of Higher Education for Adults refer to educational establishments, set up in line with relevant rules approved by the government, enrolling staff and workers with senior secondary school or equivalent education, and providing higher education courses in many forms of correspondence, spare time, or full time for adults. Professionals thus trained receive a qualification equivalent to graduates studying regular courses at regular universities, colleges and professional colleges. Institutions of higher learning for adults include schools of higher education for staff and workers, schools of higher education for peasants, colleges for management cadres, pedagogical colleges, independent correspondence colleges, Radio and TV universities and other educational establishments.

Enrollment Rate of Primary School-age Children refers to the proportion of school age children enrolled at schools to the total number of school age children both in and outside schools (including retarded children, but excluding blind, deaf and mute children). The formula is:

$$\text{Enrollment Rate of Primary School-age Children}=\frac{\text{Total Primary School - age Children at School}}{\text{Total Primary School - age Children}}\times 100\%$$

Scientists and Engineers refer to persons engaged in S&T activities either having obtained titles of senior and middle level professional positions, or those without such positions but have completed university or higher education.

Natural Scientific and Technical Personnel refer to those professionals holding scientific and technical titles or taking such positions, or being graduated from departments of science, engineering, agriculture and medicine, and having been promoted in practice in different sectors of the national economy and working on research, teaching and production technique in the scientific and technological fields such as science, engineering, agriculture and medicine, etc. and the professionals doing administrative work related to science and technology in government agencies, enterprises and institutions.

Engineering Personnel refer to the persons who are engaged in engineering science and technology in different sectors of the national economy, including senior engineers, engineers, assistant engineers, technicians and technical personal without professional titles.

Agricultural Personnel refer to the persons who are working on the science of agriculture in different sectors of the national economy, including senior agronomists, agronomists, assistant agronomists, technicians and technical personnel without professional titles.

Public Health Personnel refer to those personnel engaged in medical and health work in different sectors of the national economy, including director doctors and their deputies, doctors in charge, doctors, paramedics, nurses and technical personnel without professional title.

Scientific Research Personnel refers to the persons who are engaged in scientific and technical activities in different sectors of the national economy, including research fellows and their deputies, assistant research fellows, research trainees, technicians and technical personnel without professional titles.

Teaching Personnel refer to those professionals engaged in the teaching in different activities in different sectors of the national economy, including professions, associate professors, lecturers, associate professors, lecturers, teaching assistants, teachers and teaching personnel in science and technology in primary schools.

Scientific and Technological Activities refer to organized activities which are closely related with the creation, development, dissemination and application of the scientific and technical knowledge in the fields of natural sciences, agricultural science, medical science, engineering and technological science, humanities and social sciences. It includes three kind of activities: (1) developing activities of research and experiment; (2) the application of developing results of research and experiment; (3) service activities in science and technology.

Science and Technology Services refer to activities related to activities of research and experiment, to applied activities of developing results of research and experiment, and benefiting the production, spread and application of knowledge of science and technology. Nowadays the services in science and technology we have summed up refer to services in science and technology with in the investigation with the exception of developing activities of research and experiment, such as information, literary data, consultation, etc.

Scientific Paper refer to the most original report on research and developing results published in written form. Scientific papers should be: (1) research and developed results published for the first time or at the first; (2) the author's experiments should be repeated and proved by their fellow craftsmen; (3) these papers should be quoted by the public of science and technology after they are published.

Science and Technology Works refer to theoretical writers' works or personal works demonstrating the question of science and technology edited and published by formal publishing section. If the works are written together by several fellow craftsmen beyond this institution then you should just compile the statistics of works written by the scientific research personnel of this institution.

Published Abroad including the papers published in all kinds of international academic meetings, conferences and lectures and papers compiled into writer's works at the international conference and those published in the academic periodicals abroad.

R&D Projects refers to the R&D projects or subjects set up and implemented at the reference year, and the R&D projects or subjects set up in former years and under implementation, including those finished and failed at the reference year.

Full-time Equivalent of R&D Personnel is an international indicator to compare R&D manpower input. It refers to the sum of the workload of full-time persons, whose work time on R&D isn't less than 90% on the whole work time, and the converted workload of part-time persons according to the actual working time. For instance, if there are 2 full-time persons and 3 part-time persons whose working time are respectively 0.2 year, 0.3 year, and 0.7 year, the full-time equivalent are 1+1+0.2+0.3+0.7=3.2 person-years.

17

文化、体育、卫生、环保

CULTURE, SPORTS, PUBLIC HEALTH
AND ENVIRONMENTAL PROTECTION

资料整理人员

刘铁生　商彩云　吴丹宁　吕　洁

文化、体育、卫生、环保
CULTURE, SPORTS, PUBLIC HEALTH AND ENVIRONMENTAL PROTECTION

电视台数	Number of TV Stations	2	个	(unit)
文化馆数	Number of Cultural Centers	131	个	(unit)
公共图书馆数	Number of Public Libraries	128	个	(unit)
体育场地数	Number of Sports Grounds	26522	个	(unit)
医院数	Number of Hospitals	1388	个	(unit)
废水排放总量	Total Volume of Waste Water	24041	万吨	(10 000 tons)

卫生技术人员构成(%)

Composition of Medical Technical Personnels (%)

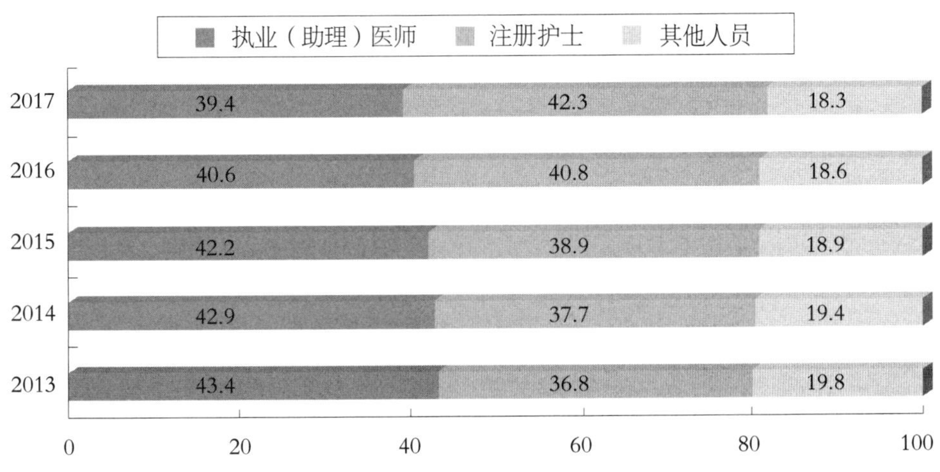

报纸总印数（万份）

Total Printed Copies of Newspapers (10 000 copies)

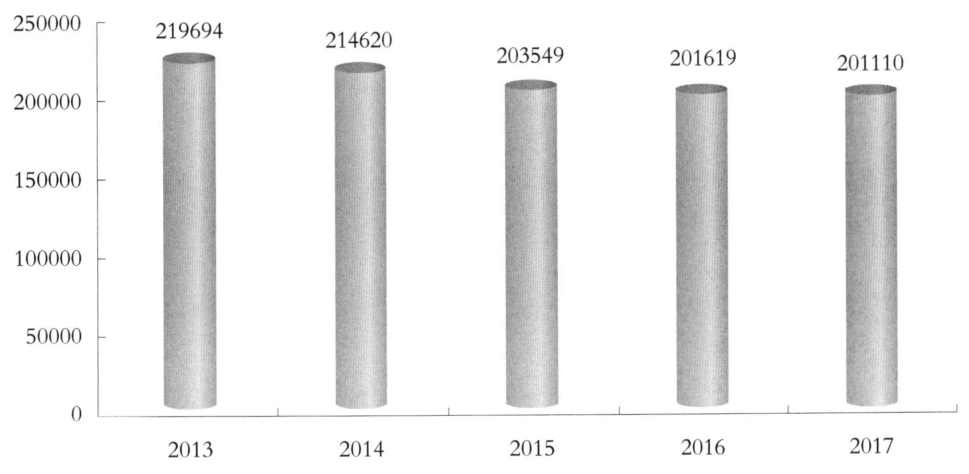

17-1 主要年份广播、电视台(站)数

NUMBER OF RADIO AND TELEVISION STATIONS IN MAJOR YEARS

单位：个 (unit)

年 份 Year	无 线 Radio Broadcast		电视广播 Telecast		人口覆盖率(%) Population Coverage Rate (%)	
	广播电台 Broadcasting Stations	中短波发射台和转播台 Transmission and Relaying Stations of Medium and Short Wave	电视台 Television Stations	一百瓦以上调频电视发射台 Transmission Stations above 100W	广 播 Radio	电 视 TV
1980	1	10	1	11	44.5	46.6
1985	3	12	6	16	43.0	60.0
1990	14	20	25	36	51.0	78.0
1995	53	21	31	46	68.0	84.1
2000	8	17	12	53	90.0	95.2
2005	10	15	12	309	91.8	95.8
2010	7	15	8	151	93.3	97.5
2011	4	15	6	148	93.6	97.7
2012	2	15	4	148	95.4	98.1
2013	1	15	3	145	96.8	98.5
2014	1	15	2	178	98.0	99.0
2015		13	2	192	98.5	99.3
2016		13	2	190	98.6	99.4
2017		15	2	172	98.8	99.6

注：2006年以前电视台和转播台为1000瓦以上口径。

Note: Coverage of TV transmission stations and relaying stations before 2006 is above 1000w.

17-2 文化艺术机构和人员数(2017年)

INSTITUTIONS AND PERSONNELS OF CULTURE AND ART(2017)

类 别	Type	机构数(个) Institutions (unit)	文化部门 State-owned Units	其他部门 Non-state-owned Units	从业人员(人) Persons (person)	文化部门 State-owned Units	其他部门 Non-state-owned Units
总 计	**Total**	**7402**	**2328**	**5074**	**59226**	**23552**	**35674**
艺术业	Art Performance Troupes	825	271	554	23027	9104	13923
艺术表演场馆	Art Performance Places						
图书馆业	Libraries	128	127	1	1673	1635	38
群众文化服务业	Mass Culture Services	1540	1540		4542	4542	
艺术展览机构	Art Exibition Institutions						
艺术教育业	Art Education	19	19		1463	1463	
文化市场经营机构	Business Institutions of Culture Market	4489		4489	21176		21176
文艺科研	Art Research	35	35		1436	1436	
文化行政主管部门	Administrative Department for Culture	131	131		2067	2067	
其 他	Others	235	205	30	3842	3305	537

注：文化市场经营机构不含非公有制艺术表演团体。

Note: Business institutions of culture market don't include non-public ownership art troupes.

17-3 主要年份广播剧、电视剧、电影故事片制作情况
PRODUCTION OF RADIO PLAYS, TELEVISION PLAYS AND FEATURE FILMS IN MAJOR YEARS

年 份 Year	广 播 剧 Radio Plays		电 视 剧 TV Plays		电影故事片(部) Feature Films (unit)
	部 Unit	时 长 Hour	部 Unit	集 数 Part	
1985	13	50	18	39	2
1987	12	16	13	46	1
1988	9	37	14	111	2
1989	6	9	24	102	1
1990	5	14	28	122	
1995			12	80	1
2000	5	8	3	42	
2005	7	353	19	371	18
2010	25	1133	2	32	6
2011			2	67	8
2012			1	50	18
2013			7	199	12
2014		4819	8	211	11
2015		5593	7	221	15
2016		6624	9	314	26
2017		9047	13	206	24

注：2014年起，广播剧类广播节目统计口径由集数改为时长。
Note:The coverage of radio plays has changed into length of play from the part of play since 2014.

17-4 主要年份国有文化艺术、文物单位数
INSTITUTION NUMBER OF STATE-OWNED CULTURE, ART AND CULTURAL RELICS IN MAJOR YEARS

单位：个 (unit)

年 份 Year	国有艺术表演团体 State-owned Art Troupes	文化馆 Cultural Centers	公共图书馆 Public Libraries	博物馆 Museums
1978	147	124	61	15
1980	162	126	72	19
1985	175	129	103	56
1990	169	130	111	67
1995	162	130	119	67
2000	159	130	121	76
2005	156	131	122	86
2010	167	131	126	89
2011	162	131	126	89
2012	163	131	126	92
2013	155	131	127	98
2014	163	131	126	99
2015	157	131	126	131
2016	150	131	127	140
2017	149	131	128	140

注：2015年起，博物馆包含民办博物馆、行业博物馆。
Note: Museums include non-state-owned museums and industrial museums from 2015.

17-5 国有艺术表演团体演出情况(2017年)
PERFORMANCE OF STATE-OWNED ART TROUPES(2017)

单位：千场 (1 000 shows)

类 别	Type	国内演出场次 Number of Performances in Domestic	#到农村演出场次 Shows in Rural Areas	国内演出观众人次(千人次) Number of Spectators (1 000 person-times)
总 计	**Total**	**101.58**	**77.69**	**56927**
按登记注册类型分	**By Types of Registration Status**			
国有经营剧团	Troupes Sponsord by State-owned Units	16.82	13.70	15772
集体经营剧团	Troupes Sponsord by Collective-owned Units	10.48	9.80	8858
其 他	Others	74.28	54.20	32297
按剧种分	**By Art Types**			
话剧、儿童剧、滑稽剧类	Drama, Children Play and Comedy Troupes	10.37	7.09	3894
其中：儿童剧	Children Play Troupes	1.35		26
歌舞、音乐类	Song and Dance Troupes	9.90	5.90	3944
京剧、昆曲类	Beijing Opera and Kunqu Opera Troupes	0.17	0.03	152
其中：京剧	Beijing Opera Troupes	0.17	0.03	152
地方戏曲类	Local Opera Troupes	49.12	44.45	38846
杂技、魔术、马戏类	Acrobatics, Magic and Circus Troupes	1.03	0.36	444
曲艺类	Ballad Troupes	5.48	5.04	1080
综艺性艺术表演团体	Comprehensive Art Performance Troupes	25.51	14.82	8568

17-6 国有艺术表演团体收入和支出(2017年)
REVENUE AND EXPENDITURE OF STATE-OWNED ART TROUPES(2017)

单位：千元 (1 000 yuan)

类 别	Type	剧团(个) Number of Art Troupes (unit)	#国家经费#补贴剧团 Government Subsidies	总收入 Total Revenue	#演出收入 Revenue from Performances	总支出 Total Expenditures
总 计	**Total**	**665**	**176**	**865055**	**370323**	**848240**
按登记注册类型分	**By Types of Registration Status**					
国有经营剧团	Troupes Sponsord by State-owned Units	87	80	505468	123559	542016
集体经营剧团	Troupes Sponsord by Collective-owned Units	50	42	78420	29618	72831
其 他	Others	528	54	281167	217146	233393
按剧种分	**By Art Types**					
话剧、儿童剧、滑稽剧类	Drama, Children Play and Comedy Troupes	74	15	61615	29289	63213
其中：儿童剧	Children Play Troupes	4	1	4759	500	4810
歌舞、音乐类	Song and Dance Troupes	114	20	187555	80484	182416
京剧、昆曲类	Beijing Opera and Kunqu Opera Troupes	1	1	19518	4807	22723
其中：京剧	Beijing Opera Troupes	1	1	19518	4807	22723
地方戏曲类	Local Opera Troupes	267	120	475376	181825	474421
杂技、魔术、马戏类	Acrobatics, Magic and Circus Troupes	6	1	8041	3627	10145
曲艺类	Ballad Troupes	45	3	17531	12287	14839
综艺性艺术表演团体	Comprehensive Art Performance Troupes	158	16	95419	58004	80483

17-7 文化馆(站)业务活动及经费(2017年)
ACTIVITIES AND FUNDS OF MASS ART CENTERS AND CULTURAL CENTERS(2017)

项目	Item	2017
单位数 (个)	Number of Units (unit)	131
举办展览 (个)	Number of Exhibtions (unit)	888
举办培训班 (次)	Training Courses (time)	5887
组织文艺活动次数 (次)	Art Performances (time)	14263
总支出 (千元)	Total Expenditures (1 000 yuan)	295609
#商品和服务支出	Expenditures on Goods and Services	42127

17-8 公共图书馆业务活动及经费(2017年)
ACTIVITIES AND FUNDS OF PUBLIC LIBRARIES(2017)

项目	Item	总计 Total	省级公共图书馆 Public Libraries at Provincial Level	地市级公共图书馆 Public Libraries at Prefecture Level	县级公共图书馆 Public Libraries at County Level
总藏量(千册)	Total Collections (1 000 volumes)	17572	3018	3994	10500
书架单层总长度(千米)	Total Length of Bookshelves (1 000 m)	253	37	79	138
有效借书证数(千个)	Number of Valid Library Cards (1 000 unit)	1214	276	639	299
总流通人次(千人次)	Total Number of Circulation Books (1 000 person-times)	11896	2125	3352	6419
#书刊文献外借人次	Borrowing from Libraries	3821	522	898	2401
为读者服务举办各种活动次数(次)	Number of Service Activities Provided for Readers (time)	2120	233	569	1318
参加人数(千人次)	Number of Readers Involved (1 000 person-times)				
电子阅览室终端数(个)	Number of Terminal in Electrical Reading Room (unit)	4810	267	969	3574
总支出 (千元)	Total Expenditures (1 000 yuan)	382349	73956	174943	133450
#新增藏量及数字资源购置费	Purchase Expenses of New Collections and Digital Resources	16721	3180	4617	8924
本年新增藏量(含电子图书) (千册)	New Collections (including Electronic Books) of The Year (1 000 volumes)	696	61	131	504
实际使用公用房屋建筑面积(千平方米)	Actual Usage Floor Space of Public Buildings (1 000 sq.m)	513	80	148	285
#书　库	Stock Rooms	88	13	20	56
阅览室座席(千个)	Seating Capacity of Reading Rooms (1 000 seats)	34	3	9	22

17-9 出版发行、文物、图书馆、群众文化事业机构和人员数(2017年)

INSTITUTIONS AND PERSONNELS OF PUBLISHING, CULTURAL RELICS, LIBRARY AND MASS CULTURE(2017)

项 目	Item	机构数(个) Number of Institutions (unit)	人数(人) Number of Personnels (person)
出版发行业	Publishing Undertakings		
#出版社	Publishing Houses	8	651
国有书店	State-owned Book Stores	422	3997
文物业	Cultural Relics Undertakings	390	8403
博物馆	Museums	140	3995
文物机构	Cultural Relics Institutions	246	4408
图书馆业	Public Libraries Undertakings	128	1673
群众文化服务业	Mass Cultural Service	1540	4542
文化馆	Cultural Centers	131	2067
文化站	Cultural Stations	1409	2714
#乡镇文化站	Cultural Stations of Townships and Towns	1196	2180

17-10 博物馆、文物机构业务活动及经费(2017年)

ACTIVITIES AND FUNDS OF MUSEUMS AND CULTURAL RELICS INSTITUTIONS(2017)

项 目	Item	总计 Total	文物保护管理机构 Protection and Management Institutions	其他文物机构 Other Institutions	博物馆 Museums	文物商店 Cultural Relics Shop	文物科研机构 Research Instituton of Relics
藏 品(件)	Number of Collections (piece)	1626580	137052	88523	1206352	130585	64068
#一级品	Grade One	3868	346	231	2993		298
业务活动	Operation Activities						
陈列、展览(个)	Number of Displays and Exhibitions (unit)	433	18		414		1
参观人数(千人次)	Number of Visitors (1 000 person-times)	33254	7119		24675		1460
本年收入合计(万元)	Total Revenue (1 000 yuan)	193799	33162	84349	59189	673	16426
本年支出合计(万元)	Total Expenditures (1 000 yuan)	210075	36646	91602	62492	703	18632
#经营支出	Expenditures on Goods and Services	2527	333	295	1002		897
项目支出	Project Expenses	136627	20078	66892	35704		13953

17-11 主要年份图书、期刊和报纸总印数

TOTAL PRINTED COPIES OF BOOKS, MAGAZINES AND NEWSPAPERS IN MAJOR YEARS

年份 Year	图书 Books		期刊 Magazines		报纸 Newspapers	
	种数(种) Number of Kinds (kind)	总印数(万册) Total Printed Copies (10 000 copies)	种数(种) Number of Kinds (kind)	总印数(万份) Total Printed Copies (10 000 copies)	种数(种) Number of Kinds (kind)	总印数(万份) Total Printed Copies (10 000 copies)
1978	290	6422	16	598	14	17869
1980	361	9055	33	1905	10	17590
1985	550	9991	110	7981	72	55174
1990	989	12166	129	2815	39	54361
1991	1381	14079	130	3086	42	46872
1992	1782	14163	139	3589	49	70047
1993	2261	13058	151	4001	55	73240
1994	2108	12300	158	3948	56	62568
1995	1728	13919	164	3586	59	59254
1996	1783	14654	160	3119	59	58363
1997	1741	15109	158	3199	59	66262
1998	1639	14016	157	2792	56	71954
1999	2214	15487	152	2816	57	69108
2000	1532	10105	165	2657	62	58825
2001	1894	10105	165	2659	59	62815
2002	2177	11800	187	3030	66	101712
2003	2505	13264	195	4290	65	140950
2004	2560	11098	198	4208	67	160553
2005	1683	10081	200	5914	60	329713
2006	1813	9337	199	4441	60	206067
2007	1979	11764	199	5434	60	210541
2008	2586	10535	199	3950	77	163296
2009	2629	11187	200	3402	77	183273
2010	3032	13183	200	4000	77	206698
2011	3401	13887	200	3428	77	202664
2012	4002	14789	198	3733	77	208938
2013	4025	13452	198	3384	77	219694
2014	3458	12866	200	2930	60	214620
2015	3832	12439	200	2573	60	203549
2016	3513	9860	201	2421	60	201619
2017	3517	10899	201	2217	60	201110

注：本表2008年至2013年报纸相关数据包含高校校报。
Note：Newspaper data from 2008 to 2013 include college newspaper.

17-12 体育局系统从业人员数(2017年)

EMPLOYEES OF SPORTS BUREAU(2017)

单位：人 (person)

类别	Type	合计 Total	行政机关职工合计 Staff and Workers of Administrative Agencies	运动项目管理部门 Administrative Departments of Sports Programmes	职业运动技术学院 Professional Sports Technique College	体育运动学校 Physical Education and Sports Schools
总计	**Total**	**1544**	**53**	**916**	**194**	
公务员	Civil Servants	45	45			
教练员	Coaches	136		108	27	
运动员	Athletes	554		554		
科研人员	Scientific and Technical Personnel	24				
医务人员	Medical Personnel	10		5	4	
文化教师	Teachers	124			112	
管理人员	Administrative Personnel	480		193	41	
工勤人员	Logistics Personnel	80	8	34	7	
其他人员	Others	91		22	3	

类别	Type	业余体校 Sparetime Sports Schools	体育场馆 Stadiums and Gymnasiums	训练基地 Training Bases	科研所 Scientific Research Institutes	其他 Others
总计	**Total**		**103**		**32**	**246**
公务员	Civil Servants					
教练员	Coaches					1
运动员	Athletes					
科研人员	Scientific and Technical Personnel				24	
医务人员	Medical Personnel					1
文化教师	Teachers					12
管理人员	Administrative Personnel		74		5	167
工勤人员	Logistics Personnel		14			17
其他人员	Others		15		3	48

17-13 体育场地情况(2017年)
STATISTICS ON SPORTS GROUND(2017)

单位：个 (unit)

项 目	Item	总 计 Total	体育系统 Sports System	教育系统 Education System	高等院校 Regular Institutions of Higher Education	中专中技 Specialized Secondary and Skilled Worker Schools	中小学 Regular Secondary and Primary Schools	其 他 Others	其他系统 Other System
总 计	**Total**	**26522**	**902**	**7618**	**724**	**327**	**6390**	**177**	**18002**
体育场	Sports Field	106	35	59	14	2	39	4	12
体育馆	Sports Gym	98	44	23	10	1	10	2	31
游泳馆	Natatorium	127	20	14	7		6	1	93
室内游泳池	Indoor Swimming Pool								
室外游泳池	Outdoor Swimming Pool	29	5						24
室内跳水池	Indoor Diving Pool								
室外跳水池	Outdoor Diving Pool								
有固定看台灯光球场	Illuminated Fields with Fixed Seat								
综合房馆	General Gym	329	28	39	12	1	22	4	262
田径房馆	Track and Field Gym	1	1						
篮球房馆	Basketball Gym	96	9	44	10	4	27	3	43
排球房馆	Valleyball Gym	4		4			4		
手球房馆	Handball Gym	2	1						1
体操房馆	Gymnastics Gym	9	2	4	2		2		3
羽毛球房馆	Badminton Gym	115	9	27	8		17	2	79
乒乓球房馆	Table Tennis Gym	717	29	147	12	7	112	16	541
武术房馆	Wushu Gym	25	4	11	2		5	4	10
摔跤柔道房馆	Wrestling and Judo Gym	44	15	3		1	1	1	26
举重房馆	Weightlifting Gym	6	4	2		1		1	
健身房馆	Body Buildings Gym	208	13	39	12	2	22	3	156
棋牌房馆	Chess and Card Gym	229	2	10	7		3		217
其他训练房馆	Other Training Gym								
保龄球房馆	Bowling Gym	3	1						2
台球房馆	Billiards Gym	295	22	6	4		2		267
田径场	Track and Field	357	12	317	40	20	248	9	28
小运动场	Small Sports Field	1743	8	1658	12	44	1577	25	77
手球场	Handball Field	3	3						
足球场	Football Field	67	6	54	7	3	43	1	7
室内网球场馆	Indoor Tennis Gym	11	7						4
室外网球场馆	Outdoor Tennis Gym	351	78	94	57	4	29	4	179
室内射击场	Indoor Shooting Range	7	4	2	1	1			1

注：2016年数据为第六次全国体育场地普查数据，普查时点为2013年12月31日，下表同。

Note: Data of 2016 are from the Sixth National Sport-site Investigation, with the census time on December 31, 2013. The same applies to the following tables.

17-13 续表 continued

单位：个 (unit)

项 目	Item	总 计 Total	体育系统 Sports System	教育系统 Education System	高等院校 Regular Institutions of Higher Education	中专中技 Specialized Secondary and Skilled Worker Schools	中小学 Regular Secondary and Primary Schools	其 他 Others	其他系统 Other System
室外射击场	Outdoor Shooting Range	2	2						
卡丁车场	Small Car Race Field	3							3
自行车赛车场	Cycling Field	1							1
天然游泳场	Natural Swimming Pool	1							1
航空运动机场	Flying Sports Airport	2	2						
室内轮滑场	Indoor Wheel Slide Field	3							3
室外轮滑场	Outdoor Wheel Slide Field	3							3
攀岩场	Climbing Cliff Field	8	3						5
地掷球场	Baseball Ground Ball Field	20	7						13
篮球场	Basketball Field	20619	451	4790	442	226	4029	93	15378
排球场	Valleyball Field	276	5	250	54	8	188		21
门球场	Croquet Field	602	70	21	11	2	4	4	511

17-14 主要年份体育场地数

STADIUMS AND GYMNASIUMS IN MAJOR YEARS

单位：个 (unit)

年 份 Year	体育场 Stadiums	体育馆 Gymnasiums	有看台的灯光球场 Illuminated Fields with Fixed Seating	运动场 Playgrounds	航空机场 Aviation Airporter	射击场 Shooting Range	游泳池 Swimming Pools
1978	16	3	100	61	3	7	30
1980	17	3	127	68	3	7	31
1985	20	2	169	85	3	12	46
1990	29	7	216	140	3	14	72
1995	38	7	239	131	3	15	75
2000	38	7	239	131	3	15	75
2005	104	34	201	189	3	13	142
2010	104	34	201	189	3	13	142
2011	104	34	201	189	3	13	142
2012	104	34	201	189	3	13	142
2013	104	34	201	189	3	13	142
2014	99	87	356	1743	2	9	151
2015	104	90	368	1826	2	9	153
2016	104	90	368	1826	3	9	153
2017	106	98	372	1949	3	9	163

17-15 分项目等级运动员发展人数(2017年)

CERTIFIED ATHLETES BY TYPE OF SPORTS(2017)

单位：人 (person)

运动项目	Item	人数合计 Number of Persons	国际级运动健将 Master of Sports in International Level	#女 Female	一级 First Grade	#女 Female	二级 Second Grade	#女 Female
总　计	**Total**	**1441**	**541**		**288**	**128**	**1153**	**413**
田　径	Track and Field	216	54		13	5	203	49
游　泳	Swimming	117	63		14	10	103	53
水　球	Water Polo							
跳　水	Diving							
体　操	Gymnastics	4	4		3	3	1	1
艺术体操	Artistic Gymnastics	2	2		2	2		
蹦　床	Trampoline	4	1		3	1	1	
举　重	Weightlifting	17	6				17	6
拳　击	Boxing	39	13		9	2	30	11
国际式摔跤	International Wrestling	48	10		12	2	36	8
中国式摔跤	Chinese-style Wrestling	66	22		42	11	24	11
柔　道	Judo	67	28		16	10	51	18
跆拳道	Kickboxing	49	21		20	10	29	11
自行车	Cycle Racing	23	11		15	9	8	2
击　剑	Fencing	9	5		2	1	7	4
射　击	Shooting	28	11		8	3	20	8
射　箭	Sport Archery	12	7		7	4	5	3
足　球	Football	99	58				99	58
篮　球	Basketball	189	54		25	9	164	45
排　球	Volleyball	60	28		30	17	30	11
乒乓球	Table Tennis	128	53		42	17	86	36
羽毛球	Badminton	15	2				15	2
网　球	Tennis	62	27				62	27
手　球	Handball	10	5				10	5
曲棍球	Field Hockey							
棒　球	Baseball							
健美操	Bodybuilding Gymnastics	27	13		9	5	18	8
街　舞	Hip Hop							
软式网球	Soft Tennis							
武　术	Wushu	131	36		12	7	119	29
蹼　泳	Fin Swimming							
摩托艇	Motorboat							
围　棋	Weiqi	5	1		3		2	1
国际象棋	International Chess	1					1	
中国象棋	Chinese Chess	13	6		1		12	6
橄榄球	Rugby Football							
航空模型	Model Airplane							

17-16 分项目等级裁判员发展人数(2017年)
CERTIFIED REFEREES BY TYPE OF SPORTS(2017)

单位：人 (person)

运动项目	Item	人数合计 Number of Persons	一级 First Grade	#女 Female	二级 Second Grade	#女 Female
总　计	**Total**	**2712**			**2712**	**717**
田　径	Track and Field	299				110
游　泳	Swimming	103				
跳　水	Diving				299	30
水　球	Water Polo				103	
花样游泳	Synchronised Swimming					
体　操	Gymnastics	1				
艺术体操	Artistic Gymnastics					
蹦　床	Trampoline	1			1	1
举　重	Weightlifting	15				
拳　击	Boxing				1	
国际式摔跤	International Wrestling				15	2
中国式摔跤	Chinese-style Wrestling					
柔　道	Judo	17				
跆拳道	Kickboxing	10				
自行车	Cycle Racing				17	
击　剑	Fencing				10	2
马　术	Equestrian					
足　球	Football	429			429	69
篮　球	Basketball	603			603	95
排　球	Volleyball	103			103	32
乒乓球	Table Tennis	317			317	122
羽毛球	Badminton	205			205	59
网　球	Tennis	124			124	30
健美操	Bodybuilding Gymnastics	36			36	23
街　舞	Hip Hop					
软式网球	Soft Tennis					
武　术	Wushu	259			259	107
滑　水	Aquaplane					
潜　水	Dive					
蹼　泳	Fin Swimming					
摩托艇	Motorboat	16			16	1
围　棋	Weiqi	1			1	
国际象棋	International Chess	48			48	6
中国象棋	Chinese Chess					
桥　牌	Bridge					
台　球	Billiard	26			26	9
门　球	Croquet					
龙　舟	Dragon boat	1			1	
钓　鱼	Angling					
风　筝	Kite Flying					
体育舞蹈	Physical Dancing	98			98	73

17-17 主要年份运动员打破纪录情况
RECORDS BROKEN BY ATHLETES IN MAJOR YEARS

年 份 Year	打破世界纪录 World Records Chalked Up			打破全国纪录 National Records Chalked Up			打破省纪录 Provincial Records Chalked Up		
	项数(项) Number of Events (item)	次数(次) Number of Times (time)	人数(人) Number of Persons (person)	项数(项) Number of Events (item)	次数(次) Number of Times (time)	人数(人) Number of Persons (person)	项数(项) Number of Events (item)	次数(次) Number of Times (time)	人数(人) Number of Persons (person)
1978				15	21	10	118	260	95
1980				11	31	4	123	233	132
1985				2	2	2	48	64	35
1990	1	1	1	7	10	7	106	152	62
1995				2	2	5	60	89	84
2000				3	4	6	70	78	57
2005				2	2	2	17	17	25
2010				2	2	2	5	8	8
2011							3	3	3
2012				1	1	1	11	11	3
2013							13	13	18
2014							4	5	4
2015							12	18	12
2016							8	8	7
2017							15	15	18

17-18 体育彩票、福利彩票发行情况
ISSUE OF SPORTS LOTTERY AND WELFARE LOTTERY

单位：万元 (10 000 yuan)

项 目	Item	2016	2017
体育电脑彩票销售点 (个)	Computer Sale Place of Sports Lottery Ticket (unit)	3160	3104
体育彩票销售收入	Sale Revenue of Sports Lottery Ticket	232871	349260
#用于兑奖金额	Value of Exchanging Awards	152432	238596
福利彩票销售点(个)	Sale Place of Welfare Lottery Ticket (unit)	4126	4325
福利彩票销售收入	Sale Revenue of Welfare Lottery Ticket	436400	439587

17-19 主要年份卫生机构数

HEALTH CARE INSTITUTIONS IN MAJOR YEARS

单位：个 (unit)

年 份 Year	总 计 Total	#医 院 Hospitals	#疗养院(所) Sanatoriums	#门诊部(所) Outpatient Departments	#专科疾病防治院(所、站) Specialized Disease Prevention and Treatment Centers
1978	4995	2302	10	2345	7
1980	5190	2346	11	2432	6
1985	5834	2468	15	2910	6
1990	6108	2573	15	3020	10
1995	5922	2590	13	2790	12
2000	3273	716	13	92	15
2005	3009	885	6	52	14
2010	11889	1201	9	106	15
2011	12004	1216	9	291	11
2012	11907	1215	8	317	10
2013	12040	1219	8	297	8
2014	12528	1234	8	284	8
2015	12903	1274	8	312	8
2016	13178	1393	8	355	7
2017	13549	1388	8	391	8

年 份 Year	#疾病预防控制中心 Centers for Disease Control and Prevention	#妇幼保健院(所、站) Maternity and Child Care Centers	#医学科学研究机构 Research Institutes of Medical Science	#其他卫生机 构 Other Institutions
1978	136	128	3	46
1980	137	129	12	89
1985	135	123	19	129
1990	141	123	23	136
1995	153	131	22	58
2000	148	136	23	61
2005	157	131	10	24
2010	147	133	6	67
2011	147	132	7	59
2012	135	132	7	59
2013	134	132	7	71
2014	134	133	7	51
2015	134	132	7	54
2016	136	134	7	50
2017	135	135	7	66

注：2011年起，卫生机构数不包括村卫生室数，后同。
Note：Rural clinics aren't included in health care institutions from 2011. The same applies to the following.

17-20 主要年份卫生机构床位数
NUMBER OF BEDS IN HEALTH CARE INSTITUTIONS IN MAJOR YEARS

单位：张 (unit)

年 份 Year	总 计 Total	医 院 Hospitals	其他卫生机构 Other Institutions	平均每千人口拥有医院床位数 Number of Hospital Beds Per 1000 Population
1978	65426	63293	2133	2.69
1980	71702	69141	2561	2.89
1985	87768	82076	5692	3.34
1990	105324	98142	7182	3.45
1995	110422	101936	8486	3.37
2000	111880	77300	34580	2.38
2005	107968	81150	26818	2.42
2010	155973	108333	47640	3.09
2011	158459	111335	47124	3.11
2012	165294	119856	45438	3.32
2013	172620	128294	44326	3.54
2014	177442	133957	43485	3.67
2015	183209	140257	42952	3.83
2016	189778	147096	42682	4.00
2017	197527	154184	43343	4.16

17-21 主要年份卫生技术人员数
NUMBER OF MEDICAL TECHNICAL PERSONNELS IN MAJOR YEARS

单位：人 (person)

年 份 Year	卫生技术人员 Medical Technical Personnels	#执业(助理)医师 Licensed Assistant Doctors	#注册护士 Registered Nurses	平均每千人口拥有卫生技术人员数 Number of Medical Technical Personnel Per 1000 Population
1978	76475	35157	10775	3.16
1980	87815	40479	11561	3.54
1985	109596	48557	16488	4.17
1990	128465	60185	27956	4.52
1995	142239	68658	34907	5.68
2000	136224	64900	37057	4.19
2005	130955	58617	38117	3.90
2010	190917	85376	62251	5.45
2011	189283	82547	64793	5.27
2012	199601	87319	70337	5.54
2013	203385	88182	74849	5.62
2014	209491	89852	79055	5.63
2015	213995	90216	83344	5.84
2016	225770	91748	92139	6.13
2017	227939	89824	96317	6.16

17-22 卫生机构、床位、人员数(2017年)
INSTITUTIONS, BEDS AND PERSONNELS IN HEALTH CARE INSTITUTIONS(2017)

类 别	Type	机构数(个) Institutions (unit)	床位数(张) Beds (unit)	人员合计(人) Personnel (person)	#卫生技术人员 Medical Technical Personnel
总 计	**Total**	**13549**	**197527**	**275843**	**227939**
一、医院合计	**Total Number of Hospitals**	**1388**	**154184**	**189733**	**156414**
综合医院	General Hospitals	684	104115	134475	111815
中医医院	Hospitals of Chinese Medicine	213	17329	19837	16424
中西医结合医院	Hospitals for Chinese and Western Medicine	26	2552	2632	2218
民族医院	Nationality Hospitals				
专科医院	Special Hospitals	464	29998	32755	25927
口腔医院	Stomatological Hospitals	46	501	1835	1421
眼科医院	Ophthalmology Hospitals	31	1546	2157	1559
耳鼻喉科医院	Otolaryngology Hospitals	7	203	263	199
肿瘤医院	Tumor Hospitals	4	2687	3625	3045
心血管病医院	Cardiovascular Hospitals	13	2034	1738	1481
血液病医院	Hematological Hospitals	2	80	74	60
妇产(科)医院	Maternity Hospitals	35	1499	2129	1631
儿童医院	Children Hospitals	5	1332	2971	2522
精神病医院	Mental Hospitals	31	5174	3091	2305
传染病院	Hospitals for Infections Diseases	6	1493	2088	1682
皮肤病医院	Dermatology Hospitals	9	164	187	132
结核病医院	Tuberculosis Hospitals	5	869	947	763
职业病医院	Occupational Disease Hospital	3	595	848	688
骨科医院	Orthopaedics Hospitals	57	2800	2115	1735
康复医院	Recovered Hospitals	23	1376	970	697
整形外科医院	Plastics Hospitals	1	20	23	19
美容医院	Cosmetic Hospitals	6	115	285	179
其他专科医院	Other Specialized Hospitals	180	7510	7409	5809
护理院	Nursing Hospitals	1	190	34	30
二、疗养院	**Sanatoriums**	**8**	**970**	**396**	**107**
三、社区卫生服务中心(站)	**Community Medical Service Centers and Stations**	**937**	**4120**	**12929**	**11134**
#社区卫生服务中心	Community Medical Service Centers	227	3079	6792	5778
四、卫生院合计	**Total Number Commune Hospitals**	**1605**	**34186**	**27651**	**22338**
街道卫生院	Urban Areas Neighbourhood Hospitals	297	3172	2408	1980
乡镇卫生院	Township Town Hospitals	1308	31014	25243	20358
中心卫生院	Centre Hospitals	419	13348	10134	8246
乡卫生院	Township Hospitals	889	17666	15109	12112
五、门诊部合计	**Total Number of Clinics**	**391**	**226**	**4170**	**3544**
综合门诊部	General Clinics	105	90	1361	1140
中医门诊部	Chinese Medicine Clinics	46	35	407	305
中西医结合门诊部	Chinese and Western Medicine Clinics	16		122	120
专科门诊部	Special Clinics	224	101	2280	1979

注：卫生机构、床位、人员数不包括村卫生室等数字；卫生机构床位数为实有数。
Note: The number of health care institutions,beds and personnel exclude rural clinics.The number of beds in health care institutions is an actual data.

17-22 续表1 continued

类 别	Type	机构数(个) Institutions (unit)	床位数(张) Beds (unit)	人员合计(人) Personnel (person)	#卫生技术人员 Medical Technical Personnel
六、诊所、卫生所、医务室	**Clinics, Health Centers and Infirmaries**	**8706**	**8**	**18292**	**17696**
诊 所	Clinics	7944	2	15829	15382
卫生所、医务室	Health Centres and Infirmaries	762	6	2463	2314
七、急救中心(站)	**First-aid Centers**	**9**	**10**	**513**	**370**
八、采供血机构	**Selection and Supplyment Blood Institutions**	**22**		**1214**	**917**
九、妇幼保健院 (所、站)	**Maternity and Child Care Centers**	**135**	**3663**	**9609**	**7362**
1.省 属	Belong to Province	1			
省辖市(地区)属	Belong to City(prefecture) of Province	12	1301	3147	2508
地辖市属	Belong to City of Prefecture	32	440	1726	1256
县 属	Belong to County	87	1876	4593	3485
其 他	Others	3	46	143	113
2.妇幼保健院	Maternity and Child Care Hospitals	89	3391	8114	6265
妇幼保健所	Maternity and Child Care Institutes	7		156	123
妇幼保健站	Maternity and Child Care Stations	38	272	1327	962
生殖保健中心	Reproduction Care Centers	1		12	12
十、专科疾病防治院 (所、站)	**Special Prevention Institutions**	**8**	**160**	**420**	**288**
专科疾病防治院	Special Prevention Hospitals	1	150	200	143
结核病防治院	Tuberculosis Prevention Stations				
职业病防治院	Occupational Disease Preventivetion Stations	1	150	200	143
其 他	Others				
专科疾病防治所 (站、中心)	Special Prevention Institutes	7	10	220	145
口腔病防治所 (站、中心)	Stomatological Prevention Institutes	3		18	13
结核病防治所 (站、中心)	Tuberculosis Prevention Institutes				
职业病防治所 (站、中心)	Prevention Stations of Occupational Diseases	2	10	130	82
地方病防治所 (站、中心)	Endemic Diseases Prevention Stations	1		66	45
其 他	Others	1		6	5
十一 、疾病预防控制中心(防疫站)	**Diseases Prevention and Control Center**	**135**		**5002**	**3472**
1.省 属	Belong to Province	1		210	161
省辖市(地区)属	Belong to City (prefecture) of Province	10		826	586
地辖市属	Belong to City of Prefecture	33		1177	834
县 属	Belong to County	79		2265	1493
其 他	Others	12		524	398
2.疾病预防控制中心	Diseases Prevention and Control Centers				
卫生防疫站	Sanitation and Antiepidemic Stations				
预防保健中心	Prevention and Care Centers				

17-22 续表2 continued

类　别	Type	机构数(个) Institutions (unit)	床位数(张) Beds (unit)	人员合计(人) Personnel (person)	#卫生技术人员 Medical Technical Personnel
十二、卫生监督所	**Sanitation Supervision Stations**	**132**		**4083**	**3136**
省　属	Belong to Province	1		156	132
省辖市(地区)属	Belong to City (prefecture) of Province	11		477	334
地辖市属	Belong to City of Prefecture	33		960	754
县　属	Belong to County	87		2490	1916
其　他	Others				
十三、计划生育技术服务机构	**Family Planning Technical Service Institution**	**3**		**65**	**29**
十四、医学科学研究机构	**Research Institutes of Medical Sciences**	**7**		**178**	**144**
十五、医学在职培训机构	**Medical In-service Training Institutes**	**3**		**24**	**17**
十六、健康教育所 (站、中心)	**Care Education Institutes**	**12**		**133**	**71**
十七、其他卫生机构	**Other Medical Institues**	**48**		**1431**	**900**
卫生监督检验(监测)机构	Sanitary Supervison and Inspection Institution	2		58	57
临床检验中心	Checking Clinic Centers	7		279	168
其　他	Others	39		1094	675

17-23 卫生机构分类人员数

NUMBER OF PERSONNELS IN HEALTH CARE INSTITUTIONS BY CATEGORY

单位：人 (person)

人员分类	Type of Personnel	2010	2015	2017
一、各类人员总计	**Total Personnel**	**227897**	**256317**	**275843**
卫生技术人员	Medical Technical Personnel	190925	213995	227939
其他技术人员	Other Technical Personnel	10473	11249	12245
管理人员	Managerial Personnel	11300	11630	14071
工勤人员	Logistics Workers	15199	19443	21588
二、卫生技术人员	**Medical Technical Personnel**	**190925**	**213995**	**227939**
执业(助理)医师	Licensed Assistant Doctors	85376	90216	89824
#执业医师	Licensed Doctors	69976	77314	79319
注册护士	Registered Nurses	62251	83344	96317
药师(士)	Pharmacists	10187	9840	10447
技师(士)	Technicians	10108	11126	11847
其　他	Others	23003	19469	19504

注：本表不包括村卫生室的人员。
Note：Data in the table does not include rural clinic personnel.

17-24 医疗机构医疗服务量情况(2017年)

SERVICES QUANTITY IN HEALTH CARE INSTITUTIONS(2017)

类 别	Item	总诊疗人次 (万人次) Total Diagnosis and Treatment (10 000 person-times)	出院人数 (万人) Discharged Patients (10 000 persons)
总 计	**Total**	**13485.29**	**380.84**
#医 院	Hospital	5828.04	314.42
#综合医院	General Hospitals	4245.67	252.48
中医医院	Hospitals of Chinese Medicine	754.50	30.58
专科医院	Special Hospitals	772.30	27.48
卫生院	Commune Hospitals	1879.72	51.07
#乡镇卫生院	Town and Township Hospitals	1714.48	47.74
门诊部	Clinics	153.26	0.06
妇幼保健院 (所、站)	Maternity and Child Care Centers	360.31	10.68
专科疾病防治院 (所、站)	Special Disease Prevention Institutions	4.55	0.31

17-25 公证工作和调解

STATISTICS ON NOTARIZATION AND MEDIATION

项 目		Item	2016	2017
公证工作		**Notarization**		
公证处	(个)	Number of Notarization Offices(unit)	113	115
公证员(含公证员助理)	(人)	Notaries (Assistant Notaries) (person)	717	758
办理国内公证	(件)	Handle Civil Affair Notarization (case)	162762	203074
办理涉外及涉港澳台公证	(件)	Handle Foreign Nationals Notarization (case)	38159	34751
调解工作		**Mediation**		
专职人民调解员	(人)	Full-time People's Mediators (person)	17409	17169
人民调解委员会	(个)	Number of People Mediation Committees (unit)	32056	32043
调解人员	(人)	Number of Mediators (person)	106030	104576
调解各类纠纷	(件)	Mediation Various Quarrels (case)	162430	164875
防止民间纠纷引起自杀	(人)	Prevent Civil Quarrel Causing Committing Suicide (person)	83	31
防止民间纠纷转化为刑事案件	(件)	Prevent Civil Quarrel Turning to Criminal Case (case)	446	236

17-26 律师工作
STATISTICS ON LAWYERS

项　目	Item	2016	2017
律师事务所　(个)	Number of Law Offices (unit)	687	705
律师工作人员(注册)(人)	Number of Lawyers (person)	8113	9090
#专职律师	Full-time Lawyers	7031	7720
兼职律师	Part-time Lawyers	363	382
聘请常年法律顾问的单位(个)	Number of Units with Permanent Legal Advisors (unit)	8149	5262
民事诉讼代理　(件)	Agent of Civil Cases (case)	67240	57008
行政诉讼代理　(件)	Agent of Administrative Action (case)	2709	2326
刑事辩护及代理　(件)	Agent and Defender of Criminal Cases (case)	23411	11124
非诉讼法律事务　(件)	Agent of Non-Litigious Legal Affairs (case)	45671	12053
解答法律咨询　(人次)	Advisory Services (person-time)	149163	90649
代写法律事务文书(件)	Legal Documents Written on Behalf of Clients (case)	27579	25467

17-27 主要年份婚姻登记数
MARRIAGE REGISTRATION IN MAJOR YEARS

单位：对　　(couple)

年份 Year	登记结婚数 Permitting Marriage Registration	#恢复结婚 Resuming Marriage	初婚数(人) First Marriage (person)	再婚数(人) Remarriage (person)	男 Male	女 Female	登记离婚数 Permitting Divorce Registration
1985	236206	1787	453433	18979	9400	9579	7615
1990	220581	1115	422721	18441	8770	9671	7471
1995	179300	1090	343561	15039	7566	7473	7100
2000	164639	981	313195	16083	8407	7676	7612
2005	189741	1222	354147	25563	12163	13400	17398
2010	360581	4481	675719	45443	24033	21410	26473
2011	339607	3330	633629	45585	21910	23675	31260
2012	362827	4102	677046	48608	22845	25763	35585
2013	384006	4725	710324	57688	26399	31289	41939
2014	350711	5216	637477	63945	29134	34811	47894
2015	346789	8992	623132	70446	31818	38628	54166
2016	300121	6943	530845	69397	31423	37974	58962
2017	287723	8884	502961	72485	32439	40046	65091

17-28 妇联组织状况(2017年)
WOMEN'S FEDERATION ORGANIZATION(2017)

单位：个 (unit)

项 目	Item	2017
地市妇联数	Number of Women's Federation of Prefecture and City	11
县(市)妇联数	Number of Women's Federation of County and City	119
乡妇联数	Number of Women's Federation of Township	1208
街妇联数	Number of Women's Federation for Subdistrict Office	232
基层妇代会数	Number of Women's Federation of Basic Level	30064
城市 (社区妇联)	Urban Areas (Women's Federation of Community)	2465
农村妇联数	Rural Areas	27599
非公有经济组织中妇女组织	Women's Federation in Non-Public Ownership Economic Organization	4605
直属机关妇工委	Women's Council in Department Directly under Governments	2951
高等院校妇女组织	Women's Orgaization in University	34
省级所属	Provincial Level	17
市级所属	City Level	17
民办高校	University Run by Private Insititutions	
民主党派妇委会数	Number of Women's Federation in Democratic Party	12

17-29 全省工业企业“三废”排放与治理情况
DISCHARGE AND TREATMENT OF WASTE WATER, WASTE GAS AND SOLID WASTES BY INDUSTRIAL ENTERPRISES

项 目	Item	2016	2017
废 水	**Waste Water**		
废水排放总量 (万吨)	Total Volume of Waste Water (10 000 tons)	28513.4	24041.0
化学需氧量排放量(吨)	Volume of COD (ton)	22816.4	12047.0
氨氮排放量(吨)	Volume of Ammonia Nitrogen (ton)	2327.5	1126.7
废 气	**Waste Gas**		
废气排放量 (亿标立方米)	Total Volume of Waste Gas Emission (100 million cu.m)	30344.8	36320.0
二氧化硫排放量 (吨)	Volume of Sulphur Dioxide Emission (ton)	385721.0	252236.4
氮氧化物排放量 (吨)	Volume of Nitrogen Dioxide Emission (ton)	383046.8	299943.8
固体废物	**Solid Wastes**		
固体废物产生量 (万吨)	Volume of Solid Wastes Produced (10 000 tons)	28881.6	34233.4
固体废物综合利用量 (万吨)	Volume of Solid Wastes Utilized (10 000 tons)	13972.3	12227.9
固体废物综合利用率 (%)	Percentage of Solid Wastes Utilized (%)	48.3	35.5
固体废物处置量 (万吨)	Volume of Solid Wastes Treated (10 000 tons)	11850.2	16718.0
固体废物贮存量 (万吨)	Volume of Solid Wastes Accumulated (10 000 tons)	3105.7	5878.3
污染治理	**Pollution Treatment**		
当年污染治理施工项目总数 (个)	Number of Projects for Pollution Treatment in the Year (unit)	330	505
污染治理项目本年完成投资额 (万元)	Investment of the Project for Pollution Treatment in the Year (10 000 yuan)	300741.8	515240.9
治理废水	Treatment of Waste Water	18504.5	18862.1
治理废气	Treatment of Waste Gas	228806.9	430967.3
治理固体废物	Treatment of Solid Wastes	2817.1	1298.3
治理噪声	Noise Abatement	52.5	1227.6
治理其他	Others	50560.9	62885.6

注：本表2017年为初步统计数据。
Notes: Data of 2017 are preliminary statistics.

主要统计指标解释

艺术表演团体　指从事戏曲、音乐、舞蹈、杂技等专业艺术表演，有独立帐户，实行单独核算的团体。不包括半工半艺、半农半艺的业余团体。

文化馆　指专门从事群众文化活动的群众文化场馆。不包括临时抽调人员组成、没有编制的农村和街道文化工作队、服务站等。

文化市场经营机构　指经文化市场行政部门审批或已申报登记并领取相关许可证的、从事文化经营和文化服务活动的机构。

图书馆　指各类图书馆的管理与服务（对文献和信息的搜集、整理、存储、利用和管理，向社会公众开放并提供科学、文化等各种知识普及教育）。包括公共图书馆和各类机构内部举办的或单独举办的图书馆的管理与服务。不包括部队系统以及文化馆（文化中心、群众艺术馆）、文化站内设的图书室。

文化艺术研究机构　指有明确的研究方向和任务，有一定水平的学术带头人和一定数量、质量的研究人员，有开展工作的基本条件，主要进行文化艺术研究（含科技）的机构。

博物馆　指为了研究、教育、欣赏的目的，收藏、保护、展示人类活动和自然环境的见证物，向公众开放，非营利性、永久性社会服务机构，包括以博物馆（院）、纪念馆（舍）、美术（艺术）馆、科技馆、陈列馆等专有名称开展活动的单位。

艺术表演观众人数　指售票、包场演出或民族地区免费演出艺术表演观众人次数。不包括彩排审查和内部观摩演出的观看人次数。

等级运动员人数　指经考核正式批准授予等级运动员称号的人数。运动员等级分为国际级运动健将、运动健将、一级运动员、二级运动员、三级运动员、少年级运动员。

等级裁判员人数　指经考核正式批准授予等级裁判员称号的人数。裁判员等级分为国际裁判、国家级裁判、一级裁判、二级裁判、三级裁判。

体育场　指有 400 米跑道（中心含足球场），有固定道牙，路道 6 条以上，并有固定看台的田径场。以看台容纳观众人数分：甲级 25000 人以上，乙级 15000–25000 人，丙级 5000–15000 人，丁级 5000 人以下。

体育馆　指有固定看台可供篮球、排球、羽毛球、乒乓球、体操等项目训练比赛活动用的室内场地。以看台容纳观众人数分：甲级 6000 人以上，乙级 4000–6000 人，丙级 2000–4000 人，丁级 2000 以下。

工业废水排放量　指经过企业厂区所有排放口排到企业外部的工业废水量。包括生产废水、外排的直接冷却水、超标排放的矿井地下水和与工业废水混排的厂区生活污水，不包括独立外排的间接冷却水(清浊不分流的间接冷却水应计算在内)。

工业废气排放量　指企业厂区内燃料燃烧和生产工艺过程中产生的各种排入空气中含有污染物的气体总量，按标准状态［273K，101325Pa］计算。

工业二氧化硫排放量　指企业在燃料燃烧和生产工艺过程中排入大气的二氧化硫总质量。工业中二氧化硫主要来源于化石燃料（煤、石油等）的燃烧，还包括硫矿石的冶炼或含硫酸、磷肥等生产的工业废气排放。

工业固体废物产生量　指企业在生产过程中产生的固体状、半固体状和高浓度液体状废弃物的总量、包括危险废物、冶炼废渣、粉煤灰、炉渣、煤矸石、尾矿、放射性废物和其他废物等；不包括矿山开采的剥离废石和掘进废石(煤矸石和呈酸性或碱性的废石除外)。酸性或碱性废石指采掘的废石其流经水、雨淋水的 PH 值小于 4 或 PH 值大于 10.5 者。

工业固体废物贮存量　指以综合利用或处置为目的，将固体废物暂时贮存或堆存在专设的贮存设施或专设的集中堆存场所内的数量。专设的固体废物贮存场所或贮存设施必须有防扩散、防流失、防渗漏、防止污染大气、水体的措施。

工业固体废物处置量　指将固体废物焚烧或者最终置于符合环境保护规定要求的场所，并不再回取的工业固体废物量(包括当年处置往年的工业固体废物累计贮存量)。处置方法有填埋(其中危险废物应安全填埋)、焚烧、专业贮存场(库)封场处理、 深层灌注、回填矿井等。

Explanatory Notes on Main Statistical Indicators

Art Performance Troupes refer to the troupes which are engaged in drama, music, dance, acrobatics or other art performance, have independent accounts with banks and have self-supporting accounting system. Amateur troupes which are engaged partly in industrial or agricultural activities and partly in art performance are not included.

Culture Centers refer to mass cultural centers which specialize in mass cultural activities. They do not include rural and street cultural teams or service stations that comprise of temporary transferred staff or personnel who do not have a personnel quota.

Business Institutions of Cultural Market refer to the institutions dealing in culture and cultural services, which registered and permitted with the relative certificate by cultural market administration.

Libraries refer to management and services of all kinds of libraries, that is, collect, collate, store and manage literature and information, supply various popular knowledge and education of science and culture openly. They include management and service that are carried out internally and singly by public libraries and all kinds of agencies, but don't include library rooms of army and culture centers or stations.

Culture and Art Research Institutions refer to institutions that mainly do research on culture and art. These institutions own academic leaders to a certain degree and research personnel to a certain quantity and quality, have the basic condition to carry out work under definite research direction and task.

Museums refer to social service agencies which collect, protect, exhibit the evidence of human's activities and natural environment in an open, non-profit and permanent way. They include museum, memorial hall, art gallery, science museum, exhibition hall and so on.

Number of Spectators at Art Performance refers to the number of attendants at commercial shows completely booked shows or free shows given in minority national areas and does not include the number of spectators at rehearsals for examination and internal shows for study.

Number of Athletes in Grades refers to the number of athletes who have been given titles through examination. The titles of athletes include international masters of sports, masters of sports, first grade athletes, second grade athletes, third grade athletes and young athletes.

Number of Referees in Grades refers to the number of referees who have been given titles after examination. They are classified into international referees, national referees, first grade referees, second grade referees and third grade referees.

Stadiums refer to athletic field which have 400-meter track around football field, fixed kerbs, road way above six and fixed stands. Stadiums are classified into the following types according to seating capacity: Class A seating 25000 people, Class B 15000 to 25000 people, Class C 5000 to 15000 people and Class D fewer than 5000 people.

Gymnasiums refer to indoor sports grounds with fixed seats for the training or competition of basketball, volleyball, badminton, table tennis, gymnastics and other sports events. Gymnasiums are classified into the following types according to seating capacity: Class A seating over 6000 people, Class B 4000 to 6000 people, Class C 2000 to 4000 people and class D fewer than 2000 people.

Volume of Industrial Waste Water Discharged refers to the volume of industrial waste water discharged through all outlets to the outside of industrial enterprises including waste water produced, direct-cooling water, underground water from mines that does not meet the standard and the domestic sewage mixed up with industrial waste water, excluding indirect-cooling water discharged separately.

Volume of Industrial Waste Gas Emission refers to total emission volume of polluted gas enterprises discharge into atmosphere from fuels burning and production process in the factory. It is measured by standard atmospheric pressure of [273K, 101325Pa].

Volume of Industrial Sulphur Dioxide Emission refers to dioxide emission volume enterprises discharge into atmosphere from fuels burning and production process. Industrial sulphur dioxide is mainly from burning of fossil fuels (coal, petroleum and etc). It is also from the emission of industrial waste gas which is produced during the process of smelting sulphur ores, sulphur acid or phosphate fertilizer.

Volume of Industrial Solid Wastes Produced refers to the total volume of solid semi-solid or high concentration liquid residue produced by industrial enterprises in their production process including dangerous wastes residues, melting waste slag, coal ash, gangue chemical residues, tailings, radioactive residues and other residues, but excluding stripped or dug stones in mining except gangue and acid or alkali stones which are stones washed or soaked by water with PH value smaller than 4 or larger than 10.5.

Volume of Industrial Solid Wastes Accumulated refers to the volume of industrial solid wastes temporarily stored up or piled with special facilities or piled in the special sites for the purpose of utilization or treatment in future. The special facilities or special sites for storing up solid wastes should have the measures against spreading or being washed away to other places, permeating the soil causing air pollution or water contamination.

Volume of Industrial Solid Wastes Treated refers to solid wastes disposed of in a non—recoverable place that meet the requirement of environmental protection such as burying (dangerous wastes should be buried safely), burning, piling in designated sites, pouring water into the deep strata, filling of old mines, etc, (including treatment of solid wastes piled up in the previous years).

18

城市概况

GENERAL SURVEY OF CITIES

资料整理人员

马金兰　白鹏洲　李悦榕　杨　敏　韩春光
田　丹

18-1 地级城市主要经济指标(2017年)

MAJOR ECONOMIC INDICATORS OF CITIES AT PREFECTURE LEVEL(2017)

指 标	Item	太原市区 Taiyuan Urban District	大同市区 Datong Urban District	阳泉市区 Yangquan Urban District
总户数 (万户)	Number of Households (10 000 households)	86.51	60.53	25.92
常住人口 (万人)	Resident Population(10 000 persons)	357.97	180.28	74.09
出生人数 (人)	Birth Population (person)	42877	16760	6861
死亡人数 (人)	Death Population (person)	51252	12354	4535
城镇从业人员期末人数(人)	Number of Urban Employees at the End of Period (person)	983940	324769	191576
土地面积 (平方公里)	Area of Land (sq.km)	1500	2080	654
地区生产总值 (万元)	Gross Domestic Product (10 000 yuan)	31483179	8866388	4440648
第一产业	Primary Industry	170811	130191	20037
第二产业	Secondary Industry	11498546	3416764	1886964
第三产业	Tertiary Industry	19813822	5319433	2533647
工业经济指标	Industrial Indicators			
工业企业数 (个)	Number of Enterprises (unit)	271	113	54
内资企业	Domestic Capital	255	105	49
港澳台商投资企业	Hong kong, Macao and Taiwan Capital	3	2	2
外商投资企业	Foreign Capital	13	6	3
流动资产合计 (万元)	Total Circulating Funds(10 000 yuan)	20947325	10548527	5733753
固定资产合计 (万元)	Total Fixed Assets (10 000 yuan)	15596701	2862336	2707283
主营业务收入 (万元)	Revenue of Major Business (10 000 yuan)	24495770	15452452	3429439
主营业务税金及附加 (万元)	Tax and Extra Charges of Major Business (10 000 yuan)	480037	217100	157612
本年应交增值税 (万元)	Value Added Tax Payable (10 000 yuan)	800664	482938	272132
利润总额 (万元)	Total Profits (10 000 yuan)	580010	288683	-218456
固定电话年末用户数 (万户)	Number of Telephone Subscribers at the Year End (10 000 subscribers)	76.71	20.01	9.73
移动电话年末用户数 (万户)	Number of Mobile Phone Subscribers at the Year End (10 000 subscribers)	742.72	304.39	142.20
互联网宽带接入用户数 (万户)	Internet Subscriber (10 000 subscriber)	141.44	67.13	42.80

注：总户数和总人口相关指标为公安年报数；固定电话年末用户数、移动电话年末用户数、互联网宽带接入用户数、全社会用电量、工业用电、城乡居民生活用电、普通本专科在校学生数为全市口径。

Note: Number of households and population are from public security department.The coverage of subscribers numbers of telephone,mobile phone and internet, total electricity consumption, industry electricity consumption, resident living electricity consumption and student enrollments in institutions of higher education are all citywide.

18-1 续表1 continued

指　标	Item	太原市区 Taiyuan Urban District	大同市区 Datong Urban District	阳泉市区 Yangquan Urban District
全社会用电量 (万千瓦小时)	Total Electricity Consumption (10 000 kwh)	2705500	1051366	829295
#工业用电	Industry	1732495	668931	663721
城乡居民生活用电	Resident Living	364410	158828	42254
固定资产投资 (不含农户)(万元)	Investment in Fixed Assets	8710244	2764216	1104060
	(Excluding Rural Household) (10 000 yuan)	4703686	1076693	182032
#房地产开发投资	Investment in Real Estate	3288720	761168	127026
#住　宅	Residential Buildings	769	195	51
商品房销售面积 (万平方米)	Floor Space of Commercial Houses			
	Sold (10 000 sq.m)	7010967	941148	233745
商品房销售额 (万元)	Sales of Commercial Houses (10 000 yuan)			
社会消费品零售总额 (万元)	Total Retail Sales of Consumer Goods (10 000 yuan)	16344328	5122638	2375114
一般公共预算收入 (万元)	Public Finance Revenue (10 000 yuan)	978458	925644	403320
一般公共预算支出 (万元)	Public Finance Expenditure (10 000 yuan)	1548757	1875368	661719
在校学生数	Student Enrollment			
普通本专科在校学生数 (人)	Institutions of Higher Education (person)	440173	27337	15067
中等职业教育在校学生数 (人)	Vocational Secondary Schools (person)	117815	18608	4956
普通中学在校学生数 (万人)	Regular Secondary Schools (10 000 persons)	16.32	8.28	3.42
普通小学在校学生数 (万人)	Primary Schools (10 000 persons)	24.69	11.53	3.96
科技活动人员 (人)	Technological Activities Personnel (person)	20107	11567	5353
医院数 (个)	Number of Hospitals (unit)	152	108	38
医院床位数 (张)	Number of Beds in Hospitals (bed)	34155	13148	4882
执业(助理)医师数 (人)	Number of Medical Practitioners or Assistant Medical Practitioners (person)	19606	7162	2820
在岗职工平均人数 (万人)	Average Number of Fully Employed Staff and Workers (10 000 persons)	94.75	30.07	17.41
在岗职工工资总额 (万元)	Total Wages of Full Employed Staff and Workers (10 000 yuan)	6962752	1834429	1042836
住户存款余额 (万元)	Balance of Residents Savings Deposits (10 000 yuan)	39999531	13497768	5352544

18-1 续表2 continued

指　标	Item	长治市区 Changzhi Urban District	晋城市区 Jincheng Urban District	朔州市区 Shuozhou Urban District
总户数（万户）	Number of Households (10 000 households)	22.52	13.74	26.65
常住人口（万人）	Resident Population(10 000 persons)	80.72	49.63	73.48
出生人数（人）	Birth Population (person)	11039	6912	9893
死亡人数（人）	Death Population (person)	8360	2808	5321
城镇从业人员期末人数(人)	Number of Urban Employees at the End of Period (person)	144915	170944	106013
土地面积（平方公里）	Area of Land (sq.km)	344	143	4107
地区生产总值（万元）	Gross Domestic Product (10 000 yuan)	3909537	2681085	4583205
第一产业	Primary Industry	35782	6951	155545
第二产业	Secondary Industry	1481540	813421	1714993
第三产业	Tertiary Industry	2392215	1860713	2712667
工业经济指标	Industrial Indicators			
工业企业数（个）	Number of Enterprises (unit)	69	39	67
内资企业	Domestic Capital	65	33	62
港澳台商投资企业	Hong kong, Macao and Taiwan Capital	2	3	2
外商投资企业	Foreign Capital	2	3	3
流动资产合计(万元)	Total Circulating Funds(10 000 yuan)	2067133	2490078	3277436
固定资产合计(万元)	Total Fixed Assets (10 000 yuan)	2384062	983337	7842141
主营业务收入(万元)	Revenue of Major Business (10 000 yuan)	3174709	1615208	4165690
主营业务税金及附加(万元)	Tax and Extra Charges of Major Business (10 000 yuan)	31598	16273	181348
本年应交增值税（万元）	Value Added Tax Payable (10 000 yuan)	88408	52863	286032
利润总额（万元）	Total Profits (10 000 yuan)	126617	130276	110237
固定电话年末用户数(万户)	Number of Telephone Subscribers at the Year End (10 000 subscribers)	21.19	14.04	9.26
移动电话年末用户数(万户)	Number of Mobile Phone Subscribers at the Year End (10 000 subscribers)	325.80	249.18	189.50
互联网宽带接入用户数(万户)	Internet Subscriber (10 000 subscriber)	66.60	56.35	30.90

18-1 续表3 continued

指　标	Item	长治市区 Changzhi Urban District	晋城市区 Jincheng Urban District	朔州市区 Shuozhou Urban District
全社会用电量(万千瓦小时)	Total Electricity Consumption (10 000 kwh)	1449666	1925375	768153
#工业用电	Industry	1154564	1699686	608328
城乡居民生活用电	Resident Living	140712	89860	45319
固定资产投资(不含农户)(万元)	Investment in Fixed Assets	1466160	1330687	940171
	(Excluding Rural Household) (10 000 yuan)	357765	509527	108074
#房地产开发投资	Investment in Real Estate	244975	406991	76855
#住　宅	Residential Buildings	158	90	106
商品房销售面积(万平方米)	Floor Space of Commercial Houses			
	Sold (10 000 sq.m)	717665	442869	308415
商品房销售额(万元)	Sales of Commercial Houses (10 000 yuan)			
社会消费品零售总额(万元)	Total Retail Sales of Consumer Goods (10 000 yuan)	4001233	2203905	1169200
一般公共预算收入(万元)	Public Finance Revenue (10 000 yuan)	531774	437097	473584
一般公共预算支出(万元)	Public Finance Expenditure (10 000 yuan)	847604	579235	734410
在校学生数	Student Enrollment			
普通本专科在校学生数(人)	Institutions of Higher Education (person)	36200	5754	10522
中等职业教育在校学生数(人)	Vocational Secondary Schools (person)	22290	17415	5714
普通中学在校学生数(万人)	Regular Secondary Schools (10 000 persons)	5.85	3.96	3.72
普通小学在校学生数(万人)	Primary Schools (10 000 persons)	5.76	3.54	5.03
科技活动人员(人)	Technological Activities Personnel (person)	1729	31689	
医院数(个)	Number of Hospitals (unit)	37	38	35
医院床位数(张)	Number of Beds in Hospitals (bed)	7816	4202	3020
执业(助理)医师数(人)	Number of Medical Practitioners or Assistant Medical Practitioners (person)	4428	2624	1611
在岗职工平均人数(万人)	Average Number of Fully Employed Staff and Workers (10 000 persons)	13.49	15.43	10.29
在岗职工工资总额(万元)	Total Wages of Full Employed Staff and Workers (10 000 yuan)	734391	1051365	6334999
住户存款余额(万元)	Balance of Residents Savings Deposits (10 000 yuan)	7111998	6448823	4286573

18-1 续表4 continued

指　标	Item	晋中市区 Jinzhong Urban District	运城市区 Yuncheng Urban District	忻州市区 Xinzhou Urban District
总户数 (万户)	Number of Households (10 000 households)	22.00	23.48	23.08
常住人口 (万人)	Resident Population(10 000 persons)	66.30	70.60	56.49
出生人数 (人)	Birth Population (person)	8777	10371	6622
死亡人数 (人)	Death Population (person)	9273	7757	6712
城镇从业人员期末人数(人)	Number of Urban Employees at the End of Period (person)	121117	79384	74686
土地面积 (平方公里)	Area of Land (sq.km)	1318	1205	1987
地区生产总值 (万元)	Gross Domestic Product (10 000 yuan)	2698240	2461334	1383021
第一产业	Primary Industry	214633	142976	102011
第二产业	Secondary Industry	862184	704250	434917
第三产业	Tertiary Industry	1621423	1614108	846093
工业经济指标	Industrial Indicators			
工业企业数 (个)	Number of Enterprises (unit)	134	78	32
内资企业	Domestic Capital	122	76	32
港澳台商投资企业	Hong kong, Macao and Taiwan Capital	5		
外商投资企业	Foreign Capital	7	2	
流动资产合计 (万元)	Total Circulating Funds(10 000 yuan)	1707111	2615082	709542
固定资产合计 (万元)	Total Fixed Assets (10 000 yuan)	1544554	1553426	658267
主营业务收入 (万元)	Revenue of Major Business (10 000 yuan)	2614658	2724393	964308
主营业务税金及附加 (万元)	Tax and Extra Charges of Major Business (10 000 yuan)	19533	10265	3699
本年应交增值税 (万元)	Value Added Tax Payable (10 000 yuan)	77688	9556	31802
利润总额 (万元)	Total Profits (10 000 yuan)	76069	52767	51969
固定电话年末用户数 (万户)	Number of Telephone Subscribers at the Year End (10 000 subscribers)	18.24	29.60	27.06
移动电话年末用户数 (万户)	Number of Mobile Phone Subscribers at the Year End (10 000 subscribers)	330.99	523.30	295.06
互联网宽带接入用户数 (万户)	Internet Subscriber (10 000 subscriber)	71.86	113.00	50.89

18-1 续表5 continued

指　标	Item	晋中市区 Jinzhong Urban District	运城市区 Yuncheng Urban District	忻州市区 Xinzhou Urban District
全社会用电量 (万千瓦小时)	Total Electricity Consumption (10 000 kwh)	1750562	3002206	1057597
#工业用电	Industry	1336565	2345801	642184
城乡居民生活用电	Resident Living	168712	292548	114513
固定资产投资 (不含农户)(万元)	Investment in Fixed Assets	1746670	912331	449044
	(Excluding Rural Household) (10 000 yuan)	713091	441789	66442
#房地产开发投资	Investment in Real Estate	481223	364359	44811
#住　宅	Residential Buildings	87	128	27
商品房销售面积 (万平方米)	Floor Space of Commercial Houses			
	Sold (10 000 sq.m)	449197	523362	119615
商品房销售额 (万元)	Sales of Commercial Houses (10 000 yuan)			
社会消费品零售总额 (万元)	Total Retail Sales of Consumer Goods (10 000 yuan)	1920587	2454689	1101377
一般公共预算收入 (万元)	Public Finance Revenue (10 000 yuan)	184285	170887	46239
一般公共预算支出 (万元)	Public Finance Expenditure (10 000 yuan)	404678	581016	207051
在校学生数	Student Enrollment			
普通本专科在校学生数 (人)	Institutions of Higher Education (person)	182770	55342	27035
中等职业教育在校学生数 (人)	Vocational Secondary Schools (person)	11225	22368	5631
普通中学在校学生数 (万人)	Regular Secondary Schools (10 000 persons)	2.82	5.85	4.14
普通小学在校学生数 (万人)	Primary Schools (10 000 persons)	4.53	6.17	3.67
科技活动人员 (人)	Technological Activities Personnel (person)	2380	1842	
医院数 (个)	Number of Hospitals (unit)	33	4	36
医院床位数 (张)	Number of Beds in Hospitals (bed)	4334	530	2706
执业(助理)医师数 (人)	Number of Medical Practitioners or Assistant Medical Practitioners (person)	2376	1262	1583
在岗职工平均人数 (万人)	Average Number of Fully Employed Staff and Workers (10 000 persons)	8.54	7.26	6.92
在岗职工工资总额 (万元)	Total Wages of Full Employed Staff and Workers (10 000 yuan)	595467	437134	318109
住户存款余额 (万元)	Balance of Residents Savings Deposits (10 000 yuan)	5601652	3880578	

18-1 续表6 continued

指 标	Item	临汾市区 Linfen Urban District	吕梁市区 Lvliang Urban District
总户数（万户）	Number of Households (10 000 households)	27.32	10.94
常住人口（万人）	Resident Population(10 000 persons)	98.24	33.57
出生人数（人）	Birth Population (person)	11376	4499
死亡人数（人）	Death Population (person)	9131	1441
城镇从业人员期末人数(人)	Number of Urban Employees at the End of Period (person)	87914	58643
土地面积（平方公里）	Area of Land (sq.km)	1316	1339
地区生产总值（万元）	Gross Domestic Product (10 000 yuan)	2829721	813938
第一产业	Primary Industry	81539	19868
第二产业	Secondary Industry	618524	228647
第三产业	Tertiary Industry	2129658	565423
工业经济指标	Industrial Indicators		
工业企业数（个）	Number of Enterprises (unit)	53	24
内资企业	Domestic Capital	50	24
港澳台商投资企业	Hong kong, Macao and Taiwan Capital	2	
外商投资企业	Foreign Capital	1	
流动资产合计 (万元)	Total Circulating Funds(10 000 yuan)	989766	1853809
固定资产合计 (万元)	Total Fixed Assets (10 000 yuan)	1418007	829887
主营业务收入 (万元)	Revenue of Major Business (10 000 yuan)	1262641	815013
主营业务税金及附加 (万元)	Tax and Extra Charges of Major Business (10 000 yuan)	26655	28854
本年应交增值税（万元）	Value Added Tax Payable (10 000 yuan)	52680	56580
利润总额（万元）	Total Profits (10 000 yuan)	-57845	62581
固定电话年末用户数 (万户)	Number of Telephone Subscribers at the Year End (10 000 subscribers)	23.70	17.60
移动电话年末用户数 (万户)	Number of Mobile Phone Subscribers at the Year End (10 000 subscribers)	415.10	354.93
互联网宽带接入用户数 (万户)	Internet Subscriber (10 000 subscriber)	93.70	65.82

18–1 续表7 continued

指 标	Item	临汾市区 Linfen Urban District	吕梁市区 lvliang Urban District
全社会用电量 (万千瓦小时)	Total Electricity Consumption (10 000 kwh)	1736241	1665715
#工业用电	Industry	1216950	1303322
城乡居民生活用电	Resident Living	216276	168617
固定资产投资 (不含农户)(万元)	Investment in Fixed Assets	1313671	457006
	(Excluding Rural Household) (10 000 yuan)	628126	33222
#房地产开发投资	Investment in Real Estate	468787	26557
#住 宅	Residential Buildings	93	19
商品房销售面积 (万平方米)	Floor Space of Commercial Houses		
	Sold (10 000 sq.m)	428922	91620
商品房销售额 (万元)	Sales of Commercial Houses (10 000 yuan)		
社会消费品零售总额 (万元)	Total Retail Sales of Consumer Goods (10 000 yuan)	2562228	713114
一般公共预算收入 (万元)	Public Finance Revenue (10 000 yuan)	120405	96389
一般公共预算支出 (万元)	Public Finance Expenditure (10 000 yuan)	324956	216544
在校学生数	Student Enrollment		
普通本专科在校学生数 (人)	Institutions of Higher Education (person)	43766	19308
中等职业教育在校学生数 (人)	Vocational Secondary Schools (person)	12344	6340
普通中学在校学生数 (万人)	Regular Secondary Schools (10 000 persons)	6.31	3.20
普通小学在校学生数 (万人)	Primary Schools (10 000 persons)	6.26	4.20
科技活动人员 (人)	Technological Activities Personnel (person)	491	
医院数 (个)	Number of Hospitals (unit)	62	21
医院床位数 (张)	Number of Beds in Hospitals (bed)	6418	1636
执业(助理)医师数 (人)	Number of Medical Practitioners or Assistant Medical Practitioners (person)	3767	1250
在岗职工平均人数 (万人)	Average Number of Fully Employed Staff and Workers (10 000 persons)	8.17	4.78
在岗职工工资总额 (万元)	Total Wages of Full Employed Staff and Workers (10 000 yuan)	549237	278314
住户存款余额 (万元)	Balance of Residents Savings Deposits (10 000 yuan)	5846716	2427948

18-2 地级城市公用事业及设施水平(2017年)

LEVEL OF PUBLIC FACILITIES IN CITIES AT PREFECTURE LEVEL(2017)

指 标	Item	太原市区 Taiyuan Urban District	大同市区 Datong Urban District
年末供水综合生产能力(万立方米/日)	Daily Production Capacity of Tap Water at the Year End (10 000 cu.m/day)	140.30	
#居民家庭用水量	Residential Use	13402	
年末排水管道长度(公里)	Lenth of Drainage Pipelines at the Year End (km)	1326	
年末实有城市道路面积 (万平方米)	Actual Area of City Roads at the Year End (10 000 sq.m)	5254	
供气总量 (人工、天然气)(万立方米)	Coal Gas Supply (Munufactured and Natural Gas) (10 000 cu.m)	130238	
#居民家庭用气量	Residential Use	16700	
液化石油气供气总量 (吨)	Natural Gas Supply (ton)	57900	
#居民家庭用量	Residential Use	57900	
年末实有公共汽(电)车营运车辆数 (辆)	Number of Public Transportation Vehicles at the Year End (unit)	2780	1076
年末实有出租汽车运营车数 (辆)	Number of Taxis at the Year End (unit)	8719	4705
公共汽(电)车客运总量 (万人次)	Number of Passengers Carried by Public Transportation Vehicles (10 000 person-times)	39437	22000
绿地面积 (公顷)	Green Area (ha)	13013	
#公园绿地面积	Green Area of Parks	4549	
建成区绿化覆盖面积 (公顷)	Green Coverage of Completed Areas (ha)	14766	

18-2 续表1

指　标	Item	阳泉市区 Yangquan Urban District
年末供水综合生产能力	Daily Production Capacity of Tap Water at the	30.00
(万立方米/日)	Year End (10 000 cu.m/day)	
#居民家庭用水量	Residential Use	1650
年末排水管道长度(公里)	Lenth of Drainage Pipelines at the Year End (km)	435
年末实有城市道路面积 (万平方米)	Actual Area of City Roads at the Year End (10 000 sq.m)	646
供气总量 (人工、天然气)(万立方米)	Coal Gas Supply (Munufactured and Natural Gas) (10 000 cu.m)	93660
#居民家庭用气量	Residential Use	9085
液化石油气供气总量 (吨)	Natural Gas Supply (ton)	700
#居民家庭用量	Residential Use	580
年末实有公共汽(电)车	Number of Public Transportation Vehicles at the	896
营运车辆数 (辆)	Year End (unit)	
年末实有出租汽车运营车数 (辆)	Number of Taxis at the Year End (unit)	1885
公共汽(电)车客运总量 (万人次)	Number of Passengers Carried by Public	15946
	Transportation Vehicles (10 000 person-times)	
绿地面积 (公顷)	Green Area (ha)	2292
#公园绿地面积	Green Area of Parks	659
建成区绿化覆盖面积 (公顷)	Green Coverage of Completed Areas (ha)	2344

continued

长治市区 Changzhi Urban District	晋城市区 Jincheng Urban District	朔州市区 Shuozhou Urban District	晋中市区 Jinzhong Urban District	运城市区 Yuncheng Urban District	忻州市区 Xinzhou Urban District
17.28	17.00	5.00	12.90	11.50	13.80
3465	1502	893	1807	1674	754
513	370	363	939	267	519
790	604	785		840	690
7588	11601	4345	10094	10141	3200
3164	3396	1522	2890	5680	1373
4280	4248	1300	1150		2876
4160	1350	680	1110		2836
537	471	260	483	502	230
1901	1483	1274	1330	1801	712
10515	5994	2200	4272	7250	2847
2516	1868	1601		2129	1205
753	595	549	903	616	432
2798	1980	4160	2957	2445	1355

18-2 续表2 continued

指 标	Item	临汾市区 Linfen Urban District	吕梁市区 Lvliang Urban District
年末供水综合生产能力	Daily Production Capacity of Tap Water at the	9.00	8.50
(万立方米/日)	Year End (10 000 cu.m/day)		
#居民家庭用水量	Residential Use	1693	790.04
年末排水管道长度(公里)	Lenth of Drainage Pipelines at the Year End (km)	206	340
年末实有城市道路面积 (万平方米)	Actual Area of City Roads at the Year End (10 000 sq.m)	748	432
供气总量 (人工、天然气)	Coal Gas Supply (Munufactured and Natural Gas)	13963	1890
(万立方米)	(10 000 cu.m)		
#居民家庭用气量	Residential Use	2678	1288
液化石油气供气总量 (吨)	Natural Gas Supply (ton)	2400	
#居民家庭用量	Residential Use	960	
年末实有公共汽(电)车	Number of Public Transportation Vehicles at the	448	218
营运车辆数 (辆)	Year End (unit)		
年末实有出租汽车运营车数 (辆)	Number of Taxis at the Year End (unit)	1862	453
公共汽(电)车客运总量 (万人次)	Number of Passengers Carried by Public	5731	2183
	Transportation Vehicles (10 000 person-times)		
绿地面积 (公顷)	Green Area (ha)		1234
#公园绿地面积	Green Area of Parks	650	437
建成区绿化覆盖面积 (公顷)	Green Coverage of Completed Areas (ha)	2072	1350

主要统计指标解释

城乡居民生活用电 指全社会用电总量中的居民生活用电部分。

供水总量 指报告期内供水企业（单位）供出的全部水量，包括有效供水量和漏损水量。有效供水量指水厂将水供出厂外后，各类用户实际使用到的水量，包括售水量和免费供水量。

年末实有公共汽（电）车营运车辆数 指年末实际运营的公共汽车、公共电车的数量。

全年公共汽（电）车客运总量 指一年内公共汽车、公共电车总共搭载的人次。

供气总量（人工煤气、天然气） 指城市煤气企业向城市生产用户、家庭用户和其他用户供应的全部煤气量，包括外购及损失量。

居民家庭用水量 指城市范围内所有居民家庭的日常生活用水。包括城市居民、农民家庭、公共供水站用水。

Explanatory Notes on Main Statistical Indicators

Consumption of Electricity for Residential Use refers to lighting consumption being used in residential sector of total electricity consumption.

Total Volume of Water Supply refers to total water volume supplied by waterworks (units) during the reference period. It includes both the effective water supply and loss during water supply. The effective water supply refers to actual water volume used by different users after waterworks (units) supply process, including water sale volume and free water supply volume.

Number of Public Buses (Trolley Buses) Under Operation at Year-end refers to the actual number of operational public buses and trolley buses.

Number of Passengers Carried by Bus (Trolley Bus) in the Year refers to the total person-times of passengers carried by buses and trolley buses in the year.

Volume of (Manufactured and Natural) Gas Supply refers to the total volume of gas sold to city produce users, household users and other users by gas corporations, including volume purchased and loss.

Water Consumption for Residential Use refers to water consumption of total households for daily life in city, including water consumption of urban households, rural households and public water supply stations.

19

地市篇

CITIES AT PREFECTURE LEVEL

19-1 国民经济核算主要指标(2017年)

MAJOR INDICATORS OF NATIONAL ECONOMIC ACCOUNTING(2017)

单位：万元 (10 000 yuan)

市名 City		总产出 Total Output	第一产业 Primary Industry	第二产业 Secondary Industry	#工业 Industry	第三产业 Tertiary Industry	#交通运输、仓储和邮政业 Transportation, Storage and Post	#批发和零售业 Wholesale and Retail Trade
全省	**Total**	**377005900**	**13260800**	**223015300**	**171060000**	**140729800**	**24310900**	**14844400**
太原市	Taiyuan	111928562	755015	68420760	34364187	42752787	4615862	6335978
大同市	Datong	32581964	1134112	17225030	15519186	14222822	4476570	2639112
阳泉市	Yangquan	14425348	198418	8126672	6579796	6100257	1186746	1195187
长治市	Changzhi	34246248	1109411	21947585	18867142	11189252	1464203	1683195
晋城市	Jincheng	24126921	912331	14336115	12451899	8890578	1838710	860208
朔州市	Shuozhou	25432869	1173583	10316939	9708374	13942347	3661525	4660408
晋中市	Jinzhong	32602390	1932301	20946115	17136776	9723974	2508738	1178757
运城市	Yuncheng	36124609	4040994	17868375	15928890	14215240	2413376	2987124
忻州市	Xinzhou	25465706	1226788	12074388	10985532	12164530	1723676	1235110
临汾市	Linfen	39333368	1772544	24696394	21098478	12864430	2140411	2912052
吕梁市	Lvliang	33906582	1058911	23750796	22456349	9096875	1439396	853718

市名 City		地区生产总值 Gross Domestic Product	第一产业 Primary Industry	第二产业 Secondary Industry	#工业 Industry	第三产业 Tertiary Industry	#交通运输、仓储和邮政业 Transportation, Storage and Post	#批发和零售业 Wholesale and Retail Trade
全省	**Total**	**155284200**	**7191600**	**67788900**	**57712200**	**80303700**	**10521400**	**10785400**
太原市	Taiyuan	33821819	400191	12722181	8622303	20699447	1738843	3413543
大同市	Datong	11213101	620374	4132372	3297881	6460355	1333065	784297
阳泉市	Yangquan	6720222	102818	3204991	2704609	3412413	449668	506094
长治市	Changzhi	14775312	627512	7934404	7360551	6213396	862971	936858
晋城市	Jincheng	11515357	507248	6129111	5717142	4878998	853664	649740
朔州市	Shuozhou	9802230	561958	4005568	3719050	5234704	1018161	819914
晋中市	Jinzhong	12849233	1115262	5949872	5120630	5784099	1172927	880255
运城市	Yuncheng	13362914	2133837	4866451	3821223	6362626	1081821	1029604
忻州市	Xinzhou	8744923	654069	4302767	3809030	3788087	514310	372723
临汾市	Linfen	13203300	949238	6112523	5259457	6141539	975341	810424
吕梁市	Lvliang	13103217	568790	8252935	7980675	4281492	723192	535156

19-1 续表 continued

单位：万元 (10 000 yuan)

市名 City	人均地区生产总值(元/人) Per Capita GDP (yuan/person)	资本形成总额 Gross Capital Formation	最终消费 Final Consumption Expenditure	居民总消费水平(元/人) Household Consumption Expenditure (yuan/person)	城镇居民 Urban Households	农村居民 Rural Households
全省 Total	**42060**	**71547000**	**87563700**	**18132**	**23345**	**11284**
太原市 Taiyuan	77536	17781740	15207821	27503	30320	11997
大同市 Datong	32671	8266942	5667801	12848	16619	6571
阳泉市 Yangquan	47790	3957482	2701469	13891	16424	8719
长治市 Changzhi	42887	6944242	7877611	18863	25594	11504
晋城市 Jincheng	49487	6942636	5178987	17692	23061	10062
朔州市 Shuozhou	55316	3003082	4858106	18745	24306	12016
晋中市 Jinzhong	38274	7818939	6606411	14025	17542	9973
运城市 Yuncheng	25115	7010923	7285700	11712	15719	7969
忻州市 Xinzhou	27665	4487580	4257343	9925	12940	6975
临汾市 Linfen	29539	6511465	6724963	12431	15577	9198
吕梁市 Lvliang	33886	6724901	6381748	12456	18221	7026

19-2 国民经济核算主要指标指数(2017年)

INDICES OF MAJOR INDICATORS OF NATIONAL ECONOMIC ACCOUNTING(2017)

上年=100 (last year=100)

市名 City	总产出 Total Output	第一产业 Primary Industry	第二产业 Secondary Industry	#工业 Industry	第三产业 Tertiay Industry	#交通运输、仓储和邮政业 Transportation, Storage and Post	#批发和零售业 Wholesale and Retail Trade
全省 Total	**106.9**	**103.0**	**106.4**	**107.0**	**108.0**	**109.3**	**101.9**
太原市 Taiyuan	107.9	103.0	107.2	109.3	109.1	118.0	100.5
大同市 Datong	107.7	104.6	105.7	104.8	110.5	108.0	107.0
阳泉市 Yangquan	106.4	102.6	105.8	106.5	107.3	108.0	101.4
长治市 Changzhi	108.2	103.6	108.4	108.5	108.3	108.5	105.3
晋城市 Jincheng	105.4	98.3	103.2	105.6	109.8	109.7	103.5
朔州市 Shuozhou	107.4	102.3	107.0	107.1	108.1	115.1	103.1
晋中市 Jinzhong	107.1	103.9	106.9	107.7	108.0	109.3	107.3
运城市 Yuncheng	107.3	103.6	107.3	107.0	108.4	112.2	103.0
忻州市 Xinzhou	107.8	107.2	107.0	106.9	108.6	111.5	105.8
临汾市 Linfen	106.2	103.3	104.7	102.9	109.1	111.7	105.0
吕梁市 Lvliang	109.8	103.3	111.3	111.5	107.6	115.0	104.6

19-2 续表 continued

上年=100 (last year=100)

市 名 City		地区生产总值 Gross Domestic Product	第一产业 Primary Industry	第二产业 Secondary Industry	#工业 Industry	第三产业 Tertiary Industry	#交通运输、仓储和邮政业 Transportation, Storage and Post	#批发和零售业 Wholesale and Retail Trade
全 省	**Total**	**107.1**	**103.1**	**106.7**	**107.1**	**107.8**	**112.8**	**100.8**
太原市	Taiyuan	107.5	103.0	107.0	108.9	107.9	113.6	100.0
大同市	Datong	106.5	103.4	105.7	105.6	107.4	106.7	102.6
阳泉市	Yangquan	106.3	103.1	105.6	105.5	107.1	112.1	102.0
长治市	Changzhi	107.0	103.1	107.2	107.1	107.2	108.0	105.0
晋城市	Jincheng	106.1	101.3	104.1	105.5	109.3	112.0	103.0
朔州市	Shuozhou	107.3	102.7	106.3	106.3	108.9	115.0	103.0
晋中市	Jinzhong	106.0	103.0	104.4	104.5	108.1	109.2	106.3
运城市	Yuncheng	107.0	103.6	108.1	108.7	107.2	112.2	103.0
忻州市	Xinzhou	106.7	103.4	106.6	106.5	107.5	111.0	105.2
临汾市	Linfen	105.5	103.3	103.0	102.1	108.6	111.2	104.8
吕梁市	Lvliang	109.2	103.1	111.0	111.1	107.5	115.0	104.4

市 名 City		资本形成总额 Gross Capital Formation	最终消费 Final Consumption Expenditure	居民总消费水平 Household Consumption Expenditure	城镇居民 Urban Households	农村居民 Rural Households
全 省	**Total**	**71.5**	**116.0**	**120.4**	**118.4**	**122.3**
太原市	Taiyuan	103.8	108.3	107.7	107.8	104.7
大同市	Datong	100.2	107.3	107.5	108.0	101.8
阳泉市	Yangquan	76.7	101.2	103.6	106.5	92.4
长治市	Changzhi	105.5	108.5	107.8	105.8	108.5
晋城市	Jincheng	107.0	105.9	105.9	104.4	109.7
朔州市	Shuozhou	106.8	105.6	105.2	103.9	107.1
晋中市	Jinzhong	102.0	106.7	106.5	105.9	105.8
运城市	Yuncheng	69.0	105.3	105.1	103.9	104.4
忻州市	Xinzhou	51.7	108.8	105.9	102.6	107.6
临汾市	Linfen	95.8	108.5	111.1	111.7	110.1
吕梁市	Lvliang	107.7	108.8	108.1	107.5	106.0

19-3 基本单位数(2017年)
NUMBER OF BASIC UNITS (2017)

单位：个 (unit)

市名 City	法人单位数 Corporation Units			产业活动单位数 Active Units	
	合计 Total	单产业法人 Single Industry	多产业法人 Multi-industry	合计 Total	#多产业法人所属产业活动单位 Units Belong to Multi-industry Corporation
全省 Total	**600802**	**571983**	**28819**	**713486**	**141503**
太原市 Taiyuan	160364	156021	4343	176482	20461
大同市 Datong	36554	34919	1635	44063	9144
阳泉市 Yangquan	19693	18275	1418	24632	6357
长治市 Changzhi	52330	48764	3566	64106	15342
晋城市 Jincheng	38992	35906	3086	47850	11944
朔州市 Shuozhou	29844	28921	923	34712	5791
晋中市 Jinzhong	54345	52023	2322	66171	14148
运城市 Yuncheng	61389	58360	3029	75640	17280
忻州市 Xinzhou	44518	42387	2131	53039	10652
临汾市 Linfen	57250	52653	4597	72477	19824
吕梁市 Lvliang	45523	43754	1769	54314	10560

19-4 按登记注册类型分基本单位数(2017年)
NUMBER OF BASIC UNITS BY REGISTRATION STATUS(2017)

单位：个 (unit)

市名 City	法人单位数 Corporation Units				产业活动单位数 Active Units			
	合计 Total	内资单位 Civil Funded	港澳台商投资单位 Funded by Hong Kong, Macao and Taiwan	外商投资单位 Foreign Funded	合计 Total	内资单位 Civil Funded	港澳台商投资单位 Funded by Hong Kong, Macao and Taiwan	外商投资单位 Foreign Funded
全省 Total	**600802**	**600036**	**289**	**477**	**713486**	**710491**	**1358**	**1637**
太原市 Taiyuan	160364	160108	90	166	176482	175712	312	458
大同市 Datong	36554	36498	19	37	44063	43864	88	111
阳泉市 Yangquan	19693	19666	11	16	24632	24515	61	56
长治市 Changzhi	52330	52266	22	42	64106	63929	62	115
晋城市 Jincheng	38992	38948	12	32	47850	47695	51	104
朔州市 Shuozhou	29844	29823	9	12	34712	34634	24	54
晋中市 Jinzhong	54345	54254	42	49	66171	65884	129	158
运城市 Yuncheng	61389	61320	23	46	75640	75251	221	168
忻州市 Xinzhou	44518	44486	13	19	53039	52870	84	85
临汾市 Linfen	57250	57203	25	22	72477	72063	221	193
吕梁市 Lvliang	45523	45464	23	36	54314	54074	105	135

19-5 按产业分基本单位数及从业人数(2017年)

NUMBER OF BASIC UNITS AND EMPLOYEES BY INDUSTRY(2017)

市名 City	法人单位 Corporation Units							
	单位数(个) Number of Units (unit)	第一产业 Primary Industry	第二产业 Secondary Industry	第三产业 Tertiary Industry	从业人数(人) Employees (person)	第一产业 Primary Industry	第二产业 Secondary Industry	第三产业 Tertiary Industry
全 省 Total	**600802**	**99121**	**77335**	**424346**	**10137211**	**986728**	**3918141**	**5232342**
太原市 Taiyuan	160364	5209	18387	136768	2340640	37576	859139	1443925
大同市 Datong	36554	7327	4227	25000	856556	57511	346518	452527
阳泉市 Yangquan	19693	2847	3106	13740	460308	28804	246018	185486
长治市 Changzhi	52330	11856	5824	34650	886820	110576	367457	408787
晋城市 Jincheng	38992	6203	4568	28221	726237	60582	321655	344000
朔州市 Shuozhou	29844	7260	3079	19505	479330	58711	160162	260457
晋中市 Jinzhong	54345	10574	8938	34833	940284	107285	395001	437998
运城市 Yuncheng	61389	13174	10029	38186	1082609	188354	413766	480489
忻州市 Xinzhou	44518	11759	5480	27279	614953	87827	181917	345209
临汾市 Linfen	57250	12046	7206	37998	883538	118683	291355	473500
吕梁市 Lvliang	45523	10866	6491	28166	865936	130819	335153	399964

市名 City	产业活动单位 Active Units							
	单位数(个) Number of Units (unit)	第一产业 Primary Industry	第二产业 Secondary Industry	第三产业 Tertiary Industry	从业人数(人) Employees (person)	第一产业 Primary Industry	第二产业 Secondary Industry	第三产业 Tertiary Industry
全 省 Total	**713486**	**99478**	**84090**	**529918**	**11415677**	**991881**	**4307293**	**6116503**
太原市 Taiyuan	176482	5240	20029	151213	2801574	37751	1026902	1736921
大同市 Datong	44063	7338	4606	32119	986775	57562	392033	537180
阳泉市 Yangquan	24632	2868	3490	18274	549010	29226	294228	225556
长治市 Changzhi	64106	11893	6423	45790	974481	111969	394049	468463
晋城市 Jincheng	47850	6238	5046	36566	780053	61372	318971	399710
朔州市 Shuozhou	34712	7284	3341	24087	506425	59295	163358	283772
晋中市 Jinzhong	66171	10626	9700	45845	1034891	107692	415430	511769
运城市 Yuncheng	75640	13220	10611	51809	1171291	188711	440374	542206
忻州市 Xinzhou	53039	11780	5895	35364	677545	87982	200577	388986
临汾市 Linfen	72477	12108	8028	52341	1000952	119470	309773	571709
吕梁市 Lvliang	54314	10883	6921	36510	932680	130851	351598	450231

19-6 按行业分法人单位数(2017年)
NUMBER OF CORPORATION UNITS BY SECTOR(2017)

单位：个 (unit)

市 名 City	合 计 Total	农、林、牧、渔业 Farming, Forestry, Animal Husbandry and Fishery	采矿业 Ming	制造业 Manufacturing	电力、热力、燃气及水生产和供应业 Production and Supply of Electricity, Heat, Gas and Water
全 省 Total	**600802**	**106983**	**7499**	**37197**	**4955**
太原市 Taiyuan	160364	5517	551	5923	440
大同市 Datong	36554	7676	509	2033	596
阳泉市 Yangquan	19693	2965	281	1767	286
长治市 Changzhi	52330	12681	619	2701	390
晋城市 Jincheng	38992	6829	433	2145	391
朔州市 Shuozhou	29844	7882	345	1439	267
晋中市 Jinzhong	54345	11429	870	4888	414
运城市 Yuncheng	61389	14324	483	6543	394
忻州市 Xinzhou	44518	12762	1127	2860	524
临汾市 Linfen	57250	13198	1075	3017	876
吕梁市 Lvliang	45523	11720	1206	3881	377

市 名 City	建筑业 Construction	批发和零售业 Wholesale and Retail Trade	交通运输、仓储和邮政业 Transport, Storage and Post	住宿和餐饮业 Hotels and Catering Services	信息传输、软件和信息技术服务业 Information Trans-mission, Software and Information Technology Services
全 省 Total	**28426**	**178727**	**14827**	**9121**	**18806**
太原市 Taiyuan	11607	66440	2580	3726	10084
大同市 Datong	1201	10285	968	607	527
阳泉市 Yangquan	818	6008	488	230	441
长治市 Changzhi	2183	14308	1004	645	739
晋城市 Jincheng	1673	12303	740	485	978
朔州市 Shuozhou	1074	8239	877	355	454
晋中市 Jinzhong	2816	12950	1653	749	1481
运城市 Yuncheng	2674	15343	1998	822	1421
忻州市 Xinzhou	1008	8321	1305	398	583
临汾市 Linfen	2295	14502	1516	704	1183
吕梁市 Lvliang	1077	10028	1698	400	915

19-6 续表 continued

单位：个 (unit)

市　名 City	金融业 Financial Industry	房地产业 Real Estate	租赁和商务服务业 Lease and Business Affairs Services	科学研究和技术服务业 Scientific Reseach, and Technical Services	水利、环境和公共设施管理业 Water, Environmental Protection and Public Facility Management
全　省　Total	**3221**	**15980**	**49596**	**18000**	**5238**
太原市　Taiyuan	987	5528	23155	7629	1073
大同市　Datong	215	890	2204	815	345
阳泉市　Yangquan	134	499	1262	597	183
长治市　Changzhi	199	1373	2770	1284	483
晋城市　Jincheng	187	869	2974	843	487
朔州市　Shuozhou	181	663	1490	610	210
晋中市　Jinzhong	322	1287	3424	1713	512
运城市　Yuncheng	244	1558	3660	1448	501
忻州市　Xinzhou	259	788	2231	831	448
临汾市　Linfen	219	1431	3994	1435	500
吕梁市　Lvliang	274	1094	2432	795	496

市　名 City	居民服务、修理和其他服务业 Resident Services, Repair and Other Services	教　育 Education	卫生和社会工作 Health Care and Social Work	文化、体育和娱乐业 Culture, Sports and Recreation	公共管理、社会保障和社会组织 Public Management, Social Security and Social Organization
全　省　Total	**11101**	**12875**	**7050**	**12183**	**59017**
太原市　Taiyuan	3933	2258	1184	2831	4918
大同市　Datong	586	1046	597	670	4784
阳泉市　Yangquan	352	399	270	444	2269
长治市　Changzhi	796	1165	729	1203	7058
晋城市　Jincheng	946	867	398	951	4493
朔州市　Shuozhou	440	612	376	512	3818
晋中市　Jinzhong	1015	1332	673	1376	5441
运城市　Yuncheng	871	1339	801	1403	5562
忻州市　Xinzhou	522	1006	594	773	8178
临汾市　Linfen	960	1620	867	1218	6640
吕梁市　Lvliang	680	1231	561	802	5856

19-7 总户数、常住人口数(2017年)
NUMBER OF HOUSEHOLDS AND RESIDENT POPULATION(2017)

单位：人 (person)

市 名	City	总户数(户) Number of Households (household)	常住人口 Resident Population	按性别分 by Sex		按城镇乡村分 by Residence	
				男 性 Male	女 性 Famle	城镇人口 Urban	乡村人口 Rural
全 省	**Total**	**13017337**	**37023518**	**18951151**	**18072367**	**21229218**	**15794300**
太原市	Taiyuan	1184452	4379700	2224055	2155645	3709680	670020
大同市	Datong	1277764	3442352	1750052	1692300	2166555	1275797
阳泉市	Yangquan	534383	1408815	726455	682360	951846	456969
长治市	Changzhi	1185241	3454945	1766597	1688348	1828589	1626356
晋城市	Jincheng	830443	2333035	1180823	1152212	1377393	955642
朔州市	Shuozhou	674816	1775980	924425	851555	982017	793963
晋中市	Jinzhong	1297878	3365597	1745224	1620373	1821990	1543607
运城市	Yuncheng	1701742	5336023	2717023	2619000	2611676	2724347
忻州市	Xinzhou	1324741	3166662	1632605	1534057	1565753	1600909
临汾市	Linfen	1528678	4481537	2275838	2205699	2303355	2178182
吕梁市	Lvliang	1477199	3878872	2008054	1870818	1910364	1968508

注：本表总户数为公安年报数。
Note: Number of households in the table are obtained from public security department.

19-8 城镇人口增加来源(2017年)
INCREASE SOURCES OF URBAN POPULATION(2017)

单位：人 (person)

市 名	City	合 计 Total	出 生 Birth	城镇人口迁入 Immigration of Urban Population	农业转移人口落户城镇 Immigration of Rural Population with Urban Residency	退出现役 Out of Commission	港澳台人员和华侨回内地(回国)定居及外国人、无国籍人入籍 Immigration of Hong Kong, Macao, Taiwan Population, Overseas Chinese, Aliens and Stateless Persons	其 他 Others
全 省	**Total**	**740205**	**197164**	**53292**	**467190**	**3466**	**9**	**19084**
太原市	Taiyuan	76728	43262	18729	10468	889	6	3374
大同市	Datong	40467	18505	5500	13355	922	1	2184
阳泉市	Yangquan	18818	8481	2213	7518	94		512
长治市	Changzhi	69472	18858	2485	46713	261		1155
晋城市	Jincheng	38084	14116	2392	20703	125		748
朔州市	Shuozhou	18614	8068	2747	7002	85		712
晋中市	Jinzhong	86786	17731	4858	62011	440	1	1745
运城市	Yuncheng	115271	18771	4155	90148	293		1904
忻州市	Xinzhou	70987	13114	3660	52673	113		1427
临汾市	Linfen	115355	17738	3791	90588	126	1	3111
吕梁市	Lvliang	89623	18520	2762	66011	118		2212

注：本表为公安年报数。
Note: Data of the table are obtained from public security department.

19-9 非私营单位从业人员(2017年)

NUMBER OF EMPLOYEES IN NON-PRIVATE UNITS(2017)

单位：人 (person)

市 名 City	总 计 Total	#女 性 Female	在岗职工 Fully Employed	其他从业人 员 Others
全 省 Total	**4286802**	**1499819**	**4100132**	**186670**
太原市 Taiyuan	1044066	346686	1014381	29685
大同市 Datong	397536	124793	379025	18511
阳泉市 Yangquan	254151	87182	247065	7086
长治市 Changzhi	429955	150613	412693	17262
晋城市 Jincheng	356698	121155	342970	13728
朔州市 Shuozhou	185965	62562	175321	10644
晋中市 Jinzhong	351763	123587	319388	32375
运城市 Yuncheng	342450	140837	327313	15137
忻州市 Xinzhou	239652	86899	228950	10702
临汾市 Linfen	344550	134288	332528	12022
吕梁市 Lvliang	340016	121217	320498	19518

19-10 非私营单位从业人员劳动报酬(2017年)

REWARD OF EMPLOYEES IN NON-PRIVATE UNITS(2017)

单位：万元 (10 000 yuan)

市 名 City	从业人员平均人数(人) Average Employees (person)	在岗职工 Fully Employed	其他从业人 员 Others	从业人员劳动报酬 Reward of Employees	在岗职工工资总额 Total Wages of Fully Employed	其他从业人员劳动报酬 Reward of Others	在岗职工平均工资(元) Average Wage of Fully Employed (yuan)
全 省 Total	**4259499**	**4073467**	**186032**	**25583091**	**25070912**	**512179**	**61547**
太原市 Taiyuan	1038726	1008102	30624	7377658	7269789	107869	72114
大同市 Datong	398006	379645	18361	2312303	2255653	56650	59415
阳泉市 Yangquan	253056	245919	7137	1398040	1383425	14616	56255
长治市 Changzhi	425641	409330	16311	2398833	2363880	34953	57750
晋城市 Jincheng	352180	338613	13567	2135858	2099678	36180	62008
朔州市 Shuozhou	185937	175592	10345	1084616	1050585	34031	59831
晋中市 Jinzhong	351859	319521	32338	1991965	1920119	71847	60094
运城市 Yuncheng	333076	317941	15135	1784886	1735004	49881	54570
忻州市 Xinzhou	239273	228332	10941	1220105	1191680	28425	52191
临汾市 Linfen	344758	332796	11962	1896461	1864084	32377	56013
吕梁市 Lvliang	336987	317676	19311	1982367	1937015	45352	60975

19-11 国有单位从业人员(2017年)

NUMBER OF EMPLOYEES IN STATE-OWNED UNITS(2017)

单位：人 (person)

市 名 City	从业人员 Employees	#女 性 Female	在岗职工 Fully Employed	其他从业人员 Others
全 省 Total	**1962935**	**864409**	**1876643**	**86292**
太原市 Taiyuan	434969	169288	423036	11933
大同市 Datong	167274	66227	156763	10511
阳泉市 Yangquan	85800	39858	81766	4034
长治市 Changzhi	176317	82080	169667	6650
晋城市 Jincheng	106409	47940	100914	5495
朔州市 Shuozhou	94686	39579	90429	4257
晋中市 Jinzhong	157980	75871	152411	5569
运城市 Yuncheng	208325	99599	199497	8828
忻州市 Xinzhou	160135	65628	152062	8073
临汾市 Linfen	199412	93246	193096	6316
吕梁市 Lvliang	171628	85093	157002	14626

19-12 国有单位从业人员劳动报酬(2017年)

REWARD OF EMPLOYEES IN STATE-OWNED UNITS(2017)

单位：万元 (10 000 yuan)

市 名 City	从业人员平均人数(人) Average Employees (person)	在岗职工 Fully Employed	其他从业人员 Others	从业人员劳动报酬 Reward of Employees	在岗职工工资总额 Total Wages of Fully Employed	其他从业人员劳动报酬 Reward of Others	在岗职工平均工资(元) Average Wage of Fully Employed (yuan)
全 省 Total	**1958204**	**1872048**	**86156**	**12362813**	**12160524**	**202289**	**64958**
太原市 Taiyuan	431906	419798	12108	3712740	3678961	33779	87636
大同市 Datong	167460	157085	10375	969941	941618	28323	59943
阳泉市 Yangquan	86417	82364	4053	520951	514415	6536	62456
长治市 Changzhi	175998	169403	6595	951688	942907	8781	55661
晋城市 Jincheng	106342	100881	5461	647637	634405	13233	62886
朔州市 Shuozhou	95789	91569	4220	506538	499030	7509	54498
晋中市 Jinzhong	157276	152016	5260	940818	927611	13207	61021
运城市 Yuncheng	205490	196657	8833	1182359	1154633	27726	58713
忻州市 Xinzhou	160933	152470	8463	815543	795579	19964	52179
临汾市 Linfen	198304	192118	6186	1110062	1096640	13421	57082
吕梁市 Lvliang	172289	157687	14602	1004536	974726	29810	61814

19-13 城镇集体单位从业人员(2017年)

NUMBER OF EMPLOYEES IN URBAN COLLECTIVE-OWNED UNITS(2017)

单位：人 (person)

市名 City	从业人员 Employees	#女性 Female	在岗职工 Fully Employed	其他从业人员 Others
全省 Total	**153421**	**66984**	**146293**	**7128**
太原市 Taiyuan	29553	12559	27917	1636
大同市 Datong	15189	8373	14857	332
阳泉市 Yangquan	13181	6664	12983	198
长治市 Changzhi	11885	5385	11168	717
晋城市 Jincheng	11842	5313	11631	211
朔州市 Shuozhou	6600	2221	6594	6
晋中市 Jinzhong	10648	5228	9938	710
运城市 Yuncheng	11607	5623	10508	1099
忻州市 Xinzhou	14831	5234	13816	1015
临汾市 Linfen	12041	5024	11509	532
吕梁市 Lvliang	16044	5360	15372	672

19-14 集体单位从业人员劳动报酬(2017年)

REWARD OF EMPLOYEES IN COLLECTIVE-OWNED UNITS(2017)

单位：万元 (10 000 yuan)

市名 City	从业人员平均人数(人) Average Employees (person)	在岗职工 Fully Employed	其他从业人员 Others	从业人员劳动报酬 Reward of Employees	在岗职工工资总额 Total Wages of Fully Employed	其他从业人员劳动报酬 Reward of Others	在岗职工平均工资(元) Average Wage of Fully Employed (yuan)
全省 Total	**154246**	**147201**	**7045**	**745581**	**729579**	**16002**	**49563**
太原市 Taiyuan	30053	28346	1707	131071	126719	4352	44704
大同市 Datong	15722	15355	367	51010	50312	699	32766
阳泉市 Yangquan	13318	13117	201	56200	55885	315	42605
长治市 Changzhi	11606	10946	660	62648	61381	1267	56076
晋城市 Jincheng	11750	11536	214	61623	61039	584	52912
朔州市 Shuozhou	6552	6546	6	33987	33978	9	51907
晋中市 Jinzhong	10755	10051	704	66080	64604	1475	64276
运城市 Yuncheng	11414	10363	1051	59013	56171	2842	54204
忻州市 Xinzhou	14745	13813	932	54944	53062	1882	38415
临汾市 Linfen	12287	11760	527	73825	72275	1551	61458
吕梁市 Lvliang	16044	15368	676	95180	94153	1028	61266

19-15 其他单位从业人员(2017年)
NUMBER OF EMPLOYEES IN OTHER-OWNED UNITS(2017)

单位：人 (person)

市名 City	从业人员 Employees	#女性 Female	在岗职工 Fully Employed	其他从业人员 Others
全省 Total	**2170446**	**568426**	**2077196**	**93250**
太原市 Taiyuan	579544	164839	563428	16116
大同市 Datong	215073	50193	207405	7668
阳泉市 Yangquan	155170	40660	152316	2854
长治市 Changzhi	241753	63148	231858	9895
晋城市 Jincheng	238447	67902	230425	8022
朔州市 Shuozhou	84679	20762	78298	6381
晋中市 Jinzhong	183135	42488	157039	26096
运城市 Yuncheng	122518	35615	117308	5210
忻州市 Xinzhou	64686	16037	63072	1614
临汾市 Linfen	133097	36018	127923	5174
吕梁市 Lvliang	152344	30764	148124	4220

19-16 其他单位从业人员劳动报酬(2017年)
REWARD OF EMPLOYEES IN OTHER-OWNED UNITS(2017)

单位：万元 (10 000 yuan)

市名 City	从业人员平均人数(人) Average Employees (person)	在岗职工 Fully Employed	其他从业人员 Others	从业人员劳动报酬 Reward of Employmees	在岗职工工资总额 Total Wages of Fully Employed	其他从业人员劳动报酬 Reward of Others	在岗职工平均工资(元) Average Wage of Fully Employed (yuan)
全省 Total	**2147049**	**2054218**	**92831**	**12474698**	**12180809**	**293889**	**59297**
太原市 Taiyuan	576767	559958	16809	3533848	3464109	69738	61864
大同市 Datong	214824	207205	7619	1291351	1263723	27629	60989
阳泉市 Yangquan	153321	150438	2883	820890	813125	7765	54051
长治市 Changzhi	238037	228981	9056	1384497	1359592	24905	59376
晋城市 Jincheng	234088	226196	7892	1426598	1404234	22364	62080
朔州市 Shuozhou	83596	77477	6119	544091	517577	26513	66804
晋中市 Jinzhong	183828	157454	26374	985067	927903	57164	58932
运城市 Yuncheng	116172	110921	5251	543514	524200	19314	47259
忻州市 Xinzhou	63595	62049	1546	349618	343039	6579	55285
临汾市 Linfen	134167	128918	5249	712574	695170	17404	53923
吕梁市 Lvliang	148654	144621	4033	882651	868136	14515	60028

19-17 私营单位从业人员和劳动报酬(2017年)

NUMBER AND REWARD OF EMPLOYEES IN PRIVATE UNITS(2017)

单位：人 (person)

市 名 City		从业人员 Employees	劳动报酬总额 (万元) Total Reward of Employees (10 000 yuan)	平均劳动报酬 (元) Average Reward of Employees (yuan)
全 省	**Total**	**2253802**	**7113986**	**31745**
太原市	Taiyuan	433958	1549354	36388
大同市	Datong	158996	491691	30311
阳泉市	Yangquan	53675	146739	26165
长治市	Changzhi	237458	707823	30192
晋城市	Jincheng	188652	486930	25864
朔州市	Shuozhou	154043	450836	29641
晋中市	Jinzhong	339365	1010128	29670
运城市	Yuncheng	196039	631409	32799
忻州市	Xinzhou	128910	368096	27603
临汾市	Linfen	148547	476800	33172
吕梁市	Lvliang	214159	794180	37453

19-18 居民家庭生活基本情况(2017年)

BASIC LIVING CONDITIONS OF HOUSEHOLDS(2017)

单位：元 (yuan)

市 名 City		居民人均可支配收入 Per Capita Disposable Income of Households	城镇居民人均可支配收入 Per Capita Disposable Income of Urban Households	城镇居民人均生活消费支出 Per Capita Living Expenditure of Urban Households	农村居民人均可支配收入 Per Capita Disposable Income of Rural Households	农村居民人均生活消费支出 Per Capita Living Expenditure of Rural Households
全 省	**Total**	**20420**	**29132**	**18404**	**10788**	**8424**
太原市	Taiyuan	28935	31469	18234	15595	11546
大同市	Datong	19895	27981	12776	8862	6814
阳泉市	Yangquan	23422	29581	13789	12963	9541
长治市	Changzhi	20551	30060	16997	12705	9611
晋城市	Jincheng	22039	30142	18158	12511	9278
朔州市	Shuozhou	21581	30989	13172	12305	7759
晋中市	Jinzhong	21128	30927	15052	12297	8097
运城市	Yuncheng	17153	27302	12327	9992	7730
忻州市	Xinzhou	15506	26536	13169	7588	6883
临汾市	Linfen	18764	28873	14665	10742	8157
吕梁市	Lvliang	15554	25704	14651	8232	6369

19-19 财政收支情况(2017年)
FINANCIAL REVENUE AND EXPENDITURE(2017)

单位: 万元 (10 000 yuan)

市名 City		一般公共预算收入 General Public Budget Revenue	#增值税 Value-added Taxes	#营业税 Operation Taxes	#企业所得税 Enterprises Income Taxes
地区合计	**Total**	**12712863**	**4247515**	**17953**	**1145236**
太原市	Taiyuan	3118503	913792	5882	378614
大同市	Datong	1082766	302281	3218	105712
阳泉市	Yangquan	499961	159975	447	49314
长治市	Changzhi	1322832	483479	812	141164
晋城市	Jincheng	1013655	343923	1222	84656
朔州市	Shuozhou	732205	287142	305	31417
晋中市	Jinzhong	1180603	383179	759	78890
运城市	Yuncheng	671031	223096	1973	38197
忻州市	Xinzhou	732569	227287	1644	45389
临汾市	Linfen	970948	338771	1579	67730
吕梁市	Lvliang	1387790	584590	112	124153

市名 City		一般公共预算支出 General Public Budget Expenditure	#一般公共服务 Public Services	#教育 Education	#社会保障和就业 Social Security and Employment
地区合计	**Total**	**30214913**	**2673323**	**5255548**	**4473831**
太原市	Taiyuan	4790558	391947	730005	722360
大同市	Datong	3255052	237416	540778	435352
阳泉市	Yangquan	1060561	98524	214920	158948
长治市	Changzhi	2684289	259342	478483	383908
晋城市	Jincheng	1784121	165140	337864	254694
朔州市	Shuozhou	1417217	149241	233470	214012
晋中市	Jinzhong	2789258	222924	488714	384192
运城市	Yuncheng	3030131	281719	599606	524102
忻州市	Xinzhou	2906549	276601	471097	467028
临汾市	Linfen	3343427	299926	516267	536929
吕梁市	Lvliang	3153750	290543	644344	392306

19-20 金融机构本外币各项存款和贷款余额(2017年)
BALANCE OF DEPOSITS AND LOANS IN FINANCIAL INSTITUTIONS(2017)

单位：亿元 (100 million yuan)

市名	City	各项存款 Balance of Deposits	#非金融企业存款 Non-financial Enterprises Deposits	#广义政府存款 Broad Government Deposits
全 省	**Total**	**32844.88**	**8414.50**	**5271.69**
太原市	Taiyuan	11925.96	4459.40	2642.31
大同市	Datong	2704.70	539.71	268.62
阳泉市	Yangquan	1484.57	452.90	148.69
长治市	Changzhi	2390.44	553.30	280.97
晋城市	Jincheng	2068.10	506.15	421.62
朔州市	Shuozhou	1377.96	195.36	191.90
晋中市	Jinzhong	2571.60	546.23	254.35
运城市	Yuncheng	2027.35	213.91	263.89
忻州市	Xinzhou	1961.90	240.19	253.71
临汾市	Linfen	2313.72	374.46	308.31
吕梁市	Lvliang	2018.57	332.91	237.32

市名	City	各项贷款 Balance of Loans	#非金融企业及机关团体贷款 Loans to Non-financial Enterprises, Government Departments and Orgnizations	#票据融资 Bill Finance
全 省	**Total**	**22573.77**	**18398.52**	**1397.36**
太原市	Taiyuan	11444.80	9811.65	545.16
大同市	Datong	1244.83	1010.08	144.27
阳泉市	Yangquan	884.72	805.38	28.06
长治市	Changzhi	1357.08	1154.82	125.17
晋城市	Jincheng	1222.79	1032.13	78.58
朔州市	Shuozhou	621.58	440.58	73.70
晋中市	Jinzhong	1579.97	1234.60	85.57
运城市	Yuncheng	1095.94	688.85	36.54
忻州市	Xinzhou	826.41	578.51	16.00
临汾市	Linfen	1259.82	885.39	89.05
吕梁市	Lvliang	1035.83	756.54	175.26

19-21 原保险保费收入(2017年)

PREMIUM OF PRIMARY INSURANCE(2017)

单位：万元 (10 000 yuan)

市 名 City		合 计 Total	财产险 Property Insurance	意外险 Accident Insurance	健康险 Health Insurace	寿 险 Life Insurance
全 省	**Total**	**8239224**	**1941002**	**139111**	**798427**	**5360683**
本 级	Provincial	1397	48	23	132	1195
太原市	Taiyuan	2341004	564291	53982	197290	1525442
大同市	Datong	664461	175903	8970	63859	415728
阳泉市	Yangquan	307011	80359	4035	28459	194157
长治市	Changzhi	651481	158396	8391	66787	417906
晋城市	Jincheng	462570	123833	6717	50176	281844
朔州市	Shuozhou	234242	81072	4139	17254	131777
晋中市	Jinzhong	691417	153018	9598	55054	473747
运城市	Yuncheng	1007749	214030	17476	121146	655096
忻州市	Xinzhou	470341	105904	6743	35604	322090
临汾市	Linfen	851110	171725	11323	96432	571630
吕梁市	Lvliang	556440	112423	7713	66234	370070

19-22 单位地区生产总值能源消耗(等价值)情况

ENERGY CONSUMPTION PER UNIT OF GDP(EQUIVALENT VALUE)

单位：吨标准煤/万元 (ton of SCE/10 000 yuan)

市 名 City		2014	2015	2016	2017	2017年比上年增长(%) Increase by Percent over Last Year(%)
全 省	**Total**	**1.52**	**1.52**	**1.45**	**1.40**	**-3.37**
太原市	Taiyuan	1.05	0.96	0.89	0.86	-3.96
大同市	Datong	1.48	1.44	1.39	1.36	-2.27
阳泉市	Yangquan	1.45	1.40	1.36	1.31	-3.21
长治市	Changzhi	1.68	1.75	1.67	1.61	-3.93
晋城市	Jincheng	1.26	1.42	1.40	1.35	-3.21
朔州市	Shuozhou	1.86	1.87	1.77	1.69	-4.60
晋中市	Jinzhong	1.54	1.59	1.54	1.52	-1.23
运城市	Yuncheng	1.89	1.86	1.80	1.99	1.70
忻州市	Xinzhou	1.36	1.30	1.24	1.19	-3.81
临汾市	Linfen	2.31	2.42	2.29	2.18	-4.86
吕梁市	Lvliang	1.67	1.84	1.78	1.72	-3.20

注：本表2014年数据为2010年不变价；2015年及以后数据为2015年不变价。

Note：Data of this table in 2014 were calculated at 2010 constant price.Since 2015 they are calculated at 2015 constant price.

19-23 固定资产投资主要指标(2017年)
MAJOR INDICATORS OF INVESTMENT IN FIXED ASSETS(2017)

单位：万元 (10 000 yuan)

市名 City		施工项目(个) Projects Under Construction(unit)	#本年新开工 Newly Started This Year	本年投产项目(个) Number of Projects Completed and Put into Use This Year(unit)	本年新增固定资产 Newly Increased Fixed Assets This Year
全　省	**Total**	**10719**	**6983**	**5990**	**36548185**
太原市	Taiyuan	598	236	193	4873849
大同市	Datong	1258	931	499	3663222
阳泉市	Yangquan	330	228	193	1199975
长治市	Changzhi	1174	889	675	3901292
晋城市	Jincheng	818	530	461	2510684
朔州市	Shuozhou	508	379	297	1141415
晋中市	Jinzhong	1377	1043	953	3867743
运城市	Yuncheng	1492	697	919	4793798
忻州市	Xinzhou	1266	608	466	2789250
临汾市	Linfen	1294	1040	978	4253536
吕梁市	Lvliang	598	401	356	3300402

市名 City		本年完成投资 Investment Completed This Year	#住宅 Residential Buildings	建筑工程 Construction Projects	安装工程 Installation Projects
全　省	**Total**	**57221585**	**9460132**	**35923546**	**5756242**
太原市	Taiyuan	9648632	3397094	5663089	872418
大同市	Datong	4892573	811851	3168395	719515
阳泉市	Yangquan	2457355	240359	1210682	292890
长治市	Changzhi	6141874	982937	4339819	371405
晋城市	Jincheng	4307064	705337	2799264	365638
朔州市	Shuozhou	2142410	172858	1185651	301625
晋中市	Jinzhong	6412339	809756	3679920	700219
运城市	Yuncheng	6161367	787240	3622217	732639
忻州市	Xinzhou	4498887	277075	3269023	326193
临汾市	Linfen	5789446	883512	3889304	522819
吕梁市	Lvliang	4267234	392113	2656678	550877

19-23 续表 continued

单位：万元 (10 000 yuan)

市名 City		设备工器具购置 Purchase of Equipment and Instruments	其他 Others	新建 New Construction	扩建 Expansion	改建和技术改造 Reconstruction	其他 Others
全 省	**Total**	**8706898**	**6834899**	**33071268**	**4751045**	**6127191**	**1609248**
太原市	Taiyuan	678904	2434221	3372951	303730	1053069	137436
大同市	Datong	629935	374728	2722373	352464	517691	186127
阳泉市	Yangquan	802855	150928	2000232	30079	102578	21864
长治市	Changzhi	836125	594525	3230615	1007556	664489	516177
晋城市	Jincheng	724598	417564	3207295	179103	149695	62447
朔州市	Shuozhou	488079	167055	1689286	105341	119786	12682
晋中市	Jinzhong	923102	1109098	3683750	561937	860955	145583
运城市	Yuncheng	1379452	427059	4319901	523224	388009	23838
忻州市	Xinzhou	658441	245230	3547122	287604	209951	122330
临汾市	Linfen	881044	496279	2153914	1020967	1425264	157865
吕梁市	Lvliang	690363	369316	2641425	379040	635704	222899

注：本表新建项目投资中不含房地产投资。
Note: New construction investment in this table does not include real estate investment.

19-24 固定资产投资房屋面积(2017年)

FLOOR SPACE OF BUILDINGS UNDER INVESTMENT IN FIXED ASSETS(2017)

单位：平方米 (sq.m)

市名 City		本年施工房屋面积 Floor Space of Buildings under Construction	#住宅 Residential Buildings	本年竣工房屋面积 Floor Space of Buildings Completed	#住宅 Residential Buildings
全 省	**Total**	**200343732**	**129346664**	**26164295**	**17369016**
太原市	Taiyuan	63259371	41751067	4799700	3154528
大同市	Datong	19036868	9573007	4031212	2457971
阳泉市	Yangquan	6770519	5306211	642946	585898
长治市	Changzhi	21051659	15352714	4282687	3330821
晋城市	Jincheng	11981451	7783882	2403850	1621863
朔州市	Shuozhou	5033722	3434367	296539	117752
晋中市	Jinzhong	16208354	10849318	1588483	1193506
运城市	Yuncheng	24050338	13442015	4204446	2467514
忻州市	Xinzhou	9415645	5594071	969660	469753
临汾市	Linfen	15101943	10262308	1984331	1159945
吕梁市	Lvliang	8433862	5997704	960441	809465

19-25 进出口贸易总额
TOTAL VALUE OF IMPORTS AND EXPORTS

单位：万元 (10 000 yuan)

市名 City		2016			2017		
		进出口总额 Total	出口总额 Exports	进口总额 Imports	进出口总额 Total	出口总额 Exports	进口总额 Imports
全省	**Total**	**10989659**	**6553289**	**4436370**	**11618521**	**6903055**	**4715466**
太原市	Taiyuan	8793832	5497053	3296779	9152540	5721581	3430960
大同市	Datong	236305	194221	42084	246386	182182	64204
阳泉市	Yangquan	85893	64454	21439	83321	58182	25139
长治市	Changzhi	51212	18747	32465	52369	25850	26519
晋城市	Jincheng	395070	108788	286282	468340	125912	342429
朔州市	Shuozhou	52736	24618	28118	53704	27027	26677
晋中市	Jinzhong	138825	119713	19112	176086	138847	37239
运城市	Yuncheng	800872	214461	586411	908190	256001	652189
忻州市	Xinzhou	120434	119221	1213	139486	134810	4676
临汾市	Linfen	123956	87446	36510	166698	110676	56022
吕梁市	Lvliang	190524	104567	85957	171400	121989	49411

19-26 利用外商直接投资额
UTILIZATION OF FOREIGN DIRECT INVESTMENT

单位：万美元 (USD 10 000)

市名 City		2016		2017	
		合同金额 Contract Value	实际使用金额 Actual Value	合同金额 Contract Value	实际使用金额 Actual Value
全省	**Total**	**83030**	**233242**	**223636**	**169049**
太原市	Taiyuan	28233	46214	124312	10713
大同市	Datong	10689	20110	4711	17013
阳泉市	Yangquan	10740	31546	2161	11501
长治市	Changzhi	3147	47502	7493	38470
晋城市	Jincheng	350	18000	-1784	20048
朔州市	Shuozhou	4500	9833	10996	2356
晋中市	Jinzhong	2049	37870	4662	38595
运城市	Yuncheng	2904	2229	25834	6985
忻州市	Xinzhou		3321	1826	4344
临汾市	Linfen	18226	16616	10618	17809
吕梁市	Lvliang	2192		32807	1215

19-27 乡村基本情况(2017年)

BASIC CONDITIONS OF RURAL AREAS (2017)

市 名 City		乡镇政府(个) Number of Township and Town Governments (unit)	#镇政府 Number of Town Governments	村民委员会(个) Number of Villager's Committees (unit)	乡村户数(户) Number of Rural Households (household)
全 省	**Total**	**1196**	**564**	**27961**	**8230258**
太原市	Taiyuan	52	21	926	368429
大同市	Datong	99	33	1969	605464
阳泉市	Yangquan	32	20	960	301624
长治市	Changzhi	132	68	3442	826235
晋城市	Jincheng	74	48	2168	595033
朔州市	Shuozhou	69	19	1624	370615
晋中市	Jinzhong	118	59	2732	915223
运城市	Yuncheng	136	81	3197	1244683
忻州市	Xinzhou	185	59	4891	918766
临汾市	Linfen	151	75	2966	1005550
吕梁市	Lvliang	148	81	3086	1078636

市 名 City		乡村人口(人) Rural Population (person)	乡村从业人员(人) Number of Rural Laborers (person)	#农、林、牧、渔业 Farming, Forestry, Animal Husbandry and Fishery
全 省	**Total**	**23820992**	**11518792**	**6707115**
太原市	Taiyuan	1027610	485314	235119
大同市	Datong	1516501	683062	412649
阳泉市	Yangquan	727860	341881	150196
长治市	Changzhi	2487317	1208531	699315
晋城市	Jincheng	1614588	805918	450176
朔州市	Shuozhou	965768	456361	308666
晋中市	Jinzhong	2361171	1156479	617139
运城市	Yuncheng	4321500	2259088	1445365
忻州市	Xinzhou	2317733	1055509	689516
临汾市	Linfen	3366792	1620302	883739
吕梁市	Lvliang	3114152	1446347	815235

19-28 农林牧渔业总产值(2017年)

GROSS OUTPUT VALUE OF FARMING, FORESTRY, ANIMAL HUSBANDRY AND FISHERY(2017)

按当年价格计算 (at current price)

市 名	City	农林牧渔业总产值(万元) Total (10 000 yuan)	农 业 Farming	林 业 Forestry	牧 业 Animal Husbandry	渔 业 Fishery	农林牧渔服务业 Farming, Forestry, Animal Husbandry and Fishery Service
全 省	**Total**	**14187298**	**8618934**	**976551**	**3588444**	**76889**	**926480**
太原市	Taiyuan	794015	451016	81492	219411	3097	39000
大同市	Datong	1168522	470171	47845	615326	770	34410
阳泉市	Yangquan	203562	102152	16331	78244	1692	5144
长治市	Changzhi	1154961	710717	46687	346390	5618	45550
晋城市	Jinchen	934198	389149	34103	483873	5207	21867
朔州市	Shuozhou	1210692	563641	81489	526919	1534	37108
晋中市	Jinzhong	1972081	1225784	74714	627364	4439	39780
运城市	Yuncheng	4325994	3282085	59937	668153	30819	285000
忻州市	Xinzhou	1262688	606532	99088	516951	4217	35900
临汾市	Linfen	1813431	1218965	82554	457232	13793	40886
吕梁市	Lvliang	1078911	479297	87325	488898	3391	20000

19-29 农林牧渔业中间消耗(2017年)

INTERMEDIATE CONSUMPTION OF FARMING, FORESTRY, ANIMAL HUSBANDRY AND FISHERY(2017)

按当年价格计算 (at current price)

市 名	City	农林牧渔业中间消耗(万元) Total (10 000 yuan)	农 业 Farming	林 业 Forestry	牧 业 Animal Husbandry	渔 业 Fishery	农林牧渔服务业 Farming, Forestry, Animal Husbandry and Fishery Service
全 省	**Total**	**6546653**	**3713328**	**528520**	**1792561**	**34765**	**477480**
太原市	Taiyuan	376027	175400	40632	137349	1444	21203
大同市	Datong	531364	212361	24929	276061	387	17626
阳泉市	Yangquan	98271	48586	9014	37100	900	2671
长治市	Changzhi	503719	274837	23386	180798	2878	21820
晋城市	Jinchen	415611	155461	17163	230155	2304	10528
朔州市	Shuozhou	629251	284920	45237	280634	825	17635
晋中市	Jinzhong	837200	406581	47039	361547	1872	20161
运城市	Yuncheng	2043427	1496175	35756	357554	17672	136270
忻州市	Xinzhou	590069	299024	51934	220786	1745	16580
临汾市	Linfen	844308	561197	41187	214399	6523	21001
吕梁市	Lvliang	499871	205154	39981	243448	1540	9750

19-30 粮食播种面积
SOWN AREAS OF GRAIN

单位：公顷 (ha)

市名 City		粮食 Grain		#小麦 Wheat		#玉米 Corn	
		2016	2017	2016	2017	2016	2017
全　省	**Total**	**3215306**	**3171588**	**564000**	**560530**	**1860667**	**1806854**
太原市	Taiyuan	73435	71343	81	71	51478	49442
大同市	Datong	277128	270688			157650	148196
阳泉市	Yangquan	54077	52766			46096	44528
长治市	Changzhi	242852	239181	5530	5146	205520	201839
晋城市	Jincheng	169024	162635	43158	42227	88284	85636
朔州市	Shuozhou	265202	268828	15	10	154348	157830
晋中市	Jinzhong	256779	252191	6084	6080	215201	211130
运城市	Yuncheng	622079	599418	312551	294123	279725	271305
忻州市	Xinzhou	423511	408052	119	528	233573	209294
临汾市	Linfen	512529	500202	209843	196817	258337	258996
吕梁市	Lvliang	351429	340557	1728	1729	177287	174597

19-31 油料和棉花播种面积
SOWN AREAS OF OIL-BEARING CROPS AND COTTON

单位：公顷 (ha)

市名 City		油料 Oil-bearing Crops		#葵花籽 Sunflower Seeds		棉花 Cotton	
		2016	2017	2016	2017	2016	2017
全　省	**Total**	**118033**	**114079**	**36871**	**31753**	**3527**	**2867**
太原市	Taiyuan	1778	1271	650	483	5	3
大同市	Datong	16934	16423	5753	5298		
阳泉市	Yangquan	93	124	64	55		
长治市	Changzhi	2636	3597	320	511	27	7
晋城市	Jincheng	2135	2312	579	627	131	86
朔州市	Shuozhou	26413	30086	3826	2715		
晋中市	Jinzhong	1829	1858	523	403	22	8
运城市	Yuncheng	11922	14827	6223	8000	6618	5773
忻州市	Xinzhou	24075	19349	5027	3175		
临汾市	Linfen	6477	8048	3550	4517	196	130
吕梁市	Lvliang	20409	15574	6181	4088	56	47